Alexander von Humboldt
Die Wiederentdeckung der Neuen Welt

Erstmals zusammengestellt
aus dem
unvollendeten Reisebericht
und den
Reisetagebüchern

Herausgegeben
und eingeleitet
von
Paul Kanut Schäfer

Erschienen im
Carl Hanser Verlag
München

Die Übersetzung der französischen Texte der Reisetagebücher
besorgte Paul Kanut Schäfer

ISBN 3-446-17011-1

Dieses Buch erschien 1989 im Verlag der Nation Berlin

Druck und Bindung: Friedrich Pustet, Regensburg
Printed in Germany

Einleitung

Die Pläne

«S. Fe, d. 4. Aug. 1801. – Der Wunsch, entfernte Weltteile zu besuchen und die Produkte der Tropenwelt in ihrer Heimat zu sehen, ward erst in mir rege, als ich anfing, mich mit Botanik zu beschäftigen. Bis in mein 17tes und 18tes Jahr waren alle meine Wünsche auf meine Heimat beschränkt. So sorgfältig auch unsere literarische Erziehung war, so ward doch alles, was auf Naturkunde und Chemie Bezug hatte, in derselben vernachlässigt. Kleinlich scheinende Umstände haben oft den entscheidendsten Einfluß auf ein tätiges Menschenleben, und so muß man die Spuren wichtiger Ereignisse oft in diesen Umständen suchen. Der Hofrat Heim war unser Hausarzt. Er hatte eine große Sammlung von Moosen und gab sich eines Tages die Mühe, meinem älteren Bruder die Linnéischen Klassen zu erläutern. Dieser, des Griechischen schon damals kundig, lernte die Namen auswendig, ich klebte Lichen parietinus und Hypna auf Papier, und in wenigen Tagen war uns beiden alle Lust zur Botanik wieder verschwunden. Meine jugendliche Neigung war von jeher der Soldatenstand gewesen. Meine Eltern hielten mich durch Zwang davon zurück, und man bildete mir ein, daß ich Lust zu dem habe, was man in Deutschland Kameralwissenschaften nennt, eine Weltregierungskunst, die man erst dann versteht, wenn man alles, alles weiß. Dies alles sollte ich bei einem Amtmann lernen, und ein Pachtanschlag wäre dann das Maximum meiner Kameral-Kenntnis gewesen. Wir besaßen durch Zufall Willdenows Flora Berolinensis. Ich legte nun ein förmliches Herbarium an, und da man mir nun zuerst gestattete, allein auszugehen, faßte ich den Entschluß, unempfohlen Willdenow selbst aufzusuchen. Von welchen Folgen war dieser Besuch für mein übriges Leben! Schriebe ich ohne diesen diese Zeilen im Königreich Neugranada? Ich fand in Willdenow einen jungen Menschen, der damals unendlich mit meinem Wesen harmonierte. Er bestimmte mir Pflanzen, ich bestürmte ihn mit Besuchen. Ich lernte neue ausländische Pflanzen bei ihm kennen. Er schenkte mir einen Reishalm. Ich sah zum ersten Mal in meinem Leben die Palmen des Botanischen Gartens, ein unendlicher Hang nach dem Anschauen fremder Produkte erwachte in mir. In 3 Wochen war ich ein enthusiastischer Botanist. Willdenow trug sich damals mit der Idee, eine Reise außerhalb Europas zu machen. Ihn zu begleiten war der Wunsch, der mich tags und nachts beschäftigte. Ich durchlief alle Floren beider Indien, kaufte alle Rinden der Apotheken zusammen, verweilte mit unendlichem Wohlgefallen bei dem Reishalm in meinem Herbarium und gewöhnte mich, unbändige Wünsche nach weiten und unbekannten Dingen zu hegen. Ich träumte mich bisweilen nach beiden Indien, aber die Möglichkeit einer solchen Reise wurde mir noch nicht klar.

Mein Bruder Wilhelm hatte durch sein Genie die Aufmerksamkeit Jacobis und Georg Forsters erregt. Beide nahmen mich deshalb freundlichst in Düsseldorf und Mainz auf, und da Forstern die Hoffnung, in England Geld zu gewinnen, nach London trieb, so bot er mir an, ihn zu begleiten. Ich war damals krank, März 1790, in Göttingen und mit der Herausgabe meines ersten literarischen Produkts, den Basalten am Rhein, beschäftigt. Dennoch, mit welcher Freude nahm ich teil an dieser Reise. Ohnerachtet sie mich wie jedes nahe Zusammenleben unter Menschen und besonders bei Forsters kleinlich-eitelem Charakter mehr von ihm entfernte, als ihm nahebrachte, so hatte das Zusammenleben mit dem Weltumsegler doch großen Einfluß auf meinen Hang nach der Tropenwelt. Wie sehr erwachte diese Sehnsucht vollends bei dem Anblick des allverbreiteten, beweglichen, länderverbindenden Ozeans, den ich bei Ostende zuerst sah, wie sehr bei der kleinen Überfahrt von Hellevoetsluis nach Dover. Der Zufall wollte, daß ich (ohnerachtet wir in einem elenden Fischerboot und bei stürmischem Wetter schifften) nicht seekrank war. Ich wurde es in der Folge nie, und dieser Umstand machte mir das Element selbst und lange Seereisen minder furchtbar. Unser Aufenthalt in Holland, Spaziergänge, die ich längs der grünen buschigen Dünen am Haager Meeresstrande gemacht, der Anblick der Amsterdamer Schiffswerften füllten meine warme Phantasie mit ersehnten Gestalten ferner Dinge. In einem jungen Gemüte, das 18 Jahre lang im väterlichen Hause gemißhandelt und in einer dürftigen Sandnatur eingezwängt worden ist, glimmt und glüht es wunderbar auf, wenn es, seiner eigenen Freiheit überlassen, auf einmal eine Welt von Dingen in sich aufnimmt. Mein Zimmer in Plumtree-Street war mit den Kupfern eines ostindischen Schiffes ausgeziert, das in einem Sturme unterging. Heiße Tränen strömten mir oft über die Wangen, wenn ich beim Erwachen die Augen auf diese Gegenstände heftete. Ich strebte nach Dingen, die ich damals nie zu erlangen hoffte. Als wir, der englischen Küste nahe, zuerst die Türme von

Oldborough sahen, malte mir meine Einbildungskraft im Traume den Tafelberg und Drakenstein vor. Ich glaubte mich in der Kapstadt vor Anker, und mit aufgehender Sonne war der süße Traum hinweggewischt. Ein Wunsch wie dieser, der mich ewig begleitete, das Streben nach Ländern, in denen wir durch grenzenlose Räume von den Unsrigen getrennt sind, schmeichelt der jugendlichen Eitelkeit wegen der Energie, in der wir uns uns selbst vorstellen, aber es gibt unserm Wesen zugleich eine melancholische Stimmung, in der wir die ‹Wonnen der Tränen› fühlen. Die Hügel von Highgate und Hampstead waren mein Lieblingsspaziergang in London, an dem Wege las ich Anschlagzettel nach englischer Sitte: ‹Junge Leute, welche ihr Glück außerhalb Europas suchen wollen, melden sich dort und dort, als Matrose, Schreiber ... finden sie Aufnahme. Das Schiff ist segelfertig nach Bengalen.› Mit welchen Empfindungen las ich diese Einladungen. Der Eintritt in ein solches Haus schied mich auf immer (nach englischer Preßsitte) von meiner vaterländischen Welt, einer Rückkehr nach Berlin, die wie nahes Ungewitter wolkendick über mir schwebte. Wie oft schwankte ich in meinen Entschlüssen, war einem tollen Streiche nahe. Ich zeichne die jugendlichen Torheiten sorgfältig auf, weil sie klarmachen, was damals in mir vorging. Ich wäre in die fernste Südsee geschifft, und hätte ich nie einen wissenschaftlichen Zweck erfüllt. Ich fühlte mich eingeengt, engbrüstig. Ein unbestimmtes Streben nach dem Fernen und Ungewissen, alles, was meine Phantasie stark rührte, die Gefahr des Meeres, der Wunsch, Abenteuer zu bestehen und aus einer alltäglichen gemeinen Natur mich in eine Wunderwelt zu versetzen, reizte mich damals an. Alles, was auf bürgerliche Verhältnisse Bezug hatte, wurde mir verächtlich, jede Gemächlichkeit des häuslichen Lebens und der feineren Welt ekelte mich an. Ich schrieb verrückte Briefe an meine Freunde und wurde mir selbst von Tage zu Tage unverständlicher.

Meine Reise mit Forster in das Gebirge von Derbyshire vermehrte jene melancholische Stimmung. Das Dunkel der Casteltoner Höhen verbreitete sich über meine Phantasie. Ich weinte oft, ohne zu wissen warum, und der arme Forster quälte sich, zu ergründen, was so dunkel in meiner Seele lag. Mit dieser Stimmung kehrte ich über Paris nach Mainz zurück. Ich hatte entfernte Pläne geschmiedet.»

Die Hindernisse

Dieses autobiographische Bruchstück Alexander von Humboldts ist dem großen Publikum noch kaum bekannt. Es steht in seinen Reisetagebüchern, Jahrzehnte später mit dem Zusatz versehen: *nie drucken zu lassen.* Erst 1969, längst war Rücksicht auf das Gebot nicht mehr zu begründen, ist die Skizze in einer Festschrift zur 200. Wiederkehr seines Geburtstages erschienen.

Als er sie am 4. August 1801 in Bogotá – damals die Hauptstadt des spanischen Vizekönigreichs Neu-Granada – niederschrieb, befand er sich in der Mitte seiner epochemachenden *Reise in die Aequinoktial-Gegenden des neuen Continents.* Er hatte – gegen familiäre, politische, zufällige Schwierigkeiten – die *entfernten Pläne* von 1790 durchgesetzt.

Die erste, vielleicht wichtigste Station auf seinem Weg nach Amerika lag im Fichtelgebirge. In den fränkischen Bergämtern fand er 1792 den Platz, der dem unausweichlichen Willen der Mutter, ihn im preußischen Staatsdienst zu sehen, Rechnung trug und ihn dennoch vor stupider bürokratischer Fron bewahrte, seiner bergmännischen Lust – er beherrschte das Metier von der Pike auf – und seinen naturwissenschaftlichen Passionen entgegenkam und es ihm somit erlaubte, sich gründlich auf das riesige Forschungsunternehmen vorzubereiten. Dem König, den Ministern wurde er bald unentbehrlich, sie boten viel auf, ihn dauerhaft an sich zu binden. Doch seiner Pläne immer eingedenk, war er durch nichts zu versuchen, er schlug alles aus, die glänzenden Karrieren, die verlockenden Gehälter.

Am 19. November 1796 erlag Marie Elisabeth von Humboldt, erst fünfundfünfzig Jahre alt, dem Brustkrebs. Menschlichkeit allein, schrieb Humboldt, habe ihren Tod heranwünschen lassen. Diese kühle, eigenwillige, stets beherrschte Frau hatte ihren Kindern wenig Wärme zu geben, Alexander wenig Liebe für sie zu fühlen vermocht. In den Briefen an die Jugendfreunde findet man es unverhüllt gesagt, wie fremd sie sich von jeher waren, daß sein Herz von dieser Seite nicht empfindlich getroffen werden konnte und der Tag ihrer Erlösung in seinen Plänen den Unabhängigkeitstag bezeichnete. Er quittierte unverzüglich den Dienst und brach stehenden Fußes aus seinen Fichtelgebirgsdörfern auf nach Westindien.

Dort kam er noch lange, sehr lange nicht an. Er wollte Europa nicht verlassen, ohne Vesuv, Stromboli und Ätna zu kennen. Er fürchtete, ohne das Studium der vulkanischen Naturkraft würde er später Fehler auf Fehler häufen. Doch als er im Sommer 1797 über die Alpen gehen wollte, war Italien wider Erwarten noch Schlachtfeld des Krieges der ersten Koalition gegen Frankreich. Napoleon hatte das Unterste zuoberst gekehrt, das zerstückte Land nach Belieben weiter zerstückt und den Heiligen Vater bis auf einen kümmerlichen Rest des Kirchenstaats enteignet. Er hatte Italien nicht emanzipiert, sondern vergewaltigt. Die Folge waren Präliminar- und Hauptfriedensdiktate, denen die Keime neuer Kriege innewohnten, und jede Woche hörte man von Beispielen, wie wenig wählerisch die italienischen Dolche in diesen Zeiten gegen Fremde waren. An Westindien war schon gar nicht zu denken, solange der Seekrieg zwischen den französisch-spanischen und englischen Flotten dauerte. Kaum hätte man die Küste aus dem Auge verloren, würde man gekapert und dahin zurückgebracht werden, wo man die Anker gelichtet hatte, oder an fremden Gestaden ausgesetzt, die einen nicht im mindesten interessierten.

Humboldt verlegte sich aufs Warten. Erst in Wien, dann in Salzburg. Jedoch erfülle er treulich seine Zwecke, die er sich vorgesetzt, schrieb er, und es seien dies keine anderen als die des Lernens, Studierens, des Einübens mit seinen physikalischen und astronomischen Instrumenten, kurz, des Präparierens für die westindische Reise. Er lese und schreibe ununterbrochen fort, laufe in Sturm und Regen mit dem Elektrometer durch die Luftschichten und durchblättere alle Reisebeschreibungen, die er sowieso schon kenne.

Durch den Ernst schimmert Galgenhumor und durch diesen Verzweiflung. Sie muß schon groß gewesen sein, wenn er, um seine Pläne zu retten, sich auf ein so kurioses Abenteuer einließ, wie Lord Bristol es ihm vorschlug. Frederick Augustus Hervey, vierter Earl of Bristol, Bischof von Derry, trotz seines hohen Kirchenamts mit entschiedenem Freisinn gesegnet, war ein alternder Schöngeist und fashionabler Globetrotter. «Halb toll, halb Genie», wie Humboldt befand. Mit 60 000 Pfund Sterling Jahreseinkünften rechnete er sich zu jener Sorte reicher Schmarotzer, die keine Revolution ausrottet, da zu viele arme Schmarotzer von ihnen leben, die Bandwürmer des Bandwurms. Er wollte zunächst sehen, ob es in Italien nicht noch einige Kunstschätze gebe, die Napoleon nicht geraubt hatte, und dann nach Ägypten reisen, den Nil aufwärts bis zu den Katarakten von Assuan. Dorthin möge Humboldt sich ihm anschließen. Er besaß eigene Barken, auf denen es an keiner Bequemlichkeit mangelte; prachtvollere Gemälde, reichere Spitzen und Seiden als in seinen Kabinen, versprach er, würde Humboldt nicht finden. Er verfügte über eigene bewaffnete Mannschaft, hatte Köche, Maler, Bildhauer an Bord – und wollte zwei Komtessen mitnehmen, denn zwar nicht seinem Alter, doch seinem Ruf glaubte er es schuldig zu sein, mit Leib und Seele zu reisen. In dem Gefühl, bislang auf ein Wunder gewartet zu haben und nun sei es ihm in Gestalt des tollen Lord erschienen, schlug Humboldt in die dargebotene Hand ein. Die Freunde, damit sie die Nase nicht rümpften, ließ der Achtundzwanzigjährige wissen, er werde immer älter, er müsse den Augenblick nützen, und das Palmenklima, nach dem er sich so sehne, finde er, solange ihm der Okzident versperrt sei, einstweilen auch im Orient.

Am 24. April 1798 gab er den Salzburger Warteposten auf und fuhr nach Paris, um dort, bei seinem Bruder, den Gang der Ereignisse zu beobachten, bis es Zeit war, sich mit Bristol zu treffen. Sofern es dazu noch käme. Denn schon flogen ihm die Gerüchte von einem bevorstehenden Ägypten-Feldzug Napoleons entgegen.

Die europäische Wissenschaftsmetropole empfing ihn wie einen guten alten Bekannten; noch am Tag seiner Ankunft, dem 12. Mai, begann er mit den Größen des National-Instituts auf dem Pariser Observatorium die gemeinsame Arbeit. Eine Woche darauf war es Tatsache: Eine gewaltige Flotte, hundert Kriegs- und vierhundert Transportschiffe, lief nach Ägypten, mit einem dreißigtausendköpfigen Heer an Bord, mit einem Schwarm von Gelehrten, mit Theater und Ballett. Napoleon würde vor der Schlacht mit den Mamelukken seine Armee unter den Pyramiden aufstellen und rufen: *Soldaten! Denkt, daß von diesen Gipfeln vier Jahrtausende auf euch herabblicken!* Das war sein Stil. Den tollen Lord fingen die Franzosen in Italien ein und brachten ihn hinter Gitter. Vielleicht hielten sie den harmlosen Exzentriker für einen britischen Spion, vielleicht auch spekulierten sie nur auf ein stattliches Lösegeld des reichen Mannes.

Monatelang fühlte Humboldt sich wie auf das Glücksrad geflochten, das uns bei jeder Umdrehung einmal emporträgt und einmal abwirft. Bougainville, der greise Weltumsegler, projektierte eine neue Segelfahrt um den Erdkreis und wünschte Humboldts Begleitung. Das Direktorium erklärte den Admiral für zu alt und beschloß, statt seiner den vierundvierzigjährigen Kapitän Baudin auf Weltreisen zu schicken. Auf und ab. Und wieder auf: Humboldt wurde eingeladen, sich auf einer der Korvetten Baudins mit einzuschiffen. «Alle National-Sammlungen wurden mir geöffnet, um von Instrumenten zu sammeln, was ich wollte. Bei der Wahl der Naturalisten, bei allem, was die Ausrüstung betraf, wurde ich um Rat gefragt. Bougainville wollte mir seinen vierzehnjährigen Sohn anvertrauen, damit er sich früh an die Gefahren des Seelebens gewöhnte. Die Wahl unserer Gefährten war vortrefflich, lauter junge, kenntnisvolle, kräftige Menschen. Wie scharf jeder den anderen ins Auge faßte, wenn er ihn zum ersten Male sah. Vorher fremd und dann so viele Jahre einander so nahe. Das erste Jahr sollten wir in Paraguay und im Patagonenlande, das zweite in Peru, Chile, Mexiko und Kalifornien, das dritte im Südmeer, das vierte in Madagaskar und das fünfte in Guinea zubringen. Mein Bruder und meine Schwägerin wollten mich bis Le Havre begleiten. Wir waren alle mit der Idee so vertraut, daß diese Abreise uns ein Fest schien.»

Und wieder hinab: «Welch ein unnennbarer Schmerz, als in vierzehn Tagen alle, alle diese Hoffnungen scheiterten. Elende 300 000 Livres und der nahe gefürchtete Ausbruch des Krieges waren die Ursachen.»

England hatte eine zweite mächtige Koalition gegen Frankreich zusammengebracht. In Erwartung des Angriffs brauchte die Republik jeden Sou für die Landesverteidigung. Baudins Weltreise wurde um unbestimmte Zeit, man sprach von wenigstens einem Jahr, verschoben.

Humboldt erklärte, er werde sich nicht dem Schmerz überlassen, sondern handeln. Aus Baudins Mannschaft gewann er in dem fünfundzwanzigjährigen Botaniker und Arzt Aimé Bonpland einen Gefährten gleicher Gesinnung. Ihr Wille, die Reise unumkehrbar zu machen, war so fest, ihr Glaube an Gelingen so stark, daß es sich auf alle, die es mit anging, übertrug. Es gab große Abschiedsszenen. Ein letztes Mal las Humboldt im National-Institut, er trug Gedanken über den Ackerbau vor. Anschließend drückte Professor Jussieu ihm den Dank und die guten Wünsche des gelehrten Frankreich aus. Baudin nannte die Trennung eine aufgelöste Ehe. Bruder und Schwägerin gedachten wehmütig der schönen Zeit, die sie mit Alexander «in demselben Hause gewohnt, alle Mittage zusammen gegessen, meist dieselben Gesellschaften besucht, kurz, im eigentlichsten Verstande miteinander gelebt» hatten (W. v. Humboldt).

Am 20. Oktober 1798 stiegen Humboldt und Bonpland in die Postkutsche. Ihr erstes Ziel hieß Marseille. Dort wußten sie einen schwedischen Konsul mit diplomatischem Auftrag für Algier. Er hatte versprochen, sie auf der Fregatte *Jaramas* mitzunehmen. In den Wintermonaten wollten sie das Atlasgebirge studieren und im Frühjahr – entweder mit einem Schiff der Mekkapilger oder mit der Pilgerkarawane auf dem gefahrvollen Landweg durch die Wüste – nach Kairo weiterreisen und sich mit dem Gelehrtentroß Napoleons vereinen. Alles Weitere stand dahin. Eine phantastischere Gestalt konnte Humboldt seinen Plänen nicht geben. In der Not, endlich einen Weg aus der *Falle Europa* zu finden, warf er sich dem Zufall in die Arme. Er hat es gewußt und ausgesprochen.

Am 27. Oktober erreichten sie Marseille. Den Konsul fanden sie leicht; vom *Jaramas* keine Spur. Täglich, oft zwei-, dreimal, stiegen sie den Berg hinauf zur Kirche Notre Dame de la Garde und suchten den Horizont ab. Jedes Segel konnte, *mußte* doch endlich die Fregatte sein. Nach zwei Monaten lasen sie in der Zeitung, daß der *Jaramas* vor der portugiesischen Küste im Sturm beinahe zerschellt war. Er hatte sich nach Cádiz gerettet und würde noch lange nicht wieder seetüchtig sein.

Bei einem Ausflug nach Toulon fanden sie die gute alte *La Boudeuse*, mit der Bougainville vor einem Menschenalter die Erde umrundet hatte. Sie konnten nicht widerstehen und gingen an Bord. Humboldt hat im Tagebuch beschrieben, was in ihm vorging:

«Sie wurde eben segelfertig gemacht, um einige Kauffahrteischiffe nach Marseille zu konvoyieren. Alle Mannschaft war auf dem Verdeck und arbeitete an den Segeln. Es war mir so wohl und weit ums Herz, alles vorwärtsgehen zu sehen. Als ich aber in die Kajüte hinabstieg, ein großes geräumiges Zimmer, da fiel mir Baudins Reise schwer auf die Seele. Ich lag wohl an zehn Minuten lang im Fenster und sah auf den hellen Spiegel. Endlich vermißte man mich, aber ich hätte weinen mögen, als ich an die gescheiterten Pläne dachte.»

Er wollte Marseille nicht aufgeben ohne einen letzten Versuch, weiterzukommen, so schlimm auch die neuesten Nachrichten aus Nordafrika lauteten, die in den Herbergen und Hafenkneipen die Runde machten: In Tunis würfe man jeden Franzosen ins Gefängnis; der Dei von Algier ließe die Karawane nach Mekka nicht abgehen, damit sie nicht durch das von Christen verunreinigte Ägypten ziehe; die Berber säbelten jedem Reisenden aus Frankreich den Kopf ab. Humboldt suchte dennoch und fand auch einen Schiffer, der bereit war, sie mit seiner Nußschale nach Tunis zu segeln. Die Ladung, kreischendes Federvieh und blökende Hammel, war schon aus der jämmerlichen Kajüte gescheucht, da griffen die Behörden ein. Sie verweigerten Humboldt und Bonpland zu ihrer Sicherheit die Paßvermerke.

Traurige Zeiten, so Humboldt, in denen man trotz aller Aufopferungen, und wollte man Millionen daran wenden, nicht sicher von Küste zu Küste kommen kann. Am 15. Dezember 1798 kehrten sie Marseille den Rücken. Sie wanderten den Meeressaum entlang nach Barcelona und Valencia und über die kastilische Hochebene nach Madrid. Aber worauf hofften sie, woran klammerten sie sich! Nicht im Traum wäre es Humboldt eingefallen, er könnte mehr erzwingen als die Überfahrt nach Spanisch-Marokko und der ersehnten Äquinoktialreise auf einmal ganz nahe sein. Und selbst wir, die wir doch wissen, er ist wirklich in Amerika gewesen, fürchten in diesem Augenblick eher eine neue, diesmal vielleicht endgültige Enttäuschung. Wenn es nicht ein Wunder ist, was Humboldt in Spanien widerfuhr, so bleibt es doch für immer rätselhaft. Am 5. Juni 1799 meldet er aus La Coruña, wo die alte Welt fast am weitesten gegen die neue vorspringt, schwindlig vor Freude:

«Meinem Plane, eine große naturhistorische Reise zu unternehmen, getreu, lief ich bis ans Ende von Europa. Ich trete mit den herrlichsten Empfehlungen und unter tausend günstigen Vorbedeutungen meine große Reise an. In wenigen Stunden segeln wir um das Kap Finisterre.»

Wenn wir das Rätsel schon nicht lösen können, so wollen wir doch wenigstens sehen, worin es besteht.

Kein Gedanke konnte damals abwegiger sein als der, ausgerechnet von Spanien aus nach Amerika gelangen zu wollen. In einer Seeschlacht vor zwei Jahren hatten englische Geschwader eine spanische Flotte auf Grund geschickt. Seitdem lagen die englischen Kreuzer nahezu unbehelligt vor allen spanischen und amerikaspanischen Häfen auf der Lauer und blockierten den Verkehr zwischen Mutterland und Kolonien.

Aber auch die strengste Blockade hat ihre Lücken. Was Humboldts Vorhaben eigentlich so aussichtslos machte, war der feudal-klerikale Zustand Spaniens. Auf dem Weg nach Madrid wurden er und Bonpland nicht selten ausgezischt, wenn sie mit ihren Instrumenten das Land vermaßen und den Lauf der Gestirne verfolgten. Oft mußten sie es heimlich tun. Die Bürgermeister forderten eine königliche Erlaubnis, und die Leute von der Straße hielten die Fremden für Mondanbeter, vor denen sie entsetzt zurückwichen. Wilhelm von Humboldt, der ein halbes Jahr nach seinem Bruder gleiche Wege zog, schrieb, mit dem Eintritt in Kastilien glaube man sich um zweihundert Jahre zurückversetzt, und überhaupt gebe es keine bessere Vorbereitung zum Studium des Mittelalters als eine Reise durch Spanien.

Entsprechend anachronistisch lagen die Dinge im hispanischen Amerika. Die weltliche und geistliche Kolonialbürokratie, die kreolische Aristokratie und die Missionsorden regierten und wirtschafteten dreihundert Jahre nach Kolumbus noch immer in völliger Unkenntnis der riesigen Ländereien und ihrer wunderbaren Naturschätze, und der Indianer galt ihnen zur Leibeigenschaft, der Neger zum Sklaven geboren, als hätte es die nordamerikanische Menschenrechtserklärung von 1776 und die Pariser Deklaration der Menschen- und Bürgerrechte von 1789 nie gegeben. Die in Spanien geborenen Weißen betrachteten jeden Eingeborenen, sogar ihre eigenen in Amerika zur Welt gekommenen Söhne und Töchter, hochmütig als Ausländer. Sie waren oder stellten sich blind dafür, wie sehr sie damit selbst zu einem amerikanischen Patriotismus beitrugen. Noch war es nur ein versprengt lebender Bruchteil der jungen kreolischen Intelligenz, der in patriotischen Klubs und Kasinovereinen den Zusammenschluß suchte und sich entweder auf die Ideale der nordamerikanischen Unabhängigkeit oder auf die der Französischen Revolution berief. Die sogenannte heroische Generation wuchs heran. Sie ließ sich, wie es in jeder progressiven Bewegung der Fall ist, am wenigsten durch Verbote, durch Sträflingsarbeit, Verbannung und Todesurteil aufhalten.

Da galt den hüben wie drüben Herrschenden sogar die wissenschaftliche Lehre des Kopernikus als ein revolutionäres Glaubensbekenntnis. Sie konnten einfach nicht daran interessiert sein, daß Forschungsreisende die *gefährliche Manie*, zu denken, in den Kolonien stärkten und deren Zustände nach der Rückkehr vor aller Welt bloßlegten.

Am 23. Februar 1799 trafen Humboldt und Bonpland in Madrid ein. Von wem durften sie Hilfe erwarten! Der preußische Gesandte war nicht anwesend, nur sein Legationssekretär, ein Herr von Tribolet-Hardy, der aber wohl kaum mehr für Humboldt zu tun vermochte, als dessen Paß zu studieren. Darin wird Humboldt übrigens, im Original französisch abgefaßt, wie folgt beschrieben: «Geboren zu Berlin, Alter 28 Jahre, Größe 5 Fuß 4 Zoll, Haare hellbraun, Augen grau, Nase stark, Mund ziemlich groß, Kinn gut geschnitten, offene Stirn, mit Blattern bedeckt.» – Mit gelassener Selbstironie vermerkte Humboldt auf dem Kuvert: «*großes Maul, dicke Nase*, aber menton bien fait» (gut geschnittenes Kinn).

Um so mehr mußte er für Madame Tribolet tun. *Dido abandonata* (die verlassene Dido), wie er sie spöttisch nannte, beschäftigte ihn als Postillon d'amour in einer leidenschaftsgeladenen Liebesaffäre, thronend auf dem Scheiterhaufen ihrer Eifersucht, den sie dauernd anzuzünden drohte. In den Konvulsionen, die sie heimsuchten, rieb sie sich die Arme blau und striemig, und er mußte den Finger in die Wunden legen und bezeugen, wie sie litt. Es hat ihn sehr belästigt und sehr amüsiert. Einen Vorteil für seine Pläne erbrachte es nicht.

Es war der sächsische Gesandte, bei dem er Gehör fand, Philipp Baron von Forell. Sie waren sich vorher nie begegnet und dennoch nicht fremd. Wenn Humboldt auf der spanischen Wanderung sorgenvoll bedacht hatte, wie er in Madrid seine Pläne an den Mann bringen könnte, dürfte ihm der Name des Barons wohl durch den Kopf gegangen sein. Durch Tausende Fäden mit dem wissenschaftlichen Personal Europas verknüpft, wußte er seit langem, daß Forell ein Liebhaber und Förderer der Mineralogie war und selbst beachtliche Sammlungen besaß. Forell wiederum sollte wohl gewußt haben, daß Humboldt an der weltberühmten sächsischen Bergakademie Freiberg studiert hatte, und man darf annehmen, er habe die *Florae Fribergensis* und andere Publikationen Humboldts gekannt, die Früchte dieses Studiums waren.

Forell ebnete die Wege zum spanischen Ersten Staatssekretär, Mariano Luis de Urquijo. Als blutjunger Mann war Urquijo zur selben Zeit spanischer Gesandtschaftssekretär in England gewesen, als der ebenso blutjunge Humboldt sich an der Seite Forsters dort aufhielt und an seinen *entfernten Plänen* schmiedete. Und nun befand sich Urquijo in der Stellung, diesen Plänen das

Ohr des königlichen Paares zu öffnen. Zwei Tage vor Humboldts Einzug in Madrid war Urquijo interimistisch in das höchste Staatsamt berufen worden!

Urquijo war keineswegs ein entschiedener Ritter des Fortschritts. Doch er war bemüht, die engen Grenzen, die die inquisitorische spanische Gesellschaftsverfassung jeder modernen Regung zog, vorsichtig zu weiten. Er drängte sanft, die Auswüchse der verfehlten Kolonialpolitik und des auf Sklaverei beruhenden Wirtschaftssystems zu mildern. Und zumindest ahnte er, welchen bislang ungeahnten Reichtum Spanien aus Amerika ziehen könnte, wenn es endlich wissenschaftlich entdeckt würde. Am 15. März schickte er Forell ein Oktavblättchen mit diesen Worten:

«Mein Herr! Der König hat gern die nötige Erlaubnis erteilt, Herr von Humboldt möge übersetzen nach Amerika, um seine bergmännischen Studien und andere nützliche Entdeckungen, die er sich zur Aufgabe gestellt hat, fortsetzen zu können. Zu diesem Zweck wird das zuständige Büro im Ministerium für Gnadenangelegenheiten und Justiz angewiesen werden, ohne weiteres einen Paß für ihn und seinen Diener auszufertigen. Er wird Ew. Exz. zugeschickt werden, sobald dies geschehen ist, und wollen Ew. Exz. den Herrn Reisenden nur noch befragen, nach welchem Teil von Amerika er sich zuerst zu wenden gedenkt, um ihm Empfehlungsschreiben an die Generale und Kommandanten der verschiedenen Provinzen geben zu können.»

Bonpland sein Diener! Darüber durften sie lachen. Hauptsache, sie bekamen einen Paß. Tatsächlich wurde er schon am 18. März 1799 ausgestellt und lautet:

«Da der König Herrn Huulbald aus Preußen und seinem Sekretär die Erlaubnis gegeben hat, nach Amerika zu gehen, um seine Bergwerksstudien fortzusetzen und sich in der Kenntnis anderer Entdeckungen zu vervollkommnen –

Befiehlt Seine Majestät den zur Untersuchung aller aus Indien einlaufenden Schiffe angestellten Beamten aller spanischen Häfen und den sonstigen Personen, die es angeht, ihm keine Hindernisse zu bereiten, so daß er sich zwecks genannter Bestimmung bei ihm passender Gelegenheit einschiffen kann: dazu stelle ich vorliegenden, mit meiner Hand unterzeichneten Paß aus. J. A. Caballero.»

Herr Huulbald! Er war nicht zufrieden. Seine Forschungsabsichten waren sehr viel tiefer und umfassender, als aus diesem Papier hervorging. Um sie deutlich zu machen, verfaßte er ein Memorandum. Es ist leider verschollen. Er brauchte klare Garantien für seine und Bonplands Sicherheit vor behördlichen Übergriffen, für den freien Transport und Gebrauch der Instrumente, für das ungehinderte Sammeln aller erreichbaren Materialien. Das heißt, er mußte regelrecht vorschreiben, was in den Reisedokumenten zu stehen hätte – mit all dem Argwohn gegen Regierung und Thron, den ein solches Diktat zwischen den Zeilen ausdrückte. Würden die stolzen Spanier das ertragen?

Ende März hatte er sich in der Frühlingsresidenz Aranjuez den Katholischen Majestäten vorzustellen und vor ihrem Angesicht seine Sache selbst zu vertreten. Wie es dabei zuging, wissen wir nicht. Er schrieb den Freunden nur von der Lust, die den König angewandelt habe, einen Menschen zu sehen, der aus dem weitesten Norden seine andere Welt besuchen wolle, und von gütiger, verständnisvoller Aufnahme.

Immerhin besitzen wir die Schilderungen Wilhelm von Humboldts, der ein halbes Jahr später dem König beim Essen zusehen durfte. Frauen war das nicht erlaubt, Caroline von Humboldt mußte sich der großen Handkußprozession anschließen.

«Der König sieht leibhaft wie ein preußischer Oberförster aus, rüstig, ehrlich, brüsk. Er ist groß und stark. Die Königin scheint gebildeter zu sein, ist aber fürchterlich häßlich. Er, die Königin und die meisten Prinzen essen allein. Ihm wurde ich beim Essen vorgestellt. Der Marquis de Santa Cruz steht als Majordomus hinter seinem Stuhl. Der Patriarch gegenüber, um das Gebet nach Tisch zu verrichten. Zwei Granden stehen zur Seite, dem König zu trinken zu reichen. Einer hält den Teller, der andere steht leer dabei. Wenn er fordert, knien beide nieder und knien, solange er trinkt. Wenn das Trinkgeschirr durch die immer sich zudrängende Menge in den Saal getragen wird, so muß jeder den Hut abnehmen. Wer es nicht tut, wird durch ein lautes Geschrei von ‹la copa, la copa› (der Hut, der Hut) an seine Schuldigkeit erinnert. Also gerade wie beim Allerheiligsten. Die Königin läßt niemanden bei ihrem Essen zu, weil sie, wie man sagt, mit falschen Zähnen, die sie trägt, zu tun hat.

Die Zeremonie des sogenannten Handkusses geschieht sechsmal im Jahr. Der König sitzt alsdann in einem großen Saal an einem mit einer reichen Sammetdecke bedeckten Tisch. Auf der anderen Seite des Tisches sitzt die Königin, gegenüber sind die Garden und Hofbedienten und zur Seite hinter dem König die Gesandten und Fremden, von welch letzteren ich jetzt wohl ziemlich der einzige war. Der König und die Königin sind mit Diamanten überdeckt. Alles, was sonst an einer Mannskleidung von Stahl oder Metall zu sein pflegt, Knöpfe, vier Sterne neben- und untereinander, die Agraffe des Huts und des Ordensbandes auf den Schultern, das Degengefäß, der Stockknopf, die Schnallen etc., alles ist von Diamanten, und die Königin trägt ihrer so viel auf dem Kopf, daß es sie in der Tat sehr inkommodieren muß. So werden die Türen des Saals geöffnet, und nun kommen diejenigen, welche dem König die Cour machen wollen, hinein und küssen mit einer Kniebeugung dem König und der Königin die Hand. Diesmal waren nur etwa dreihundert Personen zum Handkuß gegenwärtig, sonst aber hat man bis sechshundert und darüber gezählt. Auch soll sich die Königin nicht übel nehmen, manchmal zu sagen: ‹A présent je m'en vais laver toutes ces cochonneries.›» (Jetzt wasche ich mir die ganze Schweinerei erst mal ab.)

Wahrhaftig, Szenerie und Ensemble einer Posse – mit dem tragischen Anstrich, daß die Hauptpersonen, Carlos IV. und Maria Luisa von Parma, zutiefst vom Glauben an ihr göttliches Recht und an ihre Heiligkeit als Herrscher und Herrscherin durchdrungen waren. Alexander von Humboldt, der es ja nicht viel anders erlebt haben kann, hat Einzelheiten leider niemals preisgegeben. Was die königliche Entscheidung betrifft, so müssen wir uns mit der allgemeinen Erfahrung bescheiden, daß Irrationalität unter Umständen der einzige Vorzug der Mächtigen ist.

Humboldt erhielt einen zweiten Paß, ausgestellt am 7. Mai 1799 vom Ersten Staatssekretariat, unterzeichnet von Urquijo. Er lautet:

«Der König, den Gott erhalte, hat beschlossen, Herrn Alexander Friedrich Baron von Humboldt zu gestatten, in Begleitung seines Gehilfen oder Sekretärs Alexander Bonpland nach Amerika und anderen überseeischen Besitzungen seiner Dominions zu gehen, um seine bergmännischen Studien fortzusetzen und nützliche Sammlungen, Beobachtungen und Entdeckungen für den Fortschritt der Naturwissenschaften zu machen: deshalb befiehlt Seine Majestät den Generalkapitänen, Kommandanten, Gouverneuren, Intendanten, Oberrichtern und allen Justizbehörden und Personen, die es betrifft, dem besagten Herrn Alexander Friedrich Baron von Humboldt auf seiner Reise kein Hindernis in den Weg zu legen, noch ihn aus irgendeinem Grund in den bezeichneten Gebieten am Transport seiner Instrumente und Apparate für Physik, Chemie, Astronomie und Mathematik, an den Beobachtungen und Experimenten, die er für nützlich hält, am freien Sammeln von Pflanzen, Tieren, Samen und Steinen, an Höhenmessungen der Berge oder der Untersuchung ihrer natürlichen Beschaffenheit, an astronomischen Beobachtungen zu hindern, ganz im Gegenteil befiehlt der König, daß alle Personen, die es angeht, besagtem Herrn Alexander Friedrich und seinem Gehilfen jeden Gefallen tun, ihnen jede Hilfe und jeden Schutz gewähren, die sie brauchen; ferner befiehlt und verordnet Seine Majestät allen Personen, die ihr Amt dazu verpflichtet, daß sie entgegennehmen und nach Europa verschiffen, an dieses Erste Staatssekretariat und bestimmt für das Königliche naturgeschichtliche Kabinett, alle mit Naturprodukten dieser Geschichte gefüllten Kisten, die ihnen von besagtem Herrn Alexander Friedrich Baron von Humboldt übergeben werden sollten, der sich verpflichtet hat, solche Erzeugnisse zu suchen und zu sammeln und das Königliche naturgeschichtliche Kabinett und die Königlichen Gärten zu bereichern, das ist der Wille Seiner Majestät.»

Alejandro Federico Barón de Humboldt, wie er laut Paß die folgenden fünf Jahre heißen sollte, hatte das Unmögliche durchgesetzt; seine Maximalforderungen waren bewilligt; nie zuvor hatte Spanien einem Reisenden umfassendere Vollmachten erteilt.

Wilhelm von Humboldt an Goethe:

«Alexander ist, wie Sie jetzt gewiß schon wissen, den 5. Juni von Coruña auf einem spanischen Schiff unter Segel gegangen. Bei seiner Abreise trug er mir noch die herzlichsten Grüße an Sie und Schiller auf. Er macht eine einzig schöne Reise und ist ein glücklicher und beneidenswürdiger Mensch. Es ist selten, daß das Schicksal einen Menschen so begünstigt, das zu werden, wozu ihn die Natur bestimmt hat, und noch seltener, daß ein Mensch selbst diese Bestimmung so früh und so ganz findet. Er hat sich nie einen einzigen Augenblick von seinen Lieblingsstudien abbringen, nie auf seinem Wege irremachen lassen. Bis in seine frühe Kindheit hinein kann ich diesen Charakterzug in ihm verfolgen.»

Allein hierin könnte des Rätsels Lösung liegen.

Die Kosten

Aus dem Fichtelgebirge aufgebrochen, hatte Alexander von Humboldt den Frühling 1797 in Jena verbracht. Dort war damals die Familie des Bruders zu Hause. Ende Mai nahmen alle Humboldts Abschied von Jena und reisten über Dresden und Prag nach Wien mit dem gemeinsamen Ziel Italien. Da Italien aber versperrt war, wandte sich Wilhelm kurz entschlossen nach Paris; Alexander, der sich zunächst aufs Warten verlegte und seine Absprache mit Lord Bristol traf, folgte nach einem halben Jahr.

Doch zurück. Ehe man sich anschickte, Deutschland auf Jahre hinaus zu verlassen, mußte unbedingt der Nachlaß der verstorbenen Majorin Humboldt geordnet sein. So fuhr Wilhelm einige Wochen vor dem allgemeinen Aufbruch nach Berlin, um zusammen mit Christian Kunth – einstiger Hofmeister der Brüder, Gesellschafter und Vermögensverwalter der Mutter – die wichtigsten Entscheidungen zu treffen und sich auseinanderzusetzen mit dem Rittmeister von Holwede, einem Halbbruder aus der ersten Ehe der Mutter. Die Briefe, die Wilhelm und Caroline in jenen Wochen wechselten, betreffen in einer anrührenden Passage auch Alexanders Berliner Geburtshaus in der Jägerstraße (heute Otto-Nuschke-Straße), das Kunth mittlerweile schon verkauft hatte, und sie geben einige Auskunft, wie dringend Alexander für das große Forschungsvorhaben auf sein Erbteil angewiesen war. Schon das Ausbleiben einer kleinen ihm zustehenden Summe konnte ihn damals für die wenigen Meilen von Jena nach Dresden in Verlegenheit setzen. Und Tausende Meilen lagen vor ihm!

«Ich wohne im Krausenschen Hause am Gendarmenmarkt» (heute Platz der Akademie) «mit Kunth zusammen in einer großen Stube», schrieb Wilhelm seiner Frau, «und um mich her stehen Möbel von Mama, alle Wäsche in großen Kisten, ebenso das Silberzeug, die Bilder aus der Eßstube usw. usw. usw. Kunth hat nämlich das ganze Haus in der letzten Woche von allen Möbeln ausgeleert. Einige Möbel hat der Rittmeister noch angenommen, die übrigen, bis auf einige, sind verkauft für zehn bis fünfzehn Prozent über die Taxe, hingegen alle Wäsche, Pretiosen, Porzellane, Silber und die großen Spiegel und Kronen sind noch da. Mit welchen Empfindungen ich in das Haus getreten bin, kann ich Dir nicht sagen. Wo Du wohntest, sind schon alle inneren Wände eingeschlagen. Von da ging ich hinauf, wo ich es ebenso fand, und als ich durch meiner Mutter ihre Schlafstube in die Garderobe durchgehen will und die Tür öffne – so sehe ich mit einem Male es vor mir steil bis in den Hof hinuntergehen. Das ganze Seitengebäude ist nämlich schon eingerissen. Ich habe doch so lange in diesen Stuben gelebt.»

Caroline schrieb zurück:

«Verkaufe nichts von der Wäsche, die Du erbst. Es ist gewiß alles dereinst für die Kinder zu gebrauchen, und diese Sachen werden in der Welt immer teurer... Alexander ist outriert, daß Rosenstiels 60 Friedrichsdor noch nicht angekommen sind. Wir sind in ziemlicher Geldnot. Meine Auslagen, und was Alexander von mir geborgt hat, beträgt 120 Taler. Schiller hat mir auch 20 Taler abgeborgt, aber stündlich erwartet Alexander das Geld.»

Und wenige Tage vor der Abreise noch einmal:

«Alexander ist trostlos, daß das Geld von Rosenstiel nicht gekommen ist, und nimmt auf den Fall, daß es nicht noch morgen kommt, 50 Luisdor von Goethe, damit wir flott werden.»

In Dresden stieß Wilhelm wieder zur Familie. Er brachte Kunth mit. Unter dessen Vorsitz wurde in der sächsischen Hauptstadt die Erbeteilung endgültig geregelt. Alexander schimpfte über den *leidigen Kunth* und diese *elenden Erbschaftssachen.* Doch als man sich einig war, besaß er, nach Abzug von 6000 Talern Verbindlichkeiten, ein Vermögen von 85 375 Talern und 4 Groschen. Nach heutiger Kaufkraft wurde Alexander von Humboldt am 16. Juni 1797 zu Dresden mit einem Schlage Millionär.

Das enthob ihn jedoch nicht aller Sorgen. Mehr als die Hälfte seines Erbes bestand aus Hypotheken, und gerade die größte in Höhe von 45 000 Talern lag bis 1803 unkündbar fest. Jahrelang mühten er und Kunth sich vergeblich, die beträchtlichen Summen flüssigzumachen, die er für die Reise brauchte. Die Schwierigkeiten verfolgten ihn noch in Barcelona. Nicht dem ererbten, sondern dem selbstgeschaffenen Schatz, jenem wahren Reichtum, der in der Fülle menschlicher Beziehungen liegt, verdankte er das Ende dieser Zwänge. Seit der ersten Jugend war er mit den Kindern Moses Mendelssohns und mit der Familie David Friedländer befreundet. Als das Bankhaus *Mendelssohn & Friedländer* von seinen Nöten erfuhr, gab es ihm sofort, ohne Sicherheiten und Bürgschaften zu verlangen, in jeder gewünschten Höhe Kredit und öffnete ihm den Weg zum Herzen des greisen Madrider Bankiers Marqués d'Iranda, der uneigennützig, in *väterlicher Liebe*, sagte Humboldt, für die finanzielle Bewegungsfreiheit in den Kolonien sorgte.

Humboldt bestritt die Kosten der Reise vollkommen aus dem eigenen Vermögen. Auch für den mittellosen Freund Aimé Bonpland. Und für den jungen Carlos Montúfar aus Quito, der sie in den letzten beiden Jahren begleitete, gab er mehr Geld aus, als er von dessen Vater erhielt. Er war niemandem Rechenschaft schuldig, keiner Regierung, keiner Institution und keinem Privatmann. Um so mehr sich selbst. Von ihm hingen alle und hing alles ab. Aber das riesige Arbeitspensum und das Tempo, das er anschlagen mußte, um es zu bewältigen, erlaubten keine regelmäßige Buchführung. Auf dem langen, durch den Seekrieg unsicheren Postweg zwischen den Kontinenten gingen viele Briefe verloren; von Kunth, der zu Hause über Vermögen und Einkünfte wachte, erhielt er in fünf Jahren nicht eine Zeile. Er konnte gar nicht im realistischen Bild seiner Verhältnisse bleiben und sah die Lage lieber rosiger denn schwärzer, als sie war. Im Frühjahr 1802 versuchte er, seinen Etat bis Ende 1804 vorauszuberechnen und kam zu dem Resultat:

«Also vom Kapital eingebüßt wahrscheinlich nur: 5700 Taler, was sehr wenig ist und wovon ich mir 2000 Taler durch Schriftstellerei wiederzugewinnen hoffe.»

Am 3. August 1804 machte die *Favorite*, auf der er nach Europa zurückkehrte, im Hafen von Bordeaux die Taue fest. Sofort schrieb er an Kunth:

«Ich bitte Sie auch, mir mit der nächsten Post einen Überblick meines aktuellen Vermögensstandes und meiner Einkünfte zu schicken. Ich beschäftige mich in diesem Moment viel mit meinen Finanzen.»

Vier Wochen später war er in Paris und traf dort zu seiner unaussprechlichen Freude Caroline an, die er in Rom vermutet hatte, bei Wilhelm, damals preußischer Gesandtschaftsresident am Heiligen Stuhl. Gewissermaßen unter ihren Augen empfing er Kunths Bericht. Und da kam heraus, daß sich sein

Erbe seit Dresden um 17 000 Taler vermindert hatte und auch die Kapitalzinsen großenteils verschlungen waren. *So sah der fortschreitende Ruin meines Glücks aus*, setzte er über die knappe Bilanz, die er aus Kunths Angaben zog. Doch Caroline kannte ihn zu gut, um die Ironie nicht zu durchschauen. Sie beschwor Wilhelm, nicht zu dulden, daß Alexander sich etwas vormachte.

«Alexander lebt die acht Tage, die er nun hier ist, unendlich beschäftigt und gefeiert», schrieb sie nach Rom. «Er kommt meistens des Morgens um sechs Uhr zu Kohlrausch, arbeitet hier oder schwatzt. Um neun Uhr kommt er zu mir hinüber, und wir frühstücken zusammen. Er rechnet noch wie ehemals beständig sein Vermögen durch, und nach seinen Rechnungen hat er immer nichts ausgegeben. Aber ich meine doch, es muß anders sein. Schreibe ihm ja einen ernsthaften Brief über seine Lage, wie Du sie ansiehst; er hat doch im Grunde des Herzens einen tiefen Respekt vor Dir.»

Ob Wilhelm seinem Bruder wirklich den Kopf zurechtgesetzt hat, wissen wir nicht. Immerhin notierte Alexander ein Jahr später lakonisch, man glaubt das Achselzucken förmlich zu sehen:

«Ich habe auf der Tropenreise insgesamt ausgegeben *33 500* Taler und überdies in Vorschüssen für Don Carlos Montúfar verloren 5000 Taler.»

Die *Schriftstellerei* gewann ihm nichts zurück, wie er sich in den Anden von Quito ausgerechnet hatte; sie wurde im Gegenteil der wirkliche Ruin seines finanziellen Glücks.

Im Laufe vieler Pariser Jahre wuchs aus den Ergebnissen der Reise ein Riesenwerk von vierunddreißig Bänden hervor, mit 1434 Kupfertafeln prachtvoll ausgestattet. Zur Bearbeitung der Berge gesammelter Materialien, der Datenflut von Messungen und statistischen Erhebungen und der Fülle von Skizzen zog Humboldt Wissenschaftler vieler Spezialdisziplinen heran, Maler, Zeichner, Kupferstecher. Es entstand unter seiner Federführung ein wissenschaftliches Gemeinschaftswerk, wie es die Welt bis dahin nicht kannte, und das kostbarste, das je von einem Privatmann herausgegeben wurde. Die Herstellung fraß die ungeheure Summe von 780 000 Francs gleich 208 000 Taler. Für ein ungebundenes Gesamtexemplar mußte der Käufer 9574 Francs gleich 2553 Taler bezahlen, für ein gebundenes rund acht Prozent mehr. Wahrhaft vernichtende Aussichten für gewinnträchtigen Absatz! Die Verleger strichen einer nach dem anderen die Segel, einer machte regelrecht Bankrott. Humboldt lief sich zwischen den Gläubigern, den Gerichten und Anwaltbüros die Füße wund, um sein Werk aus der Konkursmasse zu retten.

«Ich sehe nichts anderes mehr, ich träume nur noch von den Gesichtern der Richter, bleich, unbewegt und gepudert. Ich habe gefleht, geweint, geschmeichelt, die garstigsten Kinder umarmt, die Hunde gestreichelt, die mich bissen.»

Jahre gingen darüber hin, das Knäuel der Rechtsstreitigkeiten zu entwirren und sich auf die Bedingungen zu verständigen, unter denen ein neuer Verleger die Konkursmasse erwarb und die Herausgabe fortgesetzt werden konnte. Humboldt übertrieb nicht, als er sagte, man habe ihn *wie einen Neger verkauft.*

Er opferte zur Deckung der enormen Herstellungskosten nach und nach sein ganzes Vermögen und damit seinen wertvollsten Besitz: die Unabhängigkeit. Weder rastloses Schöpfertum noch Berühmtheit konnten das je wiedergutmachen. Nicht der reißende Absatz seines anderen großen Hauptwerkes *Kosmos* – er wurde an dem Verkaufserfolg nicht beteiligt, sondern erhielt ein Pauschalhonorar – und schon gar nicht die 5000 Taler Diäten jährlich, für die er, um nur die nötigsten Existenzmittel zu haben, in die Rolle des Gesellschafters zweier preußischer Könige willigen mußte. Die Darlehen, die ihm die Mendelssohns gewährten, belasteten zunehmend sein Gewissen, da er trotz härtester Arbeit bis ins neunzigste Jahr keine Aussichten restloser Zurückzahlung sah. In dem dringenden Bedürfnis, seinen Diener Seifert zufriedenzustellen, übertrug der greise *Waldmensch vom Orinoko* ihm in Form einer Schenkung fast seine ganze sachliche Habe und wahrte für sich nur das Recht auf lebenslänglichen Nießbrauch. Der gerichtliche Vertrag ist vom 25. November 1858. Kein halbes Jahr später, am 6. Mai 1859, schloß Alexander von Humboldt die Augen. Die Schuld bei den Mendelssohns betrug noch 1300 Taler.

Fassungslos glaubt man sich in die Fabel eines Trivialromans verirrt: An einem Sommertag teilen in Dresden zwei Brüder ihr mütterliches Erbe; der eine, unser Held, benutzt, was ihm die Tote hinterließ, um der abhängigen Laufbahn zu entfliehen, zu der ihn die Lebende bestimmte; die Unabhängigkeit genießend, vergeudet er in Eitelkeit sein Erbteil für ein menschheitsdienliches Werk und muß darum schließlich doch den Willen der Erblasserin erfüllen und in der Abhängigkeit enden; es preßt dem Publikum die Tränen ab: nicht nur abhängig von dem königlichen Herrn, dem er dient, sondern auch von dem Diener, dem er Herr ist!

Die Reisebeschreibung

«Havanna, den 21. Februar 1801. – Meine Idee ist, da meine Reise so viele Gegenstände umfaßt, welche unmöglich denselben Leser interessieren können, die Beobachtungen in verschiedenen Teilen dem Publikum vorzulegen, als zum Beispiel eine eigentliche Reise, physisch-moralisch, bloß die allgemeinen Verhältnisse schildernd, das, was jeden gebildeten Menschen interessiert.»

Das Ergebnis dieser Überlegung, der streng wissenschaftlichen Auswertung eine erzählende Beschreibung des Reiseverlaufs und des in fünf Jahren Erlebten einzugliedern, waren schließlich drei umfangreiche Bände, die sogenannte *Relation historique*. Doch nur die ersten beiden Reisejahre fanden darin ihren Niederschlag: die Atlantiküberquerung via Teneriffa, die Exkursionen im heutigen Venezuela, der erste Besuch Kubas und die Rückkehr von der Insel auf das südamerikanische Festland. Und dabei ist es geblieben! Der unermüdliche Schreiber Humboldt hat nie wieder zur Feder gegriffen, um die *Relation historique* fortzusetzen oder gar zu vollenden.

Der Hauptgrund muß in den chaotischen Umständen gesehen werden, unter denen sich die Herausgabe des gesamten Reisewerkes hinschleppte. Als 1831 die letzte Lieferung zum dritten Band der *Relation historique* erschien, lag schon die andere große, die russisch-sibirische Expedition hinter Humboldt. Gewiß, gar nichts konnte der amerikanischen Reise ihren ersten Platz in seinem Dasein streitig machen; kein Tag, an dem nicht aus seinem phänomenalen Gedächtnis die lebendigsten Erinnerungen sich auf die Zunge drängten; keine andere Publikation, wovon sie auch handelte, in die nicht die Tropenerfahrung so oder so einfloß. Aber direkt fortzufahren in der Geschichte einer Reise, die bereits *Geschichte* war, das hätte die sträflichste Vernachlässigung der aktuellen Aufgaben bedeutet. Und so endet denn die *Relation historique* unvollendet mit dem 20. April 1801 und genau an dem Punkt, an dem die Reise einen fulminanten Neubeginn hatte mit der Flußfahrt auf dem Río Magdalena, dem Vorspiel zum Aufstieg in die bebende Andenwildnis.

Für die deutschsprachigen Leser trat zu dieser Kalamität noch die andere, daß sie sehr lange auf eine angemessene Übersetzung warten mußten. Man hat es Humboldt seinerzeit oft vorgeworfen, daß er sein großes Reisewerk französisch erscheinen ließ. Aber Französisch gehörte nun einmal zu den vorrangigen Wissenschaftssprachen der Zeit. Und für Humboldt war es zudem die alltägliche Verkehrssprache, denn zur Ausarbeitung des voluminösen Werkes konnte sein Platz nur in Paris sein. Nirgendwo anders, zuallerletzt in Preußisch-Berlin, hätte er ähnlich gute wissenschaftliche, künstlerische und technische Voraussetzungen gefunden. «Ich habe», sagte er, «immer nach dem Grundsatz gehandelt, in der Sprache zu schreiben, die um mich her gesprochen wird, weil über allem das Wort belebt.»

Die erste – und einzige *vollständige* – deutsche Übersetzung der *Relation historique* erschien von 1815 bis 1832 in der Cotta'schen Verlagsbuchhandlung Stuttgart und Tübingen. Humboldt war schockiert. Niemand hatte ihn gefragt. Der Titel verschwieg, daß es eine Übertragung aus dem Französischen war und wer sie vorgenommen hatte. Die Leser mußten ihn selber für den Bearbeiter dieser deutschen Ausgabe halten. Er fühlte sich tief gekränkt in seinen Persönlichkeitsrechten und fand keine Erklärung dafür, wie der erfahrene Johann Friedrich von Cotta, der Verleger Goethes und Schillers, und die Witwe Georg Forsters, von der die Übersetzung in der Hauptsache stammte, so über seinen Kopf hinweg handeln konnten. Aus Rücksicht auf beide hat er die geschaffenen Tatsachen lange Zeit schlicht ignoriert und erst nach dem Tod von Therese Forster-Huber und Cotta senior seinem Ärger Luft gemacht: Seine Reisebeschreibung hätte «eine geschmackvollere Übersetzung» verdient als diese «elende», die «in wissenschaftlicher Hinsicht ganz inkorrekt, in ästhetischer lahm und dabei auf sehr unerfreulichem Papier ist», ein «trauriges, ungelesenes» Buch, diese «so schlechte Übersetzung der Madame Forster».

Die Übertragung wird kaum noch benutzt. Nicht, weil sie so elend wäre, wie Humboldt sie in begreiflichem Unmut gemacht hat. Aber sie steht, mit sehr wenigen Exemplaren, nur noch in großen Bibliotheken und ist für die Allgemeinheit praktisch unerreichbar.

Erst 1859 begann, wiederum bei Cotta, eine zweite deutsche Übersetzung zu erscheinen. Sie trägt den Titel: *Alexander von HUMBOLDT'S Reise in die Aequinoctial-Gegenden des neuen Continents. In deutscher Bearbeitung von Hermann HAUFF.* Und der Bruder des Märchendichters durfte hinzufügen: *Nach der Anordnung und unter Mitwirkung des Verfassers. Einzige von A. v. Humboldt anerkannte Ausgabe in deutscher Sprache.* Das Vorwort gar ist von Humboldt selbst; er schrieb es am 26. März 1859, wenige Wochen vor dem Tod.

Der Verlag hatte von vornherein an eine nur auszugsweise Übersetzung gedacht und auf entsprechende Anfrage von Humboldt zur Antwort bekommen: «Ich bin der Idee des Auszugs gar nicht entgegen, wenn mit derselben Sachkenntnis, die sich so schön und geschmackvoll im Ausland erweist, alle allgemeinen physikalischen Ansichten gerettet und nur die Zahlen, Tabellen, großen mineralogischen und meteorologischen Stücke abgeschnitten werden.»

In dieser auszugsweisen Gestalt, unbelastet von den allzu speziellen wissenschaftlichen Partien, wurde die Reisebeschreibung zum großen Lektüreerlebnis für die deutschsprachigen Leser. Alle späteren Publikationen, ob des Ganzen oder einzelner Abschnitte, wie etwa des beliebten Orinoko-Abenteuers, bedienten sich der Fassung Hauffs, auch dieser Ausgabe liegt sie mit zugrunde.

Allerdings nahm Hauff auch eine sehr fatale, nicht autorisierte Kürzung vor. Bei ihm endet die ohnehin unfertige *Relation historique* schon mit der ersten Ankunft Humboldts und Bonplands in Havanna, und damit fehlt seiner Übersetzung das berühmte Kapitel über die Sklaverei, auf das Humboldt «eine weit größere Wichtigkeit als auf die mühevollen Arbeiten astronomischer Ortsbestimmungen, magnetischer Intensitätsversuche oder statistischer Angaben» legte. Humboldt wäre gegen die Eigenmächtigkeit Cottas und Hauffs ganz sicher eingeschritten; doch als sie 1860 mit dem Erscheinen des letzten Bandes offenbar wurde, ruhte er schon zu Seiten Wilhelms und Carolines unter Thorwaldsens Statue *Die Hoffnung* im Park von Tegel.

Die Reisetagebücher

Humboldt hat sich mit dem unfertigen Zustand der *Relation historique* niemals abfinden wollen. Noch den Achtzigjährigen bedrückte das moralische Gebot, den fehlenden Teil nicht schuldig zu bleiben. Und wer sollte später einmal, nach ihm, seine handschriftlichen Aufzeichnungen von unterwegs entziffern! 1849 schrieb er an Cotta:

«Diese Vollendung ist eine Gewissenssache, das Wichtigste von allem, was ich vorhabe und besitze. Es ist die Beschreibung gefahrvoller Reisen in den Kordilleren, die verlorengeht, wenn ich die Redaktion von drei Foliobänden Manuskript (spanisch, französisch, deutsch, auch lateinisch teilweise geschrieben), oft verworren und unleserlich, nicht selbst vollende.» Er wiederholte: «Es ist das Wichtigste, das ich dem Publikum noch anzubieten habe.» Und ein drittes Mal: «Meine übrigbleibende wichtigste literarische Lebensfrage!»

Er hat sie nicht mehr bewältigt, die Fortsetzung der *Relation historique* blieb ungeschrieben.

Aber wir besitzen ihre unersetzliche Quelle, die insgesamt neun amerikanischen Reisetagebücher. Humboldt hatte nachdrücklich verfügt, sie sollten nach seinem Tod der Berliner Sternwarte *gehören*. Man kennt bei ihm so manchen testamentarischen Sinneswandel, doch in diesem Punkt ist sein letzter Wille glücklicherweise fest geblieben. Man stelle sich vor, die Tagebücher wären in die Schenkung an seinen Diener geraten! Sie hätten leicht das Schicksal der siebzehntausendbändigen Bibliothek geteilt, die von Seifert verkauft und nach London weiterverhökert wurde, wo sie schließlich versteigert werden sollte und bei einem Großfeuer im Auktionshaus bis auf kärgliche Überreste in Flammen aufging. Seit 1958 sind die Tagebücher Besitz der Deutschen Staatsbibliothek Unter den Linden, und so ist ihr heutiger Aufbewahrungsort nur wenige Ecken entfernt von der Oranienburger Straße, wo sie einst, im zweiten Stockwerk eines kleinen Hauses mit der Nummer 67, Humboldt in seinen Pappkästen aufgehoben hat.

Ein Jahrhundert nach Humboldts Tod konnte endlich mit ihrer Transkription und so mit der Erschließung ihres Inhalts begonnen werden. Eine unsäglich mühevolle Aufgabe. Selbst Humboldts zu Hause geschriebene Manuskripte pflegten nach seinem eigenen Befund auszusehen wie ein *vielfach geflicktes Lumpenkleid*; die Setzer damals hielten oft regelrechte Rätselstunden ab. Und diese Tagebücher waren unterwegs geschrieben, im Einbaum, im Sattel, übermüdet, von Myriaden Mücken gequält. Man werfe nur einen Blick auf die hier vorgestellten Faksimiles, auf die winzigen Krakelfüße, die in immer steiler ansteigenden Zeilenbahnen von einer Ecke in die andere krabbeln, auf die abenteuerlichen Abkürzungen von Wörtern und Sätzen. Die Reisetagebücher sind ein Buch mit sieben Siegeln.

Die Umschrift liegt vor: 4100 Schreibmaschinenseiten! Sie wurde – im Auftrag und unter Leitung der Alexander-von-Humboldt-Forschungsstelle der Akademie der Wissenschaften der DDR – von Frau Gisela Lülfing geleistet und ist der Bewunderung so würdig wie das Werk, dem sie dient. 1982 erschien als erste Frucht im Akademie-Verlag Berlin: *Alexander von Humboldt, Lateinamerika am Vorabend der Unabhängigkeitsrevolution. Eine Anthologie von Impressionen und Urteilen, aus seinen Reisetagebüchern zusammengestellt und erläutert durch Margot Faak. Mit einer einleitenden Studie von Manfred Kossok.* Und 1986, mehr als anderthalb Jahrhunderte nach dem letzten Band der unvollendeten *Relation historique*, legte der Akademie-Verlag ihre Fortsetzung vor unter dem Titel: *Alexander von Humboldt, Reise auf dem Río Magdalena, durch die Anden und Mexico. Teil I: Texte. Aus seinen Reisetagebüchern zusammengestellt und erläutert durch Margot Faak. Mit einer einleitenden Studie von Kurt-R. Biermann.* Die von der Forschungsstelle zu beiden Bänden geschaffene Bearbeitung der Transkription ist die Gestalt, in welcher der Herausgeber des hier präsentierten Buches die Humboldtschen Reisejournale benutzen durfte. Und so fügt diese Ausgabe nun, in Auswahl, die *Relation historique* und ihre Tagebuchfortsetzung zusammen und bietet damit breiten Leserkreisen zum ersten Male überhaupt Humboldts Wiederentdeckung Amerikas als ein geschlossenes Ganzes aus seiner Feder dar.

Gleichwohl wird man einen Bruch bemerken, der unvermeidlich zwischen den Teilen, die der *Relation historique* entstammen, und den unmittelbaren Tagebuchauszügen verläuft. In ersteren stößt man zuweilen auf Daten und Begebnisse, die oft weit nach der Reise liegen, da Humboldt stets den neuesten zeitgenössischen Stand des Wissens und der politischen Situation eingearbeitet hat. So zum Beispiel die lateinamerikanische Unabhängigkeit, die, als er reiste, von den Kolonien noch nicht errungen, aber zum Zeitpunkt der Niederschrift des letzten Bandes der *Relation historique* für alle bereisten Gebiete, außer Kuba, bereits geschichtliche Tatsache war. Dafür atmen die Tagebuchauszüge in einzigartiger Weise die Frische des Augenblicks; ihre Sprache ist frei von zeitbedingten Rücksichten auf Personen und Umstände, wie Humboldt sie sich im gedruckten Werk auferlegen mußte, und er scheut Wörter und Wendungen nicht, die seinerzeit als nicht druckfähig galten. Wir erkennen seinen jugendlichen, stets raschen, entschlossenen Zugriff nach dem interessierenden Gegenstand und seine Fähigkeit, die eben erfahrene Einzelheit sofort in den größeren Zusammenhang zu stellen. Und gleichermaßen sehen wir ihn um Selbstverständigung ringen und werden Zeuge des ergreifenden Moments der Überwältigung durch das Erlebte.

Der Reisebeginn

Es war weder Absicht noch Aufgabe des Herausgebers, in dieser Einleitung Humboldts Lebensleistung zu würdigen. Bei dem knappen Raum, der zur Verfügung steht, hätte das eine Höhe der Verallgemeinerung bedingt, auf der die bestimmten Merkmale der Persönlichkeit zu einem allgemeinmenschlichen Inhalt verschwimmen, der sie vernichtet. Nur von einem neugierigen jungen Mann, der sich etwas in den Kopf gesetzt hat, sollte die Rede sein; von einigen Folgen seiner Neugier, die der breiten Öffentlichkeit bisher wenig oder gar nicht bekannt sind; von Nachrichten, warum seine blauen, gelben, roten Hefte uns so spät erst ihren Inhalt preisgeben. Allerdings im Vertrauen auf die Binsenwahrheit, daß meist wenige, bemerkenswert gesetzte Punkte genügen, um in unserem Bewußtsein deutlich nuancierte Verkettungen von Kenntnissen und Assoziationen auf ein phantasievoll vorgestelltes Ganzes hinzulenken.

Die großen Reisen beginnen nicht erst mit dem Aufbruch, und auch die lange zurückliegenden *entfernten Pläne* haben ihre Vorgeschichte, den Grundanfang weiß niemand. Auf der Suche nach dem bestimmten Moment, in dem es Ernst wird, entscheiden wir uns für den 20. Oktober 1798, den Tag der Abreise von Paris. Der Eilpostwagen nach Lyon stand bereit:

«Ich war mit Arbeiten bis in den letzten Augenblick überhäuft, aber meine Stimmung blieb heiter. Ich trat nie eine Reise mit so gutem Mute an. Diese Stimmung verdanke ich größtenteils meinem Bruder und der Li. Fremde Stärke erhebt. Der Abschied war tief empfunden. Als Li den Kleinen zu mir emporhob, hätte ich fast die Haltung verloren. Aber es war nur auf einen Augenblick. Wir blieben alle, wie man in solchen Augenblicken des Lebens sein soll. Ich sah mir Bonpland an, mit dem ich eine so weite Reise unternehmen sollte. Welche Verheiratung.

Die Diligence fuhr fort. Meine Augen sahen Wilhelm am längsten. Er sah sehr heiter aus, und das tat mir unendlich wohl. Die letzte Miene eines Menschen ist so wichtig für den Eindruck, den er zurückläßt. Wessen Leben, wie das meinige, ein ewiges Anknüpfen und Trennen ist, fühlt das so tief.

Bis Lyon brauchten wir vier Nächte, von denen wir eine (die erste) im Wagen zubrachten. Elende Gesellschaft. Bowin, ein Branntweinhändler aus Montpellier, wie es schien sehr reich, aber so geizig als sinnlich. Er wußte nie, ob er essen oder fasten sollte. Den 21. mittags in Auxerre, abends in Lucie-le-Bois. Von Auxerre an bis Chalon begleitete uns ein junger Kaufmann aus Solingen, der alle Jacobis dem Namen nach kannte und immer Tabak schmauchte. 22. mittags in Saulieu, abends in Arnay-le-Duc. Ein Mensch mit Klumpfüßen, der sich immer die Lenden puffte und von seinen Eroberungen sprach. Er kannte das ganze Nationalinstitut, alle Pflanzen und Insekten der Welt. Er sprach von Gazellen und Rehen, die er in Vivarais geschossen. Kasuare sollten in den Cevennen sehr gemeine Vögel sein. Als ihn der Branntweinbrenner fragte, was eine Gazelle für ein Tier sei, sagte er, sie habe vier Hörner und gleiche dem wilden Schwein, das bisweilen auch gehörnt sei, vorzüglich in den Pyrenäen!

23. abends in Mâcon. Auf der Saône; eine Dame, deren Eroberung der Klumpfuß machte. Sie war in allen Departements umhergereist, kannte alle Armeen und war erst neunzehn bis zwanzig Jahre alt. Am 25. morgens zwei Uhr fuhren wir von Lyon weg. Ein junger Neufchâteler Kaufmann und ein alter Kerl mit einer wahren Spitzbubenphysiognomie begleiteten uns. Wir aßen mittags in dem schweinischen Péage, abends in Valence. Hier vergaß uns der Conducteur und fuhr mit der leeren Diligence weg. Wir mußten von zwölf bis zwei Uhr eine Meile weit bis zur Paillasse nachlaufen. Zum Glück war es Mondschein. Am 27. abends um sechseinhalb Uhr trafen wir in Marseille ein.

Am 28. (Hôtel des ambassadeurs) brachten wir den Morgen nicht ohne Unruhe mit Visitieren der Pässe zu. Der Commissaire des relations extérieurs hob bald unsere Besorgnisse. Der preußische Konsul Sauvages aus Prenzlau visierte mit großer Mühe meinen Paß. Eine echt preußische Tournure, unbekannt mit allen Berliner Verhältnissen, aber voll von den Exzellenzen, die er aus dem Kalender auswendig gelernt.

Am 29. packten wir die Instrumente aus, ein fürchterlicher Anblick, der Theodolit in Stücken, ebenso das Éboulοir und fast alle Thermometer. Ich war einige Stunden lang beschäftigt, zerbrochene Instrumente auszupacken. Bonpland verlor mehr den Mut als ich. Ein Spaziergang am Hafen ließ mich alles vergessen.

Bei Tisch fanden wir unter zwanzig Personen acht bis zehn, die deutsch sprachen. Die Elsässer stritten sich mit den Lothringern, wer die angenehmere Aussprache habe, und ein Leipziger Jude, der lange in der Spandauer Straße in Frankfurt an der Oder gewohnt haben wollte, wurde als Sachse zum Schiedsrichter aufgerufen. Ein Scharlatan, der Hühneraugen schneidet, trat herein. Auch er war ein Deutscher aus Bamberg. Kann man doch nie seinen Mist vergessen.»

Wie oft mag er von der gemischten Gesellschaft nach seinem Reiseziel gefragt worden sein und für die Antwort ein ungläubiges Lächeln geerntet haben. Zu Lebzeiten der Majorin Humboldt hing in ihrer Schlafstube eine Kinderzeichnung Alexanders von Amerika und Australien mit der Überschrift: *Halbkugel der Neuen Welt.*

Paul Kanut Schäfer

Erstes Kapitel

Anker auf!

Wir verließen Madrid gegen Mitte Mai 1799. Wir reisten durch einen Teil von Altkastilien, durch das Königreich León und Galicien nach La Coruña, wo wir uns nach der Insel Kuba einschiffen sollten. In Coruña angelangt, fanden wir den Hafen von zwei englischen Fregatten und einem Linienschiff blockiert. Brigadier Don Rafael Clavijo, der seit kurzem die Oberaufsicht über die Seeposten hatte, bot alles auf, uns den Aufenthalt im Hafen angenehm zu machen, und gab uns den Rat, uns auf der Korvette *Pizarro* einzuschiffen, die nach Havanna und Mexiko ging. Der *Pizarro* galt für keinen guten Segler, aber durch einen glücklichen Zufall war er vor kurzem auf seiner langen Fahrt vom Río de la Plata nach Coruña den kreuzenden englischen Fahrzeugen entgangen.

Die Einschiffung verzögerte sich nur zehn Tage, dennoch kam uns der Aufenthalt gewaltig lang vor. Die Wellen gingen hoch, weil auf offener See ein heftiger Wind wehte, die englischen Schiffe mußten sich von der Küste entfernen. Man wollte die Gelegenheit zum Auslaufen nutzen; man schiffte alsbald unsere Instrumente, unsere Bücher, unser ganzes Gepäck ein; aber der Westwind wurde immer stärker, man konnte die Anker nicht lichten. Wir benutzten den Aufschub, um an unsere Freunde in Deutschland und Frankreich zu schreiben. Der Augenblick, da man zum erstenmal von Europa scheidet, hat etwas Ergreifendes. Wenn man sich noch so bestimmt vergegenwärtigt, wie stark der Verkehr zwischen den beiden Welten ist, wie leicht man bei den großen Fortschritten der Schiffahrt über den Atlantischen Ozean gelangt, der, verglichen mit der Südsee, ein nicht sehr breiter Meeresarm ist – das Gefühl, mit dem man zum erstenmal eine weite Seereise antritt, hat immer etwas tief Aufregendes. Es gleicht keiner der Empfindungen, die uns von früher Jugend auf bewegt haben. Getrennt von den Wesen, an denen unser Herz hängt, im Begriff, gleichsam den Schritt in ein neues Leben zu tun, ziehen wir uns unwillkürlich in uns selbst zusammen, und über uns kommt ein Gefühl des Alleinseins, wie wir es nie empfunden.

Ein dichter Nebel, der den Horizont bedeckte, verkündete endlich die sehnlich erwartete Änderung des Wetters. Am 4. Juni abends drehte der Wind nach Nordost. Am 5. ging der *Pizarro* wirklich unter Segel, obgleich wenige Stunden zuvor die Nachricht angelangt war, ein englisches Geschwader sei vom Wachtposten Sisarga signalisiert worden und scheine nach der Mündung des Tajo zu segeln. Die Leute, die unsere Korvette den Anker lichten sahen, äußerten laut, ehe drei Tage vergingen, wären wir aufgebracht und mit dem Schiff, dessen Los wir teilen müßten, auf dem Weg nach Lissabon. Diese Prophezeiung beunruhigte uns um so mehr, als wir in Madrid Mexikaner kennengelernt hatten, die sich dreimal in Cádiz nach Veracruz eingeschifft hatten, jedesmal aber fast unmittelbar vor dem Hafen aufgebracht wurden und über Portugal nach Spanien zurückgekehrt waren.

Bei Einbruch der Nacht wurde die See sehr unruhig und der Wind bedeutend frischer. Wir steuerten gegen Nordwest, um nicht den englischen Fregatten zu begegnen, die, wie man glaubte, in diesen Strichen kreuzten. Gegen neun Uhr sahen wir das Licht in einer Fischerhütte von Sisarga – das letzte, was uns von der Küste Europas zu Gesicht kam. Mit der zunehmenden Entfernung verschmolz der schwache Schimmer mit dem Licht der Sterne, die am Horizont aufgingen, und unwillkürlich blieben unsere Blicke daran hängen. Dergleichen Eindrücke vergißt nie, wer eine Seereise in einem Alter antritt, in dem die Empfindung noch ihre volle Kraft und Tiefe besitzt. Welche Erinnerungen werden in der Einbildungskraft wach, wenn so ein leuchtender Punkt in finsterer Nacht, der von Zeit zu Zeit aus den bewegten Wellen aufblitzt, die Küste des Heimatlandes bezeichnet!

Unter afrikanischem Himmel

Wir brauchten zur Überfahrt von La Coruña nach den Kanarischen Inseln dreizehn Tage. Wir wurden nicht satt, die Pracht der Nächte zu bewundern. Nichts geht über die Klarheit und Heiterkeit des afrikanischen Himmels. Wir wunderten uns über die ungeheure Menge von Sternschnuppen, die jeden Augenblick niedergingen. Je weiter wir nach Süden gelangten, desto häufiger wurden sie.

Am 19. Juni morgens sahen wir den Berggipfel Naga, aber der Pik von Teneriffa blieb fortwährend unsichtbar. Das Land trat nur undeutlich hervor, ein dicker Nebel verwischte alle Umrisse. Als wir uns der Reede von Santa Cruz näherten, bemerkten wir, daß der Nebel, vom Winde getrieben, auf uns zukam. Wir warfen Anker, nachdem wir mehrmals das Senkblei ausgeworfen; denn der Nebel war so dicht, daß man kaum auf ein paar Fadenlängen sah. Aber eben, da man anfing, den Platz zu salutieren, zerstreute sich der Nebel völlig, und es erschien der Pik de Teide in einem freien Stück Himmel über den Wolken, und die ersten Strahlen der Sonne, die für uns noch nicht aufgegangen war, beleuchteten den Gipfel des Vulkans. Wir eilten eben aufs Vorderdeck der Korvette, um dieses herrlichen Schauspieles zu genießen, da signalisierte man vier englische Schiffe, die seitwärts lagen, unserem Hinterteil ganz nahe. Wir waren unbemerkt an ihnen vorbeigesegelt, und derselbe Nebel, der uns den Anblick des Piks entzogen, hatte uns der Gefahr entrückt, nach Europa zurückgebracht zu werden. Welch großer Schmerz wäre es für Naturforscher gewesen, die Küste von Teneriffa schon gesehen zu haben und den von Vulkanen zerrütteten Boden nicht betreten zu dürfen.

Alsbald hoben wir den Anker, und der *Pizarro* näherte sich dem Fort, um unter dessen Schutz zu kommen. Hier auf dieser Reede, als zwei Jahre vor unserer Ankunft die Engländer zu landen versuchten, riß eine Kanonenkugel Admiral Nelson den Arm ab.

Der Generalstatthalter der Kanarischen Inseln schickte unserem Kapitän den Befehl, nunmehr die Staatsdepeschen für die Kolonien, das Geld an Bord und die Post an Land schaffen zu lassen. Lange und mit Ungeduld warteten wir auf die Erlaubnis seitens des Generalstatthalters, selber an Land gehen zu dürfen.

Das erste, was uns zu Gesicht kam, war ein hochgewachsenes, sehr gebräuntes, schlecht gekleidetes Frauenzimmer, das die Capitana hieß. Seit undenklichen Zeiten herrscht nämlich in Santa Cruz die Sitte, daß unter den Freudenmädchen die ältesten und verschlagensten eine Art Direktion über die übrigen behaupten. Da alle eine Art Corps bilden, das gleichsam zum Seedienst bestimmt ist, so nennen diese ältesten sich die Capitana der übrigen. Eine oder zwei derselben präsentieren sich am Ufer sogleich dem ankommenden Seeoffizier, sie entwickeln sehr beredt, wie sie kraft ihrer Würde alle Unordnungen, die trunkene Matrosen erregen, verhüten können. Sie bitten um Erlaubnis, ihre Gesellschaft zur Erlustigung der Matrosen selbst an Bord zu führen oder wenigstens einige der letzteren abzuholen. In der Tat üben diese Geschöpfe eine Art Polizei aus, die den Schiffskapitänen oft nützlich wird. Sie verhüten nicht nur das Ausbleiben der Matrosen, die vor dem Morgengebet an Bord sein müssen, sie zeigen sogar jeden Pflichtvergessenen an. Sie haben durch die vielen Mädchen, die in ihren Diensten stehen, eine so ausgebreitete Wirksamkeit, daß ein Seeoffizier sich oft an die Capitana wendet, um einen ausgebliebenen Matrosen auszukundschaften. Sie dienen auch zu Kommissionären beim Einkauf kleiner Bedürfnisse, und alle diese nützlichen Eigenschaften machen, daß fast jeder ankommende Schiffskapitän sie beschenkt.

Santa Cruz de Tenerife ist eine ziemlich hübsche Stadt mit achttausend Einwohnern. Mir ist die Menge von Mönchen und Weltgeistlichen, welche die Reisenden in allen Ländern unter spanischem Szepter sehen zu müssen glauben, gar nicht aufgefallen. Ich halte mich auch nicht damit auf, die Kirchen zu beschreiben, die Bibliothek der Dominikaner, die kaum ein paar hundert Bände zählt, den Hafendamm, wo die Einwohnerschaft abends zusammenkommt, um der Kühle zu genießen. Der Hafen von Santa Cruz ist eigentlich eine große Karawanserei auf dem Wege nach Amerika und Indien. Fast alle Reisebeschreibungen beginnen mit einer Schilderung von Madeira und Teneriffa.

Der erste Vulkan

Der Kapitän der Korvette hatte zwar Befehl, so lange zu verweilen, daß wir die Spitze des Piks de Teide besteigen könnten; man gab uns aber zu verstehen, wegen der Blockade der englischen Schiffe dürften wir nur auf einen Aufenthalt von vier, fünf Tagen rechnen. Wir eilten demnach, in den Hafen von Orotava zu kommen, der am Westabhang des Vulkans liegt und wo wir Führer finden sollten. In Santa Cruz konnte ich niemanden auffinden, der den Pik bestiegen gehabt hätte, und ich wunderte mich nicht darüber. Die merkwürdigsten Dinge haben desto weniger Reiz für uns, je näher sie uns sind. Ich kannte Schaffhauser, die den Rheinfall niemals in der Nähe gesehen hatten!

Der Boden der Kanarischen Inseln steigt amphitheatralisch auf und zeigt – wie Peru und Mexiko, wenn auch in kleinerem Maßstab – alle Klimate von afrikanischer Hitze bis zum Frost der Hochalpen. Wer Sinn für Naturschönheit hat, findet auf der köstlichen Insel Teneriffa noch kräftigere Heilmittel als das Klima. Kein Ort der Welt scheint mir geeigneter, die Schwermut zu bannen und einem schmerzlich ergriffenen Gemüt den Frieden wiederzugeben. Und solches bewirkt nicht allein die herrliche Lage und die reine Luft, sondern vor allem das Fehlen der Sklaverei, deren Anblick einen in beiden Indien so tief empört wie überall, wohin europäische Kolonisten ihre sogenannte Aufklärung und ihre Industrie getragen haben.

Wenn man ins Tal von Tacoronte hinabkommt, betritt man das herrliche Land, von dem die Reisenden aller Nationen mit Begeisterung sprechen. Ich habe im heißen Erdgürtel Landschaften gesehen, wo die Natur großartiger ist, reicher in der Entwicklung organischer Formen; aber nachdem ich die Ufer des Orinoko, die Kordilleren von Peru und die schönen Täler von Mexiko durchwandert, muß ich gestehen, nirgends ein so mannigfaltiges, so anziehendes, durch die Verteilung von Grün und Felsmassen so harmonisches Gemälde vor mir gehabt zu haben. Das Meeresufer schmücken Dattelpalmen und Kokosnußbäume; weiter oben stechen Bananengebüsche von Drachenbäumen ab, deren Stamm man ganz richtig mit einem Schlangenleib vergleicht. Die Abhänge sind mit Reben bepflanzt. Mit Blüten bedeckte Orangenbäume, Myrten und Zypressen umgeben Kapellen, die die Andacht auf freistehenden Hügeln errichtet hat. Überall sind die Grundstücke durch Hecken von Agave und Kaktus eingefriedet. Unzählige kryptogamische Gewächse, zumal Farne, bekleiden die Mauern, die von kleinen klaren Wasserquellen feucht gehalten werden. Im Winter, während der Vulkan mit Schnee und Eis bedeckt ist, genießt man in diesem Landstrich eines ewigen Frühlings. Leider steht der Wohlstand der Bevölkerung weder mit ihrem Fleiß noch mit der Fülle der Natur im Verhältnis. Die das Land bebauen, sind meist nicht die Eigentümer desselben; die Frucht ihrer Arbeit gehört dem Adel, und das Lehnssystem, das so lange ganz Europa unglücklich gemacht hat, läßt noch heute das Volk der Kanarien zu keiner Blüte gelangen.

Auf unserem Weg zum Hafen von Orotava kamen wir durch die hübschen Dörfer Matanza und Victoria. Diese beiden Namen findet man in allen spanischen Kolonien nebeneinander; sie machen einen widrigen Eindruck in einem Land, wo sonst alles Ruhe und Frieden atmet. Matanza bedeutet Schlachtbank, Blutbad, und schon das Wort deutet an, um welchen Preis der Sieg erkauft worden ist. In der Neuen Welt weist er gewöhnlich auf eine Niederlage der Eingeborenen hin; auf Teneriffa bezeichnet Matanza den Ort, wo die Spanier von denselben Guanchen geschlagen wurden, die man bald darauf auf den spanischen Märkten als Sklaven verkaufte.

Bereits am 21. Juni morgens waren wir auf dem Weg zum Gipfel des Vulkans. Von der Stadt gelangten wir auf einem schmalen, steinigen Pfad durch einen schönen Kastanienwald in eine Gegend, die mit einigen Lorbeerarten und der baumartigen Heide bewachsen ist. Auf diese Region folgt die der Farne, und über ihr kommt man durch ein Gehölz von Wacholderbäumen und Tannen, das durch die Stürme sehr gelitten hat. Es ging immer aufwärts bis zum Felsen Gayta oder Portillo; hinter diesem Engpaß, zwischen zwei Basalthügeln, betritt man die große Ebene des Ginsters. Wir brauchten gegen zweieinhalb Stunden, um über diese Ebene zu kommen, die nichts ist als ein ungeheures Sandmeer. Wir litten sehr unter dem erstickenden Bimssteinstaub, in den wir fortwährend gehüllt waren.

Bis zum Anfang der großen Ebene des Ginsters ist der Pik von Teneriffa mit schönem Pflanzenwuchs überzogen, und nichts weist auf Verwüstungen in neuerer Zeit hin. Man meint einen Vulkan zu ersteigen, dessen Feuer lange erloschen ist. Kaum hat man die mit Bimsstein bedeckte Ebene betreten, so nimmt die Landschaft einen ganz anderen Charakter an; bei jedem Schritt stößt man auf ungeheure Obsidianblöcke, die der Vulkan ausgeworfen hat. Alles ringsum ist öd und still; ein paar Ziegen und Kaninchen sind die einzigen Bewohner dieser Hochebene.

Über dieser Region kamen wir durch enge Schründe und kleine, sehr alte, vom Regenwasser ausgespülte Schluchten zuerst auf ein höheres Plateau und dann an den Ort, wo wir die Nacht zubringen sollten. An diesem Platz, der mehr als 2982 Meter über der Küste liegt, bilden zwei überhängende Felsen eine Art Höhle, die Schutz gegen den Wind bietet. Wir hatten noch nie eine Nacht in so bedeutender Höhe zugebracht, und ich ahnte damals nicht, daß wir einst in Städten wohnen würden, die höher liegen als die Spitze des Vulkans, den wir morgen vollends besteigen sollten. Ein sehr starker Nordwind jagte die Wolken; von Zeit zu Zeit brach der Mond durch das Gewölk, und seine Scheibe glänzte auf tief dunkelblauem Grunde; im Angesicht des Vulkans hatte diese Szene etwas wahrhaft Großartiges. Der Pik verschwand bald gänzlich im Nebel, bald erschien er unheimlich nahe gerückt und warf wie eine ungeheure Pyramide seinen Schatten auf die Wolken unter uns.

Gegen drei Uhr morgens brachen wir beim trüben Schein einiger Kienfakkeln nach der Spitze des Pitón auf und gelangten nach zwei Stunden auf ein kleines Plateau. Hier halten sich die Neveros auf, das heißt die Eingeborenen, die gewerbsmäßig Schnee und Eis suchen und in den benachbarten Städten verkaufen. Wir bogen vom Weg ab, um die Eishöhle zu sehen, die 3456 Meter hoch liegt. Der Tag brach an, als wir die Eishöhle verließen. Da beobachteten wir in der Dämmerung eine Erscheinung, die auf hohen Bergen häufig ist, die aber bei der Lage des Vulkans besonders auffallend hervortrat. Eine weiße, flockige Wolkenschicht entzog das Meer und die niedrigen Regionen der Insel unseren Blicken. Die Wolken waren so gleichmäßig verbreitet und lagen so genau in einer Fläche, daß sie sich ganz wie eine ungeheure, mit Schnee bedeckte Ebene darstellten. Die kolossale Pyramide des Piks, die vulkanischen Gipfel der Inseln Lanzarote, Fortaventura und Palma ragten wie Klippen aus dem weiten Dunstmeer empor.

Wir hatten jetzt noch den steilsten Teil des Berges, der die Spitze bildet, den Pitón, zu ersteigen. Leider trug die Faulheit und der üble Wille unserer kanarischen Führer viel dazu bei, uns das Aufsteigen sauer zu machen. Sie waren träge zum Verzweifeln; sie setzten sich alle zehn Minuten nieder, um auszuruhen; sie warfen hinter unserem Rücken die Handstücke Obsidian und

Bimsstein weg, die wir sorgfältig gesammelt hatten, und es kam heraus, daß noch keiner auf dem Gipfel des Vulkans gewesen war.

Auf der Spitze des Pitón angelangt, wunderten wir uns nicht wenig, daß wir kaum Platz fanden, bequem niederzusitzen. Wir standen vor einer kleinen, kreisförmigen Mauer aus porphyrartiger Lava, die uns hinderte, in den Krater hinunterzusehen. Der Wind blies so heftig aus Westen, daß wir uns kaum auf den Beinen halten konnten. Es war acht Uhr morgens, und wir waren starr vor Kälte, obwohl das Thermometer etwas über dem Gefrierpunkt stand. Durch eine Lücke in der Brustwehr stiegen wir auf den Boden des Trichters hinab. Hitze war nur über einigen Spalten zu spüren, aus denen Wasserdampf mit eigentümlichem Summsen strömte.

Wir lagerten uns am äußersten Rand des Kraters und blickten zuerst nach Nordwesten, wo die Küsten mit Dörfern und Weilern geschmückt sind. Vom Winde fortwährend hin und her getriebene Dunstmassen zu unseren Füßen boten uns das mannigfaltigste Schauspiel. Der Hafen von Orotava, die darin ankernden Schiffe, die Gärten und Weinberge um die Stadt wurden durch eine Öffnung sichtbar, die jeden Augenblick größer zu werden schien. Aus diesen einsamen Regionen blickten wir nieder in eine bewohnte Welt; wir ergötzten uns am lebhaften Kontrast zwischen den dürren Flanken des Piks, seinen mit Schlacken bedeckten steilen Abhangen, seinen pflanzenlosen Plateaus und dem lachenden Anblick des bebauten Landes.

Umsonst verlängerten wir unseren Aufenthalt auf dem Gipfel und harrten des Moments, da wir den ganzen Archipel der glückseligen Inseln würden übersehen können. Der heftige kalte Wind, der seit Sonnenaufgang blies, zwang uns, am Fuße des Pitón Schutz zu suchen. Hände und Gesicht waren uns erstarrt, während unsere Stiefel auf dem Boden verbrannten. In wenigen Minuten waren wir am Fuße des Zuckerhuts, den wir so mühsam erklommen hatten. Diese Geschwindigkeit war zum Teil unwillkürlich, da man häufig in der Asche hinunterrutscht. Ungern schieden wir von dem einsamen Ort, wo sich die Natur in ihrer ganzen Großartigkeit vor uns auftut. Wir hofften, die Kanarischen Inseln noch einmal besuchen zu können, aber aus dem Plan wurde nichts, wie aus so vielen, die wir damals entwarfen.

Es gibt keine Guanchen mehr

Bevor ich die Alte Welt verlasse und in die Neue übersetze, habe ich einen Gegenstand zu berühren, der allgemeineres Interesse bietet, weil er sich auf die Geschichte der Menschheit und die historischen Verhängnisse bezieht, durch welche ganze Volksstämme vom Erdboden verschwunden sind. Auf Kuba, S. Domingo, Jamaika fragt man sich, wo die Ureinwohner dieser Länder hingekommen sind; auf Teneriffa fragt man sich, was aus den Guanchen geworden ist, deren in Höhlen versteckte, vertrocknete Mumien ganz allein der Vernichtung entgangen sind. Im 15. Jahrhundert holten fast alle Handelsvölker, besonders aber die Spanier und Portugiesen, Sklaven von den Kanarischen Inseln, wie man sie jetzt von der Küste von Guinea holt. Die christliche Religion, die in ihren Anfängen die menschliche Freiheit so mächtig förderte, mußte der europäischen Habsucht als Vorwand dienen. Jedes Individuum, das gefangen wurde, ehe es getauft war, verfiel der Sklaverei. Zu jener Zeit hatte man noch nicht zu beweisen gesucht, daß der Neger ein Mittelding zwischen Mensch und Tier sei; der gebräunte Guanche und der afrikanische Neger wurden auf dem Markt zu Sevilla miteinander verkauft, und man stritt nicht über die Frage, ob nur Menschen mit schwarzer Haut und Wollhaar der Sklaverei verfallen sollen.

Auf dem Archipel der Kanarien bestanden mehrere kleine, einander feindlich gegenüberstehende Staaten. Oft war dieselbe Insel zwei unabhängigen Fürsten untertan. Die Handelsvölker befolgten damals hier dieselbe arglistige Politik wie jetzt an den Küsten von Afrika: sie leisteten den Bürgerkriegen Vorschub. So wurde ein Guanche Eigentum des anderen, und dieser verkaufte jenen den Europäern; manche zogen den Tod der Sklaverei vor und töteten sich und ihre Kinder. So hatte die Bevölkerung der Kanarien durch den Sklavenhandel, durch die Menschenräuberei der Piraten, besonders aber durch lange blutige Zwiste bereits starke Verluste erlitten, als Alonso de Lugo sie vollends eroberte. Den Überrest der Guanchen raffte im Jahre 1494 größtenteils die berühmte Pest hin, die sogenannte Modorra, die man den vielen Leichen zuschrieb, die die Spanier nach der Schlacht bei Laguna hatten frei liegen lassen. Wenn ein halbwildes Volk, das man um sein Eigentum gebracht hat, im selben Land neben einer zivilisierten Nation leben muß, so sucht es sich in den Gebirgen und Wäldern zu isolieren. Inselbewohner haben keine andere Zuflucht. Und so war denn das herrliche Volk der Guanchen zu Anfang des 17. Jahrhunderts so gut wie ausgerottet; außer ein paar alten Männern in Candelaria und Guimar gab es keine mehr. Es ist Tatsache, daß gegenwärtig kein Eingeborener von reiner Rasse mehr lebt, und sonst ganz wahrheitsliebende Reisende sind im Irrtum, wenn sie glauben, bei der Besteigung des Piks schlanke, schnellfüßige Guanchen zu Führern gehabt zu haben.

Kurz nach der Entdeckung von Amerika, als Spanien den Gipfel seines Ruhms erstiegen hatte, war es Brauch, die sanfte Gemütsart der Guanchen zu rühmen, wie man in unserer Zeit die Unschuld der Bewohner von Tahiti gepriesen hat. Bei beiden Bildern ist das Kolorit glänzender als wahr. Die Einwohner der Inseln des Stillen Ozeans haben in mehr als einer Hinsicht Ähnlichkeit mit den Guanchen. Beide sehen wir unter dem Joch eines feudalen Regiments seufzen, und bei den Guanchen war diese Staatsform, welche so leicht Kriege herbeiführt und sie nicht enden läßt, durch Religion geheiligt. Die Priester sprachen zum Volk: «Achaman, der große Geist, hat zuerst die Edlen geschaffen und ihnen alle Ziegen der Welt zugeteilt. Nach den Edlen hat Achaman das gemeine Volk geschaffen; dieses jüngere Geschlecht nahm sich heraus, gleichfalls Ziegen zu verlangen; aber das höchste Wesen erwiderte, das Volk sei dazu da, den Edlen dienstbar zu sein, und habe kein Eigentum nötig.» Eine solche Überlieferung mußte den reichen Vasallen der Hirtenkönige ungemein behagen, auch stand dem Oberpriester das Recht zu, in den Adelsstand zu erheben, und ein Gesetz verordnete, daß jeder Edle, der sich herbeiließe, eine Ziege mit eigenen Händen zu melken, seines Adels verlustig sein sollte. Es befremdet, wenn man schon bei den Anfängen der Kultur die nützliche Beschäftigung mit Ackerbau und Viehzucht durch Verachtung gebrandmarkt sieht.

Das einzige Denkmal, das einiges Licht auf die Herkunft der Guanchen werfen kann, ist ihre Sprache. Leider sind uns aber nur etwa einhundertfünfzig Wörter erhalten. Außer diesen, die man sorgfältig sammelte, hat man in den Namen vieler Dörfer, Täler und Hügel wichtige Sprachreste vor sich. Die Guanchen wie alle sehr alten Völker benannten die Örtlichkeiten nach der Beschaffenheit des Bodens, den sie bebauten, nach der Gestalt der Felsen, deren Höhlen ihnen als Wohnstätten dienten, nach den Baumarten, welche die Quellen beschatteten.

Das Volk, das die Guanchen verdrängt hat, stammt von Spaniern und zu einem sehr kleinen Teil von Normannen ab. Die Kanarier, die bei den Spaniern schlechthin die Isleños heißen, sind ein redliches, mäßiges und religiöses Volk; zu Hause zeigen sie aber weniger Betriebsamkeit als in fremden Ländern. Ein unruhiger Unternehmungsgeist treibt diese Insulaner auf die Philippinen, auf die Marianen und in Amerika überall hin, wo es spanische Kolonien gibt. Ihnen verdankt man größtenteils die Fortschritte des Ackerbaus in den Kolonien. Der ganze Archipel hat kaum 160 000 Einwohner, und der Isleños sind vielleicht in der Neuen Welt mehr als in der alten Heimat.

Das Kreuz des Südens

Am 25. Juni abends verließen wir die Reede von Santa Cruz und schlugen den Weg nach Südamerika ein. Es wehte stark aus Nordost, und das Meer schlug infolge der Gegenströmungen kurze, gedrängte Wellen. Die Kanarischen Inseln, auf deren hohen Bergen ein rötlicher Dunst lag, verloren wir bald aus dem Gesicht. Nur der Pik blinkte von Zeit zu Zeit auf, wahrscheinlich, weil der in der hohen Luftregion herrschende Wind dann und wann die Wolken um den Pitón verjagte. Unsere Überfahrt von Santa Cruz nach Cumaná, dem östlichsten Hafen von Terra Firma, war so schön als je eine. Wir schnitten den Wendekreis des Krebses am 27. Juni, und obgleich der *Pizarro* eben kein guter Segler war, legten wir doch den 900 Meilen langen Weg von der Küste Afrikas zur Küste der Neuen Welt in zwanzig Tagen zurück. Unser Weg war derselbe, den seit Kolumbus' erster Reise alle Schiffe nach den Antillen einschlagen.

Seit unserem Eintritt in die heiße Zone wurden wir nicht müde, in jeder Nacht die Schönheit des südlichen Himmels zu bewundern, an dem, je weiter wir nach Süden vorrückten, immer neue Sternbilder vor unseren Blicken aufstiegen. Ein sonderbares, bis jetzt ganz unbekanntes Gefühl wird in einem rege, wenn man dem Äquator zu, und namentlich beim Übergang aus der einen Halbkugel in die andere, die Sterne, die man von Kindheit auf kennt, immer tiefer hinabrücken und endlich verschwinden sieht. Nichts mahnt den Reisenden so auffallend an die ungeheure Entfernung seiner Heimat als der Anblick eines neuen Himmels. Die Gruppierung der großen Sterne, einige zerstreute Nebelflecke, die an Glanz mit der Milchstraße wetteifern, Strecken, die sich durch ihr tiefes Schwarz auszeichnen, geben dem Südhimmel eine ganz eigentümliche Physiognomie. Dieses Schauspiel regt selbst die Einbildungskraft von Menschen auf, die den physischen Wissenschaften sehr fernstehen und zum Himmelsgewölbe aufblicken, wie man eine schöne Landschaft oder eine großartige Aussicht bewundert. Man braucht kein Botaniker zu sein, um schon am Anblick der Pflanzenwelt den heißen Erdstrich zu erkennen, und auch wer keine astronomischen Kenntnisse hat, fühlt, daß er nicht in Europa ist, wenn er das ungeheure Sternbild des Schiffes Argo oder die leuchtenden Magalhäesschen Wolken am Horizont aufsteigen sieht. Erde und Himmel, alles in den tropischen Ländern, trägt den Stempel des Fremdartigen.

Die niedrigen Luftregionen waren seit einigen Tagen mit Dunst erfüllt. Erst in der Nacht vom 4. zum 5. Juli sahen wir das Südliche Kreuz zum erstenmal deutlich; es war stark geneigt und erschien von Zeit zu Zeit zwischen den

Wolken, deren Mittelpunkt, wenn das Wetterleuchten hindurchzuckte, wie Silberlicht aufflammte. Wenn es einem Reisenden gestattet ist, von seinen persönlichen Empfindungen zu sprechen, so darf ich sagen, daß ich in dieser Nacht einen der Träume meiner frühesten Jugend in Erfüllung gehen sah.

Wenn man anfängt, geographische Karten zu betrachten und Schilderungen der Seefahrer zu lesen, so fühlt man für gewisse Länder und gewisse Klimate eine besondere Vorliebe, von der man sich in reiferem Alter keine Rechenschaft zu geben vermag. Eindrücke dieser Art haben einen nicht unbedeutenden Einfluß auf unsere Entschlüsse, und wie instinktiv suchen wir Gegenständen wirklich nahe zu kommen, die schon so lange eine geheime Anziehungskraft für uns gehabt haben. Als ich mich mit dem Himmel beschäftigte, nicht um Astronomie zu treiben, sondern nur um die Sterne kennenzulernen, empfand ich eine bange Unruhe, die Menschen, die ein sitzendes Leben lieben, ganz fremd ist. Der Hoffnung entsagen zu sollen, jemals jene herrlichen Sternbilder am Südpol zu erblicken, das schien mir sehr hart. Im ungeduldigen Drang, die Äquatorialländer kennenzulernen, konnte ich nicht die Augen zum Sterngewölbe aufschlagen, ohne an das Kreuz des Südens zu denken und mir die erhabenen Verse Dantes vorzusagen, die sich nach den berühmtesten Auslegern auf jenes Sternbild beziehen:

Rechts an des andern Poles Firmament
Boten sich dar vier Sterne meinen Blicken,
Die nur dem ersten Paar zu schauen vergönnt.

Ihr Schimmer schien den Himmel zu entzücken:
O mitternächt'ger Bogen, so verwaist,
Weil du an ihnen nie dich kannst erquicken!

Unsere Freude beim Erscheinen des Südlichen Kreuzes wurde lebhaft von denjenigen unter der Mannschaft geteilt, die in den Kolonien gelebt hatten. In der Meereseinsamkeit begrüßt man einen Stern wie einen Freund, von dem man lange Zeit getrennt gewesen ist. Bei den Portugiesen und Spaniern steigert sich diese Gemütsteilnahme noch durch besondere Gründe; religiöses Gefühl zieht sie zu einem Sternbild hin, dessen Gestalt an das Wahrzeichen des Glaubens mahnt, das ihre Väter in den Einöden der Neuen Welt aufgepflanzt haben.

Das Grab in den Wellen

Die letzten Tage unserer Überfahrt waren nicht so günstig, wie das milde Klima und die ruhige See uns hoffen ließen. Nicht die Gefahren der See störten uns in unserem Genuß, aber der Keim eines bösartigen Fiebers entwikkelte sich unter uns, je näher wir den Antillen kamen. Fürchterlich verdorbene Luft, Mangel an Ausleerung zur rechten Zeit durch Brechen, Aderlässe, Abführmittel, gar keine Chinarinde an Bord, die größte Gleichgültigkeit eines dicken Chirurgus, der den ganzen Tag, die Hände auf dem Bauch, im untersten Schiffsraum saß, die strafbarste Gleichgültigkeit des Kapitäns, der aus fünfundzwanzigjähriger Erfahrung versicherte, auf den Kurierschiffen sei man nie krank – alles dies beförderte die Ausbreitung und Verschlimmerung des Fiebers. Einem alten Matrosen wurde im Sterben das Abendmahl gereicht. Seine Hängematte war so befestigt, daß zwischen seinem Gesicht und dem Deck kein Viertelmeter Raum blieb. In dieser Lage konnte man ihm unmöglich die Sakramente reichen; weil aber nun das geistliche Schauspiel angehen sollte, bereitete man ihm ein neues, prächtig ausstaffiertes Gemach zu. Im vorderen, luftigeren Schiffsraum spannte man mit farbigen Segeln eine Art Zelt. Selbst der Boden war mit Linnen bedeckt. Hierher wurde der Kranke gebracht. Der Kommissär legte seine Uniform an, und mit langen Lichtern hielten wir eine Prozession, um den Kaplan zum Abendmahl zu begleiten. Man fragte den Sterbenden hunderterlei Dinge, die er glauben müsse; wir antworteten statt seiner. Diese Zeremonie rettete dem Matrosen wahrscheinlich das Leben. Er atmete kühlere, reinere Luft. Er genas von Tag zu Tag, und rührend war es mir, als er bleichen Antlitzes und mit langem Bart am 13. Juli morgens den Kopf auf das Verdeck herausstreckte, um auch die Insel Tabago zu sehen und Gott zu danken, daß er noch einmal Land, ein so schönes grünes Land erblicke.

Er gesundete sichtlich. Aber in vier, fünf Tagen lagen noch ein Matrose, alle Neger des Kommissärs (zwei Neger, die Negerin und der kleine Fernando, ein liebenswürdiges Kind!) und zwei Passagiere, ein Asturier und ein Katalane, krank an demselben Fieber. Ich sprach von Räuchern mit Essig, von einer Ventilationsröhre, die man neben dem Mast aufsetzen sollte. Der Kapitän fand diese Ideen sehr lustig, und es geschah nichts. Der Asturier, einziger Sohn einer Witwe, ging mit zwei noch jüngeren Vettern zu einem Onkel auf Kuba, um dort sein Glück zu gründen. Er war neunzehn Jahre alt, blond, und hatte ein offenes, sehr frohes liebenswürdiges Äußere. Er fiel in Raserei vom ersten Tag seiner Krankheit an. Der Kaplan war um sein Seelenheil sehr besorgt, man konnte ihn nicht beichten lassen. Des Abends um sechs Uhr gab man ihm die letzte Ölung. Nach dem Rosenkranz saßen wir alle besorgt und niedergeschlagen auf dem Verdeck. Die fast volle Mondscheibe erleuchtete die Felsenküste von Paria. Wir sprachen von den alten Bewohnern dieser Küste und wie die Entdecker das Glück dieser Menschen bis auf die heutigen Generationen gestört. Die Luft, das Licht, das Meer, alles war milde. Mit einem Schrei: «Jesus Maria, Virgo del Carmen, er ist verschieden, die Füße sind steif und kalt!» sprang der eine junge Vetter auf das Verdeck. Er schlug mit dem Kopf bald auf die Ankerwinde, bald auf den Schiffsbord. Er heulte fürchterlich. Dieser Ausdruck tiefer Empfindung in einem jungen Gemüt, die Idee eines gescheiterten Glücks (gesund und heiter in das Schiff zu steigen, um im Golf von Mexiko von einem Pfuscher gemordet zu werden), die Eiskälte dieses Pfuschers, die Härte des Kapitäns, der schon von Überbordwerfen sprach – dies alles machte den Augenblick sehr tragisch. Man schlug langsam an die Glocke. Alles lag auf den Knien und betete. Dann wurde der Körper auf das Verdeck gebracht und in das Boot gelegt, worin einige Soldaten schliefen. Diese Leiche im Mondschein – und vor zehn Tagen heiter und froh in die Zukunft blickend, die Neue Welt eröffnet, dem Zwang des elterlichen Hauses entgangen und nun in wenigen Stunden ein Fraß der Fische. Die leise bewegte See leuchtete im schwachen phosphorischen Schein; man hörte nichts als das eintönige Geschrei einiger großer Seevögel, die das Land zu suchen schienen. Am 15. Juli um sechs Uhr morgens wurde die Leiche von einem Brett mit einem Sandsack an den Füßen (nach Einweihung durch den Priester) über Bord geworfen.

Obgleich es keineswegs erwiesen schien, daß das Fieber durch Berührung anstecke, hielt ich es doch aus Vorsicht geraten, in Cumaná an Land zu gehen. Der Entschluß, den wir in der Nacht vom 14. zum 15. Juli faßten, war von glücklichem Einfluß auf den Verlauf unserer Reisen. Statt einiger Wochen verweilten wir ein ganzes Jahr in Terra Firma. Wir wären nie an den Orinoko, an den Casiquiare und an die Grenze der portugiesischen Besitzungen am Río Negro gekommen.

Der erste Indianer

Während man beschäftigt war, die Angaben der Karten zu vergleichen, ohne sie in Übereinstimmung bringen zu können, signalisierte man vom Mast einige kleine Fischerboote. Der Kapitän rief sie durch einen Kanonenschuß herbei. Aber ein solches Zeichen nützt nichts in Ländern, wo der Schwache, wenn er dem Starken begegnet, nur auf Vergewaltigung gefaßt ist. Die Boote ergriffen die Flucht.

Als wir uns eben anschickten, an Land zu gehen, sah man zwei Pirogen die Küste entlang fahren. Man rief sie durch einen zweiten Kanonenschuß an, aber obgleich man die Flagge von Kastilien aufgezogen hatte, kamen sie doch nur zögernd herbei. Die Pirogen waren, wie alle der Eingeborenen, aus einem Baumstamm gefertigt, und in jeder befanden sich achtzehn Indianer vom Stamme der Guaikeries, nackt bis zum Gürtel und von hohem Wuchs. Ihr Körperbau zeugte von großer Muskelkraft, und ihre Hautfarbe war ein Mittelding zwischen Braun und Kupferrot. Von weitem, wie sie unbeweglich dasaßen und sich vom Horizont abhoben, konnte man sie für Bronzestatuen halten. Dies war uns um so auffallender, als es so wenig dem Begriff entsprach, den wir uns nach manchen Reiseberichten von der eigentümlichen Körperbildung und der großen Körperschwäche der Eingeborenen gemacht hatten.

So nahe alle Völker Amerikas miteinander verwandt scheinen, da sie ja derselben Rasse angehören, so unterscheiden sich doch die Stämme nicht selten bedeutend im Körperwuchs, in der mehr oder weniger dunklen Hautfarbe oder im Blick, aus dem bei den einen Ruhe und Sanftmut, bei andern ein unheimliches Mittelding von Trübsinn und Wildheit spricht. Nach den Kariben des spanischen Guayana sind die Guaikeries der schönste Menschenschlag in Terra Firma. Der König von Spanien nennt sie in seinen Handschreiben «seine lieben, edlen und getreuen Guaikeries». Der Name verdankt seinen Ursprung einem bloßen Mißverständnis. Als die Begleiter des Kolumbus an der Insel Margarita hinfuhren, stießen sie auf einige Eingeborene, die Fische harpunierten, indem sie einen mit einer sehr feinen Spitze versehenen, an einen Strick gebundenen Stock gegen sie schleuderten. Die Spanier fragten sie, wie sie hießen. Die Indianer aber meinten, die Fremden erkundigten sich nach den Harpunen aus dem harten, schweren Holz der Macana-Palme und antworteten: «Guaike, guaike» – das heißt: spitziger Stock.

Die Indianer gaben uns frische Kokosnüsse und einige Fische, deren Farben wir nicht genug bewundern konnten. Welche Schätze enthielten in unseren Augen die Kähne der armen Indianer! Ungeheure Blätter bedeckten Bananenbüschel; der Schuppenpanzer eines Gürteltiers, die Frucht des Kalebassenbaums, die den Eingeborenen als Trinkgefäß dient – Gegenstände, die man in den europäischen Kabinetten häufig sieht, hatten ungemeinen Reiz für uns, weil sie uns lebhaft daran mahnten, daß wir uns im heißen Erdgürtel befanden und das lang ersehnte Ziel erreicht hatten.

Der Patron einer der Pirogen erbot sich, an Bord des *Pizarro* zu bleiben, um uns als Lotse zu dienen. Der Mann empfahl sich durch sein ganzes Wesen. Er war ein scharfsinniger Beobachter und hatte sich in lebhafter Wißbegier mit den Meeresprodukten wie mit den einheimischen Gewächsen abgegeben. Ein glücklicher Zufall fügte es, daß der erste Indianer, dem wir bei unserer Landung begegneten, der Mann war, dessen Bekanntschaft unseren Reisezwecken äußerst förderlich wurde. Mit Vergnügen schreibe ich in dieser Erzählung den Namen Carlos del Pino nieder: so hieß der Mann, der uns sechzehn Monate lang auf unseren Zügen längs der Küste und im inneren Lande begleitet hat.

Am 16. Juli 1799 bei Tagesanbruch lag eine grüne, malerische Küste vor uns. Die Berge von Neu-Andalusien begrenzten, halb von Wolken verschleiert, nach Süden den Horizont. Die Stadt Cumaná mit Schloß erschien zwischen Gruppen von Kokospalmen. Um neun Uhr morgens, einundvierzig Tage nach unserer Abfahrt von La Coruña, gingen wir im Hafen vor Anker.

Zweites Kapitel

Die Neue Welt – erste Eindrücke, erste Urteile

Cumaná, die Hauptstadt Neu-Andalusiens, liegt eine Meile vom Landungsplatz entfernt. Wir gingen durch die Vorstadt der Indianer, deren Straßen geradlinig und mit kleinen, ganz neuen Häusern von sehr freundlichem Aussehen besetzt sind. Die Hütten sind von Bambusrohr, mit Kokosblättern gedeckt. Ich ging in eine. Die Mutter saß mit den Kindern, statt auf Stühlen, auf Korallenstämmen, die das Meer auswirft; jedes hatte Kokosschalen statt der Teller vor sich, aus denen sie Fisch aßen. In den meisten Häusern stehen selbst nachts die Türen offen, so gutmütig ist hier das Volk.

Wir wurden vom Kapitän zum Statthalter der Provinz geführt, Don Vicente de Emparán, um ihm unsere Pässe zu überreichen. Er empfing uns mit der Offenheit und edlen Einfachheit, die von jeher Züge des baskischen Volkscharakters waren, und äußerte sich sehr zufrieden über unseren Entschluß, uns eine Zeitlang in Neu-Andalusien aufzuhalten, das zu jener Zeit in Europa kaum dem Namen nach bekannt war. Er zeigte uns mit einheimischen Pflanzen gefärbte Baumwolle und schöne Möbel ganz aus einheimischen Hölzern; er interessierte sich lebhaft für alle physischen Wissenschaften und fragte uns, ob wir nicht glaubten, daß die Luft unter dem schönen tropischen Himmel weniger Stickstoff enthalte als in Spanien, oder ob, wenn das Eisen hierzulande rascher oxydiere, dies allein von der größeren Feuchtigkeit herrühre. Dem Reisenden kann der Name des Vaterlandes, wenn er ihn auf einer fernen Küste aussprechen hört, nicht lieblicher in den Ohren klingen als uns hier die Worte Stickstoff, Eisenoxyd, Hygrometer. Wir wußten, daß wir, trotz der Befehle des Hofes und der Empfehlung eines mächtigen Ministers, bei unserem Aufenthalt in den spanischen Kolonien mit zahllosen Unannehmlichkeiten zu kämpfen haben würden, wenn es uns nicht gelang, bei den Regenten dieser ungeheuren Landstrecken besondere Teilnahme für uns zu wecken.

Am Abend ließen wir unsere Instrumente ausschiffen und fanden zu unserer großen Befriedigung keines beschädigt. Wir mieteten ein geräumiges, für die astronomischen Beobachtungen günstig gelegenes Haus, nebst zwei Negerinnen, von denen eine kocht. An Essen fehlt es hier nicht; leider nur existiert jetzt nichts Mehl-, Brot- oder Zwiebackähnliches. Die Stadt ist noch halb in Schutt vergraben; das Erdbeben von Quito, das berühmte von 1797, hat auch Cumaná umgestürzt.

Die Stadt wird von einem Schloß beherrscht. Kein Glockenturm, keine Kuppel fällt dem Reisenden von weitem ins Auge, nur einige Tamarindenbäume, Kokos- und Dattelpalmen erheben sich über die Häuser mit flachen Dächern. Die Stadt hat kein ausgezeichnetes Gebäude aufzuweisen, und bei der Häufigkeit der Erdbeben wird sie schwerlich je welche haben. Die Ebene ringsum, besonders dem Meere zu, ist trübselig, staubig und dürr, wogegen frischer, kräftiger Pflanzenwuchs von weitem den geschlängelten Lauf des Flusses bezeichnet, der die Stadt von den Vorstädten, die Bevölkerung europäischer und gemischter Abkunft von den kupferfarbigen Eingeborenen trennt. Der frei stehende, kahle, weiße Schloßberg wirft zugleich eine große Menge Licht und strahlende Wärme zurück. In weiter Ferne im Süden streicht ein mächtiger Gebirgszug hin, die hohen Kalkalpen von Neu-Andalusien. Majestätische Wälder bedecken diese Kordillere im inneren Land und hängen durch ein bewaldetes Tal mit dem nackten, tonigen und salzhaltigen Boden zusammen, auf dem Cumaná liegt. Einige Vögel von bedeutender Größe tragen zur eigentümlichen Physiognomie des Landes bei. Am Gestade und am Meerbusen sieht man Scharen von Fischreihern und Pelikanen, sehr plumpen Vögeln, die gleich den Schwänen mit gehobenen Flügeln über das Wasser gleiten. Näher bei den Wohnstätten der Menschen sind Tausende von Gallinazogeiern, wahre Schakale unter den Vögeln, rastlos beschäftigt, tote Tiere zu suchen.

Die Ufer des Manzanares sind sehr freundlich, von Bäumen riesenhaften Wuchses beschattet. Welche Bäume! Kokospalmen, fünfzig bis sechzig Fuß hoch; ein Ceiba, aus dem man vier Kanus macht! Und welche Farben der Vögel, der Fische, selbst der Krebse (himmelblau und gelb)! Wie die Narren laufen wir bis jetzt umher; in den ersten drei Tagen können wir nichts bestimmen, da man immer einen Gegenstand wegwirft, um einen anderen zu ergreifen. Bonpland versichert, daß er von Sinnen kommen werde, wenn die Wunder nicht bald aufhören.

Ein Fluß ist eine unschätzbare Wohltat in einem Land, wo das ganze Jahr eine furchtbare Hitze herrscht und man den Trieb hat, mehrere Male des Tages zu baden. Die Kinder bringen sozusagen einen Teil ihres Lebens im Wasser zu; alle Einwohner, selbst die weiblichen Glieder der reichsten Familien, können schwimmen. In einem Land, wo der Mensch dem Naturzustand noch so nahe ist, hat man sich, wenn man einander morgens begegnet, nichts Wichtigeres zu fragen, als ob der Fluß heute kühler sei als gestern. Man hat verschiedene Bademethoden. So besuchten wir jeden Abend einen Kreis sehr achtbarer Menschen in der indianischen Vorstadt. Da stellte man bei schönem Mondschein Stühle ins Wasser; Männer und Frauen waren leicht gekleidet, und die Familien und die Fremden blieben ein paar Stunden im Flusse sitzen, rauchten Zigarren und unterhielten sich nach Landessitte von der ungemeinen Trockenheit der Jahreszeit, vom starken Regenfall in den benachbarten Distrikten, besonders aber vom Luxus, den die Damen in Cumaná den Damen in Caracas und Havanna zum Vorwurf machen. Durch die Kaimane, die jetzt sehr selten sind und den Menschen nahe kommen, ohne sie anzugreifen, ließ sich die Gesellschaft durchaus nicht stören. Wir haben nie einen im Manzanares gesehen, wohl aber Delphine, die zuweilen bei Nacht im Fluß heraufkommen und die Badenden erschrecken, wenn sie durch ihre Luftlöcher Wasser spritzen.

Die ersten Wochen unseres Aufenthalts verwendeten wir dazu, unsere Instrumente zu berichtigen, in der Umgebung zu botanisieren und die Spuren des Erdbebens von 1797 zu beobachten. Die Mannigfaltigkeit der Gegenstände, die uns gleichzeitig in Anspruch nahmen, ließ uns nur schwer den Weg zu geordneten Studien und Beobachtungen finden. Wenn unsere ganze Umgebung den lebhaftesten Reiz für uns hatte, so machten andererseits unsere Instrumente die Neugier der Einwohnerschaft rege. Wir wurden sehr oft durch Besuche von der Arbeit abgezogen, und wollte man nicht Leute vor den Kopf stoßen, die so seelenvergnügt durch ein Fernrohr die Sonnenflekken betrachteten oder zwei Gase in der Röhre des Eudiometers sich verzehren oder auf galvanische Berührung einen Frosch sich bewegen sahen, so mußte man sich wohl herbeilassen, auf oft verworrene Fragen Auskunft zu geben und stundenlang dieselben Versuche zu wiederholen. So ging es uns ganze fünf Jahre, sooft wir uns an einem Ort aufhielten, wo man in Erfahrung gebracht hatte, daß wir Mikroskope, Fernrohre oder elektromotorische Apparate besaßen. Dergleichen Auftritte wurden meist desto angreifender, je verworrener die Begriffe waren, welche die Besucher von Astronomie und Physik hatten, die in den spanischen Kolonien den sonderbaren Titel *nueva filosofia – Neue Philosophie* – führen. Bei den Besuchen, die die vornehmsten jungen Mädchen unseren Instrumenten machten – wobei sie immer nach einer *máquina aromática* fragten, durch die man Luft aus dem Bauch ziehen könne –, lausten sich die Damen, um die *peones* unter dem Mikroskop zu sehen. Ich war erstaunt über die vielfältig gebildeten Läusearten, die

Der Drachenbaum von Orotava

Die Plaza Mayor von Mexiko-Stadt

Die Pyramide von Cholula

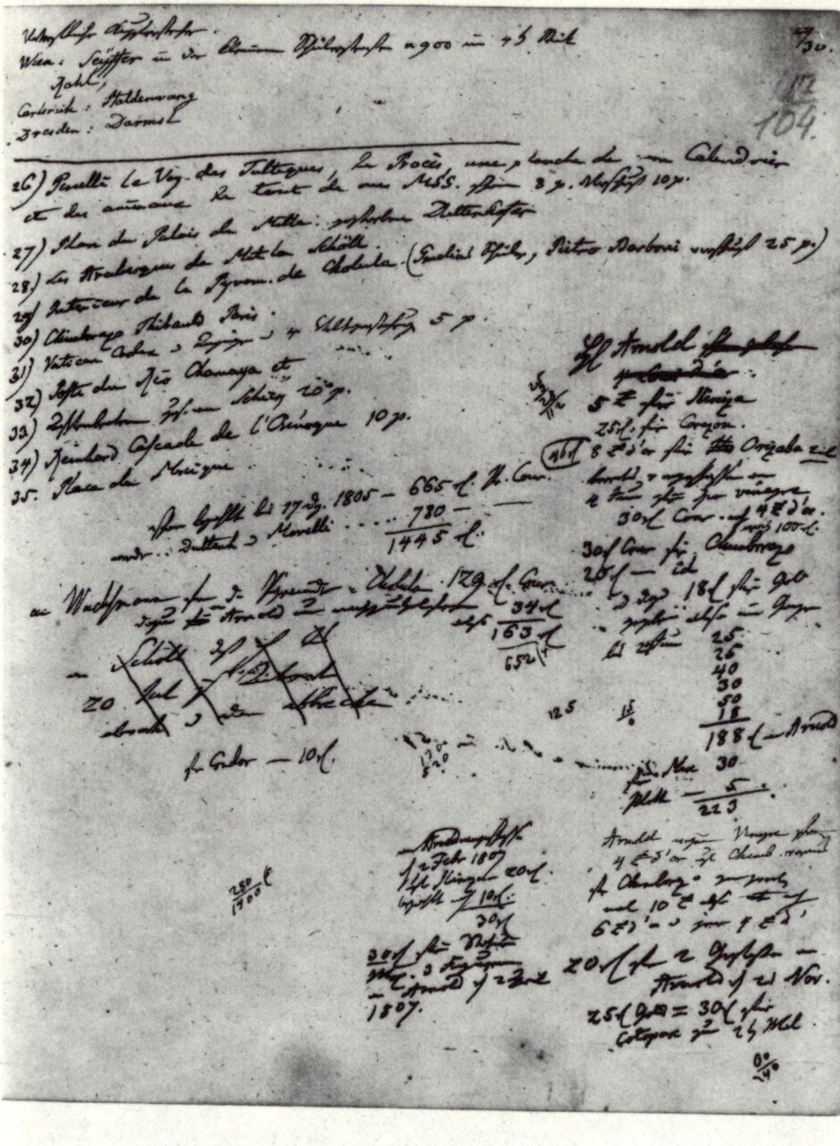

Eine Seite aus Humboldts Reisetagebuch

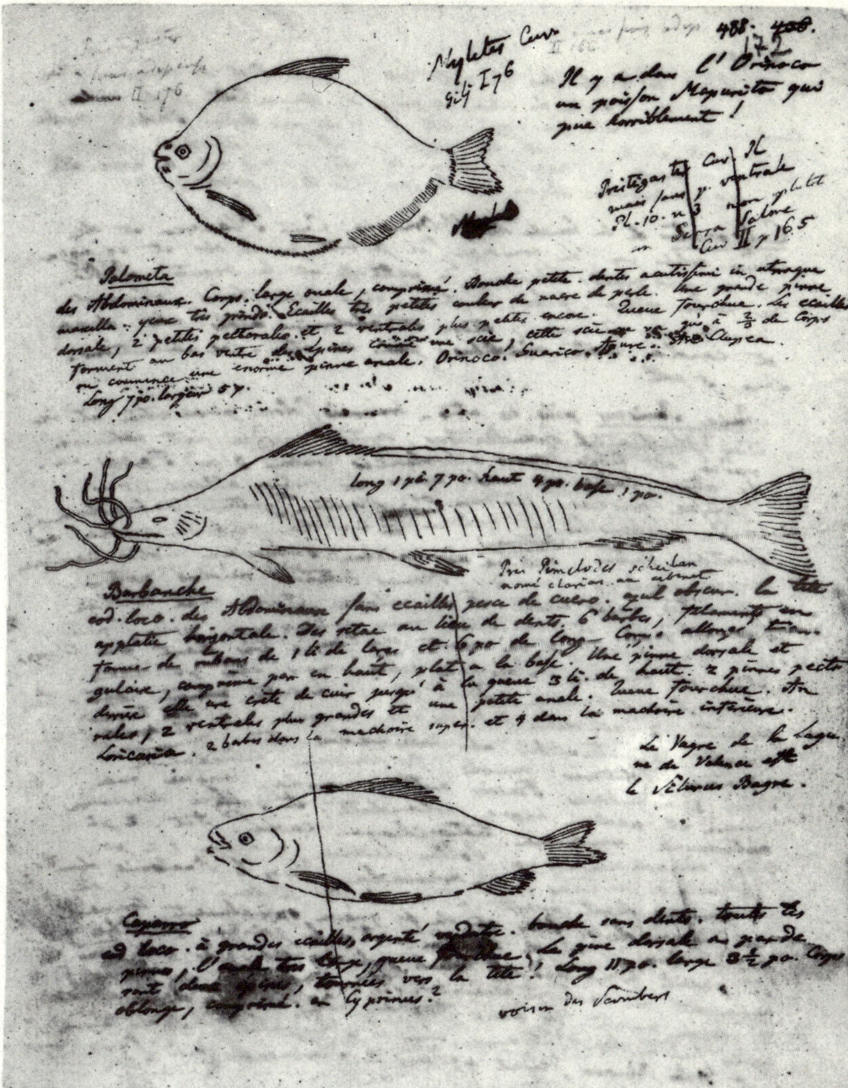

Eine Seite aus Humboldts Reisetagebuch

Kraterinneres des Pik de Teide auf Teneriffa

Aztekische Gottheit aus Basalt, gefunden im Tal von Mexiko

Mexikanisches Relief, gefunden bei Oaxaca

die jungen Mädchen ans Licht brachten. Sie unterschieden jede Art mit besonderen indianischen Namen. Man könnte eine Fauna über so einen Kopf schreiben. Seit die Damen wußten, daß wir uns über das Lausen lustig machten, brachten sie eine mulattische oder zambische Sklavin mit, um auf dieser die Läuse zu suchen.

Wenn unser Haus in Cumaná für die Beobachtung des Himmels und der meteorologischen Vorgänge sehr günstig gelegen war, so mußten wir dagegen zuweilen bei Tage etwas ansehen, was uns empörte. Die Plaza Mayor ist zum Teil mit Bogengängen umgeben, über die eine lange hölzerne Galerie hinläuft, wie man sie in allen heißen Ländern sieht. Hier wurden die Neger verkauft, die von der afrikanischen Küste herüberkommen. Unter allen europäischen Regierungen war die von Dänemark die erste und lange die einzige, die den Sklavenhandel abgeschafft hat. Und dennoch waren die ersten Sklaven, die wir ausgestellt sahen, auf einem dänischen Sklavenschiff gekommen. Der gemeine Eigennutz, der mit Menschenpflicht, Nationalehre und den Gesetzen des Vaterlandes im Streit liegt, läßt sich durch nichts in seinen Spekulationen stören.

Die zum Verkauf ausgesetzten Sklaven waren junge Leute von fünfzehn bis zwanzig Jahren. Man lieferte ihnen jeden Morgen Kokosöl, damit sie sich den Körper einrieben und die Haut glänzend schwarz machten. Jeden Augenblick erschienen Käufer und schätzten nach der Beschaffenheit der Zähne Alter und Gesundheitszustand der Sklaven. Sie rissen ihnen den Mund auf, ganz wie es auf dem Pferdemarkt geschieht. Es ist ein empörender Gedanke, daß es noch heutigen Tages auf den Antillen spanische Ansiedler gibt, die ihre Sklaven mit dem Glüheisen zeichnen, um sie wiederzuerkennen, wenn sie entlaufen. So behandelt man Menschen, die anderen Menschen die Mühe des Säens, Ackerns und Erntens ersparen.

Unser erster Ausflug galt der Halbinsel Araya und jenen ehemals durch den Sklavenhandel und die Perlenfischerei verrufenen Landstrichen. Am 19. August gegen zwei Uhr nach Mitternacht schifften wir uns bei der indianischen Vorstadt auf dem Manzanares ein. Als wir flußabwärts an die Pflanzungen kamen, sahen wir Freudenfeuer der Neger. Leichter, gekräuselter Rauch stieg zu den Gipfeln der Palmen auf und gab der Mondscheibe einen rötlichen Schein. Es war Sonntag nacht, und die Sklaven tanzten zur rauschenden, eintönigen Musik einer Gitarre. Nachdem der Sklave die Woche über hart gearbeitet hat, tanzt und musiziert er am Feiertag dennoch lieber, als daß er ausschläft. Hüten wir uns, über diese Sorglosigkeit, diesen Leichtsinn hart zu urteilen; wird ja doch dadurch ein Leben voll Entbehrung und Schmerz versüßt.

Gegen acht Uhr morgens stiegen wir an der Landspitze von Araya bei der *Neuen Saline* an Land. Der Salineninspektor bringt sein Leben in einer Hängematte zu, in der er den Arbeitern seine Befehle erteilt, und eine *Lancha del Rey* (königliche Barke) führt ihm jede Woche von Cumaná seine Lebensmittel zu. Man wundert sich, daß bei einem Salzwerk, das früher bei den Engländern, Holländern und anderen Seemächten Eifersucht erregte, kein Dorf oder auch nur ein Hof liegt. Kaum findet man am Ende der Landspitze von Araya ein paar armselige indianische Fischerhütten. Obgleich die Eingeborenen Amerikas von allen Völkern des Erdballs am wenigsten Salz verbrauchen, weil sie fast allein von Pflanzenkost leben, scheinen doch bereits die Guaikeries im Ton- und Salzboden gegraben zu haben.

Nachdem wir die Salinen besehen und unsere geodätischen Arbeiten beendigt hatten, brachen wir gegen Abend auf, um einige Meilen weiter in einer indianischen Hütte bei den Trümmern des Schlosses von Araya die Nacht zu verbringen. Wir wurden mit der herzlichen Gastfreundschaft aufgenommen, die man in diesen Ländern bei Menschen aller Kasten findet. Von außen war die Hütte, in der wir unsere Hängematten befestigten, sehr sauber; wir fanden daselbst Fische, Bananen und dergleichen und, was im heißen Landstrich über die ausgesuchtesten Speisen geht, vortreffliches Wasser.

Am nächsten Morgen führte uns der Sohn unseres Wirtes, ein sehr kräftiger Indianer, ins Dorf Maniquarez. Es waren vier Stunden Weges. Unser Führer setzte sich, ehe er eine gute Meile weit gegangen war, jeden Augenblick nieder. Im Schatten eines schönen Tamarindenbaumes wollte er sich gar niederlegen und den Anbruch der Nacht abwarten. Ich hebe diesen Charakterzug hervor, da er einem überall entgegentritt, sooft man mit Indianern reist, und zu den irrigsten Vorstellungen von der indianischen Konstitution geführt hat. Der kupferfarbige Eingeborene, der besser als der reisende Europäer an die glühende Hitze des Himmelsstriches gewöhnt ist, beklagt sich nur deshalb mehr darüber, weil ihn kein Reiz antreibt. Geld ist keine Lockung für ihn, und hat er sich je einmal durch Gewinnsucht verführen lassen, so reut ihn sein Entschluß, sobald er auf dem Wege ist. Derselbe Indianer aber, der sich beklagt, wenn man ihm beim Botanisieren eine Pflanzenbüchse zu tragen gibt, treibt einen Kahn gegen die rascheste Strömung und rudert vierzehn bis fünfzehn Stunden in einem fort, weil er sich zu den Seinigen zurücksehnt. Will man die Muskelkräfte der Völker richtig schätzen lernen, muß man sie unter Umständen beobachten, wo ihre Handlungen durch einen gleich kräftigen Willen bestimmt werden.

Das Töpfergeschirr von Maniquarez ist seit unvordenklicher Zeit berühmt. Dieser Industriezweig liegt ganz in den Händen der Indianerinnen. Die Tonwaren werden noch genau so fabriziert wie vor der Eroberung. Dieses Verfahren ist einerseits eine Probe vom Zustand der Künste in ihrer Kindheit und andererseits vom zähen Festhalten an alten Sitten, das allen eingeborenen Völkern Amerikas als ein Charakterzug eigen ist. In dreihundert Jahren konnte die Töpferscheibe keinen Eingang an einer Küste finden, die von Spanien nur dreißig bis vierzig Tagesreisen zur See entfernt ist. Die Eingeborenen haben eine dunkle Vorstellung davon, daß es ein solches Werkzeug gibt, und sie würden sich desselben bedienen, gäbe man ihnen das Muster in die Hand. Die Indianerinnen nehmen vorzugsweise Ton, der viel Glimmer enthält. Sie formen sehr geschickt Gefäße von sechzig bis neunzig Zentimeter Durchmesser mit sehr regelmäßiger Krümmung. Da sie den Brennofen nicht kennen, schichten sie Strauchwerk um die Töpfe und brennen sie in freier Luft.

Nachdem wir uns in der Umgebung von Maniquarez umgesehen hatten, bestiegen wir ein Fischerboot, um nach Cumaná zurückzukehren. Der Kahn, den wir ausgesucht hatten, weil er noch am wenigsten beschädigt war, zeigte sich so leck, daß der Sohn des Steuermanns fortwährend mit einer Kalebasse das Wasser ausschöpfen mußte. Es kommt nicht selten vor, daß die mit Kokosnüssen beladenen Pirogen umschlagen. Vor solchen Unfällen fürchten sich aber nur Reisende, die nicht gut schwimmen können. Denn wird die Piroge von einem indianischen Fischer mit seinem Sohn geführt, so dreht der Vater den Kahn wieder um, während der Sohn schwimmend die Kokosnüsse zusammenholt. In weniger als einer Viertelstunde ist die Piroge wieder unter Segel, ohne daß der Indianer in seinem unerschöpflichen Gleichmut eine Klage hätte hören lassen.

Die Bewohner von Araya haben nicht vergessen, daß ihre Halbinsel einer der Punkte ist, wo sich am frühesten Kastilier niedergelassen haben. Sie sprechen gern von der Perlenfischerei, von den Ruinen des Schlosses Santiago, überhaupt von dem, was sie den ehemaligen Glanz des Landes nennen. In China und Japan gilt alles für neue Erfindung, was man erst seit zweitausend Jahren kennt. In den europäischen Niederlassungen erscheint ein Ereignis als ungemein alt, das dreihundert Jahre, also bis zur Entdeckung Amerikas, zurückliegt. Dieser Mangel an alter Überlieferung, der den jungen Völkern in den Vereinigten Staaten wie in den spanischen und portugiesischen Besitzungen eigen ist, verdient alle Beachtung.

Die amerikanischen Kolonien sind fast durchweg in Ländern angelegt worden, in denen die dahingegangenen Geschlechter kaum eine Spur ihres Daseins hinterlassen haben. Nordwärts vom Río Gila, an den Ufern des Missouri, auf den Ebenen, die sich im Osten der Anden ausbreiten, gehen die Überlieferungen nicht über ein Jahrhundert hinaus. In Peru, in Guatemala und in Mexiko sind allerdings Trümmer von Gebäuden, historische Malereien Zeugen der alten Kultur der Eingeborenen; aber in einer ganzen Provinz findet man kaum ein paar Familien, die einen klaren Begriff von der Geschichte der Inkas und der mexikanischen Fürsten haben. Der Eingeborene hat seine Sprache, seine Tracht und seinen Volkscharakter behalten. Aber seit man die Knotenschrift und die symbolischen Malereien nicht mehr anwendet, seit das Christentum eingeführt wurde und durch andere Umstände sind die geschichtlichen und religiösen Überlieferungen allmählich untergegangen.

Der Ansiedler von europäischer Abkunft sieht verächtlich auf alles herab, was sich auf die unterworfenen Völker bezieht. Er sieht sich in die Mitte gestellt zwischen die frühere Geschichte des Mutterlandes und die seines Geburtslandes, und die eine ist ihm so gleichgültig wie die andere. In einem Klima, in dem bei dem geringen Unterschied der Jahreszeiten der Ablauf der Jahre fast unmerklich wird, überläßt er sich ganz dem Genuß der Gegenwart und wirft selten einen Blick in vergangene Zeiten. Die Geschichte der Kolonien hat nur zwei merkwürdige Ereignisse aufzuweisen: ihre Gründung und ihre Trennung vom Mutterland.

Die Kapuziner-Missionen

Unserem ersten Ausflug auf die Halbinsel Araya folgte bald ein zweiter längerer und lehrreicherer ins Innere des Gebirges zu den Missionen der Chaymas-Indianer. Gegenstände von mannigfaltiger Anziehungskraft sollten uns dort in Anspruch nehmen. Wir betraten jetzt ein mit Wäldern bedecktes Land; wir sollten ein Kloster besuchen, das im Schatten von Palmen und Baumfarnen in einem engen Tal liegt, wo man köstliche Kühle genießt. In den benachbarten Bergen gibt es dort Höhlen, die von Tausenden Nachtvögeln bewohnt sind, und was noch lebendiger zur Einbildungskraft spricht als alle Wunder der physischen Welt, jenseits dieser Berge lebt ein vor kurzem noch nomadisches Volk, kaum aus dem Naturzustand getreten, wild, jedoch nicht barbarisch, geistesbeschränkt, nicht weil es lange versunken war, sondern weil es eben nichts weiß. Zu diesen so mächtig anziehenden Gegenständen kamen noch geschichtliche Erinnerungen. Am Vorgebirge Paria sah Kolumbus zuerst das Festland; hier laufen die Täler aus, die bald von den kriegerischen, menschenfressenden Kariben, bald von den zivilisierten Handelsvölkern Europas verwüstet wurden. Die Spanier besuchten die Küste nur, um sich mit Gewalt oder im Tauschhandel Sklaven, Perlen, Goldkörner und Farbhölzer zu beschaffen. Durch den Schein gewaltigen Religionseifers meinte man diese unersättliche Habsucht in eine höhere Sphäre zu heben. So hat jedes Jahrhundert seine eigene geistige und sittliche Farbe.

Endlich ließen Missionare unter dem Schutz des weltlichen Armes Worte des Friedens hören. Sie führten für die Eingeborenen das Wort vor dem Richterstuhl der Könige, sie widersetzten sich den Gewalttätigkeiten der Pfründeninhaber, sie vereinigten umherziehende Stämme zu den kleinen Gemeinden, die man Missionen nennt und die der Entwicklung des Ackerbaus Vorschub leisteten. So haben sich allmählich jene großen mönchischen Niederlassungen gebildet, jenes merkwürdige Regiment, das immer darauf hinausgeht, sich abzuschließen, und Länder, die vier- und fünfmal größer sind als Frankreich, den Mönchsorden unterwirft.

Diese Einrichtungen, die trefflich dazu dienten, dem Blutvergießen Einhalt zu tun und den ersten Grund zur gesellschaftlichen Entwicklung zu legen, sind in der Folge dem Fortschritt hinderlich geworden. Die Abschließung bewirkte, daß die Indianer so ziemlich blieben, was sie waren, als ihre zerstreuten Hütten noch nicht um das Haus des Missionars beisammen lagen. Ihre Zahl hat ansehnlich zugenommen, keineswegs aber ihr geistiger Gesichtskreis. Sie haben mehr und mehr von der Charakterstärke und der natürlichen Lebendigkeit eingebüßt, die auf allen Stufen menschlicher Entwicklung die edlen Früchte der Unabhängigkeit sind. Man hat alles bei ihnen, sogar die unbedeutendsten Verrichtungen des häuslichen Lebens, der unabänderlichen Regel unterworfen, und so hat man sie gehorsam gemacht, zugleich aber auch verdummt. Ihr Lebensunterhalt ist meist gesicherter, ihre Sitten sind milder geworden; aber der Zwang und das trübsinnige Einerlei des Missionsregiments lasten auf ihnen, und ihr düsteres, verschlossenes Wesen verrät, wie ungern sie die Freiheit der Ruhe geopfert haben.

Die Mönchszucht, in die Wildnisse der Neuen Welt verpflanzt, muß desto verderblicher wirken, je länger sie andauert. Sie hält von Geschlecht zu Geschlecht die geistige Entwicklung nieder, sie hemmt den Verkehr unter den Völkern, sie weist alles ab, was die Seele erhebt und den Vorstellungskreis erweitert. Aus allen diesen Ursachen zusammen verharren die Missionsindianer in einem Zustand von Unkultur, der Stillstand heißen müßte, wenn nicht auch die menschlichen Vereine denselben Gesetzen gehorchten wie die Entwicklung des menschlichen Geistes, wenn sie nicht Rückschritte machten, eben weil sie nicht fortschreiten.

Das kleine Dorf San Fernando, das auf einer schmalen, von sehr steilen Kalksteinwänden umgebenen Ebene liegt, war die erste Mission, die wir in Amerika betraten. Die Häuser oder vielmehr Hütten der Chaymas-Indianer stehen weit auseinander und sind nicht von Gärten umgeben. Die sehr dünnen, unsoliden Wände bestehen aus Letten und Lianenzweigen. Die gleichförmige Bauart, das ernste schweigsame Wesen der Einwohner, die ausnehmende Reinlichkeit in den Hütten, alles erinnert an die Gemeinden der mährischen Brüder. Jede indianische Familie bebaut draußen vor dem Dorf außer ihrem eigenen Garten (conuco) den *conuco de la comunidad*. In diesem Gemeindegarten arbeiten Erwachsene beiderlei Geschlechts morgens und abends je eine Stunde. Der Ertrag darf, wenn das Gesetz streng befolgt wird, nur zur Erhaltung der Kirche und zur Anschaffung von Priesterkleidern verwendet werden. Auf dem großen Platz mitten im Dorf stehen die Kirche, die Wohnung des Missionars und das bescheidene Gebäude, das pomphaft *Casa del Rey* betitelt wird: königliches Haus. Es ist eine förmliche Karawanserei, in der die Reisenden Obdach finden, und, wie wir oft erfahren haben, eine wahre Wohltat in einem Land, in dem das Wort Wirtshaus noch unbekannt ist.

Der Missionar von San Fernando war ein sehr bejahrter, aber noch sehr kräftiger und munterer Kapuziner aus Aragon. Seine bedeutende Körperrundung, sein guter Humor, sein Interesse für Gefechte und Belagerungen stimmten schlecht zu der Vorstellung, die man sich im Norden vom schwärmerischen Trübsinn und dem beschaulichen Leben der Missionare macht. Der alte Ordensmann empfing uns freundlich und erlaubte uns, unsere Hängematten in einem Gang seines Hauses zu befestigen. Er richtete tausenderlei Fragen an uns über den eigentlichen Zweck unserer Reise, die ihm sehr gewagt und zum wenigsten ganz unnütz schien. Als er unsere Instrumente, unsere Bücher und getrockneten Pflanzen sah, konnte er sich eines boshaften Lächelns nicht enthalten, und er gestand mit der landesüblichen Naivität, von allen Genüssen dieses Lebens, den Schlaf nicht ausgenommen, sei doch gutes Kuhfleisch der köstlichste. – Das Regierungswesen in diesen indianischen Gemeinden ist übrigens sehr verwickelt; sie haben ihren Gobernador, ihre Polizeidiener und ihre Milizoffiziere, und diese Beamten sind lauter kupferfarbige Eingeborene. Die Schützenkompagnie hat ihre Fahnen und übt sich mit Bogen und Pfeilen im Zielschießen; es ist die Bürgerwehr des Landes.

Am 12. September setzten wir unsere Reise nach dem Kloster Caripe fort, dem Hauptort der Chaymas-Missionen. Wir zogen der geraden Straße den Umweg über die Berge Cocollar und Turimiquiri vor, die nicht viel höher sind als der Jura. Nachdem wir lange bergan gestiegen waren, kamen wir auf einer kleinen Ebene zum *Hato del Cocollar*. Es ist dies ein Hof, der 793 Meter hoch ganz allein auf dem Plateau liegt. In dieser Einsamkeit blieben wir drei Tage, vortrefflich verpflegt von dem Eigentümer, der vom Hafen Cumaná an unser Begleiter gewesen war. Wir fanden Milch, vortreffliches Fleisch und vor allem ein herrliches Klima. Nichts ist dem Eindruck majestätischer Ruhe zu vergleichen, den der Anblick des gestirnten Himmels an diesem einsamen Ort in einem hinterläßt. Der Baum, unter dem wir saßen, die leuchtenden Insekten, die in der Luft tanzten, alles mahnte uns daran, wie weit wir von der Heimaterde waren. Und wenn nun, inmitten dieser fremdartigen Natur, aus einer Schlucht herauf das Schellengeläute einer Kuh oder das Brüllen des Stieres zu unseren Ohren drang, dann sprang mit einemmal der Gedanke an die Heimat in uns auf. Es war, als hörten wir aus weiter, weiter Ferne Stimmen, die über das Weltmeer riefen und uns mit Zauberkraft aus einer Hemisphäre in die andere versetzten. So wunderbar beweglich ist die Einbildungskraft des Menschen, die ewige Quelle seiner Freuden und seiner Schmerzen.

Die Täler von Guanaguana und Caripe sind durch eine Art Damm oder Grat aus Kalkstein voneinander getrennt. Wir fanden den Übergang beschwerlich, weil wir damals noch nicht in den Kordilleren gereist waren. Indessen haben die Maultiere hierzulande einen so sicheren Gang, daß man sich ihnen ruhig anvertrauen kann. Spüren sie eine Gefahr, so bleiben sie stehen und wenden den Kopf hin und her; man sieht, sie überlegen, was zu tun sei. Sie kommen langsam zum Entschluß, aber er fällt immer richtig aus, wenn ihn der Reisende nicht stört oder übereilt. Man kann die Gebirgsbewohner sagen hören: «Ich gebe Ihnen nicht das Maultier, das den bequemsten Schritt hat, sondern das vernünftigste, *la más racional*.»

Eine Allee von Perseabäumen führte uns zum Hospiz der aragonesischen Kapuziner. Bei einem Kreuz aus Brasilholz mitten auf einem großen Platz machten wir halt. Das Kreuz ist von Bänken umgeben, wo die kranken und schwachen Mönche ihren Rosenkranz beten. Das Kloster Caripe lehnt sich an eine ungeheure, senkrechte, dicht bewachsene Felsenwand. Das blendend weiße Gestein blickt nur hin und wieder hinter dem Laub vor. Man kann sich kaum eine malerischere Lage denken; sie erinnerte mich lebhaft an die Täler der Grafschaft Derby und an die höhlenreichen Berge von Muggendorf in Franken.

Wir wurden von den Mönchen mit der größten Zuvorkommenheit aufgenommen. Sie wußten, daß ich im protestantischen Deutschland zu Hause bin. Mit den Befehlen des Madrider Hofes in der Hand sah ich keinen Grund, ihnen ein Geheimnis daraus zu machen. Aber niemals beeinträchtigte irgendein Zeichen von Mißtrauen, irgendeine unbescheidene Frage, irgendein Versuch zu Kontroversen den wohltuenden Eindruck der Gastfreundschaft, die die Mönche mit so viel Herzlichkeit und Offenheit übten.

Der Gemeindegarten von Caripe stellte sich groß und schön dar, mit vielen

Küchenkräutern, Mais, Zuckerrohr und fünftausend Kaffeestämmen, die eine reiche Ernte versprachen. Die Eingeborenen sind gehalten, jeden Morgen von sechs bis zehn Uhr darin zu arbeiten. Die Alkalden und Polizeidiener von indianischem Blut führen dabei die Aufsicht. Es sind das die hohen Staatsbeamten, die allein einen Stock tragen dürfen und vom Superior des Klosters angestellt werden. Sie legen auf jenes Recht sehr großes Gewicht. Ihr pedantischer, schweigsamer Ernst, ihre kalte, geheimnisvolle Miene, der Eifer, mit dem sie in der Kirche und bei den Gemeindeversammlungen repräsentieren, kommt den Europäern höchst lustig vor. Wir waren an diese Züge im Charakter des Indianers noch nicht gewöhnt, fanden sie aber später geradeso am Orinoko, in Peru und Mexiko bei Völkern von sehr verschiedenen Sitten und Sprachen.

Am berühmtesten ist das Tal von Caripe durch die große Cueva oder Höhle des Guácharo. In einem Land, wo man so großen Hang zum Wunderbaren hat, ist eine Höhle, aus der ein Strom entspringt und in der Tausende von Nachtvögeln leben, mit deren Fett man in den Missionen kocht, natürlich ein unerschöpflicher Gegenstand der Unterhaltung und des Streites. Kaum hat daher der Fremde in Cumaná den Fuß an Land gesetzt, so hört er bis zum Überdruß vom Landmann, der sein Kind gesäugt, und von der Höhle des Guácharo, die meilentief sein soll.

Am 18. September brachen wir auf, begleitet von den indianischen Alkalden und den meisten Ordensmännern des Klosters. Der Weg schlängelt sich mit dem Fluß, und bei der letzten Biegung steht man auf einmal vor der ungeheuren Mündung der Höhle. Ich kannte die Höhlen am Pik von Derbyshire, wo man, in einem Nachen ausgestreckt, unter einem zwei Fuß hohen Gewölbe über einen unterirdischen Fluß setzt. Ich hatte die schöne Höhle von Treshemienshiz in den Karpaten befahren, ferner die Höhlen im Harz und in Franken, die große Grabstätten sind für die Gebeine von Tigern, Hyänen und Bären, die so groß waren wie unsere Pferde. Danach konnte ich glauben, die Höhle von Caripe werde im Aussehen von dem, was ich auf meinen früheren Reisen beobachtet hatte, eben nicht sehr abweichen; aber die Wirklichkeit übertraf meine Erwartung weit.

Die *Cueva del Guácharo* öffnet sich im senkrechten Profil eines Felsens; die Wölbung ist bis auf ein Fünfteil so groß, als die Kolonnade des Louvre hoch ist. Auf dem Felsen darüber stehen riesenhafte Bäume. Orchideen von merkwürdigem Bau wachsen in den dürftigsten Felsspalten, während vom Wind geschaukelte Rankengewächse sich vor dem Eingang zu Gewinden verschlingen. Es ist mit dem Eingang der Höhlen wie mit der Ansicht der Wasserfälle: der Hauptreiz besteht in der mehr oder weniger großartigen Umgebung, die den Charakter der Landschaft bestimmt. Welcher Kontrast zwischen der Cueva de Caripe und den Höhlen im Norden, die von Eichen und düsteren Lärchen beschattet sind!

Aber diese Pflanzenpracht schmückt nicht allein die Außenseite des Gewölbes, sie zieht sich hinein und hört erst nach dreißig bis vierzig Schritten auf. Wir maßen den Weg mittels eines Strickes und waren gegen 430 Fuß weit eingedrungen, ehe wir die Fackeln anzünden mußten. Wo das Tageslicht zu schwinden beginnt, hört man das heisere Geschrei der Nachtvögel, die, wie die Eingeborenen glauben, nur in diesen unterirdischen Räumen zu Hause sind.

Der Guácharo hat die Größe unserer Hühner, die Stimme der Ziegenmelker, die Gestalt der geierartigen Vögel mit Büscheln steifer Seide um den krummen Schnabel. In der Lebensweise kommt er sowohl den Ziegenmelkern als den Alpenkrähen nahe. Sein Gefieder ist dunkel graublau, mit kleinen schwarzen Streifen und Tupfen; Kopf, Flügel und Schwanz zeigen große weiße, herzförmige, schwarz gesäumte Flecken. Die Augen können das Tageslicht nicht ertragen, sie sind blau und kleiner als bei den Ziegenmelkern. Die Flügel haben siebzehn bis achtzehn Schwungfedern, die Spannweite beträgt über einen Meter. Der Guácharo verläßt die Höhle bei Einbruch der Nacht, besonders bei Mondschein. Er ist so ziemlich der einzige körnerfressende Nachtvogel, den wir bis jetzt kennen; schon der Bau seiner Füße zeigt, daß er nicht jagt wie unsere Eulen. Er frißt sehr harte Samen, wie der Nußhäher.

Schwer macht man sich einen Begriff von dem furchtbaren Lärm, den Tausende dieser Vögel im dunklen Inneren der Höhle machen. Das gellende, durchdringende Geschrei hallt wider vom Felsgewölbe, und aus der Tiefe der Höhle kommt es als Echo zurück. Die Nester steckten mehr als zwanzig Meter hoch über unseren Köpfen in trichterförmigen Löchern, von denen die Decke wimmelt. Die Banden lösten im Schreien einander ordentlich ab.

Jedes Jahr um den Johannistag gehen die Indianer mit Stangen in die Cueva und zerstören die meisten Nester. Man schlägt dabei mehrere tausend Vögel tot, wobei die Alten, als wollten sie ihre Brut verteidigen, mit furchtbarem Geschrei den Indianern um die Köpfe fliegen. Die Jungen, die zu Boden fallen, werden auf der Stelle ausgeweidet. Ihr Bauchfell ist stark mit Fett durchwachsen, und eine Fettschicht läuft vom Unterleib zum After und bildet zwischen den Beinen eine Art Knopf. Zur Zeit der Fetternte, wie man es in Caripe nennt, bauen sich die Indianer aus Palmblättern Hütten am Eingang und im Vorhof der Höhle. Hier läßt man das Fett der jungen, frisch getöteten Vögel am Feuer aus und gießt es in Tongefäße. Dieses Fett, unter dem Namen Guácharoschmalz oder -öl bekannt, ist halbflüssig, hell und geruchlos. Es ist so rein, daß man es länger als ein Jahr aufbewahren kann, ohne daß es ranzig wird. In der Klosterküche zu Caripe wurde kein anderes Fett gebraucht als dieses, und wir haben nicht bemerkt, daß die Speisen irgendeinen unangenehmen Geruch oder Geschmack davon bekämen.

Der Gebrauch des Guácharoschmalzes ist in Caripe uralt, und die Missionare haben nur die Gewinnungsart geregelt. Die Mitglieder einer indianischen Familie namens Morocoymas behaupten, von den ersten Ansiedlern im Tal abzustammen und darum die rechtmäßigen Eigentümer der Höhle zu sein; sie beanspruchen das Monopol des Fetts, aber infolge der Klosterzucht sind ihre Rechte nur noch Ehrenrechte. Nach dem System der Missionare haben die Indianer Guácharoöl für das Ewige Kirchenlicht zu liefern; das übrige, so behauptet man, wird ihnen abgekauft. Wir erlauben uns kein Urteil, weder über die Rechtsansprüche der Morocoymas noch über den Ursprung der Verpflichtung, die die Mönche den Indianern auferlegen. Es erschiene natürlich, daß der Ertrag der Jagd denen gehörte, die sie anstellen; aber in den Wäldern der Neuen Welt wie im Schoße der europäischen Kultur bestimmt sich das öffentliche Recht nach dem Verhältnis zwischen dem Starken und dem Schwachen, dem Eroberer und dem Unterworfenen.

Wir gingen in die Höhle hinein und an dem Bach entlang, der daraus entspringt. Er ist 28 bis 30 Fuß breit. Wir hörten zu unserer Überraschung, diese unterirdische Wasserader sei die Quelle des Río Caripe, der nach wenigen Meilen für Pirogen schiffbar wird. Wir hatten viel Mühe, die Indianer zu bewegen, tiefer einzudringen als bei der Fetternte. Es brauchte das ganze Ansehen der Padres, um sie bis dorthin zu bringen, wo der Boden rasch unter einem Winkel von sechzig Grad ansteigt und der Bach einen kleinen unterirdischen Fall bildet. Diese von Nachtvögeln bewohnte Höhle ist für die Indianer ein schauerlich geheimnisvoller Ort; sie glauben, tief hinten wohnen die Seelen ihrer Vorfahren. Der Mensch, sagen sie, soll Scheu tragen vor Orten, die weder von der Sonne noch vom Mond beschienen sind. Zu den Guácharos gehen heißt soviel als zu den Vätern versammelt werden, zu sterben. Daher nahmen auch die Zauberer und die Giftmischer ihre nächtlichen Gaukeleien am Eingang der Höhle vor, wenn es die obersten bösen Geister zu beschwören galt. So gleichen sich unter allen Himmelsstrichen die ältesten Mythen der Völker, vor allem solche, die sich auf zwei die Welt regierende Kräfte beziehen, auf den Aufenthalt der Seelen nach dem Tod, auf den Lohn der Gerechten und die Strafe der Bösen. Finsternis wird allerorten mit der Vorstellung des Todes in Verbindung gebracht. Die Höhle von Caripe ist der Tartarus der Griechen, und die Guácharos, die unter kläglichem Geschrei über dem Wasser flattern, mahnen an die stygischen Vögel.

Die Chaymas

Ungern gebrauche ich das Wort wild, weil es zwischen dem unterworfenen, in den Missionen lebenden Indianer und dem freien oder unabhängigen einen Unterschied in der Kultur voraussetzt, dem die Erfahrung häufig widerspricht. In den Wäldern Südamerikas gibt es Eingeborenenstämme, die unter Häuptlingen friedlich in Dörfern leben, auf ziemlich ausgedehntem Gebiet Bananen, Maniok und Baumwolle bauen und aus dieser Baumwolle ihre Hängematten weben. Sie sind um nichts barbarischer als die nackten Indianer in den Missionen, die man das Kreuz schlagen lehrte. Man macht sich ganz falsche Vorstellungen vom Zustand der Völker in Südamerika, wenn man einerseits christlich, unterworfen und zivilisiert, andererseits heidnisch, wild und unabhängig für gleichbedeutend hält. Der unterworfene Indianer ist häufig so wenig ein Christ als der unabhängige; beide sind völlig vom augenblicklichen Bedürfnis in Anspruch genommen, und bei beiden zeigt sich in gleichem Maße vollkommene Gleichgültigkeit gegen christliche Vorstellungen und der geheime Hang, die Natur und ihre Kräfte als göttlich zu verehren. Ein solcher Gottesdienst gehört dem Kindesalter der Völker an; er kennt noch keine Götzen und keine heiligen Orte außer Höhlen, Schluchten und Wälder.

Die Chaymas, von denen über 15 000 in den oben beschriebenen Missionen leben, sind meist von kleinem Wuchs; ihre Mittelgröße beträgt vier Fuß zehn Zoll. Ihr Körper ist gedrungen, untersetzt, die Schultern sind sehr breit, die Brust flach, alle Glieder rund und fleischig. Ihre Hautfarbe ist die der ganzen amerikanischen Rasse von den kalten Hochebenen Quitos und Kolumbiens bis hinab zu den heißen Tiefländern am Amazonenstrom. Die klimatischen Unterschiede haben keinen Einfluß mehr darauf; die Farbe ist durch organische Verhältnisse bedingt, die sich seit Jahrhunderten unabänderlich von Geschlecht zu Geschlecht fortpflanzen. Nach Norden zu wird die gleichförmige Hautfarbe röter, dem Kupfer ähnlicher; bei den Chaymas dagegen ist sie dunkelbraun und nähert sich dem Lohfarbigen.

Der Gesichtsausdruck der Chaymas ist nicht eben hart und wild, hat aber doch etwas Ernstes, Finsteres. Die Stirn ist klein, wenig gewölbt. Die Augen sind schwarz, tiefliegend und stark in die Länge gezogen. Die Brauen sind schwarz oder dunkelbraun, dünn, wenig geschweift. Die Lider haben sehr lange Wimpern, und die Gewohnheit, sie wie schläfrig niederzuschlagen, gibt dem Blick der Frauen etwas Sanftes und läßt das verschleierte Auge kleiner erscheinen, als es wirklich ist. Die Zähne sind schön und weiß wie bei allen Menschen von einfacher Lebensweise, aber lange nicht so kräftig wie bei den Negern.

Die Chaymas haben, wie fast alle eingeborenen Völker, die ich gesehen habe, kleine schmale Hände. Ihre Füße aber sind groß, und die Zehen bleiben beweglicher als gewöhnlich. Alle Chaymas sehen einander ähnlich wie Verwandte, und diese gleichförmige Bildung ist desto auffallender, als sich zwischen dem zwanzigsten und fünfzigsten Jahr das Alter nicht durch Hautrunzeln, durch graues Haar oder Hinfälligkeit des Körpers verrät. Tritt man in eine Hütte, so kann man oft unter den Erwachsenen kaum den Vater vom Sohn, die eine Generation von der anderen unterscheiden.

Die Chaymas haben eine entschiedene Abneigung gegen Kleider. Trotz des Eiferns der Mönche bleiben Männer und Frauen im Innern der Häuser nackt. Wenn sie durch das Dorf gehen, tragen sie eine Art Hemd aus Baumwollzeug, es reicht kaum bis zum Knie. Es kam vor, daß wir Eingeborenen begegneten, die, namentlich bei Regenwetter, ihr Hemd ausgezogen hatten und es aufgerollt unter dem Arm trugen. Die ältesten Weiber versteckten sich dabei hinter die Bäume und schlugen ein lautes Gelächter auf, wenn wir an ihnen vorüberkamen. Schon Ferdinand Kolumbus erzählt, sein Vater habe im Jahr 1498 auf der Insel Trinidad völlig nackte Frauen angetroffen, während die Männer den Guayuco trugen, der mehr eine schmale Binde ist als eine Schürze. Diese Binde, die wir noch bei den Chaymas und allen nackten Völkerschaften am Orinoko fanden, ist nur zwei bis drei Zoll breit und wird mit beiden Enden an einer Schnur befestigt, die mitten um den Leib gebunden ist. Die Mädchen heiraten häufig mit zwölf Jahren; bis zum neunten gestatten ihnen die Missionare, nackt, das heißt ohne Hemd, zur Kirche zu kommen. Ich brauche hier nicht daran zu erinnern, daß bei den Chaymas, wie in allen spanischen Missionen und indianischen Dörfern, die ich besuchte, Beinkleider, Schuhe und Hut unbekannte Luxusartikel sind.

Die Frauen der Chaymas sind nach unseren Schönheitsbegriffen nicht hübsch; indessen haben die jungen Mädchen etwas Sanftes und Wehmütiges im Blick, das von dem ein wenig harten und wilden Ausdruck des Mundes angenehm absticht. Das Haar tragen sie in zwei lange Zöpfe geflochten. Die Haut bemalen sie sich nicht und kennen keinen anderen Schmuck als Hals- und Armbänder aus Muscheln, Vogelknochen und Fruchtkernen. Ich brauche kaum zu sagen, daß mir nie ein Indianer mit einer natürlichen Mißbildung vorgekommen ist. Man möchte glauben, sie seien alle so wohlgebildet und kräftig, weil die schwächlichen Kinder aus Verwahrlosung früh wegsterben und nur die kräftigen am Leben bleiben.

Die Lebensweise der Chaymas ist höchst einförmig. Sie legen sich regelmäßig um sieben Uhr abends nieder und stehen lange vor Tag, um halb fünf Uhr morgens, auf. Jeder Indianer hat ein Feuer bei seiner Hängematte. Die Frauen sind so frostig, daß ich sie in der Kirche vor Kälte zittern sah, wenn das Thermometer noch auf achtzehn Grad stand. Im Innern sind die Hütten der Indianer äußerst sauber. Ihr Bettzeug, ihre Schilfmatten, ihre Töpfe mit Maniok oder gegorenem Mais, ihre Bogen und Pfeile – alles befindet sich in schönster Ordnung. Männer und Frauen baden täglich, und da sie fast immer nackt gehen, kann jene Unreinlichkeit bei ihnen nicht aufkommen, die in kalten Ländern vorzugsweise von den Kleidern herrührt.

Entbehrung und Leiden sind auch bei den Chaymas das Los der Weiber. Die schwerste Arbeit fällt ihnen zu. Wenn wir die Familien abends aus ihrem Garten heimkommen sahen, trug der Mann nichts als den Machete, mit dem er einen Weg durch das Gesträuch bahnt. Die Frau ging gebückt unter einer gewaltigen Last Bananen und trug ein Kind auf dem Arm, und zwei andere saßen nicht selten oben auf dem Bündel.

Der Code noir

Rasch verflossen uns die Tage, die wir in den Bergen von Caripe zubrachten, und doch war unser Leben so einförmig als einfach. Von Sonnenaufgang bis Einbruch der Nacht streiften wir durch die Wälder und Berge, um Pflanzen zu sammeln, deren wir nie genug bekamen. Konnten wir des starken Regens wegen nicht weit hinaus, so besuchten wir die Hütten der Indianer, den Gemeindeconuco oder die Versammlungen, bei denen die Alkalden jeden Abend die Arbeiten für den folgenden Tag austeilen. Nachdem wir fast den ganzen Tag im Freien zugebracht hatten, schrieben wir abends im Kloster unsere Beobachtungen und Bemerkungen nieder, trockneten unsere Pflanzen und zeichneten diejenigen, die unserer Ansicht nach neue Gattungen bildeten. Die Naturschönheiten nahmen uns völlig in Anspruch, und so wurden wir erst spät gewahr, wie wir den gastfreundlichen Mönchen zur Last fielen. Ihr Vorrat an Wein und Weizenbrot war nur gering. Unsere Brotration war bereits auf ein Viertel herabgekommen, und doch nötigten uns die furchtbaren Güsse der Regenzeit, unsere Abreise noch einige Tage zu verschieben.

Endlich am 22. September brachen wir auf mit vier Maultieren, die unsere Instrumente und Pflanzen trugen. Obgleich die Berge von Cumaná nicht sehr hoch sind, so ist der Weg hinunter nach Cariaco zu doch sehr beschwerlich, ja sogar gefährlich. In einem dichten Wald geht es sieben Stunden lang in einem fort abwärts, und kaum kann man sich einen entsetzlicheren Weg denken. Es ist eine Art Schlucht, in der während der Regenzeit die wilden Wasser von Fels zu Fels abwärts stürzen. Die Stufen sind etwa zwei bis drei Fuß hoch, und die armen Lasttiere messen erst den Raum ab, der erforderlich ist, um die Ladung zwischen den Baumstämmen durchzubringen, und springen dann von einem Felsblock auf den anderen. Aus Besorgnis, einen Fehltritt zu tun, bleiben sie eine Weile stehen, als wollten sie die Stelle untersuchen, und schieben die vier Beine zusammen wie die wilden Ziegen. Verfehlt das Tier den nächsten Steinblock, so sinkt es bis zum halben Leib in den weichen okkerhaltigen Ton, der die Räume zwischen den Steinblöcken ausfüllt.

Wir machten halt, um den Brüllaffen zuzusehen, wie sie zu dreißig, vierzig in einer Reihe von Baum zu Baum auf den verschlungenen waagerechten Ästen über den Weg zogen. Während dieses neue Schauspiel uns ganz in Anspruch nahm, kam uns ein Trupp Indianer entgegen, die den Bergen von Caripe zuzogen. Sie waren völlig nackt, die schwer beladenen Frauen beschlossen den Zug. Die Männer, sogar die kleinsten Jungen, waren alle mit Bogen und Pfeilen bewaffnet. Sie zogen still ihres Wegs, die Augen am Boden.

In der Mission Catuaro wohnten wir beim Geistlichen, einem Mönch von der Kongregation der Observanten, dem die Kapuziner die Mission übergeben hatten, weil es ihrem eigenen Orden an Leuten fehlte. Er war ein Doktor der Theologie, ein kleiner, magerer, fast übertrieben lebhafter Mann. Leider liebte er es, sich mit metaphysischen Fragen, wie er es nannte, zu befassen. Er wollte meine Ansicht hören über den freien Willen, über die Mittel, den Geist von seinen Körperbanden frei zu machen, besonders aber über die Tierseelen, lauter Dinge, über die er die seltsamsten Ideen hatte. Zu unserem großen Verdruß wollte er uns durchaus nach Cariaco begleiten; wir konnten es nicht ablehnen.

Er ließ uns jetzt mit seinen Faseleien über die Tierseelen und den menschlichen freien Willen in Ruhe, hatte uns aber nunmehr von einem ganz anderen, traurigeren Gegenstand zu unterhalten. Dem Unabhängigkeitsausbruch 1798 in Caracas waren große Aufregungen unter den Negern anderer Orte vorausgegangen und gefolgt. In Cariaco war ein armer Neger zum Tode verurteilt worden, und unser Seelsorger ging jetzt hin, um ihm seinen geistlichen Beistand anzubieten. Wie lang kam uns der Weg vor, indem wir uns in Verhandlungen einlassen mußten über «die Notwendigkeit des Sklavenhandels, über die angeborene Bösartigkeit der Schwarzen, über die Segnungen, welche der Rasse daraus erwachsen, daß sie als Sklaven unter Christen leben»!

Gegenüber dem *Code noir* der meisten anderen Staaten, die Besitzungen in beiden Indien haben, ist die spanische Gesetzgebung unstreitig mild. Aber auf kaum urbar gemachtem Boden leben die Neger in Verhältnissen, daß die Gerechtigkeit – weit entfernt, sie im Leben kräftig schützen zu können – nicht einmal imstande ist, die Barbareien zu bestrafen, durch die sie ums Leben kommen. Leitet man eine Untersuchung ein, so schreibt man den Tod eines

Sklaven seiner Kränklichkeit zu, dem heißen, nassen Klima, den Wunden, die man ihm allerdings beigebracht, die aber gar nicht tief und durchaus nicht gefährlich gewesen seien! Die bürgerliche Behörde ist in allem, was die Sklaverei angeht, machtlos, und wenn man rühmt, wie günstig die Gesetze wirkten, nach denen die Peitsche die und die Form haben muß und nur soundso viele Schläge auf einmal gegeben werden, so ist das reine Täuschung. Die schändliche Philosophie, daß der Edelmann seine Bauern schone, weil sein Wohlstand von ihrem Wohlstand abhänge, ist in Amerika weit verbreitet. Man hört nicht vom Zustand der Neger reden, ohne daß nicht das Gespräch auf jene Behauptung sich lenke. In Cariaco, wenige Wochen, bevor ich in die Provinz kam, tötete Don Antonio Maís, ein gar nicht sehr wohlhabender Pflanzer, der nur acht Neger hatte, ihrer sechs durch unmenschliche Hiebe; zwei, deren jeder sechshundert Peitschenhiebe erhielt, starben auf der Stelle, die vier anderen wenige Tage darauf, als er, um sich zu rechtfertigen, mit ihnen nach Cumaná reiste. Und da sagt man, der Herr kenne seinen eigenen Vorteil. In Cumaná habe ich einem Sklaven von Gerichts wegen einhundertzwanzig Peitschenhiebe geben sehen, weil sein Herr log, er habe ihn bestohlen. Überhaupt ist dadurch, daß man von Gerichts wegen züchtigt, die Sache der Sklaven fast noch schlimmer geworden. Der Herr führt dem Richter seinen Sklaven zu unter irgendeiner beliebigen Beschuldigung, geschimpft oder gemeutert zu haben und so weiter. Der Richter, ohne zu untersuchen, schlägt, schlägt so lange, wie der Herr seine Rache kühlen will. Schlägt er den Sklaven also tot, so ist der Herr ganz unverantwortlich dafür.

Don Valentin Riva in Caracas läßt seine Sklaven zur Strafe einen großen Haufen Scheiße fressen; die Damen in Caracas stechen sie nach altrömischer Sitte mit Nadeln; die Majordomi setzen sie nackt im nächtlichen Wald aus, damit das Ungeziefer sie frißt.

Die Gesetze verbieten es nicht, und es geschieht bisweilen, daß arme oder liederliche Hacendados den Negermüttern ihre kleinen zwei-, dreijährigen Kinder nehmen und sie dem ersten besten Vorübergehenden verkaufen. Die Negerinnen lieben ihre Kinder sehr zärtlich, und man hat Beispiele, daß Mütter ihre Kinder aus Liebe töten, damit sie minder unglücklich als ihre Eltern werden.

Der Zambo. Das erste Erdbeben

Wir blieben wieder einen Monat in Cumaná. Die beschlossene Fahrt auf dem Orinoko erforderte Zurüstungen aller Art. Wir mußten die Instrumente auswählen, die sich auf engen Kanus am leichtesten transportieren ließen; wir mußten uns für eine zehnmonatige Reise im Binnenland, das in keinem Verkehr mit den Küsten steht, mit Geldmitteln versehen. Da astronomische Ortsbestimmung der Hauptzweck dieser Reise war, so war es mir von großem Belang, daß mir die Beobachtung einer Sonnenfinsternis nicht entging, die Ende Oktober eintreten sollte. Ich blieb lieber bis dahin in Cumaná, wo der Himmel meist heiter und schön ist.

Fast hätte ein Unfall mich genötigt, die Reise an den Orinoko aufzugeben oder doch lange hinauszuschieben. Am 27. Oktober, dem Tag vor der Sonnenfinsternis, gingen wir wie gewöhnlich am Ufer des Meerbusens, um die Kühle zu genießen und das Eintreten der Flut zu beobachten, die an diesen Küsten nicht mehr als einen Fuß beträgt. Es war acht Uhr abends, und der Seewind hatte sich noch nicht aufgemacht. Der Himmel war bedeckt, und bei der Windstille war es unerträglich heiß.

Wir gingen über den Strand zwischen dem Landungsplatz und der indianischen Vorstadt. Ich hörte hinter mir Schritte, und wie ich mich umwandte, sah ich einen hochgewachsenen Mann von der Farbe der Zambos, nackt bis zum Gürtel. Er hielt fast über meinem Kopf eine *mancana*, einen dicken, unten keulenförmigen Stock aus Palmholz. Ich wich dem Schlage aus, indem ich links zur Seite sprang. Bonpland, der mir zur Rechten ging, war nicht so glücklich; er hatte den Zambo später bemerkt als ich und erhielt über die Schläfe einen Schlag, der ihn zu Boden streckte. Wir waren allein, unbewaffnet, eine halbe Meile von jeder Wohnung auf einer weiten Ebene an der See. Der Zambo kümmerte sich nicht mehr um mich, sondern ging langsam davon und nahm Bonplands Hut auf, der die Gewalt des Schlages etwas gebrochen hatte und weit weggeflogen war.

Aufs äußerste erschrocken, da ich meinen Reisegefährten zu Boden stürzen und eine Weile bewußtlos daliegen sah, dachte ich nur an ihn. Ich half ihm aufstehen; der Schmerz und der Zorn gaben ihm doppelte Kraft. Wir stürzten auf den Zambo zu, der nicht auf uns wartete und einem kleinen Buschwerk aus Fackeldisteln zulief, sei es aus Feigheit oder weil er von weitem Leute am Strand sah. Zufällig fiel er unterwegs; Bonpland, der zunächst bei ihm war, rang mit ihm und setzte sich dadurch der äußersten Gefahr aus. Der Zambo zog ein langes Messer aus dem Beinkleid, und im ungleichen Kampf wären wir sicher verwundet worden, wären nicht baskische Handelsleute, die am Strande Kühlung suchten, uns zu Hilfe gekommen. Als der Zambo sich umringt sah, gab er die Gegenwehr auf; er entsprang wieder, und nachdem wir ihm lange durch die stachligen Kakteen nachgelaufen, schlüpfte er in einen Viehstall, aus dem er sich ruhig herausholen und ins Gefängnis führen ließ.

Bonpland hatte in der Nacht Fieber. Aber als ein kräftiger Mann, voll der

Munterkeit, die eine der kostbarsten Gaben ist, welche die Natur einem Reisenden verleihen kann, ging er schon des anderen Tages wieder seiner Arbeit nach. Der Schlag der Mancana hatte bis zum Scheitel die Haut gequetscht, und Bonpland spürte die Nachwehen mehrere Monate während unseres Aufenthaltes in Caracas. Beim Bücken, um Pflanzen aufzunehmen, wurde er mehrere Male von einem Schwindel befallen, der uns befürchten ließ, es möchte im Schädel etwas ausgetreten sein. Zum Glück war diese Besorgnis unbegründet, und die beunruhigenden Symptome verschwanden nach und nach.

Wir hörten, der Zambo sei aus einem der indianischen Dörfer, die um den großen Maracaibo-See liegen. Er hatte auf einem Kaperschiff von Santo Domingo gedient und war infolge eines Streites mit dem Kapitän an der Küste zurückgelassen worden. Er hatte das Signal bemerkt, das wir aufstellen ließen, um die Höhe der Flut zu beobachten, und hatte gelauert, um uns auf dem Strande anzufallen. Aber wie kam es, daß er, nachdem er einen von uns niedergeschlagen, sich mit dem Raub eines Hutes zu begnügen schien? Im Verhör waren seine Antworten so verworren und albern, daß wir nicht klug aus der Sache werden konnten. Meist behauptete er, seine Absicht sei nicht gewesen, uns zu berauben; aber in seiner Erbitterung über die schlechte Behandlung an Bord des Kapers habe er dem Drang nicht widerstehen können, uns eins zu versetzen, sobald er uns habe französisch sprechen hören. Da der Rechtsgang hierzulande so langsam ist, daß die Verhafteten, von denen die Gefängnisse wimmeln, sieben, acht Jahre auf ihr Urteil warten müssen, so hörten wir wenige Tage nach unserer Abreise von Cumaná nicht ohne Befriedigung, der Zambo sei aus dem Schloß San Antonio entsprungen.

Die Justiz ist eines der größten, wo nicht das größte Übel des spanischen Amerika. Das Hauptunglück ist die Menge der Advokaten; da die Kreolen von allen anderen Ämtern ausgeschlossen sind, so strebt die Eitelkeit sämtlicher Familien danach, in den Söhnen Advokaten und Doctores zu sehen. Daher Prozeßsucht, Feilheit, Untreue und Sittenverderbnis. Die größte Grausamkeit und Willkür der Justiz hat sich bei der Revolutionsgeschichte in Caracas gezeigt. Auf den kleinsten Verdacht hin hat man Hausväter ihrer Familie entrissen und in den Kerker geworfen, besonders reiche, um Geld zu ziehen, und sie schließlich für unschuldig erklärt, und diese Menschen werden dann patriotische Bürger. Die Audiencia braucht sich ihrer Handlungen nicht einmal zu schämen, denn hier gibt es keine öffentliche Meinung. – Die Kriminaljustiz ist fürchterlich, weil von Amts wegen dabei nichts zu gewinnen ist; daher sind alle Gefängnisse voll. Menschen, die gemordet haben, werden sieben bis elf Jahre nachher gehängt! Andere, die Festungsbau auf zwei bis drei Jahre verdienen, schmachten zwölf bis vierzehn Jahre im Kerker oder treiben Straßenbau und haben abgebüßt, wenn die eigentliche Strafe erst angeht. Eine andere Abscheulichkeit ist die Hinrichtung. Nirgends ordentliche Henker. Man verspricht einem der Mörder Straflosigkeit, wenn er den Henker spielen und seine Kameraden hängen will. Man hat Beispiele, daß man es vielen anbietet, die nicht wollen, daß einer will und nachmals vor seiner eigenen Unmoralität sich entsetzt und, wenn er das erste Mal den Scharfrichter spielen soll, sich weigert und sich lieber selbst hängen läßt. Den Neuling lehrt nachts der Gerichtsdiener, der Untersuchungsrichter das Hängen.

Am 4. November zwei Uhr nachmittags hüllten dicke, sehr schwarze Wolken die hohen Berge ein. Sie rückten allmählich bis in den Zenit. Gegen vier Uhr fing es an, über uns zu donnern, aber ungemein hoch, ohne Rollen, in trockenen, oft kurz abgebrochenen Schlägen. In dem Moment, in dem die stärkste elektrische Entladung stattfand, erfolgten zwei Erdstöße im Abstand von fünfzehn Sekunden. Das Volk schrie laut auf der Straße. Bonpland, der über einen Tisch gebeugt Pflanzen untersuchte, wurde beinahe zu Boden geworfen. Ich selbst spürte den Stoß sehr stark, obgleich ich in einer Hängematte lag.

Der Sonnenuntergang bot ein Schauspiel von seltener Pracht. Der dicke Wolkenschleier zerriß dicht am Horizont wie zu Fetzen, und die Sonne erschien zwölf Grad hoch auf indigoblauem Grund. Ihre Scheibe war ungemein stark in die Breite gezogen, verschoben und am Rande ausgeschweift. Die Wolken waren vergoldet, und Strahlenbündel in den schönsten Regenbogenfarben liefen bis zur Mitte des Himmels auseinander. Auf der Plaza Mayor war viel Volk versammelt. Das Erdbeben, der Donnerschlag während desselben, der rote Nebel seit so vielen Tagen, alles wurde der Sonnenfinsternis zugeschrieben. Wir erhielten viele Besuche, die sich erkundigten, ob unsere Instrumente neue Erdstöße für den anderen Tag anzeigten.

Das Erdbeben vom 4. November 1799 – das erste, das ich erlebte – machte einen um so stärkeren Eindruck auf mich, als es, vielleicht zufällig, von so bemerkenswerten meteorologischen Erscheinungen begleitet war. Ich hätte damals nicht geglaubt, daß ich nach langem Aufenthalt auf den Hochebenen von Quito und an den Küsten von Peru mich selbst an ziemlich starke Bewegungen des Bodens so sehr gewöhnen würde, wie wir in Europa an das Donnern gewöhnt sind. In der Stadt Quito dachten wir gar nicht mehr daran, bei Nacht aufzustehen, wenn ein unterirdisches Gebrüll, das immer vom Vulkan Pichincha herzukommen scheint, einen Stoß ankündigte, dessen Stärke nur selten zum Grad des Getöses im Verhältnis steht.

Von Kindheit auf prägen sich unserer Vorstellung gewisse Kontraste ein;

das Wasser gilt uns für ein bewegliches Element, die Erde für eine unbewegliche träge Masse. Diese Begriffe sind das Produkt der täglichen Erfahrung und hängen mit allen unseren Sinneseindrücken zusammen. Wankt die Erde in ihren alten Grundfesten, die wir für unerschütterlich gehalten haben, so ist eine langjährige Täuschung in einem einzigen Augenblick zerstört. Man lauscht hinfort auf das leiseste Geräusch, man mißtraut zum erstenmal einem Boden, auf den man so lange zuversichtlich den Fuß gesetzt hat. Wiederholen sich die Stöße, treten sie häufig auf, so nimmt dieses Zagen bald ein Ende. Der Mensch faßt sehr schnell wieder Zutrauen, und an den Küsten von Peru gewöhnt man sich am Ende an die Schwankungen des Bodens wie der Schiffer an die Stöße, die sein Fahrzeug von den Wellen erhält.

Politische Erschütterungen

Am 18. November 1799 um acht Uhr abends waren wir unter Segel, um längs der Küste von Cumaná nach dem Hafen La Guaira zu schiffen. Unser Plan war: Wir wollten bis zum Ende der Regenzeit in Caracas bleiben, von dort über die großen Ebenen oder Llanos in die Missionen am Orinoko reisen, diesen ungeheuren Strom südlich von den Katarakten bis zum Río Negro und zur Grenze von Brasilien hinauffahren und über die Hauptstadt von Spanisch-Guayana, Angostura, nach Cumaná zurückkehren. Wie lange wir zu dieser Reise von siebenhundert Meilen, von denen wir über zwei Drittel im Kanu zu machen hatten, brauchen würden, ließ sich unmöglich bestimmen. An den Küsten kennt man nur das Stück des Orinoko nahe seiner Mündung. Was jenseits der Llanos liegt, ist für die Einwohner von Cumaná und Caracas unbekanntes Land.

In einem Lande, in dem so wenig gereist wird, findet man Gefallen daran, Fremden gegenüber die Gefahren zu übertreiben, die vom Klima, von wilden Tieren und Menschen drohen. Wir waren an diese Abschreckungsmittel, von den Kolonisten mit naiver und gutgemeinter Offenheit angewendet, noch nicht gewöhnt. Trotzdem hielten wir an dem einmal gefaßten Entschlusse fest. Wir konnten uns auf die Unterstützung des Statthalters der Provinz, Don Vicente Emparán, verlassen sowie auf die Empfehlungen der Franziskanermönche, die an den Ufern des Orinoko die eigentlichen Herren sind.

Als wir uns auf der Überfahrt westlich der Mündung des Río Unare befanden, wurde das Meer, das bisher sehr still gewesen war, immer unruhiger, je näher wir Kap Codera kamen. Meine Reisegefährten litten sehr, ich aber schlief ganz ruhig, da ich – ein ziemlich seltenes Glück – nie seekrank werde.

Bei Sonnenaufgang am 20. November konnten wir hoffen, das Kap in wenigen Stunden zu umschiffen, und gedachten, noch am selben Tag nach La Guaira zu kommen. Aber unser Schiffer bekam Angst vor den Kapern, die dort vor dem Hafen lagen. Es schien ihm geraten, sich ans Land zu machen, im kleinen Hafen von Higuerote, über den wir schon hinaus waren, vor Anker zu gehen und die Nacht abzuwarten, um dann die Überfahrt fortzusetzen. Wenn man Leuten, die seekrank sind, vom Landen spricht, so weiß man im voraus, wofür sie stimmen. Alle Vorstellungen halfen nichts, man mußte nachgeben, und schon um neun Uhr morgens am 20. November lagen wir auf der Reede in der Bucht von Higuerote.

Wir fanden dort weder Dorf noch Hof, nur zwei oder drei von armen Fischern, Mestizen, bewohnte Hütten. Ihre gelbe Gesichtsfarbe und die auffallende Magerkeit der Kinder mahnten daran, daß diese Gegend eine der ungesündesten, den Fiebern am meisten unterworfene an der ganzen Küste ist.

Meinen Reisegefährten war bei der hochgehenden See vor dem Schlingern unseres kleinen Schiffes so bange, daß sie beschlossen, den Landweg nach Caracas einzuschlagen. Er führt durch ein wildes, feuchtes Land. Es war mir lieb, daß auch Bonpland diesen Weg wählte, auf dem er trotz des ständigen Regens und der ausgetretenen Flüsse viele neue Pflanzen zusammenbrachte. Ich selbst fuhr mit dem indianischen Steuermann allein zur See weiter. Es erschien mir zu gewagt, die Instrumente aus den Augen zu lassen, die uns an den Orinoko begleiten sollten.

Nach der Landung im Hafen von La Guaira traf ich noch am Abend Anstalten, meine Instrumente nach Caracas schaffen zu lassen. Am 21. abends kam ich dort an, vier Tage früher als meine Gefährten.

Als ich zum ersten Male über die Hochebene nach der Hauptstadt von Venezuela ging, traf ich vor einem kleinen Wirtshaus viele Reisende, die ihre Maultiere ausruhen ließen. Es waren Einwohner von Caracas. Sie stritten über den Aufstand zur Befreiung des Landes, der vor kurzem stattgefunden hatte. José España hatte auf dem Schafott geendet. Sein Weib schmachtete im Gefängnis, weil sie ihren Mann auf der Flucht bei sich aufgenommen und nicht der Regierung angezeigt hatte. Die Aufregung der Gemüter, die Bitterkeit, mit der man über Fragen stritt, über die Landsleute nie verschiedener Meinung sein sollten, fielen mir ungemein auf. Während man ein langes und breites verhandelte über den Haß der Mulatten gegen die freien Neger und die Weißen, über den Reichtum der Mönche und die Mühe, die man habe, die Sklaven in Zucht zu halten, hüllte uns ein kalter Wind, der vom hohen Gipfel der Silla herabzukommen schien, in einen dicken Nebel und machte der lebhaften Unterhaltung ein Ende.

In der Wirtsstube machte ein bejahrter Mann, der zuvor am ruhigsten gesprochen hatte, die anderen darauf aufmerksam, wie unvorsichtig es sei, zu einer Zeit über politische Gegenstände zu verhandeln, in der überall Angeber lauern, sei es auf dem Berge oder in der Stadt. Diese in der Bergeinöde gesprochenen Worte machten tiefen Eindruck auf mich, den ich auf unseren Reisen durch die Anden noch oft erhalten sollte. In Europa, wo die Völker ihre Streitigkeiten in den Ebenen schlichten, steigt man auf die Berge, um Einsamkeit und Freiheit zu suchen. In der Neuen Welt aber sind die Kordilleren bis zu viertausend Meter Meereshöhe bewohnt. Die Menschen tragen ihre bürgerlichen Zwiste wie ihre kleinlichen, gehässigen Leidenschaften mit hinauf. Auf dem Rücken der Anden, wo die Entdeckung von Erzgängen zur Gründung von Städten geführt hat, stehen Spielhäuser, und in diesen weiten Einöden, fast über der Region der Wolken, in einer Natur, die dem Geiste höheren Schwung geben sollte, wird gar oft das Glück der Familien durch die Kunde gestört, daß der Hof ein Ordenszeichen oder einen Titel nicht bewilligt habe.

Man scheint sich in Europa zu wundern, wie die Spanier aus dem Mutterlande, deren so wenige sind, jahrhundertelang so starken Widerstand leisten konnten. Man vergißt, daß in allen Kolonien die europäische Partei notwendig durch eine große Menge Einheimischer verstärkt wird. Familienrücksichten, die Liebe zu ungestörter Ruhe, die Scheu, sich in ein Unternehmen einzulassen, das schlimm ablaufen kann, halten diese Leute ab, sich der Sache der Unabhängigkeit anzuschließen oder für die Einführung einer eigenen, wenn auch vom Mutterlande abhängigen Repräsentativregierung aufzutreten.

Die einen scheuen alle gewaltsamen Mittel und leben in der Hoffnung, durch Reformen werde das Kolonialregiment allmählich weniger drückend werden. Revolution ist ihnen gleichbedeutend mit dem Verlust ihrer Sklaven, mit der Beraubung des Klerus und der Einführung einer religiösen Duldsamkeit. Andere gehören zu den wenigen Familien, die in jeder Gemeinde durch ererbten Wohlstand oder durch sehr alten Bestand in den Kolonien eine wahre städtische Aristokratie bilden. Sie wollen lieber gewisse Rechte gar nicht bekommen, als sie mit allen teilen. Ja, eine Fremdherrschaft wäre ihnen lieber als eine Regierung in den Händen von Amerikanern, die im Rang unter ihnen stehen. Sie verabscheuen jede auf Gleichheit der Rechte gegründete Verfassung. Vor allem fürchten sie den Verlust der Ordenszeichen und Titel, die sie sich mit so saurer Mühe erworben haben und die einen Hauptbestandteil ihres häuslichen Glücks ausmachen.

Noch andere, und es sind sehr viele, leben auf dem Lande vom Ertrag ihrer Grundstücke und genießen die Freiheit, deren sich ein dünnbesiedeltes Land unter dem Druck der schlechtesten Regierung zu erfreuen hat. Sie selbst erheben keine Ansprüche auf Amt und Würden, und so fragen sie auch nicht danach, wenn Leute damit bekleidet werden, die sie kaum dem Namen nach kennen und deren Arm nicht bis zu ihnen reicht. Immerhin wäre ihnen eine nationale Regierung und volle Handelsfreiheit lieber als das alte Kolonialwesen, aber diese Wünsche sind gegenüber der Liebe zur Ruhe und der Gewöhnung an ein träges Leben keineswegs so lebhaft, daß sie sich deshalb zu schweren, langwierigen Opfern entschließen könnten.

Wenn die Ruhe erhalten blieb, so war dies die Folge der Gewohnheit, des großen Einflusses einer gewissen Zahl mächtiger Familien und vor allem des Gleichgewichts, das sich zwischen feindlichen Kräften herstellt. Eine auf Entzweiung gegründete Sicherheit muß jedoch erschüttert werden, sobald eine bedeutende Menschenmasse ihren Privathaß eine Weile ruhen läßt und sich im Gefühl eines gemeinsamen Interesses verbündet; sobald dieses Gefühl, einmal erwacht, am Widerstand erstarkt und durch fortschreitende Geistesentwicklung und die Umwandlung der Sitten der Einfluß der Gewohnheit und der alten Vorstellungen sich mindert.

Es gibt in Caracas – wie überall, wo eine große Umwälzung in den Vorstellungen bevorsteht – zwei Menschenklassen, man könnte sagen zwei streng geschiedene Generationen. Die eine, nicht mehr sehr zahlreiche, hält fest an den alten Bräuchen und hat die alte Sittsamkeit und Mäßigung in Wünschen und Begierden bewahrt. Sie lebt nur der Vergangenheit. In ihrer Vorstellung ist Amerika Eigentum ihrer Voreltern, die es erobert haben. Sie verabscheut die sogenannte Aufklärung des Jahrhunderts und hegt sorgfältig, wie ein Teil ihres Erbgutes, die überlieferten Vorurteile. Die andere lebt weniger in der Gegenwart als in der Zukunft und hat eine nicht selten leichtfertige Vorliebe für neue Sitten und Ideen. Kommt zu dieser Neigung der Trieb, sich gründlich zu bilden, wird sie von einem kräftigen, hellblickenden Geiste gezügelt, so wird sie in ihren Wirkungen der Gesellschaft ersprießlich. Ich habe in Caracas mehrere durch wissenschaftlichen Sinn, angenehme Sitten und großartige Gesinnung gleich ausgezeichnete Männer kennengelernt, die dieser zweiten Generation angehörten.

Erste Gipfelexkursion

Ich blieb zwei Monate in Caracas. Bonpland und ich wohnten in einem großen, fast ganz freistehenden Haus im höchsten Teil der Stadt. Von einer Galerie übersahen wir mit einem Blick den Gipfel der Silla, den gezackten Kamm des Galipano und das lachende Guaire-Tal, dessen üppiger Anbau von den finsteren Bergwänden umher absticht. Um die Weide zu verbessern, zündet man die Savannen und den Rasen an, der die steilsten Felsen bedeckt. Diese großen Brände bringen, von weitem gesehen, die überraschendsten Lichteffekte hervor. Überall, wo die Savannen längs der vor- und zurückspringenden Felsgehänge die von Bergwassern eingerissenen Schluchten ausfüllen, nehmen sich die brennenden Bodenstreifen bei dunkler Nacht wie Lavaströme aus, die über dem Tal hängen. Ihr starkes, aber ruhiges Licht färbt sich rötlich, wenn der Wind, der von der Silla herabweht, Wolkenzüge ins Tal treibt.

Zu einer Zeit, wo trotz der Aufstandsversuche die große Mehrzahl der Einwohner nur an materielle Interessen dachte, an die Fruchtbarkeit des Jahres, an die lange Dürre, an den Kampf zwischen den Winden, glaubte ich viele Leute zu finden, die mit den hohen Bergen in der Umgegend genau vertraut wären. Wir konnten aber in Caracas auch nicht einen Menschen auftreiben, der je auf dem Gipfel der Silla gewesen wäre. Der Generalkapitän verschaffte uns Führer. Es waren Schwarze, denen der Weg, der über den Bergkamm an der westlichen Spitze der Silla vorbei zur Küste führt, etwas bekannt war. Dieser Weg wird von den Schleichhändlern begangen. Aber weder unsere Führer noch die erfahrensten Leute der Miliz, die die Schleichhändler in diesen Wildnissen verfolgen, waren je auf dem eigentlichen Gipfel der Silla gewesen.

Wir waren unser achtzehn und gingen auf schmalem Fußpfad in einer Reihe hintereinander. Der Morgen war schön und kühl und schien unser Vorhaben zu begünstigen. Man blickt zu beiden Seiten in Täler nieder, die mehr dicht bewachsene Spalten sind.

Der Weg wird immer steiler. Man mußte sich stark vornüberbeugen, um vorwärts zu kommen. Der Rasen ist dicht, und er war durch die lange Trokkenheit sehr glatt geworden. Gerne hätten wir Fußeisen oder eisenbeschlagene Stöcke gehabt. Das kurze Gras bedeckt die Gneisfelsen, und man kann sich weder am Gras festhalten noch Stufen einschneiden wie bei weicherem Boden. Dieser mehr mühsame als gefährliche Aufstieg wurde den Leuten aus der Stadt, die das Bergsteigen nicht gewöhnt waren, bald zuviel. Wir verloren viel Zeit damit, auf sie zu warten, aber wir entschlossen uns erst, unseren Weg allein fortzusetzen, als wir alle den Berg hinabgehen, statt weiter heraufkommen sahen.

Der Himmel fing an sich zu bedecken. Bereits stieg aus dem feuchten Buschwald, der über uns die Region der Savannen begrenzte, der Nebel wie Rauch in dünnen, geraden Streifen auf. Es sah aus, als wäre an mehreren Punkten des Waldes zugleich Feuer ausgebrochen. Nach und nach ballten sich diese Dunststreifen zusammen, lösten sich vom Boden ab und streiften, vom Morgenwind gejagt, als leichtes Gewölk um den runden Gipfel des Gebirges. Dies war für Bonpland und mich ein untrügliches Zeichen, daß wir bald in dichten Nebel gehüllt sein würden. Da wir fürchteten, unsere Führer möchten sich diesen Umstand zunutze machen und uns im Stich lassen, ließen wir diejenigen, die die unentbehrlichen Instrumente trugen, vor uns hergehen.

In dieser Höhe besteht kein gebahnter Pfad mehr. Man hilft mit den Händen nach, wenn einen auf dem steilen, glitschigen Abhang die Beine im Stich lassen. Nach vierstündigem Marsch über die Savannen kamen wir in ein Buschwerk aus Sträuchern und niedrigen Bäumen. Der Hang des Berges wurde sanfter, und mit unsäglicher Lust untersuchten wir die Gewächse dieser Region.

Damit hielten wir uns lange auf. Der Himmel wurde immer finsterer, das Thermometer sank unter elf Grad. Das ist eine Temperatur, bei der man in diesem Himmelsstrich zu frieren beginnt. Wir arbeiteten uns durch ein Dikkicht von baumartigen Kräutern immer dem östlichen Gipfel zu, den wir ersteigen wollten. Von Zeit zu Zeit war er durch einen Wolkenriß zu sehen. Auf einmal aber waren wir in dicken Nebel gehüllt und konnten uns nur noch nach dem Kompaß richten. Gingen wir aber zu weit nordwärts, so liefen wir bei jedem Schritt Gefahr, an den Rand der ungeheuren Felswand zu gelangen, die fast senkrecht sechstausend Fuß tief zum Meer abfällt. Wir mußten haltmachen und fingen an zu zweifeln, ob wir vor Einbruch der Nacht auf die östliche Spitze gelangen könnten.

Glücklicherweise waren inzwischen die Neger eingetroffen, die das Wasser und den Mundvorrat trugen, und wir beschlossen, etwas zu uns zu nehmen. Doch unsere Mahlzeit dauerte nicht lange. Sei es nun, daß man nicht an unsere vielen Begleiter gedacht hatte oder sich die Neger über den Vorrat hergemacht hatten – wir fanden nichts als Oliven und fast kein Brot. Wir hatten die vergangene Nacht fast ganz durchwacht und waren jetzt seit neun Stunden auf den Beinen, ohne Wasser angetroffen zu haben. Unsere Führer verloren den Mut, sie wollten durchaus umkehren, Bonpland und ich hielten sie nur mit Mühe zurück. Es war erst zwei Uhr nachmittags. Wir hofften noch immer, vor Sonnenuntergang auf die Silla und dann wieder in das Tal zwischen den beiden Gipfeln hinabgelangen zu können. Dort wollten wir dann von den Negern aus den breiten Blättern der Bananen eine Hütte bauen lassen, ein großes Feuer anzünden und die Nacht zubringen. Wir schickten die Hälfte unserer Leute fort mit der Weisung, uns am anderen Morgen nicht mit Oliven, sondern mit gesalzenem Fleisch entgegenzukommen.

Wir gingen jetzt genau auf den östlichen Gipfel zu. Der Pflanzenwuchs hielt uns nun weniger auf. Man muß so nahe wie möglich an dem großen Absturz zur Küste entlanggehen. Dieses Wegstück ist keineswegs gefährlich, wenn man nur prüft, ob die Felsstücke fest liegen, auf die man den Fuß setzt. Der dem Gneis aufgelagerte Granit ist nicht regelmäßig geschichtet, sondern durch Spalten geteilt. Lange prismatische Blöcke ragen schief aus dem Boden hervor, und am Rande des Absturzes sieht es aus, als hingen ungeheure Balken über dem Abgrund.

Auf dem Gipfel, 8100 Fuß über dem Meer, hatten wir, freilich nur einige Minuten, ganz klaren Himmel. Wir genossen eine ungemein weite Aussicht nach Norden über die See hinweg, nach Süden in das fruchtbare Tal von Caracas hinab. Die westliche, abgerundete Spitze der Silla entzog uns die Aussicht auf die Stadt, deutlich aber sahen wir die ihr zunächstliegenden Häuser, Dörfer, die Kaffeepflanzungen und den Lauf des Guaire, einen silberglänzenden Wasserfaden.

Während ich, auf dem Gestein sitzend, die Inklination der Magnetnadel beobachtete, sah ich, wie sich viele haarige Bienen, etwas kleiner als die Honigbiene des nördlichen Europas, auf meine Hände setzten. Sie nisten im Boden. Sie fliegen selten aus, und nach ihren trägen Bewegungen konnte man glauben, sie seien hier auf dem Berge starr vor Kälte. Man nennt sie hierzulande *angelitos*, Engelchen, weil sie nur selten stechen. So lange man von ihrer Harmlosigkeit nicht vollkommen überzeugt ist, kann man sich einiger Besorgnis nicht erwehren. Ich gestehe, daß ich oft während astronomischer Beobachtungen beinahe die Instrumente hätte fallen lassen, wenn ich spürte, daß mir Gesicht und Hände voll dieser haarigen Bienen saßen. Unsere Führer versicherten, sie setzten sich nur zur Wehr, wenn man sie durch Anfassen der Füße reize. Ich fühlte mich nicht aufgelegt, den Versuch an mir selbst vorzunehmen.

Es wäre unvorsichtig gewesen, in diesem dichten Nebel am Rande eines sieben- bis achttausend Fuß hohen Abhanges länger zu verweilen. Wir verließen den Gipfel wieder. Es war halb vier Uhr abends. In der Freude über den glücklichen Erfolg unserer Expedition dachten wir nicht daran, daß der Weg abwärts im Finstern über steile, mit kurzem glatten Rasen bedeckte Hänge gefährlich sein könnte. Da es zwischen den Wendekreisen fast keine Dämmerung gibt, sieht man sich auf einmal aus dem hellsten Tageslicht in Dunkelheit versetzt. Der Mond stand über dem Horizont. Von den Führern, die unsere Instrumente trugen, blieb einer nach dem andern zurück, um auf dem Berg zu übernachten. Unter denen, die bei uns blieben, war ein Kongo-Neger, dessen Gewandtheit ich bewunderte: er trug einen großen Inklinationskompaß auf dem Kopf und hielt die Last trotz des ungemein steilen Abstiegs ständig im Gleichgewicht.

Erst um zehn Uhr abends kamen wir äußerst ermüdet und durstig im Tale an. Wir waren fünfzehn Stunden lang unentwegt auf den Beinen gewesen. Der rauhe Felsboden und die dürren, harten Grasstoppeln hatten uns die Fußsohlen zerrissen, denn wir hatten die Stiefel ausziehen müssen, weil die Sohlen zu glatt geworden waren. An Abhängen, wo weder Sträucher noch holzige Kräuter wachsen, an denen man sich mit den Händen festhalten kann, kommt man barfuß sicherer herab.

Mit Teilnahme hörte man die Beschreibung unserer beschwerlichen Bergfahrt. Aber mit einer Messung, nach der die Silla nicht einmal so hoch sein sollte wie der höchste Pyrenäengipfel, war man sehr wenig zufrieden. Wer möchte sich über eine nationale Vorliebe aufhalten, die sich in einem Lande, wo von Denkmälern der Kunst keine Rede ist, an Naturdenkmale hängt? Ist es verwunderlich, wenn die Einwohner von Quito und Riobamba, deren Stolz seit Jahrhunderten die Höhe ihres Chimborazo ist, von Messungen nichts wissen wollen, nach denen das Himalaja-Gebirge alle Kolosse der Kordilleren überragt?

Drittes Kapitel

Die Krone des Zamang

Wir verließen Caracas am 7. Februar 1800 in der Abendkühle, um unsere Reise an den Orinoko anzutreten. Die Erinnerung an diesen Abschied ist uns heute schmerzlicher als vor einigen Jahren. Unsere Freunde haben in den blutigen Bürgerkriegen, die jenen fernen Ländern die Freiheit bald brachten, bald wieder entrissen, das Leben verloren. Das Haus, in dem wir wohnten, ist nur ein Schutthaufen. Furchtbare Erdbeben haben die Bodenfläche umgepflügt. Die Stadt, die wir kannten, ist verschwunden. An derselben Stelle, auf diesem zerklüfteten Boden, erhebt sich allmählich eine neue Stadt. Die Trümmerhaufen, die Gräber einer zahlreichen Bevölkerung, dienen bereits wieder Menschen zur Wohnung. Die großen Ereignisse, von denen ich hier spreche und die die allgemeinste Teilnahme erregt haben, fallen in die Zeit lange nach meiner Rückkehr nach Europa.

Der kürzeste Weg von Caracas an die Ufer des Orinoko hätte uns über die südliche Bergkette und über die Llanos von Orituco geführt, worauf wir uns an der Einmündung des Río Guárico hätten einschiffen müssen. Aber auf diesem geraden Wege hätten wir unsere Absicht nicht erreicht, den schönsten und kultiviertesten Teil der Provinz, die Täler von Aragua, zu besuchen, einen interessanten Küstenstrich mit dem Barometer zu vermessen und den Río Apure bis zu seiner Mündung in den Orinoko hinabzufahren.

Fast alle Familien, mit denen wir in Caracas befreundet gewesen waren, lebten beisammen in den schönen Tälern von Aragua, wo sie die reichsten Pflanzungen besaßen, und sie wetteiferten, uns den Aufenthalt angenehm zu machen. Ehe wir in die Wälder am Orinoko eindrangen, erfreuten wir uns noch einmal an allem, was Kultur Schönes und Gutes bietet.

In der Nähe der Stadt Victoria betritt man ein gut bebautes Land. Ich sage Stadt, obgleich zu meiner Zeit Victoria nur für ein Dorf *(pueblo)* galt. Einen Ort mit 7000 Einwohnern, schönen Gebäuden, einer Kirche mit dorischen

Säulen und dem ganzen Treiben der Handelsindustrie kann man sich nicht leicht als Dorf denken. Längst auch hatten die Einwohner den spanischen Hof um den Titel *villa* angegangen und um das Recht, einen *cabildo*, einen Gemeinderat, wählen zu dürfen. Aber das Mutterland willfahrte dem Gesuch nicht.

Die Selbstverwaltung der Gemeinden sollte ihrem Wesen nach eine der Hauptgrundlagen der Freiheit und Gleichheit der Bürger sein; aber in den spanischen Kolonien ist sie in eine Gemeindearistokratie ausgeartet. Der Cabildo besteht keineswegs aus den Bürgern einer Stadt. Alle Handwerker, alle Kaufleute, die öffentlich Ausschank und Läden halten, sind vom Cabildo ausgeschlossen! Dieser besteht nur aus dem vornehmen, reichen und untätigen Teil der Einwohnerschaft. Diese Aristokraten ergänzen sich selbst, wählen die Bürgermeister, die Richter. Es kommt vor, daß man Bürger nicht in den Cabildo wählt, bloß weil sie auf der Straße Tabak rauchen und mit dem Hintern abends auf der Hausschwelle sitzen, währenddes jene, die sich *Caballero de su Casa* nennen, sich nicht schämen, im Regen die Beinkleider auszuziehen und nackt zu reiten.

Durch die Art des Anbaus ist der Anblick der Umgebung Victorias sehr eigentümlich. Der bebaute Boden liegt nur in 525 bis 580 Meter Meereshöhe, und doch sieht man unter den Zucker-, Kaffee- und Bananenpflanzungen Getreidefelder. Mit Ausnahme des Inneren von Kuba werden sonst fast nirgends im tropischen Teil der spanischen Kolonien die europäischen Getreidearten in so tief gelegenen Landstrichen gezogen. Man sät den Weizen im September und erntet ihn nach siebzig oder fünfundsiebzig Tagen. Das Korn ist groß, weiß und sehr reich an Kleber. Bei Victoria trägt der Morgen in der Regel zwei- bis dreimal mehr als in den nördlichen Ländern.

Bei San Mateo, einem reizenden Dorf, sahen wir die letzten Weizenfelder und die letzten Mühlen mit waagerechten Wasserrädern. Man rechnete bei der bevorstehenden Ernte auf die zwanzigfache Aussaat, und als wäre dies noch wenig, fragte man mich, ob man in Preußen und Polen mehr ernte. Unter den Tropen ist der Irrtum ziemlich verbreitet, das Getreide arte gegen den Äquator zu aus, und die Ernten seien im Norden reicher. In der ersten Zeit nach der Eroberung wurde das europäische Getreide mit Erfolg an manchen Orten gebaut, die jetzt als zu heiß oder zu feucht dafür gelten. Die eben erst nach Amerika versetzten Spanier waren noch nicht so an den Mais gewöhnt, man machte Versuche mit Sämereien aller Art, man stellte keckere Fragen an die Natur, weil man weniger nach falschen Theorien urteilte.

Fünf Meilen von San Mateo liegt das Dorf Turmero. An der regelmäßigen Bauart der Dörfer hier erkennt man, daß sie den Mönchen und den Missionen ihren Ursprung verdanken. Die Straßen sind gerade, untereinander parallel und schneiden sich in rechten Winkeln; auf dem großen viereckigen Platz in der Mitte steht die Kirche. Seit die Missionare den Pfarrern Platz machen, haben die Weißen manches von den Sitten der Indianer angenommen. Die letzteren verschwinden nach und nach als besondere Rasse, das heißt, sie vermischen sich mit den Weißen und Schwarzen und werden in der Gesamtmasse der Bevölkerung zunehmend durch die Mestizen und Zambos repräsentiert.

Hinter Turmero bemerkt man auf eine Meile weit am Horizont einen Gegenstand, der wie ein runder Hügel, wie ein grün bewachsener Tumulus aussieht. Es ist aber weder ein Hügel noch ein Klumpen dicht beisammenstehender Bäume, sondern ein einziger Baum, der berühmte *Zamang del Guaire*, bekannt im ganzen Land wegen der ungeheuren Ausbreitung seiner Äste, die eine halbkugelige Krone von 576 Fuß Umfang bilden. Der Zamang ist eine schöne Mimosenart. Schmarotzergewächse bedecken die Zweige und durchbohren die Rinde. Wir blieben lange unter diesem vegetabilischen Gewölbe. Die Bewohner dieser Täler, besonders die Indianer, halten den Baum in hohen Ehren, den schon die ersten Eroberer ziemlich so gefunden haben mögen, wie er jetzt vor uns steht. Der Anblick alter Bäume hat etwas Großartiges, Imponierendes; die Beschädigung dieser Naturdenkmale wird daher auch in Ländern, denen es an Kunstdenkmalen fehlt, streng bestraft. Wir hörten mit Vergnügen, der gegenwärtige Eigentümer des Zamang habe einen Pächter, der es wagte, einen Zweig zu schneiden, gerichtlich verfolgt.

Am 27. Februar morgens besuchten wir die heißen Quellen von Las Trincheras del Puerto Cabello. Sie sind weit stärker als alle, die wir bisher gesehen haben, und bilden einen Bach, der in der dürresten Jahreszeit zwei Fuß tief und achtzehn Fuß breit ist. Die Temperatur war, sehr genau gemessen, 90,3 Grad. Eier waren in weniger als vier Minuten gar. Die Üppigkeit der Vegetation um das Becken überraschte uns. Mimosen mit zartem, gefiedertem Laub und Feigenbäume, ein Aron mit holzigem Stengel und pfeilförmigen Blättern. Dieselben Pflanzenarten kommen anderswo in diesem Gebirge an Bächen vor, in denen das Thermometer nicht auf achtzehn Grad steigt. Mehr noch, dreizehn Meter von den kochendheißen Quellen entspringen auch ganz kalte. Beide Gewässer laufen eine Strecke weit nebeneinander fort, und die Eingeborenen zeigten uns, wie man sich, wenn man zwischen beiden Bächen ein Loch in den Boden gräbt, ein Bad von beliebiger Temperatur verschaffen kann. Es ist auffallend, wie in den heißesten und kältesten Erdstrichen der gemeine Mann gleich sehr die Wärme liebt. Bei der Einführung des Christentums in Island wollte sich das Volk nur in den warmen Quellen am Hekla taufen lassen, und in der heißen Zone, im Tiefland und auf den Kordilleren, laufen die Eingeborenen von allen Seiten den warmen Quellen zu. Die Kranken, die nach Las Trincheras kommen, um Dampfbäder zu nehmen, errichten über der Quelle eine Art Gitterwerk aus Zweigen und ganz dünnem Rohr und legen sich nackt darauf. Bricht das Gebäude ein, so ist der Kranke für immer geheilt.

Am ersten Märztag mit Sonnenaufgang verließen wir Puerto Cabello. Mit Verwunderung sahen wir die vielen Boote, die Früchte zu Markt brachten. Es mahnte mich an einen schönen Morgen in Venedig. Wir wandten uns zurück in die Täler von Aragua. Wir hatten schon seit mehreren Wochen von einem Baum sprechen hören, dessen Saft eine nährende Milch ist. Man nennt ihn den Kuhbaum *(palo de vaca)* und versicherte uns, diese vegetabilische Milch sei ein gesundes Nahrungsmittel. Da alle milchigen Pflanzensäfte scharf, bitter und mehr oder weniger giftig sind, schien uns diese Behauptung sehr sonderbar. Aber die Erfahrung lehrte uns während des Aufenthaltes in Barbula, daß man die Eigenschaften des Palo de Vaca nicht übertrieben hatte. Macht man Einschnitte in den Stamm, so fließt sehr reichlich eine klebrige, ziemlich dicke Milch aus, die durchaus nicht scharf ist und sehr angenehm wie Balsam riecht. Man reichte sie uns in den Früchten des *tutumo* oder Flaschenbaums. Wir tranken abends vorm Schlafengehen und frühmorgens viel davon, ohne irgendeine nachteilige Wirkung. Nur die Klebrigkeit macht diese Milch etwas unangenehm. Die Neger und die Freien, die auf den Pflanzungen arbeiten, tunken sie mit Mais- und Maniokbrot aus. Bei freiem Zutritt der Luft zieht der Saft an der Oberfläche gelbliche, faserige Häute. Nimmt man diese Häute ab, so zeigen sie sich elastisch wie Kautschuk, in der Folge aber faulen sie unter denselben Erscheinungen wie die Gallerte. Das Volk nennt den Klumpen, der sich absetzt, Käse.

Ich gestehe, von den vielen merkwürdigen Erscheinungen, die mir im Verlauf meiner Reise zu Gesicht gekommen sind, haben wenige auf meine Einbildungskraft einen stärkeren Eindruck gemacht als der Kuhbaum. Alles, was sich auf die Milch oder die Getreidearten bezieht, hat ein Interesse für uns, das sich nicht auf die physikalische Kenntnis der Gegenstände beschränkt, sondern einem anderen Kreis von Vorstellungen und Empfindungen angehört. Wir vermögen uns kaum vorzustellen, wie das Menschengeschlecht bestehen könnte ohne mehlige Stoffe, ohne den nährenden Saft in der Mutterbrust. Das Stärkemehl des Getreides, das bei so vielen alten und neueren Völkern ein Gegenstand religiöser Verehrung ist, kommt in den Samen und Wurzeln der Gewächse vor; die Milch dagegen erscheint uns als ein ausschließliches Produkt der tierischen Organisation. Diesen Eindruck erhalten wir von Kindheit auf, und daher denn auch unser Erstaunen. Was uns hier so gewaltig ergreift, sind nicht prachtvolle Wälderschatten, majestätisch dahinziehende Ströme, von ewigem Eis starrende Gebirge; ein paar Tropfen Pflanzensaft führen uns die ganze Macht und Fülle der Natur vor das innere Auge.

Wir gingen von Barbula nach Guacara zurück, um noch drei Tage am Ufer des Sees von Valencia zu verweilen. Es war Karneval und der Jubel allgemein. Manchmal arteten die Lustbarkeiten etwas ins Rohe aus. Die einen führen mit Wasser beladene Esel herum, und wo ein Fenster offen ist, begießen sie das Zimmer mit einer Spritze. Andere haben Tüten voll der kleinen rötlichen Haare der Picapicaschote und blasen das Haar, das auf der Haut ein heftiges Jucken verursacht, den Vorübergehenden ins Gesicht.

Wir lebten wie die wohlhabenden Leute hierzulande, badeten zweimal, schliefen dreimal und aßen dreimal in vierundzwanzig Stunden.

Die Llanos

Am 6. März, vor Sonnenaufgang, verließen wir die Täler von Aragua. Wir zogen längs dem südwestlichen Gestade des Sees von Valencia über einen Boden, von dem sich die Wasser des Sees zurückgezogen haben. Den Aufgang der Sonne verkündete der ferne Lärm der Brüllaffen.

Im Dorf María Magdalena waren die Einwohner vor der Kirche versammelt. Es war Sonntag. Man wollte unsere Maultiertreiber zwingen, anzuhalten und die Messe zu hören. Wir ergaben uns darein; aber nach langem Wortwechsel setzten die Maultiertreiber ihren Weg fort. Es war dies das einzige Mal, wo wir einen solchen Streit bekamen. Man macht sich in Europa ganz falsche Begriffe von der Unduldsamkeit und selbst vom Glaubenseifer der spanischen Kolonisten.

In Villa de Cura, eher ein armseliges Dorf als eine Stadt, wohnten wir bei einer Familie, die nach der Revolution von Caracas im Jahre 1797 von der Regierung verfolgt worden war. Doña Jerónima Peraza, ihre Schwester Doña Manuela (sehr hübsch) und die Mutter, alle unverheiratet, arm, klug, aber wütige Sprechmaschinen. Einer der Söhne war nach langer Gefangenschaft nach Havanna gebracht und dort eingeschlossen worden. Wie freute sich die Mutter, als sie hörte, wir würden auf dem Rückweg vom Orinoko nach Havanna kommen! Abends fand sich die ganze Gesellschaft der Stadt zusammen, um in einem Guckkasten die Ansichten der großen europäischen Städte zu bewundern. Wir bekamen die Tuilerien zu sehen und das Standbild des großen Kurfürsten in Berlin. Es ist ein eigenes Gefühl, seine Vaterstadt, zweitausend

Meilen von ihr entfernt, in einem Guckkasten zu erblicken. Nach dem Abschied kam die alte Mutter noch an ein Fenster und gab mir vier Pesos für den Sohn, vielleicht ihr ganzer Reichtum! Gern hätte ich sie ihr zurückgegeben, aber wie hätte ich mich nicht scheuen sollen, ihr Zartgefühl zu verletzen, einer Mutter wehe zu tun, die in den Entbehrungen, die sie sich auferlegt, sich glücklich fühlt!

Kaum ist man angelangt in so einem kleinen spanisch-amerikanischen Städtchen, so laufen alle Pulperos und Tiendisten zusammen und fragen, ob man etwas zu verkaufen habe, und welches Erstaunen, wenn sie hören, daß man Laub und Kräuter sammelt. Die Krämer treten ab, und nun erscheint eine weit fürchterlichere Plagegesellschaft, die Schriftgelehrten, Apotheker, Kurpfuscher, Pfaffen, und lügen alle Wunder der Harze und Gummiarten vor. In ihren Wirtshäusern wird der Naturforscher um seine schönsten Freuden gebracht und ist ewig seiner Freiheit beraubt; der Fremdling wird instruiert, die Kaimane trügen einen Knaben x Tage im Maul herum und mit Tabak im Mund könnte man den Zitteraal berühren. Stundenlang dauert das Fragespiel nach Provinzialnamen, ob man ein Harz kenne und so weiter. Die Geistlichen tun vornehmer, reden von dem, was *los peripatéticos* und *los filósofos modernos* sagen, sie fragen nach den Seelen der Tiere, ob man Insekten habe zu Blättern werden, aus einem Haar eine Schlange entspringen sehen, ob das oberste Kirchengericht es zugegeben habe, daß die Erde um die Sonne laufe. Bleibt man zwei, drei Tage, so wird weitergefragt, ob es gute Steine gibt, ob man etwas Gutes entdeckt habe, wozu das Pflanzentrocknen nütze sei, und sie begreifen nicht, daß man schlechterdings etwas wissen muß, um sich erklären zu lassen, wie die Luft der Schwimmblase beschaffen ist. Wieviel Zeit und Humor gehen dadurch verloren. Wie gequetscht legt man sich oft zu Bette. Wollte doch selbst der Generalkapitän in Caracas, ich sollte ihm bei Tische sagen, was wir Neues entdeckt hätten, seit wir in Amerika sind. Und dann das ewige Vorspiegeln der Gefahren, die man zu überstehen haben wird, wie viele Mühen, wieviel Sonne. Von der Reise bis an den Río Apure wird wie von einer Reise um die Welt gesprochen, denn selber reisen diese Menschen nie über fünf Wegstunden hinaus. Wie entfernt sind sie von ihren Ahnherren, den Konquistadoren.

Nachdem wir in dem kleinen Fluß San Juan in frischem, klarem Wasser gebadet hatten, setzten wir um zwei Uhr in der Nacht unseren Weg nach Mesa de Paja fort. Dort, unter dem neunten Breitengrad, betraten wir das Becken der Llanos. Die Sonne stand beinahe im Zenit; der Boden zeigte überall, wo er von Vegetation entblößt war, eine Temperatur von achtundvierzig bis fünfzig Grad. Die Ebenen ringsum schienen zum Himmel anzusteigen, und die weite unermeßliche Einöde stellte sich unseren Blicken wie eine mit Tang und Meeralgen bedeckte See dar. Ihrer grünenden Wipfel beraubt, erschienen ferne Palmenstämme wie Schiffsmasten, die am Horizont auftauchen.

Die Llanos waren damals durch Raubgesindel unsicher, weshalb sich mehrere Reisende uns anschlossen, so daß wir eine Art Karawane bildeten. Ehemals raubte man bloß Rindvieh, man tötete es, um die Haut zu gewinnen; das Fleisch genießt der Truthahngeier. Jetzt, mit zunehmender Bildung und zunehmendem Bedürfnis, fängt man an, Reisende anzufallen. Die Begierde ist besonders auf Kleidungsstücke, wollene Decken, ein schönes Maultier und Sättel, ja selbst Geld gerichtet. Uhren läßt man meist dem Reisenden, der, wenn er ein Weißer ist, an einen Baum gebunden und tüchtig ausgepeitscht wird. Die Räuber sind Zamben, Mulatten; ein farbiger Mensch glaubt gegen die Pflichten seiner Kaste zu sündigen, wenn er eine Gelegenheit vorbeigehen läßt, einem Weißen einen Teil dessen zurückzugeben, was die bunte Kaste allgemein von der Tyrannei der weißen Kaste leidet. Man hat in den letzten Jahren in den Llanos traurige Beispiele von Reisenden erlebt, die, an Bäume gebunden, hilflos und halbverschmachtet gefunden wurden. So nimmt die Bruderliebe in dem neuen Weltteil zu! In einem Llano, in dem man in zwei Tagereisen oft kein menschliches Geschöpf, in sieben, acht Tagereisen keine Spur zusammen wohnender Menschen findet; in einem Lande, wo acht oder neun von zehn eingefangenen Räubern entspringen, weil die bei Kriminalprozessen nichts gewinnenden Auditoren jeden Verbrecher zehn bis zwölf Jahre lang in dem schlecht bewachten Gefängnis schmachten lassen; in einem Land, wo diese entsprungenen Räuber jahrelang sicher in ihrer vorigen einsamen Heimat wohnen und rauben; in einem Land, wo die moralischen Begriffe so roh sind, daß viele Viehhalter geraubtes Vieh kaufen, ja ihre Sklaven ausschicken, um ihr Eisen (Zeichen) auf fremdes Vieh zu drücken; in einem Land, wo die Mönche, wie in Guayabal, sich das Recht anmaßen, ganze Ortschaften von Raubgesindel anzulegen, Gesindel, das in der neuen Mission Schutz und Immunität findet – unter solchen Verhältnissen ist es sehr natürlich, daß die Räubereien zunehmen müssen. In der Provinz Barinas, zwischen Río Apure und Río Meta, wo die angrenzenden Indianer vor sechs Jahren nicht einmal Kuhfleisch aßen, haben aus den Gefängnissen entsprungene Zambos und Mulatten den Indianern solche Lust zum Viehraub eingeflößt, daß die Viehfarmen jetzt am Meta nicht sicherer sind als die am Río Guárico. Aber die Indianer töten und essen das Rindvieh, sie führen es nie in ihr Land und pflegen es dort. Sie wärmen sich wie die Affen am Feuer, ohne es selbst zu unterhalten. Der berittene Wachdienst, der 1797 in den Provinzen Caracas und Barinas eingeführt wurde, verminderte das Übel, der Viehraub nahm sichtbar ab. Aber schon ist dieses Institut ausgeartet. Statt daß alle im Llano wohnenden und Steuer leistenden Viehbesitzer an der Verwaltung des Ganzen und an der Wahl der Direktoren teilnehmen, haben die in Caracas anwesenden allein die Direktoren erwählt, Menschen aus der ersten und untätigsten Klasse, die den Llano kaum dem Namen nach kennen. Die Kasse ist darüber in solche Verwirrung geraten, daß man den Wachdienst zu Pferde nicht mehr bezahlen kann und die Reiter es unbezahlt nicht für ratsam halten, ihr Leben gegen blutgierige Zambos zu wagen. So ist ein durch Privatkräfte errichtetes vortreffliches Institut fast schon vernichtet und der Llano fast abermals so unsicher als vor vier, fünf Jahren.

Der eigentümlichste Zug der Savannen oder Steppen Südamerikas ist die völlige Abwesenheit aller Erhöhungen, die vollkommen waagerechte Lage des ganzen Bodens. Die spanischen Eroberer haben sie daher auch weder Wüsten noch Savannen noch Prärien genannt, sondern Ebenen, *los llanos*. Trotz der scheinbaren Gleichförmigkeit ihrer Fläche finden sich indessen in den Llanos zweierlei Unebenheiten, die dem aufmerksamen Beobachter nicht entgehen. Die erste Art nennt man *bancos*; es sind wahre Bänke, Untiefen im Steppenbecken, zerbrochene Schichten von festem Sandstein oder Kalkstein, die vier bis fünf Fuß höher liegen als die übrige Ebene. Diese Bänke sind zuweilen drei bis vier Meilen lang; sie sind vollkommen eben und waagerecht, und man bemerkt ihr Vorhandensein überhaupt nur dann, wenn man ihre Ränder vor sich hat. Die zweite Unebenheit läßt sich nur durch geodätische oder barometrische Messungen oder am Lauf der Flüsse erkennen; sie heißt *mesa*. Es sind dies kleine Plateaus oder vielmehr konvexe Erhöhungen, die unmerklich zu einigen Fuß Höhe ansteigen.

Das ewige Einerlei der Llanos, die große Seltenheit von bewohnten Plätzen, die Beschwerden der Reise unter einem glühenden Himmel und bei stauberfüllter Luft, die Aussicht auf den Horizont, der beständig vor einem zurückzuweichen scheint, die vereinzelten Palmstämme, deren einer aussieht wie der andere und die man gar nicht erreichen zu können meint, weil man sie mit anderen Stämmen verwechselt, die nacheinander am Gesichtskreis auftauchen – all dies zusammen macht, daß einem die Steppen noch weit größer vorkommen, als sie wirklich sind. Der Anblick hat etwas Großartiges, aber auch etwas Trauriges und Niederschlagendes. Es ist, als ob die ganze Natur erstarrt wäre; kaum daß hin und wieder der Schatten einer kleinen Wolke, die, durch den Zenit eilend, die nahende Regenzeit verkündet, auf den Llano fällt.

Nachdem wir zwei Nächte zu Pferde gewesen und vergeblich unter Gebüschen von Mauritiuspalmen Schutz gegen die Sonnenglut gesucht hatten, kamen wir vor Nacht zu dem kleinen Hof *El Caimán*. Es ist dies ein einsames Haus in der Steppe, umher ein paar kleine mit Rohr und Häuten bedeckte Hütten. Das Vieh, Rinder, Pferde, Maultiere, ist nicht eingepfercht; es läuft frei auf einem Flächenraum von mehreren Quadratmeilen. Nirgends ist eine Umzäunung. Männer, bis zum Gürtel nackt und mit einer Lanze bewaffnet, streifen zu Pferd über die Savannen, um die Herden im Auge zu behalten, zurückzutreiben, was sich zu weit von den Weiden des Hofes verläuft, mit dem glühenden Eisen zu zeichnen, was noch nicht den Stempel des Eigentümers trägt. Diese Farbigen, *peones llaneros* genannt, sind zum Teil Freie oder Freigelassene, zum Teil Sklaven. Nirgends ist der Mensch so anhaltend dem sengenden Strahl der tropischen Sonne ausgesetzt. Sie nähren sich von luftgetrocknetem, schwach gesalzenem Fleisch; selbst ihre Pferde fressen es zuweilen. Sie sind beständig im Sattel und meinen, nicht den unbedeutendsten Gang zu Fuß machen zu können.

Wir trafen im Hof einen alten Negersklaven, der in Abwesenheit des Besitzers das Regiment führte. Herden von mehreren tausend Kühen sollten in der Steppe weiden; trotzdem baten wir vergeblich um einen Topf Milch. Man reichte uns in Kalebassenfrüchten gelbes, schlammiges, stinkendes Wasser: es war aus einem Sumpf in der Nähe geschöpft. Die Bewohner der Llanos sind so träge, daß sie gar keine Brunnen graben, obgleich man wohl weiß, daß sich fast allenthalben in zehn Fuß Tiefe gute Quellen in einer Schicht von Konglomerat oder rotem Sandstein finden. Der alte Neger riet uns, das Gefäß mit einem Stück Leinwand zu bedecken und so gleichsam durch einen Filter zu trinken, damit uns der üble Geruch nicht belästige und wir von dem feinen, gelblichen Ton, der in dem Wasser verteilt ist, nicht so viel schlucken müßten. Wir ahnten nicht, daß wir von nun an monatelang auf dieses Hilfsmittel angewiesen sein würden. Auch das Wasser des Orinoko hat sehr viele erdige Bestandteile; es ist sogar stinkend, wo in Flußschlingen tote Krokodile auf den Sandbänken liegen oder halb im Schlamm stecken.

Kaum war abgepackt und hatten wir unsere Instrumente aufgestellt, so ließ man unsere Maultiere laufen und, wie es dort heißt, «Wasser in der Savanne suchen». Rings um den Hof sind kleine Teiche; die Tiere finden sie, geleitet von ihrem Instinkt, von den Gebüschen, die hier und da zu sehen sind, und von der feuchten Kühlung, die ihnen in einer Atmosphäre, die uns ganz still und regungslos erscheint, von kleinen Luftströmen zugeführt wird. Sind die Wasserlachen zu weit entfernt und die Knechte im Hof zu faul, um die Tiere zu diesen natürlichen Tränken zu führen, so sperrt man sie fünf, sechs Stunden in einen recht heißen Stall, bevor man sie laufen läßt. Der heftige Durst steigert dann ihren Scharfsinn. Sowie man den Stall öffnet, sieht man Pferde und Maultiere, besonders die letzteren, in die Savanne hinausjagen. Den Schwanz hoch gehoben, den Kopf zurückgeworfen, laufen sie gegen den Wind und halten zuweilen an, wie um den Raum auszukundschaften; und endlich verkündet anhaltendes Wiehern, daß sich in der Richtung ihres Laufes Wasser findet.

Um von der Hitze am Tage weniger zu leiden, brachen wir schon um zwei Uhr in der Nacht auf und hofften, vor Mittag Calabozo zu erreichen, eine kleine Stadt mit lebhaftem Handel, die mitten in den Llanos liegt. Mit Sonnenaufgang wurde die Ebene belebter. Das Vieh, das sich bei Nacht längs der Teiche oder unter Büschen gelagert hatte, sammelte sich zu Herden, und die Einöde bevölkerte sich mit Pferden, Maultieren und Rindern, die hier nicht gerade als wilde, wohl aber als freie Tiere leben, ohne festen Wohnplatz, der Pflege und des Schutzes der Menschen leicht entbehrend. In diesen heißen Landstrichen sind die Stiere, obgleich von spanischer Rasse wie die auf den kalten Plateaus von Quito, von sanfterem Temperament. Der Reisende läuft nie Gefahr, angefallen und verfolgt zu werden, was uns bei unseren Wanderungen auf dem Rücken der Kordilleren oft begegnet ist.

Die Herden auf den Llanos von Caracas, Barcelona, Cumaná und des spanischen Guayana sind sehr schwer genau zu schätzen. Man rechnet 1 200 000 Rinder, 180 000 Pferde und 90 000 Maultiere. Die Geschichte bewahrt den Namen des Kolonisten, der zuerst den glücklichen Gedanken hatte, diese Grasfluren zu bevölkern, auf denen damals nur Damhirsche und eine große Aguti-Art weideten. Cristóbal Rodríguez schickte ums Jahr 1548 das erste Hornvieh in die Llanos.

Am 24. März verließen wir die Stadt Calabozo. Auf dem Wege durch den südlichen Strich der Llanos fanden wir den Boden staubiger, pflanzenloser, zerrissener. Die Palmen verschwanden nach und nach ganz. Gegen vier Uhr abends fanden wir ein junges indianisches Mädchen. Sie lag auf dem Rücken, war ganz nackt und schien nicht über zwölf bis dreizehn Jahre alt. Sie war von Ermüdung und Durst erschöpft, Augen, Nase, Mund voll Staub, der Atem röchelnd; sie konnte uns keine Antwort geben. Neben ihr lag ein umgeworfener Krug, halb voll Sand. Zum Glück hatten wir ein Maultier bei uns, das Wasser trug. Wir brachten das Mädchen zu sich, indem wir ihr das Gesicht wuschen und ihr einige Tropfen Wein aufdrängten. Sie war anfangs erschrocken über die vielen Leute um sie her, aber sie beruhigte sich nach und nach und sprach mit unseren Führern. Sie war nicht zu bewegen, eines unserer Lasttiere zu besteigen. Sie hatte auf einem Hof in der Nähe gedient und war von ihrer Herrschaft verstoßen worden, weil sie infolge einer langen Krankheit nicht mehr so viel leisten konnte als zuvor. Sie wollte nicht zurück. Unsere Drohungen und Bitten fruchteten nichts; für Leiden unempfindlich wie ihre ganze Rasse, in die Gegenwart versunken ohne Bangen vor künftiger Gefahr, beharrte sie auf ihrem Entschluß, in eine der indianischen Missionen um die Stadt Calabozo her zu gehen. Wir schütteten den Sand aus ihrem Krug und füllten ihn mit Wasser. Noch ehe wir wieder zu Pferde waren, setzte sie ihren Weg in die Steppe fort. Bald entzog eine Staubwolke sie unseren Blicken.

Am 27. März 1800 langten wir in Villa San Fernando de Apure an, dem Hauptort der Kapuzinermissionen in der Provinz Barinas. Damit waren wir am Ziel unserer Reise über die Llanos, denn die drei Monate April, Mai und Juni brachten wir auf den Strömen zu.

Viertes Kapitel

Tagebuch vom Orinoko

Der Orinoko ist der eigentliche Schlüssel von Südamerika, eine Wahrheit, die man noch wenig eingesehen hat. Wer Meister des Orinoko ist, dringt leicht in die Provinzen Cumaná, Caracas, Barinas, ja durch den Río Meta bis Santa Fe de Bogotá ein. Durch diesen Strom kann man Ideen in Südamerika schnell in Umlauf bringen, Ideen und Waren, und hier, wo alles so gierig nach wohlfeilen englischen Waren ist, macht ein Musselinhemd so leicht eine Revolution als in Frankreich ein Buch.

Bis in die zweite Hälfte des achtzehnten Jahrhunderts waren die großen Flüsse Apure, Payara, Arauca und Meta in Europa kaum den Namen nach bekannt, ja weniger als in den vorhergehenden Jahrhunderten, als der tapfere Felipe de Urre und die Eroberer von Tocuyo durch die Llanos zogen, um jenseits des Apure die große Stadt des Dorado und das reiche Land der Omaguas-Indianer, das Timbuktu des Neuen Kontinents, aufzusuchen. So kühne Züge waren nur in voller Kriegsrüstung auszuführen. Auch wurden die Waffen, die nur die neuen Ansiedler schützen sollten, beständig wider die unglücklichen Eingeborenen gekehrt. Als diesen Zeiten der Gewalttätigkeit und der allgemeinen Not friedlichere Zeiten folgten, machten sich zwei mächtige indianische Volksstämme, die Cabres und die Kariben vom Orinoko, zu Herren des Landes, welches die Konquistadoren jetzt nicht mehr verheerten. Von jetzt an war es nur noch armen Mönchen gestattet, südlich der Steppen den Fuß zu setzen. Das Küstenland von Venezuela blieb isoliert. Man sollte es nicht glauben, die Stadt San Fernando de Apure, die in gerader Linie nur fünfzig Meilen entfernt von dem am frühesten bevölkerten Küstenstrich von Caracas liegt, wurde erst 1789 gegründet. Man zeigte uns ein Pergament voll hübscher Malereien, die Stiftungsurkunde der kleinen Stadt. Sie war auf Ansuchen der Mönche aus Madrid gekommen, als man noch nichts sah als ein paar Rohrhütten um ein großes, mitten im Flecken aufgerichtetes Kreuz. Da die Missionare und die obersten weltlichen Behörden gleiches Interesse haben, in Europa ihre Bemühungen zur Förderung der Kultur und der Bevölkerung in den Provinzen über dem Meer in übertriebenem Licht erscheinen zu lassen, so kommt es oft vor, daß Stadt- und Dorfnamen lange vor der wirklichen Gründung in der Liste der neuen Eroberungen aufgeführt werden. Wir werden an den Ufern des Orinoko und des Casiquiare dergleichen Ortschaften nennen, die längst projektiert waren, aber nie anderswo standen als auf den in Rom und Madrid gestochenen Missionskarten.

San Fernando, an einem großen schiffbaren Strom, nahe der Einmündung eines anderen, der die ganze Provinz Barinas durchzieht, ist für den Handel ungemein günstig gelegen. In der Regenzeit kommen große Fahrzeuge von Angostura nach San Francisco herauf, sowie auf dem Río Santo Domingo nach Torunas, dem Hafen der Stadt Barinas. Um diese Zeit treten die Flüsse aus, und zwischen dem Apure, dem Capanaparo und Sinaruco bildet sich dann ein wahres Labyrinth von Verzweigungen, das über eine Fläche Landes von vierhundert Quadratmeilen reicht. Hier ist der Punkt, wo der Orinoko seinen Lauf ändert und sofort, statt wie bisher die Richtung eines Meridians zu verfolgen, ostwärts fließt. Betrachtet man die Erdoberfläche als einen vielseitigen Körper mit verschieden geneigten Flächen, so springt schon bei einem Blick auf die Karten ins Auge, daß zwischen San Fernando am Apure, Caicara und der Mündung des Meta drei Gehänge, die gegen Nord, West und Süd ansteigen, sich durchschneiden, wodurch eine bedeutende Bodensenkung entstehen mußte. In diesem Becken steht in der Regenzeit das Wasser zwölf bis vierzehn Fuß hoch auf den Grasfluren, so daß sie einem mächtigen See gleichen. Die Dörfer und Höfe, die gleichsam auf Untiefen dieses Sees liegen, stehen kaum zwei bis drei Fuß über dem Wasser. In der Regenzeit gehen die Pferde, die in der Savanne wild leben, zu Hunderten zugrunde, weil sie die Plateaus oder die gewölbten Erhöhungen in den Llanos nicht erreichen können. Man sieht die Stuten, hinter ihnen die Füllen, einen Teil des Tages herumschwimmen und die Gräser abweiden, die nur mit den Spitzen über das Wasser reichen. Sie werden dabei von Krokodilen angefallen, und man sieht nicht selten Pferde, die an den Schenkeln Spuren von den Zähnen dieser fleischfressenden Reptilien aufweisen. Die Aase von Pferden, Maultieren und Kühen ziehen zahllose Geier herbei.

Während des hohen Wasserstandes gehen die Bewohner dieser Länder, um die starke Strömung und die gefährlichen Baumstämme, die sie treibt, zu vermeiden, in ihren Kanus nicht in den Flußbetten hinauf, sondern fahren über die Grasfluren. Man wendet sich gerade nach Süd, als führe man auf einem einzigen, zwanzig Meilen breiten Strom.

Das Aussehen des Himmels, der Gang der Elektrizität und der Regenguß am 28. März verkündeten den Beginn der Regenzeit; man riet uns, von San Fernando am Apure nach dem kürzlich am Ufer des Meta gegründeten Dorf der Otomaken zu gehen und uns auf dem Orinoko etwas oberhalb Carichana einzuschiffen. Ein alter Pächter, Don Francisco Sánchez, bot sich uns gefällig als Führer an. Seine Tracht war ein sprechendes Bild der großen Sitteneinfalt in diesen entlegenen Ländern. Er hatte ein Vermögen von mehr als 100 000 Pesos, und doch stieg er mit nackten Füßen, an die mächtige silberne Sporen geschnallt waren, zu Pferde. Wir wußten aber aus mehrwöchentlicher Erfahrung, wie traurig einförmig die Vegetation auf den Llanos ist, und schlugen daher lieber den längeren Weg auf dem Río Apure nach dem Orinoko ein.

Wir wählten dazu eine der sehr breiten Pirogen, die die Spanier Lanchas nennen; zur Bemannung waren ein Steuermann *(el patrón)* und vier Indianer hinreichend. Am Hinterteil wurde in wenigen Stunden eine mit Palmblättern gedeckte Hütte hergerichtet. Sie war so geräumig, daß Tisch und Bänke darin Platz fanden. Letztere bestanden aus über Rahmen von Brasilholz straff gespannten und angenagelten Ochsenhäuten. Ich führe diese kleinen Umstände an, um zu zeigen, wie gut wir es auf dem Apure hatten gegenüber dem Leben auf dem Orinoko in den schmalen, elenden Kanus. Wir luden Lebensmittel für einen Monat ein. In San Fernando gibt es Hühner, Eier, Bananen, Maniokmehl und Kakao im Überfluß. Der gute Pater Kapuziner gab uns Jérezwein, Orangen und Tamarinden zu kühlender Limonade. Die Indianer rechneten weniger auf die Lebensmittel, die wir angeschafft, als auf ihre Angeln und Netze. Wir nahmen auch einige Schießgewehre mit, die wir bis zu den Katarakten ziemlich verbreitet fanden, während weiter nach Süden die Missionare wegen der übermäßigen Feuchtigkeit der Luft keine Feuerwaffen mehr führen können.

Im Río Apure gibt es sehr viele Fische und Seekühe; und Schildkröten, deren Eier zwar nahrhaft sind, aber nicht sehr angenehm schmecken. Die Ufer sind mit Scharen unzähliger Vögel bevölkert. Die wohlschmeckendsten für uns waren der Pauxi und die Guacharaca, die man den Truthahn und den Fasan des Landes nennen könnte.

Am 30. März, um vier Uhr abends, fuhren wir bei sehr starker Hitze von San Fernando ab. Die ganze Fahrt auf Apure, Orinoko und Río Negro begleitete uns der Schwager des Statthalters der Provinz Barinas, Don Nicolás Soto, der erst kürzlich von Cádiz gekommen war und einen Ausflug nach San Fernando gemacht hatte. Um Länder kennenzulernen, die ein würdiges Ziel für die Wißbegierde des Europäers sind, entschloß er sich, mit uns vierundsiebzig Tage auf einem engen, von Moskitos wimmelnden Kanu zuzubringen. Sein geistreiches, liebenswürdiges Wesen und seine muntere Laune haben uns oft die Beschwerden einer zuweilen nicht ganz gefahrlosen Fahrt vergessen helfen.

Auf der ganzen Reise von San Fernando nach San Carlos am Río Negro und von dort nach der Stadt Angostura war ich bemüht, Tag für Tag – sei es im Kanu, sei es im Nachtlager – aufzuschreiben, was mir Bemerkenswertes vorkam. Durch den starken Regen und die ungeheure Menge Moskitos, von denen die Luft am Orinoko und Casiquiare wimmelt, hat diese Arbeit notwendig Lücken bekommen, die ich aber stets wenige Tage darauf ergänzte. Die folgenden Seiten sind ein Auszug aus diesem Tagebuch. Was im Angesicht der geschilderten Gegenstände niedergeschrieben ist, hat ein Gepräge von Wahrhaftigkeit – ich möchte sagen, von Individualität –, das auch den unbedeutendsten Dingen einen gewissen Reiz gibt. Um unnötige Wiederholungen zu vermeiden, habe ich hin und wieder in das Tagebuch eingetragen, was über die beschriebenen Gegenstände später zu meiner Kenntnis gelangt ist. Je gewaltiger und großartiger die Natur in den von ungeheuren Strömen durchzogenen Wäldern erscheint, desto strenger muß man bei den Naturschilderungen an der Einfachheit festhalten, die das vornehmste, oft das einzige Verdienst eines ersten Entwurfs ist.

Nackter Hintern und Sporen

Am 31. März. – Der widrige Wind nötigte uns, bis Mittag am Ufer zu bleiben. Wir sahen die Zuckerfelder zum Teil durch einen Brand zerstört, der sich aus dem nahen Wald bis hierher fortgepflanzt hatte. Die wandernden Indianer zünden überall, wo sie Nachtlager halten, den Wald an, und in der dürren Jahreszeit würden ganze Provinzen verheert, wenn nicht das ausnehmend harte Holz die Bäume vor der gänzlichen Zerstörung schützte.

Der Fluß wird allmählich breiter. Das eine Ufer ist meist dürr und sandig infolge der Überschwemmungen; das andere ist höher und mit hochstämmigen Bäumen bewachsen. Hin und wieder ist der Fluß zu beiden Seiten bewaldet. Palmen sind ziemlich selten. Vorne sieht man Büsche von Sauso, die gleichsam eine vier Schuh hohe Hecke bilden, und es ist, als wäre diese künstlich beschnitten. Die großen Vierfüßer des Landstrichs, die Jaguare, Tapire und Nabelschweine, haben Durchgänge in die Hecke gebrochen, durch die sie zum Trinken an den Strom gehen. Da sie sich nicht viel daraus machen, wenn ein Kanu herbeikommt, hat man den Genuß, sie langsam am Ufer hinstreichen zu sehen, bis sie durch eine der schmalen Lücken im Gebüsch verschwinden. Ich gestehe, diese Auftritte, so oft sie vorkamen, behielten immer großen Reiz für mich. Die Lust, die man empfindet, beruht nicht allein auf dem Interesse des Naturforschers, sondern daneben auf einer Empfindung, die allen im Schoße der Kultur aufgewachsenen Menschen gemein ist. Bald zeigt sich am Gestade der Jaguar; bald wandelt der Hokko mit schwarzem Gefieder und dem Federbusch langsam an der Uferhecke hin. *«Es como en el paraíso»* – es ist wie im Paradies –, sagte unser Steuermann, ein alter Indianer aus den Missionen. Und wirklich, alles erinnert hier an den Urzustand der Welt, dessen Unschuld und Glück uralte ehrwürdige Überlieferungen allen Völkern vor Augen stellen. Beobachtet man aber das gegenseitige Verhalten der Tiere genau, so zeigt es sich, daß sie einander fürchten und meiden. Das Goldene Zeitalter ist vorbei, und in diesem Paradies der amerikanischen Wälder, wie allerorten, hat lange traurige Erfahrung aller Geschöpfe gelehrt, daß Sanftmut und Stärke selten beisammen sind.

Wo das Gestade eine bedeutende Breite hat, bleibt die Buschhecke weiter vom Strome weg. Auf diesem Zwischengebiet sieht man Krokodile, oft ihrer acht und zehn, auf dem Sand liegen. Regungslos, die Kinnladen im rechten Winkel aufgesperrt, ruhen sie nebeneinander, ohne ein Zeichen von Zuneigung, wie man sie sonst bei gesellig lebenden Tieren bemerkt. Der Trupp geht auseinander, sobald er vom Ufer aufbricht.

Das Krokodil im Apure bewegt sich sehr rasch und gewandt, wenn es angreift; es schleppt sich dagegen, wenn es nicht durch Zorn oder Hunger aufgeregt ist, so langsam hin wie ein Salamander. Läuft das Tier, so hört man ein trockenes Geräusch, das von der Reibung seiner Hautplatten gegeneinander herzurühren scheint. Bei dieser Bewegung krümmt es den Rücken und erscheint hochbeiniger als in der Ruhe. Die Krokodile schwimmen vortrefflich und überwinden leicht die stärkste Strömung. Es schien mir indessen, als ob sie, wenn sie flußabwärts schwimmen, nicht rasch umwenden können. Eines Tages wurde ein großer Hund, der uns begleitete, im Fluß von einem ungeheuren Krokodil verfolgt. Es war schon ganz nahe, und der Hund entging seinem Feind nur, indem er umwandte und auf einmal gegen den Strom schwamm. Das Krokodil führte nun dieselbe Bewegung aus, aber weit langsamer als der Hund, und dieser erreichte glücklich das Ufer.

Die Krokodile des Apure finden reichlich Nahrung an den Wasserschweinen, die in Rudeln von fünfzig bis sechzig Stück an den Flußufern leben. Diese unglücklichen Tiere von der Größe unserer Schweine besitzen keinerlei Waffe, sich zu wehren; sie schwimmen etwas besser als sie laufen; aber im Wasser werden sie eine Beute der Krokodile, und am Lande werden sie von

Jaguaren gefressen. Sie vermehren sich aber so rasch wie die Meerschweinchen, die aus Brasilien zu uns gekommen sind. Das Wasserschwein läßt im Laufen ein leises Seufzen hören, als ob ihm das Atmen beschwerlich würde. Es ist das größte Tier in der Familie der Nager. Sein Fleisch hat einen ziemlich unangenehmen Moschusgeruch; man macht indessen im Lande Schinken daraus, und dies rechtfertigt gewissermaßen den Namen Wasserschwein.

Wir brachten die Nacht, wie von nun an immer, unter freiem Himmel zu, am rechten Ufer in einer Art Pflanzung eines Jaguarjägers, Don Ignacio, ein Gemisch aller Rassen, erzkupferbraun, ganz nackt wie alle seine Töchter, aber dauernd von *«nosotros caballeros blancos»* sprechend – von weißen Leuten wie er und ich –, von seiner Gemahlin Doña Isabel, seiner Tochter Doña Manuela, alle nacktarschig. So sind die Menschen in diesem Lande. Das europäische Laster des spanischen Übermuts ist unter allen Kasten verbreitet und folgt den Menschen bis in die Wildnis. Der Krämer, ja der ärmste nacktfüßige Landmann dünkt sich soviel als ein Marqués, überall hört man: «Glaubst du, daß ich minder weiß bin als andere?» Aber diese Gleichheit dient nur dazu, eine desto gleichere Grausamkeit und Übermut gegen Nichtweiße auszuüben. Wir hatten ein Wasserschwein getötet und wollten es essen, aber die Schiffsknechte und der vornehme Herr Don Ignacio – er hatte nicht einmal eine Palmenhütte – widersetzten sich, und wir aßen von seinem sehr schmackhaften Hirschfleisch. Señor Don Ignacio hatte gehört, daß der Bruder des Königs bei uns sei. Er sagte aber, er sei nicht so dumm, es zu glauben, denn vor des Königs Bruder trage man das spanische Wappen her, und an unserem Boot habe er kein Wappen gesehen. Sei der König, wie man sage, mit seinem Bruder wirklich angelangt, so vermute er sie noch in Victoria, denn dort sei sehr gutes Roggenbrot. Ob er gleich nie – bis jetzt! – in Spanien gewesen sei, so wisse er doch, wie es am Hofe zugehe.

Nach Mitternacht erhob sich ein furchtbarer Sturmwind, Blitze durchzuckten den Horizont, der Donner rollte, und wir wurden bis auf die Haut durchnäßt. Während des Ungewitters versetzte uns ein seltsamer Vorfall für eine Weile in gute Laune. Doña Isabels Katze hatte sich auf den Tamarindenbaum gesetzt, unter dem wir lagerten. Sie fiel in die Hängematte eines unserer Begleiter, und der Mann, zerkratzt von der Katze und aus dem tiefsten Schlafe aufgeschreckt, glaubte, ein wildes Tier habe ihn angefallen. Während es auf unsere Hängematten und unsere Instrumente, die wir ausgeschifft, in Strömen regnete, wünschte uns Don Ignacio Glück, daß wir nicht am Ufer geschlafen hätten, sondern uns auf seinem Gut befänden, *«entre gente blanca y de trato»* – unter Weißen und Leuten von Stand. Durchnäßt, wie wir waren, fiel es uns denn doch schwer, uns zu überzeugen, daß wir es hier so besonders gut hätten, und wir hörten ziemlich widerwillig zu, wie unser Wirt ein langes und breites von einem Kriegszug an den Río Meta erzählte, wie tapfer er sich in einem blutigen Gefecht mit den Guahibos gehalten und welche Dienste er Gott und seinem König geleistet, indem er den Eltern die Kinder (die *Indianerchen*) genommen und in die Missionen verteilt habe. Welch seltsamen Eindruck machte es, in dieser weiten Einöde bei einem Manne, der von europäischer Abkunft zu sein glaubt und kein anderes Obdach kennt als den Schatten eines Baumes, alle eitle Anmaßung, alle ererbten Vorurteile, alle Verkehrtheiten einer alten Kultur anzutreffen!

Urwaldleben

Am 1. April. – Mit Sonnenaufgang verabschiedeten wir uns von Señor Don Ignacio und Señora Doña Isabel, seiner Gemahlin. Wir kamen an einer niedrigen Insel vorüber, auf der Flamingos, rosenfarbige Löffelgänse, Reiher und Wasserhühner, die das mannigfaltigste Farbenspiel boten, zu Tausenden nisteten. Die Vögel waren so dicht aneinander gedrängt, daß man meinte, sie könnten sich gar nicht rühren.

Wir hielten am rechten Ufer bei einer kleinen indianischen, vom Stamm der Guamos bewohnten Mission. Es standen erst sechzehn bis achtzehn Hütten aus Palmblättern; aber auf den statistischen Tabellen, die die Missionare jährlich bei Hofe einreichen, wird diese Gruppe von Hütten als das Dorf Santa Bárbara de Arichuna aufgeführt. Aus dem Gewinn der Zuckermühle hat man fünfhundert Pesos nach Spanien geschickt, um eine silberne Lampe für die Kirche zu kaufen, wessen man sich sehr rühmt, während die Indianer nackt gehen, ohne Ackerwerkzeuge sind, nicht lesen können! Die Guamos konnten uns die Mundvorräte, die wir gern gehabt hätten, nicht liefern; sie bauten nur etwas Maniok. Sie schienen indessen gastfreundlich, und als wir in ihre Hütten traten, boten sie uns getrocknete Fische und Wasser an. Das Wasser war in porösen Gefäßen abgekühlt.

Wir übernachteten auf einem dürren, sehr breiten Gestade. Die Nacht war still und heiter, und der Mond schien herrlich. Die Krokodile am Ufer hatten sich so gelegt, daß sie das Feuer sehen konnten. Wir glauben bemerkt zu haben, daß sein Glanz sie herlockt wie die Fische, die Krebse und andere Wassertiere. Die Indianer zeigten uns im Sand die Fährten dreier Jaguare, darunter zwei ganz junger. Ohne Zweifel hatte hier ein Weibchen seine Jungen zum Trinken an den Fluß geführt. Da wir am Ufer keinen Baum fanden, steckten wir die Ruder in den Boden und befestigten daran unsere Hängematten. Alles blieb ziemlich ruhig bis um elf Uhr nachts.

Da aber erhob sich im benachbarten Wald ein so furchtbarer Lärm, daß man beinahe kein Auge schließen konnte. Unter den vielen Stimmen wilder Tiere, die zusammen schrien, erkannten unsere Indianer nur diejenigen, die sich auch einzeln hören ließen, namentlich die leisen Flötentöne der Rollschwanzaffen, die Seufzer der Brüllaffen, das Brüllen des Jaguars und des Kuguars oder amerikanischen Löwen ohne Mähne, das Geschrei des Bisamschweins, des Faultiers, des Hokko und einiger anderer hühnerartiger Vögel.

Ich schildere Zug für Zug diese nächtlichen Auftritte, weil wir zu Anfang unserer Fahrt auf dem Apure noch nicht daran gewöhnt waren. Monatelang, überall, wo der Wald nahe an die Flußufer rückt, hatten wir sie zu erleben. Die Sorglosigkeit der Indianer macht dabei auch dem Reisenden Mut. Befragt man die Indianer, warum die Tiere des Waldes zu gewissen Stunden einen so furchtbaren Lärm erheben, so geben sie die lustige Antwort: «Sie feiern den Vollmond.» Ich glaube, die Unruhe rührt meist daher, daß im inneren Wald sich irgendwo ein Kampf entsponnen hat. Die Jaguare zum Beispiel machen Jagd auf die Bisamschweine und Tapire, die nur Schutz finden, wenn sie beisammen bleiben und in gedrängten Rudeln fliehend das Gebüsch niederreißen. Die Affen, scheu und furchtsam, erschrecken ob dieser Jagd und beantworten von den Bäumen herab das Geschrei der großen Tiere. Sie wecken die gesellig lebenden Vögel auf, und nicht lange, so ist die ganze Menagerie in Aufruhr. «Der Himmel verleihe ihnen eine ruhsame Nacht wie uns anderen!» sprach der Mönch, der uns an den Río Negro begleitete, wenn er, todmüde von der Last des Tages, unser Nachtlager einrichten half. Es war allerdings seltsam, daß man mitten im einsamen Walde sollte keine Ruhe finden können. In den spanischen Herbergen fürchtet man sich vor den schrillen Tönen der Gitarren im anstoßenden Zimmer; in denen am Orinoko, das heißt auf offenem Gestade oder unter einem einzeln stehenden Baume, besorgt man, durch Stimmen aus dem Walde im Schlaf gestört zu werden.

Am 3. April. – Seit der Abfahrt von San Fernando ist uns kein einziges Kanu auf dem schönen Strom begegnet. Ringsum herrscht tiefe Einsamkeit. Am Morgen fingen unsere Indianer mit der Angel den Fisch, der hierzulande *caribe* oder *caribito* heißt, weil keiner so blutgierig ist. Er fällt die Menschen beim Baden und Schwimmen an und reißt ihnen oft ansehnliche Stücke Fleisch ab. Die Indianer fürchten diese Karibenfische ungemein, und verschiedene zeigten uns an den Waden und Schenkeln vernarbte, sehr tiefe Wunden, die von diesen kleinen Tieren herrührten. Sie leben auf dem Boden der Flüsse, gießt man aber ein paar Tropfen Blut ins Wasser, kommen sie zu Tausenden herauf. Bedenkt man, wie zahlreich diese Fische sind, von denen die gefräßigsten und blutgierigsten nur vier bis fünf Zoll lang werden, betrachtet man ihre dreiseitigen schneidenden, spitzen Zähne und ihr weites zurückziehbares Maul, so wundert man sich nicht, daß die Anwohner des Apure und des Orinoko den Caribe so sehr fürchten. An Stellen, wo der Fluß ganz klar und kein Fisch zu sehen war, warfen wir kleine blutige Fleischstücke ins Wasser. In wenigen Minuten war ein ganzer Schwarm da und stritt sich um den Fraß. Der Karibenfisch hat einen sehr angenehmen Geschmack. Er ist eine der größten Plagen dieser Landstriche, wo der Stich der Moskitos und die Überreizung der Haut das Baden zu einem dringenden Bedürfnis machen.

Wir hielten gegen Mittag an einem unbewohnten Ort, Baumwollfeld genannt. Ich trennte mich von meinen Gefährten, während man das Fahrzeug an Land zog und das Mittagessen rüstete. Ich ging am Gestade hin, um einen Trupp Krokodile zu beobachten, die in der Sonne schliefen. Kleine schneeweiße Reiher liefen ihnen auf dem Rücken, sogar auf dem Kopf herum, als wären es Baumstämme. Wenig fehlte aber, so wäre mir der Spaziergang übel bekommen. Indem ich Glimmerblättchen aus dem Sand aufnahm, bemerkte ich die frische Fährte eines Jaguars. Das Tier war dem Walde zugegangen, und als ich nun dorthin blickte, sah ich achtzig Schritte vor mir einen Jaguar unter dem dichten Laub eines Wollbaums liegen. Nie ist mir ein Jaguar so groß vorgekommen.

Es gibt Vorfälle im Leben, wo man vergeblich die Vernunft zu Hilfe ruft. Ich war sehr erschrocken, indessen noch so weit Herr meiner selbst und meiner Bewegungen, daß ich die Verhaltensmaßregeln befolgen konnte, die uns die Indianer erteilt hatten. Ich ging weiter, lief aber nicht; ich vermied es, die Arme zu bewegen, und glaubte zu bemerken, daß der Jaguar mit seinen Gedanken ganz bei einer Herde von Wasserschweinen war, die über den Fluß schwammen. Jetzt kehrte ich um und beschrieb einen ziemlich weiten Bogen dem Ufer zu. Wie oft war ich in Versuchung, mich umzusehen, ob ich nicht verfolgt werde! Glücklicherweise gab ich diesem Drang erst sehr spät nach. Der Jaguar war ruhig liegen geblieben. Diese ungeheuren Katzen mit geflecktem Fell sind hierzulande, wo es Wasserschweine, Bisamschweine und Hirsche im Überfluß gibt, so gut genährt, daß sie selten einen Menschen angreifen.

Abends kamen wir an der Mündung des Caño del Manatí vorüber, so genannt wegen der ungeheuren Menge Manatís oder Lamantines, die jährlich hier gefangen werden. Dieses grasfressende Wassersäugetier wird hier meist zehn bis zwölf Fuß lang und fünf bis acht Zentner schwer. Wir sahen das Wasser mit seinem Kot bedeckt, der sehr stinkt, aber ganz dem der Rinder gleicht. Die Seekuh verschlingt so viel Gras, daß wir sowohl den in mehrere

Fächer geteilten Magen als auch den einhundertacht Fuß langen Darm ganz damit angefüllt fanden. Das Fleisch, das aus irgendeinem Vorurteil für ungesund gilt, ist sehr schmackhaft; es schien mir mehr Ähnlichkeit mit Schweinefleisch als mit Rindfleisch zu haben. Das eingesalzene und an der Sonne gedörrte Fleisch wird das ganze Jahr aufbewahrt, und da es bei der Klerisei für Fisch gilt, so ist es in der Fastenzeit sehr beliebt. Die Seekuh hat ein äußerst zähes Leben; man harpuniert sie und bindet sie sodann, schlachtet sie aber erst, nachdem sie in die Piroge geschafft worden ist. Dazu wird die Piroge zu zwei Dritteln mit Wasser gefüllt, unter das Tier geschoben und mit einer Kürbisflasche wieder ausgeschöpft. Das Fett wird in den Kirchenlampen gebrannt, man kocht auch damit. Die Haut, die über anderthalb Zoll dick ist, wird in Streifen zerschnitten, und diese dienen in den Llanos, wie die Streifen von Ochsenhaut, als Stricke. Man macht in den spanischen Kolonien Peitschen daraus. Sie sind ein schreckliches Werkzeug zur Züchtigung der unglücklichen Sklaven, ja der Indianer in den Missionen, die nach den Gesetzen als freie Menschen behandelt werden sollten.

Wir übernachteten der Insel Conserva gegenüber. Wir wurden in dieser Nacht zweimal auf die Beine gebracht, was ich nur anführe, weil es ein paar Züge zum Bildnis dieser Wildnis liefert. Ein weiblicher Jaguar kam unserem Nachtlager nahe, um sein Junges am Strome trinken zu lassen. Die Indianer verjagten ihn. Aber noch geraume Zeit hörten wir das Geschrei des Jungen, das wie das Miauen einer jungen Katze klang. Bald darauf wurde unsere große Dogge von ungeheuren Fledermäusen, die um unsere Hängematten flatterten, vorn an der Schnauze gebissen oder, wie die Eingeborenen sagen, gestochen. Die Wunde war ganz klein und rund. Der Hund heulte kläglich, aber nicht aus Schmerz, sondern weil er über die Fledermäuse, als sie unter unseren Hängematten hervorkamen, erschrak. Dergleichen Fälle sind weit seltener, als man im Lande selbst glaubt. Obgleich wir in Ländern, wo die Vampire und ähnliche Fledermausarten häufig sind, so manche Nacht unter freiem Himmel geschlafen haben, sind wir doch nie von ihnen gebissen worden. Überdies ist der Stich keineswegs gefährlich und der Schmerz meist so unbedeutend, daß man erst aufwacht, wenn die Fledermaus sich bereits davongemacht hat.

Am 4. April. – Dies war unser letzter Tag auf dem Apure. Wir fuhren, ehe wir in den Orinoko einliefen, mehrmals auf; die Anschwemmungen sind beim Zusammenfluß der beiden Ströme ungeheuer groß. Mit einem gewissen Gefühl der Rührung sahen wir zum erstenmal, wonach wir uns so lange gesehnt, die Gewässer des Orinoko, an einem von der Meeresküste so weit entfernten Punkt.

Die Sintflut der Tamanaken

Mit der Ausfahrt aus dem Apure sahen wir uns in ein ganz anderes Land versetzt. So weit das Auge reichte, dehnte sich eine ungeheure Wasserfläche, einem See gleich, vor uns aus. Das durchdringende Geschrei der Reiher, Flamingos und Löffelgänse, wenn sie in langen Schwärmen von einem Ufer zum anderen ziehen, erfüllte nicht mehr die Luft. Die ganze Natur schien weniger belebt. Kaum bemerkten wir hier und da ein großes Krokodil. Der Horizont war von einem Waldgürtel begrenzt, aber nirgends traten die Wälder bis ans Strombett vor. Die sandigen Ufer verwischten vielmehr die Grenzen des Stroms, statt sie für das Auge festzustellen. Diese zerstreuten Landschaftszüge, dieses Gepräge von Einsamkeit und Großartigkeit kennzeichnen den Lauf des Orinoko, eines der gewaltigsten Ströme der Neuen Welt.

Im Hafen von Encaramada trafen wir Kariben aus Panapana. Es war ein Kazike, der in seiner Piroge zum berühmten Schildkröteneierfang den Fluß hinaufging. Er saß unter einer Art Zelt *(toldo)*, das gleich dem Segel aus Palmblättern bestand. Sein kalter, einsilbiger Ernst, die Ehrerbietung, die die Seinigen ihm entgegenbrachten, alles zeigte, daß man einen großen Herrn vor sich hatte. Der Kazike trug sich übrigens ganz wie seine Indianer; alle waren nackt, mit Bogen und Pfeilen bewaffnet und mit Onoto bemalt, dem Farbstoff des Roucoubaums. Häuptling, Dienerschaft, Geräte, Fahrzeug, Segel, alles war rot angestrichen. Diese Kariben sind Menschen von fast athletischem Wuchs. Sie schienen uns weit höher gewachsen als die Indianer, die wir bisher gesehen hatten. Ihre glatten, dichten, auf der Stirn wie bei den Chorknaben verschnittenen Haare, ihre schwarz gefärbten Augenbrauen, ihr finsterer und doch lebhafter Blick gaben ihrem Gesichtsausdruck etwas ungemein Hartes. Wir hatten bis jetzt in den europäischen Kabinetten nur ein paar Karibenschädel von den Antillen gesehen und waren daher überrascht, daß bei diesen reinblütigen Indianern die Stirne weit gewölbter war, als man sie uns beschrieben hatte. Die sehr großen, aber ekelhaft schmutzigen Weiber trugen ihre kleinen Kinder auf dem Rücken. Die Ober- und Unterschenkel der Kinder waren in gewissen Abständen mit breiten Binden aus Baumwollzeug eingeschnürt. Das Fleisch unter den Binden wird stark zusammengepreßt und quillt in den Zwischenräumen heraus. Die Kariben verwenden meist auf ihr Äußeres und ihren Putz so viel Sorgfalt, als nackte und rot bemalte Menschen nur immer können. Sie legen bedeutenden Wert auf gewisse Körperformen, und eine Mutter würde gewissenloser Gleichgültigkeit gegen ihre Kinder beschuldigt, wenn sie ihnen nicht durch künstliche Mittel die Waden nach Landessitte formte.

Am 6. April. – Wie der Mensch allem trotzt! Wir baden uns jetzt schon mitten unter Karibenfischen und Krokodilen. Ein Indianer warnt immer den anderen, und nach und nach baden wir uns alle. Die Badelust erfindet immer Gründe, warum gerade hier, des Ufers, des Bodens, der Tageszeit wegen, die Krokodile sich nicht nähern. Ein wahres Hasardspiel, denn jährliche Beispiele beweisen, nach derselben Versicherung der Indianer, daß alle diese Gründe falsch sind. Auch werden besonders Indianer, ihrer Sorglosigkeit wegen, genug gefressen. Aber die Gefährten sind, wie bei allem Unglück der Mitreisenden, gleichgültig. Man sagt mit Recht: *Quien va con indio va solo* – wer mit einem Indio geht, geht allein. Man hat hundert Beispiele: Die Indianer sitzen im Vorderteil des Schiffes. Einer fällt ins Wasser. Man könnte ihn retten, Segel einziehen. Nein! Keiner der Kameraden schreit, keiner spricht ein Wort. Der Steuermann sieht den Indianer schon weit hinter sich. Man macht den Indianern Vorwürfe, sie antworten: «Er kann schwimmen.» Und kann er das Schiff nicht erreichen, nun, so ersäuft er, so holt ihn Tikitiki (der Teufel). Es ist ein eigener Charakterzug des Wilden – denn was man als Eigentümlichkeit des amerikanischen Indianers verschreit, gehört allen Menschen im Naturstande zu : dem lebenden Gefährten gefällig, keiner trinkt und ißt etwas allein, ohne nicht dem Gefährten mitzugeben; aber scheint der Gefährte dem Tode nahe, durch Jaguare, Krokodile, an einer Krankheit sterbend, nun, so ist er nicht mehr Glied dieser Gesellschaft, er gehört dem Tikitiki, keine Hilfe, kein Mitleid, keine Klage!

Wir fuhren erst gegen Süd, dann gegen Südwest weiter den Orinoko hinauf und bekamen den Südabhang der Bergkette Encaramada zu Gesicht. Ich kann diesen Bergstock nicht verlassen, ohne eines Umstandes zu gedenken, dessen man in den Missionen am Orinoko häufig gegen uns erwähnte. Unter den Eingeborenen dieser Länder hat sich die Sage erhalten, beim *Großen Wasser*, als ihre Väter das Kanu besteigen mußten, um der allgemeinen Überschwemmung zu entgehen, hätten die Wellen des Meeres die Felsen der Encaramada bespült. Diese Sage kommt nicht nur bei einem einzelnen Volk vor, den Tamanaken, sie gehört zu einem Kreis geschichtlicher Überlieferungen, aus dem sich einzelne Vorstellungen bei den Maipures an den großen Katarakten, bei den Indianern am Río Erevato, der sich in den Caura ergießt, und fast bei allen Stämmen am oberen Orinoko finden. Fragt man die Tamanaken, wie das Menschengeschlecht diese große Katastrophe überstanden habe, so sagen sie: «Ein Mann und ein Weib haben sich auf einen hohen Berg namens Tamanacu geflüchtet. Da haben sie die Früchte der Mauritiapalme über ihre Köpfe hinter sich geworfen, und aus den Kernen sind Männlein und Weiblein entsprossen, die die Erde wieder bevölkerten.» In solch einfacher Gestalt lebt bei jetzt wilden Völkern eine Sage, die von den Griechen mit allem Reiz der Einbildungskraft geschmückt worden ist.

Diese alten Sagen des Menschengeschlechts, die wir gleich Trümmern eines großen Schiffbruchs über den Erdball verstreut finden, sind für die Geschichtsphilosophie von höchster Bedeutung. Wie gewisse Pflanzenfamilien in allen Klimaten und in den verschiedensten Meereshöhen das Gepräge des gemeinsamen Typus behalten, so haben die kosmogonischen Überlieferungen der Völker allerorten denselben Charakter, eine Familienähnlichkeit, die uns in Erstaunen setzt. Im Grundgedanken der Vernichtung der lebendigen Schöpfung und der Erneuerung der Natur weichen die Sagen fast gar nicht voneinander ab, aber jedes Volk gibt ihnen eine örtliche Färbung. Auf den großen Festländern wie auf den kleinsten Inseln im Stillen Ozean haben sich die übriggebliebenen Menschen immer auf den höchsten Berg in der Nähe geflüchtet, und das Ereignis erscheint desto neuer, je ursprünglicher die Völker sind und je weniger weit zurückreicht, was sie selber von sich wissen.

Gefährliches Manöver

Der frische Nordostwind brachte uns mit vollen Segeln zur Schildkrötenbucht. Gegen elf Uhr vormittags stiegen wir an einer Insel mitten im Strome aus, die die Indianer der Mission La Urbana als ihr Eigentum betrachten. Diese Insel ist berühmt wegen des Schildkrötenfangs oder, wie man hier sagt, der *cosecha*, der jährlichen Eierernte. Wir fanden viele Indianer unter Hütten aus Palmblättern. Das Lager war über dreihundert Köpfe stark. Außer den Guamos und Otomaken aus La Urbana waren Kariben und andere Indianer vom unteren Orinoko da. Jeder Stamm lagerte für sich und unterschied sich durch die Farbe, mit der die Haut bemalt war.

Wir fanden in diesem lärmenden Haufen einige Weiße, namentlich Pulperos oder Krämer aus Angostura, die den Fluß heraufgekommen waren, um von den Eingeborenen Schildkröteneieröl zu kaufen. Wir trafen auch den Missionar von La Urbana. Der Mann verwunderte sich nicht wenig, uns hier zu finden. Der Zweck unserer Reise schien ihm in bedeutendes Dunkel gehüllt. «Wie soll einer glauben», sagte er, «daß ihr euer Vaterland verlassen habt, um euch auf diesem Fluß von den Moskitos aufzehren zu lassen und Land zu vermessen, das euch nicht gehört?» Er sei, erzählte er, mit den Indianern hergekommen, «um jeden Morgen unter freiem Himmel die Messe zu lesen und sich das Öl für die Altarlampe zu beschaffen, besonders aber, um diese *República de Indios y Castellanos* in Ordnung zu halten, in der jeder für sich allein haben will, was Gott allen beschert».

Wir umgingen die Insel in Begleitung des Missionars und eines Krämers, der sich rühmte, er komme seit zehn Jahren ins Lager der Indianer und zum Schildkrötenfang. Man besucht dieses Stück des Orinoko, wie man bei uns die Messen von Frankfurt und Beaucaire besucht.

Der Missionar trug eine lange Stange in der Hand. Er zeigte uns, wie man damit sondiert, um zu sehen, wie weit die Eierschicht reicht, wie der Bergmann die Grenzen eines Lagers von Mergel, Raseneisenstein oder Steinkohle ermittelt. Auch spricht man hier nur von *Quadratstangen* Eiern, wie wenn man ein Bodenstück, unter dem Mineralien liegen, in Lose teilte und ganz regelmäßig abbaute. Ich erzählte meinen Führern von den hochtrabenden Beschreibungen Pater Gumillas, die Ufer des Orinoko enthielten nicht so viele Sandkörner als der Strom Schildkröten, und wie diese Tiere die Schiffe in ihrem Lauf zum Stillstand brächten, wenn Menschen und Jaguare nicht alljährlich so viele töteten. *«Son cuentos de frailes»*, – Pfaffenmärchen, sagte der Krämer aus Angostura leise.

Zu Anfang März, wenige Tage vor dem Legen, erscheinen viele tausend Schildkröten an den Ufern der Inseln, recken den Hals und halten den Kopf über das Wasser, ausschauend, ob nichts von Jaguaren oder Menschen zu fürchten ist. Die Indianer, denen viel daran liegt, daß die Schildkröten in aller Ruhe ihre Eier legen können, stellen längs des Ufers Wachen auf. Man bedeutet den Fahrzeugen, sich in der Mitte des Stroms zu halten und die Schildkröten nicht durch Geschrei zu verscheuchen. Die Eier werden immer bei Nacht gelegt, aber gleich von Sonnenuntergang an. Das Tier gräbt mit seinen Hinterfüßen, die sehr lang sind und krumme Klauen haben, ein drei Fuß weites und zwei Fuß tiefes Loch. Der Tiere, die in der Nacht am Ufer graben, sind so unermeßlich viele, daß manche der Tag überrascht, ehe sie mit dem Legen fertig sind. Da treibt sie der doppelte Drang, ihre Eier loszuwerden und die gegrabenen Löcher zuzudecken, damit sie der Jaguar nicht sehen möge. Die verspäteten Schildkröten achten auf keine Gefahr, die ihnen selbst droht. Sie arbeiten unter den Augen der Indianer, die frühmorgens auf das Ufer kommen.

Die Indianer graben den Boden mit den Händen auf, legen die gesammelten Eier in kleine, *mapiri* genannte Körbe, tragen sie ins Lager und werfen sie in große, mit Wasser gefüllte hölzerne Tröge. Darin werden die Eier mit Schaufeln zerdrückt und umgerührt und der Sonne ausgesetzt, bis das Eigelb, das obenauf schwimmt, dick geworden ist. Dieser ölige Teil wird abgeschöpft und bei starkem Feuer gekocht. Das Öl soll sich desto besser halten, je stärker es gekocht wird. Gut zubereitet ist es ganz hell, geruchlos und kaum ein wenig gelb. Die Missionare schätzen es dem besten Olivenöl gleich, und man nimmt es nicht nur zum Brennen, sondern auch, und zwar vorzugsweise, zum Kochen, da es den Speisen keinerlei unangenehmen Geschmack gibt.

Das Erntegeschäft und die Zubereitung des Öls währen drei Wochen. Nur um diese Zeit stehen die Missionen mit der Küste und den benachbarten zivilisierten Ländern in Verkehr. Die Franziskaner, die südlich der Katarakte leben, kommen zur Eierernte nicht sowohl, um sich Öl zu verschaffen, als um weiße Gesichter zu sehen, wie sie sagen, und um zu hören, «ob der König sich im Escorial oder in San Ildefonso aufhält, ob die Klöster in Frankreich noch immer aufgehoben sind, vor allem aber, ob der Türke sich noch immer ruhig verhält». Das ist alles, wofür ein Mönch am Orinoko Sinn hat, Dinge, über die die Krämer, die aus Angostura in die Lager kommen, nicht einmal genaue Auskunft geben können. In diesen weit entlegenen Ländern wird eine Neuigkeit, die ein Weißer aus der Hauptstadt bringt, niemals in Zweifel gezogen. Zweifeln ist fast soviel wie Denken, und wie sollte man es nicht beschwerlich finden, den Kopf anzustrengen, wenn man sein Leben lang über die Hitze und die Stiche der Moskitos zu klagen hat?

Wenn in den Kapuziner- und Observantenklöstern in Spanien man wüßte, wie herrlich das Missionsleben ist, alle Mönche liefen nach Amerika. Ich habe oft die Kapuzinerspeise in Tirol mit dem verglichen, was ich tief im Innern von Südamerika an Weinen, Likören, Kuchen, Süßigkeiten, Pasteten genossen habe. Wir Reisenden sind wie die spanischen Finanzbeamten, von denen die Padres sagen: «Sie schimpfen auf unseren Wohlstand und kehren doch immer zuerst bei uns ein, ohne daß man ihnen beim Essen ansieht, daß wir eine zu gute Küche haben.» Der Reichtum, den ein fleißiger Missionar an zum Handel günstigen Orten haben kann, ist grenzenlos. Der Reichste hier ist, wer Hände hat, und des Missionars Sklaven sind alle Indianer seines Dorfes. Aber nach Europa schreiben die Missionare ewig von unbekehrten Indianern, Mühseligkeiten, Schlangen, Tigern, von irgendeinem Padre, der vor anderthalb Jahrhunderten erschlagen wurde. Wir mußten oft lachen, wenn in den neuen Missionen wir Mönche ankommen sahen, die sich ordentlich einbildeten, sie würden Indianer bekehren, da von hundert nicht drei je in ihrem Leben einen wilden Indianer sehen, von fünfhundert nicht einer je in die Lage kommt, von einem Indianer etwas besorgen zu müssen. Was man von Indianerbekehrungen sagt, besteht, wenn es je geschieht, darin, daß der die neue Mission gründende Padre einige sehr zahme herumstreifende Indianerfamilien, die sehr geläufig spanisch sprechen, auch etwas getauft sind, anlockt und daß diese *Rekruten* holen, die mit großer Demut folgen, denn der Indianer ist an sehr aristokratisches Gouvernement gewöhnt und läßt sich (wie alle rohen, dummen Menschen), um des Selbstdenkens, der Selbstbestimmung überhoben zu sein, gern regieren. Alle Missionare, die zehn Jahre in Amerika wohnen, können nach Wohlgefallen nach Spanien zurückkehren, sind vom Chor und fast allem Mechanismus des Gottesdienstes befreit und genießen alle Rechte der Klosterprälaten. Niemand will zurückkehren und sich wieder ins Kloster einzwängen.

In den jetzigen Verhältnissen der spanischen Monarchie sind die Missionen nicht abzuschaffen, nur nützlich zu lenken. Man lasse den Padre sich auf erlaubte Art bereichern. Warum soll er nicht eine Hazienda haben? Man vergesse nie, wieviel Blut ohne die Missionen in Amerika geflossen wäre, daß die entferntesten indianischen Nationen vom Hörensagen den Bart, das Kleid, die Gewalt des Padre kennen und nur durch diesen Zauber gelenkt werden, daß eine dreihundertjährige Idee nicht leicht durch eine neue ersetzt wird und daß die Padres eigene Gaben haben, den Indianer zu behandeln. Man sollte glauben, daß –

Indem ich dies letzte Wort schrieb, auf dem Strome schiffend, schlug unser Boot um, und der Orinoko lief über den Tisch. – Nachdem wir uns von dem Missionar verabschiedet und unsere Indianer die Piroge zu ihrem eigenen Bedarf mit jungen Schildkröten und an der Sonne getrockneten Eiern gefüllt hatten, gingen wir gegen vier Uhr abends unter Segel. Der Patron wollte den Indianern, die am Ufer beisammen standen, zeigen, daß er, wenn er sich dicht am Wind halte, mit einem Schlag mitten in den Strom kommen könne. Aber eben, als er seine Geschicklichkeit und die Kühnheit seines Manövers pries, fuhr der Wind so heftig in das Segel, daß wir beinahe gesunken wären. Der eine Bord kam unter Wasser, und es stürzte mit solcher Gewalt herein, daß wir bis zu den Knien darin standen. Es lief über das Tischchen weg, an dem ich im Hinterteil des Fahrzeuges eben schrieb. Kaum rettete ich mein Tagebuch, und im nächsten Augenblick sahen wir unsere Bücher, Papiere und getrockneten Pflanzen umherschwimmen. Bonpland schlief mitten in der Piroge. Vom eindringenden Wasser und dem Geschrei der Indianer aufgeschreckt, übersah er unsere Lage sogleich mit der Kaltblütigkeit, die ihm unter allen Verhältnissen treu geblieben ist. Der im Wasser stehende Bord hob sich bei den Windstößen von Zeit zu Zeit wieder, und so gab er das Fahrzeug nicht verloren. Sollte man es auch verlassen müssen, so konnte man sich, glaubte er, durch Schwimmen retten, da sich kein Krokodil blicken ließ. Während wir so ängstlich gespannt waren, riß auf einmal das Tauwerk des Segels. Derselbe Sturm, der uns auf die Seite geworfen, half jetzt, uns aufzurichten. Man machte sich sofort daran, daß Wasser mit den Früchten des Kürbisbaums auszuschöpfen; das Segel wurde ausgebessert, und in weniger als einer halben Stunde konnten wir weiterfahren. Der Steuermann verschanzte sich hinter sein indianisches Phlegma, als man ihn heftig schalt, er sei zu dicht unterm Wind gesegelt. Er sagte kaltblütig: «Es wird hier herum den weißen Leuten nicht an Sonne fehlen, um ihre Papiere zu trocknen.» Wir hatten nur ein einziges Buch eingebüßt. Dergleichen Verluste tun weh, wenn man auf so wenige wissenschaftliche Werke beschränkt ist.

Bei herrlichem Mondschein, auf großen Schildkrötenpanzern sitzend, die am Ufer lagen, nahmen wir unser Abendessen ein. Wie herzlich freuten wir uns, daß wir alle beisammen waren! Wir stellten uns vor, wie es einem ergangen wäre, der sich beim Schiffbruch allein gerettet hätte, wie er am öden Ufer auf und ab irrte, wo er jeden Augenblick an ein Wasser kam, das in den Orinoko läuft und durch das er wegen der vielen Krokodile und Karibenfische nur mit Lebensgefahr schwimmen konnte. Und dieser Mann mit gefühlvollem Herzen weiß nicht, was aus seinen Unglücksgefährten geworden ist, und ihr Los bekümmert ihn mehr als das seine! Gern überläßt man sich solchen wehmütigen Vorstellungen, weil einen nach überstandener Gefahr unwillkürlich weiter nach anderen starken Eindrücken verlangt. Jeder von uns war innerlich mit dem beschäftigt, was sich eben vor unseren Augen zugetragen hatte. Es gibt Momente im Leben, wo einem, ohne daß man gerade verzagte, vor der Zukunft banger ist als sonst. Wir waren erst drei Tage auf dem Orinoko, und vor uns lag eine dreimonatige Fahrt auf Flüssen voller Klippen, in Fahrzeugen noch kleiner als das, mit dem wir beinahe zugrunde gegangen wären.

Onoto und Chica

Am 7. April. – Im Weiterfahren lag uns zur Rechten die Einmündung des großen Río Arauca, der berühmt ist wegen der ungeheuren Menge von Vögeln, die auf ihm leben.

Wir maßen die Breite des Orinoko, und es ergaben sich, bei Hochwasser, beinahe vier Seemeilen.

Wie tief ist doch der Eindruck, den in diesen heißen Landstrichen um die Mittagszeit die Stille der Natur auf uns macht. Das Gestein ist mit zahllosen Leguanen und Geckos bedeckt. Regungslos, mit aufgerichtetem Kopf und offenem Maul sitzen diese Eidechsen da und scheinen sich von der heißen Luft durchströmen zu lassen. Die Waldtiere verbergen sich im Dickicht, die Vögel schlüpfen unter das Laub der Bäume oder in Felsspalten. Horcht man aber in dieser scheinbaren tiefen Stille auf die leisesten Laute, die die Luft an unser Ohr trägt, so vernimmt man ein dumpfes Schwirren, ein beständiges Brausen und Summen der Insekten, von denen alle unteren Luftschichten wimmeln. Myriaden Insekten kriechen auf dem Boden oder umgaukeln die von der Sonnenhitze verbrannten Gewächse. Ein wirres Getöne dringt aus jedem

Busch, aus faulen Baumstämmen, aus den Felsspalten, aus dem Boden, in dem Eidechsen, Tausendfüßler, Cäcilien ihre Gänge graben. Es sind ebenso viele Stimmen, die uns zurufen, daß alles in der Natur atmet, daß in tausendfältiger Gestalt das Leben im staubigen, zerklüfteten Boden waltet, so gut wie im Schoße der Wasser und in der Luft, die uns umgibt. Die Empfindungen, die ich hier andeute, sind keinem fremd, der zwar nicht bis zum Äquator gekommen, aber doch in Italien, in Spanien oder Ägypten gewesen ist.

Am 9. April. – Wir langten frühmorgens am Strande von Pararuma an und fanden ein Indianerlager ähnlich dem, das wir in der Schildkrötenbucht gesehen hatten. Man war ein paar Tage zu spät dran. Die jungen Schildkröten *(tortuguillos)* waren ausgekrochen, ehe die Indianer ihr Lager aufgeschlagen hatten. Auch hatten sich die Krokodile und die Garzas, eine große weiße Reiherart, das Versäumnis zunutze gemacht. Sie gehen auf diesen Fang bei Nacht aus, da die Tortuguillos erst nach der Abenddämmerung aus dem Boden kriechen und dem nahen Fluß zulaufen. Die Zamurogeier sind zu träge, um nach Sonnenuntergang zu jagen. Bei Tage streifen sie an den Ufern umher und kommen mitten ins Lager der Indianer herein, um Eßwaren zu entwenden, und meist bleibt ihnen, um ihren Heißhunger zu stillen, nichts übrig, als auf dem Lande oder in seichtem Wasser junge, sieben bis acht Zoll lange Krokodile anzugreifen. Es ist merkwürdig anzusehen, wie schlau sich die kleinen Tiere eine Zeitlang gegen die Geier wehren. Sie richten sich auf den Vorderfüßen auf, krümmen den Rücken, strecken den Kopf aufwärts und reißen den Rachen weit auf. Fortwährend, wenn auch langsam, kehren sie sich dem Feind zu und weisen ihm die Zähne, die bei den eben ausgeschlüpften Tieren sehr lang und spitz sind. Oft, während so ein Zamuro ganz die Aufmerksamkeit des jungen Krokodils in Anspruch nimmt, benutzt ein anderer die gute Gelegenheit zu einem unerwarteten Angriff. Er stößt auf das Tier nieder, packt es am Hals und steigt damit hoch in die Luft. Wir konnten diesem Kampfspiel halbe Vormittage lang zusehen.

Mitten im Indianerlager saßen der Pater von den Katarakten, Bruder Bernardo Zea, und Padre Torre von Carichana, beide fieberhaft bleich, die Ungesundheit ihres Aufenthalts bezeugend. Wir trafen sie unter einem elenden Zelt von Palmblättern, auf der Erde sitzend, aus langen Pfeifen rauchend, Karten spielend, blauer Kaftan, geschorene Köpfe, lange Bärte, ganz algerischen Türken ähnlich.

Dem indianischen Steuermann war die Fahrt durch die Stromschnellen des Orinoko neu, und er wollte uns nicht weiter führen. Wir mußten uns seinem Willen fügen. Glücklicherweise fand sich der Missionar von Carichana willig, uns zu sehr billigem Preis eine hübsche Piroge abzutreten; ja der Missionar von Atures und Maipures, Pater Zea, erbot sich, uns bis zur Grenze von Brasilien zu begleiten. Er hoffte, wenn er die Missionen am Río Negro besuchte, seine Gesundheit wiederherzustellen. Er sprach von der dortigen Gegend mit der Begeisterung, mit der man in den Kolonien auf dem Festland alles ansieht, was in weiter Ferne liegt.

Die Versammlung der Indianer bei Pararuma bot uns wieder ein Schauspiel, wie es den Kulturmenschen anregt, den wilden Menschen und die allmähliche Entwicklung unserer Geisteskräfte zu beobachten. Man sträubt sich gegen die Vorstellung, daß wir in diesem gesellschaftlichen Kindheitszustand, in diesem Haufen trübseliger, schweigsamer, teilnahmsloser Indianer das ursprüngliche Wesen unseres Geschlechts vor uns haben sollen. Die Menschennatur tritt uns hier nicht im Gewande liebenswürdiger Einfalt entgegen, wie sie die Poesie in allen Sprachen so hinreißend schildert. Gar gerne redet man sich ein, diese Eingeborenen, wie sie da, den Leib mit Erde und Fett beschmiert, um ihr Feuer hocken oder auf großen Schildkrötenpanzern sitzen und stundenlang mit dummen Gesichtern auf das Getränk glotzen, das sie bereiten, seien keineswegs der ursprüngliche Typus unserer Gattung, vielmehr ein entartetes Geschlecht, die schwachen Überreste von Völkern, die versprengt lange in Wäldern gelebt haben und am Ende in Barbarei zurückgesunken sind.

Die rote Bemalung ist gleichsam die einzige Bekleidung der Indianer. Es lassen sich zwei Arten unterscheiden, nach der größeren oder geringeren Wohlhabenheit der Personen. Die übliche Schminke der Kariben, Otomaken und Jaruros ist der Onoto, den man aus dem Fruchtfleisch des Orleanbaumes auszieht. Wenn sie Onoto bereiten, werfen die indianischen Weiber die Samen der Pflanze in eine Kufe mit Wasser, peitschen das Wasser eine Stunde lang und lassen dann den Farbstoff, der lebhaft ziegelrot ist, sich ruhig absetzen. Das Wasser wird abgegossen, der Bodensatz herausgenommen, ausgedrückt, mit Schildkröteneieröl geknetet und zu runden, drei bis vier Unzen schweren Kuchen geformt. Ein anderer, weit kostbarerer Farbstoff wird von einer Pflanze aus der Familie der Trompetenblumen gewonnen, die Bonpland unter dem Namen *Bignonia Chica* bekannt gemacht hat. Der rote Farbstoff der Chica wird nicht, wie der Onoto, aus der Frucht gewonnen, sondern aus den in Wasser geweichten Blättern. Er sondert sich in Gestalt eines sehr leichten Pulvers ab. Man formt ihn, ohne ihn mit Öl zu vermischen, zu kleinen länglichen Broten.

Die meisten Missionare am oberen und unteren Orinoko gestatten den Indianern, sich zu bemalen. Leider gibt es manche, die auf die Nacktheit der Eingeborenen spekulieren. Da die Mönche nicht Leinwand und Kleider an sie verkaufen können, so handeln sie mit roter Farbe, die bei den Eingeborenen so gesucht ist. Oft sah ich in ihren Hütten, die vornehm *Klöster* heißen, Niederlagen von Chica.

Um einen Begriff zu geben, welchen Luxus die nackten Indianer mit ihrem Putz treiben, bemerke ich hier, daß ein hochgewachsener Mann durch zweiwöchige Arbeit kaum genug verdient, um sich durch Tausch so viel Chica zu verschaffen, daß er sich rot bemalen kann. Wie man daher in gemäßigten Ländern von einem armen Menschen sagt, er habe nicht die Mittel, sich zu kleiden, so hört man die Indianer am Orinoko sagen: «Der Mensch ist so elend, daß er sich den Leib nicht einmal halb bemalen kann.»

Der Brauch, den Körper zu bemalen, ist nicht bei allen Völkern am Orinoko gleich alt. Erst seit den mächtigen Einfällen der Kariben in diese Länder ist er allgemeiner geworden. Sieger und Besiegte waren gleich nackt, und um dem Sieger gefällig zu sein, mußte man sich bemalen wie er und seine Farbe tragen. Jetzt ist es mit der Macht der Kariben vorbei, aber die karibische Mode, den ganzen Körper zu färben, hat sich erhalten. Der Brauch ist dauernder als die Eroberung.

Ist nun der Gebrauch des Onoto und des Chica ein Kind der bei wilden Völkern so häufigen Gefallsucht und ihrer Liebe zum Putz oder gründet er sich vielleicht auf die Beobachtung, daß ein Überzug von färbenden und öligen Stoffen die Haut gegen den Stich der Moskitos schützt? In den Missionen am Orinoko und überall, wo die Luft von giftigen Insekten wimmelt, habe ich diese Frage sehr oft erörtern hören. Die Erfahrung zeigt, daß der Karibe und der Saliva, die rot bemalt sind, von Moskitos und Zancudos so arg geplagt werden als die Indianer, die keine Farbe aufgetragen haben. Bei beiden hat der Stich des Insekts keine Geschwulst zur Folge; fast nie bilden sich die Blasen oder kleinen Beulen, die frisch angekommenen Europäern ein so unerträgliches Jucken verursachen. Solange aber das Insekt den Saugrüssel nicht aus der Haut gezogen hat, schmerzt der Stich den Eingeborenen und den Weißen gleich sehr. Nach tausend anderen nutzlosen Versuchen haben Bonpland und ich selbst Hände und Arme mit Krokodilfett und Schildkröteneieröl eingerieben und davon nie die geringste Erleichterung verspürt; wir wurden gestochen nach wie vor.

Es erscheint auffallend, daß die Indianer am Orinoko rote Farbstoffe allen anderen vorziehen. Rührt diese Vorliebe daher, daß der Wilde sich leicht okkerartige Erden oder das Farbmehl des Onoto und Chica verschafft? Das möchte ich sehr bezweifeln. In einem großen Teil des tropischen Amerika wächst der Indigo wild, und diese Pflanze, wie so viele andere Schotengewächse, hätten den Eingeborenen reichlich Mittel geboten, sich blau zu färben wie die alten Britannier, und doch sehen wir in Amerika keine mit Indigo bemalten Stämme. Wenn die Amerikaner der roten Farbe den Vorzug geben, so beruht dies wahrscheinlich auf dem Trieb der Völker, alles, was sie national auszeichnet, schön zu finden. Menschen, deren Haut von Natur rotbraun ist, lieben die rote Farbe. Kommen sie mit niedriger Stirn, mit abgeplattetem Kopf zur Welt, so suchen sie bei ihren Kindern die Stirn niederzudrücken. Unterscheiden sie sich von anderen Völkern durch sehr dünnen Bart, so suchen sie die wenigen Haare, die die Natur ihnen wachsen läßt, auszuraufen. Sie halten sich für desto schöner, je stärker sie die charakteristischen Züge ihres Stammes oder ihrer Nationalbildung hervortreten lassen.

Im Lager von Pararuma machten wir die auffallende Bemerkung, daß sehr alte Weiber mit ihrem Putz sich mehr zu schaffen machten als die jüngsten. Wir sahen eine Indianerin vom Stamm der Otomaken, die sich die Haare mit Schildkrötenöl einreiben und den Rücken mit Onoto und Caruto bemalen ließ. Zwei ihrer Töchter mußten dies Geschäft verrichten. Die Malerei bestand in einer Art Gitter von schwarzen, sich kreuzenden Linien auf rotem Grund; mitten in jedes kleine Viereck wurde ein schwarzer Punkt gesetzt – eine Arbeit, zu der unglaubliche Geduld gehörte. Wir hatten sehr lange botanisiert, und als wir zurückkamen, war die Malerei noch nicht halb fertig.

Der schwarze, ätzende Farbstoff des Caruto widersteht dem Wasser länger, wie wir zu unserem großen Verdruß an uns selbst erfuhren. Wir scherzten eines Tages mit den Indianern und machten uns mit Caruto Tupfen und Striche ins Gesicht, und man sah dieselben noch, als wir schon wieder in Angostura, im Schoße europäischer Kultur waren!

Gallito und Tití

Im Lager von Pararuma hatten wir Gelegenheit, manche Tiere, die wir bis dahin nur von den europäischen Sammlungen her kannten, zum erstenmal lebend zu sehen. Die Missionare treiben mit dergleichen kleinen Tieren Handel. Gegen Tabak, Maniharz, Chicafarbe, Gallitos (Felshühner), Tití-, Kapuziner- und andere an den Küsten sehr gesuchte Affen tauschen sie Zeuge, Nägel, Äxte, Angeln und Stecknadeln ein. Die Produkte vom Orinoko werden den Indianern, die unter der Herrschaft der Mönche leben, zu niedrigem Preise abgekauft, und dieselben Indianer kaufen dann von den Mönchen – aber zu sehr hohen Preisen – mit dem Geld, das sie bei der Eierernte erlösen, ihre Fischergeräte und Ackerwerkzeuge.

Wir kauften mehrere Tiere, die uns auf der übrigen Stromfahrt begleiteten und deren Lebensweise wir daher beobachten konnten. Die Gallitos oder Felshühner, die man in Pararuma in niedlichen kleinen Bauern aus Palmblattstielen verkauft, sind an den Ufern des Orinoko weit seltener als in Französisch-Guayana. Man fand sie bisher nur bei der Mission Encaramada und in den Raudales oder Fällen von Maipures. Ich sage ausdrücklich: *in* den Fällen; denn diese Vögel nisten gewöhnlich in den Höhlungen der kleinen Granitfelsen, die sich durch den Orinoko ziehen und so zahlreiche Wasserfälle bilden. Wir sahen sie manchmal im Wasserschaum zum Vorschein kommen, ihre Henne rufen und miteinander kämpfen, wobei sie wie unsere Hähne den doppelten, beweglichen Kamm zusammenfalten, der ihren Kopfschmuck bildet.

Unter den Affen, die die Indianer von Pararuma zu Markte brachten, sahen wir mehrere Spielarten des Saï, der der kleinen Gruppe der Winselaffen zugehört, ferner Marimondas oder Atelen mit rotem Bauch, Titís und Viuditas. Kein anderer Affe sieht im Gesicht einem Kinde so ähnlich wie der Tití; es ist derselbe Ausdruck von Unschuld, dasselbe schalkhafte Lächeln, derselbe rasche Übergang von Freude zu Trauer. Seine großen Augen füllen sich mit Tränen, sobald er über etwas ängstlich wird. Er ist sehr lüstern nach Insekten, besonders nach Spinnen. Das kleine Tier ist so klug, daß ein Tití, den wir auf unserem Kanu nach Angostura brachten, die Tafeln zu Cuviers *Tableau élémantaire d'histoire naturelle* ganz gut unterschied. Diese Kupfer sind nicht koloriert, und doch streckte der Tití rasch die kleine Hand aus, in der Hoffnung, eine Heuschrecke oder eine Wespe zu erhaschen, sooft wir ihm die elfte Tafel vorhielten, auf der diese Insekten abgebildet sind. Die Tití sind meist zarte, furchtsame kleine Tiere. Sie sind aus den Missionen am Orinoko schwer an die Küsten von Cumaná und Caracas zu bringen. Sobald man die Waldregion hinter sich hat und die Llanos betritt, werden sie traurig und niedergeschlagen.

Zerepe im Stock

Die neue für uns bestimmte Piroge wurde noch am Abend geladen. Es war, wie alle indianischen Kanus, ein mit Axt und Feuer ausgehöhlter Baumstamm, vierzig Fuß lang und drei breit. Drei Personen konnten nicht nebeneinander darin sitzen. Diese Pirogen sind so beweglich, sie erfordern, weil sie so wenig Widerstand leisten, eine so gleichmäßige Verteilung der Last, daß man den Ruderern *(bogas)* zurufen muß, sich auf die entgegengesetzte Seite zu lehnen, wenn man einen Augenblick aufstehen will. Ohne diese Vorsicht liefe das Wasser unweigerlich über den geneigten Bord. Man macht sich nur schwer einen Begriff davon, wie übel man auf einem solchen elenden Fahrzeug daran ist.

Pater Zea betrieb die Zurüstungen zur Weiterfahrt eifriger, als uns lieb war. Man besorgte, nicht genug Indianer zur Hand zu haben, die mit dem Labyrinth von kleinen Kanälen und Wasserfällen, die die Raudales oder Katarakte bilden, bekannt wären. Man legte daher die Nacht über zwei Indianer in den *cepo,* das heißt, man legte sie auf den Boden und steckte ihre Beine durch zwei Holzklötze mit Ausschnitten, um die man eine Kette mit Vorlegeschloß legte. Am frühen Morgen weckte uns das Geschrei eines jungen Mannes, den man mit einem Seekuhriemen unbarmherzig peitschte. Es war Zerepe, ein sehr verständiger Indianer, der uns in der Folge die besten Dienste leistete, jetzt aber nicht mit uns gehen wollte. Er war aus der Mission Atures gebürtig; er war in die Wälder *(al monte)* entlaufen und hatte ein paar Jahre unter nicht unterworfenen Indianern gelebt. Dadurch hatte er sich mehrere Sprachen angeeignet, und Pater Zea brauchte ihn als Dolmetscher.

Nur mit Mühe brachten wir es dahin, daß der junge Mann begnadigt wurde. «Ohne solche Strenge», hieß es, «würde es euch an allem fehlen. Die Indianer aus den Raudales und vom oberen Orinoko sind ein stärkerer und arbeitsamerer Menschenschlag als die am unteren Orinoko. Sie wissen wohl, daß sie in Angostura sehr gesucht sind. Ließe man sie machen, so gingen sie alle den Fluß hinunter, um ihre Produkte zu verkaufen und in voller Freiheit unter den Weißen zu leben, und die Missionen stünden leer.»

Diese Gründe mögen scheinbar etwas für sich haben, richtig sind sie nicht. Will der Mensch die Vorteile des geselligen Lebens genießen, so muß er allerdings seine natürlichen Rechte, seine frühere Unabhängigkeit zum Teil zum Opfer bringen. Wird aber das Opfer, das man ihm auferlegt, nicht durch die Vorteile der Zivilisation aufgewogen, so nährt der Wilde in seiner verständigen Einfalt fort und fort den Wunsch, in die Wälder zurückzukehren, in denen er geboren wurde. Weil der Indianer aus den Wäldern in den meisten Missionen als ein Leibeigener behandelt wird, weil er der Früchte seiner Arbeit nicht froh wird, deshalb veröden die christlichen Niederlassungen am Orinoko. Ein Regiment, das sich auf die Vernichtung der Freiheit der Eingeborenen gründet, tötet die Geisteskräfte oder hemmt doch ihre Entwicklung.

Wenn man sagt, der Wilde müsse wie das Kind unter strenger Zucht gehalten werden, so ist dies ein unrichtiger Vergleich. Die Indianer am Orinoko haben in den Äußerungen ihrer Freude, im raschen Wechsel ihrer Gemütsbewegungen etwas Kindliches; sie sind aber keineswegs große Kinder, so wenig wie die armen Bauern im östlichen Europa, die in der Barbarei des Feudalsystems sich der tiefsten Verkommenheit nicht entringen können. Zwang, als hauptsächliches und einziges Mittel zur Sittigung, erscheint zudem als ein Grundsatz, der bei der Erziehung der Völker und bei der Erziehung der Jugend gleich falsch ist. Wie schwach und tief gesunken auch der Mensch sein mag, keine Fähigkeit ist ganz erstorben. Die menschliche Geisteskraft ist nur dem Grad und der Entwicklung nach verschieden. Der Wilde wie das Kind vergleicht den gegenwärtigen Zustand mit dem vergangenen; er bestimmt seine Handlungen nicht nach blindem Instinkt, sondern nach Rücksichten der Nützlichkeit. Unter allem Umstand kann Vernunft durch Vernunft aufgeklärt werden; ihre Entwicklung wird aber desto mehr niedergehalten, je weiter diejenigen, die sich zur Erziehung der Jugend oder zur Regierung der Völker berufen glauben, im hochmütigen Gefühl ihrer Überlegenheit auf die ihnen Untergebenen hinabblicken und Zwang und Gewalt brauchen statt der sittlichen Mittel, die allein keimende Fähigkeiten entwickeln, die aufgeregten Leidenschaften sänftigen und die gesellschaftliche Ordnung festigen können.

Eroberung der Seelen

Am 10. April. – Wir konnten erst um zehn Uhr morgens unter Segel gehen. Nur schwer gewöhnten wir uns an die neue Piroge, die uns eben ein neues Gefängnis war. Um an Breite zu gewinnen, hatte man auf dem Hinterteil des Fahrzeugs aus Baumzweigen eine Art Gitter angebracht, das auf beiden Seiten über den Bord hinausreichte. Leider war das Blätterdach *(el toldo)* darüber so niedrig, daß man gebückt sitzen oder ausgestreckt liegen mußte und so nichts sah. Da man die Pirogen durch die Stromschnellen, ja sogar von einem Fluß zum anderen schleppen muß und weil man dem Wind zuviel Fläche böte, wenn man den Toldo höher machte, kann auf den kleinen Fahrzeugen, die zum Río Negro hinaufgehen, die Sache nicht anders eingerichtet werden. Das Dach war für vier Personen bestimmt, die auf dem Verdeck oder dem Gitter aus Baumzweigen lagen; aber die Beine reichen weit über das Gitter hinaus, und wenn es regnet, wird man zum halben Leibe durchnäßt. Dabei liegt man auf Ochsenhäuten oder Jaguarfellen, und die Zweige darunter drükken einen durch die dünne Decke gewaltig.

Das Vorderteil des Fahrzeuges nahmen die indianischen Ruderer ein, die drei Fuß lange, löffelförmige Ruder führen. Sie sind ganz nackt, sitzen paarweise und rudern im Takt, den sie merkwürdig genau einhalten. Ihr Gesang ist trübselig, eintönig. Die kleinen Käfige mit unseren Vögeln und Affen, deren immer mehr wurden, je weiter wir kamen, hingen teils am Toldo, teils am Vorderteil. Es war unsere Reisemenagerie. Wenn wir unser Nachtlager aufschlugen, befanden sich die Menagerie und die Instrumente immer in der Mitte; ringsum kamen sofort unsere Hängematten, dann die der Indianer und zu äußerst die Feuer, die man für unentbehrlich hielt, um den Jaguar fernzuhalten. Um Sonnenaufgang stimmten unsere Affen in das Geschrei der Affen im Walde ein.

Auf der überfüllten, keine drei Fuß breiten Piroge blieb für die getrockneten Pflanzen, die Koffer, einen Sextanten, den Inklinationskompaß und die meteorologischen Instrumente kein Platz als der Raum unter dem Gitter aus Zweigen, auf dem wir den größten Teil des Tages ausgestreckt liegen mußten. Wollte man irgend etwas aus einem Koffer holen oder ein Instrument gebrauchen, mußte man ans Ufer fahren und aussteigen. Zu diesen Unbequemlichkeiten kamen noch die Plage der Moskitos, die unter einem so niedrigen Dach in Scharen hausten, und die Hitze, die die Palmblätter ausstrahlen, deren Oberfläche ständig der Sonnenglut ausgesetzt ist. Jeden Augenblick suchten wir unsere Lage erträglicher zu machen, und immer vergeblich. Während der eine sich unter ein Tuch steckte, um sich vor den Insekten zu schützen, verlangte der andere, man solle grünes Holz unter dem Toldo anzünden, um die Mücken durch den Rauch zu vertreiben. Wegen des Augenbrennens und der Steigerung der ohnehin erstickenden Hitze war das eine Mittel so untauglich als das andere. Aber mit einem munteren Geist, bei gegenseitiger Herzlichkeit, bei offenem Sinn und Auge für die großartige Natur dieser weiten Stromtäler fällt es den Reisenden nicht schwer, Beschwerden zu ertragen, die zur Gewohnheit werden. Wenn ich mich hier auf diese Kleinigkeiten eingelassen habe, geschah es nur, um die Schiffahrt auf dem Orinoko zu schildern und begreiflich zu machen, daß Bonpland und ich auf diesem Stück unserer Reise beim besten Willen lange nicht alle die Beobachtungen anstellen konnten, zu denen uns die an wissenschaftlicher Ausbeute so reiche Naturumgebung aufforderte.

Gegen Osten sahen wir einen Berg mit plattem Gipfel, der wie ein Vorgebirge herantritt. Er ist gegen dreihundert Fuß hoch und diente den Jesuiten als befestigter Platz. Sie hatten ein kleines Fort darauf angelegt, das drei Batterien enthielt und in dem beständig ein Militärposten lag. In Carichana und Atures sahen wir die Kanonen ohne Lafetten, halb im Sande begraben. Die Jesuitenschanze wurde nach Aufhebung der Gesellschaft Jesu zerstört, aber der Ort heißt noch El Castillo. Auf einer in neuester Zeit in Caracas entworfenen, nicht gestochenen Karte führt er den Namen *Trinchera del despotismo monacal* (Schanze des Mönchsdespotismus). In allen politischen Umwälzungen spricht sich der Geist der Neuerung, der über die Menge kommt, auch in der geographischen Nomenklatur aus.

Die Besatzung der Jesuiten auf diesem Felsen sollte nicht allein die Missionen gegen die Einfälle der Kariben schützen, sie diente auch zum Angriffskrieg oder, wie man hier sagt, zur Eroberung von Seelen *(conquista de almas)*. Die Soldaten, durch Geldbelohnungen angefeuert, machten mit bewaffneter Hand Einfälle in das Gebiet unabhängiger Indianer. Man brachte um, was Widerstand zu leisten wagte, man brannte die Hütten nieder, zerstörte die Pflanzungen und schleppte Greise, Weiber und Kinder als Gefangene fort. Die Gefangenen wurden sofort in die Missionen am Río Negro und oberen Orinoko verteilt. Man wählte die entlegensten Orte, damit sie nicht in Versuchung kämen, wieder in ihr Heimatland zu entlaufen. Dieses gewaltsame Mittel, Seelen zu erobern, war zwar nach spanischem Gesetz verboten, wurde aber von den bürgerlichen Behörden geduldet und von den Oberen der Gesellschaft Jesu, als der Religion und dem Aufkommen der Missionen förderlich, höchlich gepriesen. «Die Stimme des Evangeliums», sagte ein Jesuit vom Orinoko in den *Erbaulichen Briefen* (1757) äußerst naiv, «wird nur da vernommen, wo die Indianer haben Pulver knallen hören. Sanftmut ist ein gar langsames Mittel. Durch Züchtigung erleichtert man sich die Bekehrung der Eingeborenen.»

Dergleichen die Menschheit schändende Grundsätze wurden sicher nicht von allen Gliedern einer Gesellschaft geteilt, die in der Neuen Welt und überall, wo die Erziehung ausschließlich in den Händen von Mönchen geblieben ist, der Wissenschaft und der Kultur Dienste geleistet hat. Aber die geistlichen Eroberungen mit dem Bajonett waren einmal ein von einem Regiment, dem es nur auf rasche Ausbreitung der Missionen ankam, unzertrennlicher Greuel. Es tut dem Gemüt wohl, daß die Franziskaner, Dominikaner und Augustiner, die gegenwärtig einen großen Teil von Südamerika regieren und, je nachdem sie von milder oder roher Sinnesart sind, auf das Geschick von vielen Tausenden von Eingeborenen den mächtigsten Einfluß üben, nicht nach jenem System verfahren. Die Einfälle mit bewaffneter Hand sind fast ganz abgestellt. Wir wollen hier nicht ausmachen, ob diese Wendung zum Besseren daher rührt, daß die frühere Tätigkeit erschlafft ist und der Lauheit und Indolenz Platz gemacht hat, oder ob man darin – was man so gern täte – einen Beweis sehen soll, daß die Aufklärung zunimmt und eine höhere, dem wahren Geist des Christentums entsprechende Gesinnung Platz greift.

Vom Dolmetschen

Am 11. April. – Vom Einfluß des Río Paruasi an ist der Orinoko voll Inseln und Granitklippen, und so entstehen hier die Stromschnellen oder kleinen Fälle, die dem Reisenden beim ersten Anblick bange machen können wegen der vielen Wirbel, aber in keiner Jahreszeit den Schiffen gefährlich sind. Wir legten sie ohne Schwierigkeit zurück. Der Fluß tritt weit ins Land hinein und bildet in den Felsen große Buchten. Eine davon heißt der Hafen von Carichana.

Um die für die Gesundheit oft so nachteiligen Folgen der Überschwemmungen zu vermeiden, wurde die Mission Carichana dreiviertel Meilen vom Fluß entfernt angelegt. Die Indianer sind vom Stamm der Saliva. Sie sind ein geselliges, sanftes, fast schüchternes Volk. Sie haben großen Hang zur Musik. Seit den ältesten Zeiten blasen sie Trompeten aus gebrannter Erde, die vier bis fünf Fuß lang sind und mehrere kugelförmige Erweiterungen haben, die durch enge Röhren zusammenhängen. Diese Trompeten geben sehr klägliche Töne.

Zur Jesuitenzeit wurden die drei Dörfer Pararuma, Marumaruto und Carichana in eins verschmolzen, das damit eine sehr ansehnliche Mission wurde. 1759, als die Jesuitenschanze mit ihren drei Batterien noch stand, zählte man in Carichana vierhundert Saliva. Jetzt, 1800, fand ich ihrer kaum einhundertfünfzig. Vom Dorfe ist nichts übrig als einige Lehmhütten, die symmetrisch um ein ungeheuer hohes Kreuz her liegen.

Wir trafen unter diesen Indianern eine Frau von weißer Abkunft, die Schwester eines Jesuiten aus Neu-Granada. Unbeschreiblich ist die Freude, wenn man mitten unter Völkern, deren Sprache man nicht versteht, einem Wesen begegnet, mit dem man sich ohne Dolmetscher unterhalten kann. Jede Mission hat wenigstens zwei solche Dolmetscher. Es sind Indianer, mit deren Hilfe die Missionare, die sich gegenwärtig nur selten die Mühe machen, die Landessprachen kennenzulernen, mit den Neugetauften verkehren.

Diese Dolmetscher begleiteten uns beim Botanisieren. Sie verstehen wohl Spanisch, aber sie können es nicht recht sprechen. In ihrer faulen Gleichgültigkeit geben sie, man mag fragen, was man will, wie aufs Geratewohl, doch immer mit gefälligem Lächeln zur Antwort: «Ja, Pater. Nein, Pater.» Man begreift leicht, daß einem die Geduld ausgeht, wenn man monatelang solche Gespräche zu führen hat. «Von meiner Mission an», hatte der gute Ordensmann in La Urbana gesagt, «werdet ihr reisen wie Stumme.» Und diese Vorhersage ist so ziemlich in Erfüllung gegangen.

Um nicht allen Nutzen zu verlieren, den man aus dem Verkehr selbst mit dem versunkensten Indianer ziehen kann, griffen wir zuweilen zur Zeichensprache. Sobald der Eingeborene merkt, daß man sich keines Dolmetschers bedienen will, sobald man ihn unmittelbar befragt, indem man auf die Gegenstände deutet, legt er seine gewöhnliche Stumpfheit ab und weiß sich mit merkwürdiger Gewandtheit verständlich zu machen. Er macht Zeichen aller Art, er spricht die Worte langsam aus, er wiederholt sie unaufgefordert. Es scheint seiner Eigenliebe zu schmeicheln, daß man ihn beachtet und sich von ihm belehren läßt. Diese Leichtigkeit, sich verständlich zu machen, zeigt sich besonders beim unabhängigen Indianer; und was die christlichen Niederlassungen betrifft, muß ich den Reisenden den Rat geben, sich vorzugsweise an Indianer zu wenden, die erst seit kurzem unterworfen sind oder von Zeit zu Zeit wieder in den Wald laufen, um ihrer früheren Freiheit zu genießen. Es unterliegt wohl keinem Zweifel, daß der unmittelbare Verkehr mit den Eingeborenen belehrender und sicherer ist als der mittels des Dolmetschers. Zudem sind der Mundarten so unglaublich viele, daß der Reisende selbst mit dem bedeutendsten Sprachtalent nie so viele sich aneignen könnte, um sich verständlich zu machen. In Peru und Quito kommt man mit der Kenntnis der Quechua oder Inkasprache aus; man kann sich wenigstens der Mehrzahl der Bevölkerung verständlich machen. Hier wäre es nicht einmal genug, wenn man zehn Sprachen verstünde, von denen es nur ganz rohe Sprachlehren gibt und die untereinander weniger verwandt sind als Griechisch, Deutsch und Persisch.

Monopolgeist

Am 12. April. – Wir brachen um vier Uhr morgens auf. Pater Zea sah voraus, daß wir Not haben würden, über die Stromschnellen und die Mündung des Meta wegzukommen. Die Indianer ruderten zwölf Stunden ohne Unterlaß. Während dieser Zeit nahmen sie nichts zu sich als Maniok und Bananen. Bedenkt man, wie schwer es ist, die Gewalt der Strömung zu überwinden und die Katarakte hinaufzufahren, und weiß man, daß die Indianer am Orinoko und Amazonas auf zweimonatigen Flußfahrten in dieser Weise ihre Muskeln anstrengen, so wundert man sich gleich sehr über die Körperkraft und über die Mäßigkeit dieser Menschen. Stärkemehl- und zuckerhaltige Stoffe, zuweilen Fische und Schildkröteneierfett ersetzen hier die Nahrung, die die zwei ersten Tierklassen, Säugetiere und Vögel, geben.

Wir fanden das Flußbett voller Granitblöcke. Wir liefen durch Kanäle, die nicht fünf Fuß breit waren, und manchmal steckte unsere Piroge zwischen zwei Blöcken fest. Es ist keine ernstliche Gefahr vorhanden, wenn man einen guten indianischen Steuermann hat. Ist die Strömung nicht zu überwinden, so springen die Ruderer ins Wasser, binden ein Seil an die Felsspitzen und ziehen die Piroge herauf.

Um neun Uhr erreichten wir die Mündung des Río Meta. Er durchzieht die weiten Ebenen von Casanare; er ist fast bis zum Fuß der Anden von Neu-Granada schiffbar und muß einmal politisch von großer Bedeutung werden. Aus dem Golfo triste und der Boca del Dragón kann eine Flotille den Orinoko und den Meta bis auf fünfzehn, zwanzig Meilen nahe Santa Fe de Bogotá hinauffahren. Auf demselben Wege kann das Getreide aus Neu-Granada herunterkommen. Der Meta ist wie ein Schiffahrtkanal zwischen Ländern unter derselben Breite, die aber ihren Produkten nach so weit auseinander sind wie Frankreich und der Senegal.

Zur Jesuitenzeit war die Schiffahrt auf dem Strom weit stärker als jetzt. Missionare aus *einem* Orden waren damals die Herren an den Ufern des Meta und des Orinoko. Die Padres gingen damit um, vom Einfluß des Casanare in den Meta bis zum Einfluß des Meta in den Orinoko eine Reihe von Missionen zu gründen, so daß ein schmaler Streif bebauten Landes über die weite Steppe zwischen den Wäldern von Guayana und den Anden von Neu-Granada gelaufen wäre. Außer dem Mehl von Santa Fe gingen damals zur Zeit der Schildkröteneierernte das Salz von Chita, die Baumwollenzeuge von San Gil und die gedruckten Decken von Socorro den Fluß hinunter.

Da auf demselben Wege, der den Handel mit den Produkten von Neu-Granada förderte, das geschmuggelte Gut von der Küste Guayanas ins Land ging, setzte es der Handelsstand von Cartagena de Indias bei der Regierung durch, daß der freie Handel auf dem Meta beschränkt wurde. Derselbe Geist des Monopols schloß den Meta, den Río Atracto und den Amazonenstrom. Es ist doch eine wunderliche Politik der Mutterländer, zu glauben, es sei vorteilhaft, Länder, in denen die Natur Keime der Fruchtbarkeit mit vollen Händen ausgestreut hat, unangebaut liegenzulassen. Ihr armen Gesetzgeber, ihr könnt eine ummauerte Stadt nicht sperren und wollt Provinzen sperren, deren Grenzen ihr nicht kennt!! Daß das Land nicht bewohnt ist, haben sich die wilden Indianer nun allerorten zunutze gemacht. Sie sind an die Flüsse herangerückt, sie machen Angriffe auf die Vorüberfahrenden, sie suchen wiederzuerobern, was sie seit Jahrhunderten verloren haben. Um die Guahibos im Zaum zu halten, wollten die Kapuziner, die als Leiter der Missionen am Orinoko auf die Jesuiten folgten, an der Mündung des Meta unter dem Namen Villa de San Carlos eine Stadt bauen. Trägheit und die Furcht vor dem dreitägigen Fieber ließen es nicht dazu kommen, und ein sauber gemaltes Wappen auf einem Pergament und ein ungeheures Kreuz am Ufer des Meta sind alles, was von Villa de San Carlos bestanden hat. Die Guahibos sind so frech geworden, daß sie, als wir nach Carichana kamen, dem Missionar hatten ankündigen lassen, sie würden auf Flößen kommen und ihm sein Dorf anzünden.

Am 13. April. – Wir fuhren am frühen Morgen die Stromschnellen von Tabaje hinauf und stiegen wieder aus. Unser Begleiter, Pater Zea, wollte in der neuen, seit zwei Jahren bestehenden Mission San Borja die Messe lesen. Wir fanden daselbst sechs von noch nicht katechisierten Guahibos bewohnte Häuser. Sie unterschieden sich in nichts von den wilden Indianern. Ihre ziemlich großen schwarzen Augen verrieten mehr Lebendigkeit als die der Indianer in den übrigen Missionen. Vergeblich boten wir ihnen Branntwein an; sie wollten ihn nicht einmal kosten. Es ist gewiß, daß erst die Europäer diese Rauschbegier eingeführt haben. Der echte Wilde (nicht der halb kultivierte in den alten Missionen) ist mäßig.

Die Gesichter der jungen Mädchen waren alle mit runden schwarzen Tupfen bemalt; sie nahmen sich aus wie die Schönheitspflästerchen, mit denen früher die Weiber in Europa die Weiße ihrer Haut zu heben meinten. Mehrere Männer hatten einen Bart; sie schienen stolz darauf, faßten uns am Kinn und gaben uns zu verstehen, sie seien wie wir. Sie haben keinen Begriff von den Religionsbräuchen (der Missionar von Carichana liest in San Borja nur drei- oder viermal jährlich die Messe); dennoch benahmen sie sich in der Kirche durchaus anständig. Bei der Kommunion, als der Priester den Kelch nahm, um ihn zum Mund zu führen, machten sie einander Zeichen, als kündigten sie sich an, daß nun das Spaßigste der Geschichte angehe. Aber keiner lachte.

Die Teilnahme, mit der wir die armen Wilden betrachtet haben, war vielleicht schuld daran, daß die Mission einging. Einige, die lieber umherzogen, als Land zu bebauen, beredeten die anderen, wieder auf die Ebenen am Meta zu ziehen. Sie sagten ihnen, die Weißen würden wiederkommen nach San Borja und sie dann in ihren Kanus fortschleppen und in Angostura als Sklaven verkaufen. Die Guahibos warteten, bis sie hörten, daß wir vom Río Negro über den Casiquiare zurückkamen, und als sie erfuhren, daß wir beim ersten großen Katarakt, bei Atures, angelangt seien, liefen alle davon in die Savannen westlich vom Orinoko. Kein Stamm ist schwerer seßhaft zu machen als die Guahibos. Lieber leben sie von faulen Fischen, Tausendfüßlern und Würmern, als daß sie ein kleines Stück Land bebauen. Die anderen Indianer sagen daher sprichwörtlich: «Ein Guahibo ißt alles auf der Erde und unter der Erde.»

Fünftes Kapitel

Die Raudales

Auf seinem Lauf von Süd nach Nord streicht über den Orinokostrom eine Kette von Granitbergen. Zweimal in seinem Lauf gehemmt, bricht er sich tosend an den Felsen, die Staffeln und Querdämme bilden. Nichts ist großartiger als dieses Landschaftsbild. Weder der Fall von Tequendama bei Santa Fe de Bogotá noch die gewaltige Naturszenerie der Kordilleren vermochten den Eindruck zu verwischen, den die Stromschnellen von Atures und Maipures auf mich machten, als ich sie zum erstenmal sah. Steht man so, daß man die ununterbrochene Reihe von Katarakten, die ungeheure, von den Strahlen der untergehenden Sonne beleuchtete Schaum- und Dunstfläche mit einem Blick übersieht, so ist es, als sähe man den ganzen Strom über seinem Bette hängen.

So ausgezeichnete Naturbildungen mußten schon seit Jahrhunderten bei den Bewohnern der Neuen Welt Aufmerksamkeit erregen. Als Diego de Ordaz, Alfonso de Herrera und der unerschrockene Raleigh in der Mündung des Orinoko vor Anker gingen, wurde ihnen Kunde von den großen Katarakten aus dem Mund von Indianern, die niemals dort gewesen waren. Alles, was sich auf den Lauf der großen Ströme bezieht, erlangt einen Ruf, der sich in ungeheure Fernen verbreitet. Gleich Armen von Binnenmeeren durchziehen der Orinoko, Amazonenstrom und Uruguay einen mit Wäldern bedeckten Landstrich, auf dem Völker hausen, die zum Teil Menschenfresser sind. Noch ist es nicht zwei Jahrhunderte her, seit die Kultur und das sanfte Licht einer menschlicheren Religion an den Ufern dieser uralten, von der Natur gegrabenen Kanäle aufwärts ziehen; aber lange vor Einführung des Ackerbaus, ehe zwischen den zerstreuten, oft sich befehdenden Horden ein Tauschverkehr zustande kam, verbreitete sich auf tausend zufälligen Wegen die Kunde von außerordentlichen Naturerscheinungen, von Wasserfällen, vulkanischen Flammen, von Schnee, der vor der Hitze des Sommers nicht weicht. Dreihundert Meilen von den Küsten, im Herzen von Südamerika, unter Völkern, deren Wanderungen sich in den Grenzen von drei Tagereisen halten, findet man Kunde vom Ozean, findet man Worte zur Bezeichnung einer Masse von Salzwasser, die sich hinbreitet, so weit das Auge reicht. Auf den ersten Stufen der gesellschaftlichen Entwicklung tritt in gewissem Grade der Gedankenaustausch früher ein als der Tausch von Erzeugnissen.

Die beiden großen Katarakte des Orinoko, die eines so ausgebreiteten uralten Rufs genießen, entstehen dadurch, daß der Strom die Berge der Sierra Parima durchbricht. Bei den Eingeborenen heißen die Katarakte Mapara und Quittuna; aber die Missionare haben dafür Atures und Maipures gesetzt nach den Namen der beiden Stämme, die sie in den beiden den Fällen zunächst gelegenen Dörfern zusammengebracht haben. An den Küsten von Caracas nennt man sie einfach die zwei Raudales (Stromschnellen), was darauf hindeutet, daß man die anderen Fälle gegenüber denen von Atures und Maipures gar nicht der Beachtung wert findet.

Jenseits der großen Katarakte beginnt ein unbekanntes Land. Oberhalb fanden wir längs des Orinoko auf einer Strecke von hundert Meilen nur drei christliche Niederlassungen, und in ihnen waren kaum sechs bis acht Weiße, das heißt Menschen europäischer Abkunft. Es ist nicht zu verwundern, daß ein so ödes Land von jeher der klassische Boden für Sagen und Wundergeschichten war. Hierher versetzten ernste Missionare die Völker, die ein Auge auf der Stirn, einen Hundskopf oder den Mund unter dem Magen haben; hier fanden sie alles wieder, was die Alten von den Garamanten, den Arimaspen und den Hyperboreern erzählen. Man täte den schlichten, zuweilen ein wenig rohen Missionaren unrecht, wenn man glaubte, sie selbst hätten diese Märchen erfunden; sie haben sie vielmehr großenteils den Indianergeschichten entnommen. In den Missionen erzählt man gern, wie zur See, wie im Orient, wie überall, wo man sich langweilt. Ein Missionar ist schon nach Standesgebühr nicht zum Skeptizismus geneigt; er prägt sich ein, was ihm die Eingeborenen so oft vorsagen, und kommt er nach Europa, so findet er eine Entschädigung für seine Beschwerden in der Lust, durch die Erzählung von Dingen, die er als Tatsachen aufgenommen hat, durch lebendige Schilderung des räumlich so weit Entrückten, die Leute in Verwunderung zu setzen. Läßt man in Cumaná, Nuevo Barcelona und in anderen Seehäfen, die starken Verkehr mit den Missionen haben, einigen Unglauben merken, so wird einem der Mund geschlossen mit den wenigen Worten: «Die Padres haben es gesehen, aber weit über den großen Katarakten, *más ariba de los raudales.*»

Jetzt, da wir ein so selten besuchtes, von denen, die es bereist, nur zum Teil beschriebenes Land betreten, habe ich mehrere Gründe, meine Reisebeschreibung auch ferner in der Form eines Tagebuches fortzusetzen. Der Leser unterscheidet dabei leichter, was ich selbst beobachtet und was ich nach den Aussagen der Missionare und Indianer berichte; er begleitet die Reisenden bei ihren täglichen Beschäftigungen; er sieht zugleich, wie wenig Zeit ihnen zu Gebote stand und mit welchen Schwierigkeiten sie zu kämpfen hatten, und wird in seinem Urteil nachsichtiger.

Väter und Kinder

Am 15. April. – Wir brachen von der Insel Panumana um vier Uhr morgens auf, zwei Stunden vor Sonnenaufgang; der Himmel war großenteils bedeckt, und durch dickes, hochstehendes Gewölk fuhren Blitze. Wir wunderten uns, daß wir es nicht donnern hörten.

Auf dem westlichen Stromufer sahen wir die Lagerfeuer wilder Guahibos. Pater Zea ließ einige blinde Schüsse abfeuern; um sie einzuschüchtern, sagte er, und ihnen zu zeigen, daß wir uns wehren könnten. Die Wilden hatten zweifellos keine Kanus und wohl auch keine Lust, uns mitten auf dem Strom zu Leibe zu gehen. Die Hitze wurde am Tag so stark, daß wir lange an einem schattigen Platz hielten und mit der Leine fischten. Erst ganz spät langten wir unmittelbar unter dem großen Katarakt in einer Bucht an, die der untere Hafen heißt, und gingen, bei der dunklen Nacht nicht ohne Beschwerde, auf schmalem Fußpfad in die Mission Atures, eine gute Meile vom Flußufer.

Wir fanden die kleine Mission in der kläglichsten Verfassung. Vor wenigen Jahrzehnten war noch ein halbes Tausend Indianer hier; als wir jetzt über die Katarakte gingen, nur noch ein halbes Hundert, und der Missionar versicherte uns, mit jedem Jahr werde die Abnahme stärker; alle Jahre, wie ich in den Kirchenbüchern sah, um zehn bis zwölf Seelen, weil die Indianer hier sehr regsam sind und nach Angostura flüchten, wo man sie ihres Fleißes und ihrer Flußkunde wegen sehr schätzt und wo sie Geld verdienen, während der Missionar sie als Sklaven behandelt. Er zeigte uns, daß in drei Jahren nur eine einzige Ehe ins Kirchenbuch eingetragen war; zwei weitere Ehen waren von noch nicht katechisierten Indianern vor dem indianischen Gobernador geschlossen und damit, wie wir in Europa sagen, der Zivilakt vollzogen worden.

Gegenwärtig hängt die Existenz dieser Missionen so ziemlich an zwei Guahibo- und Macofamilien, den einzigen, bei denen man einige Spuren von Zivilisation findet und die das Leben auf eigenem Grund und Boden lieben. Sterben diese Haushaltungen aus, so laufen die anderen Indianer, die der

Missionszucht längst müde sind, dem Pater Zea davon, und an einem Punkt, den man als den Schlüssel des Orinoko betrachten kann, finden dann die Reisenden nichts mehr, wessen sie bedürfen, zumal keinen Steuermann, der die Kanus durch die Stromschnellen schafft.

Die Ursachen der Entvölkerung in den christlichen Niederlassungen sind außer dem Widerwillen der Indianer gegen die Missionszucht das ungesunde, zugleich heiße und feuchte Klima, die schlechte Nahrung, die Verwahrlosung der Kinder, wenn sie krank sind, und die schändliche Sitte der Mütter, giftige Kräuter zu gebrauchen, damit sie nicht schwanger werden. Bekommen sie Kinder, so sind diese nicht allein den Gefahren des Lebens in der Wildnis ausgesetzt, sondern noch manch anderen, die aus dem abgeschmacktesten Aberglauben herrühren. Sind es Zwillinge, so verlangen verkehrte Begriffe von Anstand und Familienehre, eines der Kinder umzubringen. Zwillinge in die Welt setzen heißt sich dem allgemeinen Spott preisgeben, heißt es machen wie Ratten, Beuteltiere und das niedrigste Getier, das viele Junge zugleich wirft. Aber noch mehr: «Zwei zugleich geborene Kinder können nicht von einem Vater sein.» Das ist ein Lehrsatz in der Physiologie der Salivas, und unter allen Himmelsstrichen, auf allen Stufen der gesellschaftlichen Entwicklung sieht man, daß das Volk, hat es sich einmal einen Satz derart zu eigen gemacht, zäher daran festhält als diejenigen, die ihn zuerst aufs Tapet gebracht haben. Um des Hausfriedens willen nehmen es alte Basen der Mutter oder die Hebamme auf sich, eines der Kinder auf die Seite zu schaffen. Hat das Neugeborene, wenn es auch kein Zwilling ist, irgendeine körperliche Mißbildung, so bringt es der Vater auf der Stelle um. Man will nur wohlgebildete, kräftige Kinder; denn bei den Mißbildungen hat der böse Geist Joloquiamo die Hand im Spiel oder der Vogel Tikitiki, der Feind des Menschengeschlechts. Fragt man einen Vater, was aus einem seiner Söhne geworden sei, so tut er, als wäre er ihm durch einen natürlichen Tod entrissen worden. Er verleugnet eine Tat, die er für tadelnswert, aber nicht für strafbar hält. «Das arme Kind», heißt es, «konnte nicht mit uns Schritt halten; man hätte jeden Augenblick auf es warten müssen; man hat nichts mehr von ihm gesehen, es ist nicht dahin gekommen, wo wir geschlafen haben.» Dies ist die Unschuld und Sitteneinfalt, dies ist das gepriesene Glück des Menschen im Urzustand! Man bringt sein Kind um, um nicht wegen Zwillingen lächerlich zu werden, um nicht langsamer wandern, um sich nicht eine kleine Entbehrung auferlegen zu müssen. Bei den Indianern am Orinoko kommt der Vater nur nach Hause, um zu essen und sich in seine Hängematte zu legen; er liebkost weder seine kleinen Kinder noch seine Weiber, die da sind, ihn zu bedienen. Die väterliche Zuneigung kommt erst zum Vorschein, wenn der Sohn so weit herangewachsen ist, daß er an der Jagd, am Fischfang und an der Arbeit in den Pflanzungen teilnehmen kann.

Grausamkeiten dieser Art sind nun allerdings nicht so häufig, wie man glaubt; indessen kommen sie sogar in den Missionen vor.

Der verspielte Jaguar

Während man unsere Piroge auslud, betrachteten wir von allen Punkten, wo wir ans Ufer gelangen konnten, aus der Nähe das ergreifende Schauspiel eines eingeengten und wie völlig in Schaum verwandelten großen Stromes. Nur an sehr wenigen Punkten konnten wir in den Orinoko gelangen, um zwischen zwei Wasserfällen, in Buchten, wo das Wasser langsam kreist, zu baden. Auf einer Strecke von mehr als fünf Seemeilen laufen unzählige Felsdämme quer über das Strombett, ebenso viele natürliche Wehre, ebenso viele Schwellen. Der Raum zwischen den Dämmen ist mit Inseln verschiedener Größe gefüllt; manche sind hüglig, in verschiedene runde Erhöhungen geteilt und zwölf- bis achtzehnhundert Fuß lang, andere klein und niedrig wie bloße Klippen. Diese Inseln zerfällen den Fluß in zahlreiche reißende Betten, in denen das Wasser sich kochend an den Felsen bricht. Alle sind von Palmen mit federbuschartigem Laub bestanden, ein Palmendickicht mitten auf der schäumenden Wasserfläche.

Die Indianer, die die leeren Pirogen durch die Raudales schaffen, haben für jede Staffel, für jeden Felsen einen eigenen Namen. Granitblöcke sind aufeinandergehäuft wie in den Moränen, die in der Schweiz die Gletscher vor sich her schieben. Überall stürzt sich der Fluß in Höhlen hinab, und in einer dieser Höhlen hörten wir das Wasser zugleich über unseren Köpfen und unter unseren Füßen rauschen. Sind die natürlichen Dämme oder Wehre nur zwei bis drei Fuß hoch, so wagen es die Indianer, im Kanu hinabzufahren. Flußaufwärts schwimmen sie voraus, bringen nach vielen vergeblichen Versuchen ein Seil um eine der Felsspitzen über dem Damm und ziehen das Fahrzeug auf die Höhe des Raudal. Während dieser mühseligen Arbeit füllt sich das Kanu häufig mit Wasser; andere Male zerschellt es an den Felsen, und die Indianer, mit zerschlagenem blutendem Körper, reißen sich mit Not aus dem Strudel und schwimmen an die nächste Insel. Sind die Felsstaffeln oder Schwellen sehr hoch und versperren sie den Strom ganz, so schafft man die leichten Fahrzeuge an Land, schiebt Baumäste als Walzen darunter und schleppt sie bis an den Punkt, wo der Fluß wieder schiffbar wird. Am 16. April gegen Abend erhielten wir Nachricht, unsere Piroge sei in weniger als sechs Stunden über die Stromschnellen geschafft worden und liege wohlbehalten in einer Bucht, der obere Hafen genannt.

Man zeigte uns in der kleinen Kirche von Atures einige Überbleibsel vom einstigen Wohlstand der Jesuiten. Eine silberne Lampe von ansehnlichem Gewicht lag, halb im Sand begraben, am Boden. Ein Gegenstand dieser Art würde allerdings nirgendwo die Habsucht des Wilden reizen; ich muß aber hier zur Ehre der Eingeborenen am Orinoko erwähnen, daß sie keine Diebe sind. Sie haben große Achtung vor dem Eigentum; sie suchen nicht einmal Eßwaren, Fischangeln und Äxte zu entwenden. In Maipures und Atures weiß man nichts von Schlössern an den Türen; sie werden eingeführt werden, sobald Weiße und Mischlinge sich in den Missionen niederlassen.

Die Indianer in Atures sind gutmütig, leidenschaftslos, dank ihrer Trägheit an die größten Entbehrungen gewöhnt. Die Jesuiten früher trieben sie zur Arbeit an, und da fehlte es nie an Lebensunterhalt. Die Padres bauten Mais, Bohnen und andere europäische Gemüse; sie pflanzten um das Dorf her sogar süße Orangen und Tamarinden, sie besaßen in den Grasfluren zwanzig- bis dreißigtausend Pferde und Stücke Rindvieh. Sie hielten für die Herden eine Menge Sklaven und Knechte *(peones)*. Gegenwärtig wird nichts gebaut als etwas Maniok und Bananen. Der Maisbau wird gänzlich vernachlässigt, Rosse und Kühe sind verschwunden, die Nachkommen der Indianer, mit denen die Jesuiten die Mission gründeten, sprechen von Hornvieh wie von einer ausgestorbenen Tiergattung. Auf unserer Fahrt den Orinoko hinauf sahen wir in Carichana die letzte Kuh.

Einige Monate vor unserer Ankunft hatte ein Jaguar, den man für ein junges Tier hielt, obgleich er groß war, ein Kind verwundet, mit dem er spielte. Zwei indianische Kinder von acht bis neun Jahren, ein Knabe und ein Mädchen, saßen bei Atures mitten in einer Savanne, über die wir oft gegangen sind, im Gras. Es war zwei Uhr nachmittags, da kommt ein Jaguar aus dem Wald und auf die Kinder zu, die er springend umkreist; bald versteckt er sich im hohen Gras, bald macht er mit gekrümmtem Rücken und gesenktem Kopf einen Sprung, gerade wie unsere Katzen. Der kleine Junge ahnt nicht, in welcher Gefahr er schwebt, und wird sie erst inne, als der Jaguar ihn mit der Tatze auf den Kopf schlägt. Erst schlägt er sachte, dann immer stärker; die Krallen verwunden das Kind, und es blutet stark. Da nimmt das kleine Mädchen einen Zweig, schlägt das Tier, und der Jaguar läuft davon. Auf das Schreien der Kinder kommen die Indianer herbeigelaufen und sehen ihn, der sichtbar an keine Gegenwehr dachte, in Sprüngen sich davonmachen.

Man führte uns den Jungen vor, der lebendig und gescheit aussah. Die

Kralle des Jaguars hatte ihm unten an der Stirn die Haut abgestreift, und eine zweite Narbe hatte er oben auf dem Kopf.

Unter den Affen, die wir in der Mission Atures zu sehen bekamen, fanden wir eine neue Art aus der Sippe der Winselaffen, in deren Beschreibung bis jetzt so große Verwirrung herrscht. Das kleine Tier ist so sanftmütig als häßlich. Jeden Tag sprang es im Hof der Mission auf ein Schwein und blieb auf diesem von morgens bis abends sitzen. Wir sahen es auch auf dem Rücken einer großen Katze, die mit ihm im Hause Pater Zeas aufgezogen worden war.

In den Katarakten hörten wir auch zum erstenmal von dem behaarten Waldmenschen, der Weiber entführt. Die Eingeborenen und die Missionare zweifeln nicht an der Existenz dieses menschenähnlichen Affen, vor dem sie sich sehr fürchten. Pater Gilii erzählt in vollem Ernst die Geschichte von einer Dame aus der Stadt San Carlos, die dem Waldmenschen wegen seiner Gutmütigkeit und Zuvorkommenheit das beste Zeugnis gab. Sie lebte mehrere Jahre sehr gut mit ihm und ließ sich von Jägern nur deshalb wieder in den Schoß ihrer Familie bringen, «weil sie, nebst ihren Kindern (die auch etwas behaart waren), der Kirche und der heiligen Sakramente nicht länger entbehren mochte». Dieses Märchen hat uns fünf Jahre lang in der nördlichen wie in der südlichen Halbkugel verfolgt, und überall, selbst in den gebildetsten Kreisen, nahm man es übel, daß wir allein uns herausnahmen, daran zu zweifeln.

Plaga de los moscos

Nach zweitägigem Aufenthalt am Katarakt von Atures waren wir sehr froh, unsere Piroge wieder beladen und einen Ort verlassen zu können, wo das Thermometer bei Tage meist auf 29 und bei Nacht auf 26 Grad stand. Nach der Hitze, die uns drückte, kam uns die Temperatur noch weit höher vor. Eine von giftigen Insekten wimmelnde Luft kommt einem immer weit heißer vor, als sie wirklich ist. Den Tag über wurden wir von den Moskitos und den Jején, kleinen giftigen Mücken, furchtbar geplagt, bei Nacht von den Zancudos, einer großen Schnakenart, vor denen sich selbst die Eingeborenen fürchten. Unsere Hände fingen an, stark zu schwellen, und die Geschwulst nahm täglich zu. Der gute Missionar Bernardo Zea, der sein Leben unter den Qualen der Moskitos zubringt, hatte sich neben der Kirche auf einem Gerüst von Palmenstämmen ein kleines Zimmer gebaut, in dem man freier atmete. Abends stiegen wir mit einer Leiter da hinauf, um unsere Pflanzen zu trocknen und unser Tagebuch zu schreiben.

Wer die großen Ströme des tropischen Amerika, wie den Orinoko oder den

Magdalenenfluß, nicht befahren hat, kann nicht begreifen, wie man ohne Unterlaß, jeden Augenblick im Leben von den Insekten, die in der Luft schweben, gepeinigt werden, wie die Unzahl dieser kleinen Tiere weite Landstrekken fast unbewohnbar machen kann. So sehr man auch gewöhnt sein mag, den Schmerz ohne Klage zu ertragen, so lebhaft einen auch der Gegenstand, den man eben beobachtet, beschäftigen mag, unvermeidlich wird man immer wieder davon abgezogen, wenn Moskitos, Zancudos, Jején, Tempraneros einem Hände und Gesicht bedecken, einen mit ihrem Saugrüssel, der in einen Stachel ausläuft, durch die Kleider hindurch stechen und in Mund und Nase kriechen, so daß man husten und niesen muß, sobald man in freier Luft spricht. In den Missionen am Orinoko ist aber auch die *plaga de los moscos* ein unerschöpflicher Stoff der Unterhaltung. Begegnen sich morgens zwei Leute, so sind ihre ersten Fragen: «*Qué le han parecido los zancudos de noche?* Wie haben Sie die Zancudos heute nacht gefunden?» – «*Como stamos hoy de mosquitos?* Wie steht es heute mit den Moskitos?»

In Atures, besonders aber in Maipures erreicht die Plage sozusagen ihr Maximum. Ich zweifle, ob es ein Land auf Erden gibt, wo der Mensch grausamere Qualen zu erdulden hat als hier in der Regenzeit. Von nun an findet der Reisende keine Ruhe mehr. Hat er poetische Stellen aus Dante im Kopf, so mag ihm zumute sein, als hätte er die *città dolente* betreten, als stünden an den Felswänden die merkwürdigen Verse aus dem dritten Gesang der Hölle geschrieben:

> «Gelangt sind wir dahin, wo ich dir sagte,
> Du würdest sehn die schmerzerfüllten Scharen.»

Alle im Lande Geborenen, Weiße, Mulatten, Neger, Indianer, leiden unter dem Insektenstich. Ich gebe hier mehrere Beobachtungen, aus denen klar hervorgeht, daß die Indianer, überhaupt alle Farbigen, so gut wie die Weißen Schmerz empfinden, wenn auch vielleicht in geringerem Grade. Bei Tage, selbst während des Ruderns, schlagen sich die Indianer beständig mit der flachen Hand heftig auf den Leib, um die Insekten zu verscheuchen. Im Schlafe schlagen sie, ungestüm in allen ihren Bewegungen, auf sich und ihre Schlafkameraden, wie es kommt. Bei Maipures sahen wir junge Indianer im Kreise sitzen und mit am Feuer getrockneter Rinde einander grausam den Rücken zerreiben. Mit einer Geduld, deren nur die kupferfarbige Rasse fähig ist, waren indianische Weiber beschäftigt, mit einem spitzen Knochen die kleine Masse geronnenen Bluts in der Mitte jeden Stiches, die der Haut ein gefl ecktes Aussehen gibt, auszustechen. Wenn die Indianer am oberen Orinoko oder am Casiquiare sahen, daß Bonpland wegen der unaufhörlichen

Moskitoplage seine Pflanzen nicht einlegen konnte, forderten sie ihn auf, in ihre *hornitos* (Öfen) zu gehen. So heißen kleine Gemächer ohne Tür und Fenster, in die man durch eine ganz niedrige Öffnung auf dem Bauche kriecht. Mit einem Feuer von feuchtem Strauchwerk, das viel Rauch gibt, jagt man die Insekten hinaus und verschließt dann die Öffnung des Ofens. Daß man jetzt die Moskitos los ist, erkauft man ziemlich teuer; denn bei der stockenden Luft und dem Rauch einer Kopalfackel, die den Ofen beleuchtet, wird es entsetzlich heiß darin. Bonpland hat mit einem Mut und einer Geduld, die das höchste Lob verdienen, viele hundert Pflanzen in diesen Hornitos der Indianer getrocknet.

Die Mühe, die sich die Eingeborenen geben, um die Insektenplage zu lindern, beweist hinlänglich, daß der kupferfarbige Mensch trotz der verschiedenen Organisation seiner Haut für die Mückenstiche so gut empfindlich ist wie der Weiße. Aber, wir wiederholen es, beim ersteren scheint der Schmerz nicht so stark zu sein, und der Stich hat nicht die Geschwulst zur Folge. Die im tropischen Amerika geborenen Weißen und die Europäer, die sehr lange in den Missionen in der Nähe der Wälder und an den großen Flüssen leben, haben weit mehr zu leiden als die Indianer, aber unendlich weniger als frisch angekommene Europäer. Die in der heißen Zone geborenen Weißen gehen ungestraft barfuß in demselben Zimmer, in dem ein frisch angekommener Europäer Gefahr läuft, Sandflöhe zu bekommen. Diese kaum sichtbaren Tiere graben sich unter die Zehennägel ein und werden, bei rascher Entwicklung der in einem Sack am Bauch des Insekts liegenden Eier, so groß wie eine kleine Erbse. Der Sandfloh unterscheidet also, was die feinste chemische Analyse nicht vermöchte, Zellgewebe und Blut eines Europäers von denen eines weißen Kreolen.

Ich bedarf wohl keiner Rechtfertigung, diesen Gegenstand mit einer Umständlichkeit behandelt zu haben, die kleinlich erscheinen könnte, fiele er nicht unter einen allgemeineren physiologischen Gesichtspunkt. Unsere Einbildungskraft wird nur vom Großen stark angeregt, und so ist es Sache der Naturphilosophie, beim Kleinen zu verweilen. Wir haben gesehen, wie geflügelte, gesellig lebende Insekten, die in ihren Saugrüsseln eine die Haut reizende Flüssigkeit bergen, große Länder fast unbewohnbar machen. Andere, gleichfalls kleine Insekten, die Termiten, setzen in mehreren heißen und gemäßigten Ländern des tropischen Erdstrichs der Entwicklung der Kultur schwer zu besiegende Hindernisse entgegen. Furchtbar rasch verzehren sie Papier, Pappe, Pergament; sie zerstören Archive und Bibliotheken. In ganzen Provinzen von Spanisch-Amerika gibt es keine geschriebene Urkunde, die hundert Jahre alt wäre. Wie soll sich die Kultur bei den Völkern entwickeln, wenn nicht Gegenwart und Vergangenheit verknüpft werden können, wenn man die Fixierung menschlicher Kenntnisse öfters erneuern muß, wenn die geistige Errungenschaft der Nachwelt nicht überliefert werden kann?

Die Töpferinnen von Maipures

Unsere Piroge lag oberhalb des Katarakts von Atures; wir brachen dahin auf. Man zeigte uns rechts des Flusses die Felsen bei der Höhle von Ataruipe; wir hatten aber nicht Zeit, diese Grabstätte des ausgestorbenen Stammes der Atures zu besuchen. Wir bedauerten dies um so mehr, als Pater Zea nicht müde wurde, uns von den mit Onoto bemalten Skeletten in der Höhle, von den großen Gefäßen aus gebrannter Erde, in welchen die Gebeine je einer Familie zu liegen scheinen, und von vielen andren merkwürdigen Dingen zu erzählen, so daß wir uns vornahmen, die Höhle auf der Rückreise vom Río Negro in Augenschein zu nehmen.

Am 18. April. – Gegen fünf Uhr abends kamen wir vor dem Raudal de Guahibos an. Zu unserer Überraschung sahen wir auf dem natürlichen Wehr, über das sich der Strom stürzt, ein beträchtliches Stück trocken. Hier blieben wir stehen und sahen unsere Piroge heraufschaffen.

Pater Zea bekam seinen Fieberanfall. Um seinen quälenden Durst zu lindern, kamen wir auf den Einfall, ihm in einem der Felslöcher einen kühlenden Trank zu bereiten. Wir hatten von Atures einen Korb mit Zucker, Zitronen und Grenadillen, den Früchten der Passionsblume, mitgenommen. Da wir kein großes Gefäß hatten, gossen wir mit einer Tutuma, der Frucht des Kürbisbaums, Flußwasser in eines der Löcher und taten den Zucker und den Saft der sauren Früchte dazu. In wenigen Augenblicken hatten wir ein treffliches Getränk; es war das fast eine Schwelgerei am unwirtlichen Ort, aber der Drang der Bedürfnisse machte uns von Tag zu Tag erfinderischer.

Nachdem der Durst gelöscht war, hatten wir große Lust zu baden. Wir untersuchten genau den schmalen Felsdamm, auf dem wir standen, und bemerkten, daß er in seinem oberen Teil kleine Buchten bildete, in denen das Wasser ruhig und klar war, und so badeten wir denn ganz behaglich beim Getöse des Katarakts und dem Geschrei unserer Indianer. Ich erwähne diese kleinen Umstände einmal, weil sie unsere Art zu reisen lebendig schildern, und dann, weil sie allen, die große Reisen zu unternehmen gedenken, augenscheinlich zeigen, wie man unter allen Umständen im Leben sich Genuß verschaffen kann.

Nach einer Stunde Harrens sahen wir endlich die Piroge über den Raudal heraufkommen. Wir mußten nun oberhalb des Katarakts schief über den Fluß fahren, an einem Punkt, wo das Wasser dem Wehr zu, über das es sich stürzt, mit großer Gewalt hinunterzieht. Wir wurden von einem Gewitter überrascht, bei dem zum Glück kein starker Wind ging, aber der Regen goß in Strömen nieder. Man ruderte bereits seit zwanzig Minuten, und der Steuermann behauptete immer, statt stroman kämen wir wieder dem Raudal näher. Diese Augenblicke der Spannung kamen uns gewaltig lang vor. Die Indianer sprachen nur leise, wie immer, wenn sie in einer verfänglichen Lage zu sein glauben. Indessen verdoppelten sie ihre Anstrengungen, und wir langten ohne Unfall mit Einbruch der Nacht im Hafen von Maipures an.

Die Nacht war finster. Wir hatten noch zwei Stunden Weg zum Dorf Maipures und waren bis auf die Haut durchnäßt. Wie der Regen nachließ, kamen auch die Zancudos wieder mit dem Heißhunger, den die Schnaken nach einem Gewitter immer zeigen. Pater Zea, der in beiden Raudales Missionar ist, wollte durchaus noch nach Hause kommen. Er hatte angefangen, sich in der Mission von den Indianern ein großes zweistöckiges Haus bauen zu lassen. «Sie finden dort», meinte er naiv, «dieselbe Bequemlichkeit wie im Freien. Aber Sie hätten nicht so viel von den Mücken zu leiden; denn so unverschämt sind sie in der Mission doch nicht wie am Fluß.»

Wir folgten seinem Rat, und er ließ Kopalfackeln anzünden, drei Zoll dicke, mit Harz gefüllte Röhren von Baumwurzeln. Der indianische Steuermann, der sich ziemlich fertig auf spanisch ausdrückte, versäumte nicht davon zu sprechen, daß wir leicht von Ottern, Wasserschlangen und Jaguaren angegriffen werden könnten. Das ist eigentlich die obligate Unterhaltung, wenn man nachts mit den Eingeborenen unterwegs ist. Die Indianer glauben, wenn sie den europäischen Reisenden Angst einjagen, sich notwendiger zu machen und das Vertrauen der Fremden zu gewinnen. Der plumpste Bursche in den Missionen ist mit den Kniffen bekannt, wie sie überall im Schwange sind, wo Menschen von sehr verschiedenem Stand und Bildungsgrad miteinander verkehren. Unter dem absoluten und quälerischen Regiment der Mönche sucht er seine Lage durch die kleinen Kunstgriffe zu verbessern, die die Waffen der Kindheit und jeder physischen und geistigen Schwäche sind.

Da wir in Maipures bei Nacht ankamen, fiel uns die Verödung des Ortes doppelt auf. Die Indianer lagen im tiefsten Schlaf; man hörte nichts als das Geschrei der Nachtvögel und das ferne Tosen des Katarakts. Wir blieben drei Tage in Maipures, das noch malerischer liegt als Atures. Pater Zea hatte übrigens weder Tisch noch Stuhl, und die Schweinerei im Hause des Mönchs stach gegen die Ordnung und Reinlichkeit der Indianer sonderbar ab!

Der Katarakt von Maipures besteht, wie der von Atures, aus einem Archipel von Inseln, die auf einer Strecke von anderthalb Meilen das Strombett verstopfen, und aus Felsdämmen zwischen diesen Inseln. Um diese wilde Landschaft in ihrer ganzen Großartigkeit mit einem Blick zu umfassen, muß man sich auf den Hügel Manimi stellen, einen Granitgrat, der nördlich von der Missionskirche aus der Savanne aufsteigt und nichts ist als eine Fortsetzung der Felsstaffeln im Fluß. Hat man den Gipfel erreicht, so liegt auf einmal, eine Meile weit, eine Schaumfläche vor einem da, aus der ungeheure Steinmassen eisenschwarz aufragen. Die einen sind abgerundet, Basalthügeln ähnlich, andere gleichen Türmen, Kastellen, zerfallenen Gebäuden. Ihre düstere Färbung hebt sich scharf vom Silberglanz des Wasserschaums ab. Jeder Fels, jede Insel ist mit Gruppen kräftiger Bäume bewachsen. Vom Fuß dieser Felsen an schwebt, so weit das Auge reicht, eine dichte Dunstmasse über dem Strom, und über den weißlichen Nebel schießen die Wipfel der hohen Palmen empor. Zu jeder Tagesstunde nimmt sich die Schaumfläche wieder anders aus. Bald werfen die hohen Eilande und die Palmen ihre gewaltigen Schatten darüber. Bald bricht sich der Strahl der untergehenden Sonne in der feuchten Wolke, die den Katarakt einhüllt. Farbige Bogen bilden sich, verschwinden und erscheinen wieder, und im Spiel der Lüfte schwebt ihr Bild über der Fläche. Die Stille der Luft und das Toben der Wasser bilden einen Gegensatz, wie er diesem Himmelsstriche eigentümlich ist. Nie bewegt hier ein Windhauch das Laub der Bäume, nie trübt eine Wolke den Glanz des blauen Himmelsgewölbes. Eine gewaltige Lichtmasse ist durch die Luft verbreitet, über dem Boden, den Gewächse mit glänzenden Blättern bedecken, über dem Strom, der sich unabsehbar hinbreitet. Das ist der Charakter dieser Landschaft, die kein Reisender noch beschrieben hat. Weder die Zeit noch der Anblick der Kordilleren und der Aufenthalt in den gemäßigten Tälern von Mexiko haben den tiefen Eindruck verwischt, den das Schauspiel der Katarakte auf mich machte. Mit den großartigen Naturszenen ist es wie mit dem Vollkommensten in Poesie und Kunst: sie lassen Erinnerungen zurück, die immer wieder wach werden und sich unser Leben lang in unsere Empfindungen mischen, so oft etwas Großes und Schönes uns die Seele bewegt.

Zur Zeit der Jesuiten zählte die Mission am Raudal von Maipures sechshundert Einwohner. Unter der Verwaltung der Observanten sind sie auf weniger als sechzig zusammengeschmolzen. Sie bauen Bananen und Maniok, aber keinen Mais. Wie die meisten Indianer am Orinoko haben auch sie als nahrhaft zu bezeichnende Getränke. Eines, im Lande sehr berühmt, wird von einer Palme gewonnen, die in der Nähe der Mission wild wächst. Dieser Baum ist der *seje*; ich habe an einer Traube vierundvierzigtausend Blüten geschätzt; der Früchte, die meist unreif abfallen, waren es achttausend. Es ist eine kleine fleischige Steinfrucht. Man wirft sie ein paar Minuten lang in kochendes Wasser, damit sich das Fleisch vom Kern löst, das zuckersüß ist und sofort in einem großen Gefäß mit Wasser zerstampft und zerrieben wird. Der kalte Aufguß gibt eine gelbe Flüssigkeit, die wie Mandelmilch schmeckt. Pater Zea versichert, die Eingeborenen werden in den zwei bis drei Monaten, in denen sie Sejesaft trinken, sichtlich fetter; sie brocken Kassavekuchen hinein.

«*Tengo en mi pueblo la fábrica de loza.* Ich habe in meinem Dorf eine Steingutfabrik», sprach Pater Zea und führte uns zu einer indianischen Familie, die beschäftigt war, unter freiem Himmel an einem Feuer von Strauchwerk große, zweieinhalb Fuß hohe Tongefäße zu brennen. Die Eingeborenen in Maipures (und besonders die Weiber verfertigen das Geschirr) reinigen den Ton durch wiederholtes Schlemmen, kneten ihn zu Zylindern und arbeiten mit den Händen und einem Span die größten Gefäße aus. Keine Drehscheibe. Die Farben sind Eisen- und Manganoxyde, besonders gelber und roter Ocker. Bisweilen wendet man Chica an, nachdem das Geschirr einem ganz schwachen Feuer ausgesetzt war. Man überzieht die Malerei mit einem Firnis aus dem durchsichtigen Harz des Heuschreckenbaums.

So malten denn die Indianer unter unseren Augen Verzierungen, wahre *grecques*, Mäanderlinien, Figuren von Krokodilen, von Affen und einem großen vierfüßigen Tier, von dem ich nicht wußte, was es vorstellen soll, das aber immer dieselbe plumpe Gestalt hat. Vielleicht wollte man den Tapir malen, und es entstand wider Willen eine andere, etwas abenteuerliche Figur, die nach und nach Typus wurde. So entstehen Formen aus Ungeschicklichkeit, die uns fälschlich Kinder der Imagination scheinen. Am geschicktesten führen die Maipures Verzierungen aus geraden, mannigfach kombinierten Linien aus, wie wir sie auf den großgriechischen Vasen, auf mexikanischen Gebäuden und auf den Werken so vieler Völker finden, die, ohne daß sie miteinander in Verkehr gestanden hätten, eben gleiches Vergnügen daran finden, symmetrisch dieselben Formen zu wiederholen. Die Arabesken, die Mäander vergnügen unser Auge, weil die Elemente, aus denen die Bänder bestehen, in rhythmischer Folge aneinandergereiht sind. Das Auge verhält sich zu dieser Anordnung, zu dieser periodischen Wiederkehr derselben Formen wie das Ohr zur taktmäßigen Aufeinanderfolge von Tönen und Akkorden. Kann man aber in Abrede ziehen, daß beim Menschen das Gefühl für den Rhythmus schon beim ersten Morgenrot der Kultur, in den rohesten Anfängen von Gesang und Poesie zum Ausdruck kommt?

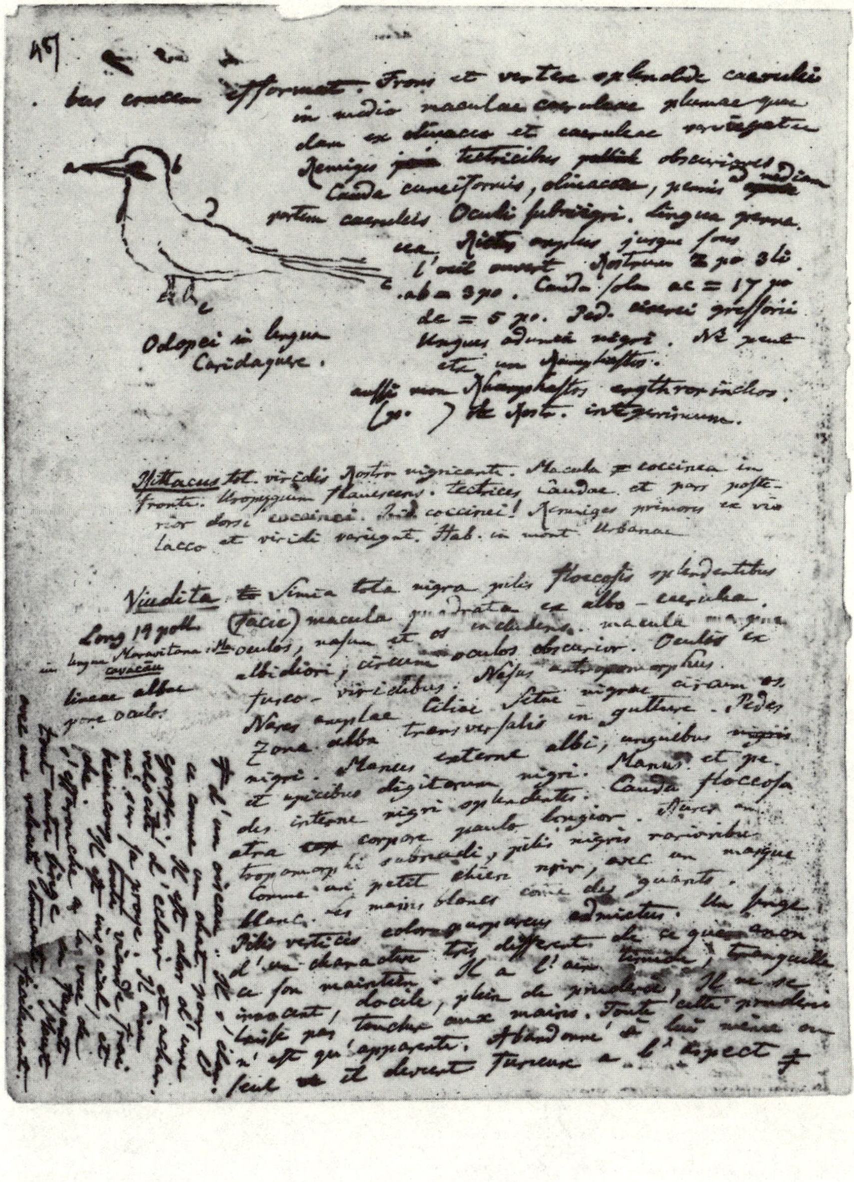

Eine Seite aus Humboldts Reisetagebuch

Eine Seite aus Humboldts Reisetagebuch

Ein Vorschlag und ein Hirngespinst

Am 21. April. – Nach einem Aufenthalt von zweieinhalb Tagen im kleinen Dorf Maipures neben dem oberen Katarakt schifften wir uns um zwei Uhr nachmittags in derselben Piroge wieder ein, die der Missionar von Carichana uns überlassen hatte. Sie war vom Schlagen an die Klippen und durch die Unvorsichtigkeit der indianischen Schiffsleute ziemlich beschädigt. Es warteten ihrer aber noch größere Gefahren. Sie mußte zum Río Negro über eine Landenge 36 000 Fuß weit geschleppt werden, sie mußte über den Casiquiare wieder in den Orinoko herauf und zum zweiten Mal durch die beiden Raudales. Man untersuchte Boden und Seitenwände der Piroge und meinte, sie sei stark genug, die lange Reise auszuhalten.

Auf dem Weg zum Landungsplatz zeigten uns die Indianer etwas, was hierzulande allerdings sehr merkwürdig ist, Räderspuren im Gestein, Wagengeleise. Die Jesuiten hatten große Wagen und beförderten auf ihnen die Pirogen, damit sie weniger Schaden litten. Die Indianer sprachen, wie von einem unbekannten Geschöpf, von den Tieren mit großen Hörnern, die die Fahrzeuge durch das Tal des Keri zogen, um die Katarakte zu umgehen und die Mühe des Umladens zu sparen. Ich glaube, diese armen Einwohner von Maipures wunderten sich jetzt beim Anblick eines Ochsen von kastilischer Rasse wie die Römer über die *lukanischen Ochsen* (die Elefanten im Heer des Pyrrhus).

Wenn man durch das Tal des Keri einen Kanal zöge, der die kleinen Flüsse Cameji und Tomaro vereinigte, brauchten die Pirogen nicht mehr durch die Raudales zu gehen. Auf diesem ganz einfachen Gedanken beruht der Plan, den ich im ersten Entwurf durch den Generalkapitän von Caracas der spanischen Regierung habe vorlegen lassen. Die Ausführung dieses Plans wäre durchaus nicht kostspielig, da die Landenge größtenteils aus angeschwemmtem Boden besteht, und Pulver hätte man dabei gar nicht nötig. Es bedürfte keiner Schleuse. Man hat die Frage erörtert, wozu der Kanal dienen sollte. Hier ist die Antwort, die ich 1801 auf meiner Reise nach Quito dem Ministerium erteilt habe: «Auf den Bau eines Kanals bei Maipures lege ich nur in der Voraussetzung Gewicht, daß die Regierung sich mit Handel und Gewerbefleiß am oberen Orinoko ernstlich beschäftigen wollte. Unter den gegenwärtigen Verhältnissen, da, wie es scheint, die Ufer des majestätischen Stromes gänzlich vernachlässigt bleiben sollen, wären Kanäle allerdings so gut wie überflüssig.»

Am 22. April. – Zuerst kam ostwärts die Mündung des Río Sipapo, dann westwärts die Mündung des Río Vichada. Die Wälder am Sipapo sind völlig unbekannt, und die Missionare versetzen hierher das Volk der Rayas, die den

Mund am Nabel haben. Ein alter Indianer, den wir in Carichana antrafen und der sich rühmte, oft Menschenfleisch gegessen zu haben, hatte diese kopflosen Menschen «mit eigenen Augen» gesehen. Diese geschmacklosen Märchen haben sich auch in den Llanos verbreitet, und dort ist es nicht immer geraten, die Existenz der Rayas-Indianer in Zweifel zu ziehen. In allen Himmelsstrichen ist Unduldsamkeit die Gefährtin der Leichtgläubigkeit, und man könnte meinen, die Hirngespinste der alten Erdbeschreiber seien aus der einen Halbkugel in die andere gewandert, wenn man nicht wüßte, daß die seltsamsten Ausgeburten der Phantasie, gerade wie die Naturbildungen, überall in Aussehen und Gestaltung eine gewisse Ähnlichkeit zeigen.

Am 24. April. – Wir hatten am rechten Ufer übernachtet, bei einem Felsen, der Aricagua heißt. Ein starker Regen zwang uns, schon sehr frühmorgens die Piroge wieder zu besteigen. Wir fuhren um zwei Uhr ab und mußten einige Bücher zurücklassen, die wir in der finsteren Nacht auf dem Felsen Aricagua nicht finden konnten. Gegen vier Uhr abends stiegen wir bei Pflanzungen von Indianern der Mission San Fernando aus. Die guten Leute hätten uns gerne behalten, aber wir fuhren weiter gegen den Strom. Wir liefen bei finsterer Nacht in die Mündung des Guaviare ein, fuhren über den Zusammenfluß des Atabapo mit dem Guaviare hinauf und langten nach Mitternacht in der Mission an. Wir erhielten unsere Wohnung wie immer im Kloster, das heißt im Hause des Missionars, der von unserem Besuch höchlich überrascht war, uns aber nichtsdestoweniger mit der liebenswürdigsten Gastlichkeit aufnahm.

Sechstes Kapitel

Bruder Jaime und der Küchenjunge

Wir hatten in der Nacht fast unvermerkt die Gewässer des Orinoko verlassen und sahen uns bei Sonnenaufgang wie in ein anderes Land versetzt, am Ufer eines Flusses, dessen Namen Atabapo wir fast noch nie hatten aussprechen hören und auf dem wir über den Trageplatz am Pimichin zum Río Negro an der Grenze Brasiliens gelangen sollten. Auf diesem Landstrich habe ich mit Chronometer und durch Meridianhöhen von Gestirnen Länge und Breite von San Baltázar am Atabapo, Yavitá, San Carlos am Río Negro, des Felsens Culimacari und der Mission Esmeralda bestimmt; die von mir entworfene Karte hat somit die Zweifel über die gegenseitigen Entfernungen der christlichen Niederlassungen gehoben. Wenn es keinen anderen Weg gibt als vielgekrümmte, verschlungene Gewässer, wenn in dichten Wäldern nur kleine Dörfer stecken, wenn auf völlig ebenem Lande kein Berg, kein erhabener Gegenstand von zwei Punkten zugleich sichtbar ist, kann man nur am Himmel lesen, wo man sich auf Erden befindet.

Der Missionar von San Fernando de Atabapo, bei dem wir zwei Tage verweilten, führt den Titel eines Präsidenten der Missionen am Orinoko. Die sechsundzwanzig Ordensgeistlichen, die am Río Negro, Casiquiare, Atabapo, Caura und Orinoko leben, stehen unter ihm, und er seinerseits steht unter dem Guardian des Klosters in Nueva Barcelona oder, wie man hier sagt, des *Colegio de la Purísima Concepción de Propaganda Fide.* Sein Dorf sah etwas wohlhabender aus als die bisher von uns angetroffenen, indessen hatte es doch nur 266 Einwohner. Man sieht noch einige Spuren von Anbau; jeder Indianer hat eine kleine Pflanzung von Kakaobäumen. Die Bohne ist klein und von vorzüglicher Güte; aber da, nach einem alten Mißbrauch, die Missionare am Orinoko und Río Negro allein mit Kakao Handel treiben, so wird der Indianer nicht aufgemuntert, einen Kulturzweig zu erweitern, von dem er so gut wie keinen Nutzen hat. Es gibt bei San Fernando ein paar Savannen und gute

Weiden; man sieht aber kaum sieben oder acht Kühe darauf. Zu unserer Überraschung trafen wir einen Schmied von der eigeborenen Rasse.

Was uns in der Mission am meisten auffiel und was der Landschaft einen eigentümlichen Charakter gibt, das ist die Piriguao- oder Pirijao-Palme. Der mit Stacheln bewehrte Stamm ist über sechzig Fuß hoch; die Blätter sind gefiedert, sehr schmal, wellenförmig und an den Spitzen gekräuselt. Höchst merkwürdig sind die Früchte des Baumes; jede Traube trägt fünfzig bis achtzig; sie sind gelb wie Äpfel, werden rot beim Reifen, sind zwei bis drei Zoll dick, und der Fruchtkern kommt meist nicht zur Entwicklung. Sie enthalten einen mehligen, eigelben, nicht stark süßen, sehr nahrhaften Stoff. Man ißt sie wie die Banane und die Kartoffel, gesotten oder in der Asche gebraten; es ist ein ebenso gesundes wie angenehmes Nahrungsmittel. Indianer und Missionare erschöpfen sich im Lob dieser herrlichen Palme, die man die Pfirsichpalme nennen könnte.

Auf unseren Spaziergängen erzählte uns der Pater Präsident sehr lebhaft von seinen Fahrten auf dem Río Guaviare. Er sprach davon, wie sehr sich die Indianer auf *entradas,* auf die Züge zur *Eroberung von Seelen* freuen. Sie seien auf den Menschenfang so begierig, um Sklaven zu bekommen; denn ein Indianer, der einen anderen einfängt, behält diesen meist und läßt ihn einige Jahre dienen, bis der Padre erklärt, nun sei der Gefangene humanisiert genug, um selbst eine Wirtschaft zu führen. Alles will mitziehen, selbst die Weiber. Man sucht besonders Knaben zu fangen, dann dauert der Dienst lange. Die Padres, da sie eigentlich keine Entradas ohne die Erlaubnis des Statthalters unternehmen dürfen, geben vor, sie wollten entlaufene Indianer suchen. Die Padres laden sich wechselseitig dazu ein, und oft zieht alles vom Río Casiquiare mit San Fernando und Yavitá in den Río Guaviare. 1799, im September, war der Padre Presidente mit achtzig Personen ausgezogen. Welche Schändlichkeiten!

Der frühere Missionar von San Fernando de Atabapo, Bruder Jaime de Avila, lebte wie so viele andere mit der Frau eines Indianers. Der Mann beschwerte sich beim Prälaten; als dieser zur Visite kam, ermahnte er Bruder Jaime. Zum Unglück hatte dieser als Küchenjungen einen neunjährigen Knaben, den Neffen des Hahnreis. Dieser Knabe, von dem er sich verraten glaubte, war der einzige Gegenstand der Rache des Pfaffen. Er fiel über ihn her und riß ihm mit den Zähnen einen Hoden ab. Der Knabe ist jetzt ein achtzehnjähriger Bursche und lebt noch hier in San Fernando, wo die Untat vorgefallen war. Er ist heute Kirchendiener und ein anatomisches Wunder, denn er hat Kinder, obwohl er nur mit einem Flügel schlägt. Bruder Jaime hat lange im Prozeß gestanden; aber seine Klosterbrüder haben es verstanden, ihn aus der Affäre zu ziehen, indem sie sagten, es sei wahr, er habe das Schoßkind zwischen den Zähnen gekaut, doch er habe es in der Wut über den Anblick des Knaben getan, der eine kleine Indianerin in seinem keuschen Hause küßte. Bruder Jaime liest jetzt, trotz der Kastrierung, die Messe in den karibischen Missionen der Provinz Nueva Barcelona. Das Faktum ist sehr sicher; ich habe es von den Mönchen selbst und kann die Personen bei Namen nennen!

Piedra de la madre

Sobald man in das Bett des Atabapo kommt, ist alles anders, die Beschaffenheit der Luft, die Farbe des Wassers, die Gestalt der Bäume am Ufer. Bei Tage hat man von den Moskitos nicht mehr zu leiden; die Schnaken werden bei Nacht sehr selten, ja oberhalb der Mission San Fernando verschwinden diese Nachtinsekten ganz. Das Wasser des Orinoko ist trübe, voll erdiger Stoffe, und in den Buchten hat es von den vielen toten Krokodilen und anderen faulenden Körpern einen bisamartigen, süßlichen Geruch. Das Wasser des Atabapo dagegen ist rein, von angenehmem Geschmack, ohne eine Spur von Geruch, bei reflektiertem Licht bräunlich, bei durchgehendem gelblich. Auf zwanzig bis dreißig Fuß tief sieht man die kleinsten Fische darin, und meist blickt man bis auf den Grund. Und dieser ist nicht etwa Schlamm von der Farbe des Flusses, gelblich oder bräunlich, sondern blendend weißer Quarz- und Granitsand. Oberhalb San Fernando gibt es keine Krokodile mehr; man trifft hier und da einen Kaiman und viele Süßwasserdelphine, aber keine Seekühe. Man sucht hier auch vergeblich das Wasserschwein, die Brüllaffen, den Zamurogeier und den Fasan mit der Haube (Guacharaca). Ungeheure Wassernattern, im Habitus der Boa gleich, sind leider sehr häufig und werden den Indianern beim Baden gefährlich. Gleich in den ersten Tagen sahen wir welche neben unserer Piroge herschwimmen, zwölf bis vierzehn Fuß lang.

Am 29. April. – Die Luft war kühler; keine Zancudos, aber der Himmel fortwährend bedeckt und sternlos. Ich fing an, mich wieder auf den unteren Orinoko zu wünschen.

Einen großen Teil des Tages hielten wir an, um Pflanzen zu suchen, und es war Nacht, als wir in der Mission San Baltázar ankamen. Wir wohnten bei einem katalonischen Missionar, einem munteren, liebenswürdigen Mann, der hier in der Wildnis ganz die seinem Volksstamm eigentümliche Tätigkeit entwickelte. Er hatte einen schönen Garten angelegt, wo der europäische Feigenbaum der Persea, der Zitronenbaum dem Mamey zur Seite stand. Das Dorf war nach einem regelmäßigen Plan gebaut, wie man es in Norddeutschland und im protestantischen Amerika bei den Gemeinden der Mährischen Brüder sieht.

Hier sahen wir zum erstenmal den weißen, schwammigen Stoff, den ich unter den Namen Dapicho und Zapis bekanntgemacht habe. Da uns die Indianer durch Zeichen bedeuteten, man finde ihn in der Erde, so vermuteten wir, bis wir in die Mission Yavitá kamen, der Dapicho könnte ein fossiler Kautschuk sein.

In der Hütte des Missionars saß ein Indianer an einem Feuer und verwandelte den Dapicho in schwarzen Kautschuk. Er hatte mehrere Stücke auf ein dünnes Holz gespießt und briet sie wie Fleisch. Je weicher und elastischer der Dapicho wird, desto mehr schwärzt er sich. Der Indianer klopfte die erweichte schwarze Masse mit einer Keule aus Brasilholz, knetete sie dann zu Kugeln von drei bis vier Zoll Durchmesser und ließ sie erkalten. Man braucht die Kugeln in San Baltázar nicht zum indianischen Ballspiel, das bei den Einwohnern von La Urbana und Encaramada in so hohem Ansehen steht. Man schneidet sie zylindrisch zu, um sie als Stöpsel zu gebrauchen, die weit besser sind als Korkstöpsel. Das war uns desto interessanter, als uns der Mangel an europäischen Stöpseln oft in große Verlegenheit setzte. Der Missionar zeigte uns vor der *casa de los solteros* (Haus der Junggesellen) eine Trommel, die man mit großen Stücken Dapicho wie mit Trommelschlegeln schlug. Sie hatte Löcher, die man mit der Hand schließen konnte, um höhere oder tiefere Töne hervorzubringen, und hing an zwei leichten Stützen. Wilde Völker lieben rauschende Musik.

Am 30. April. – Wir verließen die Mission morgens ziemlich spät; statt aber dem Atabapo weiter zu folgen, liefen wir jetzt in den Río Temi ein. Ehe wir an dessen Mündung kamen, wurden wir auf eine Granitkuppe am westlichen Ufer aufmerksam. Sie heißt der Fels der Guahiba-Indianerin oder der Fels der Mutter, *piedra de la madre.* Wir fragten Pater Zea nach dem Grund der sonderbaren Benennung. Ich hörte eine fürchterliche Erzählung, die ich in meinem Tagebuch aufgezeichnet habe und die den schmerzlichsten Eindruck auf uns machte. Der Missionar, unser Begleiter, erzählte ohne Schüchternheit, mit Gelächter, so unverschämt unmoralisch ist dieses Mönchsgesindel! Man hatte bei einer *entrada* eine vierzigjährige Guahiba-Mutter mit drei Kindern (darunter zwei etwa vierzehnjährige Knaben) geraubt. Der Vater war abwesend. Die Mutter und die Kinder wurden gebunden dem Priester vorgeführt – der vorsichtig am Ufer zurückbleibt, während seine indianischen oder zambischen Spießgesellen den schändlichen Menschenraub begehen –, um ihm, der den Eltern die Kinder rauben, ja allenfalls die Eltern wie Hunde totschlagen läßt, wenn sie die Kinder verteidigen, zum Dank für seine Schandtat die Hand zu küssen. Man schleppte die Gefangenen nach San Fernando. Aber das mutige Weib dachte auf nichts als die Vereinigung mit dem Vater und ihren anderen, bei ihm hinterlassenen Kindern. Sie entfloh allein, spähte den Weg nach der Heimat aus, besprach sich mit dem Vater und versuchte nun mehrmals, doch immer unglücklich, weil man sie erhaschte, ihre Kinder zurückzuführen. Trotz aller Schläge verließ sie nie, nie ihr Projekt und versuchte es stets von neuem. Der Präsident von San Fernando wollte sie daher von den Kindern trennen und nach dem Río Negro verpflanzen. Man führte sie den Río Temi aufwärts. Verzweiflungsvoll sprang sie vom Vorderteil des Schiffes in den Fluß. Der damals geschwollene Strom trieb sie mit Schnelligkeit abwärts und gegen den Fels, der als Steinbank vorspringt und jetzt Piedra de la madre heißt. Sie lief, vom Schwimmen doch ermattet, dem Gebüsch zu. Aber die Indianer hatten inzwischen die Piroge umgelenkt und fingen sie. Der Padre Presidente ließ sie ein wenig zu sich selbst kommen und ihr dann auf dem Felsen vierzig Geißelhiebe aufzählen. Das, König von Spanien, das sind deine Mönche, und es gibt eine Gottheit, die solchen Frevel ungeahndet läßt! Man bindet die Mutter mit Lianen, wirft sie in den unteren Raum des Schiffes und landet abends in Yavitá. Die Indianerin, trotz der Ermüdung, bleibt ihrem Entschluß treu, die Kinder zu vereinen, sie entspringt nachts und tritt zu Fuß durch den Wald den Weg nach San Fernando an. Wo ist ein Beispiel ähnlichen weiblichen Mutes, ähnlicher mütterlicher Liebe? Die Frage versteht nur, wer diese Undurchdringlichkeit der Wälder, diese Menge von Jaguaren, diese Schlangen am Atabapo kennt. Nie war ein Mensch zu Fuß von Yavitá nach San Fernando gelangt. Wie fand die unglückliche Mutter die Richtung durch des Waldes Dickicht? Durch wie viele Caños mußte sie schwimmen? Nach vier Tagen, von Hunger ausgemergelt, gelangte sie nach San Fernando. Sie hatte von nichts als von Ameisen und Ameisennestern gelebt. Man ergriff sie von neuem. Man ließ ihr nicht Zeit, von ihren Wunden zu genesen, sondern trennte sie wieder von ihren Kindern und brachte sie in eine Mission am oberen Orinoko. Dort wies sie alle Nahrung von sich und starb, wie die Indianer in großem Jammer tun. Der Vorfall geschah 1797.

Das ist die Geschichte, deren Andenken an diesem unseligen Gestein haftet. Es ist mir in dieser meiner Reisebeschreibung nicht darum zu tun, bei der Schilderung einzelner Unglücksszenen zu verweilen. Dergleichen Jammer kommt überall vor, wo zivilisierte Europäer unter versunkenen Völkern leben, wo Priester mit unumschränkter Gewalt über unwissende, wehrlose Menschen herrschen. Wenn ich beim Fels der Guahiba länger verweilt habe, geschah es nur, um ein rührendes Beispiel von Mutterliebe bei einer Menschenart vorzubringen, die man so lange verleumdet hat, und weil es mir nicht ohne Nutzen schien, einen Vorfall zu veröffentlichen, den ich aus dem Munde von Franziskanern habe und der beweist, wie notwendig es ist, daß das Auge des Gesetzgebers über das Regiment der Missionare wacht.

Schiffahrt im Wald

Überall, wo der Río Temi Schlingen bildet, steht der Wald über eine halbe Quadratmeile weit unter Wasser. Um die Krümmungen zu vermeiden und schneller vorwärts zu kommen, wird die Schiffahrt hier ganz seltsam betrieben. Die Indianer bogen aus dem Flußbett ab, und wir fuhren südwärts durch den Wald. Das Wasser ist selten einen halben Faden tief. Die Indianer schlagen von einer Mission zur anderen mit ihren Kanus womöglich immer denselben Weg ein; da aber der Verkehr gering ist, stößt man bei der üppigen Vegetation zuweilen unerwartet auf Hindernisse. Deshalb stand ein Indianer mit einem Machete (ein großes Messer mit vierzehn Zoll langer Klinge) vorne auf unserem Fahrzeug und hieb fortwährend die sich kreuzenden Zweige ab. Im dicksten Walde vernahmen wir mit Überraschung einen sonderbaren Lärm. Wir schlugen an die Büsche, und da kam ein Schwarm Süßwasserdelphine zum Vorschein und umgab unser Fahrzeug. Sie machten sich durch den Wald davon und warfen dabei die Strahlen Wassers und komprimierter Luft, nach denen sie in allen Sprachen Blasefische oder Spritzfische, souffleurs und so weiter heißen. Ein sonderbarer Anblick, mitten im Lande, drei- bis vierhundert Meilen von den Mündungen des Orinoko und des Amazonenstroms entfernt!

Gegen fünf Uhr abends gingen wir nicht ohne Mühe in das eigentliche Flußbett zurück. Unsere Piroge blieb ein paar Minuten lang zwischen zwei Baumstämmen stecken. Wir haben oben gesehen, daß man in der Provinz Barinas im Kanu über die offenen Savannen fährt; hier fuhren wir durch einen Wald, der so dicht ist, daß man sich weder nach der Sonne noch nach den Sternen richten kann.

Am 1. Mai. – Die Indianer wollten lange vor Sonnenaufgang aufbrechen. Wir waren vor ihnen auf den Beinen, weil ich vergeblich auf einen Stern wartete, der im Begriff war, durch den Meridian zu gehen. Auf diesem nassen, dicht bewaldeten Landstrich wurden die Nächte immer finsterer, je näher wir dem Río Negro und Brasilien kamen. Wir blieben im Flußbett, bis der Tag anbrach; man hätte besorgen müssen, sich unter den Bäumen zu verirren. Sobald die Sonne aufgegangen war, ging es wieder, um der starken Strömung auszuweichen, durch den überschwemmten Wald. So kamen wir an den Zusammenfluß des Temi mit dem Tuamini und gingen letzteren gegen Südwest hinauf. Um elf Uhr vormittags kamen wir in San Antonio de Yavitá an. In dieser christlichen Niederlassung sollten wir die erforderlichen Mittel finden, unsere Piroge zu Land an den Río Negro schaffen zu lassen.

Zu unserer Freude trafen wir in Yavitá einen sehr geisteslebendigen, vernünftigen und gefälligen Mönch. Pater Eugenio Cereso gehört zu den verdienstvollen Mönchen, die mehr tun, als den Indianern den Unsinn der christlichen Mythen aufzudrängen. Viele Mönche kennen die Fehler der Missionen und meinen, daß man in Nueva Barcelona ein Kollegium errichten sollte, in dem die jungen Geistlichen die indianischen Sprachen lernen.

Wir mußten uns vier bis fünf Tage im Hause des Missionars aufhalten, da so lange zum Transport unseres Fahrzeugs über den Trageplatz am Pimichin erforderlich war. Wir benützten diese Zeit nicht allein, um uns in der Gegend umzusehen, sondern auch, um uns von einem Übel zu befreien, an dem wir seit zwei Tagen litten. Wir hatten sehr starkes Jucken in den Fingergelenken und auf dem Handrücken. Der Missionar sagte uns, das seien *aradores* (Ackerer), die sich in die Haut eingraben. Mit der Lupe sahen wir nur Streifen, parallele weißliche Furchen. Wegen der Form dieser Furchen heißt das Insekt der Ackerer. Man ließ eine Mulattin kommen, die sich rühmte, all die kleinen Tiere, die sich in die Haut des Menschen graben, die Nigua, den Nuche, die Coya und den Ackerer, aus dem Fundament zu kennen; es war die *curandera,* der Dorfarzt. Sie versprach uns, die Insekten eines um das andere herauszuholen. Sie erhitzte an der Lampe die Spitze eines Splitters von sehr hartem Holz und bohrte damit in den Furchen. Nach langem Suchen verkündete sie mit dem pedantischen Ernst, der den Farbigen eigen ist, da sei bereits ein Arador. Ich sah einen kleinen runden Sack, der mir das Ei einer Milbe schien. Wenn die Mulattin einmal drei, vier Ackerer heraus hätte, sollte ich mich erleichtert fühlen. Da ich an beiden Händen die Haut voll Milben hatte, ging mir die Geduld über der Operation aus, die bereits bis tief in die Nacht gedauert hatte. Am anderen Tage heilte uns ein Indianer aus Yavitá radikal und überraschend schnell. Er brachte uns einen Zweig von einem Strauch, genannt Uzao, mit kleinen, stark lederartigen, glänzenden Blättern. Er machte von der Rinde einen Aufguß, der bläulich aussah und wie Süßholz schmeckte und geschlagen starken Schaum gab. Auf einfaches Waschen damit hörte das Jucken auf. Der Schmerz, den wir ausgestanden, hatte uns so ängstlich gemacht, daß wir bis San Carlos immer ein paar Uzaozweige im Kanu mitführten. Warum hat man kein Mittel gegen das Jucken entdeckt, das von den Stichen der Zancudos herrührt?

Die Indianer in Yavitá, einhundertsechzig an der Zahl, treiben Schiffbau. Man nimmt dazu Stämme einer großen Lorbeerart, von den Missionaren Sassafras genannt, die man mit Feuer und Axt aushöhlt. Diese Bäume sind über hundert Fuß hoch. Das Holz ist gelb, harzig, verdirbt fast nie im Wasser und hat einen sehr angenehmen Geruch. Wir sahen es in San Fernando, in Yavitá, besonders aber in Esmeralda, wo die meisten Pirogen für den Orinoko gebaut werden, weil die benachbarten Wälder die dicksten Sassafrasstämme liefern.

Im Wald zwischen Yavitá und dem Caño Pimichin wächst eine erstaunliche Menge riesenhafter Baumarten. Da die Äste erst in der Nähe des Wipfels vom Stamme abgehen, kostete es Mühe, sich Blätter und Blüten zu verschaffen. In der Fülle der Naturschätze machte uns das Botanisieren mehr Verdruß als Vergnügen. Was wir uns aneignen konnten, schien uns von wenig Belang gegen das, was wir nicht zu erreichen vermochten. Es regnete seit mehreren Monaten unaufhörlich, und Bonpland gingen die Exemplare, die er mit künstlicher Wärme zu trocknen versuchte, größtenteils zugrunde. Unsere Indianer kauten erst das Holz, wie sie gewöhnlich tun, und nannten dann den Baum.

Wir gingen jeden Tag in den Wald, um zu sehen, ob es mit dem Transport unseres Fahrzeuges zu Lande vorwärts ging. Dreiundzwanzig Indianer waren angestellt, es zu schleppen, wobei sie nacheinander Baumäste als Walzen unterlegten. Unsere Piroge war sehr groß, und da sie noch einmal durch die Katarakte mußte, bedurfte es besonderer Vorsichtsmaßregeln, um die Reibung am Boden zu vermindern. Pater Eugenio Cereso maß den Weg mit einem hundert Ellen langen Strick und fand ihn 17 180 Ellen lang.

In diesem Wald erhielten wir endlich auch genaue Auskunft über den vermeintlich fossilen Kautschuk, den die Indianer Dapicho nennen. Der alte Kapitän Javita zeigte uns, wie man, um diese Substanz zu bekommen, im sumpfigen Erdreich zwei bis drei Fuß tief zwischen den Wurzeln zweier Bäume, des Jacio und des Curvana, graben muß. Ersterer ist der Gummibaum, von dem, wie man weiß, der Kautschuk kommt, der in Cayenne und Grão Pará im Handel ist. Der zweite hat gefiederte Blätter; sein Saft ist milchig, aber sehr dünn und fast gar nicht klebrig. Der Dapicho scheint sich nun dadurch zu bilden, daß der Saft aus den Wurzeln austritt, und dies geschieht besonders, wenn die Bäume sehr alt sind und der Stamm hohl zu werden anfängt. Rinde und Splint bekommen Risse, und so erfolgt auf natürlichem Wege, was der Mensch ansonsten künstlich tut, um den Milchsaft in Menge zu sammeln.

Die heilige Trompete

Die Völker am oberen Orinoko, am Atabapo und Inirida verehren, gleich den alten Germanen und Persern, keine anderen Gottheiten als die Naturkräfte. Das gute Prinzip nennen sie *Cachimana*; das ist Manitu, der große Geist, der die Jahreszeiten regiert und die Früchte reifen läßt. Neben dem Cachimana steht ein böses Prinzip, der *Joloquiamo*, der nicht so mächtig ist, aber schlauer und besonders rühriger. Die Indianer aus den Wäldern, wenn sie zuweilen in die Dörfer kommen, können sich von einem Tempel oder einem Bilde sehr schwer einen Begriff machen. «Die guten Leute», sagte der Missionar, «lieben Prozessionen nur im Freien.» In Tomo sagte am Fest des heiligen Antonius ein alter Indianer laut in der Sprache des Padre: «Euer Holz (Kruzifix) ist ein Götze, der niemandem nützt und ewig im Hause (in der Kirche) gluckt. Cachimana ist besser, er ist im Wald, auf dem Feld, er läßt regnen und gibt, daß die Bäume Früchte tragen.»

Alles, was den Dienst des Cachimana betrifft, ist eine Art Freimaurergeheimnis, das nur wenige und alte Indianer kennen. Sie haben den berühmten *Botuto* in Verwahrung. An den Ufern des Orinoko gibt es kein Götzenbild; aber der Botuto, die heilige Trompete, ist zum Gegenstand der Verehrung geworden. Um in die Mysterien des Botuto eingeweiht zu werden, muß man rein von Sitten und unbeweibt sein. Die Eingeweihten unterziehen sich der Geißelung, dem Fasten und anderen angreifenden Andachtsübungen. Dieser heiligen Trompeten sind nur ganz wenige, und die altberühmteste befindet sich auf einem Hügel beim Zusammenfluß des Tomo mit dem Río Negro. Sie soll zehn Meilen weit zu hören sein. Nach Pater Ceresos Bericht sprechen die Indianer von diesem Botuto so, als wäre er für mehrere Völkerschaften in der Nähe ein Gegenstand der Verehrung. Man stellt Früchte und berauschende Getränke neben die heilige Trompete. Bald bläst der Große Geist (Cachimana) selbst die Trompete, bald läßt er nur seinen Willen durch den kundtun, der das heilige Werkzeug in Verwahrung hat. Da diese Gaukeleien sehr alt sind («von den Vätern unserer Väter her», sagen die Indianer) ist es nicht verwunderlich, daß es bereits Menschen gibt, die nicht mehr daran glauben. Aber diese Ungläubigen äußern nur ganz leise, was sie von den Mysterien des Botuto halten. Die Weiber dürfen das wunderbare Instrument gar nicht sehen, sie sind überhaupt von jedem Gottesdienst ausgeschlossen. Hat eine das Unglück, die Trompete zu erblicken, so wird sie ohne Gnade umgebracht.

Am 5. Mai machten wir uns zu Fuß auf den Weg, um unsere Piroge einzuholen, die endlich über den Trageplatz im Caño Pimichin angelangt war. Wir übernachteten in einer Hütte, die erst seit kurzem verlassen stand. Eine indianische Familie hatte darin Fischergeräte zurückgelassen, irdenes Geschirr, aus Palmblattstielen geflochtene Matten, den ganzen Hausrat dieser sorglosen, um Eigentum wenig bekümmerten Menschenart. Bevor wir von der Hütte Besitz nahmen, schlugen die Indianer zwei große, vier bis fünf Fuß lange Mapanareschlangen tot. Es ist ein schönes, aber sehr giftiges Tier, am Bauch weiß, auf dem Rücken braun und rot gefleckt. Da in der Hütte eine Menge Kraut lag und wir am Boden schliefen (unsere Hängematten ließen sich nicht befestigen), so war man in der Nacht nicht ohne Besorgnis. Auch fand man morgens, als man das Jaguarfell aufhob, unter dem einer unserer Diener gelegen hatte, eine große Natter. Wie die Indianer sagen, sind diese Reptilien langsam in ihren Bewegungen, wenn sie nicht verfolgt werden, und machen sich an den Menschen, weil sie der Wärme nachgehen. Am Magdalenenstrom kam wirklich eine Schlange zu einem unserer Reisebegleiter ins Bett und brachte einen Teil der Nacht darin zu, ohne ihm etwas zuleide zu tun.

Ich will hier keineswegs Nattern und Klapperschlangen das Wort reden; aber soviel läßt sich behaupten: wären diese giftigen Tiere so angriffslustig, wie man glaubt, so hätte in manchen Strichen Amerikas, zum Beispiel am Orinoko und in den feuchten Bergen von Choco, der Mensch ihrer Unzahl erliegen müssen.

Ameisenpastete

Am 6. Mai. – Wir schifften uns bei Sonnenaufgang ein, nachdem wir den Boden unserer Piroge genau untersucht hatten. Er war wohl dünner geworden, aber nicht gesprungen. Wir dachten, das Fahrzeug könne die dreihundert Meilen, die wir den Río Negro hinab, den Casiquiare hinauf und den Orinoko wieder hinab bis Angostura noch zu machen hatten, wohl aushalten. Der Pimichin, der hier ein Bach *(caño)* heißt, ist so breit wie die Seine gegenüber den Tuilerien, aber kleine, gern im Wasser wachsende Bäume engen sein Bett so ein, daß nur ein gut hundert Fuß breites Fahrwasser offen bleibt. Nachdem wir fünfeinhalb Stunden den Krümmungen gefolgt waren, liefen wir endlich in den Río Negro ein.

Der Morgen war kühl und schön. Sechsunddreißig Tage waren wir in einem schmalen Kanu eingesperrt gewesen. Nach allem, was wir bis jetzt durchgemacht hatten, wird es mir hoffentlich gestattet sein, auszusprechen, wie herzlich froh wir waren, die Nebenflüsse des Amazonenstroms erreicht, die Landenge zwischen zwei großen Flußsystemen hinter uns zu haben und nunmehr mit Zuversicht dem Erreichen des Hauptzwecks unserer Reise entgegensehen zu können, der astronomischen Aufnahme jenes Orinokoarms, der sich in den Río Negro ergießt und dessen Existenz seit einem halben Jahrhundert bald bewiesen, bald wieder in Abrede gestellt worden ist.

Ein Gegenstand, den man lange vor dem inneren Auge gehabt hat, wächst uns an Bedeutung, je näher wir ihm kommen. Jene unbewohnten, mit Wald bedeckten, geschichtslosen Ufer des Casiquiare beschäftigten damals meine Einbildungskraft wie die in der Geschichte der Völker hochberühmten Ufer des Euphrat und des Oxus. Hier, inmitten des neuen Kontinents, gewöhnt man sich beinahe daran, den Menschen als etwas zu betrachten, das nicht notwendig zur Naturordnung gehört. Der Boden ist dicht bedeckt mit Gewächsen, und ihre freie Entwicklung findet nirgends ein Hindernis. Eine mächtige Schicht Dammerde weist darauf hin, daß die organischen Kräfte hier ohne Unterbrechung fort und fort gewaltet haben. Krokodile und Boas sind die Herren des Stroms; der Jaguar, das Nabelschwein, der Tapir und die Affen streifen durch den Wald, ohne Furcht und ohne Gefährdung; sie hausen hier wie auf ihrem angestammten Erbe. Dieser Anblick der lebendigen Natur, in der der Mensch nichts ist, hat etwas Befremdendes und Niederschlagendes. Ein Soldat, der sein ganzes Leben in den Missionen am oberen Orinoko zugebracht hatte, lagerte einmal mit uns am Strom. Er war ein gescheiter Mensch, und in der ruhigen, heiteren Nacht richtete er an mich Frage um Frage über die Größe der Sterne, über die Mondbewohner, über tausend Dinge, von denen ich so viel wußte wie er. Meine Antworten konnten seiner Neugier nicht genügen, und so sagte er in zuversichtlichem Ton: «Was die Menschen anlangt, so glaube ich, es gibt da oben nicht mehr, als ihr angetroffen hättet, wenn ihr zu Land von Yavitá an den Casiquiare gegangen wärt. In den Sternen, meine ich, ist eben wie hier eine weite Ebene mit hohem Gras und ein Wald, durch den ein Strom fließt.»

Mit diesen Worten ist ganz der Eindruck geschildert, den der eintönige Anblick dieser Einöde hervorbringt. Möchte diese Eintönigkeit nicht auch auf das Tagebuch unserer Flußfahrt übergehen! Möchten Leser, die an die Beschreibung der Landschaften und an die geschichtlichen Erinnerungen des alten Kontinents gewöhnt sind, es nicht ermüdend finden!

Nach zweistündiger Fahrt kamen wir von der Mündung des Tomo zu der kleinen Mission San Miguel de Davipe. Der Missionar Pater Morillo, bei dem wir ein paar Stunden verweilten, nahm uns sehr gastfreundlich auf und setzte uns sogar Madeirawein vor. Als Tafelluxus wäre uns Weizenbrot lieber gewesen. Auf die Länge fällt es einem weit schwerer, das Brot zu entbehren als geistige Getränke. Wir kauften in Davipe einigen Mundvorrat, namentlich Hühner und ein Schwein. Dieser Einkauf war unseren Indianern sehr wichtig, da sie schon lange kein Fleisch mehr gegessen hatten. Sie drängten zum Aufbruch, damit wir zeitig auf die Insel Dapa kämen, wo das Schwein geschlachtet und in der Nacht gebraten werden sollte.

Mit Sonnenuntergang langten wir bei der Insel an, die ungemein malerisch mitten im Strom liegt. Zu unserer nicht geringen Verwunderung fanden wir einige angebaute Grundstücke und auf einem kleinen Hügel eine indianische Hütte. Vier Eingeborene saßen um ein Feuer von Buschwerk und aßen eine Art weißen, schwarzgefleckten Teig, der unsere Neugier nicht wenig reizte. Es waren *vachacos*, große Ameisen, deren Hinterteil einem Fettknopf gleicht. Sie waren am Feuer getrocknet und vom Rauch geschwärzt. Wir sahen mehrere Säcke voll über dem Feuer hängen. Die guten Leute achteten wenig auf uns, und doch lagen in der engen Hütte mehr als vierzehn Menschen in Hängematten übereinander. Als aber Pater Zea erschien, wurde er mit großen Freudenbezeigungen empfangen. Am Río Negro stehen wegen der Grenzwache mehr Soldaten als am Orinoko, und überall, wo Soldaten und Mönche sich die Herrschaft über die Indianer streitig machen, haben diese mehr Zuneigung zu den Mönchen. Zwei junge Weiber stiegen aus den Hängematten, um uns Kassavekuchen zu bereiten. Man fragte sie durch einen Dolmetscher, ob der Boden der Insel fruchtbar sei. Sie erwiderten, der Maniok gerate schlecht, dagegen sei es ein gutes Ameisenland, man habe gut zu leben. Diese Vachacos dienen den Indianern am Río Negro wirklich zur Nahrung. Man ißt die Ameisen nicht aus Leckerei, sondern weil, wie die Missionare sagen, das Ameisenfett (der weiße Teil des Unterleibs) sehr nahrhaft ist. Als die Kassavekuchen fertig waren, ließ sich Pater Zea, bei dem das Fieber die Eßlust viel mehr zu reizen als zu schwächen schien, einen kleinen Sack geräucherter Vachacos geben. Er mischte die zerdrückten Insekten mit Maniokmehl und ließ nicht nach, bis wir davon kosteten. Es schmeckte ungefähr wie ranzige Butter, mit Brotkrumen geknetet. Der Maniok schmeckte nicht sauer, es klebte uns aber noch so viel europäisches Vorurteil an, daß wir mit dem guten Missionar, wenn er das Ding eine vortreffliche Ameisenpastete nannte, nicht einverstanden sein konnten.

Da der Regen in Strömen herabgoß, mußten wir in der überfüllten Hütte übernachten. Die Indianer schliefen nur von acht bis zwei Uhr; die übrige Zeit schwatzten sie in ihren Hängematten, bereiteten ihr bitteres Getränk *cupana*, schürten das Feuer und klagten über die Kälte, obgleich die Lufttemperatur einundzwanzig Grad war. Diese Sitte, vier, fünf Stunden vor Sonnenaufgang wach, ja auf den Beinen zu sein, herrscht bei den Indianern in Guayana allgemein.

Wir verließen die Insel Dapa lange vor der Morgendämmerung und kamen trotz der starken Strömung und des Fleißes unserer Ruderer erst nach zwölfstündiger Fahrt bei der Schanze San Carlos del Río Negro an.

Der Verhaftungsbefehl

Die bewaffnete Macht an der Grenze hier bestand aus siebzehn Mann, wovon zehn zum Schutz der Missionare in der Nachbarschaft detachiert waren. Die Luft ist so feucht, daß nicht vier Gewehre schußfertig sind. Die Portugiesen haben fünfundzwanzig bis dreißig besser gekleidete und bewaffnete Leute in ihrer Schanze. In der Mission San Carlos fanden wir nur ein Schilderhaus, ein viereckiges Gebäude aus ungebrannten Backsteinen, in dem sechs Feldstücke standen. Die Schanze liegt der Mission gegenüber am westlichen Ufer. Der Kommandant trug Bedenken, sie Bonpland und mich sehen zu lassen; in unseren Pässen stand wohl, daß ich Berge messen und überall im Lande, wo es mir gefiele, trigonometrische Operationen vornehmen dürfte, aber von der Besichtigung fester Plätze stand nichts darin. Unser Begleiter Don Nicolás Soto war als spanischer Offizier glücklicher als wir. Man erlaubte ihm, uber den Fluß zu gehen, und er fand auf einer kleinen abgeholzten Ebene die Anfänge eines Erdwerkes, das, wenn es vollendet wäre, zur Verteidigung 500 Mann erforderte. Es ist eine viereckige Verschanzung mit kaum sichtbarem Graben. Die Brustwehr ist fünf Fuß hoch und mit großen Steinen verstärkt. Dem Fluß zu liegen zwei Bastionen, in denen man vier bis fünf Feldstücke aufstellen könnte. Im ganzen Werk sind vierzehn oder fünfzehn Geschütze, meist ohne Lafetten und von zwei Mann bewacht. Um die Schanze her stehen drei oder vier indianische Hütten. Diese heißen das Dorf San Felipe, und damit das Ministerium in Madrid wunder meine, wie sehr diese christlichen Niederlassungen gedeihen, führt man für das angebliche Dorf ein eigenes Kirchenbuch. Abends nach dem Angelusläuten wurde dem Kommandanten Rapport erstattet und sehr ernsthaft gemeldet, daß es überall um die Festung ruhig scheine. Nach einem Brauch, der schon sehr lange geduldet wird, bezahlen die Kommandanten die Truppen nicht in Geld, sondern liefern ihnen zu hohen Preisen Kleidung, Salz und Lebensmittel. In Angostura fürchtet man sich so sehr davor, in die Missionen am Caroni, Caura und Río Negro detachiert oder vielmehr verbannt zu werden, daß die Truppen nur sehr schwer zu rekrutieren sind. Die Lebensmittel sind am Río Negro sehr teuer, weil man nur wenig Maniok und Bananen baut und der Strom wenig Fische hat.

Da man von der Mündung des Río Negro nach Grão Pará in zwanzig bis fünfundzwanzig Tagen fährt, hätten wir den Amazonenstrom bis hinab zur Küste von Brasilien nicht viel mehr Zeit gebraucht, als um über den Casiquiare und den Orinoko an die Nordküste von Caracas zurückzukehren. Wir hörten in San Carlos, der politischen Verhältnisse wegen sei im Augenblick aus den spanischen Besitzungen schwer in die portugiesischen zu kommen; aber erst nach unserer Rückkehr nach Europa sahen wir in vollem Umfang, welcher Gefahr wir uns ausgesetzt hätten, wenn wir bis Barcellos hinabgegangen wären. Man hatte in Brasilien erfahren – vielleicht aus den Zeitungen, deren wohlwollender, unüberlegter Eifer schon manchem Reisenden Unheil gebracht hat –, ich werde in die Missionen am Río Negro kommen und den natürlichen Kanal untersuchen, der zwei große Stromsysteme verbindet. In diesen öden Wäldern hatte man Instrumente nie anders als in den Händen der Grenzkommission gesehen, und die Unterbeamten der portugiesischen Regierung hatten bis dahin so wenig als der Missionar, von dem in einem früheren Kapitel die Rede war, einen Begriff davon, wie ein vernünftiger Mensch eine lange, beschwerliche Reise unternehmen kann, «um Land zu vermessen, das ihm nicht gehört». Es war der Befehl ergangen, sich meiner Person und meiner Instrumente zu versichern, ganz besonders aber der Verzeichnisse astronomischer Beobachtungen, die die Sicherheit der Staaten so sehr gefährden könnten. Man hätte uns auf dem Amazonenfluß nach Grão Pará geführt und uns von dort nach Lissabon geschickt.

Sobald das Ministerium in Lissabon vom Diensteifer seiner Untergebenen Kunde erhielt, erließ es den Befehl, mich in meinen Arbeiten nicht zu stören, im Gegenteil sollte man mir hilfreich an die Hand gehen, wenn ich durch einen Teil der portugiesischen Besitzungen käme.

Weiter den Río Negro hinab liegt die Insel San José, die provisorisch (denn in diesem endlosen Grenzprozeß ist alles provisorisch) als südlicher Endpunkt der spanischen Besitzungen gilt. Etwas unterhalb dieser Insel zeigt man einen kleinen Felsen mit einer Höhle, die bei den Missionaren *Cocuys Glorieta* heißt. Dieser Lustort – denn das bedeutet das Wort Glorieta im Spanischen – weckt nicht die angenehmsten Erinnerungen. Hier hatte Cocuy, Häuptling der Manitibitanos, seinen Harem, und hier verspeiste er – um alles zu sagen – aus besonderer Vorliebe die schönsten und fettesten seiner Weiber. Ich zweifle nicht, daß Cocuy allerdings ein wenig ein Menschenfresser war; aber der Wahrheit zu steuern muß ich hinzufügen, daß die Sage vom Harem und von den Ausschweifungen Cocuys am unteren Orinoko weit verbreiteter ist als am Río Negro. Ja, in San Carlos läßt man nicht einmal den

Verdacht gelten, er hätte eine die Menschheit entehrende Handlung begangen. Vielleicht deshalb nicht, weil Cocuys Sohn, der Christ geworden und der mir ein verständiger, zivilisierter Mensch schien, gegenwärtig Hauptmann der Indianer in San Carlos ist?

Der Menschenfresser

Am 10. Mai. – In der Nacht war unsere Piroge geladen worden, und wir schifften uns etwas vor Sonnenaufgang ein, um den Río Negro bis zur Mündung des Casiquiare wieder hinaufzufahren und den wahren Lauf dieses Flusses, der Orinoko und Amazonenstrom verbindet, zu untersuchen.

Der Morgen war schön; aber mit der steigenden Wärme fing der Himmel an, sich zu bewölken. Das machte uns mit jedem Tag verdrießlicher. Seit einem halben Jahrhundert zweifelte kein Mensch in diesen Missionen mehr daran, daß hier wirklich zwei große Stromsysteme miteinander in Verbindung stehen; der Hauptzweck unserer Flußfahrt beschränkte sich also darauf, mittels astronomischer Beobachtungen den Lauf des Casiquiare aufzunehmen, besonders den Punkt, wo er in den Río Negro tritt, und den anderen, wo der Orinoko sich gabelt. Waren weder Sonne noch Sterne sichtbar, so war dieser Zweck nicht zu erreichen, und wir hatten uns vergeblich langen, schweren Mühseligkeiten unterzogen. Unsere Reisegefährten wären gern auf dem kürzesten Weg heimgekehrt; aber Bonpland beharrte mit mir auf dem Reiseplan, den wir auf der Fahrt durch die großen Katarakte entworfen hatten. Es wäre eine Schande für uns gewesen, hätte uns der Ärger wegen des trüben Himmels oder die Furcht vor den Moskitos den Mut genommen. Unser indianischer Steuermann stellte uns die Sonne und «die großen Sterne, die die Wolken essen», in Aussicht, sobald wir die schwarzen Wasser des Río Negro hinter uns haben würden. Und zum Glück für unsere Arbeiten ging die Prophezeiung in Erfüllung. Die weißen Wasser brachten uns nach und nach wieder heiteren Himmel, Sterne, Moskitos und Krokodile.

Acht Seemeilen weit von der Schanze San Carlos liefen wir in den Río Casiquiare ein.

In einer Indianerhütte kauften wir zwei schöne große Vögel, einen Tukan und den Ana, eine Art Ara, siebzehn Zoll lang mit durchaus purpurrotem Gefieder. Wir hatten in unserer Piroge bereits sieben Papageien, zwei Felshühner, einen Motmot, zwei Guanhühner, zwei Wickelbären und acht Affen. Pater Zea war auch im stillen sehr unzufrieden damit, daß sich unsere wandernde Menagerie mit jedem Tag vermehrte.

Der Tukan gleicht nach Lebensweise und geistiger Anlage dem Raben; er ist ein mutiges, leicht zu zähmendes Tier. Sein langer Schnabel dient ihm als Verteidigungswaffe. Er macht sich zum Herrn im Hause, stiehlt, was er erreichen kann, badet sich oft und fischt gern am Ufer des Stroms. Der Tukan, den wir gekauft hatten, war sehr jung, dennoch neckte er auf der ganzen Fahrt mit sichtbarer Lust die Cusicusis, die trübseligen, zornmütigen Nachtaffen. Wenn er trinken will, macht der Vogel ganz seltsame Gebärden. Die Mönche sagen, er mache das Zeichen des Kreuzes über dem Wasser, und wegen dieses Volksglaubens haben die Kreolen dem Tukan den seltsamen Namen *diostedé* (Gott vergelt's dir) erfunden. Unsere Tiere waren meist in kleinen Holzkäfigen, manche aber liefen frei überall auf der Piroge herum. Wenn Regen drohte, erhoben die Aras ein furchtbares Geschrei, und der Tukan wollte ans Ufer, um Fische zu fangen, die kleinen Titíaffen liefen zu Pater Zea und krochen in die ziemlich weiten Ärmel seiner Franziskanerkutte. Dergleichen Auftritte kamen oft vor, und wir vergaßen darüber die Plage der Moskitos.

Am 12. Mai. – Da wir, ehe wir in die Mission Esmeralda kamen, in diesem nassen, ungesunden Klima noch acht Nächte unter freiem Himmel zuzubringen hatten, war es der Steuermann wohl zufrieden, die Fahrt so einzurichten, daß wir die Gastfreundschaft des Missionars von Mandavaca in Anspruch nehmen und im Dorf Pasiba Obdach finden konnten. Der gute alte Missionar hatte bereits seine zwanzig *Moskitojahre* in den Wäldern des Casiquiare zugebracht, und seine Beine waren von den Insektenstichen so gefleckt, daß es schien, er hätte gar keine weiße Haut. Er sprach uns von seiner Verlassenheit und wie er sich in der traurigen Notwendigkeit sehe, in den beiden Missionen Mandavaca und Pasiba häufig die abscheulichsten Verbrechen straflos zu lassen. Vor wenigen Jahren hat im letzteren Ort ein indianischer Alkalde eines seiner Weiber verzehrt, das er in seinen Conuco mit hinausgenommen und gemästet hatte.

Erst die Kultur hat dem Menschen die Einheit des Menschengeschlechts zum Bewußtsein gebracht und ihm offenbart, daß ihn auch mit Wesen, deren Sprache und Sitten ihm fremd sind, ein Band der Blutsverwandtschaft verbindet. Die Wilden verabscheuen alles, was nicht zu ihrer Familie oder ihrem Stamm gehört, und Indianer einer benachbarten Völkerschaft, mit der sie im Krieg leben, jagen sie wie wir das Wild. Ihr Haß gegen fast alle Menschen, die eine andere Sprache reden und ihnen als Barbaren von niedrigerer Rasse als sie selbst erscheinen, bricht in den Missionen nicht selten wieder zutage, nachdem er lange geschlummert hat.

Mit uns in der Piroge fuhr ein Indianer, der vom Río Guainía entlaufen war und sich in wenigen Wochen so weit zivilisiert hatte, daß er uns beim Aufstellen der Instrumente zu den nächtlichen Beobachtungen gute Dienste leisten konnte. Er schien so gutmütig als gescheit, und wir hatten nicht übel Lust, ihn in unseren Dienst zu nehmen. Wie groß war unser Verdruß, als wir im Gespräch mittels eines Dolmetschers von ihm hören mußten, das Fleisch der Manimondasaffen sei allerdings schwärzer, er meine aber doch, es schmecke wie Menschenfleisch. Er versicherte, seine Stammverwandten äßen vom Menschen wie vom Bären die Handflächen am liebsten. Und indem er es sagte, äußerte er durch Gebärden seine rohe Lust. Wir ließen den sonst sehr ruhigen, sehr gefälligen jungen Mann fragen, ob er hier und da noch Lust spüre, Cheruvichahenafleisch zu essen; er erwiderte ganz unbefangen, in der Mission werde er nur essen, was er *los padres* essen sehe. Den Eingeborenen wegen des abscheulichen Brauchs, von dem hier die Rede ist, Vorwürfe zu machen, hilft rein zu nichts; es ist gerade, als ob ein Brahmane vom Ganges, der in Europa reiste, uns darüber anließe, daß wir das Fleisch der Tiere essen. In den Augen des Indianers vom Río Guainía war der Cheruvichahena ein von ihm völlig verschiedenes Wesen; ihn umzubringen, war ihm kein größeres Unrecht, als den Jaguar im Wald umzubringen. Es war nur ein Gefühl für Anstand, wenn er, solange er in der Mission war, nur essen wollte, was er *los padres* genießen sah. Entlaufen die Eingeborenen zu den Ihrigen oder treibt sie der Hunger, so werden sie alsbald wieder Menschenfresser wie zuvor. Und wie sollten wir uns über diesen Unbestand der Völker am Orinoko wundern, da uns aufs glaubwürdigste bezeugt ist, was sich in Hungersnot bei zivilisierten Völkern schon Gräßliches ereignet hat. Es ist gewiß, daß zur Zeit der Welser die Spanier aus Hunger *oft* die indianischen Lastträger aßen, ja daß die Spanier in einer von Coro ausgehenden Expedition, als alle Indios schon gegessen waren, unter sich losten.

Anthropophagie und Menschenopfer, die so oft damit verknüpft sind, kommen bekanntlich überall auf dem Erdball und bei Völkern der verschiedensten Rassen vor; aber besonders auffallend erscheint in der Geschichte der Zug, daß die Menschenopfer sich auch bei bedeutendem Kulturfortschritt erhalten und daß die Völker, die eine Ehre darin suchen, ihre Gefangenen zu verzehren, keineswegs immer die versunkensten und wildesten sind. Diese Bemerkung hat etwas peinlich Ergreifendes, Niederschlagendes; sie entging auch nicht den Missionaren, die gebildet genug sind, um über die Sitten der Völkerschaften, unter denen sie leben, nachzudenken. Die Cabres, Guipunavis und die Kariben waren von jeher mächtiger und zivilisierter als die anderen Horden am Orinoko, und doch sind die beiden ersteren Menschenfresser, während es die letzteren niemals waren. Die Kariben auf dem Festland verabscheuen die Sitte, die Gefangenen zu verzehren. Diese Barbarei bestand, als Amerika entdeckt wurde, nur bei den Kariben auf den Antillen. Durch sie sind die Worte Kannibalen, Kariben, Menschenfresser gleichbedeutend geworden, und die von ihnen verübten Grausamkeiten veranlaßten das im Jahre 1504 erlassene Gesetz, das den Spaniern gestattet, jeden Amerikaner, der erweislich karibischen Stammes ist, zum Sklaven zu machen. Ich glaube übrigens, die Menschenfresserei der Antillenbewohner ist in den Berichten der ersten Seefahrer stark übertrieben.

Wenn die Kariben am Orinoko schon zu Anfang des sechzehnten Jahrhunderts andere Sitten hatten als die auf den Antillen, wenn sie immer mit Unrecht der Anthropophagie beschuldigt worden sind, ist dieser Unterschied nicht wohl daher zu erklären, daß sie gesellschaftlich höher standen. Man begegnet den seltsamsten Kontrasten in diesem Völkergewirr, wo die einen nur von Fischen, Affen und Ameisen leben, andere mehr oder weniger Ackerbauern sind, mehr oder weniger das Verfertigen und Bemalen von Geschirren, die Weberei von Hängematten und Baumwollzeug als Gewerbe treiben. Manche der letzteren halten an unmenschlichen Gebräuchen fest, von denen die ersteren gar nichts wissen. Im Charakter und in den Sitten eines Volkes wie in seiner Sprache spiegeln sich sowohl seine vergangenen Zustände als die gegenwärtigen; man müßte die ganze Geschichte der Gesittung oder der Verwilderung in einer Horde kennen, man müßte den menschlichen Vereinen in ihrer ganzen Entwicklung und auf ihren verschiedenen Lebensstufen nachgehen können, wollte man Probleme lösen, die ewig Rätsel bleiben werden, wenn man nur die gegenwärtigen Verhältnisse ins Auge fassen kann.

So leicht die Indianer am Casiquiare in ihre barbarischen Gewohnheiten zurückfallen, so zeigen sie doch in den Missionen Verstand und einige Lust zur Arbeit, besonders aber große Fertigkeit, sich spanisch auszudrücken. Ich sah einen Poignave sich spanisch mit einem Guahibo unterhalten, und doch hatten beide erst seit drei Monaten ihre Wälder verlassen. Alle halben Stunden brachte einer ein spanisches Gerundium hervor, denn alle Indianer sprechen: *«Quando yo mirando padre, el mi diciendo»* (als ich sehend den Padre, er mir sagend). Man glaubt, die Nähe peruanischer Kultur zu wittern!

Die Gabelteilung

Die Nächte wurden immer beschwerlicher, je näher wir der Gabelteilung kamen. Die Üppigkeit des Pflanzenwuchses steigerte sich in einem Grade, von dem man sich keinen Begriff macht, selbst wenn man mit dem Anblick der tropischen Wälder vertraut ist. Ein Gelände ist gar nicht mehr vorhanden; ein

Pfahlwerk aus dicht belaubten Bäumen bildet das Flußufer. Man hat einen vierhundert Meter breiten Kanal vor sich, den zwei ungeheure, mit Laub und Lianen bedeckte Wände einfassen. Wir versuchten öfters, zu landen, konnten aber nicht aus dem Kanu kommen. Gegen Sonnenuntergang fuhren wir zuweilen eine Stunde lang am Ufer hin, nicht um eine Lichtung (dergleichen gibt es gar nicht), sondern nur einen weniger dicht bewachsenen Fleck zu entdecken, wo unsere Indianer mit der Axt so weit aufräumen konnten, um für zwölf bis dreizehn Personen ein Lager aufzuschlagen. Pater Zea, der sich bisher immer rühmte, er habe in seinen Missionen die größten und wildesten Moskitos, gab nach und nach zu, nie ärger von Insektenstichen geschmerzt worden zu sein als hier am Casiquiare. Mitten im dicken Wald konnten wir uns nur mit Mühe Brennholz verschaffen, denn die Baumzweige sind so saftreich, daß sie fast gar nicht brennen. Wo es keine trockenen Ufer gibt, findet man auch so gut wie kein altes Holz, das, wie die Indianer sagen, an der Sonne gekocht ist. Unter allen körperlichen Leiden wirken diejenigen am niederschlagendsten, die in ihrer Dauer immer dieselben sind und gegen die es kein Mittel gibt als Geduld. Die Ausdünstungen in den Wäldern am Casiquiare haben bei Bonpland wahrscheinlich den Keim zu der schweren Krankheit gelegt, der er bei unserer Ankunft in Angostura beinahe erlegen wäre. Zu unserem Glück ahnte er so wenig als ich die Gefahr, die ihm drohte. Der Anblick des Flusses und das Summen der Moskitos kamen uns allerdings etwas eintönig vor; aber unser natürlicher Frohsinn war nicht ganz gebrochen und half uns über die lange Öde weg. So großen Entbehrungen wir auch auf unseren Zügen in den Kordilleren später noch ausgesetzt waren, die Flußfahrt von Mandavaca nach Esmeralda ist uns immer als das beschwerdenreichste Stück unseres Aufenthalts in Amerika erschienen. Ich rate den Reisenden, den Weg über den Casiquiare dem über den Atabapo nicht vorzuziehen, sie müßten denn sehr großes Verlangen haben, die große Gabelteilung des Orinoko mit eigenen Augen zu sehen.

Die Nacht des 20. Mai, die letzte unserer Fahrt auf dem Casiquiare, brachten wir an der Stelle zu, wo der Orinoko sich gabelt. Wir hatten einige Aussicht, eine astronomische Beobachtung machen zu können, denn ungewöhnlich große Sternschnuppen schimmerten durch die Dunsthülle, die den Himmel umzog. Die Indianer, die die Zerrbilder ihrer Phantasie nicht leicht durch den Ausdruck veredeln, nennen die Sternschnuppen den Urin und den Tau den Speichel der Sterne.

Bei diesem letzten Nachtlager am Casiquiare wurde unsere Freude getrübt. Wir lagerten am Waldsaum. Mitten in der Nacht meldeten uns die Indianer, man höre den Jaguar ganz in der Nähe brüllen, und zwar von den nahe stehenden Bäumen herab. Da unsere Feuer hell brannten und da man durch lange Gewöhnung Gefahren, die durchaus nicht eingebildet sind, ich möchte sagen, systematisch nicht achten lernt, machten wir uns aus dem Brüllen des Jaguars nicht viel. Der Hund (eine große Dogge) bellte anfangs; als aber der Jaguar näher kam, fing er an zu heulen und kroch unter unsere Hängematten. Seit unseren Nachtlagern am Apure waren wir daran gewöhnt, bei dem Tier, das jung, sanftmütig und sehr einschmeichelnd war, in dieser Weise Mut und Schüchternheit wechseln zu sehen. Wie groß war unser Verdruß, als uns am Morgen, da wir eben das Fahrzeug besteigen wollten, die Indianer meldeten, der Hund sei verschwunden! Wir warteten lange in der Hoffnung, er möchte sich nur verlaufen haben. Es war kein Zweifel, die Jaguare hatten ihn fortgeschleppt. Am Orinoko und am Magdalenenstrom versicherte man uns oft, die ältesten Jaguare seien so verschlagen, daß sie mitten aus einem Nachtlager Tiere herausholen, indem sie ihnen den Hals zudrücken, damit sie nicht schreien können.

Am 21. Mai. – Wir liefen drei Meilen unterhalb der Mission Esmeralda wieder in das Bett des Orinoko ein. Vor einem Monat hatten wir diesen Fluß bei der Einmündung des Guaviare verlassen. Wir hatten nun noch 750 Seemeilen nach Angostura, aber es ging den Strom abwärts, und dieser Gedanke war geeignet, uns unsere Leiden erträglicher zu machen.

Der Punkt, wo die vielberufene Gabelteilung des Orinoko stattfindet, gewährt einen ungemein großartigen Anblick. Am nördlichen Ufer erheben sich hohe Granitberge; in der Ferne erkennt man unter denselben den Maraguaca und den Duida. Auf dem linken Ufer des Orinoko, westlich und südlich von der Gabelung, sind keine Berge bis dem Einfluß des Tamatama gegenüber. Hier liegt der Fels Guaraco, der in der Regenzeit zuweilen Feuer speien soll. Da, wo der Orinoko gegen Süd nicht mehr von Bergen umgeben ist und er die Öffnung eines Tales oder vielmehr einer Senkung erreicht, welche sich nach dem Río Negro hinunterzieht, teilt er sich in zwei Äste. Der Hauptast (der Río Paragua der Indianer) setzt seinen Lauf westnordwestwärts um die Berggruppe der Sierra Parime herum fort; der Arm, der die Verbindung mit dem Amazonas herstellt, läuft über Ebenen, die im ganzen ihr Gefäll gegen Süd haben, wobei aber die einzelnen Gehänge im Casiquiare gegen Südwest, im Becken des Río Negro gegen Südost fallen.

Seit ich den Orinoko und den Amazonenstrom verlassen habe, bereitet sich für die gesellschaftlichen Verhältnisse der Völker des Okzidents eine neue Ära vor. Auf den Jammer der bürgerlichen Zwiste werden die Segnungen des Friedens und eine freiere Entwicklung aller Gewerbetätigkeit folgen. Da wird denn die europäische Handelswelt jene Gabelteilung des Orinoko, jene Landenge am Tuamini, durch die so leicht ein künstlicher Kanal zu ziehen ist, ins Auge fassen. Da wird der Casiquiare, ein Strom so breit wie der Rhein und einhundertachtzig Seemeilen lang, nicht mehr umsonst eine schiffbare Linie zwischen zwei Strombecken bilden, die 190 000 Quadratmeilen Oberfläche haben. Das Getreide aus Neu-Granada wird an die Ufer des Río Negro kommen, von den Quellen des Napo und des Ucayali, von den Anden Quitos und Ober-Perus wird man zur Mündung des Orinoko hinabfahren, und dies ist so weit wie von Timbuktu nach Marseille. Ein Land, neun- bis zehnmal größer als Spanien und reich an den mannigfaltigsten Produkten, kann durch den Naturkanal des Casiquiare und die Gabelteilung der Flüsse nach allen Richtungen hin befahren werden. Eine Erscheinung, die eines Tages von bedeutendem Einfluß auf die politischen Verhältnisse der Völker sein muß, verdiente es gewiß, daß man sie genau ins Auge faßte.

Siebentes Kapitel

Ein Verbannungsort

Noch habe ich von der einsamsten, abgelegensten christlichen Niederlassung am oberen Orinoko zu sprechen. Gegenüber der Gabelteilung, auf dem rechten Ufer des Flusses, erhebt sich amphitheatralisch der Granitbergstock des Duida. Er ist gegen 2600 Meter hoch. Sein Gipfel ist kahl und steinig; doch überall, wo auf den weniger steilen Abhängen Dammerde haftet, hängen gewaltige Wälder wie in der Luft. An seinem Fuße liegt die Mission Esmeralda, ein Dörfchen mit achtzig Einwohnern, auf einer herrlichen, von Bächen durchzogenen Ebene, einem wahren Wiesengrund, auf dem in Gruppen die Mauritiapalme steht, der Sagobaum Amerikas. Dem Berge zu wird die Wiese zur Savanne. Hier trifft man ungemein große Ananas von köstlichem Geruch. Sie sind in ganz Guayana berühmt.

In Esmeralda ist kein Missionar. Der Geistliche, der hier Messe lesen soll, sitzt in Santa Bárbara, über fünfzig Meilen weit. Er braucht den Fluß herauf vier Tage, er kommt daher auch nur fünf- oder sechsmal im Jahr. Wir wurden von einem alten Soldaten sehr freundlich aufgenommen; der Mann hielt uns für katalanische Krämer, die in den Missionen ihren Kleinhandel treiben wollten. Als er unsere Papierballen zum Pflanzentrocknen sah, lächelte er über unsere naive Unwissenheit. «Ihr kommt in ein Land», sagte er, «wo derartige Ware keinen Absatz findet. Geschrieben wird hier nicht viel, und trockene Mais- und Bananenblätter brauchen wir hier, wie in Europa das Papier, um Nadeln, Fischangeln und andere kleine Sachen, die man sorgfältig aufbewahren will, einzuwickeln.» Der alte Soldat vereinigte in seiner Person die bürgerliche und die geistliche Behörde. Er lehrte die Kinder, ich sage nicht den Katechismus, aber doch den Rosenkranz beten, er läutete die Glocken zum Zeitvertreib, und im geistlichen Amtseifer bediente er sich zuweilen seines Küsterstocks in einer Weise, die den Einwohnern schlecht behagte.

Wir wunderten uns, in Esmeralda viele Zambos, Mulatten und andere Farbige anzutreffen, die sich aus Eitelkeit Spanier nennen und sich für weiß halten, weil sie nicht rot sind. Sie sind meist als Verbannte hier. Alle flehten, ich solle beim Statthalter ihre Befreiung erbitten. Sie hätten durch die Moskitos ihre Verbrechen abgebüßt und wollten nun in die Llanos zurückkehren oder an den Río Negro verpflanzt werden. Ich nahm mich in einem Bericht an die Regierung der Verwiesenen an, aber meine Schritte blieben erfolglos.

Wenn die Villa Esmeralda mit ihrer Bevölkerung von zwölf bis fünfzehn Familien gegenwärtig als schrecklicher Aufenthaltsort gilt, so kommt dies nur vom Mangel an Feldbau, von der Entlegenheit und von der furchtbaren Menge der Moskitos. Die Lage der Mission ist ungemein malerisch, das Land umher äußerst freundlich und sehr fruchtbar. Nie habe ich so gewaltig große Bananenbüschel gesehen; Indigo, Zucker, Kakao kämen vortrefflich fort, aber man mag sich nicht die Mühe geben, sie zu bauen. Um den Berg Duida herum gibt es schöne Weiden, und wenn die Observanten nur etwas von der Betriebsamkeit der katalanischen Kapuziner hätten, so liefen zahlreiche Herden. Wie die Sachen jetzt stehen, gibt es keine Kuh, kein Pferd, und die Einwohner haben oft nichts zu essen als Schinken von Brüllaffen und das Mehl von Fischknochen. Man baut nur etwas Maniok und Bananen, und wenn der Fischfang nicht reichlich ausfällt, so ist die Bevölkerung eines von der Natur so hoch begünstigten Landes dem grausamsten Mangel preisgegeben.

Curare

Als wir nach Esmeralda kamen, kehrten die meisten Indianer von einem Ausflug ostwärts zurück, auf dem sie Juvias und eine Schlingpflanze, die das Curare gibt, gesammelt hatten. Diese Heimkehr wurde durch eine Festlichkeit begangen, die in der Mission *la fiesta de las juvias* heißt und unseren Ernte- oder Weinlesefesten entspricht. Die Weiber hatten viel gegorenes Getränk bereitet, und zwei Tage lang sah man nur betrunkene Indianer.

Das Glück wollte, daß wir einen alten Indianer trafen, der weniger betrunken und eben damit beschäftigt war, das Curaregift aus den Pflanzen zu bereiten. Der Mann war der Chemiker des Ortes. Wir fanden bei ihm große tönerne Pfannen zum Kochen der Pflanzensäfte, flachere Gefäße, die durch ihre große Oberfläche die Verdunstung fördern, tütenförmig aufgerollte Bananenblätter zum Durchseihen der mehr oder weniger faserige Substanzen enthaltenden Flüssigkeiten. Die größte Ordnung und Reinlichkeit herrschte in dieser zum chemischen Laboratorium eingerichteten Hütte. Der Indianer heißt in der Mission der Giftmeister; er hatte das steife Wesen und den pedantischen Ton, den man früher in Europa den Apothekern zum Vorwurf machte. «Ich weiß», sagte er, «die Weißen verstehen die Kunst, Seife zu machen und das schwarze Pulver, bei dem das Übel ist, daß es Lärm macht und die Tiere verscheucht, wenn man sie verfehlt. Das Curare, dessen Bereitung bei uns vom Vater auf den Sohn übergeht, ist besser als alles, was ihr dort drüben (über dem Meer) zu machen wißt. Es ist der Saft einer Pflanze, der ganz leise tötet (ohne daß man weiß, woher der Schuß kommt).»

Die chemische Operation, auf die der Meister des Curare so großes Gewicht legte, schien uns sehr einfach. Die Liane wird frisch oder seit mehreren Wochen getrocknet verarbeitet. Der frische Saft gilt nicht als giftig; vielleicht zeigt er sich nur wirksam, wenn er stark konzentriert ist. Das furchtbare Gift ist in der Rinde und in einem Teil des Splints enthalten. Man schabt mit einem Messer vier bis fünf Linien dicke Zweige ab und zerstößt die abgeschabte Rinde auf einem Stein, wie er zum Reiben des Maniokmehls dient, in ganz dünne Fasern. Da der giftige Saft gelb ist, so nimmt die ganze faserige Masse die nämliche Farbe an. Man bringt sie in einen neun Zoll hohen, vier Zoll weiten Trichter. Diesen Trichter strich der Giftmeister unter allen Gerätschaften des indianischen Laboratoriums am meisten heraus. Er fragte uns mehrmals, ob wir *por allá* (dort drüben, das heißt in Europa) jemals etwas gesehen hätten, das seinem *embudo* gleiche! Es war ein tütenförmig aufgerolltes Bananenblatt, das in einer anderen, stärkeren Tüte aus Palmblättern steckte. Die ganze Vorrichtung ruhte auf einem Gestell von Blattstielen und Fruchtspindeln einer Palme. Man macht zuerst einen kalten Aufguß, indem man Wasser an die gestoßene Rinde gießt. Mehrere Stunden tropft ein gelbliches Wasser von dem Blatttrichter ab. Dieses durchsickernde Wasser ist die giftige Flüssigkeit; sie erhält aber die gehörige Kraft erst, wenn man sie wie Melasse in einem großen tönernen Gefäß abdampft. Der Indianer forderte uns von Zeit zu Zeit auf, die Flüssigkeit zu kosten; nach dem mehr oder minder bitteren Geschmack beurteilt man, ob der Saft genügend eingedickt ist. Dabei ist keine Gefahr, da das Curare nur dann tödlich wirkt, wenn es unmittelbar mit dem Blut in Berührung kommt.

Der noch so stark eingedickte Saft ist nicht dick genug, um an den Pfeilen zu haften. Darum setzt man ihm einen sehr klebrigen Pflanzensaft bei. Sobald er dem eingedickten, kochenden Gift zugegossen wird, schwärzt sich dieses und gerinnt zu einer Masse von der Konsistenz des Teers oder eines dicken Sirups.

Am Orinoko wird selten ein Huhn gespeist, das nicht durch einen Stich mit einem vergifteten Pfeil getötet worden wäre; ja, die Missionare behaupten, das Fleisch der Tiere sei nur dann gut, wenn man dieses Mittel anwendet. Unser

Begleiter, der am dreitägigen Fieber leidende Pater Zea, ließ sich jeden Morgen einen Pfeil und das Huhn, das wir speisen sollten, lebend in seine Hängematte bringen. Er hätte eine Operation, auf die er trotz seines Schwächezustandes sehr großes Gewicht legte, keinem anderen überlassen mögen. In Maipures rüstete ein Zambo für Bonpland giftige Pfeile, wie man sie in die Blasrohre steckt, wenn man kleine Affen und Vögel jagt. Es war ein Zimmermann von ungemeiner Muskelkraft. Er beging die Unvorsichtigkeit, das Curare zwischen den Fingern zu reiben, nachdem er sich unbedeutend verletzt hatte, und stürzte zu Boden, von einem Schwindel ergriffen, der eine halbe Stunde anhielt. Zum Glück war es nur schwaches Gift, dessen man sich bedient, um sehr kleine Tiere zu schießen oder solche, die man wieder zum Leben bringen will.

Auf unserer Rückfahrt von Esmeralda nach Atures entging ich selbst einer ziemlich nahen Gefahr. Das Curare hatte Feuchtigkeit angezogen, war flüssig geworden und aus dem schlecht verschlossenen Gefäß über unsere Wäsche gelaufen. Beim Waschen vergaß man einen Strumpf innen zu untersuchen, der voll Curare war, und erst, als ich den klebrigen Stoff mit der Hand berührte, merkte ich, daß ich einen vergifteten Strumpf angezogen hatte. Die Gefahr war desto größer, als ich gerade an den Zehen blutete, weil mir Sandflöhe schlecht ausgegraben worden waren.

Erntefest

Dem alten Indianer, dem Giftmeister, schien es zu schmeicheln, daß wir ihm bei seinem Laborieren mit so großem Interesse zusahen. Er fand uns so gescheit, daß er nicht zweifelte, wir könnten Seife machen; diese Kunst erschien ihm, nach der Bereitung des Curare, als eine der schönsten Erfindungen des menschlichen Geistes.

Als das flüssige Gift in die zu seiner Aufnahme bestimmten Gefäße gegossen war, begleiteten wir den Indianer zum Juviasfest. Man feierte durch Tänze die Ernte der Juvias und überließ sich der ungezügeltsten Völlerei. In der Hütte, wo die Indianer seit mehreren Tagen zusammenkamen, sah es ganz seltsam aus. Es waren weder Tische noch Bänke darin, aber große gebratene, vom Rauch geschwärzte Affen sah man symmetrisch an die Wand gelehnt. Die Art, wie diese menschenähnlichen Tiere gebraten werden, trägt viel dazu bei, wenn ihr Anblick dem zivilisierten Menschen so widerwärtig ist. Ein kleiner Rost aus sehr hartem Holz wird einen Fuß hoch über dem Boden befestigt. Der abgezogene Affe wird zusammengebogen, als säße er; meist legt man ihn so, daß er sich auf seine langen, mageren Arme stützt, zuweilen kreuzt man ihm die Hände auf dem Rücken. Ist er auf dem Gitter befestigt, so zündet man ein helles Feuer darunter an. Flammen und Rauch umspielen den Affen, und er wird zugleich gebraten und berußt. Sieht man nun die Eingeborenen Arm oder Bein eines gebratenen Affen verzehren, so kann man sich kaum des Gedankens erwehren, die Gewohnheit, Tiere zu essen, die im Körperbau dem Menschen so nahe stehen, möge in gewissem Grade dazu beitragen, daß die Wilden so wenig Abscheu vor dem Essen von Menschenfleisch haben. Die gebratenen Affen, besonders die mit sehr rundem Kopf, gleichen auf schauerliche Weise Kindern, daher auch Europäer, wenn sie sich von Vierhändern nähren müssen, lieber Kopf und Hände abschneiden und nur den Rumpf auftragen lassen. Das Affenfleisch ist so mager und trocken, daß Bonpland in seinen Sammlungen in Paris einen Arm und eine Hand aufbewahrt hat, die in Esmeralda am Feuer geröstet worden waren; nach vielen Jahren rochen die Teile nicht im geringsten.

Wir sahen die Indianer tanzen. Der Tanz ist um so einförmiger, als die Frauen nicht daran teilnehmen dürfen. Die Männer, alt und jung, fassen sich bei den Händen, bilden einen Kreis und drehen sich so, bald rechts, bald links, stundenlang in schweigsamen Ernst. Meist machen die Tänzer selbst die Musik dazu. Schwache Töne, auf einer Reihe von Rohrstücken verschiedener Länge geblasen, bilden eine langsame, melancholische Begleitung. Um den Takt anzugeben, beugt der Vortänzer im Rhythmus beide Knie. Zuweilen bleiben alle stehen und machen kleine schwingende Bewegungen, indem sie den Körper seitlich hin und her werfen.

Jene in eine Reihe geordneten und zusammengebundenen Rohrstücke gleichen der Panflöte, wie wir sie in bacchischen Aufzügen auf großgriechischen Vasen abgebildet sehen. Es ist ein höchst einfacher Gedanke, der allen Völkern kommen mußte, Rohre von verschiedener Länge zu vereinigen und sie nacheinander, während man sie an den Lippen vorbeiführt, anzublasen. Nicht ohne Verwunderung sahen wir, wie rasch junge Indianer, wenn sie am Flusse Rohr fanden, dergleichen Pfeifen schnitten und stimmten. Die Griechen sagten mit Recht, das Rohr sei ein Mittel gewesen zur Unterjochung der Völker, weil es Pfeile lieferte; zur Milderung der Sitten durch den Reiz der Musik; zur Geistesentwicklung, weil es das erste Werkzeug bot, um Buchstaben zu schreiben. Diese verschiedenen Verwendungsarten des Rohres bezeichnen gleichsam drei Abschnitte im Leben der Völker. Die Horden am Orinoko stehen unleugbar auf der untersten Stufe einer beginnenden Kulturentwicklung. Das Rohr dient ihnen nur zu Krieg und Jagd, und Pans Flöte sind an jenen fernen Ufern noch keine Töne entlockt worden, die sanfte, menschliche Empfindungen wecken können.

In der Festhütte fanden wir verschiedene vegetabilische Produkte, die die Indianer aus den Bergen mitgebracht hatten und die unsere ganze Aufmerksamkeit in Anspruch nahmen. Ich verweile hier nur bei der Frucht des Juvia, bei den Rohren von ganz ungewöhnlicher Länge und bei den Hemden aus der Rinde des Marimabaumes.

Der Juvia, einer der großartigsten Bäume in den Wäldern der Neuen Welt, war vor unserer Reise an den Río Negro so gut wie unbekannt. Wir haben den majestätischen Baum nicht blühen sehen. Er setzt vor dem fünfzehnten Jahr keine Blüten an, und diese brechen vor Ende März oder Anfang April auf. Die Früchte reifen gegen Ende Mai, und an manchen Stämmen bleiben sie bis in den August hängen. Da sie so groß sind wie ein Kindskopf, fallen sie mit gewaltigem Geräusch vom Baumwipfel. Unter den Tropen bildet sich innerhalb von fünfzig bis sechzig Tagen eine Fruchthülle, deren holziger Teil einen halben Zoll dick und mit den schärfsten Werkzeugen kaum zu durchsägen ist. Die Samen haben zwei scharf gesonderte Hüllen. Die erste ist beinartig oder holzig, dreieckig, außen höckerig und zimtfarbig. Vier bis fünf, zuweilen acht solcher dreieckigen Nüsse sind an einer Scheidewand befestigt. Da sie sich mit der Zeit ablösen, liegen sie frei in der großen kugeligen Fruchthülle. Die Kapuzineraffen lieben die brasilianischen Kastanien ungemein, und schon das Rasseln der Samen, wenn man die Frucht schüttelt, macht die Eßlust dieser Tiere in hohem Grade rege. Sobald die dreieckigen Nüsse auf den Boden ausgestreut sind, kommen alle Tiere des Waldes herbeigeeilt; Affen, Wickelbären, Eichhörnchen, Agutis, Papageien und Aras streiten sich um die Beute. Sie alle sind stark genug, um den holzigen Überzug des Samens zu zerbrechen; sie nehmen die Mandel heraus und klettern damit auf die Bäume.

Eine der vier Pirogen, mit denen die Indianer von der Juviasernte zurückkehrten, war großenteils mit der Rohrart gefüllt, aus der Blasrohre gemacht werden. Die Rohre waren fünfzehn bis siebzehn Fuß lang, und doch war keine Spur von Knoten zum Ansatz von Blättern oder Zweigen zu bemerken. Sie waren vollkommen gerade, außen glatt und völlig zylindrisch. Sie sind selbst jenseits des Orinoko unter dem Namen *Rohr von Esmeralda* sehr gesucht. Ein Jäger führt sein ganzes Leben dasselbe Blasrohr; er rühmt die Leichtigkeit, Genauigkeit und Politur, wie wir an unseren Feuergewehren dieselben Eigenschaften rühmen. Was mag das für ein Gewächs sein, von dem diese herrlichen Rohre kommen? Ich vermag die Frage nicht zu beantworten, so wenig ich weiß, welcher Gattung ein anderes Gewächs angehört, von dem die Marimahemden kommen.

Wir sahen am Abhang des Cerro Duida über fünfzig Fuß hohe Stämme des Hemdbaums. Die Indianer schneiden zylindrische Stücke von zwei Fuß

Durchmesser davon ab und nehmen die rote, faserige Rinde weg, wobei sie sich in acht nehmen, keinen Längsschnitt zu machen. Diese Rinde gibt ihnen eine Art Kleidungsstück, das Säcken ohne Naht von sehr grobem Stoff gleicht. Durch die obere Öffnung steckt man den Kopf, und um die Arme durchzustecken, schneidet man zur Seite zwei Löcher ein. Der Eingeborene trägt diese Marimahemden bei sehr starkem Regen; sie haben die Form der baumwollenen Ponchos und Ruanas, die in Neu-Granada, Quito und Peru allgemein getragen werden.

Bei dem Fest, dem wir beiwohnten, waren die Weiber vom Tanz und jeder öffentlichen Lustbarkeit ausgeschlossen; ihr trauriges Geschäft bestand darin, den Männern Affenbraten, gegorenes Getränk und Palmkohl aufzutragen.

In Esmeralda, wie überall in den Missionen, leben die Indianer, die sich nicht taufen lassen wollten und sich nur frei der Gemeinde angeschlossen haben, in Polygamie. Die Zahl der Weiber ist bei den verschiedenen Stämmen sehr verschieden, am größten bei den Kariben und bei all den Völkerschaften, bei denen sich die Sitte, junge Mädchen von benachbarten Stämmen zu entführen, lange erhalten hat. Wie kann bei einer so ungleichen Verbindung von häuslichem Glück die Rede sein! Die Weiber leben in einer Art Sklaverei wie bei den meisten sehr versunkenen Völkern. Da die Männer im Besitz der unumschränkten Gewalt sind, wird in ihrer Gegenwart keine Klage laut. Im Hause herrscht scheinbar Ruhe, und die Weiber beeifern sich alle, den Wünschen eines anspruchsvollen, übellaunigen Gebieters zuvorzukommen. Sie pflegen ohne Unterschied ihre eigenen Kinder und die der anderen Weiber. Die Missionare versichern (und was sie sagen, ist sehr glaubhaft), dieser innere Frieden, die Frucht gemeinsamer Furcht, werde gewaltig gestört, sobald der Mann länger von Hause abwesend sei. Dann behandelt diejenige, mit der sich der Mann zuerst verbunden hat, die andren als Beischläferinnen und Mägde. Der Zank nimmt kein Ende, bis der Gebieter wiederkommt, der durch einen Laut, durch eine bloße Gebärde und, wenn er es als zweckdienlich erachtet, durch etwas schärfere Mittel die Leidenschaften niederzuschlagen weiß. Wird ein Indianer, der mehrere Weiber hat, Christ, so zwingen ihn die Missionare, eine zu wählen, die er behalten will, und die anderen zu verstoßen. Der Moment der Trennung ist nun der kritische; der Neubekehrte findet, daß seine Weiber doch höchst schätzbare Eigenschaften haben: die eine versteht sich gut auf die Gärtnerei, die andere weiß Chica zu bereiten, das berauschende Getränk aus der Maniokwurzel; eine erscheint ihm so unentbehrlich wie die andere. Zuweilen siegt beim Indianer die Lust, seine Weiber zu behalten, über die Neigung zum Christentum; meist aber läßt der Mann den Missionar wählen und nimmt dies hin wie einen Spruch des Schicksals.

Amalivaca und Vochi

Wir verließen die Mission Esmeralda am 23. Mai. Wir waren nicht eben krank, aber wir fühlten uns alle matt und schwach infolge der Insektenplage, der schlechten Nahrung und der langen Fahrt in engen, nassen Kanus.

Unsere Piroge war erst gegen drei Uhr nachmittags bereit, uns aufzunehmen. Während der Fahrt auf dem Casiquiare hatten sich unzählige Ameisen darin eingenistet, und nur mit Mühe säuberte man den Toldo, das Dach aus Palmzweigen, unter dem wir nun wieder zweiundzwanzig Tage ausgestreckt liegen sollten. Meine Reisegefährten waren einstimmig der Meinung, in La Esmeralda peinigten die Moskitos ärger als am Casiquiare und selbst in den beiden Missionen an den großen Katarakten. Mir selbst, der ich für die hohe Lufttemperatur weniger empfindlich war als sie, schien der Hautreiz, den die Insekten verursachen, in La Esmeralda nicht so stark wie an der Grenze des oberen Orinoko. Wir nahmen kühlende Waschwasser. Zitronensaft und noch mehr Ananassaft mindern das Jucken der alten Stiche bedeutend, die Geschwulst vergeht nicht davon, wird aber weniger schmerzhaft.

Hört man von diesen leidigen Insekten der heißen Länder sprechen, so findet man es kaum glaublich, daß man unruhig werden kann, wenn sie nicht da sind, oder vielmehr, wenn sie unerwartet verschwinden. Man erzählte uns, 1795 sei in Esmeralda eine Stunde vor Sonnenuntergang, wo sonst die Moskitos eine sehr dichte Wolke bilden, die Luft auf einmal zwanzig Minuten lang ganz frei gewesen. Kein einziges Insekt ließ sich blicken, und doch war der Himmel wolkenlos, und kein Wind deutete auf Regen. Man muß in diesen Ländern selbst gelebt haben, um zu begreifen, in welchem Maße dieses plötzliche Verschwinden der Insekten überraschen mußte. Man wünschte einander Glück, man fragte sich, ob diese Erleichterung wohl von Dauer sein könnte. Nicht lange aber, und statt den Augenblick zu genießen, fürchtete man sich vor selbstgemachten Schreckbildern. Man bildete sich ein, die Ordnung der Natur habe sich verkehrt. Alte Indianer – die Ortsgelehrten – behaupteten, das Verschwinden der Moskitos könne nichts anderes bedeuten als ein großes Erdbeben. Man stritt hitzig hin und her, man lauschte auf das leiseste Geräusch im Laub, und als sich die Luft wieder mit Moskitos füllte, freute man sich ordentlich, sie wiederzuhaben.

24. Mai. – Unabhängige Völker leben hier im Gebirgsland, aber auf den Grasfluren zwischen Casiquiare, Atabapo, Orinoko und Río Negro findet man gegenwärtig fast keine Spur einer menschlichen Wohnung. Ich sage gegenwärtig; denn hier wie anderswo in Guayana findet man auf den härtesten Granit-

felsen rohe Bilder eingegraben, die Sonne, Mond und verschiedene Tiere vorstellen und darauf hinweisen, daß hier früher ein ganz anderes Volk lebte als das, welches wir an den Ufern des Orinoko kennengelernt haben.

Die Völker von tamanakischem Stamm, die alten Bewohner dieses Landes, haben eine lokale Mythologie, Sagen, die sich auf diese Felsen mit Bildern beziehen. *Amalivaca*, der Vater der Tamanaken, das heißt der Schöpfer des Menschengeschlechts (jedes Volk hält sich für den Urstamm der anderen Völker), kam in einer Barke an, als sich bei der großen Überschwemmung, die die Wasserzeit heißt, die Wellen des Ozeans mitten im Lande an den Bergen brachen. Alle Menschen ertranken, mit Ausnahme eines Mannes und einer Frau, die sich auf einen Berg flüchteten. Dieser Berg ist der Ararat der aramäischen oder semitischen Völker, der Tlaloc der Mexikaner.

Amalivaca fuhr auf seiner Barke herum und grub die Bilder von Sonne und Mond in den Fels. Granitblöcke, die eine Art Höhle bilden, heißen noch heute das Haus des großen Stammvaters der Tamanaken. Bei dieser Höhle zeigt man auch einen großen Stein, der, wie die Indianer sagen, ein Musikinstrument Amalivacas war, seine Trommel.

Wir erwähnen bei dieser Gelegenheit, daß dieser Heros einen Bruder hatte, *Vochi*, der ihm zur Hand ging, als er der Erdoberfläche ihre jetzige Gestalt gab. Die beiden Brüder, so erzählen die Tamanaken, wollten bei ihren eigenen Vorstellungen von Vollkommenheit den Orinoko zuerst so legen, daß man hinab und hinauf immer mit der Strömung fahren könnte. Sie gedachten damit den Menschen die Mühe des Ruderns zu ersparen, wenn sie den Quellen der Flüsse zuführen. Aber so mächtig diese Erneuerer der Welt waren, es wollte ihnen nie gelingen, dem Orinoko einen doppelten Fall zu geben, und sie mußten es aufgeben, ein so wunderliches hydraulisches Problem zu meistern.

Amalivaca besaß Töchter, die eine große Neigung zum Umherziehen hatten. Die Sage erzählt, ohne Zweifel im bildlichen Sinne, er habe ihnen die Beine zerschlagen, damit sie an Ort und Stelle bleiben und die Erde mit Tamanaken bevölkern müßten. Nachdem er in Amerika, diesseits des großen Wassers, alles in Ordnung gebracht hatte, schiffte sich Amalivaca wieder ein und fuhr an das andere Ufer zurück, an den Ort, von dem er gekommen war. Seit die Eingeborenen Missionare zu sich kommen sehen, denken sie, dieses andere Ufer sei Europa, und einer fragte Pater Gilii naiv, ob er dort drüben den großen Amalivaca gesehen habe.

Amalivaca ist ursprünglich nicht der Große Geist, der Alte im Himmel, das unsichtbare Wesen, dessen Verehrung aus der Verehrung der Naturkräfte entspringt. Er ist vielmehr eine Person aus dem heroischen Zeitalter, ein Mann, der aus weiter Ferne kam, im Lande der Tamanaken und Kariben gelebt, symbolische Zeichen in die Felsen gegraben hat und wieder verschwunden ist. Der Anthropomorphismus bei der Gestaltung der Gottheit hat zwei gerade entgegengesetzte Quellen. Bald läßt der Mensch die Gottheiten zur Erde niedersteigen und es auf sich nehmen, die Völker zu regieren und ihnen Gesetze zu geben, wie in den Mythen des Orients. Bald, wie bei den Griechen und anderen Völkern des Abendlandes, werden die ersten Herrscher, die Priesterkönige, dessen entkleidet, was menschlich an ihnen ist, und zu Nationalgottheiten erhoben.

Die Tagebuchwahrheit

Was ich von unserer Fahrt von Esmeralda bis zur Einmündung des Atabapo berichten könnte, wäre nur trockene Aufzählung von Flüssen und unbewohnten Orten. Da der Orinoko hier frei von Klippen ist, führte uns der indianische Steuermann die Nacht durch fort, indem er die Piroge der Strömung überließ. Am 27. Mai langten wir in San Fernando de Atabapo an.

Während unserer langen Abwesenheit waren dem Präsidenten der Missionen über den eigentlichen Zweck unserer Reise, über mein Verhältnis zu den Mitgliedern des hohen Klerus in Spanien, über die Kenntnis des Zustandes der Missionen, die ich mir verschafft hatte, bedeutende Bedenken aufgestiegen. Bei unserem Aufbruch drang er in mich, ihm ein Schreiben zu hinterlassen, in dem ich bezeugte, die christlichen Missionen am Orinoko in guter Ordnung angetroffen zu haben und daß die Eingeborenen im allgemeinen milde behandelt würden. Ich erwiderte, das Zeugnis eines im Schoß der reformierten Kirche geborenen Reisenden könne in dem endlosen Streit, in dem fast überall in der Neuen Welt geistliche und weltliche Macht miteinander liegen, doch wohl von keinem großen Gewicht sein. Ich gab ihm zu verstehen, da ich mitten in den Missionen und, wie die Cumaner boshaft sagen, *en el poder de los frailes* (in der Gewalt der Mönche) sei, möchte das Schreiben, das wir am Ufer des Atabapo miteinander abfaßten, wohl schwerlich als ein ganz freier Willensakt von meiner Seite angesehen werden. Der Gedanke, daß er einen Calvinisten gastfreundlich aufgenommen hatte, erschreckte den Präsidenten nicht. Ich glaube allerdings, daß man vor meiner Ankunft schwerlich je einen in den Missionen des heiligen Franziskus gesehen hat. Der Präsident bestand nicht weiter auf der Schrift, die ich hätte unterzeichnen sollen, und wir benutzten die wenigen Augenblicke, die wir noch beisammen waren, um den Zustand des Landes und die Aussicht, die Indianer an den Segnungen der Kultur teilnehmen zu lassen, freimütig zu besprechen. Der Präsident schien mich freundlich anzuhören. Indessen glaube ich doch, er wünschte im Herzen (ohne Zweifel im Interesse der Naturwissenschaft), Leute, die Pflanzen auflesen und das Gestein untersuchen, möchten sich nicht so vorlaut mit dem Wohl der kupferfarbigen Rasse und mit den Angelegenheiten der menschlichen Gesellschaft befassen. Dieser Wunsch ist in beiden Welten gar weit verbreitet; man begegnet ihm überall, wo der Gewalt bange ist, weil sie meint, sie stehe nicht auf festen Füßen.

Keine Religion predigt die Unmoral, aber sicher ist, daß von allen existierenden die christliche Religion diejenige ist, unter deren Maske die Menschen am unglücklichsten werden. Daß man doch die Missionen besuchte, daß man in die Hütten der Amerikaner einträte, die unter der Fuchtel von Franziskaner- oder Kapuzinerpatern leben; man würde wünschen, auf einer verlassenen Insel zu leben, um niemals von den Europäern und ihrer Theokratie sprechen zu hören. Die gegenwärtigen Missionen verursachen zwei Arten von Schäden. Der eine vollzieht sich positiv: Zivilisation und Kultur der Menschen werden nicht gefördert. Der andere ist ein negativer: das Gute wird verhindert, die Bevölkerung verringert, ungeheure Ländereien werden unbewohnbar gemacht und die freien Indios dahin gebracht, sich täglich mehr von den christlichen Niederlassungen zurückzuziehen; so steigert sich der Haß gegen eine Menschenklasse, die unter dem Anschein, den Indios Gutes zu tun, ihnen ihren Besitz gewaltsam wegnimmt und sie glauben macht, es sei eine Sünde, sich darüber zu beklagen! Die deutschen Kleinstaaten beweisen zur Genüge, daß man den Launen eines Souveräns um so mehr unterworfen ist, je näher man ihm ist.

Die Missionen sind Theokratien, denen sich die Indios leicht anpassen, weil jeder freie amerikanische Indio an eine mechanische Willfährigkeit gegenüber seinen Häuptlingen gewöhnt ist. Es gibt jedoch keine unbegrenztere Despotie als die der Mönche. Welch schreckliche Vorstellung, daß derselbe Mensch, der sowohl von Sünden freisprechen wie nach Belieben den mildesten Trost eines zukünftigen glücklicheren Lebens entziehen kann, auch Herr und Gebieter über euer Eigentum, die Früchte eures Ackerbaus, eure geringfügigsten Handlungen ist. Der Mönch versteht es, die unbegreiflichsten Sachen ausführen zu lassen. In einem Kloster erzogen, ahmt er stets nach, was er dort gesehen hat, er fordert den gleich blinden Gehorsam, an den er gegen seine Oberen gewöhnt worden ist. Er versucht, ein chinesisches oder Inkaregiment aufzurichten, ein mechanisches Leben. Die Missionare, die nach Amerika kommen und behaupten, von einer inneren Stimme gerufen zu sein, sind meistens Burschen, die nur Lust haben, zu entlaufen; die schlechter Führung wegen oder aus Schikane sich von ihren Oberen schlecht behandelt sehen und es bereuen, die Kutte genommen zu haben. Oft kommen sie als achtzehn-, neunzehnjährige Ministranten; in aller Eile macht man sie nach ihrer Ankunft zu Priestern. Alle Orden haben sowohl Dörfer an der Küste, in denen man einige Bequemlichkeit genießt, als auch wirkliche Missionen in den Urwäldern, wo man von allem menschlichen Verkehr abgeschnitten ist. Gerade in letztere, die menschlicher Teilnahme am meisten bedürfen, sendet man die neuangekommenen Mönche, die sich den Oberen am wenigsten empfehlen. Die zivilisiertesten bleiben an der Küste, wo ihnen der Handel mit Maultieren, mit Rindern in wenigen Jahren dreißig- bis vierzigtausend Pesos einbringt. Sie haben sogar Schoner, die Schleichhandel mit Jamaika treiben, und man hört vom *Schoner des Paters* reden – eine Bezeichnung, die so erheiternd erscheint, daß der heilige Franz von Assisi Mühe gehabt hätte zu glauben, seine Anhänger in der Neuen Welt könnten eine Seemacht haben.

Aber man schickt in das Innere der Wälder nicht nur die neuangekommenen, gröbsten und stupidesten Mönche, sondern auch jene der reicheren Missionen, die schlecht mit den Oberen stehen oder wegen irgendeines Verbrechens bestraft werden sollen. Ich habe einen Missionar gekannt, der aus purem Haß einem Leutnant der Miliz fünfzig Stockschläge versprochen hatte, falls er sich in seiner, Angostura benachbarten Mission sehen ließe. Der Leutnant vergaß sich und näherte sich dem Machtbereich des Mönchs. Augenblicklich bewaffnet dieser seine Indios mit Pfeilen und Blasrohren, überrascht den Feind, nimmt ihn gefangen, zieht ihm die Uniform aus, bindet ihn an den Pfahl und verpaßt ihm die versprochenen fünfzig Schläge. Man machte dem Mönch den Prozeß, untersagte ihm zunächst für drei Jahre, die Messe zu lesen, und sandte ihn dann in eine Mission im Landesinneren. Auf diese Weise werden die Waldmissionen zu Orten der Verbannung, das Sibirien der Provinz.

Die Mönche treffen dort in schlechter Laune ein. Gefallen an ihrem neuen Leben beginnen sie erst zu finden, wenn sie genügend abgestumpft sind und sich zu bereichern gelernt haben, indem sie die Indios wie Sklaven für sich arbeiten lassen und ihnen ihre Erzeugnisse wegnehmen. An diesen verlassenen Orten gibt es keine höhere Autorität als die des Missionars. Der Mönch ist vollkommen unabhängig. Aber dessen bedarf es gar nicht einmal; da jeder äußere Zügel fehlt, braucht er nur ein Mensch zu sein, um sich der absoluten Freiheit seiner Leidenschaften und allen Exzessen des schrecklichsten Despotismus hinzugeben. Was ihm einzig Einhalt gebieten könnte, wären eine innere moralische Empfindung und die Furcht. Doch moralische Empfindung ist sehr selten bei schlecht erzogenen Leuten, die an Verstellung und Heuchelei gewöhnt sind und in dem Glauben leben (der den wahren Prinzipien der katholischen Kirche sehr entgegen ist), daß die Untaten, die man in diesem Leben begeht, nichts bedeuten, sofern man einen benachbarten Mönch in ausreichender Nähe hat, dem man sie im Augenblick des Todes reuig beichten kann. Und die Furcht, sie existiert nicht.

Die Missionare herrschen durch eine allen gemeinsame politische Intrige; sie erklärt vollständig, wie es denn überhaupt möglich ist, daß ein Weißer, oft ganz allein unter gewalttätigen Indios, so despotisch regieren kann. Die Intrige besteht in den Geschenken, die man den Anführern der Indios macht. Darauf gründet sich die Mission. Der Mönch hat immer drei oder vier Indios, und zwar die gefürchtetsten, auf seiner Seite. Er macht es wie die Souveräne, die Ordenskreuze und Titel verleihen. Die Mönche ernennen Kaziken, Gobernadores, ranghöhere Polizisten. Sie verteilen die Stäbe und Ehrenzeichen an Indios, die sie nur als Zeichen der Erlaubnis tragen, die übrigen Indios zu tyrannisieren. So gibt es in jeder Mission vier oder fünf Familien, die stets die Partei des Mönches nehmen. Dazu straft man jeden Mangel an Unterordnung mit der größten Härte; und wo die Missionen dicht beieinander liegen, wären diese Strafen selbst ohne die genannte politische Intrige leicht zu verhängen. Die Indios eines Dorfes sind immer geneigt, ihre Nachbarn zu demütigen, und wenn es sich um einen Racheakt handelt, führt ihn der Indio zufrieden aus, ohne nach dem Grund der Bestrafung zu fragen; fast wie die europäischen Soldaten, die einen Krieg mit Erbitterung führen, ohne zu wissen, um was er geführt wird.

Der Missionar versucht, sein Dorf wie ein Kloster zu behandeln. Alles geschieht nach Glockenschlag; der Indio ist nicht einen einzigen Augenblick in seinen Handlungen frei; man schickt ihn nach rechts und nach links, und allein die Flußreisen reichen aus, um die Missionen zu ruinieren. Der Indio will nichts anbauen, weil alles, was er hervorbringt, dem Pater gehört. In San Fernando de Atabapo zwingt man ihn, dem Missionsmönch den Zentner Kakao für einen halben bis dreiviertel Peso zu verkaufen. Es setzt Stockschläge, wenn der Indio seinen Kakao einem benachbarten Missionar zu verkaufen oder bei diesem seine Leinwand zu kaufen wagt. Jeder wahrt in seinem Dorf das Monopolrecht. Ich reiste mit einem Mönch, der auf dem großen Schildkrötenöl-Markt für fast hundert Pesos Leinwand, Bänder, Nadeln gekauft hatte, die ihn nicht zwanzig Pesos kosteten; denn statt mit Geld bezahlte er sie mit Titíaffen und Felshühnern, die ihm die Indios zwangsweise für einen Viertelpeso überlassen mußten und die er vor ihren Augen für gute sieben Pesos weiterverkaufte. Denselben Indios verbot er bei Strafe von fünfzig Peitschenhieben, den Kaufleuten von Guayana auch nur einen einzigen Affen auf eigene Rechnung zu verkaufen. Er errichtete seinen Stand in allen Dörfern, durch die wir kamen; er hatte die Geduld, die Nadeln stückweise zu verkaufen, wobei er dreitausend Prozent gewann.

Man bezahlt den Kakao in San Fernando de Atabapo nicht mit Geld. Nein, man zwingt die Indios, ihn im Kanu des Paters – das sie mit ihren eigenen Händen gebaut haben – nach Angostura zu transportieren, oft ohne ihnen das Maniokmehl, die einzige Nahrung, zu liefern, obwohl sie mit dem Ruder in der Hand täglich vierzehn bis sechzehn Stunden arbeiten. In Angostura angekommen, verbietet der Mönch ihnen jeden Verkehr mit den Weißen unter dem Vorwand, ihre Moral würde verdorben, und untersagt ihnen, irgend etwas zu kaufen, damit seine *armen Kleinen*, die den Wert der Dinge nicht kennen, in den Läden der Weißen nicht betrogen werden. Die *armen Kleinen* sehen, wie das Kanu des Paters mit Messern, Angelhaken, Leinwand, Tüchern vollgeladen wird, und durchschauen das Geheimnis, warum sie selbst nichts kaufen dürfen: In den Missionen werden diese Gegenstände sie drei- bis achthundert Prozent mehr kosten als hier im Hafen, obwohl der Transport den Mönch-Kaufmann nichts kostet, sondern allein sie, die Indios, die drei bis vier Monate im Kanu schwitzen, indessen den Anbau ihrer Gärten versäumen und zu einem Zusammenleben mit ihren Familien überhaupt nicht kommen. Erst nach der Rückkehr, nachdem der Mönch den Zentner Kakao in Angostura zu zwölf bis vierzehn Pesos verkauft hat, zahlt er ihnen einen halben bis dreiviertel Peso, aber wie gesagt, nicht in Geld, sondern in Leinwand oder Messern, das gesamte Geschäft beläuft sich am Ende für ihn auf einen Gewinn von dreitausend Prozent.

Wenn der Priester bis zum Tage der Rückkehr seines Kanus inzwischen genügend *chiquichiqui* und *maní* aufgehäuft hat, wird er die unglücklichen Indios am folgenden Tag wieder einschiffen und ein zweites Mal für drei oder vier Monate fünf- bis sechshundert Meilen weit aus ihrer Heimat fortschicken und sie dabei aus einem Land ohne Moskitos (zum Beispiel am Río Negro) in ein anderes (am Orinoko) versetzen, wo die Mücken den vernünftigsten Menschen zum Wahnsinn treiben.

Damit nichts ihre Monopolgeschäfte stört, haben es die Mönche verstanden, die Missionen für Weiße zu schließen. Seitens der Souveräne existieren weise Gesetze, denen zufolge sich in jedem Indianerdorf zwei oder drei weiße oder spanische (nichtindianische) Familien niederlassen sollen. Aber die Missionare haben, um die Sittenreinheit der Indios zu wahren, eigenmächtig verfügt, kein Spanier dürfe ohne Erlaubnis des Mönchs länger als eine Nacht in der Mission verweilen. Die Katalanen haben trotz ihres Geschäftsgeistes niemals in die Missionen eindringen können. Man hat ihnen ihre Kanus in den Stromschnellen des Orinoko zerbrochen. An diesem Monopol der Mönche liegt es, wenn Missionen mit fruchtbarem Boden kaum Handelsprodukte hervorbringen und ihre Bevölkerung sich als Folge des Elends so bemerkenswert verringert. Statt Kakao anzubauen, der ihnen ja doch nichts weiter einbringt als das Unglück weiter Reisen, zerstören die Indios im Gegenteil heimlich die Sträucher.

Ich habe dies alles mit meinen eigenen Augen gesehen und spreche darüber ohne Haß gegen die Mönche, die mir persönlich niemals etwas zuleide getan haben, unter denen ich eine Reihe sehr achtungswürdiger Personen kennenlernte und über die ich mich in meinem gedruckten Werk mit viel mehr Vorsicht äußern werde, als ich es hier im Tagebuch tue. Ich bin in die Missionen weder aus Gnade eingelassen worden noch heimlich hineingekommen, sondern auf direkten Befehl des Königs empfangen und gut aufgenommen worden.

Blutige Ausschreitungen, bei denen Indios zu Tode gepeitscht werden – wofür alle Missionen Beispiele liefern –, sind im allgemeinen zu selten, um sie als Hauptursache des Unglücks der Indios anzuführen. Es geht ihnen wie den Negern: Werden sie nicht gerade totgeschlagen, heißt es, es gehe ihnen gut; und wenn man ihnen ohne Richterspruch nur fünfundzwanzig Hiebe zu versetzen wagt, macht man sich vor, sie seien durch die Gesetze geschützt. Man vergißt, wieviel besser es ist, bei einer einzigen Auspeitschung unter den Schlägen seinen Geist aufzugeben, als ein trostloses Leben in die Länge zu ziehen, in dem man alle Tage geschlagen wird, und also ein Leben zu führen, das schlimmer als der Tod ist. Das Unglück des Indios in den Missionen besteht darin, daß er Sklave des Paters ist, des Gobernadors, des Polizisten, des Hauptmanns, daß er keinen eigenen Willen hat, man ihn sechs Monate des Jahres von seiner Familie trennt, um ihn im Kanu des Paters rudern zu lassen, daß man ihn jeden Augenblick auspeitscht, sogar in der Kirche, daß er unbewegt zusieht, wie seine Frau, seine Mutter ohne Unterschied des Alters beim Gebet geschlagen wird, weil sie *infierno* (Hölle) wie *invierno* (Winter) ausspricht. Nichts ist widerlicher, als (in den Kariben-Missionen) zu sehen, wie der Priester nach der Messe im Ornat vor der Kirchentür Aufstellung nimmt, um die Geschenke (Abgaben) der Indios zu empfangen, die in zwei Reihen anstehen und dem Mönch ihr Holz, ihre Bananen, ihr Maniok demütig zu Füßen legen. Nach diesem Akt der Huldigung befiehlt der Priester, die Indios auszupeitschen, die seinem Despotismus Widerstand geleistet haben; oft werden dreiviertel Stunden lang sieben, acht, neun Indios gepeitscht; danach kehrt der Priester in die Sakristei zurück und legt sein geistliches *Ehrenkleid* ab.

Ihr, die ihr die Gelübde der Demut, der Armut abgelegt und die Einfachheit der Urkirche nachgeahmt habt, seht eure Anhänger in Westindien! Welch grausame Vorstellung, daß die Indios euren Gott nicht anbeten können, ohne ausgepeitscht zu werden.

Die Katakomben der Atures

Von der Mündung des Atabapo bis zu der des Apure war uns, als reisten wir in einem Land, in dem wir lange gewohnt hatten. Mit Interesse erinnerten wir uns der Orte, an denen wir übernachtet hatten; wir trafen Indianer wieder, die uns beim Botanisieren begleitet hatten. Der Transport der Piroge über den großen Katarakt von Maipures hielt uns zwei Tage auf. Am 31. Mai, vor Sonnenuntergang, stiegen wir am östlichen Ufer an Land, um die Höhle von Ataruipe zu besuchen, in der ein ganzer ausgestorbener Volksstamm seine Grabstätte zu haben scheint. Ich versuche, diese bei den Eingeborenen vielberufene Höhle zu beschreiben.

Mühsam und nicht ganz gefahrlos erklimmt man eine steile, völlig nackte Granitwand. Man könnte auf der glatten Fläche unmöglich Fuß fassen, wenn nicht große Feldspatkristalle, die nicht so leicht verwittern, hervorstünden und Halt böten. Wir sahen in ein tiefes, ringsum geschlossenes Tal hinunter. Raubvögel und Ziegenmelker schwirrten einzeln durch den unzugänglichen Zirkus. Mit Vergnügen verfolgten wir ihre flüchtigen Schatten, wie sie langsam an den Felswänden hinglitten. Ganz hinten im Tal steht dichter Wald. An diesem schattigen, einsamen Ort, am steilen Abhang eines Berges, ist der Eingang der Höhle von Ataruipe. Es ist übrigens weniger eine Höhle als ein vorspringender Fels, in dem die Gewässer, als sie bei den alten Umwälzungen unseres Planeten so hoch heraufreichten, ein weites Loch ausgewaschen haben. In dieser Grabstätte zählten wir gegen sechshundert wohlerhaltene Skelette. Jedes liegt in einer Art Korb aus Palmblattstielen. Diese Körbe, von den Eingeborenen *mapires* genannt, bilden eine Art viereckiger Säcke. Ihre Größe entspricht dem Alter der Leichen; es gibt sogar welche für Kinder, die während der Geburt gestorben sind. Sie wechseln in der Länge von zehn Zoll bis zu drei Fuß vier Zoll. Die Skelette sind alle zusammengebogen und so vollständig, daß keine Rippe, kein Fingerglied fehlt. Die Knochen sind auf dreierlei Weise zubereitet: entweder an Luft und Sonne gebleicht oder mit Onoto rot gefärbt oder mumienartig zwischen wohlriechende Harze in Pisangblätter eingeknetet. Die Indianer erzählten uns, man lege die Leiche in die feuchte Erde, damit sich das Fleisch allmählich verzehre. Nach einigen Monaten nehme man sie wieder heraus und schabe mit scharfen Steinen den Rest des Fleisches von den Knochen.

Neben den Mapires sieht man Gefäße von halbgebranntem Ton, die die Gebeine einer ganzen Familie zu enthalten scheinen. Die größten dieser Graburnen sind drei Fuß hoch und etwas unter vier Fuß drei Zoll lang. Sie sind graugrün, oval, von gefälligem Aussehen, mit Henkeln in Gestalt von Krokodilen und Schlangen, am Rande mit Mäandern, Labyrinthen und mannigfach kombinierten Linien geschmückt. Hinsichtlich der Zeit, aus der die Mapires und die bemalten Gefäße stammen, konnten wir uns keine bestimmte Vorstellung bilden. Die meisten schienen nicht über hundert Jahre alt.

Nach einer Sage der Guahibos-Indianer flüchteten sich die kriegerischen Atures, von den Kariben verfolgt, auf die Felsen mitten in den Wasserfällen, und hier erlosch nach und nach diese einst so zahlreiche Nation und mit ihr ihre Sprache. Noch 1767 lebten die letzten von ihnen. Man zeigte uns in Maipures einen alten Papagei, von dem die Eingeborenen behaupten, man verstehe ihn nicht, weil er aturisch spreche.

Wir suchten recht charakteristische Schädel und öffneten daher viele Mapires. Armes Volk, selbst in den Gräbern stört man deine Ruhe. Die Indianer sahen diese Operation mit großem Unwillen an, besonders ein paar Guaicás-Indianer, die kaum vier Monate lang weiße Menschen kannten. Die Nacht brach ein, indes wir noch unter den Knochen wühlten. Die Mienen unserer indianischen Führer sagten uns, daß wir die Grabstätte genug entheiligt hätten und den Frevel endlich endigen sollten. Wir nahmen mehrere Schädel, das Skelett eines Kindes von sechs bis sieben Jahren und die Skelette zweier Erwachsener mit. Alle diese zum Teil rot bemalten, zum Teil mit Harz überzogenen Gebeine lagen in Körben. Sie machten fast eine ganze Maultierladung aus, und da uns der abergläubische Widerwillen der Indianer gegen einmal beigesetzte Leichen bekannt war, hatten wir die Mapires in frisch geflochtene Matten einwickeln lassen. Bei dem Spürsinn der Indianer und ihrem feinen Geruch half aber diese Vorsicht leider nichts. Überall, wo wir auf den Llanos zwischen Angostura und Nueva Barcelona in den Karibenmissionen Halt machten, liefen die Eingeborenen um unsere Maultiere zusammen, um die am Orinoko gekauften Affen zu bewundern. Kaum aber hatten die guten Leute unser Gepäck angerührt, so prophezeiten sie, das Lasttier, «das die Toten trage», werde zugrunde gehen. Umsonst versicherten wir, sie irrten sich, in den Körben seien Krokodil- und Seekuhknochen; sie blieben dabei, sie rochen das Harz, mit dem die Knochen überzogen sind, und sagten, das seien «ihre alten Verwandten». Wir mußten die Autorität der Mönche in Anspruch nehmen, um des Widerwillens der Eingeborenen Herr zu werden und frische Maultiere zu bekommen.

Schweigend gingen wir von der Höhle von Ataruipe nach Hause. Es war eine der stillen, heiteren Nächte, die im heißen Erdstrich so gewöhnlich sind. Die Sterne glänzten in mildem, planetarischem Licht. Ungeheure Insektenschwärme verbreiteten ein rötliches Licht in der Luft. Der dichtbewachsene Boden glühte von lebendigem Feuer, als hätte sich die gestirnte Himmelsdecke auf die Grasflur niedergesenkt. Vor der Höhle blieben wir noch öfter stehen und bewunderten den Reiz des merkwürdigen Ortes. Duftende Vanille und Bignonien schmückten den Eingang, und darüber, auf der Spitze des Hügels, wiegten sich säuselnd die Schäfte der Palmen.

Kavernen im Strom

In der Mission Atures verweilten wir nur, bis unsere Piroge durch den großen Katarakt geschafft war. Der Boden unseres kleinen Fahrzeuges war so dünn geworden, daß große Vorsicht nötig war, damit er nicht sprang. Wir nahmen Abschied von Missionar Bernardo Zea, der in Atures blieb, nachdem er zwei Monate lang unser Begleiter gewesen war und alle unsere Beschwerden geteilt hatte.

Wir wagten es, in unserer Piroge durch die letzte Hälfte des Raudals von Atures zu fahren. Wir stiegen mehrmals aus und kletterten auf die Felsen, die als schmale Dämme die Inseln untereinander verbinden. Bald stürzen die Wasser über die Dämme hinweg, bald fallen sie mit dumpfem Getöse in deren Inneres. Wir fanden ein beträchtliches Stück des Orinoko trockengelegt, weil sich der Strom durch unterirdische Kanäle einen Weg gebrochen hat. An diesen einsamen Orten nistet das Felshuhn mit goldigem Gefieder, einer der schönsten tropischen Vögel.

Wir hielten uns im Wasserfall von Canucari auf, der durch ungeheure, aufeinandergetürmte Granitblöcke gebildet wird. Sie sind so übereinandergeschoben, daß sie geräumige Höhlen bilden. Wir gingen in eine, um Grünalgen zu pflücken, mit denen die Spalten und die nassen Felswände bekleidet waren. Dieser Ort bot eines der merkwürdigsten Naturschauspiele, die wir am Orinoko gesehen haben. Über unsere Köpfe rauschte der Strom hinweg, und es brauste, als ob sich das Meer an Klippen bricht; aber am Eingang der Höhle konnte man trocken hinter der breiten Wassermasse stehen, die sich im Bogen über den Steindamm stürzt. In anderen, tieferen, aber nicht so großen Höhlen war das Gestein durch langdauernde Einsickerung durchbohrt. Wir sahen dicke Wassersäulen von der Gewölbedecke herabfallen und durch Spalten davonfließen, die auf weite Strecken zusammenzuhängen schienen.

Wir genossen den Anblick dieses außerordentlichen Naturbildes länger, als uns lieb war. Unser Kanu sollte am östlichen Ufer einer schmalen Insel entlangfahren und uns nach einem weiten Umweg wieder aufnehmen. Wir warteten anderthalb Stunden vergeblich. Die Nacht kam heran und mit ihr ein furchtbares Gewitter; der Regen goß in Strömen herab. Wir fürchteten nachgerade, unser schwaches Fahrzeug möchte an den Felsen zerschellt sein und die Indianer mit ihrer gewöhnlichen Gleichgültigkeit beim Ungemach anderer sich auf den Weg zur Mission gemacht haben. Wir waren nur unser drei; stark durchnäßt und voll Sorge um unsere Piroge, bangten wir vor der Aussicht, eine lange Äquinoktialnacht schlaflos im Lärm des Raudals zuzubringen. Bonpland faßte den Entschluß, über die Flußarme zwischen den Granitdämmen zu schwimmen. Er hoffte, den Wald erreichen und in der Mission bei Pater Zea Beistand holen zu können. Nur mit Mühe hielten wir ihn von diesem Wagnis ab. Er war unbekannt mit dem Labyrinth von Wasserrinnen, in die der Orinoko zerschlagen ist und in denen meist starke Wirbel sind. Und was jetzt, da wir eben über unsere Lage beratschlagten, unter unseren Augen vorging, bewies hinreichend, daß die Indianer fälschlich behauptet hatten, in den Wasserfällen gäbe es keine Krokodile.

Die kleinen Affen, die wir seit mehreren Monaten mit uns führten, hatten wir auf die Spitze unserer Insel gestellt. Vom Gewitterregen durchnäßt und für die geringste Wärmeabnahme empfindlich, erhoben die zärtlichen Tiere ein klägliches Geschrei und lockten damit zwei nach ihrer Größe und ihrer bleigrauen Farbe sehr alte Krokodile herbei. Bei dieser unerwarteten Erscheinung war uns der Gedanke, daß wir bei unserem ersten Aufenthalt in Atures mitten im Raudal gebadet hatten, nicht eben behaglich.

Nach langem Warten, als schon der Tag sich neigte, kamen die Indianer. Die Staffel, über die sie hatten herab wollen, um die Insel zu umfahren, war wegen zu seichten Wassers nicht passierbar, und der Steuermann hatte im Gewirr von Felsen und kleinen Inseln lange nach einer besseren Durchfahrt suchen müssen. Zum Glück war unsere Piroge nicht beschädigt, und in weniger als einer halben Stunde waren unsere Instrumente, unsere Mundvorräte und unsere Tiere eingeschifft.

Das Rauschpulver der Otomaken

Wir fuhren, ohne sie zu betreten, an der neuen Mission San Borja vorüber und hörten einige Tage darauf mit Bedauern, die kleine Kolonie von Guahibos-Indianern sei *al monte* (in den Wald) gelaufen in der Einbildung, wir wollten sie fortschleppen und als Sklaven verkaufen.

In Carichana konnte Bonpland zu seiner Freude eine Seekuh sezieren. Es war ein Weibchen, und ihr Fleisch glich dem Rindfleisch. Die Piaroas, von denen einige Familien in der Mission lebten, verabscheuen dieses Tier so sehr, daß sie sich versteckten, als es in unsere Hütte geschafft wurde. Sie behaupten, die Leute ihres Stammes sterben unfehlbar, wenn sie davon essen. Dieses Vorurteil ist desto auffallender, als die Nachbarn der Piaroas, die Guamos und Otomaken, nach dem Seekuhfleisch sehr lüstern sind.

Wir fuhren in zwei Tagen von Carichana zur Mission La Urbana hinab. Das kleine indianische Dorf ist ungemein malerisch gelegen; es lehnt sich an einen hohen Granitberg. Überall steigen Felsen wie Pfeiler über dem Wald auf und ragen über die höchsten Baumwipfel empor. Nirgends nimmt sich der Orinoko majestätischer aus als bei der Hütte des Missionars Fray Ramón Bueno. Er ist hier über 15 600 Fuß breit und läuft gerade gegen Ost, ohne Krümmung, wie ein ungeheurer Kanal.

Die Mission ist von Otomaken bewohnt, einem versunkenen Stamm, an dem man eine der merkwürdigsten physiologischen Erscheinungen beobachtet. Die Otomaken essen Erde, das heißt, sie verschlingen sie mehrere Monate lang täglich in ziemlich bedeutender Menge, um den Hunger zu beschwichtigen, ohne daß ihre Gesundheit dabei leidet. Wir konnten uns zwar nur einen einzigen Tag in Urbana aufhalten, aber dies reichte hin, um die Bereitung der *poya* (der Erdkugel) kennenzulernen, die Vorräte, die die Eingeborenen davon angelegt hatten, zu untersuchen und die Menge Erde, die sie in vierundzwanzig Stunden verschlingen, festzustellen.

Die Einwohner von La Urbana gehören zu den Savannenvölkern (*indios andantes*), die schwerer zu zivilisieren sind als die Waldvölker (*indios del monte*), starke Abneigung gegen den Landbau haben und fast ausschließlich von Jagd und Fischfang leben. Es sind Menschen von sehr starkem Körperbau, aber häßlich, wild, rachsüchtig, den gegorenen Getränken leidenschaftlich ergeben. Solange das Wasser im Orinoko und seinen Nebenflüssen tief steht, leben die Otomaken von Fischen und Schildkröten. Sobald die Flüsse anschwellen, ist es mit dem Fischfang fast ganz vorbei. Zur Zeit der Überschwemmungen nun, die zwei bis drei Monate dauert, verschlingen die Otomaken Erde in unglaublicher Masse. Wir fanden in ihren Hütten pyramidalisch aufgesetzte, drei bis vier Fuß hohe und höhere Kugelhaufen; die Kugeln hatten drei bis vier Zoll Durchmesser. Die Erde ist ein sehr feiner, sehr fetter Letten; er ist gelbgrau, und da er ein wenig am Feuer gebrannt wird, so sticht die harte Kruste etwas ins Rote, was von dem darin enthaltenen Eisenoxyd herrührt.

Das kleine Dorf La Urbana ist schwerer zu regieren als die meisten anderen Missionen. Die Otomaken sind ein unruhiges, lärmendes, in seinen Leidenschaften ungezügeltes Volk. Nicht nur sind sie dem Genuß der gegorenen Getränke aus Maniok und Mais und des Palmweins ergeben, sie versetzen sich auch noch in einen eigentümlichen Zustand von Rausch, man könnte fast sagen, von Wahnsinn, durch den Gebrauch des Niopo-Pulvers. Sie sammeln die langen Schoten einer Mimosenart, reißen sie in Stücke, feuchten sie an und lassen sie gären. Wenn die durchweichten Pflanzen anfangen, schwarz zu werden, kneten sie sie wie einen Teig, mengen Maniokmehl und Kalk, der aus einer Muschel gebrannt wird, darunter und setzen die Masse auf einem Rost von hartem Holz einem starken Feuer aus. Der erhärtete Teig bildet kleine Kuchen. Will man sich ihrer bedienen, so werden sie zu feinem Pulver zerrieben und dieses auf einen Teller gestreut. Der Otomake hält den Teller, der einen Stiel hat, in der rechten Hand und zieht das Niopo durch einen gabelförmigen Vogelknochen, dessen zwei Enden in die Nasenlöcher gesteckt werden, in die Nase.

Der eigentliche krautartige Tabak – denn die Missionare nennen das Niopo Baumtabak – wird seit unvordenklicher Zeit von allen eingeborenen Völkern am Orinoko angebaut. Man fand auch bei der Eroberung die Sitte des Rauchens in beiden Amerika gleich verbreitet. Die Tamanaken und Maipures in Guayana umwickeln die Zigarren mit Maisblättern, wie es bereits die Mexikaner vor der Ankunft von Cortés taten. Nach diesem Vorbild nehmen die Spanier statt Blätter Papier.

Ungern schieden wir (am 7. Juni) von Pater Ramón Bueno. Unter den zehn Missionaren, die wir auf dem ungeheuren Gebiet von Guayana kennengelernt hatten, schien mir nur er wirkliches Interesse an allen Verhältnissen der eingeborenen Völkerschaften zu haben.

Endlich wieder Weizenbrot

Von der Insel Cucuruparu hatten wir bis zur Hauptstadt von Guayana, gemeinhin Angostura genannt, noch neun Tage zu fahren. Wir brachten die Nacht selten an Land zu; aber die Plage der Moskitos nahm merklich ab, je weiter wir hinabkamen. Am 8. Juni gingen wir der Einmündung des Río Apure gegenüber an Land. Dieser Punkt, wo der Orinoko aus der Richtung von Süden nach Norden in die von Westen nach Osten umbiegt, ist sehr malerisch. Granitfelsen erheben sich wie Eilande auf den weiten Prärien. Von ihrer Spitze sahen wir nordwärts die Llanos oder Steppen von Calabozo sich bis zum Horizont ausbreiten. Da wir seit langem an den

Anblick der Wälder gewöhnt waren, machte diese Aussicht einen großen Eindruck auf uns.

Am 9. Juni morgens begegneten uns eine Menge Fahrzeuge mit Waren, die unter Segel den Orinoko und dann den Apure hinauffuhren. Die Bevölkerung nimmt merklich zu, je näher man der Hauptstadt kommt; man trifft wenige Indianer mehr, dagegen Weiße, Neger und Mischlinge. Der Neger sind nicht viele, und leider ist hier, wie überall, die Sklaventyrannei. Herr Valderama und sein Schwiegervater in Caicara banden eine Negerin an den Pferdeschwanz und schleiften sie in der Savanne zu Tode. Man strafte sie mit vier Jahren Gefängnis und vierhundert (!) Pesos. Don Felix Farreras schlug einer kranken Negerin seiner Hazienda ein Bein entzwei. Weiße Kinder schlagen die kleinen Negerknaben mit großen Knütteln auf den Kopf, die weißen Eltern sehen lachend zu.

Je weiter wir abwärts kamen, desto langsamer wurde die Strömung des Orinoko. Ich maß mehrmals am Ufer eine Linie ab, um zu bestimmen, wieviel Zeit schwimmende Körper brauchten, um eine bekannte Strecke zurückzulegen. Muitaco war der letzte Ort, wo wir am Ufer des Orinoko die Nacht unter freiem Himmel zubrachten; wir fuhren noch zwei Nächte durch, ehe wir unser Reiseziel, Angostura, erreichten. So eine Fahrt auf dem Talweg eines großen Stromes ist ungemein bequem: man hat nichts zu fürchten außer den natürlichen Flößen aus Bäumen, die der Fluß, wenn er austritt, von den Ufern reißt. Im Flußbett selbst sind nirgends stärkere Hindernisse zu überwinden als auf der Donau zwischen Wien und Linz.

Nur schwer vermag ich das angenehme Gefühl zu schildern, mit dem wir in der Hauptstadt von Spanisch-Guayana das Land betraten. Wir hatten in fünfundsiebzig Tagen auf den fünf großen Flüssen Apure, Orinoko, Atabapo, Río Negro und Casiquiare 500 französische Seemeilen zurückgelegt und auf dieser ungeheuren Strecke nur sehr wenige bewohnte Orte angetroffen. Obgleich nach unserem Leben in den Wäldern unser Anzug nichts weniger als gewählt war, säumten wir doch nicht, uns dem Statthalter der Provinz vorzustellen. Er nahm uns mit größter Zuvorkommenheit auf und wies uns beim Sekretär der Intendanz unsere Wohnung an. Da wir aus fast menschenleeren Ländern kamen, fiel uns das Treiben in einer Stadt, die keine sechstausend Einwohner hat, ungemein auf. Wir staunten an, was Gewerbefleiß und Handel dem zivilisierten Menschen an Bequemlichkeit bieten; bescheidene Wohnräume kamen uns prachtvoll vor, wer uns anredete, erschien uns geistreich. Nach langer Entbehrung gewähren Kleinigkeiten hohen Genuß, und mit unbeschreiblicher Freude sahen wir auf der Tafel des Statthalters zum erstenmal wieder Weizenbrot. Vielleicht brauchte ich nicht bei Empfindungen zu verweilen, die jedem, der weite Reisen gemacht hat, wohlbekannt sind. Sich wieder im Schoße der Kultur zu wissen ist ein großer Genuß, aber er hält nicht lange an, wenn man für die Wunder der Natur im heißen Erdstrich ein lebendiges Gefühl hat. Die überstandenen Beschwerden sind bald vergessen, und kaum ist man auf der Küste, auf dem von spanischen Kolonisten bewohnten Boden, so entwirft man den Plan, wieder ins Binnenland zu gehen.

Achtes Kapitel

Todesangst um Bonpland

Ein schlimmer Umstand nötigte uns, einen ganzen Monat in Angostura zu verweilen. In den ersten Tagen nach unserer Ankunft fühlten wir uns matt und schwach, aber vollkommen gesund. Bonpland fing an, die wenigen Pflanzen zu untersuchen, die er vor den Wirkungen des feuchten Klimas hatte schützen können; ich war beschäftigt, Länge und Breite der Hauptstadt zu bestimmen und die Inklination der Magnetnadel zu beobachten. Aber nicht lange, so wurden wir in der Arbeit unterbrochen. Fast am selben Tage befiel uns eine Krankheit, die bei meinem Reisegefährten den Charakter eines unregelmäßigen Fiebers annahm. Die Luft war zur Zeit in Angostura vollkommen gesund, und da sich bei dem einzigen Diener, den wir von Cumaná mitgebracht hatten, die Vorboten desselben Übels einstellten, so zweifelte unsere Umgebung nicht daran, daß wir den Keim des Typhus aus den feuchten Wäldern am Casiquiare mitgebracht hätten.

Da unser Diener dem heftigen Regen weit mehr als wir ausgesetzt gewesen war, entwickelte sich die Krankheit bei ihm furchtbar rasch. Seine Kräfte lagen so darnieder, daß man uns am neunten Tag seinen Tod meldete. Es war aber nur eine mehrstündige Ohnmacht, auf die eine heilsame Krise folgte. Zur selben Zeit wurde auch ich von einem sehr heftigen Fieber befallen; man gab mir mitten im Anfall ein Gemisch von Honig und Extrakt der Chinarinde vom Río Caroni. Es ist dies ein Mittel, das die Kapuziner in den Missionen hoch preisen. Das Fieber wurde darauf stärker, hörte aber gleich am anderen Tage auf.

Bonplands Zustand war sehr bedenklich, und wir schwebten mehrere Wochen in der höchsten Besorgnis. Zum Glück behielt der Kranke Kraft genug, sich selbst behandeln zu können. Das Fieber war anhaltend und wurde, wie fast immer unter den Tropen, durch eine Komplikation mit Ruhr noch gesteigert. Während der ganzen schmerzhaften Krankheit behielt Bonpland die

Charakterstärke und die Sanftmut, die ihn auch in der schlimmsten Lage niemals verlassen haben. Mich ängstigten trübe Ahnungen. Wir hatten noch kein volles Jahr im heißen Erdstrich zugebracht, und mein nur zu treues Gedächtnis vergegenwärtigte mir alles, was ich in Europa über die Gefährlichkeit der Luft in den Wäldern gelesen hatte. Statt den Orinoko hinaufzufahren, hätten wir ein paar Monate im gemäßigten, gesunden Klima der Sierra Nevada von Merida zubringen können. Den Weg über die Flüsse hatte ich selbst gewählt, und in der Gefahr, in der mein Reisegefährte schwebte, erblickte ich die unselige Folge dieser unvorsichtigen Wahl.

Nachdem das Fieber in wenigen Tagen einen ungemeinen Grad von Heftigkeit erreicht hatte, nahm es einen weniger beunruhigenden Charakter an. Indessen ging es mit der Wiedergenesung des Kranken sehr langsam. Die Regenzeit dauerte noch immer an, und an die Küste von Cumaná zurück mußten wir wieder über die Llanos, wo man auf halbüberschwemmtem Boden selten ein Obdach und selten etwas anderes als an der Sonne gedörrtes Fleisch findet. Um Bonpland nicht einem gefährlichen Rückfall auszusetzen, beschlossen wir, bis zum 10. Juli in Angostura zu bleiben.

Die Kariben

Es war bereits Nacht, als wir zum letzten Mal über das Bett des Orinoko fuhren. Wir wollten bei der Schanze San Rafael übernachten und dann mit Tagesanbruch die Reise durch die Steppen von Venezuela antreten. Fast sechs Wochen waren seit unserer Ankunft in Angostura verflossen; wir sehnten uns nach der Küste, um entweder in Cumaná oder in Nueva Barcelona ein Fahrzeug zu besteigen, das uns auf die Insel Kuba und von dort nach Mexiko brächte. Wir gedachten nicht mehr nach Südamerika zurückzukommen. Wir brachten die Anden von Peru dem noch so wenig bekannten Archipel der Philippinen zum Opfer und beharrten bei unserem alten Plan, uns ein Jahr in Neu-Spanien aufzuhalten, mit der Galione von Acapulco nach Manila zu gehen und über Basra und Aleppo nach Europa zurückzukehren. Lebhaft bewegten uns diese Gedanken während der einförmigen Reise durch die Steppen. Nichts hilft so leicht über die kleinen Widerwärtigkeiten des Lebens hinweg, als wenn der Geist mit der bevorstehenden Ausführung eines gewagten Unternehmens beschäftigt ist.

Unsere Maultiere warteten am linken Ufer des Orinoko auf uns. Durch die Pflanzensammlungen und die geologischen Proben, die wir seit Esmeralda und dem Río Negro mit uns führten, war unser Gepäck bedeutend umfangreicher geworden. Wir brauchten dreizehn Tage, um über die Steppen zu kommen, wobei wir uns in den Missionen der Kariben und in der kleinen Stadt Pao etwas aufhielten.

Wir fanden hier den Boden nicht so stark aufgesprungen durch die Trokkenheit wie in den Llanos von Calabozo. Ein paar Regengüsse hatten der Vegetation neues Leben gegeben. Die feuchten Stellen erkennt man von weitem an den Gruppen von Weinpalmen. Der Baum hing in dieser Jahreszeit voll ungeheurer Büschel roter, den Tannenzapfen ähnlicher Früchte. Unsere Affen waren sehr lüstern nach diesen Früchten, deren gelbes Fleisch schmeckt wie überreife Äpfel. Die Tiere saßen zwischen unserem Gepäck auf dem Rükken der Maultiere und strengten sich gewaltig an, um der über ihren Köpfen hängenden Büschel habhaft zu werden.

Die Ebene schwankte wellenförmig infolge der Luftspiegelung, und als wir nach einer Stunde Wegs diese Palmstämme erreichten, die sich am Horizont wie Masten ausnahmen, sahen wir mit Überraschung, wie viele Dinge an das Dasein eines einzigen Gewächses geknüpft sind. Die Winde, vom Laub und den Zweigen aufgehalten, häufen den Sand um den Stamm auf. Der Geruch der Früchte, das glänzende Grün locken von weitem die Zugvögel her, die sich gern auf den Wedeln der Palme wiegen. Ringsum vernimmt man ein leises Rauschen. Niedergedrückt von der Hitze, gewöhnt an die trübselige Stille der Steppe, meint man gleich einige Kühlung zu spüren, wenn sich das Laub auch nur ein wenig rührt. Untersucht man den Boden an der Seite abwärts vom Wind, so findet man ihn noch lange nach der Regenzeit feucht. Insekten und Würmer, sonst in den Llanos so selten, ziehen sich hierher und pflanzen sich fort. So verbreitet ein einzeln stehender, häufig verkrüppelter Baum, den der Reisende in den Wäldern am Orinoko gar nicht beachtet, in der Wüste Leben um sich her.

Am 13. Juli langten wir im Dorfe Cari an. Wir fanden über fünfhundert Kariben, und in den Missionen umher sahen wir ihrer noch viele. Es ist höchst merkwürdig, ein Volk vor sich zu haben, das früher nomadisch war, erst kürzlich an feste Wohnsitze gefesselt worden ist und sich durch Körper und Geisteskraft von allen anderen Indianern unterscheidet. Ich habe nirgend anderswo einen ganzen so hochgewachsenen (fünf Fuß und sechs bis zehn Zoll) und so kolossal gebauten Volksstamm gesehen. Die Männer, und dies kommt in Amerika ziemlich häufig vor, sind mehr bekleidet als die Weiber. Diese tragen nur den Guayuco oder Gürtel in Form eines Bandes, bei den Männern ist der ganze Unterkörper bis zu den Hüften in ein Stück dunkelblaues, fast schwarzes Tuch gehüllt. Diese Bekleidung ist so weit, daß die Kariben sich eine Schulter damit bedecken, wenn gegen Abend die Temperatur abnimmt.

Bei den verschiedenen Völkern beider Welten ist der Begriff der Nacktheit ein relativer. In einigen Ländern Asiens ist es einem Weib nicht gestattet, auch nur die Fingerspitzen sehen zu lassen, während eine Indianerin vom karibischen Stamm sich gar nicht für nackt hält, wenn sie einen zwei Zoll breiten Guayuco trägt. Dabei gilt noch diese Leibbinde für ein weniger wesentliches Kleidungsstück als die Färbung der Haut. Aus der Hütte zu gehen, ohne mit Onoto gefärbt zu sein, wäre ein Verstoß gegen allen karibischen Anstand.

Bei den Männern ist das Haar sehr charakteristisch geschnitten, nämlich wie bei den Mönchen oder den Chorknaben. Die Stirn ist zum Teil glattgeschoren, wodurch sie sehr hoch erscheint. Ein starkes, kreisrund geschnittenes Haarbüschel fängt erst ganz nahe am Scheitel an. Diese Ähnlichkeit der Kariben mit den Mönchen ist nicht etwa eine Folge des Lebens in den Missionen; sie rührt nicht, wie man fälschlich behauptet hat, daher, daß es die Eingeborenen ihren Herrn und Meistern, den Padres Franziskanern, gleichtun wollen. Die Stämme, die in wilder Unabhängigkeit verharren, zeichnen sich durch eben diesen *cerquillo de frailes* aus, den schon bei der Entdeckung von Amerika die frühesten spanischen Geschichtsschreiber den Völkern karibischen Stammes zuschrieben.

Die Gemeindebeamten, der Gobernador und die Alkalden, die allein das Recht haben, lange Stöcke zu tragen, machten uns ihre Aufwartung. Es waren junge Indianer von achtzehn, zwanzig Jahren darunter, denn ihre Wahl hängt einzig vom Gutdünken des Missionars ab. Wir wunderten uns nicht wenig, als uns an diesen mit Onoto bemalten Kariben das wichtigtuerische Wesen, die gemessene Haltung, das kalte, herabsehende Benehmen entgegentraten, wie man es bei Beamten in der Alten Welt findet. Es überraschte uns, mit welcher Gewandtheit junge achtzehn-, zwanzigjährige Indianer, wenn sie zum Amt eines Alguacil oder Fiscal herangebildet sind, stundenlange Anreden an die Gemeinde halten. Die Betonung, die ernste Haltung, die Gebärden, mit denen der Vortrag begleitet wird, alles verrät ein begabtes, ein hoher Kulturentwicklung fähiges Volk. Ein Franziskaner, der so viel Karibisch verstand, daß er zuweilen in dieser Sprache predigen konnte, machte uns darauf aufmerksam, wie lang und gehäuft die Sätze in den Reden der Indianer sind und doch nie verworren und unklar werden.

Die karibischen Weiber baten uns dringend um Stecknadeln, die sie in Ermangelung von Taschen unter die Unterlippe steckten; sie durchstechen die Haut damit so, daß der Nadelkopf im Mund bleibt.

Das schöne Volk der Kariben bewohnt heutzutage nur einen kleinen Teil der Länder, die es vor der Entdeckung Amerikas innehatte. Durch die Greuel der Europäer ist es auf den Antillen und auf den Küsten von Darien völlig ausgerottet, wogegen es unter der Missionszucht in den Provinzen Nueva Barcelona und Spanisch-Guayana volkreiche Dörfer gegründet hat. In diesen blutigen Kämpfen wehrten sich die karibischen Weiber nach dem Tod ihrer Männer mit so verzweifeltem Mut, daß man sie für Amazonenvölker hielt.

Die Herrschaft, die die Kariben lange über einen großen Teil des Festlandes ausübten, und das Andenken an ihre alte Größe geben ihnen ein Gefühl von Würde und nationaler Überlegenheit, das in ihrem Benehmen und in ihren Äußerungen zutage kommt. «Nur wir sind ein Volk», sagen sie sprichwörtlich, «die anderen Menschen sind dazu da, uns zu dienen.» Die Kariben sehen auf ihre alten Feinde so hoch herab, daß ich ein zehnjähriges Kind vor Wut schäumen sah, weil man es einen Cabere nannte. Und doch hatte es in seinem Leben keinen Menschen dieses unglücklichen Volkes gesehen, das von den Kariben fast völlig vernichtet worden ist. Überall, bei halb barbarischen Horden wie bei den zivilisiertesten Völkern in Europa, finden wir diesen eingewurzelten Haß und die Namen feindlicher Völker als die gröbsten Schimpfworte gebraucht.

Don José María España

Zieht man über die Llanos von Caracas, Nueva Barcelona und Cumaná, so fragt man sich, ob diese ungeheuren Landstrecken von der Natur dazu bestimmt sind, ewig als Weideland zu dienen, oder ob Pflug und Hacke sie eines Tages für den Ackerbau erobern werden.

Diese Frage ist um so wichtiger, als die an beiden Enden von Südamerika gelegenen Llanos der politischen Verbindung der Provinzen Hindernisse in den Weg legen. Sie machen, daß der Ackerbau sich nicht von den Küsten von Venezuela gegen Guayana, sich nicht von Potosí gegen die Mündung des Río de la Plata ausbreiten kann. Die dazwischen geschobenen Steppen behalten mit dem Hirtenleben einen Charakter von Roheit und Wildheit, der sie isoliert und von der Kultur der schon lange urbar gemachten Landstriche fernhält.

Vielleicht gelänge es, den Einfluß der den Boden ausdörrenden Winde zu verringern, wenn man im großen Pflanzen ansäte, die trockene offene Stellen lieben. Ich bin weit entfernt zu glauben, daß der Mensch je die Savannen ganz austilgen wird und daß die Llanos, die ja als Weiden und für den Viehhandel so nutzbar sind, jemals angebaut sein werden wie die Täler von Aragua oder andere, den Küsten von Caracas und Cumaná nahe gelegene Landstriche. Aber ich bin überzeugt, daß ein beträchtliches Stück dieser Ebenen im Lauf der Jahrhunderte, unter einer den Gewerbefleiß fördernden Regierung, das wilde Aussehen verlieren wird, das sie seit der ersten Eroberung durch die Europäer behauptet haben.

Am 23. Juli langten wir in der Stadt Nueva Barcelona an. Im Hause eines reichen Handelsmannes französischer Abkunft, Don Pedro Lavie, fanden wir die freundlichste Aufnahme. Lavie war beschuldigt worden, den unglücklichen España, als er 1796 sich als Flüchtling auf dieser Küste befand, aufgenommen zu haben, und war auf Befehl der Audiencia nach Caracas ins Gefängnis geführt worden. Die Freundschaft des Statthalters von Cumaná und die Erinnerung an die Dienste, die er dem aufkeimenden Gewerbefleiß des Landes geleistet hatte, verhalfen ihm wieder zur Freiheit. Wir hatten ihn im Gefängnis besucht und uns bemüht, ihn zu zerstreuen; jetzt hatten wir die Freude, ihn wieder im Schoß seiner Familie zu finden. Seine physischen Leiden hatten sich durch die Haft verschlimmert, und er sollte erliegen, bevor der Tag der Unabhängigkeit Amerikas angebrochen war, den sein Freund Don José María España bei seiner Hinrichtung verkündigt hatte. «Ich sterbe», sprach dieser Mann – ein Mann wie geschaffen zur Durchführung großer Unternehmungen –, «ich sterbe eines schimpflichen Todes; aber in kurzem werden meine Mitbürger mit Ehrfurcht meine Asche sammeln, und mein Name wird mit Ehren genannt werden.» Diese merkwürdigen Worte wurden am 8. Mai 1799 auf der Plaza Mayor zu Caracas gesprochen; sie wurden mir noch im selben Jahr von Leuten mitgeteilt, von denen manche Españas Absichten so sehr verabscheuten, wie andere sein Los betrauerten.

Die Paketboote, die von Coruña nach Havanna und nach Mexiko laufen, waren seit drei Monaten ausgeblieben. Man vermutete, sie seien von den englischen Kreuzern aufgebracht worden. Da wir Eile hatten, nach Cumaná zu kommen, um mit der ersten Gelegenheit nach Veracruz gehen zu können, mieteten wir (am 26. August 1800) ein Kanu ohne Verdeck.

Mit lebhafter Empfindung sahen wir das Ufer wieder, auf dem wir die ersten Pflanzen in Amerika gepflückt und wo ein paar Monate später Bonpland in so großer Gefahr geschwebt hatte. Unsere Freunde kamen uns aus Cumaná entgegen. Menschen aller Stände, die auf unseren vielen botanischen Exkursionen mit uns in Berührung gekommen waren, äußerten ihre Freude um so lebhafter, als sich seit Monaten das Gerücht verbreitet hatte, wir hätten an den Ufern des Orinoko den Tod gefunden.

Der Hafen von Cumaná wurde täglich strenger blockiert, und durch das Ausbleiben der spanischen Postschiffe wurden wir noch dreieinhalb Monate festgehalten. Wir verwendeten unsere Zeit, die Flora von Cumaná zu vervollständigen, den östlichen Teil der Halbinsel Araya geognostisch zu untersuchen und eine ansehnliche Reihe von Trabanten-Immersionen zu beobachten, wodurch die auf anderem Wege gefundene Lage des Ortes bestätigt wurde. Wir stellten auch Versuche an über ungewöhnliche Strahlenbrechung, über Verdunstung und Luftelektrizität.

Da wir alle Hoffnung aufgegeben hatten, ein Postschiff aus Coruña eintreffen zu sehen, benutzten wir ein amerikanisches Fahrzeug, das in Nueva Barcelona Salzfleisch lud, um es auf die Insel Kuba zu bringen. Wir hatten sechzehn Monate auf diesen Küsten und im Inneren Venezuelas zugebracht. Wir hatten zwar noch 50 000 Francs in Wechseln auf die ersten Häuser in Havanna; dennoch wären wir hinsichtlich der baren Mittel in großer Verlegenheit gewesen, hätte uns nicht der Statthalter von Cumaná vorgeschossen, so viel wir verlangten. Wie es in Cumaná und Caracas mit dem Handel stand, hätte man einen Wechsel leichter auf Cádiz und London ziehen können als auf Cartagena, Havanna oder Veracruz.

Am 16. November verabschiedeten wir uns von unseren Freunden. Die Nacht war köstlich kühl. Nicht ohne Rührung sahen wir die Mondscheibe zum letzten Mal die Spitzen der Kokospalmen an den Ufern des Manzanares beleuchten. Lange hingen unsere Blicke an der weißlichen Küste. Der Seewind war so stark, daß wir nach nicht ganz sechs Stunden beim Molenkopf von Nueva Barcelona den Anker auswarfen. Das Fahrzeug, das uns nach Havanna bringen sollte, lag segelfertig da.

Neuntes Kapitel

Versuch über den politischen Zustand der Insel Kuba

Wir ankerten im Hafen von Havanna am 19. Dezember 1800 nach einer fünfundzwanzigtägigen Fahrt bei beständig schlechtem Wetter.

Der Anblick Havannas am Eingang des Hafens ist einer der lachendsten und malerischsten, dessen man sich an der Küste des äquinoktialen Amerika erfreuen kann. Die Anmut, die unter unseren Himmelsstrichen die Bilder der bebauten Natur verschönert, mischt sich hier mit der Majestät der Pflanzenformen und mit der organischen Kraft, die die heiße Zone kennzeichnen. In dem Gemenge so süßer Eindrücke vergißt der Europäer die Gefahr, die ihn im Herzen der volkreichen Städte der Antillen bedroht. Er strebt, die verschiedenen Elemente einer weiten Landschaft zu erfassen, die festen Schlösser, die im Osten des Hafens die Felsen krönen, dieses innere Becken, umgeben von Dörfern und Meiereihöfen, diese zu gewaltiger Höhe aufragenden Palmen, diese unter einem Mastenwald und dem Segelwerk der Schiffe halbversteckte Stadt zu betrachten.

Wir verwandten die Monate Dezember, Januar und Februar zu Beobachtungen in der Umgebung Havannas und in der schönen Ebene von Güines. Wir fanden in der Familie des Herrn Cuesta, die damals mit Herrn Santa María eines der größten Handelshäuser Amerikas bildete, sowie in dem Hause des Grafen O'Reilly die edelste Gastfreundschaft. Wir wohnten bei den ersteren und brachten unsere Sammlungen und Instrumente in dem großen Wohnhaus des Grafen O'Reilly unter, dessen Terrassen besonders die astronomischen Beobachtungen begünstigten.

Die großen Gebäude Havannas, die Kathedrale, die Casa del Gobierno, das Haus des Marinebefehlshabers, das Arsenal, die Postanstalt, die Tabakfaktorei, sind weniger durch ihre Schönheit bemerkenswert als durch ihre Festigkeit. Die Straßen sind in ihrer Mehrzahl eng und noch nicht gepflastert, da die Steine aus Veracruz kommen und ihr Bezug außerordentlich kostspielig ist. So hatte man kurz vor meiner Reise den seltsamen Gedanken, sie durch Aneinanderlegen großer Baumstämme zu ersetzen, wie man in Deutschland und Rußland tut, wo man Dämme durch sumpfige Stellen baut. Der Plan wurde bald verlassen, und die jüngst angekommenen Reisenden sahen mit Erstaunen die schönsten Stämme von Caoba (Acajou) im Schlamme Havannas versenkt. Zur Zeit meines Aufenthaltes boten wenige Städte des spanischen Amerikas einen häßlicheren Anblick. Man watete bis zu den Knien im Kot, die Menge der Fuhrwerke oder Volantes, die das kennzeichnende Gespann in Havanna sind, die mit Zuckerkisten beladenen Karren, die den Fußgänger drängenden und stoßenden Lastträger machten diesem seine Lage ebenso ärgerlich als demütigend. Der Geruch des Tasajo, des schlecht gedörrten Fleisches, verpestete oft die Häuser und die gewundenen Straßen. Die eigentliche Stadt Havanna ist, von Mauern umgeben, nur 1750 Meter lang und 970 Meter breit; dennoch sind mehr denn 44 000 Köpfe, darunter 26 000 Neger und Mulatten, in einem so engen Raume eingeschlossen. Eine nahezu ebenso starke Bevölkerung hat sich in die beiden großen Vorstädte von Jesus-María und La Salud geflüchtet. In der Nähe des Exerzierplatzes befindet sich der Botanische Garten, der wohl würdig ist, die Aufmerksamkeit der Regierung zu fesseln, und ein anderer Gegenstand, dessen Anblick zugleich betrübt und empört: die Hütten, vor denen die unglücklichen Sklaven zum Verkauf ausgestellt sind.

Eines der majestätischen Gewächse aus der Familie der Palmen, die Königspalme, verleiht der Landschaft der Umgebung Havannas einen eigentümlichen Charakter. Ihr schlanker Schaft, der gegen die Mitte etwas anschwillt, erhebt sich zu zwanzig bis vierundzwanzig Meter Höhe. Es sind gleichsam zwei Säulen, die übereinandersteigen. Hier, wie überall, wo die Bevölkerung sich verdichtet, nimmt der Pflanzenwuchs ab, verschwinden diese Palmen, die mein Entzücken bildeten, von Jahr zu Jahr. Die sumpfigen Stellen, die ich mit Bambusaceen bedeckt sah, werden ausgetrocknet und urbar gemacht. Man versichert, daß heute der vom Pflanzenwuchs mehr entblößte Boden kaum noch einige Spuren seiner wilden Üppigkeit zeigt. Von La Punta bis San Lazaro, von der Cabaña bis Regla und von Regla nach Atares ist alles mit Häusern bedeckt. Jene, die die Bai umgeben, sind von leichter und eleganter Bauart. Man entwirft ihren Plan und bestellt sie in den Vereinigten Staaten, wie man irgendein Möbel bestellt. Während das gelbe Fieber in Havanna herrscht, zieht man sich in diese Landhäuser und auf die Hügel zwischen Regla und Guanavacoa zurück, wo man eine reinere Luft genießt. In der Kühle der Nächte, wenn die Boote die Bai durchqueren und hinter sich im phosphoreszierenden Wasser lange Lichtstreifen lassen, bilden diese ländlichen Wohnsitze den Bewohnern, die das Getöse einer volkreichen Stadt fliehen, liebliche, friedliche Zufluchtsorte.

Das Schicksal der kubanischen Indianer

Die Indianer Kubas sind verschwunden wie die Guanchen der Kanarien. Es gibt keine Mittel mehr, über die Bevölkerung Kubas und Haïtis zur Zeit des Christoph Kolumbus zu urteilen. Wie soll man mit sonst sehr urteilsfähigen Geschichtsschreibern annehmen, daß Kuba zur Zeit der Eroberung im Jahre 1511 eine Million Einwohner besaß und davon um 1517 nur mehr 14 000 übrigblieben! Man begreift, daß die von fischreichen Küsten umgebene Insel Kuba bei der ungeheuren Fruchtbarkeit ihres Bodens mehrere Millionen jener nüchternen, der Fleischgelüste baren Indianer hätte ernähren können, die Mais, Maniok und viele andere Nährwurzeln bauten. Hätte aber eine solche Verdichtung der Bevölkerung stattgefunden, würde sie sich nicht auch durch eine höhere Gesittung geäußert haben als jene, die die Berichte des Kolumbus andeuten? Welche Wirkung auch immer man den Zerstörungsursachen: der Tyrannei der Konquistadoren, der Unvernunft der Regierenden, den allzu mühseligen Arbeiten in den Goldwäschen, den Blattern und der Häufigkeit der Selbstmorde zuschreiben möge, es wäre doch schwierig zu glauben, daß in dreißig oder vierzig Jahren, ich sage nicht eine Million, aber nur 300 000 oder 400 000 Indianer hätten völlig verschwinden können. Der Krieg gegen den Kaziken Hatuey war sehr kurz und auf den östlichsten Teil der Insel beschränkt. Wenige Klagen wurden gegen die Verwaltung der zwei ersten spanischen Statthalter Diego Velázquez und Pedro de Barba erhoben. Die Bedrükkung der Eingeborenen datiert erst von der Ankunft des grausamen Hernando de Soto um 1539. Setzt man mit Gomara voraus, daß schon fünfzehn Jahre später unter der Regierung des Diego de Majariegos (1554 bis 1564) es keine Indianer mehr gab, so muß man notwendig annehmen, daß es sehr beträchtliche Reste dieser Bevölkerung waren, die sich in Kanus nach Florida retteten, in dem auf alte Überlieferung gegründeten Glauben, sie kehrten in das Land ihrer Vorfahren zurück.

Die Insel Kuba mußte Christoph Kolumbus und Velázquez sehr bevölkert erscheinen, wenn sie es zum Beispiel in dem gleichen Grade war, als die Engländer sie 1762 antrafen. Die ersten Reisenden lassen sich leicht durch die Menschenansammlungen täuschen, die das Erscheinen europäischer Schiffe an einigen Küstenpunkten hervorruft. Nun hatte Kuba mit den nämlichen Ortschaften, das es heute besitzt, im Jahre 1762 nicht mehr als 200 000 Einwohner, und bei einem als Sklavenhaufe behandelten Volk, welches der Unvernunft und Roheit der Herren, der Überbürdung mit Arbeit, dem Mangel an Nahrung und den Verheerungen der Blattern ausgesetzt ist, genügen zweiundvierzig Jahre nicht, um auf der Erde nur die Erinnerung an sein Unglück zurückzulassen. Auf mehreren der Kleinen Antillen verminderte sich die Bevölkerung unter der englischen Herrschaft um fünf bis sechs Prozent im Jahr, auf Kuba um mehr denn acht Prozent; die Vernichtung von 200 000 Menschen binnen zweiundvierzig Jahren setzt aber einen jährlichen Verlust von sechsundzwanzig Prozent voraus, was wenig glaubhaft ist, obgleich man annehmen kann, daß die Sterblichkeit der Eingeborenen Kubas um vieles größer gewesen ist als jene der zu sehr hohen Preisen gekauften Neger.

Studiert man die Geschichte der Insel, so bemerkt man, daß die Bewegung der Ansiedlung von Ost nach West stattgefunden hat und daß hier, wie überall in den spanischen Kolonien, die Ortschaften, die zuerst bevölkert wurden, heute die verlassensten sind. Die ersten Ansiedlungen der Weißen geschahen 1511, als nach Befehlen des Don Diego Colón der Conquistador und Poblador Velázquez zu Puerto de Palmas landete – nahe dem Kap Maisí, damals Alfa y Omega genannt – und den Kaziken Hatuey unterjochte, der als flüchtender Auswanderer von Haïti sich in den östlichen Teil Kubas zurückgezogen hatte und dort das Oberhaupt eines Bundes kleiner einheimischer Fürsten geworden war. Man begann 1512 die Stadt Baracoa zu bauen; später Puerto Príncipe, Trinidad, Villa de Santi Espiritus, Santiago de Cuba (1514), San Salvador de Bayamo und San Cristóbal de La Habana. Diese letztere Stadt wurde zuerst (1515) auf der Südküste der Insel im Bezirk Güines gegründet und vier Jahre später nach dem Puerto de Carenas verlegt, dessen Lage für den Hafen viel günstiger schien als die Küste im Südwesten von Batabanó. Es wird einem zu Havanna noch der Baum gezeigt, unter dem die Spanier die erste Messe hielten.

Die Ware Mensch

Bis in die letzten Jahre des 18. Jahrhunderts war in den Zuckerpflanzungen die Zahl der weiblichen Sklaven außerordentlich klein, weil – was wohl überraschen mag – ein auf *religiöse Skrupel* gegründetes Vorurteil sich der Einfuhr von Weibern widersetzte, deren Preis in Havanna gemeinhin ein Drittel tiefer als jener der Männer stand. Unter dem Vorwand, sittlichen Ausschweifungen zu steuern, zwang man die Sklaven zur Ehelosigkeit! Nur die Jesuiten und die Bethlehemitermönche hatten dieses verderbliche Vorurteil aufgegeben; sie allein duldeten Negerinnen auf ihren Pflanzungen.

Seit 1795 begann die Handelskammer zu Havanna sich ernstlich mit dem Versuch zu beschäftigen, das Wachstum der Sklavenbevölkerung unabhängiger von den Schwankungen des Negerhandels zu machen. Don Francisco Arango schlug vor, eine Taxe allen jenen Pflanzungen aufzuerlegen, die unter ihren Sklaven nicht ein Drittel Negerinnen hatten. Er wollte auch eine Steuer für jeden in die Insel eingeführten Neger erheben, während die Weiber davon befreit sein sollten. Obgleich diese Maßnahmen nicht angenommen wurden, da die Kolonialversammlungen sich Zwangsmaßregeln stets widersetzten, so war doch seit jener Zeit der Wunsch, die Ehen zu vervielfältigen und die Sklavenkinder besser zu pflegen, erwacht, und eine königliche *cédula* vom 22. April 1804 empfahl diese Dinge «dem Gewissen und der Menschlichkeit der Kolonisten». Das Verhältnis der schwarzen Sklavenweiber zu den Männern war 1777 wie 1 : 1,9, und vierzig Jahre später hatte es sich kaum merklich verändert; es war wie 1 : 1,7. Die Geringfügigkeit ist der ungeheuren Anzahl von *negros bozales* zuzuschreiben, die seit 1791 eingeführt wurden. Die Einfuhr von Negerinnen ist nur von 1817 bis 1820 bedeutend gewesen, so daß die Negersklaven, die in den Städten dienen, ein kleinerer Bruchteil der Gesamtmenge geworden sind.

Die erste Negereinfuhr in den Osten der Insel fand 1521 statt; sie überschritt nicht die Zahl 300. Die Spanier waren damals viel weniger sklavengierig als die Portugiesen. In Spanien war der Sklavenhandel im 16. Jahrhundert nicht frei, vielmehr verlieh der Hof das Recht dazu, welches für ganz Spanisch-Amerika 1586 von Gaspar de Peralta, 1595 von Gómez Reynel, 1615 von Antonio Rodríguez de Elvas gekauft wurde. Die jährliche Gesamteinfuhr betrug damals nur 3500 Köpfe, und die ganz der Viehzucht ergebenen Bewohner Kubas empfingen kaum welche davon. Während des Spanischen Erbfolgekrieges liefen die Franzosen Havanna an, um dort Sklaven gegen Tabak zu tauschen. Der *asiento* der Engländer belebte ein wenig die Negereinfuhr, dennoch erreichte 1763 ihre Gesamtzahl im Gerichtsbezirk Havanna noch nicht 25 000, auf der ganzen Insel nicht 32 000, obgleich die Einnahme Havannas und der Aufenthalt der Fremden neue Bedürfnisse erweckt hatten. Die Gesamtzahl der von 1521 bis 1763 eingeführten afrikanischen Neger betrug wahrscheinlich 60 000. Ihre Nachkommen finden sich unter den freien Mulatten, deren größter Teil den Osten Kubas bewohnt. In der Zeit von 1763 bis 1790, in welch letzterem Jahr der Negerhandel freigegeben wurde, hat Havanna ihrer 24 875 erhalten. Wenn man die Sklaveneinfuhr in den Ostteil der Insel während dieser nämlichen siebenundzwanzig Jahre auf 6000 veranschlagt, so findet man für die Zeit seit der Entdeckung Kubas oder vielmehr seit 1521 bis 1790 eine Gesamtziffer von 90 875. Wir werden bald sehen, daß dank der stets wachsenden Lebhaftigkeit des Handels die fünfzehn Jahre, die auf 1790 folgten, mehr Sklaven geliefert haben als die zweieinhalb Jahrhunderte, die der Freigabe des Handels vorangingen. Diese Lebhaftigkeit verdoppelte sich, als zwischen England und Spanien vereinbart wurde, daß der

Sklavenhandel vom 22. November 1817 an nördlich vom Äquator und vom 30. Mai 1820 an überhaupt gänzlich verboten sein sollte. Der König von Spanien nahm – die Nachwelt wird es eines Tages kaum glauben wollen – von England eine Summe von 400 000 Pfund Sterling an, als Entgelt für den Schaden, der ihm aus dem Aufhören dieses barbarischen Handels erwachsen möchte. Hier die Zahl der allein nach dem Hafen von Havanna eingeführten afrikanischen Neger nach den Zollregistern von 1790 bis 1820: Summa in einunddreißig Jahren 225 574. Diese Zahl kann zum mindesten um ein Viertel erhöht werden, sowohl wegen des Schmuggels und der Auslassungen in den Zollämtern als auch wegen der erlaubten Einfuhr über Trinidad und Santiago de Cuba. Meine Berechnung endet mit 1825 und ergibt 413 500 Neger, die seit der Eroberung eingeführt wurden.

Die Sterblichkeit der Neger ist auf Kuba, wie auf sämtlichen Antillen, sehr verschieden je nach Gattung der Pflanzungen, der Menschlichkeit der Herren und Verwalter, endlich je nach der Anzahl der Negerinnen, die den Kranken ihre Pflege widmen können. Es gibt Pflanzungen, auf denen jährlich fünfzehn bis achtzehn von hundert Sklaven zugrunde gehen. Ich habe kaltblütig erörtern hören, ob es für den Eigentümer vorteilhafter sei, seine Sklaven nicht übermäßig anzustrengen und sie folglich weniger oft ersetzen zu müssen oder binnen weniger Jahre das Möglichste aus ihnen herauszuschlagen, was freilich öftere Ankäufe von Negros bozales erheischt. So rechnet die Habsucht, wenn der Mensch sich des Menschen als eines Lasttieres bedient! Es wäre ungerecht, zu bezweifeln, daß seit fünfzehn Jahren die Sterblichkeit der Neger auf Kuba beträchtlich abgenommen hat. Mehrere Besitzer haben sich in lobenswertester Weise mit der Verbesserung der Wirtschaft auf ihren Pflanzungen beschäftigt. Die durchschnittliche Sterblichkeit der neu eingeführten Neger beträgt noch zehn bis zwölf von hundert. Nach den Erfahrungen auf mehreren gut geleiteten Zuckerpflanzungen könnte sie auf sechs bis acht Prozent herabsinken. Dieser Verlust an Negros bozales schwankt sehr je nach der Zeit ihrer Ankunft. Die günstigste ist die von Oktober bis Januar; diese Jahreszeit ist gesund und der Reichtum an Nahrungsmitteln auf den Pflanzungen gerade dann beträchtlich. In den sehr heißen Monaten wächst die Sterblichkeit manchmal schon während des Verkaufs auf vier Prozent. Die Vermehrung der weiblichen Sklaven, die sich durch die Pflege ihrer erkrankten Männer und Landsleute so nützlich machen, ihre Befreiung von der Arbeit während der Schwangerschaft, familienweise Ansiedlung der Neger in besonderen Hütten, reichliche Ernährung, mehr Ruhetage und mäßigeres Tagewerk – dies wären die geeignetsten Mittel, den Untergang der Schwarzen zu verhindern.

Dem Reisenden, der aus der Nähe gesehen hat, was die menschliche Natur quält und herabwürdigt, geziemt es, das Unglück zur Kenntnis derer zu bringen, die zu helfen vermögen. Ich habe die Lage der Schwarzen in Ländern beobachtet, wo Gesetze, Religion und nationale Gewohnheiten ihr Los zu mildern bestrebt sind; und dennoch habe ich Amerika mit der nämlichen Abscheu verlassen, die ich mir schon in Europa gebildet und von dort mitgebracht hatte. Geistreiche Schriftsteller haben vergeblich versucht, durch sprachliche Fiktionen die Barbarei der Sache zu verschleiern, indem sie die Redensarten von den *Negerbauern der Antillen*, der *schwarzen Hörigkeit* und des *patriarchalischen Schirmes* erfanden: Die edlen Künste des Geistes und der Denkkraft werden nur entwürdigt, wenn man durch Täuschungen oder gewandte Sophismen die Ausschreitungen entschuldigen will, die die Menschheit heimsuchen und ihr so heftige Erschütterungen bereiten. Glaubt man etwa, sich des Mitleids entschlagen zu dürfen, wenn man die Lage der Schwarzen mit jener der Leibeigenen des Mittelalters vergleicht, mit dem bedrückenden Zustand, in dem einige Volksschichten im nördlichen und östlichen Europa noch schmachten? Diese Vergleiche, diese Redekünste, diese verächtliche Ungeduld, womit man als schimärisch sogar die Hoffnung auf eine allmähliche, stufenweise Abschaffung der Sklaverei zurückweist, sind unbrauchbare Waffen in der Zeit, in der wir leben.

Diese Vergleiche beruhigen nur jene, die sich als geheime Anhänger des Sklavenhandels über das Unglück der schwarzen Rasse zu betäuben suchen und sozusagen gegen jede Empfindung, die sich ihrer bemächtigen könnte, ankämpfen. So stand zum Beispiel Herr Bolingbroke, der sieben Jahre in Britisch-Guayana gelebt und die Antillen besucht hat, nicht an zu wiederholen, «daß an Bord eines englischen Kriegsschiffs öfter gepeitscht wird als auf den Pflanzungen in den britischen Kolonien. Im allgemeinen», fügt er bei, «peitscht man die Neger sehr wenig, aber man hat sehr verständige Besserungsmittel ersonnen, als sie, zum Beispiel, siedend heiße, stark gepfefferte Suppe essen oder mittels eines sehr kleinen Löffels eine Glaubersalzlösung schlürfen zu lassen.» Der Negerhandel dünkt ihn ein *universal benefit*, und er ist überzeugt, daß, ließe man die Neger, die während zwanzig Jahren in Britisch-Guayana *alle Bequemlichkeiten des Sklavenlebens* genossen haben, nach den afrikanischen Küsten zurückkehren, sie dort eine schöne Werbearbeit verrichten und ganze Völkerschaften den englischen Kolonien zuführen würden. «Wenn man die Sklaven peitscht», sagte einer der Zeugen der parlamentarischen Untersuchung von 1789, «damit sie auf dem Verdeck eines Negerschiffes tanzen, wenn man sie zwingt, im Chor zu singen: *Messe, messe, mackeriada* (lustig ist's, unter den Weißen zu leben), so beweist dies nur unsere Fürsorge für die Gesundheit der Leute.»

Unstreitig ist die Sklaverei unter allem Jammer, der jemals die Menschheit betroffen hat, das größte Übel; ob man nun den seiner Familie im Heimatland entrissenen und ins Zwischendeck eines Negerschiffes geworfenen Sklaven oder die auf den Antillen eingepferchte schwarze Menschenherde betrachtet; doch gibt es für die Individuen Abstufungen in den Leiden und Entbehrungen. Welcher Unterschied zwischen dem Sklaven, der im Hause eines reichen Mannes in Havanna oder Kingston dient oder der gegen eine tägliche Vergütung an seinen Patron für eigene Rechnung arbeitet, und jenem, der auf einer Zuckerpflanzung lebt! Die Bedrohungen, mit denen man widerspenstige Sklaven zu bessern sucht, lassen diese Stufenleiter menschlicher Entehrungen erkennen. Dem *calesero* (Kutscher, Postknecht) droht man mit der Kaffeepflanzung; dem Arbeiter auf einem *cafetal* mit der Zuckerpflanzung. Auf dieser genießt wiederum der Sklave, der ein Weib besitzt, eine eigene Hütte bewohnt und, freundlich, wie es die meisten Afrikaner sind, nach der Tagesarbeit Pflege und Ruhe im Schoß einer ärmlichen Familie findet, ein Los, welches keinen Vergleich mit jenem des vereinzelten, in der Masse verlorenen Sklaven duldet. Die Menschenliebe besteht nicht darin, ein wenig Stockfisch mehr und ein paar Peitschenhiebe weniger auszuteilen; eine wahre Hebung der geknechteten Klasse muß sich auf die ganze moralische und physische Stellung des Menschen erstrecken.

Eines Tages wird man Mühe haben zu glauben, daß es vor dem Jahre 1826 auf keiner der Antillen ein Gesetz gab, welches verhinderte, Kinder in zartem Alter zu verkaufen und von ihren Eltern zu trennen, welches die entwürdigende Methode verbot, die Neger mit glühendem Eisen zu zeichnen, nur um das Menschenvieh leichter zu erkennen. Die dringlichsten Maßnahmen der kolonialen Gesetzgebung wären daher: Gesetze zu erlassen, um auch nur der Möglichkeit eines barbarischen Schimpfes zu wehren; auf jeder Zuckerpflanzung das Verhältnis zwischen der geringsten Anzahl von Negerinnen und jener der bodenbauenden Neger festzusetzen; jedem Sklaven, der fünfzehn Jahre gedient, jeder Negerin, die vier oder fünf Kinder geboren hat, die Freiheit zu geben; die einen wie die anderen unter der Bedingung zu befreien, daß sie eine gewisse Anzahl Tage zum Nutzen der Pflanzung arbeiten; den Sklaven einen Anteil am Reinertrag zu gewähren, um sie am Wachstum des Bodenreichtums zu interessieren; endlich im Staatsbudget eine Summe für den Freikauf von Sklaven und die Verbesserung ihres Loses auszuwerfen.

Die Conquista auf dem Festland von Spanisch-Amerika, der Negerhandel auf den Antillen, in Brasilien und den südlichen Teilen der Vereinigten Staaten haben die fremdartigsten Bevölkerungselemente zusammengebracht. Nun zeigen sich im Gefolge dieser seltsamen Mischung von Indianern, Weißen, Negern, Halbblütigen und Zambos alle jene Gefahren, die der Eifer und die Ausartungen der Leidenschaft in den gewagten Zeiten wachrufen können, wenn die in ihren Grundfesten erschütterte Gesellschaft eine neue Ära beginnt. Was seit Jahrhunderten das gehässige Prinzip des Kolonialsystems vorbereitet hat, bricht dann mit Heftigkeit hervor. Glücklicherweise war in den neuen Staaten des spanischen Amerika die Anzahl der Schwarzen so gering, daß – mit Ausnahme der in Venezuela verübten Grausamkeiten, wo die königliche Partei die Sklaven bewaffnet hatte – der Kampf zwischen den Unabhängigen und den Regierungstruppen nicht durch Rachetaten der geknechteten Bevölkerung blutig besudelt worden ist. Die freien Farbigen (Schwarze, Mulatten und Mestizen) haben mit Eifer die nationale Sache ergriffen, und die kupferfarbige Rasse ist in ihrem furchtsamen Mißtrauen und geheimnisvollen Kaltsinn einer Bewegung fremd geblieben, die ihr wider Willen zugute kommen wird.

Man kann nicht genug die Weisheit der Gesetzgebungen in den neuen Freistaaten Spanisch-Amerikas preisen, die von allem Anbeginn an sich ernstlich mit der gänzlichen Auslöschung der Sklaverei beschäftigt haben. In dieser Hinsicht hat das weite Gebiet einen ungeheuren Vorteil über den südöstlichen Teil der Vereinigten Staaten, wo die Weißen während des Kampfes gegen England die Freiheit zu ihren Gunsten geschnitten haben und die damals schon 1 600 000 starke Sklavenbevölkerung rascher noch anwächst als die Zahl der Weißen. Würde die Gesittung ihre Sitze wechseln, statt sich auszubreiten, wenn infolge europäischer Umwälzungen Amerika zwischen Kap Hatteras und dem Missouri die vornehmlichste Wiege aller Erkenntnis in der Christenheit würde – welches Beispiel böte dieser Brennpunkt der Zivilisation, wo man, im Heiligtum der Freiheit, einem Negerverkauf wegen Todesfalles beiwohnen und das Schluchzen der Eltern vernehmen könnte, die man von ihren Kindern trennt! Mögen wir hoffen dürfen, daß die hochherzigen Grundsätze, die seit langem die gesetzgebenden Körperschaften in den nördlichen Teilen der Vereinigten Staaten beseelen, sich allmählich gegen Süden und nach jenen Gebieten des Westens ausdehnen werden, wo infolge eines unvorsichtigen und unseligen Gesetzes, der *Missouri Bill*, die Sklaverei und deren Unbilden die Ketten der Felsengebirge und die Ufer des Mississippi überschritten haben. Mögen wir hoffen dürfen, daß die Kraft der öffentlichen Meinung, die fortschreitende Einsicht, die Sänftigung der Sitten, die Gesetzgebung der neuen festländischen Freistaaten und das bedeutsame und glückliche Ereignis der Anerkennung Haïtis durch die französische Regierung, sei es aus Gründen der Vorsicht und

Besorgnis, sei es aus edleren und uneigennützigeren Empfindungen, einen glücklichen Einfluß auf die Verbesserung in der Lage der Schwarzen auf den übrigen Antillen, in den beiden Carolina, in Guayana und Brasilien üben werden.

Gewiß ist es traurig zu vernehmen, daß wegen der geringschätzigen und sträflichen Sorglosigkeit einiger europäischer Regierungen der Negerhandel um so grausamer als verborgener geworden ist und neuerdings, seit zehn Jahren, Afrika fast die nämliche Anzahl Schwarzer wie vor 1807 entreißt. Verfehlt wäre es jedoch, aus dieser Tatsache auf das Unnütze oder, wie die geheimen Anhänger der Sklaverei sagen, auf die praktische Unmöglichkeit, die Undurchführbarkeit der wohltätigen Maßnahmen zu schließen, welche zuerst Dänemark, die Vereinigten Staaten und Großbritannien und in weiterer Folge das ganze übrige Europa angenommen haben. Übrigens, ist es vernünftig, numerisch die Sklaveneinfuhr von 1825 und 1806 zu vergleichen? Welchen Aufschwung hätte nicht bei der Tätigkeit, die in allen industriellen Unternehmungen herrscht, die Negereinfuhr in die britischen Antillen und den Süden der Vereinigten Staaten genommen, wenn der Negerhandel völlig frei fortgegangen wäre? Glaubt man, daß der englische Handel sich wie 1806 auf den Verkauf von 53 000, die Vereinigten Staaten sich auf den Absatz von 15 000 Sklaven beschränkt hätten? Man weiß mit ziemlicher Gewißheit, daß die britischen Antillen allein in den einhundertsechs Jahren, die dem Jahr 1786 vorangingen, mehr als 2 130 000 Neger von den afrikanischen Küsten bezogen haben. Zur Zeit der Französischen Revolution lieferte der Negerhandel 74 000 Sklaven jährlich, wovon die englischen Kolonien 38 000, die französischen 20 000 verschlangen. Es wäre leicht zu beweisen, daß der ganze Antillenarchipel, auf dem heute 2 400 000 Neger und Mulatten (Freie und Sklaven) leben, von 1670 bis 1825 nahezu 5 000 000 Afrikaner (Negros bozales) erhalten hat. In dieser empörenden Berechnung über den Verbrauch an Menschenfleisch hat man der Anzahl jener unglücklichen Sklaven nicht Rechnung getragen, die während der Überfahrt zugrunde gingen oder gleich verdorbenen Waren ins Meer geworfen worden sind. Man bedenke nun, wie viele Tausende müßte man nicht hinzuzählen, wenn die zwei Völker, die den regsten Eifer und die größte Intelligenz in der Entwicklung ihres Handels und ihrer Industrie an den Tag legen, die Engländer und die Bewohner der Vereinigten Staaten, darin fortgefahren wären, am Negerhandel ebenso freien Anteil zu nehmen, wie es die übrigen Völker Europas tun! Eine traurige Erfahrung hat bewiesen, wie verderblich der Menschheit die Verträge vom 14. Juli 1814 und vom 22. Januar 1815 gewesen sind, wonach Spanien und Portugal sich den *Genuß des Negerhandels* noch für eine gewisse Anzahl von Jahren vorbehielten.

Die Ortsbehörden oder, besser gesagt, die reichen Grundbesitzer, die den Magistrat Havannas, die Handelskammer und die Patriotische Gesellschaft bilden, haben bei mehreren Anlässen – wie der Eingabe an den König vom 10. Juli 1799 – der Verbesserung des Sklavenloses günstige Gesinnungen an den Tag gelegt. Hätte die Regierung des Mutterlandes, anstatt den bloßen Schein von Neuerungen zu befürchten, aus diesen glücklichen Umständen und dem Ansehen einiger begabter Männer bei ihren Landsleuten Nutzen zu ziehen verstanden, so hätten die gesellschaftlichen Zustände fortschreitende Umänderungen erfahren, und die Einwohner Kubas erfreuten sich heutzutage schon der Verbesserungen, die vor dreißig Jahren erörtert wurden.

Die Bewegungen auf Santo Domingo 1790 und Jamaika 1794 verursachten unter den kubanischen Hacendados so lebhafte Unruhen, daß man in einer Junta económica mit Eifer darüber verhandelte, was sich zur Erhaltung der Ruhe im Lande tun ließe. Man gab am 20. Dezember 1796 einen Erlaß über die Flüchtlingsverfolgung, die bis dahin zu den strafwürdigsten Ausschreitungen geführt hatte. Vor 1788 gab es viele Negerflüchtlinge, Cimarrones, in den Bergen von Jaruco, wo sie manchmal zwecks gemeinsamer Verteidigung kleine Verschanzungen aus Baumstämmen errichteten. Die in Afrika geborenen Neger sind leicht zu ergreifen; denn in der trügerischen Hoffnung, ihr Heimatland zu erreichen, marschieren sie meist Tag und Nacht gegen Osten. Sie sind dann, wenn man sie ergreift, von Ermüdung und Hunger so erschöpft, daß man ihnen mehrere Tage lang nur sehr kleine Mengen Fleischbrühe gibt. Bis 1790 gebührte das Recht, Negerflüchtlinge zu ergreifen, nur dem Oberalkalden der Provinz. Heute kann jedermann die Flüchtigen ergreifen, und der Herr der Sklaven bezahlt, außer seiner Nahrung, vier Pesos pro Kopf. Ist der Name des Herrn unbekannt, so verwendet die Handelskammer den Neger zu öffentlichen Arbeiten. Diese Menschenjagd, die auf Haïti und Jamaika den kubanischen Hunden eine unselige Berühmtheit geschaffen hat, fand vor dem oben erwähnten Erlaß in der grausamsten Weise statt. Nun schlug man vor, die Zahl der Negerinnen auf den Zuckerpflanzungen zu vermehren, der Erziehung der Kinder sich besser anzunehmen, die Negereinfuhr aus Afrika zu beschränken, weiße Kolonisten von den Kanarischen Inseln und indianische Landsleute aus Mexiko heranzuziehen und Landschulen zu errichten, um auf indirektem Wege die Sklaverei zu mildern. Diese Vorschläge hatten nicht den gewünschten Erfolg. Der Hof widersetzte sich jedem Übersiedlungssystem, und die Mehrzahl der Grundbesitzer, in altem Sicherheitswahn befangen, wollte den Negerhandel nicht mehr einschränken, sobald der hohe Preis der Waren die Hoffnung auf außerordentlichen Gewinn erwachen ließ.

Ungerecht wäre es indes, in diesem Kampf zwischen den Privatinteressen und den Anschauungen einer erleuchteten Politik nicht der Wünsche und Grundsätze zu gedenken, die von mehreren Kubanern teils in ihrem eigenen Namen, teils im Namen einiger reicher und mächtiger Körperschaften ausgesprochen wurden. «Die Menschlichkeit unserer Gesetzgebung», sagt Herr d'Arango, Auditor und Syndikus der Handelskammer, in einer 1796 abgefaßten Denkschrift, «gewährt dem Sklaven vier Rechte, die ebenso viele Milderungen seiner Leiden sind und die ihm die fremde Politik stets verweigert hat. Diese Rechte sind: die Wahl eines weniger gestrengen Herrn; die Freiheit, sich nach seiner Neigung zu verheiraten; die Möglichkeit, seine Freiheit zu erkaufen oder sie als Belohnung für seine guten Dienste zu erlangen; das Recht, irgend etwas zu besitzen und durch erworbenes Eigentum die Freiheit seines Weibes und seiner Kinder zu erkaufen. Trotz der Weisheit und Milde der spanischen Gesetzgebung, wie vielen Unbilden bleibt der Sklave nicht in der Einsamkeit einer Pflanzung ausgesetzt, wo ein roher Aufseher, mit Messer (Machete) und Peitsche bewaffnet, ungestraft seine absolute Autorität ausübt! Das Gesetz zieht weder der Bestrafung des Sklaven noch der Dauer seiner Arbeit Grenzen; es bestimmt auch nichts über die Beschaffenheit und Menge seiner Nahrung! Allerdings gestattet es dem Sklaven, sich an den Beamten zu wenden, damit dieser seinem Herrn mehr Gerechtigkeit empfehle; aber dieses Mittel ist so ziemlich illusorisch; denn es besteht ein anderes Gesetz, wonach jeder Sklave, der ohne Erlaubnisschein auf mehr als anderthalb Meilen Entfernung von seiner Pflanzung angetroffen wird, anzuhalten und seinem Herrn zurückzusenden ist. Wie kann nun der bestrafte, von Hunger und Arbeitsüberbürdung erschöpfte Sklave bis vor den Beamten gelangen? Und gelingt ihm dies, wie wird er gegen einen mächtigen Herrn verteidigt, der als Zeugen die bezahlten Mitschuldigen seiner Grausamkeiten aufruft?»

Wenn man fortfährt, zu ratschlagen statt zu handeln, so wird das politische Übergewicht denjenigen zufallen, die die Kraft zur Arbeit besitzen, den Willen, sich freizumachen, und den Mut, lange Entbehrungen zu erdulden. Diese Katastrophe wird eintreten als ein notwendiges Ergebnis der Umstände. Die Furcht vor diesem Ereignis wirkt unstreitig mächtiger auf die Gemüter als die Grundsätze der Humanität und Gerechtigkeit; aber auf jeder Insel halten die Weißen ihre Macht für unerschütterlich. Jedes gemeinsame Handeln der Neger dünkt sie unmöglich, und jede Änderung, jedes der dienenden Bevölkerung gemachte Zugeständnis erachten sie für Feigheit. Kuba könnte leichter als irgendeine andere Antilleninsel dem großen Schiffbruch entgehen. Die Insel zählt 455 000 freie Menschen und 260 000 Sklaven, schon machen die Weißen und Freigelassenen beinahe zwei Drittel der Gesamtbevölkerung aus. Maßnahmen, die menschenfreundlich und klug zugleich sind, können die allmähliche Aufhebung der Sklaverei vorbereiten. Um öffentlichen Gefahren vorzubeugen und einer unglücklichen Menschenrasse Trost zu bringen, muß die Wunde untersucht, ihr Umfang erkannt werden; denn in einem mit Einsicht geleiteten Gesellschaftskörper finden sich, wie in den organischen Körpern, rettende Heilkräfte, die selbst bei sehr tief eingewurzelten Übeln erfolgreich benutzt werden können.

Wenn der Sklavenhandel ganz aufhört, so werden die Sklaven nach und nach in die Klasse der freien Menschen übertreten, und eine aus neuen Elementen gebildete Gesellschaft wird, ohne die heftigen Erschütterungen bürgerlicher Zwiste zu erleiden, in jene Bahnen übergehen, die die Natur allen aufgeklärten Gesellschaften vorgezeichnet hat.

Nachrichten über Baudin

Gegen Ende Februar 1801 waren Bonpland und ich im Begriff, mit dem Geschwader des Admirals Ariztizábal nach Veracruz abzusegeln. Falsche Nachrichten, von öffentlichen Blättern über die Expedition des Kapitäns Baudin verbreitet, ließen uns jedoch die Absicht aufgeben, Mexiko zu durchkreuzen und uns nach den Philippinen zu begeben. Mehrere Zeitungen, vor allem der Vereinigten Staaten, verkündeten, es seien zwei französische Korvetten, der *Géographe* und der *Naturaliste*, nach Kap Hoorn aufgebrochen; sie sollten den Küsten von Chile und Peru folgen und von dort nach Neuholland segeln. Bei dieser Nachricht erfaßte mich eine lebhafte Aufregung. Alle Entwürfe, die ich während meines Pariser Aufenthaltes hegte, als ich den Mitgliedern des Direktoriums in den Ohren lag, die Reise Kapitän Baudins zu beschleunigen, stellten sich meiner Phantasie wieder lebendig dar. In dem Augenblick, als ich Spanien verließ, hatte ich versprochen, mich der Expedition überall anzuschließen, wo ich sie würde erreichen können. Wenn man lebhaft eine Sache wünscht, deren Ausgang verderblich sein kann, so überredet man sich leicht, daß allein Pflichtgefühl den gefaßten Entschluß veranlaßt hat.

Bonpland, stets voller Unternehmungslust und Vertrauen in unseren guten Stern, übernahm es sofort, unsere Herbarien in drei Partien zu teilen. Um nicht den Wechselfällen einer langen Seefahrt auszusetzen, was wir mit soviel Mühe an den Ufern des Orinoko, Atabapo und Río Negro gesammelt hatten, sandten wir eine Sammlung über England nach Deutschland, eine andere auf dem Wege über Cádiz nach Frankreich, die dritte Sammlung hinterlegten wir in Havanna. Später sollten wir alle Ursache haben, uns zu diesen Vorkehrungen zu beglückwünschen. Jede Sendung enthielt beiläufig dieselben Spezies, und keine Vorsicht war vernachlässigt, damit die Kisten, wenn etwa von französischen oder englischen Schiffen aufgebracht, Sir Joseph Banks oder den Professoren des naturgeschichtlichen Museums zu Paris übermittelt würden. Glücklicherweise wurden die handschriftlichen Aufzeichnungen, die ich eigentlich der Cádizer Sendung beischließen wollte, unserm Freund und Reisegenossen Fray Juan Gonzáles vom Observantenorden des heiligen Franziskus nicht mitgegeben. Dieser muntere, geistreiche junge Mann begleitete uns seit Nueva Barcelona, um von Havanna nach Spanien zurückzukehren. Wer mochte ahnen, welches Unglück seiner wartete. Er nahm unsere Cádizer Sammlung mit. Ein gemeinsamer Freund vertraute ihm ein Kind an, das man in Spanien erziehen lassen wollte. Er verließ Kuba kurz nach uns; aber das Fahrzeug, auf dem er sich einschiffte, ging in einem Sturm an der afrikanischen Küste mit Mann und Maus zugrunde. Die Sammlungen, das Kind, der junge Geistliche – alles wurde von den Wellen verschlungen.

Wir verloren durch diesen Schiffbruch einen Teil der Dubletten unserer Herbarien und – für die Wissenschaften der empfindlichere Verlust – alle Insekten, die Bonpland unter den schwierigsten Umständen am Orinoko und Río Negro zusammengebracht hatte. Durch ein ganz außergewöhnliches Mißgeschick verweilten wir zwei Jahre in den spanischen Kolonien, ohne einen einzigen Brief aus Europa zu erhalten: jene, welche uns in den drei folgenden Jahren erreichten, berichteten uns nichts über unsere Sendungen. Man begreift, wie besorgt ich über das Schicksal eines Tagebuches sein mußte, das die astronomischen Beobachtungen und alle mit dem Barometer gewonnenen Höhenmessungen enthielt, von denen eine ausführliche Abschrift zu machen ich nicht die Geduld gehabt hatte. Erst nachdem Neu-Granada, Peru und Mexiko durchstreift waren und im Augenblicke, die Neue Welt zu verlassen, fielen meine Augen wie zufällig in der öffentlichen Bibliothek zu Philadelphia auf die Inhaltsanzeige einer wissenschaftlichen Zeitschrift. Dort fand ich die Worte: «Ankunft der Manuskripte des Herrn von Humboldt im Hause seines Bruders zu Paris, auf dem Weg über Spanien.» Ich hatte Mühe, den Ausdruck meiner Freude zu unterdrücken; niemals schien mir eine Inhaltsanzeige besser angelegt.

Während Bonpland Tag und Nacht arbeitete, um unsere Sammlungen zu teilen und zu ordnen, hatte ich den Kummer, tausend Hindernissen für die so unvorhergesehene Abreise zu begegnen. Es lag im Hafen von Havanna kein Schiff, das sich verpflichten wollte, uns nach Portobelo oder Cartagena zu bringen. Die Personen, deren Meinung ich einholte, gefielen sich in Übertreibungen der Unbequemlichkeit der Überquerung des Isthmus von Panama und der Langsamkeit einer Schiffahrt von Norden nach Süden, von Panamá nach Guayaquil, von Guayaquil nach Lima oder Valparaíso. Sie warfen mir vor, und vielleicht mit Recht, daß ich nicht fortfuhr, die weiten und reichen Besitzungen des spanischen Amerikas zu durchforschen, die seit einem halben Jahrhundert keinem fremden Reisenden zugänglich gewesen waren. Eine Weltumsegelung, bei der man in der Regel nur einige Eilande oder die Küsten eines Festlandes berührt, könnte, so glaubten sie, den Vorteil nicht aufwiegen, das Innere Neu-Spaniens in seinen geologischen Verhältnissen studieren zu können, Gebiete, die allein fünf Achtel allen auf der bekannten Erde jährlich gewonnenen Silbers lieferten. Ich stellte diesen Erwägungen das Interesse entgegen, auf größerem Maßstab die Inflexion der Kurven gleicher Inklination, die Abnahme in der Intensität der magnetischen Kräfte vom Pol bis zum Äquator, die je nach den Breiten, der Strömungsrichtung und der Nähe der Untiefen veränderliche Temperatur des Ozeans zu bestimmen.

Je mehr ich mich in meinen Plänen gehindert sah, desto mehr eilte ich in ihrer Ausführung. Da ich kein neutrales Fahrzeug zur Überfahrt erhalten konnte, mietete ich einen katalonischen Schoner, der eben auf der Reede von Batabanó lag. Er sollte zu meiner Verfügung stehen, um mich nach Portobelo oder Cartagena de Indias zu bringen, je nachdem die See und die Winde von Santa Marta, die in jener Jahreszeit noch mit Heftigkeit unterhalb zwölf Grad nördlicher Breite wehten, es gestatten würden. Der blühende Zustand des Handels von Havanna und die vielfältigen Beziehungen, die die Stadt selbst mit den Häfen der Südsee unterhält, erleichterten es mir, die für mehrere Jahre erforderlichen Geldmittel aufzutreiben. Der General Don Gonzalo O'Farrill, gleich ausgezeichnet durch sein Talent wie durch die Höhe seines Charakters, weilte damals als Vertreter Spaniens in meinem Vaterland. Ich konnte meine Einkünfte in Preußen gegen einen Teil der seinigen auf der Insel Kuba eintauschen; und die Familie seines Bruders, des ehrenwerten Don Ignacio O'Farrill y Herrera, war mir für die plötzliche Abreise von Havanna in allem behilflich, was meine neuen Pläne fördern konnte.

Am 6. März vernahmen wir, daß der gemietete Schoner zu unserer Aufnahme bereit sei. Der Weg nach Batabanó führte uns noch einmal über Güines nach der Pflanzung von Río Blanco, deren Besitzer (der Graf Jaruco y Mompox) den Aufenthalt durch alle Mittel verschönerte, die der Geschmack an Vergnügen und ein großes Vermögen gewähren können.

Da wir nur eine Nacht in Batabanó verweilten, konnte ich keine genaueren Erkundigungen über die zwei Arten von Krokodilen einziehen, die die Moraste in der Umgebung unsicher machen. Die Einwohner nennen die eine Art Kaiman, die andere Krokodil oder, wie man gewöhnlich auf spanisch sagt, *cocodrilo*. Es entfernt sich bis zu fünfeinhalb Kilometer vom Río Cauto und der sumpfigen Küste von Jagua, um im Landesinneren Schweine zu verschlingen. Die bösartigsten verfolgen, sagt man, einen Reiter wie die Wölfe in Europa, während die als Kaimane bezeichneten Tiere so scheu sind, daß man sorglos an den Stellen badet, wo sie truppweise leben. Bei meinem zweiten Besuch Kubas, 1804, konnte ich nicht nach Batabanó zurückkehren und ließ mit großen Kosten die beiden Spezies nach Havanna kommen. Von den *cocodrilos* erhielt ich zwei lebende Exemplare, deren älteres vier Fuß drei Zoll maß. Man hatte viel Mühe gehabt, sie zu fangen. Man beförderte sie, wohl geschnürt und mit Maulkörben versehen, auf einem Maulesel. Sie waren kräftig und ziemlich wild. Um ihre Gewohnheiten und Bewegungen zu beobachten, brachten wir sie in einem großen Saal unter, wo wir ein hohes Möbel erkletterten und sie große Hunde angreifen sahen. Nachdem wir am Orinoko, am Río Apure und Magdalena sechs Monate inmitten der Krokodile gelebt hatten, beobachteten wir mit Vergnügen noch einmal vor unserer Rückkehr nach Europa diese eigentümlichen Tiere, die mit staunenswerter Schnelligkeit aus völliger Unbeweglichkeit zu den heftigsten Bewegungen übergehen.

Die Jardines y Jardinillos

Am 9. März befanden wir uns vor Sonnenaufgang unter Segel und waren ein wenig von der Kleinheit unseres Schoners erschreckt, dessen Einrichtung uns kaum anders als auf dem Verdeck zu schlafen gestattete. Die Kabine erhielt Licht und Luft nur von oben. Sie war ein wahrer Lebensmittelspeicher, in dem wir nur mit Mühe unsere Instrumente unterbrachten. Glücklicherweise dauerten diese Unbequemlichkeiten nur zwanzig Tage. Die Fahrt in den Kanus des Orinoko und auf einem amerikanischen Fahrzeug, das mit einigen tausend Kilogramm an der Sonne gedörrten Fleisches befrachtet war, hatte uns weniger anspruchsvoll gemacht.

Der Golf von Batabanó, den auf allen Seiten niedrige und sumpfige Küsten umsäumen, stellte sich wie eine weite Wüste dar. Nur in geringer Zahl erschienen die fischenden Seevögel, die gewöhnlich auf ihrem Posten sind, ehe die kleinen Landvögel und die faulen Zamuros erwachen. Unser Schoner war das einzige Schiff im Golf, denn die Reede von Batabanó wird fast nur von Schmugglern besucht. Der Hafen liegt im Hintergrund einer Bai, die selbst wiederum nur den Hintergrund eines großen Busens bildet, der von Süd nach

Nord fast vierzehn Meilen tief ist und auf einer Ausdehnung von fünfzig Meilen von einer unzähligen Menge Untiefen und Cayos geschlossen wird. Inmitten dieses Labyrinthes erhebt sich eine einzige große Insel, deren Fläche viermal jene von Martinique übertrifft und deren öde Berge von majestätischen Koniferen gekrönt werden. Es ist die Isla de Pinos, berühmt wegen des ausgezeichneten Acaju (Mahagoni), das sie dem Handel liefert.

Wir segelten nach Ostsüdost, um aus diesem Archipel herauszukommen, den die spanischen Seeleute seit den ersten Zeiten der Conquista als Gärten und Gärtchen (*Jardines y Jardinillos*) bezeichnen. Kolumbus selbst taufte sie so im Mai 1494, als er während seiner zweiten Reise achtundfünfzig Tage lang zwischen der Pinosinsel und dem Ostkap Kubas gegen Strömungen und Winde kämpfte. Wirklich ist ein Teil dieser sogenannten Gärten sehr schön; der Seefahrer sieht die Szene jeden Augenblick wechseln, und das Grün mancher Eilande erscheint desto lieblicher, als es von anderen Cayos absticht, die nur weißen öden Sand aufweisen. Sobald die Sonne erscheint, meint man diese toten Massen in der Luft schweben zu sehen, und die Sandflächen des nahen Strandes gewähren das trügerische Schauspiel eines von Winden sanft bewegten Wasserspiegels. Ein Wolkenzug genügt, um Baumstämme und schwebende Felsen wieder auf dem Boden zu befestigen, um die wogende Fläche der Ebenen in Unbeweglichkeit zu bannen und diese Gaukelwerke zu zerstreuen.

Trotz der Kleinheit unseres Schoners und der gerühmten Weisheit unseres Piloten fuhren wir häufig auf. Bei dem weichen Grund war keine Gefahr, Schiffbruch zu leiden; dennoch zog man es vor, zum Sonnenuntergang den Anker zu werfen. Nichts gleicht heute der Verödung dieser Gebiete, die zu Kolumbus' Zeiten von Fischern in großer Zahl bewohnt und besucht waren. Die Eingeborenen Kubas bedienten sich damals eines kleinen Fisches zum Fang der großen Seeschildkröten, die in den engen und gewundenen Kanälen der Jardinillos so häufig sind. Mittels der abgeplatteten und mit Saugwerkzeugen ausgerüsteten Scheibe, die er auf dem Kopf trägt, heftet sich der Fischerfisch an den Panzer der Seeschildkröten, und an dem nämlichen Strick zogen die Indianer den Fisch und die Schildkröte aus dem Wasser. Der Fisch, sagt Christoph Kolumbus, ließe sich eher in Stücke hauen, als unfreiwillig den Gegenstand loszulassen, an dem er haftet.

Dem Labyrinth der Jardines und Jardinillos vermochten wir uns erst nach drei Tagen zu entwinden. Jede Nacht blieben wir vor Anker; bei Tage besuchten wir die Inselchen und Cayos, die am leichtesten zugänglich waren. Sie erheben sich gemeinhin fünf bis sechs Zoll über den Wasserspiegel. Würde man in großer Tiefe unter den Felsen noch die Bauten lebender Korallen finden? Ich weiß es nicht. Während wir mit Botanisieren beschäftigt waren, suchten unsere Matrosen nach Langusten. Ungehalten, daß sie keine fanden, rächten sie sich dafür, indem sie auf die Mangroven kletterten und ein furchtbares Gemetzel unter den jungen Pelikanen anstellten, die zwei und zwei in ihren Nestern lagen. Mit dem blöden Vertrauen und der Sorglosigkeit der großen Seevögel baut der Pelikan sein Nest aus nur wenigen Zweigen. Wir zählten vier bis fünf solcher Nester auf ein und demselben Baum. Mit ihren großen, sechs bis sieben Zoll langen Schnäbeln verteidigten sich die jungen Vögel sehr wakker; die Alten aber schwebten über unseren Köpfen und stießen rauhe Klagelaute aus; das Blut rieselte von den Bäumen herab, denn die Matrosen waren mit dicken Stöcken und mit Messern bewaffnet. Vergeblich warfen wir ihnen Grausamkeit und unnötige Quälerei vor. Zu andauerndem Gehorsam in den Wassereinöden verurteilt, ist es der Matrosen Lust, eine grausame Herrschaft über die Tierwelt zu üben, wo die Gelegenheit sich bietet. Der Boden war bedeckt von zahlreichen verwundeten Vögeln, die mit dem Tode rangen. Bei unserer Ankunft hatte tiefe Ruhe in diesem kleinen Erdenwinkel geherrscht. Jetzt schien alles zu verkünden: Der Mensch ist dagewesen!

Welch öde Küsten! Nicht ein einziges Licht, das eine Fischerhütte verkündet hätte. Alle, alle Bewohner haben die Europäer ausgerottet! War das Land, diese Küste vor 1492 ebenso einsam? Ich zweifle. Gräbt man in der Erde, um einen Brunnen anzulegen, oder wenn die Waldbäche zur Hochwasserzeit den Boden aufwühlen, so findet man häufig Äxte aus Jade (Nephrit) und Geräte aus Kupfer, die das Werk der früheren Bewohner Amerikas sind. Jetzt nur hier und da ein Pferch für Schweine oder Rinder, alle zehn Meilen ein einzelnes Haus. Von Batabanó bis Trinidad kein Dorf, nicht eine Gruppe von fünf bis sechs Häusern.

Zum Abschied ein Orinoko-Sonett

Den 14. März. – Der Kapitän unseres kleinen Schoners, unzufrieden mit dem mürrischen Lotsen von Batabanó, wollte ihn in Trinidad an Land setzen. Deshalb liefen wir in die Mündung des Río Guaurabo ein. Ich war erst entschlossen, um das lästige Ankleiden zu vermeiden, nicht das Schiff zu verlassen. Ich stieg nur an Land, um mit dem künstlichen Horizont Sonnenhöhen zu nehmen. Aber der Administrator des Rechnungshofes, ein dicker Oberaufseher und eine Schar katalonischer Krämer, die alle in einem neben uns liegenden, von Jamaika kommenden Schoner speisten, beredeten uns, nachmittags mit ihnen nach der Stadt zu reiten, zwei und zwei auf einem Pferd. Wir wurden dort unbeschreiblich geehrt.

Der Weg zieht in nordwestlicher Richtung durch eine Ebene, die von schöner Vegetation bedeckt ist. Dieser fruchtbare Boden harrt nur der Hand des Menschen, um urbar gemacht zu werden und ausgezeichnete Ernten zu liefern. Tritt man aus dem Walde heraus, so gewahrt man einen Hügelzug, dessen Südabhang mit Häusern bedeckt ist. Dies ist die Stadt Trinidad, 1514 von Diego Velázquez gegründet. Die Straßen sind alle ungemein steil. Am Nordende liegt die Kirche Nuestra Señora de la Popa, ein berühmter Wallfahrtsplatz. Man genießt dort, wie in den meisten Straßen, eine prächtige Aussicht auf den Ozean, die beiden Häfen der Stadt, auf einen Palmenwald und die Gruppe der hohen San-Juan-Berge.

Den nächsten Mittag gab uns der Vizestatthalter ein großes Fest mit unverdaulichem Essen, noch unverdaulicheren emigrierten Franzosen aus Santo Domingo und fürchterlichen Versen, die ein feister, trotz der schrecklichen Tageshitze in Samt gekleideter *Doctor theologiae* zu meinem Lobe mit peinlicher Langsamkeit deklamierte.

Im Hause des Don Antonio Padrón, der reichsten Familie, viel Damengesellschaft, sehr lebendige, etwas zudringliche alte Schwestern. Doch alles zeigte, daß man auf der Insel Kuba war. Die Weiber dieser Insel haben eine eigene Lebendigkeit, eine Gewandtheit, die sie meilenweit vor den insignifikanten und indisch indolenten Geschöpfen in Caracas und Cumaná auszeichnet. Ein Marinebeamter, ein gebildeter, aber desto schalerer junger Mensch, der, wie er sagte, mit allen Marquesas in Madrid getanzt hatte, erzählte viel von den Betrinkereien unseres alten Reisegefährten Don Francisco Bermúdez, der mit uns in Cumaná wohnte. Der Neger, der als Resultat des hitzigen Fiebers auf dem *Pizarro* toll wurde und sich einbildete, daß ich ihn ermorden wolle, ich, der ich ihn immer sehr liebreich behandelt, dieser Neger starb vor wenigen Wochen im Tollhaus zu Havanna, die Einbildungskraft immer noch mit mir beschäftigt.

Wir verließen Trinidad in der Nacht vom 15. März. Unterwegs nach dem Hafen fiel uns ein Schauspiel auf, mit dem wir, möchte man denken, nach zweijährigem Aufenthalt im heißesten Teil der Tropen bereits völlig vertraut gewesen sein sollten. Doch nirgend sonst habe ich eine so zahllose Menge phosphoreszierender Insekten erblickt. Die Gräser am Boden, die Zweige und das Blätterwerk der Bäume, alles leuchtete im Glanz dieser rötlichen und beweglichen Lichter, deren Intensität je nach dem Willen ihrer Erzeuger wechselt. Man meinte, die gestirnte Decke des Firmaments wäre auf die Savanne herabgesunken! In den Hütten der ärmsten Landbewohner dienen an fünfzehn solcher Leuchtkäfer, die man in eine durchlöcherte Kalebasse setzt, als Nachtlampe. Es genügt, das Gefäß stark zu schütteln, damit das Tier den

Glanz der leuchtenden Scheiben vermehre, die sich an beiden Seiten seines Brustschildes befinden. Das Volk sagt mit sehr naiver Wahrheit, die mit Cocuyos gefüllten Kürbisflaschen seien Laternen, die stets angezündet bleiben. In der Tat erlöschen sie nur durch Krankheit oder Tod der Insekten, die man leicht mit etwas Zuckerrohr ernährt. Eine junge Frau erzählte uns, sie habe auf einer langen und beschwerlichen Überfahrt nach dem Festland die Phosphoreszenz der Cocuyos genutzt, wenn sie nachts ihrem Kind die Brust reichte, da der Kapitän aus Furcht vor den Seeräubern kein anderes Licht an Bord erlaubte.

Unser Auszug aus der Stadt glich dem Einzug nur wenig, den wir hoch zu Roß mit den katalanischen Krämern gehalten hatten. Die Munizipalität ließ uns in einer schönen, mit altem karmesinfarbenem Damast ausgeschlagenen Kalesche nach der Mündung des Guaurabo führen, und um unsere Verlegenheit zu erhöhen, feierte der Geistliche, der Ortspoet, in einem Sonett unsere Orinokoreise.

Zehntes Kapitel

Der Cimarrón

Den 16. März. – Abends waren alle Matrosen mit einem großen Haifisch beschäftigt, der drei Stunden lang dem Schiff folgte und, obgleich er am ganzen Maule blutete, doch immer von neuem in die Angel biß. Man zog ihn oft mit halbem Leibe heraus, aber er krümmte das Eisen und entkam. Seinem Rachen nach konnte er gewiß den dicksten Menschenschenkel abbeißen. Im Hafen von Havanna richten diese Tiere oft Unglück an. Man darf dort nicht baden, kaum die Hand ins Wasser stecken. Sonderbar ist es immer, warum man im Hafen von Caracas mitten durch diese Haifische *(tauron)* waten kann. Man lädt dort Kakao, bis zum halben Leib ins Wasser gehend, und nie geschieht ein Unglück. Im Hafen von Caracas sagt man, daß ein Bischof durch Segenssprüche dem Tauron das Beißen verboten habe! So oft wir den Tauron an der Angel heraufzogen, schiß er fürchterlich, große Klumpen wie ein Hund!

20. bis 22. März. – Die Herbst-Tagundnachtgleiche ist in der Karibischen See sehr, sehr gefährlich. Dagegen macht die im nördlichen Meer so gefürchtete Frühlings-Tagundnachtgleiche in den Tropen gar keine Veränderung, wenigstens nie ein böse. Man behauptet vielmehr, daß sie in der Karibischen See Windstille hervorbringe, und so bewies es unsere ganze Schiffahrt. Nie habe ich ununterbrochener schönes, windstilles Wetter gesehen. Unser kleines Pilotboot (einst ein französischer Korsar) von zwanzig Tonnen machte mit den schwächsten Lüften zwei bis drei Seemeilen, wenn ein größeres Schiff kaum eine halbe gemacht hätte. Der Himmel stets blau, ohne Spur von Gewölk, das Meer indigoblau, oft mit Medusen (purpurrot gesprenkelt) und Fischeiern bedeckt. Der Wind war sehr, sehr sonderbar, meist Nord und doch so sanft, so schwach. Wie verschieden unsere Lage, als wir im Dezember in tobendem, trübem Nordsturm die Caiman-Inseln passierten. Häufige und schöne Sternschnuppen und Feuerkugeln. Wir waren neugierig, ob die Tagundnacht-

gleiche denn gar, gar keine Veränderung erregen würde. Sollten wir die Brise (Ostwind), die im Golf zwischen Santa Marta und dem Río Sinú, besonders von Santa Marta bis Cartagena so wütig orkanartig bläst, vergebens gefürchtet haben?

Den 25. März. – Brise und Meer wurden ungeheuer wild. Wir brachten eine elende Nacht zu, liefen bis zwölf Uhr nachts gegen Süden, im Golf von Darién, ohne natürlich die sich tief zurückziehende, von wilden, grausamen Indianern bewohnte Küste zu sehen. Endlich, morgens, sah man Inseln.

26. bis 28. März. – Da die Brise uns schlechterdings hinderte, den Weg nach Cartagena fortzusetzen, so landeten wir im Río Sinú, bei ein paar Häusern am großen Meerbusen, in den sich der Fluß ergießt. Wir hatten ununterbrochen mit Windstille und schwachen Lüften gekämpft, und seit zehn Tagen tobte, raste an der Küste eine so tolle Brise, daß an sechs bis acht schwer mit Hühnern, Pisang, Mais beladene Kanus warteten (an sechzig Fuß lange, kiellose Kähne, die deshalb nicht vor dem Wind gehen können, ohne umzuschlagen). Nachts war das Schwanken ungeheuer und ein zweiter Anker stets zum Auswerfen bereit, falls der erste risse. Am 27. früh, da der Sturm nachließ, gingen wir unter Segel. Wir lavierten zwischen den Inseln hindurch; doch als wir abermals ins offene Meer stachen, erhob sich die Brise so ungestüm, daß die Wellen überall unser kleines Fahrzeug überschwemmten. Den Kapitän überfiel Furcht, er wandte um und wollte nördlich vom Dörfchen Rincón landen. Man warf Anker und fand mit Schrecken, als der Anker schon geworfen war, daß wir auf einer Steinklippe geankert. Welches Geschrei, welche Unruhe, welcher Mangel an Entschlossenheit, wie verschieden der bedenklich vorsichtige, deutschträge, spanische Charakter von dem Gleichmut, mit dem die Engländer sich betragen. Man hob den Anker. Indes lief das Schiffchen ohne Segel der Küste näher. Es war heller Mondschein, mehr Wellenschlag von der dem Wind entgegenstrebenden, aufspritzenden Strömung, die ostwärts lief, als heftiger Wind. Gefahr schien nicht nahe. Aber der Kapitän war außer sich. Mit vielem Geschrei gingen wir endlich unter Segel und brachten die Nacht auf offener See zu, wo das Meer sich besänftigte und der Kapitän nicht ermangelte, sich selbst und seine Küstenkenntnis zu rühmen und auf den Plan von Fidalgo zu schimpfen, der ihn irregeleitet.

Den 29. März. – Wir sprachen oft im verflossenen Jahr und besonders bei dieser Schiffahrt vom Palmsonntag und von der nahen Todesgefahr, der wir im Jahr 1800 an eben dem Sonntag im Orinoko entgangen waren, als wir mitten im Flußbett, von Krokodilen umgeben, mit dem Kanu umschlugen. Wir sagten scherzend, wir möchten an diesem Palmsonntag nicht auf dem Wasser sein! Und wer hätte es, als wir am 8. März von Batabanó absegelten, glauben können? Wir lichteten um sieben Uhr den Anker und versuchten, ob wir zwischen der Insel Arenas und dem Kontinent durchgehen könnten. Vergebens. Das Meer wurde mit jeder Stunde stürmischer. Die Wellen bäumten hoch auf, und unser Pilotboot – von dem wir nun zum Trost auch hörten, daß es schlechte Maste und Segel habe, und an dessen Widerstand im Wellenschlag alle Matrosen zweifelten – schien eine Nußschale im Ozean. Um zwei Uhr versicherten der Kapitän und Don Mariano, die vorgaben, die Küste wie ihre Hand zu kennen, wir würden zweifellos in Boca chica schlafen. Da es ein Typus ist, daß man beim Anlanden sich stets in der Küste irrt, so äußerte ich schon Zweifel. Man betrachtete die Küste genauer und fand in der Tat, daß wir gar nicht auf Boca chica zuliefen! Wir schritten indes immer aufs Land zu. Das Meer war fürchterlich hoch. Die Brise tobte, und der Himmel war freundlich blau. Man wollte beidrehen und riet uns, da alles sehr eng und tumultuarisch zuging, während des Manövers in unsere Kabine hinabzusteigen. Wir taten es, und ich redete scherzend mit Bonpland von der Gefahr, die minder als die Ungeschicklichkeit unserer vier Matrosen sei – als in der Tat das schreckliche Schauspiel des verflossenen Jahres sich wiederholte. Wir sahen nichts, fühlten aber, daß das Schiff umkippte, ohne sich wieder aufzurichten. Zugleich hörten wir anhaltendes, wildes Angstgeschrei auf dem Verdeck. Wir steckten den Kopf aus der Luke, als eben die Gefahr vorüber war. Aber alle Gesichter waren bleich, und fünf Stunden nachher unterhielten sich noch alle von der Gefahr. Durch Versehen des Steuermanns hatte man nämlich (wir liefen scharf am Wind) eine ungeheure Welle, statt sie zu durchschneiden, gegen die Seite des Schiffes schlagen lassen; zugleich kam ein Windstoß. Das Schiff kippte um, und ohne sich aufzurichten, blieb es halb unter Wasser. Der Steuermann wollte lenken, rief aber, es sei vergeblich. Man wollte nun das angespannte Segel loslassen, ein Mittel, das gewiß zu langsam war, als Don Mariano, der entschlossenste, den Steuermann ganz verwirrt erblickte und ihm das Steuerruder aus der Hand riß, um das Schiff wieder aufzurichten, was glücklich gelang. Nach aller Aussage war die Gefahr sehr, sehr groß gewesen. Also abermals ein Palmsonntag. Man mag mich abergläubisch nennen. Aber meine Einbildung ist durch dieses Zusammentreffen wie mit Gespenstergeschichten erfüllt.

Die Gefahr dieses Tages war noch nicht zu Ende. Man lief in die Bucht ein, die die Küste der Insel Barú südlich von der Punta Gigante bildet. Dort ankerten wir. Heute ist eine Mondfinsternis, morgen, am 30. März, eine Okkultation des Sterns Alpha der Jungfrau. Es ist zu fürchten, daß Fidalgo keinen Seealmanach hat, vielleicht die Bedeckung nicht ahnt. Ich selbst komme gewiß erst spät nach Cartagena. Man beratschlagte, ob ich von Punta Gigante aus zu Lande den Weg nach Boca chica antreten könnte. Wegen der Dicke des Waldes, der Unbewohntheit der Gegend wurde das Projekt aufgegeben. Indes riet der Kapitän, an Land zu rudern, um Pflanzen zu suchen. Wir sahen einen Neger aus dem Gebüsch hervortreten. Näher betrachtet, erkannten wir in ihm einen feisten jungen Neger, ganz, ganz nackt, Schultern, Gürtel und Füße mit Ketten beladen, einen Köcher mit Pfeilen auf der Schulter und einen Machete in der Hand. Er antwortete listig und frech lächelnd auf unsere Fragen, sagte, er gehe dort spazieren, er lockte uns ans Ufer, wollte mit uns gehen, wenn wir ihm Kleidung geben würden, fragte, ob wir auch gewiß nicht Spanier wären. Während dieses Gesprächs redete er uns unverständliche Worte mit seinen Gefährten im Gebüsch, die wir nicht sahen. Unbewaffnet wäre es unvorsichtig gewesen zu landen. Es war eine Bande entlaufener Negersklaven, Cimarrones, welche die Liebe zur Freiheit und gerechter Haß auf die Weißen zu allem fähig macht. Sie wollten uns wahrscheinlich an Land lokken, um sich des Bootes zu bemeistern, und in welcher Gefahr wären wir nicht gewesen, hätten sie uns stillschweigend landen lassen und uns dann (wir waren vier) überfallen. Die Ketten, nach der Art zu urteilen, wie er sie trug, nach ihrer Menge und der Leichtigkeit, mit der alle Neger sie abzufeilen verstehen, waren übrigens wohl eine Maskerade. Er hatte sie umgehängt, um uns durch Mitleid anzulocken? Wir kehrten um, ohne an Land zu steigen. Welche kannibalische Lust hatten alle Matrosen, selbst der Koch, ein französischer Neger, die Unglücklichen einzufangen oder ihnen wenigstens ein Dutzend Kugeln in den Leib zu jagen. Man schätzte, wieviel ein solcher Neger im Verkauf wert sei ... *fuge, fuge, litus*. Wir unwirtlich macht europäische Grausamkeit die Welt!

Wir suchten Schutz hinter der Punta Gigante der Insel Barú, wo ich die totale Mondfinsternis beobachtete. Ich hätte nie geglaubt, daß in einer totalen Finsternis die Mondscheibe so hell bleiben könnte. Als die völlige Immersion schon geschehen war, erheiterte sich der Himmel, und die volle Mondscheibe war mit traurig rotem, feuerfarbenem Licht so sichtbar, daß in Europa bei trübem Himmel der Vollmond minder erleuchtet ist. Die Ränder dieses roten, verfinsterten Mondes schwammen wellenförmig wallend, etwa wie der Sonnenrand, wenn die Sonne über dunstreichem Horizont aufgeht. In der Mitte dieser so sonderbar erleuchteten Mondscheibe sah man einen schwarzgrauen runden Schatten, wahrscheinlich die Mitte des Schattenkerns der Erde. Dieser Schatten zog sich nach und nach gegen den abendlichen Rand des Mondes. Kaum glimmte der erste Strahl des wiedererlangten Lichtes auf, so verlor der Rest der Scheibe den vorigen Glanz. Was uns vorher schönes, rötliches, volles Mondlicht geschienen, wurde nun ein aschfarbenes Licht.

Wir brachten, trotz aller spanischen Empfehlungen, sechs sehr unbequeme Tage in einer elenden Herberge in Cartagena zu. Dort fanden wir geflüchtete Offiziere aus Santo Domingo, voller Wut gegen den Negergeneral Toussaint, und einen pedantischen Feldchirurgus, der großes Talent besitzt, Vögel auszustopfen, mit Leibern von einer Art Korkholz. Wie gewöhnlich besuchte uns die ganze Stadt. Der Schatzmeister Angullo, einst Seeoffizier, mit seiner albernen, prätentiösen Frau, die, wie alle spanischen Damen in Amerika, stets von der Königin und den Herzoginnen zu sprechen weiß. Don Ignacio Cavero, einst Sekretär des Vizekönigs Góngora, aus Honduras gebürtig, nie Amerika verlassend, ist unstreitig der interessanteste, talentreichste Mensch in ganz Cartagena. Don Ignacio Pombo, Kaufmann aus Popayán, ist ein zweites Exempel amerikanischen Genies. Er war kurze Zeit in Cádiz, spricht alle Sprachen, kennt alle europäischen Literaturen und – ein großes, in Amerika einziges Verdienst – erzieht seine sehr schönen Kinder selbst. Man trinkt abends weder Tee noch ißt man Zuckerwerk bei ihm, statt dessen läßt er die Kinder eine Fabel rezitieren. In Havanna fragt man in einigen Häusern: «Wünschen Sie eine Erfrischung?» und ruft die Sklavin, um das Fenster nach Osten, woher der kühle Wind kommt, öffnen zu lassen.

Am wichtigsten war mir in Cartagena Fidalgos Expedition. 1792 hatte man vier Brigantinen ausgeschickt, um einen hydrographischen Atlas von Amerika aufnehmen zu lassen. Die Arbeit ging langsam, weil viele Piloten starben, es an Arbeitern fehlte, der Hof auf nichts antwortete. Fidalgo ist ein sehr einfacher, bescheidener, ruhiger, liebenswürdiger Spanier, voll eigener Tätigkeit. Er hat stets mit eigener Hand sondiert und hat großes Verdienst um eine Expedition, die an ungesunden, moskitoreichen Küsten seit acht Jahren fortgesetzt wird. Von jedem Hafen, jeder Bucht Spezialkarten. Fidalgo und alle seine Gefährten waren überaus liberal und mitteilsam gegen mich, und ich verdanke ihnen glückliche Augenblicke, da wir so wunderbar in Längen- und Breitenmessung übereinstimmten und für beiderseitige Genauigkeit zeugen konnten.

Wir warteten in Cartagena noch die wunderbaren Osterprozessionen ab. Eine vermummte Figur, in Seide gekleidet, so daß Gesicht und Hände verdeckt sind, mit Dornenkrone, kommt in das Wirtshaus, ein Kruzifix in der Hand, um Almosen zu sammeln. So ein Kerl gibt der Kirche zwei bis drei Pesos, was er mehr sammelt, ist sein, er erkauft das Recht, in der heiligen Mummerei zu betteln. In der Prozession Pilatus in gestreiften seidenen Kleidern, die Apostel an einer großen Tafel mit vortrefflichen Süßigkeiten. Welchen

Unfug treibt der Mulatten-, Mestizen- und Zamben-Pöbel bei diesen Prozessionen! Ein Soldat stieg auf das Gerüst mit den Aposteln, um ein Licht anzuzünden. Die Träger bemerkten ihn nicht, man gab das Zeichen und trug den Soldaten mit den Aposteln umher. Der Soldat stahl von der Tafel, ward von den Balkons mit Blumen bestreut, die er kniend empfing. Welch unsägliche Menge Plumaria alba und Plumaria rubra verstreut man in diesen Festtagen! Jedes Haus verbraucht täglich einen großen Korb voll! Nach der Auferstehung hingen Juden, französisch gekleidet und mit Stroh gefüllt, in allen Straßen. Sie haben Schwärmer am Hintern, und auf ein gegebenes Zeichen verbrennt man diese erhenkten Juden. Der Pöbel harrt drei Stunden lang auf dieses Autodafé. Traurige Volksfreuden, ein Hängen und Brennen stroherner Juden!

Am 6. April verließen wir Cartagena, um acht Tage in Turbaco, einem indianischen Dorf am Gebirge, zuzubringen, wo unser als Revolutionär fälschlich angeklagter, in Kerkern drei Jahre lang mißhandelter, endlich losgesprochener und vom Hofe als China-Inspektor angestellter Freund Don Louis de Rieux wohnte. Wir hatten ihn in Havanna kennengelernt. In Turbaco pflegen alle Kranken aus Cartagena zu genesen. Pombo, der des Erzbischofs Góngora Haus gekauft hatte, räumte es uns ein, und wir waren nie besser logiert, konnten nie ruhiger und in größerer Fülle die herrlichsten Produkte studieren. Wie glücklich sind uns diese Tage in Turbaco bisher verflossen! Das Klima ist kühl, die Luft (Bergluft) himmlisch rein und erfrischend, das Dorf liegt auf einem Hügel inmitten von Waldtälern, in denen kleine Bäche rieseln. Welche Aussicht gewährt unser Garten! Eine Terrasse läuft scharf an einem Abgrund hin. Man blickt in ein tiefes Felstal hinab, das gegen Morgen und Mittag von nahen und fernen Bergketten eingeschlossen ist. Tal und Berge, alles ist mit dichtem Laubholz, mit den majestätischen Bäumen der Anden bewachsen. Pflanzungen von Pisang und große Partien von Bambusrohr lächeln mit freundlichem Grün aus der Einöde hervor. Kurz nach Sonnenaufgang ruht Nebel im Tal. Die Wipfel der hohen Bäume ragen gleich Inselgruppen aus dem Dunstmeer hervor. Mit jeder Tageszeit ist die Szene verändert, stets aber von dem Gezwitscher der Waldvögel belebt. In keinem Teil von Südamerika hörte ich die Vögel so lieblich, tiefaufflötend singen als um Cartagena. Aber in Europa druckt und druckt man, das Menschengeschlecht krumpe gegen den Äquator ein (während die Kariben, ein herrliches, stattliches Riesenvolk, dem olympischen Jupiter an Stärke und Körperbildung ähnlich sind), man druckt, daß in den Tropen alle Vögel krächzen. So wie bei dem üppigen Wuchs jede Pflanze in den Tropen, jeder Strunk zur Holzfaser erhärtet und weiches, zartes Gemüse aus Europa, hierher verpflanzt, leicht ausartet, so ist die große Tropennatur auch an großen Vögeln mit starkem Stimmorgan reicher als Europa. Unsere Feld- und Gartenkultur lockt eine Menge körnerfressender Finkenarten an, lauter kleine Singvögel. In den Tropen nehmen, da der Hühnervögel so viel mehr sind, die kleinen Singvögel einen kleineren Raum ein. Die größeren Vögel, das unsägliche Geschnatter der Graupapageien, die Konversation der Guacharacas, von denen fünfzehn, sechzehn, wie Hühner nahe aneinandergedrängt, stundenlang auf einem Ast sitzen und kopfnickend schreien, die ungeheure Heuschrecke, alles überschreit den lieblichen Gesang der Finkenvögel. Aber wie manche Stunde habe ich den Trupiales, dem Arrendajo, der großen Künstlerin Paraulata und den buntgefiederten Spechtmeisen, Tanagras, Finken zugehört.

Turbaco, ein indianisches Dorf, seit zweihundertdreißig Jahren mit spanischen Familien durchsetzt, vier spanische Meilen von Cartagena gelegen, ist der Sommeraufenthalt der Einwohner dieses Hafens – und noch heute, 1801, reicht der dicke Busch überall bis an die Häuser. Die Indianer sind zwar gekleidet, haben aber ihre Conucos, wie die Indios am Río Guainía, halbe Tagesreisen weit im Wald. Die Häuser sind aus Bambusrohr, ganz wie die Indianer sie vor 1492 bauten. Eine Menge dünner Bambusstämme aneinandergereiht und darüber ein Dach von Palmblättern. Der Teil des Hauses, in dem der Indianer schläft, ist, da dies Volk so sehr die Wärme sucht, in den Fugen zwischen dem Bambusrohr mit Letten verschmiert. Das übrige Haus hat überall Fugen, ist halbtransparent und daher in der Tat sehr kühl. Dies sind die Fortschritte, die die Indianer unter spanischer Herrschaft machen! Im Gegenteil, die Spanier haben alles von den Indianern angenommen.

Die ersten Abenteurer (rohes Gesindel), statt Orte auszuwählen, wo man, auf künftigen Handel bedacht, große Populationen hätte anlegen sollen, ließen sich in den größten Ortschaften der Indianer nieder. Daher entstanden große Städte, wo man sie am wenigsten erwartet, in Santa Fe, Caracas, auf dem unebensten Erdreich. Die neuen Ankömmlinge lernten von den Indianern Häuser bauen, lernten von ihnen kochen, gegorene Säfte bereiten, in Hängematten schlafen, auf den wunderbaren, niedrigen, zurückgelegten Stühlen *(butaques)* sitzen, Töpfe ohne Drehscheibe formen, ohne Ofen brennen, Kanus zimmern; sie lernten, daß brennen den Acker bereiten heißt, daß man leben kann, ohne zu pflanzen, weil die Natur alles von selbst hervorbringt. Sie hinderten durch religiöse Intoleranz und Gesetze die geistigen Fortschritte der Kultur, die Selbsttätigkeit der Indianer und teilten von ihrer eigenen, ohnedies so geringen europäischen Kultur nichts, gar nichts mit – weder Drehscheibe noch Pflug noch Töpferofen führten sie ein.

Da der Wald in Turbaco noch überall so nahe ist, leidet man bei Regenwetter ungeheuer unter den Zancudos und Jejenes. Auch ist das Dorf voller Schlangen, so großer, daß sie selbst Hühner fressen. Alle Nacht trieben in unserem Haus die Fledermäuse ein gräßliches Lärmen, weil Schlangen auf das Dach stiegen, sich in das Zimmer durchklemmten und den Fledermäusen nachsetzten. In Europa erschrickt man gewiß vor der bloßen Idee. Auch ist es hier gar nicht selten, daß Schlangen nachts vom Dach in die Hängematte oder ins Bett fallen. Hier macht lange Gewohnheit mit allen Gefahren vertraut.

Wir hörten oft von *los volcanos de Turbaco* reden, ohne uns einen bestimmten Begriff davon machen zu können. Der Knabe, der uns führte, sagte, es seien Höhlen, die *bu, bu* machten. Der kluge Pfarrer versicherte, es seien Thermal- und Mineralwässer, in denen Schwefel schwimme. Wir haben diese Vulkane genau untersucht. Sie liegen 6 000 Ellen gegen Osten von Turbaco, ein wüster, öder Fleck mitten im Walde, aus schwarzgrauem Letten. Aus dieser Tonschicht erheben sich viele große und kleine Kegel von wunderbaren Formen. Der einzelne erhebt sich auf einer sehr breiten Basis achtzehn bis vierundzwanzig Fuß hoch. Auf der Spitze ist ein zirkelrundes Loch mit einem wenige Zoll hohen Kraterrand. Dies Loch ist mit Wasser gefüllt, aus dem in unbestimmten Abständen, etwa alle zwei Minuten fünfmal, mit starkem, dumpfem Geräusch ungeheure Luftblasen aufsteigen. Solcher kleiner Krater gibt es hier viele, alle zwischen fünf bis zwanzig Zoll im Durchmesser. Die meisten liegen auf dem Gipfel kleiner Kegel, manche aber auch in einem ebenen Grunde. Wir bemühten uns, einige der kleinsten Öffnungen mit Letten zu verstopfen, und die indianischen Knaben versicherten uns, oft dasselbe getan zu haben, aber die entweichende Luft eröffnet immer genau an demselben Ort den Trichter. Die ersten Luftblasen werfen dann die Erde mit in die Höhe, und man sieht vor seinen Augen den Kraterrand sich bilden. Wer denkt hierbei nicht an Schröters Zeichnungen der Mondvulkane? Die Natur ist sich überall in ihren Operationen gleich, mag sie Kubikzoll oder Kubikmeilen Masse formen. Hagelkörner ballen, wirbeln und platten sich ab gleich den Planeten im Weltraum.

Zum Río Magdalena

Nach einem langen, an Beobachtungen, Tieranatomie und Luftchemie unendlich reichen Aufenthalt in Turbaco traten wir endlich am 19. April 1801, nachts um elf Uhr, unsere Reise nach Quito an.

Unsere Begleiter bis Santa Fe de Bogotá waren der Arzt Don Louis de Rieux aus Carcassonne mit seinem liebenswürdigen Sohn, ein Mulattenfräulein, das dem Vater als Mätresse dienen sollte, der sehr unterrichtete Kaufmann Pombo aus Popayán und Don Mariano Montenegro mit seinem kleinen Neffen, dem Sohn des unglücklichen Nariño. De Rieux, einst Leibarzt des Erzbischofs Góngora, wurde, als Staatsverbrecher angeklagt, nachts aus seinem Hause in Honda mit Fesseln beladen nach Cartagena geschleppt; man bewies nichts, ließ ihn ein Jahr lang im Gefängnis der Inquisition schmachten, schickte ihn dann nach Cádiz, mit einem Hemde, ohne eine Zeile an Mutter und Sohn schreiben zu dürfen. Die Richter versplitterten indes über 40 000 Pesos seines Vermögens. Seine Gattin und Mutter starben aus Gram. Der Sohn wollte dem Vater folgen, wurde von den Engländern gefangen nach Havanna geschickt. Der Vater entfloh aus dem Gefängnis in Cádiz, weil er sah, daß niemand sich mit seinem Prozeß beschäftigte. Er floh nach Tanger, von da begab er sich nach Madrid und wurde nach zweijährigen Bittgesuchen durch die Fürsprache des französischen Gesandten nicht nur losgesprochen, sondern erhielt eine Pension von 2000 Pesos, um Chinarinde nach Cádiz zu senden, weißen Zimt und Muskat anzupflanzen. Mit welchen Empfindungen tritt so ein Mann, und er war tieffühlend, in ein Land, wo man aus Furcht und Habsucht so schändlich mit Menschenglück spielt. Ein stummer Mißmut war in sein Gesicht tief eingeprägt.

Auch dies ganze Land ist ein dichter Wald, in dem die Flüsse ihr Bett eingefurcht haben. Keiner wußte den Weg, der, eng und uneben, sich durch den dicken Busch krümmte. Der phosphoreszierende Schnellkäfer diente uns oft zum Wegweiser. Die höchsten Baumgipfel waren mit tausend bläulichen Lichtern geziert. Mit Tagesanbruch waren wir in Arjona. Ein Bambuswald. Sonderbar, daß wir diese Bambuswälder, so licht und leicht emporstrebend, so überaus indisch und schön, nirgends als hier gesehen haben. Eine Viertelmeile vor Mahates setzten wir über den Dique, einen Mündungsarm des Río Magdalena. Die Pferde läßt man schwimmen, das Gepäck passiert in einem kleinen Kanu. Warum nicht ein Prahm mit Seil? Von hier an keine Brise mehr, und doch dem Meer so nahe. Eine erstickende Luft, ebenso um den Magdalenenfluß, in dem auch nie eine Welle aufschlägt. Wir brachten den Tag elend auf der Erde zu, auf dem Mantel schlafend. Ich sezierte ein Papageiengehirn. Die Maultiere kamen abends. Mein Barometer, das ich mit so vieler Mühe in Turbaco gefüllt hatte, wurde beim Übersetzen zerschlagen. Nichts widersteht solchen Landreisen! Also kein Messen des Flußgefälles bis Honda!

20. April. – Morgens drei Uhr ab von Mahate. Bis Barranca Nueva immer Wald, ein herrliches pittoreskes Gemisch majestätischer Pflanzenformen. Auf halbem Weg ein neues, elendes Dörfchen, von Zamben bewohnt. Denn nir-

gends in der amerikanischen Welt gibt es mehr Zamben als hier, weil die indianischen Weiber, der kalten Indianer überdrüssig, so lüstern nach Negern sind und weil hier, von Chocó aus, so viele Neger durch Goldsuchen ihre Freiheit erkauft haben.

Bei Barranca Nueva fließt der Dique aus dem Magdalenenstrom. Am Río Sinú traf ich einen pommerschen Zimmermann aus Wollin, hier einen schlesischen Soldaten, gutmütige Deutsche, die aber beide ihre Sprache vergessen hatten. Der Anblick des Flusses ist groß und majestätisch, obgleich man nur einen Arm übersieht. Doch kann er niemanden erstaunen, der an die Größe des Orinoko, der Ríos Guaviare und Guaninía gewöhnt ist. Überhaupt werde ich in diesen Blättern oft ungerecht gegen den Magdalenenfluß scheinen, weil meine Einbildung noch voll von den großen Bildern jener Orinokowelt ist. Man sollte das Größte immer zuletzt sehen.

In Barranca Nueva fanden wir einen Champán, den wir von Mompós hatten herabkommen lassen. Unser Champán hatte dreiundzwanzig und einen halben Meter Länge und in der Mitte zwei Meter Breite, beide Enden sind zugespitzt. Der Boden ist völlig vierkantig, eine des Widerstands wegen gewiß sehr unbequeme Form. Die Mitte des Champáns (drei Fünftel desselben) ist bogenförmig mit Fächerpalmen dicht überdacht, ein sechs Fuß hoher Toldo. Im hinteren freien Ende macht man Feuer, und dort stehen stumm und mit dem Ausdruck mysteriöser Wichtigkeit der Steuermann und vor ihm der Piloto. Der Steuermann lenkt mit einem Ruder auf Geheiß des Lotsen. Im vorderen freien Teil arbeiten sechs, oben auf dem Toldo vier Mann, alle mit der Palanca, einer zwölf bis achtzehn Fuß langen, am Ende zweizackigen Stange.

Die Art, wie diese Bogas arbeiten, ist sehr regelmäßig. Indem die eine Hälfte (also drei zum Beispiel im unteren Raum) mit der gegen die Brust gestemmten Palanca gegen den Toldo hinschreitet, laufen die anderen drei in entgegengesetzter Richtung mit emporgehobenen Armen (die Palanca horizontal haltend, über den Kopf der Arbeitenden) gegen die Spitze des Champáns. So gelangt die eine Hälfte an dieser Spitze an, während die andere am Toldo eintrifft; so setzt jene die Palanca in dem Augenblick ins Wasser, als diese die Palanca in die Höhe schwingt, und der Champán kann bei dem ewigen Anstemmen nie Zeit gewinnen, zurückzugleiten. Auf eben die Art wechseln die Bogas auf dem Toldo ab, und da dieser eine mit trockenen Palmblättern bedeckte Bogenfläche bildet, so ist es nicht ungewöhnlich, daß Menschen von da oben herabstürzen. Die Bogas sind sehr dem Schlangenbiß ausgesetzt, da sie meist nicht drei Spannen vom Ufer entfernt sind. Die Schlange, die ihre Löcher im Ufer hat, sieht sich durch die Palanca beunruhigt und springt gereizt auf den Ruderer zu.

Nächst der Arbeit der Krummhalser in Mansfeld gibt es unstreitig keine muskelanstrengendere Arbeit als die der Ruderer auf dem Magdalenenfluß. Die Champanes sind schwer beladen, die großen tragen neun bis zehn Tonnen, unserer siebeneinhalb. Der Fluß hat eine wütende Strömung, er ist ein Gießbach, der sich, rechtwinklig zu den Gebirgsketten, sein Bett tief eingegraben hat. Die Breite des Stroms beträgt bei Barranca Vieja an 901 Meter. Demnach schätze ich bei Barranca Nueva 700, zwischen San Agustín de Plaga Blanca und Santa Martica etwa 1200 Meter ohne Inseln! Die Champanes gehen aufwärts meist nur anderthalb Fuß vom Ufer, die Palanca wird gegen die Wurzeln und Baumstämme angestemmt, denn weiter vom Ufer ist in zehn Fuß Tiefe kaum mehr Grund zu finden.

Da die Bogas die Palanca gegen die Brust stemmen, etwas oberhalb des Wärzchens, so haben sie alle dort eine fürchterliche Schwiele, und sie bedienen sich keines ledernen Plastrons, als bis ihnen, sehr selten, dort Wunden entstehen. Zum Glück haben die Männer wenig Disposition zum Brustkrebs. Die Ruderer sind Zambos, selten Indianer, ganz nackt, den Guayuco abgerechnet, von herkulischer Stärke. Es ist sehr pittoresk, wenn diese bronzenen Gestalten, mit Athletenkraft auf die Palanca gestemmt, mächtig einhertreten. Wie ihnen jedesmal die Drosselvene schwillt, wie sie dreizehn Stunden lang täglich von Schweiß triefen in einem brennend heißen Klima, in einem tiefen Flußtal, in dem fast nie ein wohltätiges Lüftchen die Blätter bewegt. Der Boga arbeitet von fünf Uhr morgens bis sechs Uhr abends, wovon nur fünf Viertelstunden für Frühstück und eine halbe Stunde für Mittagessen abzurechnen sind. Die Nacht bringen die meisten an Orten, wo die Moskitos sehr häufig sind, schlaflos zu. Da sie alles Gewonnene und den im voraus bezahlten Lohn vor Antritt der Reise vertrinken, so haben nur die ordentlicheren, wirtschaftlicheren eine Art Sack oder Zelt. Man spannt ein Seil von Baum zu Baum, zwei Fuß über der Erde. An dieses Seil ist ein Sack gebunden, der nur an einer langen Seite offen ist. Unter diesem Sack legt sich der Boga auf eine Strohmatte. Der Rand des Sackes wird überall unter die Matte gesteckt und der obere Teil durch hölzerne Sprängel von innen ausgedehnt. Eine recht sinnreiche Erfindung; eine linnene Tonne. Aber die meisten Bogas liegen nackt auf dem Boden, den blutgierigen Zancudos preisgegeben.

So bewunderungswürdig aber auch diese Exertion menschlicher Kraft ist, so hätte ich sie doch gerne minder lang bewundern mögen. Nicht, als erregten diese Menschen Mitleid; nein, es sind freie, obwohl schlecht bezahlte (Speise und täglich anderthalb Silberreal), dabei sehr übermütige, unbändige, freche Menschen. Ihre ewige Lustigkeit, ihre Wohlgenährtheit, alles mindert das Mitleidsgefühl. Aber am lästigsten ist das barbarische, unzüchtige, krächzende, wütende, bald stöhnende, bald aufjauchzende, bald in langen Formeln fluchende Geschrei, durch welches sich diese Menschen die Muskelanstrengung zu erleichtern suchen. Über diesen Punkt kann man hier nicht uninteressante physiologische Betrachtungen anstellen. Bei aller großen Muskelanstrengung wird mehr Luft in der Lunge zersetzt als in der Ruhe. Um mehr Luft in die Lunge einzuziehen, muß man auch verdorbene ausstoßen. Daher ist Stöhnen, Laut von sich geben, bei schwerer Arbeit sehr natürlich. So treiben die Bogas, je stärker sie arbeiten, ein desto wütigeres Geschrei. Sie heben mit einem zischenden *Haß, Haß, Haß* an und hören mit weitläufigen Schimpfreden auf. Besonders wird jeder Strauch am Ufer, den sie mit der Palanca erreichen können, aufs unhöflichste begrüßt, aber bald geht das *Haß* in ein blökendes Juchen und Schwören über. Das Getöse, welches man auf dem Weg nach Bogotá fünfunddreißig Tage lang ununterbrochen hört, ist ebenso lästig wie das Trampeln der Ruderer auf dem Toldo, die so mächtig auftreten, daß sie oft durchzubrechen drohen. Unsere Hunde konnten sich viele Tage lang nicht an dieses ungeschlachte Lärmen gewöhnen. Ihr Gebell und Geheul vermehrte das Unwesen. Dazu ist die Bewegung sehr ungleich. Der Champán kippt und wippt nie, wie unsere Piroge auf dem Orinoko, aber er stuckert wie ein schwerbeladener Wagen.

Jede Arbeit, die mit Umherschweifen, vagabundierender Lebensart verknüpft ist, findet Menschen, die sie müheloserer und leichterer vorziehen. Ein Boga gewinnt an vierzig Tagen kaum zwölf Pesos. Man muß sie im voraus bezahlen, und danach verlangen die Ruderer drei Tage Zeit unter dem Vorwand, sich zur Reise ein Hemd und eine Hose machen zu lassen. Diese Tage dienen, das Geld zu vertrinken, und ehe nicht alles aufgezehrt ist, treibt man seine Bogas (nach vier bis sieben Tagen Harren) selten zusammen. Man ist Sklave seiner Ruderer.

Nachts und selbst tags wütige Zancudos (Tempraneros), schwarzbraune Mücken mit weißgeringelten Füßen, voll erhitzenden Giftes, dieselbe Familie, die alle Ströme in den Tropen so unwirtlich macht. Wo ist die Plage größer? Mich deucht, daß man die Tage ruhiger im Río Magdalena, die Nächte ruhiger im Orinoko zubringt. Hier kann man schreiben. Höchstens sticht hier und da ein Zancudo, aber am Orinoko war es uns ja ganz unmöglich, außerhalb des Hornos der indianischen Hütten eine Blume zu zerlegen, zu zeichnen.

Am 25. April kamen wir in Mompós an und blieben dort bis 5. Mai, ehe wir einen neuen Champán, Bogas und Lebensmittel besorgt hatten. Mompós ist eine wohlgebaute Stadt mit etwa 14 000 Einwohnern. Ihre Lage am Fluß macht sie zum Handel nach innen und außen sehr geschickt. Man macht hier ebenso viel, wo nicht mehr Geschäfte als in Cartagena, da die Kaufleute über Santa Marta großen Schleichhandel mit Jamaika und Curaçao treiben. Mompós versorgt das ganze innere Vizekönigreich mit Waren. An Bauart niedrige Häuser, Cumaná ähnlich, regelmäßige Gassen, hübsche viereckige Plätze, viele Kirchen, drei Klöster, darunter eines, Kranke pflegend, sehr nützlich. Dicht am Fluß ein hübscher Spaziergang, *La Albarada,* eine Mole, teilweise mit Orangen und Ceiba bepflanzt. In den Straßen die ungeheuren Stämme des Bombax pyramidalis, Balsa (das Holz dient zum Rasiermesser schärfen), überall Plumaria, von deren orangeduftenden Blüten man bei Prozessionen korbweise Gebrauch macht. Vortreffliche Früchte, Achras, Mammea (ein kolossalischer Lorbeerbaum, dessen dickrindige Frucht das Aroma der Ananas mit dem der Pfirsiche verbindet), Melonen, selbst Weintrauben. Die Stadt ist mit Granit, Gneis, Glimmerschiefer gepflastert, alle voll goldhaltigen Schwefelkieses. Um Mompós vortrefflicher Letten und Bol. Ich habe sehr schlecht geknetete, an der Sonne getrocknete Schmelztiegel gesehen, in denen man sechs- bis siebenmal Gold und Silber schmolz. Überhaupt erstaune ich, wie reich Amerika überall an den besten Tonarten ist. Trotz der schlechten Zurichtung, ohne Schlemmung, ohne Ofen, sieht man überall bei den Indianern das schönste Tonzeug, Fayence-Teller, Gefäße zu gegorenen Säften, fünf Fuß hoch und drei Fuß breit. In La Mancha macht man kaum bessere Töpferware!

Mompós ist einer der heißesten Orte in Amerika. Dazu der Krokodilgeruch! Wenn abends, von sieben, acht Uhr an, die Mädchen Wasser schöpfen und die Krokodile, das Menschenfleisch riechend, sich der Mole nähern, glaubt man oft, es sei eins im nächsten Zimmer, so heftig ist der Moschusgestank. Trotz der Hitze und der Moskitos (sie stechen durch vier baumwollene Beinkleider hindurch, ich machte die Probe) habe ich in Mompós viel gearbeitet, über ein Dutzend junge Krokodile zerschnitten, ihre Anatomie gezeichnet und besonders sehr sorgfältige Versuche über die Atmung der Krokodile angestellt.

Die Empfindung der Hitze ist weit stärker, als der Thermometerstand es ahnen läßt. Die Ursache ist Hautreiz durch die ungeheure Moskitomenge. Ich glaube, ein russischer Winter könnte diese Tiere zum Schweigen bringen.

Wenn man alle Hautteile verwundet und voll Gift hat, nimmt die Reizbarkeit der Haut so zu, daß man für die Eindrücke der Sonnenwärme weit empfänglicher wird. Nichts ist fürchterlicher als die Schnelligkeit, mit der im Magdalenental die Wunden zunehmen, faulen. Wir haben Bogas im Champán gehabt, die sich einen Mückenstich kratzten, die Wunde war kaum blutig und eine halbe Linie breit, und in vier Tagen verpesteten diese Wunden zollgroß mit unflätigem Gestank unser Boot. In den kleinen Kakaoplantagen haben wir unglückliche Männer gesehen, die achtzehn bis zwanzig Zoll lange Wunden und Geschwüre an den Beinen hatten, die Jauche lief zur Erde hinab. Ist dies dem Magdalenentale eigen? Am Orinoko, wo es gleich heiß und naß ist, sahen wir dergleichen nicht. Aber dort wohnen allein Indianer, die aller Hautkrankheit sehr widerstehen, im Magdalenental fast nur Mischlinge. Die Llagas, Geschwüre, sind am schrecklichsten südlich von Badillo.

Den 6. Mai wollten wir von Mompós abreisen. Alle Ruderer waren zusammen. Sobald sie sahen, daß wir in den Champán steigen wollten, erinnerten sie sich, daß sie noch nicht allen vorausbezahlten Lohn versoffen hatten. Acht liefen davon, und wir übernachteten in der Ziegelhütte, eine Viertelmeile vor der Stadt. Eine der giftigsten und kühnsten Schlangen, die kleine Coral, geriet durch einen Zufall zwischen unsere Betten. Sie suchte, sich unter dem Kopfkissen zu verstecken. Der Lärm machte sie rasend. Sie sprang auf ihre Verfolger zu, und nur die Geschicklichkeit, mit der die Indianer sie jedesmal wegschleuderten, machte, daß sie niemanden biß. Solche Vorfälle sind beunruhigend, aber sehr allgemein, daher ich ihrer selten erwähne. Man kennt hier die Gegengifte so gut, und die Natur ist so reich daran, daß im ganzen wenige, sehr wenige Menschen von Schlangenbiß sterben, nur jene, die das Heilmittel nicht schnell anzuwenden wissen. So hat man zum Beispiel im Chocó, dem wärmsten, nassesten und also schlangenreichsten Teil des Landes, oft reisende Indianer und Neger totgebissen am Wege gefunden; oft fand man Mensch und Schlange beide tot, da jener sterbend sich wehrte. Die meisten Schlangenbisse, besonders an der Brust (wenn die Schlange von den Bäumen herabstürzt), machen ohnmächtig, und die Schlange fährt dann fort, ihr Opfer zu töten.

Von Mompós aufwärts ist die Aussicht, die man auf dem Strom genießt, mannigfaltiger, grüner und angenehmer. Die Ufer sind auf lange Strecken weniger hoch, und die Aussicht also minder beschränkt. Man sieht viele einzelne Häuser und Pflanzungen freier Menschen, Viehfarmen, Obstgärten. Bis Badillo hat man alle sechs bis sieben Meilen ein Dorf. Die Vegetation nimmt seit dem neunten Breitengrad mit jedem Schritt zu. Der Fluß bildet liebliche Inseln, die bald, mit dicklaubigen Bäumen bewachsen, einen schwimmenden

Wald und dann wieder, mit einzelnen, zartblättrigen Weiden bekränzt, eine schilfreiche Wiese darbieten. Diese Weideninseln sind in der Tat von großer Schönheit und ein Vorzug des Magdalenenstroms, da die Baumart dem Orinoko und Río Negro fehlt.

Die Weiden stehen in kleinen lockeren Gruppen zerstreut auf nassen, schilfreichen Ebenen und kontrastieren sehr angenehm mit den dickwaldigen Ufern. Diese Ufer haben durch die Pracht und Fülle der Vegetation, durch die Masse der gigantischen Bäume, einen großen, feierlichen, ernsten Charakter. Das Heer rankender Gewächse füllt alle Zwischenräume aus. Das ist die Heimat von Tieren, die ewig auf den Bäumen leben und den Boden nicht kennen, in dem jene eingewurzelt sind. Wo der organische Stoff Raum findet, da dehnt er sich aus (Goethe, Metamorphose), und von Sonnenlicht und feuchter Wärme ewig gleich gereizt, setzen nur innere Bedingungen, Frucht und Blüte, dieser organischen Ausdehnung ein Ziel. Vom Ausfluß des Orinoko, vom rauschenden Sturz des Río Caroní bis zum vorländigen Río Ventuari, vom Río Guainía bis zum waldumgebenen Río Marañón bedeckt (im eigentlichsten Sinn des Worts) ein zusammenhängendes Laubdach den Boden. Wie im kalten Norden Eismassen, Brücken bildend, über den unergründeten Ozean entfernte Länder verbinden, so strecken in der freundlicheren Palmenwelt die Waldbäume ihre Zweige einander entgegen und bilden hoch in den Lüften, von Wipfel zu Wipfel, einen zweiten, dichtgewirkten, mit Blüten und Früchten geschmückten Teppich.

Aber eben dieser Anblick des Erfüllten, dieses Giganteske der Formen, dieser Mangel lichter Stellen, dies schaurige undurchdringliche Dunkel, ruft in der Seele ernste Empfindungen hervor. Dieser Tropengegend fehlt der freundliche Charakter unserer deutschen Wiesen, unserer nördlicheren Fluren. Wir sehnen uns fast nach einem leichteren Ideengang, nach einer weniger großen, minder feierlichen, reichen Natur. Daher der wohltätige Eindruck, den eine Weideninsel, ein Ufer voll zartblättriger, niedriger Mimosensträucher, eine Grasflur, mit einzelnen Palmen und Tamarinden bewachsen, auf unser Gemüt machen. Vor allem die Weiden – eine vaterländische Form, so treu wiederholt, als wären es Weiden vom Ufer der Oder, der Seine. Die Natur, die dem Menschen ein unruhiges Gemüt und die biegsame Fiber gab, von Zone zu Zone rastlos überzuwandern, die Natur hat die Pflanzenformen so lieblich gemischt, daß in jedem Erdstrich dem Fremdling ein Blatt, eine Blüte, eine Frucht sein fernes Vaterland zurückruft. Wie angenehm diese Rückerinnerung ist, wie gern der Mensch dieser Stimme der Natur gehorcht, erkennt man selbst in den Namen, die die nördlichen Pflanzvölker überall im Süden den ihnen unbekannten Produkten gegeben haben. Die Europäer haben überall Pflaumen, Kirschen, Oliven, Äpfel gefunden. Die entfernteste Ähnlichkeit der Tropenpflanzen mit den Gewächsen des Vaterlandes haben sie aufgefaßt. Der Däne sieht überall Birken, Tannen, Weiden und Eichen, der Spanier Oliven und Johannisbrot, jedem schwebt allgegenwärtig das Bild seiner Heimat vor. Um die Phantasie mit angenehmen Träumen zu füllen, gibt der Ankömmling dem neuen Wohnort den Namen seiner Vaterstadt. Flüsse, Seen und Berge, alles umher wird mit vaterländischen Namen begrüßt. Jeder Hügel in Katalonien und Biscaya, jede Aue in Andalusien hat Namensbrüder und -schwestern in beiden Indien. So haben die Abkömmlinge jener Völker, die einst die Welt durch ihre Eroberungen in Erstaunen setzten, Spanier und Portugiesen, den Vorzug, in beiden Indien nicht nur Sprache und Mitbürger, sondern auch Erinnerungen an die Produkte und kleinsten Lokalverhältnisse ihres Vaterlandes zu finden.

Eine große Zierde dieser Gegend ist die Weinpalme. Sie hat die Schönheit, die den jungen Kokospalmen eigen ist, und wächst sehr schnell. In Batallez sahen wir eine achtzehn Jahre alte, deren Gipfel einen Raum von achtundachtzig Fuß Durchmesser beschattete, und der etwa vierzig Fuß hohe Stamm besaß fünfzehn Fuß Umfang. Der kinderreichen Familie, die ihre Hütte von Bambusrohr unter dieser selbstgepflanzten Palme aufgeschlagen, diente dieser Baum statt eines ganzen Weinberges. «Jahraus, jahrein», sagte mir die Mutter, «sieht man die Palme wie jetzt mit Trauben behangen. Eine solche Traube wiegt über zwanzig bis dreißig Pfund, und viele tausend Früchte sind darin zusammengedrängt. Ich verkaufe Palmenwein allen Ruderern, die hier anhalten, meine Kinder essen täglich von den Früchten, und nie muß ich fürchten, daß den Waldvögeln nicht noch das ihrige übrigbleibe.»

Von Mompós bis Badillo ist das Land für den spanischen Kontinent nicht schlecht bebaut. Chilloa, El Peñón, Banco, San Pedro, wo wir nachts in schrecklichem Donnerwetter – den Champán mit aus Not erdachten Papierlaternen behängt – ankamen, vor allem Morales mit einer schönen langen Allee von Kokospalmen, sind sehr beträchtliche Dörfer von drei- bis sechshundert Einwohnern. Die Menschen heißen Indianer, aber es gibt wenig echte, reine wie am Orinoko, fast alle sind mit Schwarzen gemischt.

In Peñón erlebten wir ein schreckliches Beispiel für die Tyrannei der Corregidores, die pfälzischen Amtsschreibern gleichen. In allen Zonen ist diese Rasse sich ähnlich. Ein indianisches Mädchen lag mit den Füßen im Stock, die Füße so hoch, daß sie rücklings dalag, und der Stock (die Löcher im Block) so eng, daß die Füße anschwollen. Das arme Mädchen hatte ihrer Freundin gesagt, der Corregidor lebe in Vertraulichkeit mit seiner Köchin, was übrigens dorfkundig war, und darin bestand das ganze Verbrechen. Der

Corregidor war morgens darauf weggereist; man wisse nicht, hieß es, wann er wiederkomme, aber früher sei an Befreiung nicht zu denken. Man male sich den Zustand dieses armen Mädchens aus, das in dem heißen Klima nackt, ohne sich wehren zu können, den Moskitos ausgesetzt war. Eine alte Indianerin, die Frau des indianischen Capitán, brannte aus Mitleid unfern des Mädchens Kuhmist ab, um die Moskitos etwas zu verscheuchen. Unsere Begleiter bestachen die Alte mit Geld und setzten das Mädchen nachts in Freiheit, indem sie den Stock öffneten. Die Alte versprach, alle Nächte dasselbe zu tun, bis der Corregidor wiederkomme.

Wo der Kropf als Zierde gilt

Honda, ein Städtchen von vier- bis fünftausend Einwohnern, liegt in einem tiefen Kesseltal, von hohen Sandsteinkuppen umgeben, an der Mündung des Río Gualí in den Magdalena. Man wird des Ortes tief unter sich erst gewahr, wenn man ihm ganz nahe ist und am Abhang einer fast senkrechten Felswand steht. Dieser Standpunkt ist überaus malerisch. Hohe Felsrücken begrenzen das Tal, das Städtchen, bilden den Vordergrund, die Häuser stehen mit Pisangstämmen gemischt. Gegen Süden öffnet sich das Magdalenental in eine Ebene, aus der festungsartig sich isolierte Sandsteinkuppen in grotesken Gestalten erheben. In blauer Ferne erreicht das Auge den Rücken der stolzen Anden. Mit ewigem Schnee und Eis bedeckte Granitmassen ragen hoch über die Wolken empor. Der Páramo (Schneegebirge), den man von Honda aus bei heiterem Wetter sieht, besonders morgens um sechs Uhr, ist der Páramo de Ruíz, an dem ehemals eine Viehfarm war. Das Rindvieh ist verwildert, attakkiert die Menschen und wird bisweilen geschossen. Es ist unendlich fett wegen der vortrefflichen Weide.

Honda hat eine ungesunde Lage in einem Kessel, der die Sonnenstrahlen konzentriert. Die Luft ist beängstigend, doch steigt das Thermometer weniger, als man glaubt. Die Nähe der Schneegebirge kühlt die Luft, macht sie aber zugleich desto ungesunder. Des Morgens sieht man hier Nebel, kalt und feucht, wie im Gebirge. Eine halbe Stunde darauf kommt die Sonnenscheibe hervor und erhitzt den Boden. Abends spazieren die Einwohner, Kühlung suchend, auf der Mesa de Medina, zweihundert Fuß hoch über der Stadt. Nach Sonnenuntergang bläst hier vom Páramo her eine kalte scharfe, sauerstoffreiche Luft, an die die Einwohner in ihrem mit verderbter Luft gefüllten Kesseltal nicht gewöhnt sind. Daher die ewigen Erkältungen, die Fieber. Auch sind die Einwohner, besonders die Weißen und die Mestizen, sonderbar bleich, haben viele Geschwüre, Wunden – und Kröpfe. Nicht nur sonder Zahl (gewiß sind unter hundert Menschen achtzig Kröpfe), sondern auch so ungestalt groß, wie ich sie weder im Wallis noch in Aigle, Tirol oder Salzburg sah. Bald eine große, angespannte, vorn oder seitwärts herabhängende Kugel von acht bis zehn Zoll Durchmesser, bald zwei in angenehmer Symmetrie, bald eine wurstförmige Wulst, bald eine Menge traubenartiger Knoten auf der großen Kugel. Ein Einwohner sollte die Geschichte der Glandula thyreoidea und ihrer Vergrößerung schreiben. Die Verunstaltung wird noch unangenehmer, weil im Land der Kröpfe ein Kropf fast eine Zierde ist und man den Kropfsack mit goldenen Ketten und Heiligenbildern behängt. Was im Wallis ein Kropf heißt, davon sagt man hier: «Der Hals ist ein bißchen geschwollen, das ist kein Kropf.» Wie ein Lahmer immer des anderen spottet, so wähnen sich die Einwohner von Honda kropfkleiner als die von Mariquita, mir schien eher das Gegenteil richtig. Physiologisch auffallend ist, wie fast unbekannt der Kropf unter den Indianern ist, wie seltener unter Negern! Sonderbar, daß ganze Familien, deren Lebensart sich in nichts unterscheidet, kropffrei bleiben. Sonderbar, daß manche Personen große Kröpfe durch Abführmittel (Salze) verlieren, während dasselbe Magnesiumsulfat auf alle anderen gar nicht gewirkt hat und man die Kröpfe für unheilbar hält. Man hat nicht unwitzig gesagt, die Einwohner von Honda könnten im Wasser nicht untersinken, weil sie alle eine äußere Schwimmblase haben.

So also sind die Kröpfe die bösen Geschwüre längs des Magdalenenstroms von Mompós bis Honda und Mariquita. Mit dem kühleren Klima in Guaduas erscheint kein Kropf mehr. Man sucht die Ursache hier wie überall und mit ebenso wenigem Recht in den Wassern, die Kalk in Menge enthalten sollen. Wieviel kropfreiche Länder gibt es in Granit, selbst die Einwohner von Mariquita trinken Wasser, das aus grobkörnigem Granit entspringt. Wieviel Kalkerde in den Wassern um Göttingen, Bayreuth, Jena, und kein Kropf! Es ist wie in aller Pathologie leichter, apodiktisch zu sagen, worin die Ursache nicht liegt, als worin sie liegt.

Der gesinnungslose Rieux

Santa Ana ist ein durch seinen uralten Bergbau berühmtes Dörfchen südlich von Mariquita. Man durchwatet die Flüsse Lumbi und Guamo und steigt von da an immer auf nacktem Gneis bis an das Dörfchen, von wo aus man einen herrlichen Blick auf das unermeßliche Magdalenental gegen Morgen und auf das Schneegebirge gegen Abend hin genießt. Hier ist es angenehm kühl, hier wächst Kohl und alles europäische Gemüse sehr gut. Hier wohnte der vortreffliche Juan d'Elhuyar, und bei jedem Schritt wird man durch seine Werke an ihn erinnert. Mutis hatte seit 1770 die Minen von Sapo bearbeitet. Er schrieb so viel über den Reichtum von Sapo und Mariquita, daß man in Spanien beschloß, den berühmten Don Juan d'Elhuyar mit sechs Deutschen hierherzuschicken. Der junge Dietrich aus Schneeberg starb sogleich in Honda, die übrigen, einen gewissen Wiesner abgerechnet, der hübsch zeichnen soll, waren gemeines Bergvolk, kaum zu Steigern tauglich, die sie hier abgaben. Elhuyar, ohne vorher das Vizekönigreich zu bereisen, obgleich er zum Münz- und General-Bergdirektor ernannt war, nahm 1785 die Gruben Santa Ana und Manta für den König auf. Da Elhuyar seine Nation kannte und alles nach Silber schrie, mußte sogleich auf den Bau des Amalgamierwerkes gedacht werden. Man klagt, daß dies übereilt, die Kosten ungeheuer, das Erz zu arm war! Alles, alles dies ist erlogen. Die Erze von Santa Ana haben im Durchschnitt sechzehn, die von Manta zwölf Lot Silber im Zentner. Man hat in jeder Grube mit sechzig bis siebzig Mann gebaut, und zwar wenig auf Erz, meist auf Ausrichtung und Stollen. Kaum fünfzehn Mann lagen in jeder Grube auf dem Erz, und dennoch gewann man von 1791, als der Bergbau ordentlich anfing, bis 1797, als er eingestellt wurde, 8000 Zentner von der Manta, 2000 in der Santa Ana. In den 10 000 Zentnern zu vierzehn Lot wurden 70 000 Unzen Silber Gewinn, also über 80 000 Pesos, in die Münze abgeliefert. Die Ausgaben betrugen in den Jahren 1785 bis 1797 216 000 Pesos. Denn der König wies jährlich 18 000 Pesos an und nicht mehr! Davon baute man die Amalgamationshäuser, alle Gebäude, bezahlte das Quecksilber, das Pulver, das Salz, alle Besoldungen. Zieht man also den Ertrag von der wahren Ausgabe ab, so wird man finden, daß die Gruben sich schon fast freigebaut haben. Aber mit Elhuyars Tod, durch Kränkungen und Vorwürfe beschleunigt, hat alle Tätigkeit im Bergbau aufgehört.

Mit nicht geringer Gefahr wegen niedergehender Firste und geknickter Türstöcke habe ich die Grube La Manta befahren – eine hoffnungsvolle, verständig vorgerichtete Grube. Die Erzformation ist, wie ich sie an vielen Punkten anstehend gesehen habe: Viel silberhaltiger Schwefelkies, weniger Fahlerz, Braune Blende, Glaserz, etwas Bleiglanz, Sprödglaserz und Rotgüldigerz, mit gediegenem Silber und selbst fein eingesprengtem gediegenem Gold gemengt, alles in Quarz. Mit Erstaunen habe ich gesehen, wie im Innern der Erde beider Weltteile dieselben unterirdischen Pflanzen wachsen. Wie viele meiner *Florae Fribergensis* habe ich hier erkannt!

Warum hat man Honda in dem Kessel und nicht auf einer der luftigen, schönen Bergtafeln erbaut? So fragt man in Amerika bei jeder Stadt, Caracas, Trinidad de Cuba, Havanna ... Weil die Anlage einer Stadt stets zufällig ist, weil die Spanier blindlings den Indianern gefolgt sind und sich überall da angesiedelt haben, wo die Indianer schon beträchtliche Populationen hatten. Honda hat seine Gründung den Fischern zu verdanken und nach der Conquista den Indianern, die die Champanes entladen, damit sie den Raudal von Santa Marta passieren können.

Die Indios von Honda waren nicht arm an Gold, das sie in Mariquita für Schmuckgeräte sammelten. Dieser Umstand hat bei Honda viel nach *guacas* (Grabstätten der Indianer) suchen lassen – eine Art Bergbau, der dem Schatzsuchen der Türken im Orient nicht unähnlich ist und bei vielen in eine Art Spielsucht ausartet. Einzelne Beispiele von sechs- bis achttausend Pesos Goldgerät, im Chocó, in Peru, Popayán, Santa Marta gefunden, sind sehr aufreizend, und die Ungewißheit vermehrt den Enthusiasmus nur. Ganze Familien sind über dieser Tollheit in Amerika verarmt. Die Indianer betrachten noch heutigen Tages dieses Guacasuchen als unfrommes Werk. Sie spotten der europäischen Goldsucht, die die Ruhe der Toten stört und in einem Himmelsstrich, wo jede Ackerarbeit mit reichen und vieljährig wiederholten Ernten gesegnet ist, lieber das Innere der Erde durchwühlt, um einen Knochen oder einen irdenen Topf oder vergiftete Pfeile zu erbeuten. Aber das Goldsuchen ist eine europäische Krankheit, die an Raserei grenzt. Als wir in Guarumo waren, kamen dort drei baumstarke Kerle an, die sich für Bergleute ausgaben und vom Río Negro durch unbekannte Schluchten an den Magdalenenstrom gelangt waren. Sie waren bleich von Antlitz, versicherten, daß sie monatelang im Gebirge von Palmenfrüchten und Fischen lebten, um Goldgruben zu entdecken. Sie sprachen mysteriös von den unendlichen Schätzen, die sie entdeckt, und hatten in zwei Monaten für acht Pesos Goldkörner gefunden. Das sind die Genüsse einer gespannten Einbildungskraft! In einem Lande, wo jeder von ihnen mit leichter Mühe durch Handarbeit vier bis sechs Reales gewinnen könnte, ziehen die Goldsucher dies elende, brotlose, vagabundierende Leben jeder Gemächlichkeit vor.

Am hohen Gebirgsrücken bei Honda sieht man künstliche unterirdische Gänge, die man für Wohnungen altindianischer Gottheiten hält. In Honda findet man den Überrest einer steinernen Brücke, eines kühnen einzigen Bogens von mehr als einhundertdreißig Fuß Spannung und fünfzig Fuß Höhe, die der Río Gualí vor Jahren eingerissen hat. Man hat jetzt ein hölzernes Hängewerk über den Rest des Bogens geschlagen. Wenn der Gletscherschnee schmilzt, schwillt der Río Gualí ungeheuer und richtet große Verheerungen an seinen Ufern an. Eine Hauptursache ist der Einmündungswinkel von neunzig Grad in den Magdalena. Die Wasser donnern zurück. Man müßte das Bett am linken Gualíufer vertiefen, den Winkel spitzer machen. Aber freilich erforderte dies eine sehr solide Arbeit, denn ich habe eine Sandsteinmasse von elf- bis zwölftausend Kubikfuß gesehen, die der Gualí vor drei Jahren losgerissen und dreihundert Fuß weit fortgewälzt hat!

In Honda fand ich die liebenswürdige Familie des Don Pedro Diago mit Doña Bárbara (eine kropflose Lästerzunge mit Spuren ehemaliger Schönheit). Don Louis de Rieux konnte uns nicht nach Bogotá begleiten, er bekam als Folge der Flußfahrt ein heftiges Fieber, und er blieb gern zurück, um seine Mätresse, die Doña Manuela del Castro, die er klosterartig einsperrte, nicht alleinzulassen. Er kaufte die Hazienda *Aegyptiaca*, eine Kakaoplantage der Jesuiten mit achtzig Negern. Empörend schien es mir, wie der unmoralische Rieux – derselbe, den man revolutionärer Gesinnungen wegen jahrelang eingekerkert hatte, derselbe, der damals von Sklavenbefreiung sprach und, solange es ihm nützlich war, den französischen Bürger spielte – die Neger der Aegyptiaca kaltblütig vor sich auf das Knie niederfallen ließ. Elendes Menschengesindel, das ihr in Europa die Philosophen spielt...

Elftes Kapitel

Aufstieg in die Andenwelt

Am 23. Juni reisten wir von Honda ab. Da der Paß dicht oberhalb des Raudals von Santa Marta ziemlich gefährlich ist – in den acht Tagen, die wir in Honda waren, ertranken dort sechs Personen –, so fuhren wir stromaufwärts bis Las Bodeguitas in einem kleinen Kanu. Man hat mehrere kleine Strudel zu passieren, so daß man eine große Gefahr gegen mehrere kleine eintauscht. Wir sahen nun deutlich den Durchbruch des Flusses durch den langen Sandsteinrücken, eine tausend Fuß hohe Mauer. Warum spannt man nicht am Paß nach Bogotá, oberhalb des Raudals, ein Seil von Ufer zu Ufer, der Fluß ist nicht hundert Ellen breit. So wäre nie zu fürchten, daß die Kanus, an dem Seil befestigt, stromabwärts gerissen würden.

Unsere Schiffahrt auf dem Magdalenenstrom war in der Tat eine schreckliche Tragödie. Von zwanzig Ruderknechten ließen wir sieben oder acht krankheitshalber auf dem Weg zurück. Fast ebenso viele gelangten mit schändlich stinkenden Fußgeschwüren und bleich in Honda an. Rieux, Vater und Sohn, unser Mulatte José de La Cruz, der uns seit August 1799 begleitete, Rieux' Mätresse, selbst der geschwätzige Don Mariano Montenegro (zu unserer Plage einst Corregidor von Noanamá, weshalb er uns mit Schlangengeschichten des Chocó grenzenlos verfolgte), sein kleiner Neffe Gregorito Nariño – alle bekamen Dreitagefieber. Welch ein glücklicher Zufall, daß allein meine Natur dem Fieberreiz so wunderbar widersteht. In zweieinhalb Jahren, bei so vielen Reisen auf Flüssen, in Wäldern und trotz der ansteckenden Krankheiten des Orinoko, blieb ich von Fiebern frei.

Der Weg von Honda nach Bogotá steigt aus dem Magdalenental gegen Osten auf und geht von Las Bodeguitas immer unter siebzig Grad bergan. Er ist meist nicht über vierzehn, ja oft nur zehn Zoll breit, sich in nackten Felsen schlängelnd, bald Stufen im anstehenden Gestein, bald im Geröll. Man muß den Verstand der Mulas bewundern, wie sie von Stufe zu Stufe klimmen.

Diese rauhe Gebirgsgegend ist bewohnt genug, man trifft alle Viertelstunden Hütten freier Menschen mit Pisang- und Zuckerpflanzungen. Bis auf die höchste Kuppe folgten uns alle Produkte der heißen Zone. Die Aussicht vom Alto del Sargento gehört zu den großen Naturformen, wie ich sie nirgendwo in den Pyrenäen, Karpaten, den Savoyischen und Tiroler Alpen gesehen habe. Man hat die Cordillera de los Andes vor sich und unterscheidet mit leuchtendem Eis zwei Gletscher. Man sieht die Richtung des Magdalenenstroms von Ambalema bis Honda. Man übersieht mit einem Blick, daß der alte Kanal, das eigentliche Stromtal, über sechs Meilen breit ist, daß damals mächtige, jetzt vom Strom entfernte Felsmassen sich inselförmig im Fluß erhoben und der heutige Strom nur ein Schnürchen Wasser von dem ist, was dieses Tal einst furchte.

Der Weg vom Sargento abwärts ins Tal von Las Guaduas ist besonders zur Regenzeit sehr böse. Die Sandsteinflöze schießen mit 45 Grad gegen Mittag und Morgen ein; auf diesen spiegelglatten Ablösungen steigt das Maultier hinab. Das Tal ist mit Landhäusern besät, um die sich zypressenartig die Grenadensis-Weide erhebt, ein überaus anmutiger, fröhlicher Anblick. Das Städtchen Guaduas ist elend gebaut. Alles Land umher ist hier – leider! – in der Hand eines einzigen Besitzers, unseres Wirtes Don José de Acosta, der den Ruf großer Gastfreiheit genießt und als Corregidor dieses Tal königlich beherrscht. Er ist Hauptmann der Miliz und Materialist. Man kauft für einen halben Real Branntwein in seinem Laden. Er ist der Gesellschafter der Vizekönigin in Bogotá – so sonderbar verwirrt sind die Begriffe geselliger Schicklichkeit in Amerika! Doch hat er einen guten Ruf. Er bewirtet alle kommenden und abgehenden Vizekönige, die sich beim Kommen acht bis zehn Tage hier aufhalten, um sich an das kalte Klima von Bogotá zu gewöhnen, und im Abgehen achtzehn bis zwanzig Tage, um ihre Papiere zu ordnen. Die freien Leute, die auf seinem Land Zucker bauen, zahlen Erbzins, so daß er sie nicht vertreiben kann, aber er sucht ihnen Geld vorzuschießen und zwackt ihnen so den Zucker wohlfeil ab. So sucht ein reicher und verschlagener Mensch sich zum Herrn der ihn Umgebenden zu machen. Und wie wenig schützen die Gesetze den Ärmeren gegen den Reicheren, besonders wenn dieser, wie es fast überall der Fall ist, selbst der Verwalter der Gesetze und der königlichen Autorität ist, wenn er allein Zutritt zu den Vizekönigen und Auditoren hat und sich zum alleinigen Besitzer des großen und kleinsten (Pfennig-)Handels macht. Acosta mißbraucht übrigens seinen Einfluß und seine Lage weniger als andere.

Wir waren in Guaduas länger, als ich wünschte, da der arme Bonpland genau denselben Anfall von Fieber mit Erbrechen bekam, der uns vor Jahr und Tag in Santo Tomé de Guayana einen Monat lang aufhielt.

Einzug in Bogotá

Kaum auf der Höhe von El Roble angelangt, übersieht man eine Ebene, deren Ende das Auge nicht erreicht. So sehr man auf die Naturszene auch vorbereitet ist, es erstaunt einen doch nicht wenig, in dieser Höhe eine solch meeresähnliche Ebene zu finden. Vier Tage war man in Hohlwegen eingeschlossen, in denen kaum der Körper des Maultieres Platz findet; das Auge ist an des Waldes Dickicht gewöhnt, an Abgründe und Felsklippen, und plötzlich sieht man grenzenlose Weizenfelder in der baumlosen Ebene. Und gerade in dieser Höhe, hoch wie die höchsten Pyrenäen, in dieser luftdünnen Atmosphäre, haben die Menschen eine große Stadt angelegt.

In dieser Ebene kamen 1535 durch Zufall drei Conquistadores unverabredet zusammen, Federmann und Belalcázar von Süden und der kühne Gonzalo Jiménez Quesada von Opón aus, letzterer auf jetzt unbekannten, nie wieder betretenen Wegen, nachdem er mit gekielten Schiffen von Santa Marta aus sechs Monate auf dem Magdalenenfluß zugebracht hatte und, das Unternehmen schon aufgebend, in Opón durch das minenverkündende Steinsalz von Zipaquirá und durch mißverstandene Nachrichten vom goldenen Dorado zum Weiterrücken aufgemuntert wurde. Die meisten seiner Begleiter starben Hungers auf dem Weg zwischen Opón und dem hohen Plateau der Savannen von Bogotá, sie aßen die Leder, auf denen sie schliefen. In dieser Ebene stritten die Konquistadoren um den Lohn Karls V., und keine Entfernung achtend, beschlossen sie, den Kaiser in Wien aufzusuchen, damit er den Streit schlichte.

Welche Ideen erweckt der Anblick dieser Fluren! So freundlich auch den Europäer die Weizenäcker anlächeln, so hat die Ebene wegen gänzlicher Baumlosigkeit und der Rauheit des Klimas doch einen ernsten, ja traurig einförmigen Charakter. Man erblickt im Osten eine hohe Gebirgskette, an deren Fuß Santa Fe de Bogotá liegt, die Hauptstadt des Vizekönigreichs Neu-Granada.

In Bogotá war die Erwartung unserer Ankunft sonderbar gespannt. Als wir von Havanna abreisten, waren wir fest entschlossen, Santa Fe nicht zu berühren und, um auf die Baudinsche Expedition zu stoßen, den Weg über Panamá nach Guayaquil zu nehmen. Wer sollte auch nicht vor der Idee schaudern, mit zwölf Mulas und ewigem Umpacken den über vier- bis fünfhundert Meilen langen Landweg über Honda und Popayán anzutreten. Ich glaubte, auch meine Finanzen hielten diesen Weg nicht aus. In Cartagena schien uns *alles* anders. Die gefahrvolle Navigation von Trinidad de Cuba nach Cartagena hatte uns das Meer etwas versalzen. Man versicherte uns zwar, ehe wir durch

Portobelo nach Panamá gelangten, sei in der Südsee die Brise vorbei. Aber wir liefen Gefahr, drei bis vier Monate vergebens auf ein Schiff zu warten und dann drei weitere Monate im Kampf gegen südliche Strömungen zu verlieren. Panamá ist Europäern tödlich. Dazu die Idee, eine so ungeheure Landstrecke zu sehen, Mutis so nahe! Mutis, das bestärkte uns. Die Hoffnung, seine Bibliothek zu benutzen, unsere Pflanzen mit den seinigen zu vergleichen. Zwar hatte man ihn uns als sehr mürrisch und zurückhaltend beschrieben, aber wir hofften, dies alles zu besiegen. Wir waren in Cartagena an Don Ignacio Pombo adressiert, einen Kaufmann, der teils aus Neigung, teils aus Eitelkeit die Wissenschaften kultivierte, englische, italienische, französische Bücher besaß und wie alle Popayañejos für sein Vaterland enthusiastisch eingenommen war. Pombo beschönigte den Weg über die Anden und Pasto, weil er wünschte, daß wir sein Vaterland sehen und beschreiben möchten. Dies entschied uns ganz zum Landweg. Er sagte, die Kosten der Mulas könnten kaum tausend Pesos betragen; jetzt finden wir, sie kosten mehr als das anderthalbfache. Wir sandten alles schwere Gepäck, den Quadranten, weniger wichtige Bücher, in einem großen Koffer über Portobelo und Panamá nach Guayaquil und traten unsere Reise nach Bogotá mit neun Lastmulas an.

Auf dem Magdalenenstrom gab man uns die Nachricht, Mutis sei tot. So viele Mückenstiche, so viele Gefahren auf dem Fluß, und der Hauptzweck verfehlt! In Honda erfuhren wir, die Nachricht sei falsch, und erhielten sehr artige Briefe von Mutis, in denen er meldete, er habe uns ein Quartier bereitet und wolle uns alle seine Schätze öffnen. Diese Briefe waren die Antwort auf ein sehr künstliches Schreiben, in dem ich ihm von Turbaco aus angekündigt hatte, daß ich den gefahrvollen Weg über Santa Fe und Popayán nur um seinethalben unternehme, daß ich seit zehn Jahren die heißeste Sehnsucht habe, ihn persönlich kennenzulernen und das große Werk, das er der Nachwelt bereite. Dies alles wiederholte ich, da mir Mutis' Ruhmbegierde bekannt war, in einem Brief an den Vizekönig, und es verfehlte denn auch nicht seinen Zweck. In der Tat mußte es dem alten Mann nicht wenig schmeicheln, daß das Publikum in Santa Fe einen Menschen aus dem fernen Norden kommen sehe, um einen Gelehrten zu besuchen, den es zu einem großen Teil mit affektierter Gleichgültigkeit behandelte. Daher seine unbegrenzte Freundschaft und Aufopferung, die Unkosten, die er sich unseretwegen machte. Es war sein ganz eigenes Interesse, uns zu verherrlichen, es war das Interesse seiner Partei. In Honda und Guaduas versicherten alle von Santa Fe Kommenden, Mutis laufe wie toll durch die Straßen, den Besuch zu verkünden, Anstalten zur Rezeption zu treffen, er sei vergnügt. Auf Mutis' Feind, den neuen Chinarinden-Inspektor Louis de Rieux, machte dies alles einen sehr fatalen Eindruck, er hatte uns versichert, Mutis würde uns alles verheimlichen. Wir besuchten die Minen von Mariquita und Santa Ana, Mutis' ehemaligen Wohnsitz; dies gab Gelegenheit, ihm weitere gefällige Briefe zu schreiben. Ich kündigte ihm manche neuen Arten an, die wir im Magdalenental gesehen hatten und von denen ich berechnen konnte, daß sie ihm kaum dem Namen nach bekannt sein würden – ein Mittel, seine botanische Neugierde zu spannen und ihn gleichsam zu zwingen, mit uns in botanischen Verkehr zu treten. Auch mußte uns gleiche Freundschaft mit Cavanilles, gleicher Haß gegen Ortega und Verachtung der *Flora Peruviana* – die ich einen *Fremdenführer* nannte, weil alle Sekretäre der Kronräte darin paradieren – dem alten Geistlichen nähern. Zum Unglück fiel Bonpland auf der Höhe Sargento in Fieber, Folge eines tollen kalten Bades in Honda, mittags um ein Uhr. Wegen Bonplands noch wenig entschiedner Krankheit blieben wir acht Tage zu Guaduas in Acostas Haus. Da man in Fontibón ein Diner bereitet hatte, da unsere Abreise aus Guaduas von einem Tag zum anderen verschoben wurde, so entstand daraus ein unendliches Hin- und Herschicken von Eilboten zwischen Acosta und Mutis, welches beider Geduld leicht hätte ermüden können. Mutis hegte schon, ehe er uns sah, so zärtliche Gesinnungen für uns, daß er sehr ernstlich darauf dachte, mit seinem Freund, Don Antonio Escallón, den gefährlichen Gebirgsweg nach Guaduas zu wagen, wenn Bonplands Fieber ernsthafter und dauernder werden sollte – in der Tat ein Wagestück für einen siebzigjährigen kränklichen Mann.

Endlich traten wir die Reise nach Santa Fe an. Anfang Juli waren wir in Facatativá. Montenegros Familie, Don Pedro Groot, sein Schwager und viele lümmelhafte Freunde desselben erwarteten uns schon seit zehn oder zwölf Tagen in diesem indianischen Dorf, wo man aus dem Wald in die Ebene tritt. Ein sonderbarer Anblick, so viele in Ruanas gekleidete Menschen, man glaubt Bettler zu sehen, die in Säcken stecken, aus denen nur der Kopf hervorsieht. Groots Familie lebt in heimlicher Feindschaft mit Mutis, den Lozanos. Mit ersterem, weil er, dem mächtigen Rizo zum Trotze, einem Maler aus Popayán, den dieser verfolgte, Schutz in seinem Hause gegeben; mit letzteren, weil sie Freunde des bischöflichen Sekretärs sind, mit dem Groot vor kurzem wegen einer Kirchenrevolution im Hause des Erzbischofs eine Schlägerei gehabt hat. Groot hatte sich in den Kopf gesetzt, uns ein Diner zu geben und mit uns nach Santa Fe einzuziehen. Dieser Einzug wurde mit einer Art Wichtigkeit behandelt, man hatte dazu einen schändlich stuckernden Wagen und schön mit Silber beschlagene Reitzeuge kommen lassen und glaubte, Mutis und den Lozanos die Freude zu verderben. So ist man in den Kolonien geneigt, die kleinsten Dinge als Intrigen und mit Gehässigkeit zu behandeln. Da ich von diesen Plänen nichts wußte und man mich fragte, wo ich den folgenden Tag zu essen dächte, antwortete ich sehr natürlich: mit den Lozanos in Fontibón. Das störte die Intrige. Dazu hatte Mutis, die Bosheit bemerkend, seinen Sekretär nach Facatativá geschickt, um mir nochmals sagen zu lassen, ich solle mich ja nicht verführen lassen, eine andere Wohnung als die seinige anzunehmen.

Die Savannen von Bogotá sind der Boden eines alten abgelaufenen Sees. Es ist ein allen Weltteilen gemeinsames Phänomen, Seen auf hohen Gebirgskuppen, besonders in hohen Gebirgstälern zu finden, so in den Pyrenäen, den Savoyer Alpen, den Karpaten. Wo große Seen nicht mehr existieren, sieht man wenigstens deutlich ihre Spuren oder kleine Wasserreste. In dem Teil der Anden, der sich nördlich von Popayán gegen Santa Marta hinzieht, existieren in Höhen von zwei- bis viertausend Metern noch jetzt beträchtliche Seen wie die Laguna de Tota, zirkelrund und an fünf Meilen im Umfang, in der der walfischartige Fabelfisch *buey* lebt.

An den Landstraßen um Santa Fe überall Borrachera. Ihre Blüten verbreiten am Abend einen herrlichen Duft. Die Indianer bereiten aus dem Samen der Borrachera Zaubergetränke, teils um die Guacas, die Schätze bergenden Grabstätten der indianischen Vorfahren, brennen zu sehen, teils um Mädchen einzuschläfern und zu schänden. Das Getränk heißt *tongo*. Als Quesada mit seinen Rüstigen erschien, gaben die Indianer den Spaniern arglistig das berauschende Getränk. Quesada, so sagt er selbst in der Geschichte seiner Feldzüge, war erschrocken, als er alle Seinigen, das ganze, ganze Heer toll und schlaftrunken sah, ohne die Ursache ergründen zu können. Am nächsten Morgen kehrten die Sinne zurück. «Doch scheint mir», setzt der ebenso geistvolle als heldenmütige junge Mann in seinen Manuskripten hinzu, «als bliebe uns allen eine gute Portion Tollheit, denn was ist es anderes als Tollheit, schuldlose Indianer zu bekriegen und seine Heimat zu verlassen, um Dinge zu rauben, auf die man nicht das geringste Recht hat.» Ein merkwürdiges Geständnis aus dem Munde eines Conquistadors.

Der folgende Tag machte mich wahrhaft etwas ängstlich, denn alles, was Repräsentation heißt, ist mir zuwider. Der Einzug sollte möglichst festlich sein, man beredete mich, Uniform anzulegen, mich mit Bonpland in die Kutsche zu setzen, damit die übrige Gesellschaft zu Pferde sie umgebe. Ich widersetzte mich allem und zog das Reiten trotz der Kälte und fehlender Winterkleidung vor (das Thermometer stand in Facatativá nachts auf knapp vier Grad). Nahe Fontibón begegneten wir zwei mit sechs Pferden bespannten Kutschen. Es waren Mutis' Abgeordnete, die Lozanos, der Assessor des Vizekönigtums, der

Rektor des Colegio del Rosario, Escallón, der Sekretär des Erzbischofs. Da letzterer mit eigener Hand Groot geschlagen hatte, verlor sich unsere bisherige Gesellschaft, ich weiß nicht wie. Man zwang mich, in eine der Kutschen zu steigen, hielt von allen Seiten schöne Reden vom Interesse der Menschheit, von Aufopferungen für die Wissenschaften, machte Komplimente im Namen des Vizekönigs und des Erzbischofs. Dies alles war unendlich groß, nur fand man mich selbst sehr klein und jung. Man hatte sich einen fünfzigjährigen steifen Menschen gedacht. Die widersprechendsten Nachrichten hatten sich von Cartagena aus über uns verbreitet. Wir könnten nicht spanisch reden, beobachteten die Sterne stets in tiefen Brunnen; ein Kaplan (Bonpland in schwarzem Rock mit abgeschnittenen Haaren) und eine Hure (die Manuela, Rieux' Mätresse) begleiteten mich. Die letztere Nachricht soll den armen Mutis, der so stolz auf unsere Ankunft war, etwas aus der Fassung gebracht haben, bis sich das Rätsel löste.

Der in Bogotá so lang erwartete Einzug war dann in der Tat sonderbar possierlich. Ich mit den Lozanos und dem Geistlichen Caicedo im sechsspännigen Wagen der Lozanos (eine in London verfertigte Kutsche mit Federung in 2600 Meter Höhe!). Bonpland in der ebenfalls sechsspännigen Kutsche des Erzbischofs, umher ein Schwarm von Reitern, der sich durch die von Bogotá uns Entgegenkommenden vermehrte. Alle Fenster waren voller Köpfe, die Gassenbuben und Schulknaben liefen schreiend, mit Fingern auf mich weisend, eine Viertelmeile weit neben der Kutsche her. Alles versicherte, daß in dem toten Bogotá seit zwanzig Jahren nicht soviel Bewegung stattgefunden habe. In Caracas wäre dies unmöglich gewesen. Dort ist man gewohnt, Fremde und Nichtspanier zu sehen. Aber im Innern von Südamerika, und so wunderbare Ketzer, die die Welt durchlaufen, um Pflanzen zu suchen, und nun hier ankamen, um ihr Heu mit dem des Don Mutis zu vergleichen! Das mußte die Neugier reizen. Dazu der Umstand, daß der Vizekönig unserer Ankunft Wichtigkeit beimaß und uns aufs feinste zu behandeln befahl.

Mutis hatte seine Schwägerin, sie lebt von seiner Gnade, ausziehen lassen, und wir hatten daher ein eigenes Haus mit Hof, Garten und Küche, mit damastenen Kanapees, dem non plus ultra amerikanischer Pracht. In diesem Hause stiegen wir ab. Der alte Mutis erwartete uns hier mit seinen Freunden, eine ehrwürdige geistreiche Gestalt in priesterlicher Soutane. Er umarmte uns mit vieler Herzlichkeit, lächelte, als er mich mit dem Barometer aussteigen sah und wie ich das Instrument niemandem anvertrauen wollte. Mutis war bei dieser ersten Zusammenkunft fast verlegen bescheiden. Wir sprachen von wissenschaftlichen Dingen, ich erzählte von den Pflanzen, die wir heute gesehen hatten. Er lenkte das Gespräch geschickt auf andere Gegenstände, um es allgemein verständlicher zu machen. Auf Pflanzen und *seine* Pflanzen erpicht, entstand in uns der Verdacht, man werde uns mit Höflichkeit abspeisen, ohne auf die Wissenschaften einzugehen. Aber nein, es war Mutis' Plan, die ersten acht Tage in Diners und Zeremonien zu verlieren, damit die Stadt sehe, wen er bewirte und wie er bewirten könne. Er wünschte daher, daß in dieser Zeit von Botanik fast gar nicht die Rede sein sollte. In den uns zugedachten Zimmern war ein prächtiger Imbiß vorbereitet, und hätte ich es glauben können, daß der berühmte Rizo uns bedientenartig aufwartete? Mutis war noch verlegen, ob uns der Vizekönig am folgenden Tag sein Diner geben würde, weil er selbst ein allmächtiges vorbereitet hatte.

Indianische Mythen

In Santa Fe de Bogotá ist es so kalt, daß in allen Häusern Fußteppiche liegen, doch nirgends findet man Kohlenbecken. Trauben reifen nicht. Aber zwei Stunden davon, wenn man den malerischen Wasserfall von Tequendama herabsteigt, Bananen und Ananas die Fülle. Wegen dieser Nähe des heißesten und kältesten Klimas sind die Lebensmittel so wohlfeil wie in keiner anderen amerikanischen Stadt, gibt es so vortreffliches Gemüse, Blumenkohl, Erbsen, Erdbeeren, Äpfel. Aber die Menschen sind ungeheuer schweinisch und ungebildeter als in Caracas. Unzählige Chicherías. Alles Volk genießt hier statt des Zuckerrohrbranntweins die *chicha*, ein Gärungsgetränk aus Mais mit etwas Honig. Dieses sehr mästende Getränk ist vielleicht schuld an der Indolenz und dem Kleinmut der Männer. Nur die Weiber sind energisch, und zwar so, daß sie häufig Dolchstiche austeilen. Alles Volk riecht wegen der Chicha faul aus dem Munde.

Die Stadt, die höchstens 30 000 Einwohner hat, liegt am Abhang einer Bergkette, obwohl man in der ganzen Ebene eine bessere Lage hätte finden können. Der horizontale Boden, die Lagen abgerundeter Kiesel, die Felsen, die sich inselförmig in der Ebene erheben, alles verkündigt das frühere Dasein eines abgelaufenen Sees. Auch sind die Lachen um Bogotá und Fontibón noch Reste jenes alten Wasserbehälters, und in der Regenzeit überschwemmen die Wasser noch jetzt dergestalt die Ebene, daß ohne große Mühe um Santa Fe ein mexikanischer See gebildet werden könnte. In einem weniger kalten Klima müßte die Nähe dieser stehenden Wasser voll faulender Sumpfpflanzen der Gesundheit überaus nachteilig sein.

Die frühesten Revolutionen des Erdkörpers sind immer in den religiösen Mythen der Völker zu suchen. So wenig auch durch den Unverstand und die

Nachlässigkeit der spanischen Konquistadoren von den indianischen Altertümern uns aufbewahrt blieb (die Mönche verbrannten und verabscheuten alles, ohne es zu untersuchen, weil sie alles für Teufelswerk hielten, und die Soldaten schmolzen alle Götzenbilder und Symbole ein), so ist in diesem wenigen doch der alte Zustand der Savannen von Bogotá zu erkennen. Der Statthalter Don Gonzalo Jiménez de Quesada – ich habe einen seiner Nachkommen unfern Soacha barfuß hinter einer Herde Schweine hergehen sehen –, Quesada beschrieb, gleich dem Julius Cäsar, seine eigenen Taten. Er erzählte von den Indianern, was er sah und durch Dolmetscher verstand. Er war ein rascher, unbändiger Held, jung und eitel. Ein Samtkleid von Scharlachfarbe, in dem er sich zur Unzeit bei Hoftrauer dem großen Kaiser vorstellte, machte den Eroberer eines neuen Königreichs der kaiserlichen Gnade verlustig. Ein so eitler junger Kriegsmann war nicht eben geschickt, die symbolreichen Mysterien der Indianer zu enträtseln, und der Bischof von Panamá, Don Lucas Fernández de Piedrahita, der Quesadas Manuskript benutzte, war noch weniger fähig, uns reine Tatsachen zu überliefern. Doch erkennen wir aus dem, was jene Geschichtsschreiber erzählen, daß unter den Anwohnern des großen Gebirgsplateaus, den Chibchas, Colimas, Panches und Natagaymas, folgende Mythe herrschte:

Die Völker dieser Bergländer lebten roh und ungeschlacht, ohne Glauben und politische Abteilungen, als von der Ebene her (also von Osten?) ein Wundermann kam, mit langem Bart und gescheiteltem Haupthaar, barfuß, aber die Schulter bekleidet. Die Alten nennen ihn Bochica oder Nemterequeteba oder Zuhé; andere behaupten, diese Namen bezeichneten drei bärtige Fremde, welche zu verschiedenen Zeiten in dies Gebirgsland vordrangen. Bochica (vielleicht ein astronomisches Sinnbild der Sonne) führte mit sich ein Weib von großer Schönheit, dem die Tradition ebenfalls in rätselhafter Zahl drei Namen gibt, Chía, Yubecayguaya oder Huythaca. Bochica lehrte die Menschen nützliche Dinge, aber Huythaca, das Weib (Pandora?), widersprach ihm und verführte das Volk zu unheilbringenden Lastern. Sind dies nicht Symbole zweier Prinzipien, ist das nicht das Streben roher Menschen, Gutes und Böses aus zwei Quellen abzuleiten?

Das unheilstiftende Weib machte durch seine Zauberkünste, daß der Fluß Funza allgewaltig anschwoll und die schönen, damals bewohnten Ebenen von Bogotá in einen See verwandelte. Die Einwohner flüchteten sich auf die hohen Gebirge. Dies ist die Mythe einer Lokalüberschwemmung, gleich der deukaliontischen und ogygischen Flut, deren Tradition ich überall am Orinoko, Río Erevato und Río Negro unter den unabhängigen Waldindianern gefunden habe. Bochica, dem Weibe zürnend, verbannte die Huythaca von der

Erde und verwandelte sie in den Mond, der nun erst entstand und dem er gebot, zur Strafe des angerichteten Unheils nur bei Nacht zu erscheinen. Die Indianer von Ubaque setzen hinzu, daß die Huythaca sich mit dem Vaqui, dem Anführer der Dämonen, verheiratete und Menschen in reißende Tiere verwandelte. Es ist natürlich genug, alles Nächtliche, Gespensterische dem Mond und einem listigen Weib zuzuschreiben. Aber Bochica, das wohltätige Prinzip, bemitleidete die Völker, schlug auf die Felsen bei Canoas, öffnete den Wassern einen Weg, der See von Bogotá lief ab, der schäumende Wasserfall von Tequendama bildete sich damals, und die Ebene wurde wieder bewohnbar wie vormals. Bochica, der Stifter des Sonnendienstes, zog sich nach Sogamoso in eine Einöde zurück, wo er fünfmal zwanzig mal zwanzig oder zweitausend Jahre lebte und nach seinem Tod in den Himmel versetzt wurde.

Die Gegend, in der Bochica zweitausend Jahre lang lebte, hieß Iraca, östlich von Tunja die schöne Ebene längs des Flusses Sogamoso. Iraca war das Palästina der Christen und Mekka der Mohammedaner. Von allen Seiten her wallfahrteten die Indianer nach dieser durch Bochica geheiligten Stätte, und mitten im Krieg beschützten die Fürsten die Pilgrime. Bochica, auch Idacansas genannt, stiftete außer dem Sonnendienst eine Regierungsform, in der aber nicht, wie in Peru und China, der Fürst geistliches und weltliches Oberhaupt zugleich war. Da er die indianischen Oberhäupter (so geht die Sage) in Zwist fand, riet er ihnen, sich einen Befehlshaber als aller Oberhaupt zu wählen, und da alle sich seiner Wahl überließen, ernannte er den Huncahua, einen allgemein beliebten, gerechten Mann, der alle Länder von San Juan de los Llanos bis Vélez beherrschte und die Sprache Chibcha allgemein machte. Er lebte zweihundertfünfzig Jahre, und seine Nachkommen hießen Zaques. Außer diesen Zaques bestellte Bochica von der Nation der Tobaza oder Firavitoba, zwei auserlesenen Stämmen, einen Oberpriester, und vier Wahlfürsten (die Oberhäupter der Indianer Gámeza, Busbanca, Pesca und Toza) ernannten den Papst von Iraca. Diese von Bochica gleichsam als seine zeitlichen Stellvertreter eingesetzten Päpste waren reich an Wundergaben. Sie verwandelten Menschen in Schlangen, beherrschten Sturm und Regen, und man wandte sich mit Geschenken an sie, um den Segen der Gottheit zu erflehen. So war das weltliche Oberhaupt der erbliche Zaque und das geistliche der Sonnenpriester von Iraca.

Cundinamarca nannten die Indianer vor der Conquista das jetzige Vizekönigreich Neu-Granada. Die Laches am westlichen Ufer des Río Sogamoso sind die einzige Nation, unter der eine Art Päderastie erlaubt war. Da in dieser streitbaren Nation allein die Weiber arbeiteten, so war erlaubt, daß ein Weib, wenn es fünf Knaben hintereinander gebar, einen Knaben als Mädchen erzog. Der Gesetzgeber der Laches suchte so die Klasse der arbeitenden Wesen zu mehren. So ein Mädchen hieß *cusmo*, trug weibliche Kleidung und ahmte die weiblichen Sitten so genau nach, daß der feinste Physiognomist sich getäuscht sah. So eine Cusmo heirateten die Männer, sie zogen sie sogar den echten Weibern vor, und erst nach Gründung der königlichen Audiencia in Bogotá gelang es, die Cusmos zu zwingen, sich als Männer zu kleiden.

Die Laches glaubten, die Menschen würden nach dem Tod in Steine verwandelt und die Steine würden einst als Menschen auferstehen. Deukalions Steine.

Die Konquistadoren erstaunten nicht wenig, als sie auf das hohe Plateau der Llanos von Bogotá kamen und statt der nackten Menschen, die sie um Santa Marta und an der Mündung des Río Magdalena gefunden hatten, die Indianer in feine baumwollene, gewebte Zeuge gekleidet sahen. Die Ruanas sind indianische Erfindung. Kälte zwang die Chibchas zur Arbeit, zur Bekleidung. Die Äcker mit Mais, Reismelde, Kartoffeln wurden auf den Gebirgen sorgfältiger bestellt als in der wärmeren Ebene, wo die Natur alles von selbst hervorbringt und man kaum die Erde umzuwühlen braucht. Not zwingt zur Arbeit, Kälte ist Not, und die Untermischung kalter unfruchtbarer Erdstriche, zweitausend Meter hoher Plateaus mitten unter die fruchtbarsten Tropenländer hat gewiß den größten Einfluß auf die Menschenkultur in Amerika gehabt. Auch sehen wir im neuen Kontinent, daß vor der Conquista in den Ländern, wo kalte und heiße Erdstriche abwechseln – Neu-Granada, Mexiko, Peru –, die Einwohner zu höherer Geisteskultur gelangt waren als in den heißen einförmigen Ebenen von Guayana, Caracas, am Orinoko, Río Negro und Río Marañón, wo die Natur unerzwungen alles von selbst erzeugt und wo die Gebirge nicht hoch genug sind, um ihre Bewohner zu Arbeit und Bekleidung zu zwingen. Solchen Einfluß auf Menschenglück und Menschenbildung hat die Unebenheit der Erdfläche, dies ist der moralische Einfluß der Berge!

Die Weiber der Chibchas hatten ein baumwollenes Hemd oder Kleid, viereckig, *chircate* genannt, mit einem Gürtel um die Hüften, der *chumbe* oder *maure* hieß. Über diesem Hemd trugen sie ein kürzeres, *liquira*, auf den Brüsten mit einer goldenen Nadel, *topo*, zugesteckt.

Die Saline von Zipaquirá

Bonplands ewig wiederkehrendes Fieber zwang uns, statt vierzehn Tage volle acht Wochen in Santa Fe zu bleiben. So unangenehm mir diese Verzögerung auch an sich war – ein so langer Besuch konnte Mutis leicht lästig werden, und die Gefahr, die Baudinsche Weltumseglungs-Expedition in Lima oder Guayaquil zu verfehlen, war ebenfalls nicht gering! –, so gab mir eben diese Verzögerung andererseits den Vorteil, die Karte des Magdalenenstroms in vier Blättern zu vollenden, meine astronomischen Beobachtungen zu berechnen, Mutis' vortrefflichen Bücherschatz zu benutzen, die Berge Guadalupe und Monserrate zu messen, in Santa Fe Mittagslinien zu ziehen, die Magnetabweichung mit großer Schärfe sowie die Breite des Ortes durch südliche und nördliche Sterne zu bestimmen, Ichthyologie zu studieren, kurz, eine Zahl von Dingen zu umfassen, an die bei dem bisherigen Tempo unserer Reise nicht zu denken war. Endlich am 17. Juli 1801 versuchten wir, ob Bonplands Gesundheit stark genug sei, eine Reise zu wagen. Ihr Zweck war es, die Steinsalzgrube von Zipaquirá, die in den indianischen Mythen so berufene Laguna de Guatavita, die heißen Quellen und den nördlichen Teil des Llano de Bogotá zu besuchen, um den topographischen Plan dieser Ebene zu vollenden.

Als wir auf der Balsa (einige Bund Schilf, kaum vier Fuß lang) über den Río Bogotá setzten, verloren wir die Pferde. Man steht an, sie zusammenzuketten, weil sie leicht ertrinken, und so entlaufen sie fast jedesmal. Daher sind die Balsas, Schilffähren, so unangenehm in Südamerika. Nach zweistündigem Harren setzten wir die Reise mit den wiedergefundenen Pferden fort. Wir erreichten Zipaquirá erst um zehn Uhr abends, sehr ermüdet und hungrig, da wir nicht zu Mittag gegessen hatten. Wir stiegen im Haus der Tovara ab, wo ein siebzehnjähriges Mädchen allein die Wirtschaft verwaltete. Sie war eben in des Pfarrers Haus, wo die ganze Stadt zusammenlief, um die Marionetten spielen zu sehen. Das arme Mädchen opferte seine Freude auf und erschrak nicht wenig, in später Nacht drei Männer bewirten zu müssen. Zipaquirá ist ein beträchtlicher Flecken mit fünftausend Einwohnern. Der Platz ist groß und wohlbebaut. Den Brunnen ziert ein kleiner Zwergabt in Sandstein, recht indianisch figuriert.

In Zipaquirá hat man keinen Grubenbau, sondern einen Tagesschurf angelegt. Die Mina de Rute sieht einem verpfuschten Steinbruch ähnlich. Man hat schon eine senkrechte Wand von sechzig bis achtzig Lachtern vor sich, in der das Steinsalz kaum sechs bis acht Lachter beträgt. Über dem Steinsalz ruht Dammerde, mit Salzton gemischt, die beide gewaltig nachschießen. Wegen dieses Einstürzens, Nachstürzens des Daches kann man in der regnerischen Jahreszeit an gewissen Punkten gar nicht arbeiten. Beim Eintritt der Dürre hat man wochenlang bloß aufzuräumen, um das verschüttete Steinsalz wieder zu entblößen. Man wendet sich dahin, wo man am wenigsten das Einstürzen besorgt, und verpfuscht so die Grube. Wieviel wohlfeiler und ökonomischer wäre der Bau im Unterkriechen. Das Steinsalz selbst bedürfte keiner oder weniger Zimmerung, so rein ist es in unteren Teufen.

Die Senkwerke, in denen man das Steinsalz auflöst, sind sehr, sehr unrein; da man nicht Wehre hat, die Natur nicht selbst wirken läßt, so wirft man sehr unreines, mit Salzton gemengtes Steinsalz in das Gemisch von süßem Wasser und Salzsole. Knechte rühren mit Schaufeln das Gemisch um, die Auflösung ist schwarz und voll Schlamm. Warum seiht man nicht, wie in Reichenhall, die angereicherte Sole beim Ablaufen durch Tücher oder gar in Schlammkästen bei Hin- und Herlaufen auf geneigten Pfannen?

Statt alle Senkwerke oben auf dem Gebirge anzulegen, wo man Steinsalz und süßes Wasser hat, und statt die angereicherte Sole herab in die unteren Pfannen der königlichen Fabrik laufen zu lassen, hat diese Fabrik ihre Senkwerke unten bei der Stadt. Man läßt das süße Wasser in Röhren vom Berg herablaufen und bezahlt sieben Reales für dreiundzwanzig Zentner Steinsalz, die man mit Mulas von der Mine herabtransportiert, eine Verschwendung von achthundert Pesos. Welche Eulenspiegelei!

Das Versieden geschieht heute noch genauso, wie es die Konquistadoren von den Chibchas lernten. Man kocht nicht in Pfannen, sondern in irdenen Krügen oder Satten, deren kleine man *cazos*, die großen *cazuelas* nennt. Die Indianer zweier Dörfer haben ein auf Herkommen gegründetes Privileg ihrer Herstellung. Da sie aber, wie alle halbgebildeten Indianer, faul und nachlässig sind, so fehlt es der Saline stets an Cazos und Cazuelas und daher dem Publikum an gesottenem Salz. Der jetzige Salineninspektor hat vorgeschlagen, das irdene Geschirr selbst herzustellen. Die Indios haben jedoch bei der Regierung eine negative Anwort ausgewirkt. Sonderbar genug. So viel Mitleid auch gewiß alle Indianer verdienen, so ist es doch auch nicht billig, eine richtige große Salzfabrikation von der Rücksicht auf einzelne Familien und der Laune zweier indianischer Ortschaften abhängig zu machen, zumal die Regierung genug Mittel in Händen hat, den Indianern der beiden Dörfer Ersatz zu geben, sie durch Fortfall des Tributs zu entschädigen und so weiter.

Für Indianer ist das Sieden kunstvoll und artig genug ausgedacht. Es wird ein Parallelogramm von Mauerwerk errichtet. Darüber kleistern die Weiber – denn hier wie in Europa besitzen die Weiber ein besonderes Geschick zum Salzsud – ein Gewölbe aus Ton und Cazos. Ein Krug trägt den anderen, und die Zwischenräume werden mit Ton ausgefüllt. Die Weiber bauen den Ofen in drei Tagen, und der Sud dauert ebenfalls drei Tage. Man gießt die Sole nach und nach in die Krüge und verdampft sie, und so ist das erzeugte Salz ein wahrer Bodensatz, voll erdiger Teile. Dann zerschlägt man den Krug, und das unreine Salz hat seine Gestalt. Der Holzaufwand ist ungeheuer. Und in zehn Jahren zerschlägt man für 40 000 Pesos irdenes Geschirr! Fast wäre eine große Pfanne hinreichend, um all das Salz hervorzubringen, zu dem man in

Zipaquirá 80000 Krüge braucht. Eine solche Pfanne aus geschmiedetem Eisenblech kostet in Europa kaum vierhundert Pesos!

Man vergißt hier, daß man aus Pfannensud ebenfalls Salzstöcke von großer Haltbarkeit machen kann, indem man aus dünngespaltenen Brettern Konen zusammenfügt, das nasse Salz hineinstampft und über dem Feuer abtrocknet, so daß die Konen Zuckerhüten gleichen. Mit Agavehanf umwickelt, kann man sie weit verschicken. Aber für den Fabrikanten ist es vorteilhafter, viel *gekörntes* Salz zu verkaufen. Im Llano von Bogotá leben über 60000 Menschen, die einer großen Menge Salz bedürfen. Für sie hat es, da der Transport nur wenige Meilen weit geht, gar keine Schwierigkeit, sie mit gekörntem Salz zu versorgen. Nur für die entferntesten Punkte muß man die festen Salzstöcke vorziehen, weil sie weniger unter der atmosphärischen Feuchtigkeit leiden. Aber alle etwa zwanzig bis dreißig Meilen weit um Zipaquirá gelegenen Ortschaften werden gekörntes Salz in Säcken vorziehen, sofern man es anfangs wohlfeiler abgibt, bis das Publikum sein Vorurteil verloren hat. Gekörntes Salz befördert zugleich die Fabrikation der Säcke, die man aus Agavefäden hier so vortrefflich macht. Das Publikum wird gern Säcke kaufen, die zu hunderterlei ökonomischem Gebrauch taugen, besonders zum Weizentransport. Die erhöhte Sackfabrikation wiederum ersetzt dann den durch Pfannen verminderten Gewerbszweig der irdenen Geschirre – ein Ersatz zum allgemeinen Besten, da die Sackfabrikation auf die Kultur einer Pflanze, die Töpferei aber auf Verheerung des Brennmaterials gegründet ist.

Beim Cerro de los Tunjos, bei Tausa, bei Suba und wahrscheinlich noch an hundert näheren Punkten gibt es Steinkohle. Berechne, ob es nicht vorteilhafter ist, Steinkohle zu brennen und die Sole bis nahe an die Kohlegruben laufen zu lassen!

Die Salzproduktion in diesem Gebirgsplateau beträgt 50600 Zentner, wozu man in Reichenhall nur zweier Pfannen bedürfte. Soviel und schon zuviel über den Betrieb der Saline von Zipaquirá, über deren Verbesserung der Vizekönig Don Pedro de Mendinueta ein schriftliches Gutachten von mir erbeten hat. Die Zahlen sind sicher, obgleich ich die Saline nur fünf Stunden lang sah.

Der Salto von Tequendama

Am 26. August ritten wir nach Soacha und schliefen beim dortigen Franziskanermönch Pater Palanca, der als Pfarrer über dreitausend Pesos jährliche Einkünfte hat, ein fetter, gutmütiger Mensch. Am nächsten Morgen um sechs Uhr ritten wir über Canoas, wo die Vizekönige in einer baumlosen, traurigen Gegend bisweilen Sommerfrische halten, nach dem Salto. Die Form der Hügel, besonders der bei Canoas inselförmig in der Ebene sich erhebenden, alles beweist die Wahrheit der Bochicaischen Tradition. Alles trägt die Spuren einer großen Überschwemmung an sich. Ungeheure Steinmassen sind überall von den Hügeln herabgerollt; und man bemerkt, daß vorzüglich die Kanten der Berge der zerrüttenden Gewalt des Wassers ausgesetzt gewesen sind. In den Klüften dieses rölligen Gesteins wachsen knorrige Stämme von Feigenkaktus, auf denen arme Landleute hier und da Cochenille pflegen. Die Kaktusblätter sehen davon wie beschneit oder mit Spinngewebe bezogen aus. Ich habe die jetzt entstehende Patriotische Gesellschaft aufgefordert, diese Kultur durch Prämien zu befördern.

Um Canoas macht der Fluß ungeheure, Überschwemmungen erregende Krümmungen. Die Überschwemmungen sind angesichts des dürren Bodens sehr nützlich. Warum legt man nicht Wehre an, um künstlich zu überschwemmen? Warum gibt man nicht, um Land zu gewinnen, das hier teuer ist, dem Fluß eine gerade Richtung? Man brauchte kaum Durchstiche von achtzig Fuß zu machen, so nahe ist eine Krümmung der anderen. Fürchtet man Prozesse? Diese Furcht lähmt hier alles! Araber und Peruaner würden gewiß Dämme am Fluß angelegt haben, um künstliche Überflutungen in einer so unter Dürre leidenden Ebene zu bewirken. Doch hier wohnen Spanier.

Südlich von Canoas liegt die Hazienda Tequendama, einst ein indianisches Dorf, und von dieser hat der Wasserfall den Namen Salto de Tequendama. Ich habe wasserreichere Fälle gesehen, und dennoch bemerkte ich über keinem ein so stetes und dickes Gewölk als über dem Tequendama. Dieses dicke Gewölk, das man von Santa Fe aus ständig über Canoas schweben sieht, hängt gewiß von der Dünnheit der Luft ab. Man hat die Artigkeit gehabt, den Weg zu bessern, wie man es sonst kaum für Vizekönige tut. Man hat Stufen in den steilen Hügel gehauen und um den Salto an den gefährlichsten Punkten ein hölzernes Geländer gelegt.

Die alte Behauptung, der Tequendama sei der höchste Wasserfall der Welt, ist völlig unbegründet. Aber ich glaube, daß es keinen Wasserfall von dieser Höhe gibt, der soviel Wasser hinabstürzt und in dem soviel Wasser verdunstet. Da so wenig Wasser abwärts gelangt, da die Felsenkluft, die das Bett des unteren Flusses bildet (man nennt ihn dort nicht mehr Río Bogotá, sondern Río Sagasugá), so eng ist und durch ihre Krümmungen die Fortpflanzung des Schalls hindert, so ist das Geräusch nicht beträchtlich. Man hört den Sturz kaum eine spanische Achtelmeile weit, und nahe dabei braucht man nur wenig lauter zu reden, keineswegs zu schreien, um sich zu verstehen. Die dem Salto nahe wohnenden Menschen sind daher weder taub noch schwerhörig, wie der gelehrt sein wollende Autor in der Zeitung von Bogotá behauptet. Die Wasser stürzen etwa 175 Meter herab, über zwei Absätze. Bei seichterem Wasserstand (und so sah ich es) fließen die Wasser senkrechter herab, der Wand näher, und der Sturz ist dann von Absatz zu Absatz einer wahren Kaskade ähnlich. Im oberen Teil des Falles sieht man das Wasser in perlenartige Silberfäden geteilt, aber in hundert Meter Tiefe bildet die Verdunstung des Schaums ein Schauspiel, das ich nirgends, weder am Rhein noch im Wallis, in solcher Schönheit sah. Man sieht das Wasser in der Luft verschwinden. Schaumflocken, die durch die Schwere nach unten konisch zulaufen, verlängern sich allmählich. Die Spanier vergleichen das Herabschießen dieser Flokken nicht unrichtig mit Raketen. Man verfolgt den Flocken mit den Augen, sieht ihn dünner und dünner werden, bis er endlich in der Luft verschwindet. Nur einzelne dichte Striemen gelangen als Wasser in die Felskluft hinab. Die Verdunstung ist so ungeheuer groß, daß, von vorn gesehen, der Wasserfall einem Silberteppich ähnelt, dessen Zipfel kaum hier und da die Erde berühren. Der untere Fluß, kaum ein Drittel so wasserreich als der obere, entsteht größtenteils aus dem sich aus der Luft niederschlagenden Wasser.

Wenn ich meine, der Salto von Tequendama sei mehr ein lieblicher, schöner, freundlicher Anblick als ein schreckenerregendes Phänomen, so nehme ich den unteren Teil des Sturzes davon aus. Das Hinabsehen in die enge Felskluft, kaum dreißig Fuß breit, der Nebel, der zerrissenem Gewölk gleich diese Kluft füllt und verfinstert, der Anblick wilder Steinmassen, die als Zeugen erderschütternder Revolutionen das untere Flußbett bilden, alles das hat etwas acherontisch Schauriges. Zur Seite des Salto erhebt sich eine Felsenwand, die weithin berufen ist, weil sie in der Tat wie durch Künstlerhand senkrecht behauen scheint. Ihr großes nacktes Profil kontrastiert wunderschön mit der dichten, buschigen Vegetation der unteren Kluft.

Man soll nicht Naturgegenstände vergleichen und so sich selbst die Freude rauben. Doch kann ich nicht anders, als hinzusetzen: Trotz der westindischen Vegetation, der Felsenkluft und großen Höhe – unser deutscher Rheinfall wird in meinem deutschen Gemüt stets einen bleibenden Eindruck zurücklassen. Der Rheinfall ist ein lauteres Phänomen. Das schreckliche Getöse, das man auf der Galerie vernimmt, das Schaummeer, das neben einem allgewaltsam vorbeischießt, erschüttert die Seele und ruft große und ernste Ideen hervor. Aber noch größer, wunderbarer und schrecklicher, das Schrecklichste und Lieblichste, das ich in der Natur vereinigt sah, sind die Katarakte des Orinoko bei Maipures. Welch ein Anblick vom Felsen Manimi herab; ein viertausend Meter breiter Strom, der sechstausend Meter weit schäumend von Felsbank zu Felsbank herabstürzt, und mitten in dieser donnernden, schäumenden Flut Inseln und Klippen mit Palmen und aller Pracht westindischer Vegetation geschmückt.

Nachdem ich den Salto von oben beobachtet hatte, entschloß ich mich, die nahe Steinkohlengrube zu besuchen, um dann mit großer Ermüdung den langen Weg, sich an Baumzweige spinnenartig anklammernd, in das untere Flußbett selbst hinabzuklimmen. Der letzte Teil des Weges ist gefährlich genug, und ich war oft bange, das Barometer zu zerbrechen und unverrichteter Sache zurückzukehren. Aber alles gelang nach Wunsch, und wir gingen zu Fuß – Don José Ayala allein begleitete mich – von sieben bis zwei Uhr, volle sieben Stunden, ohne auszuruhen. Die Nässe, die in der Felskluft herrscht, verursachte mir starkes Leibweh, daher ich diese Expedition sehr mühsam fand.

Neuer Geist in der amerikanischen Jugend

In Caracas, Bogotá, Cartagena, überall hört man von der *nueva filosofía* reden; so nennt man den Inbegriff der neueren Physik, Mechanik, Astronomie. Die amerikanische Jugend ist in einer inneren Gemütsbewegung, die man in Spanien nicht kennt. Alles klagt über das Joch und den Unsinn der Peripatetiker und will die Fesseln abschütteln, die die Mönche der Vernunft anlegen. Selbst unter den Mönchen gibt es Neuerer. Mutis, der einen so großen Einfluß auf die Aufklärung dieser Gegenden gehabt hat, war auch der erste, der es wagte, 1763 zu Bogotá in einem Vorlesungsprogramm den Vorzug der Newtonschen Philosophie vor der peripatetischen zu beweisen und die erstere öffentlich als Mathematikprofessor am Colegio del Rosario zu lehren. Die Dominikaner, die auf die Schriften des heiligen Thomas von Aquino schwören, wollten ihn verketzern und der Inquisition denunzieren, aber ohne Erfolg. Man fragte damals in Bogotá, wer dieser Newton sei – und jetzt, 1801, habe ich selbst im Franziskanerkloster eine komplette Edition der Newtonschen Werke gesehen. So verändern sich die Sitten. Seitdem sah man Sigaud la Fonds, Wallerius', Bergmans, Ingenhousz' Schriften, Roziers Journal, Thermometer, Barometer in Santa Fe in Mutis' Haus, und der Geschmack an physikalischen Kenntnissen nahm täglich in der Jugend zu. Der Erzbischof Góngora sagte in seinem Rapport an den König, es sei nützlicher, Berge zu messen, als peripatetischen Unsinn über das *ens* und *qualitas* zu verfechten.

Aber der folgende Erzbischof Compañón zerstörte alles wieder. Die Revolution, die die Audiencia ersann, um sich ein Verdienst am Hof zu erschleichen, verdrehte allen den Kopf. Compañón, der die angeblichen Revolutionen in Bogotá der modernen Physik und Chemie zuschrieb, überredete den Vizekönig Ezpeleta, ein Gesetz gegen die neue Philosophie zu erlassen und wieder auf Aristoteles und den heiligen Thomas schwören zu lassen, und der Erzbischof hielt eine Junta, in der die neue Philosophie bei Strafe der Kassation des Professors verboten wurde!! So von 1794 bis 1801. Die Jugend studierte für sich fort und lachte über den Unsinn der Peripatetiker.

Im Sommer 1801 gab es einen aufsehenerregenden Wortwechsel zwischen Augustiner- und Dominikanermönchen, ob mein Freund, der Augustinerpater Rosas, das kopernikanische System als Hypothese verteidigen dürfe. Die Dominikaner rührten sich, und der Staatsanwalt Blaja ging gegen Pater Rosas vor. Mutis, vom Vizekönig befragt, bewies, daß es eine alte, niemals aufgehobene Verordnung des Königs von Spanien gibt, die Newtonsche Philosophie einzuführen, daß das newtonsche und das kopernikanische System nicht nur als Hypothese, sondern als These verteidigt werden könnten, daß der Heilige Stuhl sich nie gegen Kopernikus ausgesprochen und der Urteilsspruch der römischen Inquisition kein Gewicht in Spanien habe. Pater Rosas verteidigte seine Thesen zum Ärger der Dominikaner. In Popayán fährt man fort, die neue Philosophie zu lesen, und neue Hoffnungen lodern für Bogotá auf, da der Vizekönig Mendinueta Mutis' neue Pläne für Professoren der Chemie, Physik, Anatomie, Physiologie, Botanik und so weiter gebilligt hat.

Zwölftes Kapitel

Die Brücke von Pandi

Am 8. September 1801 traten wir endlich die Reise nach Quito an. Die letzten Tage in Bogotá waren fürchterlich. Wir waren mit so vielen Menschen in Verbindung getreten, ich mußte das lange Mémoire über Zipaquirá dem Vizekönig zurücklassen. Ich hatte die Sonnenfinsternis des 7. September zu berechnen angefangen und gefunden, daß sie in Bogotá nicht sichtbar sein würde. Doch ich war ungewiß. Ich beobachtete die Sonne am 7. alle halben Stunden.

Der Abschied in Mutis' Haus war in der Tat rührend. Der alte Mann hatte uns mit Güte und Wohltaten überhäuft, er gab uns Speisevorrat mit, den drei stämmige Maultiere kaum fortschleppen konnten. Er schenkte uns überdies eine große Menge getrockneter Spezimina aus seiner Flora von Bogotá und über sechzig prächtige kolorierte Pflanzenabbildungen von seinen besten Malern. Wir schenkten alles dies dem Nationalinstitut und hinterließen deshalb zwei Briefe an Mutis, die mit zwei Kisten nach Paris abgehen sollten. Am Tage unserer Abreise gelangte der erste Brief von Emparán in meine Hände. Er schilderte seine Besorgnisse, ob Urquijos Sturz nicht meiner Reise hinderlich sein würde. Diese Idee erzeugte andere in mir, die mich über mein Schicksal ungewiß machen konnten. Ich wünschte nun doppelt, Kapitän Baudin nicht zu verfehlen!

Unser Austritt aus Bogotá war fast so glänzend wie unser Eintritt. Von allen Seiten bot man uns Geld an, zumal Mutis, der ernstlich hundert großer Quadrupel à sechzehn Pesos ins Haus schickte. Zum Glück bedurften wir nichts. Wir hatten elf Gepäckmulas, davon drei mit Speisen, Feldtisch, Nachtstuhl, zwei mit Betten, so sehr stieg unser Luxus, und im Orinoko waren wir mit zwei Koffern.

Der Weg geht über den Río Fusagasugá, einen richtig reißenden Waldfluß, der eine zusammenhängende Kaskade bildet. Zum Glück ist eine Hängebrücke fünfzig Fuß hoch über das Tal geschlagen. Der Blick von der schwankenden Schilfbrücke ist sehr romantisch schön. Wir waren so unvorsichtig, nicht im Haus an der Brücke zu übernachten. Der Abend brach ein, und wir hatten noch eine spanische Meile im dichten Wald zu reiten, als man bereits keinen Gegenstand mehr in der dicksten Nacht erkennen konnte. Dazu ging der Weg auf glattem Lehmboden so jäh abwärts, daß die Mulas sich auf dem Hintern rutschend hinabließen. Wir versuchten, zu Fuß zu gehen. Aber wir fielen so oft und schmerzhaft, daß es besser schien, sich auf die Vernunft der Mulas zu verlassen, deren Ohrenspiel alles ankündigte, was in ihrem Inneren vorging. Die Gepäcktiere kamen uns nicht nach. Der Indianer mit dem Barometer war so vorsichtig, mitten im Walde mit dem Instrument zu übernachten, weil er jeden Augenblick zu fallen fürchtete. Welche indianische Gleichgültigkeit, eine Nacht bei acht, neun Grad, ohne Feuer und ohne Speise, auf nassem Steine sitzend, duldsam zuzubringen.

Im Tal von Fusagasugá wurde zur Zeit der ersten Conquista die Stadt Alta Gracia gegründet. Die Indios Panches, die kriegerischsten aller Indianer, beunruhigten diese Stadt dermaßen, daß die Einwohner sich zerstreuten; ihre Nachkömmlinge setzten sich in Fusagasugá fest, und so entstand die jetzige Pfarrgemeinde von eintausendfünfhundert Seelen, lauter Weiße, denn das Gemisch der Indianer und Spanier wird gänzlich weiß. Die meisten Häuser liegen zerstreut, und diese Zerstreuung macht, daß Amerika fast bevölkerter erscheint als Europa. Man reist in den wüstesten Provinzen – außer in den Llanos, die öde wie das Meer sind – nicht eine Stunde weit, ohne Häuser zu treffen. So wie Alta Gracia jetzt ein dichter Busch ist (Wald), so ist auch von der mächtigen Nation der Panches keine Spur übriggeblieben. Kein Indio Panche existiert mehr, alle sind ausgerottet, und man kennt nur ihre alten Wohnsitze.

Der Indianer, der eine unglückliche Nacht im Wald zubrachte, hatte Luft ins Barometer kommen lassen. Beim Reinigen zerbrach ich es. Es hatte mir seit Mompós gedient, die Reisen nach Honda, Guaduas, Guadalupe, Monserrate, Salto de Tequendama glücklich überlebt. Ich füllte am 10. September in Fusagasugá ein neues, das schon sehr, sehr gut luftleer ausfiel. Wie lange wird dies dauern!

Am 12. September traten wir die Reise nach Ibagué an. Da wir gleich aufmerksam auf die Geographie der Pflanzen als auf die Höhe des Standortes waren, so bemerkten wir mit Interesse, wie mit jedem Tage uns die Gewächse des Llano de Bogotá verließen und neue der heißen Erdstriche entgegenkamen. Außer Quito und Peru ist gewiß kein Land dem Vizekönigreich Neu-Granada ähnlich, wo man, das Thermometer in der Hand, ohne zehn Meilen weit zu reisen, sich jedes vorgesetzte Klima auswählen kann, wo die Gewächse der heißen Erdstriche dicht an die der kalten Zone grenzen.

In Pandi stiegen wir bei dem Pfarrer Don Juan Porras ab. Er hat das Verdienst, das jetzige Dörfchen gegründet zu haben, und nahm uns freundlich auf. Daß wir alles Schnitzwerk seiner Kirche unter dem Strohdach (eine Art Scheune), die lackierten Götzenbilder, bewundern mußten, versteht sich von selbst.

Er begleitete uns nach der Brücke von Pandi. Sie ist in der Tat eine sonderbare Erscheinung. Sie wird von einer Felsmasse gebildet, die etwa acht Fuß dick, vierzig Fuß breit und fünfundvierzig Fuß lang ist. Sie ist nicht durch alte Erdrevolutionen hingeworfen, sondern Fortsetzung des anstehenden Gesteins. Die Indianer haben ein leichtes Geländer längs des Steins gemacht, wodurch das Schaudervolle des Abgrunds vermindert wird. Der Anblick ist dem eines eingestürzten Bergwerks ähnlich, und das Wasser sieht schwarz aus, da der Schatten der engen Kluft es bedeckt. Man hört ein dumpfes Getöse, das man anfangs dem herabfallenden Wasser zuzuschreiben geneigt ist; bei näherer Untersuchung nimmt man wahr, daß dies Getöse von einer Art nächtlicher Vögel verursacht wird, die die Kluft bewohnen. Man sieht sie zu Hunderten fledermausähnlich umherflattern. Nach dem, was man erkennt, wenn man Schwärmer hinabwirft, die die Kluft erleuchten, scheinen diese Vögel nicht Nachtschwalben zu sein, sondern zum Eulengeschlecht zu gehören, sehr großäugig, mit gekrümmtem Schnabel, gräulich-braun und huhngroß. Man nennt sie *cacas*. Das Gekrächze ist dem Eulengeschrei sehr unähnlich. Sie nisten in Löchern in der Kluft, denn der Sandstein hat in der ganzen umliegenden Gegend Höhlen, die nicht vom Wasser erbrochen zu sein scheinen, sondern primitive Porosität andeuten.

Ein kleiner Fußsteig führt am Abhang der Kluft hinab auf eine zweite Brücke, die dreißig Fuß tiefer als die erste liegt und wunderbar von drei losen Steinen gebildet wird, deren mittlerer einen wahren Schlußstein darstellt. Am 14. September (meinem Geburtstag) ergötzten wir uns am frühen Morgen noch einmal an dem wundersamen Schauspiel der natürlichen Brücken. Man begreift leichter, wie drei Steine so sonderbar fallen können, daß der mittlere von denen zur Seite gehalten wird, als wie die obere Brücke Fortsetzung des anstehenden Gesteins selbst sein kann. Und doch ist sie es gewiß. Die Kluft scheint durch spaltendes Erdbeben gebildet. Wie hat die Brücke dieser Kraft widerstehen können?

Der Eintritt in die Wärme machte auf uns alle in diesen Tagen einen widrigen Eindruck. Bonpland bekam heftiges Fieber, das uns zwang, mit Mühe eine Hütte zu suchen. Ich erhielt eine marternd schringende Hauteruption, beulenartige Geschwüre, steinhart. Tatsächlich ist der Übergang von der dünnen zur wieder dichten Luft, von sieben bis neun auf wieder neunundzwanzig

Grad (so stand die ganze Nacht über das Thermometer) zu groß. Und bis Quito, herabgestiegen vom eiskalten Llano de Bogotá in die Tropenwärme des Magdalenentals, erwartet uns abermals die Kälte des Quindío, dann das glühendheiße Tal Patía, der Schnee des Pichincha ... Wie wunderbar die menschliche Natur diesen Veränderungen des Luftdrucks, der Wärme und so weiter widersteht!

Am 15. September haben wir die Nacht in einem Schuppen, ohne Nahrung, in nassem Tau in Hängematten und mit schringenden Beulen, elend zugebracht. Die folgende Nacht in Espinal, wo wir einen alten Pfarrer vorfanden, mit einem Kropf dicker als sein Kopf. Er stammte aus Mariquita, und sein Kropf verriet es, ohne daß er es sagte. Oberhalb der Mündung des Río Fusagasugá passierten wir den Río Magdalena. Die Mulas schwimmen durch den Fluß; auf einem reitet ein Indianer, um aber das Tier nicht zu ermüden, schwimmt er selbst mit beiden Füßen und mit einer Hand, sich mit der anderen in der Mähne haltend. Sonderbar, daß die Krokodile nie die reiterlosen Mulas, wohl aber den Reiter verfolgen. Viele Tiere ertrinken hier. Der Transport des Gepäcks ging in einem sechzehn Zoll breiten Kanu sehr langsam.

Ein verlorenes Maultier und die Ungewißheit, ob es das mit den Manuskripten sei, ließen uns eine etwas unruhige Nacht zubringen. Morgens am 21. September durchwateten wir den Río Coello. Ein achthundert Fuß tiefes, schauerlich-romantisches Tal. Das Wachsen dieses Flusses ist so schnell und fürchterlich, daß man oft in Gefahr ist, mitten im Flußbett zu sein, wenn das Wasser angeschossen kommt. Alles, was von Bogotá nach Ibagué und Popayán will, muß den Fluß passieren und ist oft fünf bis sechs Tage aufgehalten. Eine Fähre scheint allerdings nicht möglich, doch eine Brücke um so mehr, als es nahe beim Übergang eine Enge gibt und Felsmassen mitten im Fluß, auf die sich der Bogen stützen könnte. Die Hauptgefahr ist die Täuschung. Man muß den Fluß schräg durchwaten und, wenn man dem westlichen Ufer auf dreißig Fuß nahe ist, sich schnell nach rechts wenden. Verfehlt man diese Wendung oder will man geradezu das Ufer erreichen, so ertrinkt man ohne allen Zweifel. Jenseits des Río Coello liegen große Ebenen, eine höher als die andere. Wir machten Mittag in einer Indianerhütte, wo ein armes, kaum zweijähriges Mädchen fürchterliche Kopfwunden vom *nuche* hatte, der etwa zollangen Made einer Fliege, die der gemeinen Stubenfliege ähnelt. Man fühlt nicht, wenn die Fliege einen sticht und ihre Eier ins Fleisch legt.

Endlich tritt man in ein Seitental, und in dessen westlichstem Ende liegt die Stadt Ibagué.

Vor dem Quindío-Gebirge

Ibagué wurde zu Anfang der Conquista auf einem Berggehänge hoch am Páramo de Quindío in wenigstens dreitausend Meter Höhe gebaut. Die dort reichen Golderze, teils in Gängen, teils Waschgold, veranlaßten diesen abenteuerlichen, von allem menschlichen Verkehr entlegenen Standort. Die kriegerischen, jetzt ausgerotteten Pijaos zerstörten die Stadt zwanzig Jahre nach ihrer Gründung. Man baute Neu-Ibagué nun zwischen zwei Flüssen in der jetzigen Lage auf, aber in den nächsten dreißig Jahren zerstörten die Pijaos sie abermals, und seitdem ist die Stadt niemals wieder zu irgendeinem Flor gekommen.

Man ist *ziemlich* gewiß, daß in der Kordillere zwischen Herveo, Páramo de Ruíz, Tolima, San Juan und Quindío – vier mit ewigem Schnee bedeckten Gebirgsstöcken, nur der Herveo hat keinen bleibenden Schnee – keine wilden Indianer leben. Man sagt besser: unabhängige, nicht christianisierte Indianer. Aber die Indianer, die in den Dörfern unter spanischer Botmäßigkeit leben, treiben heimlichen Verkehr mit Indianern, die man für Überreste der Nation der Pijaos hält. Sie bringen ihnen Eisengerät, Messer und tauschen dafür Goldstaub ein. Bei dem geheimnisvollen, freimaurerischen Wesen, das allen indianischen Stämmen eigen ist, war es bisher unmöglich, von den Dorf-Indianern genaue Nachrichten über diese unbekannten Bergbewohner einzuziehen, und wenn man nicht das Unzugängliche dieser Andennatur mit eigenen Augen gesehen hat, scheint es schwer begreiflich, wie in einer Entfernung von zwölf bis fünfzehn Meilen, zwischen zwei bewohnten und kultivierten Tälern, unabhängige indianische Stämme existieren können. Außer der Unzugänglichkeit jener Bergregionen trägt aber auch die Sorglosigkeit der Spanier das ihrige bei. Sie kennen die Neugierde weniger als andere Nationen. In Bogotá hat man in zwölf Meilen Entfernung die von niemandem untersuchte Gebirgsgegend des Páramo de Sumapaz. In Maipures am Orinoko sieht der Missionar alle Abende bei Sonnenuntergang den Kegelberg Culamitamini im roten Feuerglanz. Einige sagen, es sei ein Vulkan, andere sagen, es sei eine ungeheure Ablösung im Glimmerschiefer und der Berg schicke wie ein Spiegel das Bild der untergehenden Sonne zurück. Der Franziskanermönch, der dies Schauspiel fünfzehn Jahre lang aus seiner Hütte sieht, hat nie die Neugierde gehabt, sich dem Berge zu nähern. Außer dem heimlichen Verkehr der Dorf-Indianer mit denen an den Quellen des Río Saldaña und der Aussage einiger Kinder, die von ihren Vätern mit in jene entlegenen Bergtäler genommen wurden und nach indianischer Sitte versichern, ein Scheffel Verwandte gesehen zu haben (alle Indianer nennen sich Verwandte) – außer diesem Verkehr und dieser Aussage hat man noch andere Beweise für die Existenz jener Pijaos: Man sieht bei großen Fluten, wie den Río Saldaña Pisang- und Yucca-Stämme herabgeschwemmt werden, ein sicheres Zeichen von Menschenwohnungen an den Quellen jenes Waldstroms.

Ibagué, zwischen den Flüssen Combeima und Chipalo gelegen, zwei reißenden Bergströmen, ist ein elendes Städtchen, in dem gewiß kaum tausend Menschen leben. Sonderbar genug, daß seit der Zerstörung die Stadt sich nie hat wieder aufnehmen können. Das Klima ist lieblich, der Boden vortrefflich, das Tal unendlich freundlich und schön. Die Schuld liegt wahrscheinlich in der großen Aufnahme und unverhältnismäßigen Größe der Hauptstadt Bogotá und vielleicht in der Nähe des Quindío. Der Quindío hat hier denselben Einfluß wie der Magdalenenstrom. Man kann sich kaum ein elenderes, geldloseres Leben denken als das der Bogas (Ruderknechte) und Cargueros (Lastträger). Abwechselnd der größten Sonnenhitze und Kälte des Páramos, der Nässe fürchterlicher Gewitterregen ausgesetzt, zu wahren Lasttieren herabgewürdigt, oft mit wundem Rücken, in Gefahr, wenn sie vor Mattigkeit erkranken, im Gebirge hilflos und einsam verlassen zu werden – alles dies wiegt nicht den Genuß auf, den Hang nach einem freien, ungezwungenen, säuischwilden Leben zu befriedigen. Die Eltern nehmen den acht- bis neunjährigen Knaben, mit fünfzehn Pfund belastet, mit ins Gebirge. Mit dem Alter steigt die Last, und man verläßt ein Metier nicht, an das man sich so früh gewöhnt hat. Ein erwachsener Mensch trägt über den Rücken der Anden ein- bis anderthalb Zentner in sieben, acht Tagen, oft, wenn der Weg sehr böse ist, in fünfzehn Tagen. Man zahlt dem Carguero zehn bis zwölf Reales für den Viertelzentner, und da der Rückweg vier bis fünf Tage dauert, so gewinnt der Lastträger in einem Monat kaum zehn bis zwölf Pesos, von denen er gewöhnlich die Hälfte verschwelgt, ehe er die Reise antritt. In einem Land, wo es der Lasttiere so viele gibt, Mulas und Ochsen, wo Menschenarbeit so selten ist, sollte die Regierung dieses *oficio de cargueros* zu vermindern suchen, um der menschlichen Energie eine der Gesellschaft nützlichere Richtung zu geben. Dies Verändern könnte durch Anlegen und Eröffnen besserer Wege geschehen, wo belastete Menschen Höhen erklimmen, die Tiere nicht ersteigen. Aber nein, die Audiencia hat die Klagen der Cargueros erhört, daß ihr Verdienst abnehme, und die Wege zu bessern verboten.

Wir mußten eine Woche in Ibagué bleiben, weil es an Cargueros fehlte, unter denen die Pocken große Verheerungen angerichtet hatten. Die Pocken herrschen im Königreich Neu-Granada meist alle neunzehn bis zwanzig Jahre; und obgleich die Impfung immer von sehr, sehr glücklichem Effekt ist, ist sie doch wenig gebräuchlich.

Man brachte kurz hintereinander zwei Indianer ein, die Sodomie mit einer Mula getrieben und sie dazu, um bequemer zum Werk zu gelangen, halb eingegraben hatten. Sonderbar, daß in einem Lande, wo es so ungeheuer viel und unverhältnismäßig mehr Weiber von allen Farben gibt, die Mulas das Geschäft der Weiber verrichten.

Widriger als die Reise selbst ist ihre Vorbereitung. Die Gemächlichkeit der Spanier, der Hang aller Kreolen, die gewöhnlichsten Erscheinungen ins Wunderbare und Ungeheure umzuwandeln, und das Interesse der allgemeineren Menschenklasse, den Weg als übermäßig lang und gefahrvoll zu beschreiben – dies alles veranlaßt endlosen unerbetenen Rat und Widersprüche. Bald rät man dazu, sich tragen zu lassen, bald zu Mulas, bald zu einem Leinwandzelt, bald, weil dieses naß sehr schwer ist, zu Blättern für den Bau der Rasthütte. Die Maultierführer sind, und dies nicht zu Unrecht, so delikat, daß sie die *petacas* (so nennt man den amerikanischen Reisekoffer, eine Art lederner Büchse) hundertmal umpacken und wiegen lassen, damit keins der zwei Seitenstücke ein Pfund schwerer als das andere sei. Man lernt leichter Bolero tanzen, kaustisch reden, als den Quindío passieren, so scheint es in Ibagué.

Ganz anders ist die Realität. Die Reise hat für Menschen, die wie wir sechs bis neun Meilen zu Fuß gehen, Flüsse durchwaten und Monate unter Indianern in Wäldern zugebracht haben, nichts sehr Ungewöhnliches. Der Weg ist ein Wasserriß, selten steil, noch seltener von Abgründen umgeben. Er ist in verwitterten Granit eingefurcht und, da der Granit mächtige, in Ton verwitterte Feldspatlager hat, ungeheuer kotig. Die Regengüsse laufen in den Wegen zusammen und verstürzen sie mit Schlamm und Letten. Sie sind auf der Sohle meist nur acht Zoll breit, so daß man die Füße nur mit Mühe wechseln kann. Nach oben hin erweitert sich der Weg konisch, und das Gepäck streift an den Wänden. Man begreift oft nicht, wie die Mulas und unbeholfenen Ochsen sich durchwinden. Die Tiefe dieser Hohlwege *(angosturas)*, in denen man oft meilenweit in schlängelnden Windungen watet, ist zwanzig bis dreißig Fuß. Man hält sich an den Wänden, die mit Moosen bedeckt sind; denn da man auf den kleinen Dämmen geht, die zwischen den Tritten der Tiere erhaben stehenbleiben, so schwiemelt man nach rechts und links und bedarf des Halts. Verfehlt der Fuß den Damm – und bei starkem Regen ist er überschwemmt, und ein Loch läuft ins andere –, fehlt der Fuß, so hat man nicht bloß den Stiefel voll Wasser, sondern läuft auch Gefahr, das Bein zu brechen. Diese Besorgnis, die ununterbrochene Aufmerksamkeit auf den Weg und ein inneres Ratschlagen, welches Loch am tiefsten ist, notwendig macht, ist das Schlimmste des Weges und ermüdet das Gemüt. Dazu fehlen nie einige Wunden, die man sich bei dem häufigen und unvermeidlichen Hinfallen zuzieht. Bergabwärts und wenn der Weg zu breit ist, um sich an den Gehängen zu stützen, ist dieses Dammsuchen sehr gefährlich. Es ist genau, als spaziere man auf einer um dreißig Grad geneigten Leiter, auf der man nicht zwischen die Sprossen treten darf.

Man genießt in den Hohlwegen eine wahre Kellerluft. Oft sind sie auf lange Strecken durch überhängendes Gesträuch so bedeckt, daß man in einen Stollen zu fahren glaubt. Ich habe im Hohlweg gebleichte Pflanzen gesehen, und die Finsternis am hellen Tag ist unbeschreiblich. Wie kann es heilsam sein, aus einer Ebene, in der man den heißen Sonnenstrahlen ausgesetzt war, in jene unterirdischen Hohlwege zu treten und Kellerluft einzuatmen! Aber in einem Lande, wo man nicht vernünftig denkt, wird täglich wiederholt, der Weg im Quindío sei überaus gesund, Kranke würden darin genesen, man spricht von den Wunderkräften der Wasser, der größeren Reinheit der Luft. Was einer sagt, sagen hier Jahrhunderte lang alle, besonders wenn der erste ein Mönch war!

Will man den Kot der Hohlwege vermeiden, so geht man auf dem Rand des Berggehänges, in einem schmalen Fußsteig, der den Hohlweg bald zur rechten, bald zur linken Seite hat. Dieser Wechsel macht, daß man den Hohlweg bald durch Überschreiten passiert, bald an der zwanzig Fuß hohen, senkrechten Wand auf und ab kriecht, und zwar auf Wurzeln, die numeriert sein sollten, um zu wissen, wo man zuerst den Fuß hinsetzen muß. Man glaubt, einen Schacht auszufahren.

Dies ist die getreue Schilderung des Weges auf den hohen Gebirgen zwischen La Palmilla und Buenavista. Von da an watet man durch Sümpfe, genau, als wenn man auf einem Viehhof in der Mistpfütze spazierte. Der flüssige schwarze Kot im Bambuswald ist meist zwei Fuß tief und gefährlich wegen der Stacheln des Bambus und der stachligen Blattscheiden, die die Füße verletzen. Die Cargueros passieren diese Bambussümpfe sehr kunstvoll auf schmalen Rohrstämmen, von denen jeder Ungeübte abgleitet.

Der Mensch als Lasttier

Wer nicht zu Fuß gehen will – und für weiße Menschen ist dies hier bei der Weibischkeit des amerikanischen Menschengeschlechts eine Schande –, läßt sich tragen. Schon unter den Indianern vor der Conquista war es gebräuchlich, daß vornehme Personen sich tragen ließen, aber auf den Schultern von mehreren Trägern, in einer Art Bahre und Tragesessel. Die jetzige Art ist spanische Erfindung und eine Frucht der Gemächlichkeit, zum Teil auch der Notwendigkeit in einem Lande, in dem Reiten unmöglich ist. In Ibagué, Cali, Cartago, Nóvita widmen sich alle jungen stämmigen Menschen diesem Metier, nicht sowohl, weil es einträglich ist, als wegen des allgemeinen Hanges zur Vagabundería, zu einem herumziehenden, freien Leben!

Ehemals, vor zwanzig bis dreißig Jahren, war es ungewöhnlich und schimpflich, daß weiße Menschen als *silleros*, das heißt als Stuhlträger gingen. Jetzt hat sich das Vorurteil verloren. Man unterscheidet, wie bei den Pferden, die Silleros, die einen festen, sicheren und bequemen Tritt haben. Einige schreiten so unbequem daher, daß man im Stuhl fürchterlich gestoßen wird. Die Stühle sind sehr artig ersonnen, aus Bambusrohr mit einer Lehne, gegen die der Sitz unter sechzig Grad geneigt ist, damit der Getragene sich gegen den Rücken des Sillero gehörig zurückwirft. Ohne diese Stellung wird das Geschäft dem Träger sehr beschwerlich. Für die Beine schwebt am Stuhl ein Tritt aus Stricken. Schwere Personen führen ihre eigenen, hölzernen Stühle mit sich, die oft eine Art Dach gegen die Sonne haben. Ja, im Wege zu Honda und Santa Fe bin ich Kranken begegnet, die in einer Art Affenkasten getragen wurden, ganz verdeckt.

Der Stuhl ist auf dem Rücken des Sillero durch einen Kreuzriemen aus Bast gehalten, der über die Schulter geht. Ein zweiter Kreuzriemen ruht auf der Stirn und dient dazu, die Balance zu halten. Der Sillero geht unendlich gerade und steif einher, während der Getragene, hintenüber liegend, eine elende, hilflose Figur spielt. Zum Auf- und Absteigen dienen Steine, Felsenstücke. Will der Träger aber sich des Stuhls ganz entledigen, so legt er sich ausgestreckt rücklings auf die Erde und kriecht so aus dem Kreuzriemen aus.

Ich wußte zum voraus, daß ich mich im Quindío weder der Mulas noch der Silleros bedienen würde. Doch zwang man mich, beide zu mieten. Als die Silleros ihren Kontrakt schlossen (und so machen sie es immer), holten sie ihre Stühle und probierten unser Gewicht. Sie sind unbegreiflich geschickt, nach Augenmaß schon im voraus das Gewicht zu bestimmen. Diese Probe im Zimmer war das einzige Mal, daß ich mich tragen ließ. Als ich abstieg, bat ich den Sillero, mir den Stuhl zu geben und sich tragen zu lassen. Der Mensch machte große Augen und glaubte, ich sei verrückt. Er erfüllte indes meine Bitte. Der Kerl war nicht schwer. Ich trug ihn leicht in den Armen, aber im Stuhl hatte ich Mühe, drei Schritte weit mit ihm zu gehen. Man wird wundersam zurückgezogen und schwiemelt von einer Seite zur anderen. Ich wechselte den großen Sillero mit einem fünfzehnjährigen Knaben und erhielt nun eine deutliche Idee von der Bequemlichkeit, auf die in der Befestigung der Kreuzriemen gedacht ist. Man kann in der Tat nichts Geschickteres ersinnen, um die Last recht gleichmäßig zu verteilen. Es ist sehr, sehr selten, daß die Silleros fallen, und sie raten im voraus, falls sie fallen, nicht abzuspringen, weil der Sprung gefährlich ist, oft nicht gelingt und dem Sillero einen Schwung gibt, der den Fall doppelt gefahrvoll macht.

Man muß indes von der Geschicklichkeit, mit der die Silleros einhertreten, sehr überzeugt sein, um nicht im Stuhl zu verzagen. Man vergleiche die obige Beschreibung des Weges. Der Sillero macht oft Wendungen, in denen der Stuhl mehrere Minuten lang über einem tiefen Abgrund schwebt. Um den Kot zu vermeiden, ersteigt er den oberen Rand der Hohlwege, springt über den Hohlweg weg, passiert die Sumpfstellen auf schmalen Baumstämmen. Da man sich im Quindío mehr der Ochsen als der Mulas für das Gepäck bedient, so hat man große Unfälle erlebt, wenn in den Schluchten die Ochsen dem Sillero entgegenkommen und scheu werden. Man kann nicht ausweichen.

Es gibt so falstaffartig dicke Menschen hier, daß sie nur gewisse Silleros finden, die sie tragen. Sie bezahlen doppelt und dreifach für ihr Gewicht. Für noch Dickere nimmt man starke Kerle, die den Sillero führen und mit ihm abwechseln. Es gibt Menschen, die so barbarisch sind, den Sillero wie ein Tier mit den Hacken anzuspornen; diese aber wissen sich wohl zu rächen, denn oft lassen sie Person und Stuhl im Gebirge und laufen davon, ein Unfall, den ich immer mit einer Art Schadenfreude hörte. Ja, um zu beweisen, daß der Sillero genau wie ein Tier behandelt wird, erwähne ich des sehr gewöhnlichen Falles, daß der Getragene, wenn sein Sillero unter der Last erkrankt, diesen hilflos und einsam liegenläßt und zu Fuß mit dem übrigen Gepäck die Reise fortsetzt. In El Moral begegneten wir einer Karawane abgerissener, nacktbeiniger Caballeros, die sich über den Weg am Páramo fast mit Tränen beschwerten. Ein Sillero, der eben von den Pocken genesen, war ihnen erkrankt, sie hatten ihn im Walde liegenlassen und rühmten sich ihrer christlichen Mildtätigkeit, weil sie ihm hinlängliche Speise hinterlassen hatten. Sie meinten indes, er werde wohl sterben oder, falls er wieder zu Kräften komme, langsam nach Hause schleichen. Die Silleros erzählen schändliche Geschichten von der Unmenschlichkeit der Reisenden. Sollte der Staat nicht fürchterliche Strafen auf solche Untaten legen? Mir ist es unmöglich gewesen, auf Menschen zu reiten, und ich habe mich gefragt, ob in einer Republik das ganze Tragen nicht durch Gesetze eingeschränkt werden sollte, zum Beispiel auf Kranke und Hilflose oder Weiber. Man wird einwenden, daß die Stuhl- und Gepäckträger freie Menschen sind (ja so vornehme, daß einer der unsrigen, Villareño, sich Herr und Euer Gnaden nennen ließ), daß in den Städten man Sänftenträger hat, daß der Handel gehemmt wird, wenn Menschen, deren weibische Erziehung es unmöglich macht, daß sie zu Fuß gehen, den Quindío nicht im Stuhl passieren können. Das beste Gegenmittel wäre, den Weg zu bessern. Aber nein, als man vorschlug, den Weg von Boca de Nare nach Antioquia für Mulas gangbar zu machen, beschwerten sich die Cargueros, und die Audiencia, weit entfernt, dies Projekt zu begünstigen, verbot die Eröffnung und entschied für eine stämmige Jugend, die in einem armlosen Land ihre Kräfte nützlicher anwenden könnte, als sich willkürlich zu Lastvieh herabzuwürdigen. Der Transport über den Quindío ist so stark, daß man ununterbrochen im Gebirge Mulas, Ochsen und Trägermenschen begegnet. Die Kaufleute von Popayán, Buga, ja selbst Pasto reisen nach Honda, Mompós und Santa Fe, um Ropa zu kaufen (so nennt man alle Art Zeuge zur Kleidung). Sie kehren mit der Ropa zurück, und ein Kaufmann benötigt oft sechzig Cargueros. Da diese so oft betrügerisch den Packen liegenlassen und aus Unlust davonlaufen, so gehört ein eigenes Geschick dazu, seine Cargueros mit sich zu locken.

Mehr über die Art zu reisen

Wir hatten fünf Cargueros für feinere Instrumente, Barometer, Thermometer, Hygrometer, und zwölf Ochsen und Mulas. Für jede Partie Fracht haben die Knechte ein Leinwandzelt, so daß wir im Wald eine Art Lager bildeten. Fast alle zwei bis drei Stunden findet man im Wald aufgehauene, baumlose Plätze, die man *rancherías* oder *contaderos* nennt und auf denen man übernachtet. Das sind die Herbergen. Man hört einzelne lange vorher rühmen. Aber ihr ganzer Vorzug besteht in einem freieren Platz, besserem Viehfutter. Man reist in den Anden gewöhnlich spät ab, um acht oder neun Uhr, teils wegen des Nebels, der den Weg verbirgt, teils weil das Einreißen des Hauses aufhält. Man bewahrt einen Teil des Frühstücks auf und macht um elf Uhr an einem Quell oder in einer Bergschlucht Mittag. Die Cargueros essen nur braunen Rohzucker und Brot, denn Maniok kennt man, außer in Cartagena, fast im ganzen Vizekönigreich Neu-Granada nicht.

Die Wasser im Quindío hört man weit und breit als besonders weich rühmen. Für Menschen, die in Frankreich, Italien oder Spanien gewöhnt sind, von einem Ort den Wein rühmen zu hören, ist das ewige Wasserloben in Amerika sehr ärgerlich. Um so mehr, als auch in diesem Punkt das Vorurteil das Urteil bestimmt. Man muß mit dem Wasser eine ganze unsinnige, pathologische Dissertation über Nutzen und Schaden von weich, hart, schmutzig, dickflüssig, salpeterhaltig und so weiter verschlucken. Ja, die Menschen sind so toll, dem Wasser – das sie dazu nicht trinken, denn die Spanier sind wie die Raubvögel, sie trinken nur zweimal des Tages, wenn sie Konfitüren gegessen haben, aber dann mit großem, pedantischem Apparat! –, sie sind, sag ich, so erpicht, dem Wasser das zuzuschreiben, was der Luft und den Nahrungsmitteln zugehört, daß ein Naseweis (wie wir) kaum anlangt, als man ihm schon von verschiedenen Brunnen Wasser zuträgt, damit er es prüfe. Was dies Prüfen heißen soll, wissen sie selbst nicht. In Honda sind die Einwohner in zwei Parteien geteilt, die einen sind für Gualí-, die anderen für Magdalena-Wasser entschieden. Soviel ist gewiß, daß sie beide gleich dicke Kröpfe haben.

Ich komme auf die Art zu reisen zurück. Man gelangt meist sehr früh in die Ranchería, teils aus Furcht, von der Nacht überrascht zu werden, teils weil von drei bis vier Uhr an, oft früher, fürchterliche Gewitter eintreten. Außerdem ist das frühe Einkehren nötig, weil man sein Haus jedesmal neu aufführen muß. Sowie man aus dem dichten Wald auf den Contadero oder freien Platz tritt, verteilt sich die Mannschaft. Die Knaben suchen im Wald Schlingpflanzen, die größeren Cargueros schneiden Pfähle. Sind die Materialien gesammelt, so ist das Haus in wenigen Minuten mit bewunderungswürdiger Geschicklichkeit und Solidität aufgeführt.

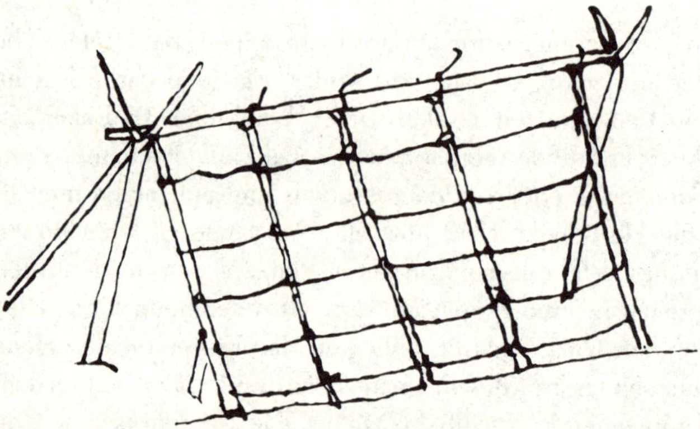

Die Zeichnung stellt das Gerüst dar. Dies bespannt man mit Lianen, bei ihrem Fehlen auch mit Bindfaden von Agave. Die Dachziegel sind Bijaoblätter. Vor der Abreise bereitet man die lang gestielten, achtzehn bis zwanzig Zoll langen und zwölf bis vierzehn Zoll breiten Blätter so zu, daß in die Blattrippe unterwärts ein Spalt oder Einschnitt gemacht wird. Mittels dieses Einschnitts hängt der Carguero die Blätter wie Dachziegel an die Fäden oder Lianen, mit denen das Gerüst bespannt ist. Alles altindianische Künste, die die Spanier gelernt haben. Es ist unbegreiflich, wie diese Blattdächer, besser als alles Gezelt, den stärksten Regengüssen widerstehen. Die Bewunderung nimmt zu, wenn man eine deutliche Vorstellung von der ungeheuren Wassermenge hat, die in den Anden oft mit Blitz und Donner vom Himmel herabstürzt. In den letzten vier Tagen unserer Reise über den Quindío haben wir es traurig erfahren, denn es goß wie mit Mollen tags und nachts unter krachendem Donner. Die Blätter haben auf der unteren Seite einen weißen, seifenartigen, silberglänzenden Überzug, der sie vor dem Durchdringen des Wassers bewahrt. Das Haus ist so geräumig, daß zwei Bettstellen darin Platz haben. Unter und neben diesen schlafen mit uns gewöhnlich noch fünf bis sechs Cargueros, deren Ausdünstungen und gasförmige Entbindungen nicht angenehmer als die der Bogas im Magdalenenstrom sind. Die Blätter zu einem geräumigen Haus und der bedeckten Küche, die man oft anbaut, wiegen siebzig bis neunzig Pfund, und ein Peón trägt sie nach.

Es regnete stromweise in den letzten Tagen, unsere Stiefel faulten uns am Leibe, und wir kamen mit nackten und blutrünstigen Füßen zu Cartago an, aber mit einer schönen Sammlung neuer Pflanzen bereichert.

Mond und Venusberge

Auf dem Wege von Buga nach Popayán sahen wir mit Schaudern den Landsitz García, wo die Mörderin Lemus wohnt, ein Weib aus der vornehmen Familie Arboleda zu Popayán, die mit ihrem ersten Mann und zwei Negern einen ihnen gehässigen Europäer totschlug. Die Audiencia verurteilte alle zum Strang, aber die Sentenz wurde nur an den Sklaven vollzogen, deren Köpfe man in Popayán im Gitter sieht. Die Frau wurde von ihrer mächtigen Familie verborgen, man hing sie *in effigie*, und sie hat die Frechheit, da sie alles vergessen glaubt, sich wieder zu verheiraten und zwei Tagereisen von dem Ort, an dem sie gemordet, öffentlich zu leben. Da die Kirche Stillschweigen gebietet und das eheliche Sakrament befördert, mußte der Bischof die Ehe zulassen. So groß ist in entlegenen Ländern der Einfluß einzelner Familien, denen nichts unmöglich ist, um Verbrechen zu beschönigen!!

Da wir von Honda bis Ibagué den östlichen und von Cartago bis Popayán den westlichen Abfall der Anden aus der Nähe sahen, wandte ich mich sehr aufmerksam der Physiognomik dieser ältesten und höchsten Bergkette der Welt zu. Das war um so natürlicher, als bei dieser Reise der Einbildungskraft nicht wenig durch die Idee geschmeichelt wird, das Größte und Höchste dieser Erde gesehen zu haben. Mond und Venusberge! Wann werden wir diese Reise unternehmen, unsere Kultur, das heißt das Gemisch unserer Laster und Vorurteile über andere Planeten verbreiten und sie veröden, wie Europäer beide Indien entvölkert und verheert haben.

Popayán hat eine überaus freundliche und anmutige Lage. Die Stadt selbst ist elend gebaut, fast schlechter als Mompós, kaum neuntausend Einwohner. Der große Platz, die *Plaza Mayor*, nach deren Zierde man hier den Wohlstand einer Stadt beurteilt, ist kaum zu zwei Dritteln mit Häusern umgeben und ebenso dicht mit Rasen bewachsen wie in jeglichem Dorf. Die Kathedrale liegt in Schutt, das Haus des Gouverneurs ist eine elende Hütte und die Münze – man kann kaum glauben, daß in so einem Häuschen jährlich eine Million Pesos geprägt werden. Die Lage der Stadt ist so malerisch, daß man sich leicht über die schlechte Bauart der Häuser tröstet. Wie ist auch Architektur möglich in einem Land, wo man das Bauholz von ferne anschleppen muß und wo die alles bekleisternde und verschlingende Termite (*comején*) die Häuser fast schneller auffrißt, als man sie erbaut. Deshalb ist ein Kreuz errichtet mit der Ermahnung, man solle hier einige Stoßseufzer beten, daß Gott uns vom Comején befreie.

Die hohe Gebirgslage von Quito, Santa Fe und Popayán hat verderbliche politische und moralische Folgen. Sie bedürfen wegen der Rauhigkeit des Klimas der Zufuhr aus der Ferne. Deshalb sind viele hundert Menschen nur mit der Zufuhr der Lebensmittel beschäftigt und in einem armen, bedürftigen Lande für die Produktion verloren. Daher die Liebe zur Vagabundería, zu einem nomadischen Leben. In der Hauptstadt sind natürlich die reicheren Familien versammelt. In der fruchtbaren Ebene von Buga und Cali würden sie Haziendas anlegen und sich dem Ackerbau widmen. Im hohen Gebirgsplateau und dem unfreundlichen Klima von Santa Fe fällt diese Lust von selbst weg. So verteuern die jetzigen Hauptstädte unmäßig die Lebensmittel und hindern die Landeskultur. Sie selbst aber bringen nichts, gar nichts hervor; selbst die Dochte der Talglichter versteht man nicht zu drehen und führt sie von Quito ein. Diese Trägheit aller Art ist in Popayán noch sträflicher als in Santa Fe, weil hier Boden und Klima freundlicher sind; aber Bergbau und Goldsucherei haben den Einwohnern jedes Geschick für Ackerbau genommen. Die ganze Provinz Popayán ist ein *potrero*, eine Viehweide, man sieht fast nirgends beackertes Land; und in dieser unermeßlichen Viehweide ist der Tierbestand so elend, daß das Fleisch in Havanna und auf anderen Inseln wohlfeiler ist als in Popayán. Popayán lebt vom Rindvieh des Magdalenentals und der Llanos de Neiva, bezieht sein Mehl von Pasto, bringt so wenig wie Chocó und Antioquia seinen Bedarf an Kakao hervor, der hier teurer ist als in Europa!! In Buga und Cali beginnt, durch den jetzigen Gouverneur aufgemuntert, einige Industrie aufzublühen. Man webt in Buga baumwollene Zeuge, man sieht dort viele Bandstühle, und alle Mädchen sind mit der Färberei mittels inländischer Pflanzen beschäftigt. Aber im ganzen ist alles, was Kleidung (*ropa*) heißt, Passivhandel. Da der Luxus, das fremde Bedürfnis, steigt, nicht aber der Bergbau, so verarmt die Provinz täglich mehr. Denn das Gold, das die Sklaven der Erde abgewinnen, ist nicht hinlänglich, um so viele fremde Bedürfnisse zu bezahlen. Das Hauptübel liegt im Mangel freier Menschen, deren weit mehr im Magdalenental wohnen. Dort schämen sich weniger weiße Menschen zu arbeiten als hier. Daher ein großer Bedarf an Sklaven. Die Provinz Antioquia treibt Sklavenhandel, schickt die dort erzeugten nach Popayán, wo sie, des kälteren Klimas ungewohnt, entlaufen.

Von einem Porphyrhügel an erhebt sich der Gebirgsstock amphitheatermäßig bis zu den schneebedeckten Vulkanen von Puracé und Sotará. Sie sind sehr verschiedenen Charakters. Der Sotará erscheint als ein abgestumpfter Kegel, dessen Gipfel mit wenigem Schnee bedeckt ist. Seine Schwärze und sonderbare, ruinenartige Gestalt geben ihm etwas furchtbar Großes. Auch geht die Sage, daß er kurz vor der Conquista Feuer gespien, das Land umher verheert und in der Eruption seinen Gipfel abgeworfen habe. Ich glaube, daß man dies *kurz vor der Conquista* nicht eben wörtlich nehmen muß. Alle Naturbegebenheiten waren in der Mythologie der Indianer vererbt. Die Indianer erzählten den Spaniern, was sie von ihren Vätern gehört, und diesen schien alles neu, aus kurzvergangener Zeit. Der Vulkan Puracé erscheint freundlicher und feierlich geschmückter. Seine Schneemenge läßt ihn sonderbar gegen die schwarzen, vegetationsleeren Felsen kontrastieren, die ihn zu beiden Seiten in abgerundeten Zacken umgeben. Bei blauem, heiterem Himmel glänzt der Schnee in ein liebliches Rosenrot, und aus den Schlünden sieht man, Opferfeuern gleich, den Schwefeldampf in Säulen aufsteigen.

Den 16. bis 19. November brachten wir in dem indianischen Dorf Puracé zu, um den Vulkan zu untersuchen. Der Weg nach Puracé ist sehr schlecht, er geht über eine Reihe von Bergjochen, die die Schneekette umschließen und die man passieren muß, zum Teil wahre Treppen. Traurig, daß man an so vielen, jetzt ganz unbewohnten Punkten Reste von Menschenwohnungen an Obstbäumen und Zäunen erkennt. Ebenso in den Bergen von Herveo und Barragán. So hat man die Indianer ausgerottet, in den Minen, als Lasttiere und besonders, weil bei einer schlechten Regierung die ganze Last auf der ärmsten, niedrigsten, hilflosesten Klasse ruht. So haben die vornehmen Familien in Popayán und vorher die Jesuiten durch tausenderlei Ränke die Indianer von Puracé, Coconuco, Poblazón um ihre Äcker bringen können. Diese unglücklichen Indianer, die alten, rechtmäßigen Herren des Landes, sind auf die höchsten und kältesten Bergrücken verwiesen, wo der Reif ihre Kartoffeln und Zwiebeln und ihren Kohl tötet, während sie auf ihren ehemaligen Gütern im milderen Klima die schönsten Weizenähren blühen sehen. Aber so ist es in allen Weltteilen. Unser deutscher Adel sind die Barbaren, die in der Völkerwanderung vom Schwarzen Meer eindrangen, und die ehemaligen rechtmäßigen Besitzer sind unsere unglücklichen Bauern, die man in Mecklenburg gar von ihren Gütern vertreibt.

Das Dorf Puracé ist sehr anmutig, alle Häuser und Gärten sind von lebendigen immergrünen Hecken umgeben, in allen Gassen rauscht ein Bach, jedes Haus hat einen Quell, dazu indianische Reinlichkeit und Ordnung.

Der berühmte Río Vinagre entspringt etwa in 3300 Meter Höhe am nordwestlichen Abfall des Vulkans Puracé. Obgleich das Wasser, wo man es sieht, kalt ist, so steht doch fest, daß der Quell heiß ist. Ein ganzer Fluß verdünnter Schwefelsäure mit großen Katarakten ist gewiß ein einzigartiges Schauspiel der Natur.

Am 18. November erlaubte uns die Witterung endlich, den Vulkan zu besteigen. Der Morgen war täuschend schön. Ich ging zu Fuß. Der Weg ist sehr steil und morastig, wohl fünf Stunden. Erst Wald, bis 3100 Meter, dann eine Grasflur mit Moorgrund, bis 3700 Meter. Wir ließen die rauchende Quelle des Río Vinagre links. Nach einer halben Stunde Hagel mit Schnee gemengt, ein Hagel, der drei Stunden anhielt und auch in Popayán fiel, so daß man dort Fruchteis damit bereitete. Hagel ist auch in Bogotá so häufig und dann in solchen Mengen, daß man ihn zwanzig bis dreißig Tage aufhebt und so lange Sorbet genießt. Man hielt es in Popayán für unmöglich, daß ich diesen Tag den Vulkan besteigen könnte. Von Kälte erstarrt und verklammt, gelangten wir in den Cascajal oder diejenige Gegend des Vulkans, wo die Vegetation aufhört; nackter Porphyrfels von abenteuerlicher Form, zackig, alles öde und leblos. Man schreitet in einer Schlucht bergan auf zertrümmertem, von geschmolzenem Schneewasser herabgeschwemmten Geröll.

Kaum tritt man in die Einöde des Cascajal, so sieht man gegen Nordost die drei Mündungen des Vulkans, zwei kleine dicht nebeneinander hoch gegen die Gipfel hin und also in der Schneeregion und die große Boca etwas darunter. Die Menge des Rauchs und die rotgelben Schwefeldämpfe geben der unteren Boca ein ernstes, düsteres Aussehen. Ja, nach der Dampfmenge vermutet man einen noch größeren Krater. Voll Neugierde, aber nicht ohne Furcht, näherten Bonpland und ich und die Indianer uns dem Schlund, der *boca grande*, einer kaum sechs Fuß langen und drei Fuß breiten Öffnung, aus der rotgelbe Schwefeldämpfe mit einem Gezisch und einem Geräusch ausfahren, das kaum mit irgend etwas zu vergleichen ist. Vierzig Schmiedeessen bei vollem Gebläse machen weniger Geräusch. Am ähnlichsten ist das Gezisch den

Dämpfen, die aus einer Dampfmaschine ausfahren, wenn man das Ventil am Zylinder plötzlich öffnet. Man hat lange Mühe, seinen Sinnen zu trauen, und ist stets geneigt, den gelben Schwefeldampf für Flammen zu halten. Im südlichen Teil des Schlundes sieht man deutlich einen siedenden Wasserspiegel, mit Schwefelhaut bedeckt. Wir warfen Steine in das Wasser, und nun verschwand die Haut, und das Wasser war überaus klar und hell. An Messung der Hitze dieses aufsiedenden Schwefelpfuhls war nicht zu denken. Wie sollte man sich nähern! Ich band ein in Veilchensyrup gefärbtes Papier an einen langen Stock und hielt diesen in den Dampf des Kraters. Das Papier entfärbte sich und wurde etwas rötlich. Es entzündete sich aber nicht. In Popayán will man die Kuppe des Vulkans bisweilen haben leuchten sehen. Wohl Feuer im Hochsteppengras, denn alle Indianer leugnen, eine Flamme oder Licht gesehen oder Gebrüll, *bramido*, gehört zu haben. In den Anden ist es nämlich allgemeine Sage, daß die Vulkane, ja alle Schneegipfel brüllen wie in Afrika die Löwen. So erzählt man in Cartago, daß man den Quindío, in Popayán, daß man den Puracé brüllen hört.

Der Punkt, wo ich mit dem Barometer maß und wo man mir mit Strohpelzen eine Art Zelt bereitete, lag 4460 Meter über dem Meer. Der zunehmende Hagel und das Abnehmen unserer Kräfte machten es unmöglich, den Gipfel zu erreichen.

Amerikanische Eifersucht

So gern ich länger in Popayán geblieben wäre, um die Trappformation von Puracé und Sotará noch genauer zu untersuchen, so sehr wünschten wir das Haus, in dem wir lebten – bei Don Francisco Diago, dem Tabakadministrator –, zu verlassen. Wir waren ihm von seinem Bruder Don Pedro empfohlen, einem feineren, sanfteren Mann, königlicher Beamter in Honda. Beide Brüder haben sich reich durch Handel mit Konterbande gemacht. Beide sind mit liebenswürdigen Frauen verheiratet; Pedro in Honda mit Doña Bárbara Ortiz, sehr hübsch und mokant (eine den Spaniern sonst ganz unbekannte Eigenschaft), Don Francisco mit Doña Manuela Angullo (deren Vater das Geld zur Caucabrücke in Popayán zinsfrei vorschoß). Francisco ist fast sechzig Jahre alt, ein Gemisch von Mürrischkeit und Laune, von sehr vielem gesundem Verstand und natürlichem Talent, aber unendlich plump und unverschämt grob gegen alle Kreolen. Auch wir mußten viel von seiner Unfeinheit leiden; voll unerbetenen Rats mischte er sich in alles; kaum zog man ein Instrument aus dem Koffer, so legte er es weg, damit es sicherer sei. Alle Mittag zankte er mit der Frau; der schielige, ernste Knabe stahl uns neue Hosen, während die

Mutter uns von der Dieberei der Quiteños und Pastusos unterhielt. Pastuso heißt in Popayán sowohl *Einwohner von Pasto* als auch *Nachtstuhl*, weil dieser mit dem Lack aus Pasto überzogen ist. Von den Bugueños sagt man, daß sie einen Arm länger haben, weil sie den ganzen Tag Guavenbirnen pflücken. Buga ist in Popayán ein Schimpfwort, ebenso haßt man in Buga die Leute aus Cali – und in so einem Land fürchtet man Revolutionen!

Der angenehmste Mann in Popayán ist der Bischof, einfach, launig und vom besten Weltton im geselligen Leben, ein vortrefflicher Bischof. Unter wirklicher Lebensgefahr und auf fast nie vorher betretenen Wegen hat er die kleinsten Winkel seines Bistums besucht und drei Jahre lang sich den größten Aufopferungen ausgesetzt. Er kennt die Münze nicht, lebt sehr einfach, keiner seiner Verwandten kann ihm etwas abzwacken; was die Mitra einbringt, gehört den Armen, und er schließt das Jahr nicht ab, als bis alles verteilt ist. Aber in Geschäften ist er steif und auf seine bischöflichen Privilegien zu sehr erpicht. So kommen in Popayán die projektierten Armenhäuser nicht zustande, weil er sich mit dem Gouverneur nicht verträgt. Beide wollen das Gute, aber beide hindern sich gegenseitig. Der Gouverneur ist moralisch, tätig, unterrichtet, aber pedantisch und klagend, langweilig; dazu beide, Bischof und Gouverneur, trotz der Empfehlungen des Vizekönigs, die ich brachte, und trotz der vielen Besuche, die beide mir abstatteten, keineswegs genießbar.

Von Popayán gibt es zwei Wege nach Pasto. Der eine verläuft der Südsee näher, durch das Tal von Patía; der andere, neuere, unendlich schlechtere liegt der hohen Cordillera de los Andes näher und geht über Almaguer. Der Gouverneur ist besonders enthusiastisch für den Weg von Almaguer; Grund genug, daß der Bischof zu dem von Patía rät. Weil er der hohen Gebirgskette näher liegt und deshalb für botanische und mineralogische Beobachtungen wichtiger ist, wählten wir den Weg über Almaguer. Auf diesem Weg mußten wir die Páramos von Pasto übersteigen, und zwar in der Regenzeit, die bereits angefangen hatte. Páramo heißt in den Anden jeder Ort, wo auf einer Höhe von 3500 bis 4000 Meter die Vegetation stillsteht und eine Kälte ist, die bis in die Knochen dringt. Den 27. November 1801 reisten wir nachmittags mit Platzregen ab.

Indianisches Leben

Wir begegneten mehreren Reisenden, die mit einer Lanze bewaffnet waren, ein in ganz Amerika, besonders unter den Indianern, noch sehr gebräuchliches Gerät. Der Indianer in etwas entlegenen Missionen führt außer der Lanze auch noch stets Pfeil und Bogen.

Die unendliche Lettenformation, die alle Basalte, Grünsteine und Grünstein-Porphyre begleitet, machte den Weg sehr schlüpfrig und gefährlich. Die Mulas fallen und gleiten herab, man wird deutlichst inne, daß das Gehen ein zusammengesetztes Fallen ist. Man bringt ganze Tage lang zu, in ein Flußtal hinabzusteigen und auf das gegenüberliegende Bergjoch zu gelangen. Man hat acht bis neun Stunden lang an den Abhängen gefahrvoll herumgekrebst und ist am Abend anderthalbtausend Meter von dem Punkt entfernt, von dem man am Morgen aufgebrochen ist. Der Weg war in der nassen Regenzeit so fürchterlich böse, daß unsere Mulas ermüdeten und wir gezwungen waren, einen Tag in einer Indianerhütte zu San Miguel auszuruhen. Wir selbst waren erschöpft, am meisten der alte Mann, der das Barometer trug, ein Instrument, für das ich einen eigenen Fußboten jahraus, jahrein bezahlen mußte, so daß es, nicht zwölf Reichstaler wert, am Ende der fünfjährigen Reise über achthundert kosten wird. Dieser alte Mann lief große Gefahr beim Durchwaten des kleinen Río San Pedro, der sehr angeschwollen war. Unser armer Hund wurde von der Strömung weit weggerissen und elend gegen Steine geworfen, an denen er sich rettete. In diesen Flüssen zwischen Popayán und Patía ist der Verlust von Geldsäcken so gewöhnlich, daß man ziemlich häufig bei niedrigem Wasser Münzen darinnen findet und zwar meist von uraltem Gepräge; Zeichen des alten Silberverkehrs dieser Gegenden.

San Miguel, Santa Elena, El Negro sind einzelne Häuser, Hütten; aber so interessant sind ein Obdach und menschliche, hilfreiche Gesellschaft in den Anden, daß kein Rancho, kein Palmenschuppen (wie Santa Elena) ohne Namen bleibt, während in Europa ganze Haufen Häuser namenlos sind oder die Namen entfernter Orte, denen sie als Vorwerke zugehören, annehmen. Die Existenz in diesen Ranchos gehört zu den lästigsten. Oft muß man das Feuer in demselben Raum machen, in dem man schlafen soll. Grünes Holz, fürchterlicher Rauch – die Würze aller Speisen ist seit zwei Jahren für uns Rauchgeschmack –, kein Schornstein und Platzregen, der die Augen aufzuopfern gebietet.

Die Gastfreundschaft dieser armen Indianer und Zambos macht die Qual erträglicher. Sieht der Wirt, daß der Fremde mehr Platz fordert, so zieht er mit Weib und Kind aus und überläßt ihm seine Wohnung. Die Mutter hängt sich zwei bis drei Kleine in einem Sack über die Schultern und nimmt die älteren Kinder an die Hand; der Mann trägt einen Feuerbrand, ein Schaffell und eine Matte von Palmblättern, und so zieht die Familie in einen anderen Rancho; denn der Indianer hat stets mehrere Wohnungen, bei jedem bebauten Acker ein Obdach, und da es indianische Sitte ist, nie *ein* großes Stück Land zu bestellen, sondern hier und da ein Fleckchen, so sind die Ranchos ebenso zerstreut wie die Gärten und Äcker. Am frühesten Morgen, ehe man aufgestanden ist, kehrt die ganze Familie schon wieder zurück, groß und klein erkundigt sich, wie man geschlafen hat. Das Zeremoniell der indianischen Völkerschaften ist einheimisch, lästig und nicht von den Europäern erlernt. Regnet es und sind der Fremden viele, so nistet die Familie sich um die Hütte, ohne hereinzutreten, um nicht zu stören, und diese unerhörte Bescheidenheit entsteht keineswegs aus Ehrfurcht vor den Weißen (der Indianer ist fern von diesen Ideen), nein, sie wird gegen jeden Fremden geübt, sobald er Reisender und also Ruhebedürftiger ist.

Das ganze Gebirge ist mit diesen zerstreuten Wohnungen einzelner freier Familien gefüllt, die nicht mehr hervorbringen, als sie selbst verzehren, und an Felswänden nisten, an denen Häuser zu sehen man von der Tiefe des Tales aus erschrickt. Ein Haus ist meist ein bis zwei Stunden vom anderen entfernt, und so lebt in einer Lage, in der es ohnehin schwierig ist zu kommunizieren, durch Felsklüfte und Flüsse getrennt, jede Familie in der Tat recht einsiedlerisch. In dieser wunderbaren Anden-Natur, in der ein zwei- bis viertausend Meter hohes Gebirge von Tälern durchfurcht ist, die fast im Niveau der Meeresfläche liegen, in dieser Natur grenzen die Erzeugnisse aller Klimate aneinander. Wenngleich der Indianer seine Hütte hoch an steile Felswände legt, in einem Klima, wo fast die Vegetation aufhört, so genießt er deshalb doch der Banane, des Zuckerrohrs. Er bestellt kleine Flecke hoch am Páramo, wo er Kartoffeln, Ullucos, selbst Weizen baut, und andere tief im Tale, wo Pisang, Advokatenbirnen, Zuckerrohr, Melonenfeigen, Orangen wachsen. Äcker bestellen heißt hier, abbrennen und mit einem spitzen Holz Löcher öffnen, in die der Samen geworfen wird. Das übrige tut die Natur. Des Ackergeräts, besonders der Pflüge, bedienen sich die Indianer nur, wo sie in förmlichen Dorfschaften große Äcker bestellen und mit Weizen Handel treiben. Die einzelnen zerstreuten Familien, und sie machen die größte Population dieser Gegend aus, erzeugen nur, was sie selbst genießen, und nie mehr. Von jeder nutzbaren Baumart zwei bis drei Stämme, ein kaum vierzig Meter langer Garten, mit einer Wolfsmilchhecke umgeben, und diesen Garten ein bis zwei Jahre bestellt und dann – nicht weil der Boden weniger trägt, sondern nach nomadischem Trieb – gegen einen neuen vertauscht: das ist indianische Sitte. Eine Sitte, die wir unter den unabhängigen Stämmen am Orinoko und Río Negro bemerkt haben und die ebenso bei den unterjochten Nationen herrscht, trotz der dreihundert Jahre seit der Conquista. Der beobachtende Reisende muß der spanischen Indolenz Dank wissen, den Indianer in diesem alten Naturzustand zu finden. Man reist nicht bloß in einem neuen Land, sondern versetzt sich auch in vorige Jahrhunderte; man lernt in Südamerika, wie die Indianer zur Zeit der Conquista und wie die Spanier zur Zeit Kaiser Karls V. lebten; man glaubt im Vizekönigreich Neu-Granada das unbezwungene Cundinamarca und das alte Spanien zu sehen.

In San Miguel fanden wir einen merkwürdigen Laufstuhl, ein indianisches Instrument, um kleine Kinder das Laufen zu lehren und ihnen zugleich Freude zu machen; die Spanier nennen es *brincador*. Eine Art Korb, in dem das Kind unter den Armen gehalten wird, ist an einem Seil befestigt. Das Seil reicht an den Balken und schlingt sich um einen elastischen Baumzweig. Die Füße des Kindes berühren eben den Boden, bei jeder Bewegung schnellt der Zweig in die Höhe, das Kind hüpft und wiederholt aus Wohlgefallen dieselbe Bewegung, woraus ein eigenartiger Tanz entspringt. Der ältere Bruder spielte mit der Hand die indianische Trommel – ein ausgehöhlter Baumstamm mit einer Haut von Kautschuk überzogen –, ein kleines Mädchen tanzte um den Korb, und der fünfmonatige Knabe darin schlug mit den Füßen sehr regelmäßig den Takt.

Das Fest des heiligen Franziskus brachten wir in dem neuen Dorf La Ascensión zu, so nennt man ein paar Häuser auf einem hohen Bergjoch. Ein knabenartig junger Pfarrer nahm in einem Schuppen, der Kirche, alle Handlungen vor, die man in Rom in Sankt Peter tut. Lehmklumpen waren die Leuchter des Altars. Dem Altar gegenüber war ein Tisch gesetzt, über dem eine Strohdecke hing. Das stellte den Chorstuhl vor. Das merkwürdigste von allem aber war der indianische Tanz während der Messe. Der Capitán de los Indios war harlekinartig herausgeputzt, ein Helm von Linnen, mit siebzehn Glasketten behangen und einem Schweif von Bändern. Sein glattes Haar flog medusenartig um die Schultern. Zahllose Rosenkränze um den Hals. Ein kurzer Weiberrock bis ans Knie, barfuß, aber um die Waden Leder, mit zahllosen Schellen behangen. Einen Stab in der Hand. Zwei Gefährten mit ähnlichen Schellen, aber aus Dürftigkeit im Putz weit ärmer. Der Pfarrer empfing die Indianer an der Kirchentür, sie schwangen die Stäbe vor dem Geistlichen und tanzten eine Art Ballett vor dem Altar, nach dem Takt einer Trommel und einer Pfeife, ein Indianer spielte beide Instrumente zugleich. Die Bewegung der Füße war sehr einfach, ein Auftreten nach dem Takt, um die Schellen klingen zu lassen, woraus ein Geräusch fast wie bei einem Bolero mit Kastagnetten entstand. Desto zusammengesetzter war die Bewegung der Arme, das Schwingen der Stäbe und das Durcheinanderlaufen, alles mit unendlicher Gravität und prätentionsvoller Miene. Mit angehender Messe hörte der Tanz auf, aber wie erstaunten wir, als beim Abendmahl, der Priester hielt eben den Kelch und die Hostie empor, wieder die indianische Musik erscholl. Die maskierten Herren tanzten bacchantenartig um den Priester, über eine Viertelstunde lang – Tanz im ernsthaftesten Augenblick des christlichen Blutopfers. Nach dem Ballett vollendete der Priester die Abendmahlsfeier, forderte Zuecos, und nun begann die Prozession. Wie rasend tanzten die Indianer eine Art Kette durch den Zug der Prozession, schwangen die Stäbe vor den christlichen Götzenbildern. Ich habe das Ganze gezeichnet.

Zuecos – ich wußte nicht, daß das Leute sind, sagte einer, der zum erstenmal von den Schweden, *suecos*, reden hörte –, Zuecos sind hölzerne Fußsohlen, Bretter mit zwei Zoll hohen Leisten unterhalb und ledernen Bügeln oberhalb – eine Art Stelzen, die die Füße vor Nässe bewahren. So wie man in Europa jemandem, der zu Besuch war, im Regen seinen Wagen anbietet, so bietet man ihm hier seine Zuecos an; daher sagte mir ein hiesiger Däne nicht unwitzig, diese Zuecos seien die Kutschen des Landes, und zwar recht wohlfeile. In Popayán, Pasto, Almaguer und besonders in Chocó, in allen sehr feuchten Landesteilen ist der Zueco unendlich allgemein, und die Furcht, sich zu befeuchten, ist so groß, daß alle etwas gebildeten Menschen nicht drei Schritt aus dem Hause nach dem Garten gehen können, ohne die Füße in Zuecos zu stecken. Eine Delikatesse, die um so auffallender bei Menschen ist, die jahraus, jahrein nacktfüßig gehen und in der höchsten Einfachheit der Sitten leben. Wer nicht gewohnt ist, in Zuecos zu gehen, läuft Gefahr, schrecklich zu fallen, wie es uns in Cartago bei einem Spaziergang passierte, bei dem man uns zu Stelzen zwang. Die Zuecos haben das Widerwärtige, daß sie von weitem schallen und zwar gleich dem Huf der Esel. Man läßt sie vor der Tür wie die Kutsche.

Die erfrorenen Brüder

Von Santa Helena an bis in das Tal de La Vega de San Lorenzo ist der Weg sehr gefährlich wegen der Abgründe, ein zehn Zoll schmaler Fußsteig dicht an Abstürzen von einhundert Fuß. Das Gestein ist sehr verwittert und an vielen Punkten herabgestürzt. Und solchen Wegen muß man in den Anden seine Manuskripte, Instrumente, Sammlungen anvertrauen. Das Tal der Vega ist, wie alle Andentäler, überaus malerisch. Seine große Schönheit beruht in den Wasserfällen, die überall aus dem Busch mit Silberglanz hervorleuchten. Die Eichen standen hier in voller Blüte und hatten sich eben mit frischem Laub bekleidet. Seitdem wir Europa (Aranjuez) verließen, haben wir nicht so lebhaft die Schönheit einer Maivegetation empfunden als hier in der Vega. Ein ganzer Wald mit freundlichem, zartem, gelblichem Grün; nichts ist unserem Frühling so gleich. Man genießt dieses herrliche Schauspiel in den Tropen so selten, weil nur wenige Bäume auf einmal alle Blätter abschütteln, um sich mit neuen zu bekleiden, und weil diese wenigen Bäume selten einen Busch, eine Masse bilden. Die meisten Bäume verlieren hier und da ein einzelnes Blatt, das sich sogleich wieder ersetzt.

In der Vega gibt es viele Hirsche, und zwar handelt es sich nicht um den kleinen mexikanischen Edelhirsch, der den tiefen, heißen Gegenden eigen ist, sondern um einen großen mit mächtigem Geweih, wahrscheinlich den nordamerikanischen Wapiti, wo nicht den europäischen Hirsch selbst. Die hiesigen Hunde sind wunderbar abgerichtet, den Hirsch in zweitausend Meter hohen Felswänden mit sechzig Grad Abfall zu verfolgen, bis er herabkommt und sich in den Fluß rettet. Hier umringt man das geängstigte Tier und fängt es mit dem Lasso. Auch gibt es hier viele Bären, schwarze und *frontines*, mit einer Blesse auf der Nase gezeichnet. Geängstigt wehren sie sich gegen den Menschen, dem sie, auf den Hintertatzen stehend, in der Höhe gleichen. Da sie wohlgemästet sind, ist es nicht sehr allgemein, daß sie Rindvieh zerreißen.

Die Montaña de Pasto ist kaum anderthalb spanische Meilen lang, ein mit dichtem Wald bewachsenes Gebirge – aber die schrecklichste aller Montañas. Grundloser Kot und dreißig Fuß tiefe Hohlwege, so schmal, daß sich kaum der Leib des Pferdes durchdrängen kann, und unter sechzig Grad geneigt. Dazu versperren umgestürzte Bäume den Weg. In Europa räumt man den Baum aus dem Weg. Hier verändert man den Weg, ohne die Entschuldigung anderer Tropengegenden zu haben, wo die Bäume so monströs dick sind, daß man in acht Tagen den Stamm nicht durchsägen könnte. Diese Montaña ist fürchterlich kalt, man sieht an mehreren Punkten Kreuze, die bezeichnen, daß hier von der Nacht überraschte Menschen erfroren. Man erzählte uns die rührende Geschichte zweier Brüder. Der stärkere nahm den zarteren zwischen die Beine, um ihn zu erwärmen; beide starben. Die Maultiertreiber bringen oft vier bis sechs Tage in der Montaña zu, weil zu böser Zeit die Mulas alle fünfzig Schritt niederfallen. Die Wege sind mit den Knochen der Maultiere gepflastert, die hier vor Kälte oder aus Mattigkeit umfielen. Jetzt, sagte man, sei der Weg ziemlich gut. Wir passierten ihn in fünf bis sechs Stunden.

Von der Höhe, wo man aus dem Wald tritt, hat man eine göttliche Aussicht. Man schaut in einen Abgrund, in eine weite, grüne Ebene, in deren Mitte die Stadt Pasto mit ihren vielen Klöstern sich sehr zierlich ausnimmt. Die Flur umher ist sorgfältig mit Weizen, Kartoffeln und Kohl bestellt. Die gelbe Stoppel kontrastiert herrlich gegen den frisch gepflügten schwarzen Acker (verwitterte vulkanische Produkte). Man glaubt, eine europäische Landschaft zu sehen. Selbst unser Ackerrettich hat sich hier einheimisch gemacht, und ganze Beete leuchten von seinen hochgelben Blüten. Der Weg hinab ist fürchterlich, man stürzt hinab in den *ejido*, einen Rasenfleck, wie ihn jedes Städtchen hier um sich erhält, zu Spielen der Jugend, Wettrennen, Hahnenkämpfen zu Pferde. Dort erwarteten uns der Magistrat und die hochgestellten Persönlichkeiten, die Pferde mit silbernen Steigbügeln geziert, mit Satteldecken. Personen, die barfuß gehen und nicht dreihundert Pesos besitzen, haben hier silberne Steigbügel und einen silbernen Becher.

Im Westen der Stadt, jedoch durch das Tal, in dem der Ort liegt, getrennt von der mächtigen Andenkordillere, erhebt sich der Vulkan von Pasto. Mit den Flammen stößt er einen Rauch aus, der schwarz ist von der Asche, die der Wind manchmal bis in die Stadt trägt. Es gibt vier oder fünf Öffnungen, die man Fenster nennt, weil sie nicht auf dem Gipfel liegen, sondern am Abhang, wie die erleuchteten Fenster eines Hauses.

Wir waren in der festen Überzeugung nach Pasto gekommen, die Mündungen zu sehen. Alle Einwohner schilderten uns die Gefahren, wie unsicher die Expedition in der trockenen Jahreszeit sei und wie nun erst recht in Regen, Schnee, Hagel und Sturm, die seit fünf Wochen im Tal herrschten. Wir verloren nicht den Mut. Nach den Strapazen am Vulkan Puracé schien uns alles erträglich. Wir hatten großes Interesse, nicht über Weihnachten in Pasto zu bleiben; die Wege wurden immer schrecklicher, und meine Instrumente, die schon seit Popayán so vieler Gefahr ausgesetzt waren und von deren Zustand Fortsetzung und Erfolg unserer ganzen Reise abhingen, verlangten Opfer. Wir waren entschlossen, den Aufstieg am 21. Dezember zu unternehmen. Der zwanzigste war sehr schön. Mit welcher Erwartung verbrachten wir die Nacht zum einundzwanzigsten. Um vier Uhr morgens standen wir auf, aber ach! Es goß in Strömen. Der Vulkan blieb den ganzen Tag in Wolken gehüllt, man ahnte seine Existenz nicht. Wir mußten unser Vorhaben aufgeben. Ich kann gar nicht schildern, wie sehr ich diesen Verlust bedaure.

Eine andere Schwierigkeit, die wir in jedem Augenblick bei den Expeditionen in den hohen Gebirgen Amerikas fühlten, ist der Mangel an Führern. Die Indianer, sofern man die besten auswählt und sie mit Freundschaft und Vertrauen zu behandeln versteht, sind gut, treu, klug und retten einen im Fall einer Gefahr. Wenn man mit acht bis neun von ihnen aufbricht, kann man freilich sicher sein, daß man, sobald schlechtes Wetter beginnt, mit einem oder zweien allein bleibt; der Rest macht sich davon; aber diese beiden sind ausreichend und wiegen ein halbes Dutzend Weiße oder Mischlinge auf. Allerdings kennen die Indianer die Berge nur so weit, wie die Weide reicht; in die vegetationslosen Zonen gehen sie nur, um Schnee zu holen oder wenn sich durch Zufall eine Kuh dorthin verirrt hat. Nie treibt die Neugierde sie höher, und da der Schnee wenig einbringt, achten sie darauf, ihn zu finden, wo er am weitesten in die Regionen der Gräser herabreicht und wo er leider weich, wäßrig und wenig haltbar ist. Aber der Indianer verkauft seine Schneefracht immer zum selben Preis, ob sie nun zu einem oder zu vier Fünfteln auf dem Weg in die Stadt geschmolzen ist.

Wenn der Mais fehlt

Am 22. Dezember reisten wir ab, teils um nicht das Fest in Pasto zu erleben, teils weil man uns zu verstehen gab, daß wir gehen sollten, da die Vornehmlichkeit, mit der man uns behandelte, zu große Unkosten verursache!

Den 23. Dezember von Teindala nach Santa Rosa. Man bringt den ganzen Tag zu, das Tal (vielmehr die Felskluft) des Río Guáitara zu passieren. Es gehört zu den größten, herrlichsten Naturszenen, die wir gesehen haben. Das Tal ist 2880 Fuß tief, fast so tief, als der Brocken über dem Meere hoch ist. Zur Linken sieht man eine weite Ebene, etwa tausend Fuß hoch über den Fluß erhoben, in der Weizenfluren mit lieblichen Wiesengründen abwechseln. Das freundliche Grün des Guajakbaumes und die schirmkuppigen Mimosen bilden einzelne Gruppen. Buntgefleckte Stiere ruhen in ihrem Schatten. Sie und die blökenden Herden fürchten hier nicht den weißstirnigen Bär der Anden. Unbekümmert sieht das Mutterschaf die Schar der Bären vorbeitrotten. Die Natur hat jedem seine Speise zugewiesen. Aloeblättrige Achupallas steigen vom schneenahen Gipfel bis in das Klima der Fieberrindenbäume herab. Die jungen Blätter der Krone reizen den Bären mehr als Schafe und Rinder, und nur bei wütendem Hunger haben diese zu fürchten. So nimmt in den Tropen alles mildere, friedlichere Formen und Sitten an. Nur der Mensch allein bleibt sich überall auf dem Erdboden gleich, sein eigen Geschlecht verfolgend und hassend!

Diese liebliche Ebene, in Weide und Acker geteilt, trennt eine senkrechte, schroffe Felswand vom Fluß. In der Wand ragen überall ungeheure Porphyrmassen hervor, in den loseren Ton geknetet. Diese Massen erinnern an die erderschütternden Revolutionen der Vorwelt, in der die Felsen herabstürzten und jenes großmassige Konglomerat sich bildete. In den Klüften der steilen Felswand haben sich Achupallas eingewurzelt, und ihr kurzer schwarzer, schuppiger Stamm kontrastiert sonderbar gegen die grüne Moosdecke. Man erschrickt, wenn man den Weg erblickt, der in wiederkehrenden Krümmungen zur Brücke führt, die vierzig Fuß lang ist und die ganze Breite des Tals ausfüllt, ein Tal von dreitausend Fuß Tiefe. Dies Maß allein kann der Phantasie das Grausenvolle des Schlundes vormalen. In der gegenüberstehenden

Porphyrwand stürzen an zweitausend Fuß tief drei Wasserfälle senkrecht herab, die höchsten Katarakte, die wir gesehen haben. Ununterbrochen schwebt der König der Raubtiere, der Kondor, über der Felskluft. Im langsamen Fluge glänzt spiegelartig im Strahl der Mittagssonne das weiße Gefieder des breiten Rückens. Aber tief unter ihm, an der moosbewachsenen Felswand, schleicht der langgedehnte Schatten hin und verkündet dem schüchternen Damhirsch die furchtbare Nähe des Feindes. Dem Kondorauge verdeckt kein Gebüsch die einmal erblickte Beute, listig entfernt er sich mit eilenden Schwingen in luftdünnere Höhen. Die Flügel einziehend stürzt er, des Zieles gewiß, auf die wehrlose Beute hinab, mit lüsterner Gier Zunge und Auge verschlingend. Oft springt das geängstigte Tier, der Gefahren kundig, in das schäumende Flußbett hinab, wo der Sturz der brausenden Wasser die zarten Glieder zerschmettert. Solch ein Schauspiel gewährt das Tal von Guáitara, ehe man zur Brücke hinabsteigt.

Den 24. Dezember von Santa Rosa nach Chillanquer. Wir übernachteten dort bei einem Caballero, dessen ganze Familie nach echt antiker Manier nackten Fußes einherging, ohnerachtet er mit einem unwissenden Katalanen eine Goldgrube betrieb, die dereinst wöchentlich sechstausend Pesos eintragen soll, ihn aber bis jetzt fast an den Bettelstab gebracht hat. Welche Einfachheit der spanischen Sitten in diesem Lande. Trotz der Kälte stets barfuß, und zwar die vornehmste weiße Menschenrasse, wenn sie Landleute sind. Das Haus, so im ganzen Vizekönigreich Neu-Granada, das Landhaus besteht meist aus einem Saal und einer Kammer. Nur für Vater und Mutter sind Bettstellen vorhanden, das heißt ein mit einem Leder trommelfellartig überspannter Rahmen. Die Kinder und das Hausgesinde schlafen in *trojas*, das heißt auf Bänken, die statt aus Brettern aus Baumzweigen, und zwar meist sehr knorrigen Stangen, zusammengesetzt sind. Auf diesen Stangen breitet man mit einbrechender Nacht ein Leder aus, die Ruana dient zur Decke, und so schlafen zehn bis zwölf Personen in einem Zimmer. Oft sind solche Trojas, und zwar ziemlich gefahrvoll, sogar im Dachstuhl angelegt.

Die Provinz Pasto ist sehr bewohnt und hat ungeheuer viele Dorfschaften, weil die Konquistadoren schon zur Zeit der Inkas viele Dörfer vorfanden. Aber noch mehr Indianer sind ausgestorben. Überall sieht man Spuren ehemaliger Wohnungen, besonders runde, wie zur Zeit der Inkas. Man behauptet, daß besonders Pocken- und Masernepidemien hier die Indianer aufgerieben haben. Ich glaube, es ist falsch, was man überall als Ursachen für die Abnahme der Indianer angibt. Weder dem Bergbau noch den Pocken darf man es zuschreiben. Die Indianer sind die ärmste, bedrückteste Menschenklasse, und eine schlechte Regierung, wie die hiesige, drückt am schwersten auf die dürftigste, wehrloseste Klasse. Das ist der eigentliche Grund. Wo wenige Indianer unter vielen Weißen wohnen, ist der Druck am schlimmsten. Dann sucht man sie ganz zu vernichten, jagt sie in die unfruchtbarste, kälteste Gegend, bemächtigt sich ihrer Güter, und trotz aller indischen Gesetze ist dies leicht in einem Lande, wo die Justiz feil ist. Pfarrer, denen die Indianer nichts für die Taufe und so weiter zahlen, und Verwaltungsbeamte wünschen dann, der Indianer ganz überhoben zu sein. Sie wissen ein altes, unvernünftiges, grausames Gesetz gültig zu machen, wonach, wenn nicht eine gewisse Zahl Indianer in einem Dorf leben, man die wenigen einem anderen Dorfe zugesellen soll. So vertreiben sie die Indianer von ihren väterlichen Fluren. Im Dorf La Cruz sucht man jetzt unter diesem Vorwand die Indianer zu verjagen. Und wieviel schneller würden die Indianer nicht ausgerottet sein, wenn sie nicht eine so fürchterliche Fruchtbarkeit der Ehen hätten. Ich weiß, daß in den Dörfern um Sibundoy in manchem Jahr zweihundert Geburten und kaum sieben Todesfälle sind. Aber die Abnahme der Indianer ist auch nicht allgemein. Wo viele zusammenleben und sie mehr beschützt sind, wie in Caracas, Nueva Barcelona, Cumaná, dort nehmen sie zu; besonders auffallend ist das in den Kariben-Missionen. Doch ist der Fall sehr verschieden. In Pasto, Quito, Peru haben die Indianer eine vortreffliche Regierung wie die der Inkas gegen eine elende spanische vertauscht, in Nueva Barcelona dagegen hat der Waldmensch sich angesiedelt, und nach allem, was ich über die wilden Indianer beobachtet habe, bin ich gewiß, daß der rohe Naturzustand, wie wir ihn am Orinoko sehen, wo man Kinder erwürgt, sich gegenseitig vergiftet, wo die Natur dem einsam lebenden Menschen so fürchterlich ist, daß (sage ich) dieser rohe Naturzustand der Fortpflanzung und Vermehrung des Menschengeschlechts nicht günstig ist. Wie klein und unzahlreich sind nicht die Horden am Río Ventuarí, Río Jao.

Um Pasto selbst und in der Provinz Pasto gibt es keine Neger und deshalb auch keine Mulatten, nur Weiße, und zwar sehr viele, und Mestizen. Es mangelt der Provinz an Lebensmitteln. In Pasto selbst konnten wir nicht Brot kaufen, weil alles Mehl nach Popayán geschickt wird; ebenso Mangel an Fleisch, weil alles nach Barbacoas geht. Man baut nur Mais, Gerste, Kartoffeln und Ullucos, die man *engendrador* (Erzeuger) nennt, weil man behauptet, diese Wurzel wecke fürchterlich den Begattungstrieb und mache die ältesten Weiber zur Empfängnis tauglich. Warum führt man dies Gartengewächs nicht in Europa ein, da es doch Kälte vortrefflich erträgt? Hauptnahrung hier wie in Quito ist die Kartoffel, wovon einzelne Knollen vierzehn bis sechzehn Zoll Durchmesser haben. Weizen und Gerste zerreibt man hier auf Steinen und ißt die Körner, ohne sie in Mehl zu verwandeln, wie zerquetschten Mais mit

Wasser gekocht; ein schleimiger, sehr nahrhafter Brei. Warum ahmt man das nicht in Europa nach, wo oft aus Wassermangel das Mehl fehlt? Das Landvolk in der Provinz Pasto ist mit Recht wegen Roheit, Grobheit und wilder Ungeschlachtheit berufen. Da ein großer Teil nur damit beschäftigt ist, als Lasttier die Montaña zu passieren, so gewöhnen sie sich an das wilde Vagabundenleben. Auch nimmt die Bevölkerung wegen dieser Gewohnheit ab. Die Cargueros, an Kälte gewöhnt, erkranken an der heißen Meeresküste, treten den Rückweg an und sterben hilflos im Gebirge.

Jetzt, 1801, ist die Not am höchsten, deshalb ist die Ausfuhr der Lebensmittel verboten. Wegen der ungeheuren Regenmenge verdarb alle Saat; besonders fehlte der Mais, und wenn dieser fehlt, fehlt in Südamerika alles. Wir selbst haben auf dieser langen, langen Reise durchs Vizekönigreich Neu-Granada sehr unter dem Mangel gelitten. Die ganze Provinz Pasto ist eine gefrorene Gebirgsfläche und mit Vulkanen und Schwefelkratern umringt, woraus beständig Rauchwirbel dampfen. Dieses Jahr erfror in der Provinz alles. Daher ist das Volk fast in Verzweiflung. In solchem Falle nimmt man Zuflucht zu den Achupallas. Die Menschen leben wie die Bären. Sie ziehen in allen Páramos umher und kröpfen die Achupallas. Das Herz ist den jungen gebleichten Palmblättern ähnlich, man ißt es roh und gekocht, füttert Schweine damit, macht Branntwein daraus. Aber die Not ist jetzt so groß, daß trotz der großen Menge von Achupallas man in den entferntesten Páramos schon alles aufgezehrt hat. Die Achupalla, der das Vieh die Spitze der jungen Blätter abgefressen hat, bringt den besten Salat hervor. Die Bären rächen sich, daß der Mensch aufzehrt, was die Natur ihnen gepflanzt hat. Sie fallen nun das Rindvieh an. Was aber die Provinz am meisten auszeichnet, ist der Unfriede, der in diesem entlegenen Winkel der Erde herrscht. Alles ist entzweit, in jedem Dorf gibt es zwei bis drei Geistliche, Curas, Coadjutores, Clérigos sueltos, die das Volk gegeneinander aufhetzen; dann die Stellvertreter ... Ein neuerliches Beispiel der Ungeschlachtheit und des Hasses.

Nachdem wir zwei Monate hindurch Tag und Nacht von Regengüssen durchnäßt worden waren und bei der Stadt Ibarra beinahe ertranken, da plötzlich bei einem Erdbeben das Wasser stieg, langten wir am 6. Januar 1802 zu Quito an, wo der Marqués de Selva-Alegre die Güte hatte, uns ein vortreffliches Haus einzurichten, das nach so vielen Beschwerden uns alle Gemächlichkeit darbot, die man nur in Paris oder London verlangen könnte.

Erst in Quito erfuhren wir durch einen Brief Delambres, des beständigen Sekretärs der ersten Klasse des Pariser National-Instituts, daß Kapitän Baudin um das Kap der Guten Hoffnung gegangen war und die West- und Ostküste Amerikas gar nicht berührt hatte.

Dreizehntes Kapitel

Notizen zu Quito

Die Lage der Stadt Quito ist nicht schön; nicht weil sie in die Berge eingebettet ist, sondern weil diese Berge selbst – ich spreche von der unmittelbaren Umgebung – so wenig malerisch sind. Die Hügel im Osten, Süden und Norden bieten sich dem schweifenden Auge einförmig dar. Sie sind absolut kahl, ohne jede Vegetation. Sogar der Anblick des Pichincha ist nicht sehr schön. Könnte man von der Stadt aus die seltsamen Spitzen des Rucupichincha oder die Schneegipfel des Vulkans unterscheiden, wie man sie von weitem entdeckt, dann gewährte der Pichincha ein imposantes Schauspiel. Aber diese Hoheiten sind verstellt durch die Hügel von Chillogallo, Lloa, Cantuna und jenen mit dem berühmten Akademikerkreuz. Die Stadt ist dem Vulkan zu nahe, als daß er sich ihr als Ganzes schön und ehrfurchtgebietend darstellen könnte.

Die Stadt ist nicht so uneben, wie man sie beschrieben hat, wenigstens nicht ihr bewohntester Teil. Prag liegt auf ungleicherem Terrain. Die Straßen sind schnurgerade, aber, ähnlich Bogotá, abscheulich gepflastert, wie mit Diamantzacken. Bei der Beschreibung der Privathäuser wagt man sich als europäischer Schriftsteller kaum aufzuhalten. Sie sind in Quito wie in Bogotá, Caracas, Cartagena und Havanna. Sie zeigen nichts wirklich Eigentümliches, alle haben zwei Etagen und sind entstellt durch die vielen Holzgalerien. Desto schöner sind die Kirchen und Klöster, man möchte sie fast prächtig nennen. Keine andere Stadt in Amerika hat so große und vornehme Gotteshäuser wie Quito, und die meisten würden sich auch gut in Madrid oder Cádiz ausnehmen. Sie haben alle schöne Kuppeln, und an einigen, wie dem Jesuitenkolleg, könnte man die Details der Bildhauerkunst bewundern, wären die Fassaden nicht so mit Ornamenten überladen, so verunstaltet durch geschraubte Säulen. Vom Palast des Präsidenten und der Audiencia und dem Bischofssitz zu sprechen, lohnt nicht die Mühe. Es sind Kasernen ohne gegliederte Fassaden. Ebenso verhält es sich mit der Kathedrale, auf die man närrischerweise Geld verschwendet hat, um ihr die Gestalt eines langen Pferdestallganges zu geben. Sie ist noch in keiner Hinsicht vollendet, und zur Zeit klatscht man ihr ein Portal an, das niemals eine Einheit mit der Kirche bilden wird.

Man muß sich wundern, daß in einer Stadt, die Erdbeben so ausgesetzt ist wie Quito, zweistöckige, steinerne Häuser sich halten, große Kirchen. Die letzteren sind zwar häufig beschädigt worden, indessen hat die Stadt niemals bedeutende Zerstörungen erlitten, nie ist ein Haus gänzlich zusammengestürzt. Das Terrain der Stadt muß den Erdbeben besonders gut widerstehen. Es erstaunt mich, daß die Kristallwaren und Gläser, die hier als große Zierde gelten und alle Häuser füllen, bei dem großen Erdbeben von 1797 nicht zersplittert und nicht von ihrem Platz heruntergefallen sind. Man glaubt hier, es seien die *guaicos*, die den Schaden mindern, und hat reichlich dunkle Ideen von komprimierter Luft, die aus diesen Spalten tritt. Unterbrechen und erschweren sie die Fortpflanzung der Erdstöße? Diese Guaicos haben an die sechzig bis achtzig Fuß Tiefe und dreißig bis vierzig Fuß Breite. Darin laufen die Wasser vom Pichincha, und des öfteren sind auf Arkaden Häuser darübergebaut. Häufig ziehen sich die Guaicos an die achtzig Meter unterirdisch hin wie Stollen. Hat das Wasser sie ausgespült, und was hat die Erdbrücken darüber stehenlassen? Manche Leute glauben an die Wirkung glühender Lava, aber die Vulkane bringen fast keine hervor.

Quito ist in Spanisch-Amerika vielleicht der Ort, wo man das meiste natürliche Talent findet. Die Einwohner zeichnen sich vorteilhaft aus durch eine gewisse Ungezwungenheit, durch Liebenswürdigkeit und leichte Auffassungsgabe. Man bewundert diese Qualitäten besonders an der Jugend. Aber das eintönige Leben verwischt die guten Anlagen allmählich und läßt die Menschen in die Gewöhnlichkeit zurücksinken. Hauptsächlich versteht man sich in der Stadt auf Kirchenfeste, die sehr besucht sind und bei denen mehr Feuerwerk verpulvert wird, als der König bräuchte, um sich zum Herrn über Brasilien zu machen. Man hütet sich, die Feuerwerke zu verbieten, denn die Pulvermühlen verdienen einzigartig daran. Das bißchen Militär mit seinen zwanzig vier- bis sechspfündigen Kanonen spart Pulver genug.

Alles Gerede von vierzig- bis fünfzigtausend Einwohnern ist übertrieben. Die Volkszählung im Jahr 1800 ergab nur dreißigtausend. Aber da sich wahrscheinlich viele Menschen bei der Volkszählung versteckt hielten, kann man sich auf vierunddreißigtausend Seelen festlegen, zusammen mit den Indios, die täglich aus den Nachbardörfern hereinkommen, auf achtunddreißigtausend.

Verständige Menschen in Quito glauben, die schwarze Farbe der indianischen Kleidung sei Trauer um den letzten Monarchen Atahuallpa. Auch gebildetere Indios antworten auf die Frage nach der Ursache, sie trauerten ewig um den Tod ihres letzten Fürsten. Die Idee ist sehr schön. In ihr verbindet sich die große Anhänglichkeit, die die Indianer noch heute ihren alten Fürsten bezeugen, mit der Hoffnung, die spanische Herrschaft werde einst aufhören und die alte Inka-Regierung wieder aufblühen. Aber ist diese Erklärung der schwarzen Farbe nicht späte Erfindung? Wo ist bewiesen, daß Schwarz nur die peruanische Trauerfarbe war? Warum kleiden sich die Indios in Bogotá ebenfalls schwarz? Rührt es nicht von der Leichtigkeit her, in einem vitriolreichen Lande schwarz zu färben? Oder ist die schwarze Farbe gar neuere spanische Erfindung, da die Peruaner wahrscheinlich Kleidung aus Lamawolle trugen und die jetzige feine schwarze Farbe Indigo ist, dessen Kultur wohl erst die Europäer einführten?

Die Bibliothek der Jesuiten hatte zur Zeit Bouguers nahezu dreißigtausend Bände. Durch Diebstahl verringert – wie alles, was von der Gesellschaft Jesu herrührt –, sind heute, im Januar 1802, noch neunzehntausend vorhanden, ohne die sechstausend Doubletten, die man verkaufen will, um neue Werke anzuschaffen. Der Erlös wird hoch sein, denn geschmackvolle Bücher sind ihrer Rarität und des starken Bildungsdranges wegen in Quito und Popayán so teuer, daß sie im allgemeinen viermal so viel kosten wie in Europa. Theologie und Rechtswissenschaft sind fast komplett vorhanden; Geschichte, Medizin und die exakten Wissenschaften sind natürlich sehr ärmlich vertreten. Es hat hier gute Manuskripte von Jesuitenpatern gegeben, in denen ich geographisches und historisches Material über ihre Missionen am Orinoko und am Río Caquetá zu finden hoffte, aber alles ist geraubt und gestohlen. Immerhin habe ich Thesen gefunden, 1756 gedruckt, in denen unter dem Vorsitz eines Jesuiten bewiesen wird, daß das kopernikanische System dem des Ptolemäus und des Tycho Brahe vorzuziehen ist und als das vernünftigste übernommen werden sollte, daß die Kometen exzentrisch umlaufende Planeten seien und Sonne und Mond nur Einfluß auf Licht und Wärme haben. So die Jesuiten, von denen in der Provinz Quito im 17. Jahrhundert sogar schon eine Anzahl tragbarer, in Silber gravierter Gnomone existierte, die die Längen von Quito, Cuenca, Alausí, Lima und so weiter anzeigten.

Man hat viel gegen die Jesuiten geschrien vor der Aufhebung des Ordens. Heute sehnt sie jeder Vernünftige herbei. Zweifellos, es ist gefährlich, wenn Menschen, die die Gewissen regieren, gleichzeitig die reichsten und mächtigsten sind. Sie haben ihre Macht mißbraucht. Aber sie haben auch einen wohltätigen Einfluß gehabt, auf Gewerbe, Manufaktur, Architektur und besonders auf die Erziehung. In den Ländern, in denen die Erziehung nicht ausschließlich in den Händen der Geistlichkeit lag, zum Beispiel in Frankreich, war die Aufhebung des Jesuitenordens wenig zu spüren. Aber in Spanien, in Spanisch-Amerika ist kein anderer Orden an ihre Stelle getreten, obwohl die Dominikaner sich den Anschein geben. Für Spanisch-Amerika haben die Jesuiten noch einen anderen unbezweifelbaren Vorteil gehabt. Ihre Körperschaft, zusammengesetzt aus Deutschen, Franzosen und Italienern, war das einzige Beförderungsmittel, durch das auf legalem Weg gebildete Ausländer und Kenntnisse aus kultivierteren Ländern als Spanien eingeführt werden konnten. Auch hat man in Amerika beobachtet, daß die Kreolen stets mehr Freunde der ausländischen als der neu aus Spanien ankommenden Jesuiten waren. Die Jesuiten hatten gut verwaltete Kassen und gutes Betragen. Sie allein haben Fortschritte in den Missionen erzielt. Auch sie verteilten Eisenwerkzeuge, Messer, Gürtel, auch sie bedrängten die Indios, aber diese Unterdrückung, die von der Ordensverwaltung, nicht durch die Jesuiten selbst, ausgeübt wurde, war sanfter, geregelter, der Haß des Indios fiel nicht auf den Geistlichen, der arm und unschuldig war, sondern auf die Gesellschaft Jesu im allgemeinen.

Der Franziskanermönch Fray Jodoco Rixi de Gante (aus Gent in Flandern) brachte in den Anfangsjahren der Conquista die ersten Weizenkörner nach Quito. Man bewahrt im Kloster noch den irdenen Topf, in dem der Samen kam. Der Topf hat eine altdeutsche Inschrift – *Wer aus mir trinkt, vergesse seines Gottes nicht* –, die man mich übersetzen ließ, großen Sinn darin ahnend. Der erste Weizen wurde auf dem kleinen Platz von San Francisco in Quito selbst gesät, nachdem man den Wald dort umgehauen hatte, dessen Stämme zum Klosterdach verwendet wurden. Hätte man doch überall die Namen der ehrwürdigen Männer aufbewahrt, die den menschennährenden Samen in diesen Weltteil übertrugen!

Höher als je zuvor ein Mensch

Mehr als einen Monat verbrachten wir im Tale Los Chillos, auf dem schönen Landsitz des Marqués de Selva-Alegre. Wir machten einige Ausflüge zu dem unbelebten Río Pita. Es ist ein allgemeines, sehr interessantes, freilich für ein katholisches Land sehr betrübliches Phänomen, daß es in den Flüssen der hohen Provinzgebiete Quitos keine Fische gibt. Der einzige, den man kennt, ist die *preñadilla*, zwei bis drei Zoll lang, die aber nur in den kleinen Flüssen mit geringer Strömung vorkommt. Die Kälte des Wassers hat mit dem Mangel nichts zu tun. Es hat zehn bis fünfzehn Grad, und es gibt Landstriche, deren

Flüsse kälteres Wasser führen und dennoch Fische haben. Sind sie untergegangen in den schrecklichen Revolutionen, denen die Erde unaufhörlich ausgesetzt gewesen ist? Schwefel, der auf dem Wasser schwimmt, wie man es häufig nach Eruptionen des Cotopaxi gesehen hat, kann zweifellos Fische vernichten. Hat es in der Provinz Quito vor dreitausend Jahren Fische gegeben? Und einzig die Preñadillas sind davongekommen? Der Marqués de Selva-Alegre, der aus Santa Fe die ersten europäischen Erdbeeren nach Quito einführte, wo es sie heute in Fülle gibt, der eine Patriotische Gesellschaft gründete, die durch Befehle aus Spanien zerstört ist, der Landwirtschaft und Manufaktur ebenso klug wie großzügig fördert, der Marqués hatte die Idee, die Flüsse der Provinz zu beleben (wiederzubeleben). Er ließ mehrmals Fische aus dem Río Napo kommen, dem nächstgelegenen Fluß mit Fischen. Doch obwohl man unterwegs das Wasser wechselte, haben sie den Transport von fünf bis sechs Tagen niemals überstanden. Er wird neue Versuche anstellen.

Auch auf der Hochebene von Bogotá gibt es nur zwei Fische, den *capitán* und die *guapucha*, in den Höhenlagen der Provinzen Popayán und Pasto nur den *pescado negro*. Auch in den hohen Regionen Mexikos ist der Fischmangel groß. In den warmen Landstrichen des Neuen Kontinents gibt es ebensoviel Fische wie in den sonstigen Tropen. Unweit der Stadt Ibarra hat man das unbegreifliche Phänomen erlebt, daß bei einem Erdbeben der hohe Imbambura in Gipfelnähe Wasser voller unzähliger kleiner Preñadillas aus den Spalten warf. Daß es unterirdische Fische gibt, ist nicht so erstaunlich; aber von wo und wie sind sie so zahlreich in diese Höhe gekommen?

Auf dem Landsitz des Marqués de Selva-Alegre vollendete ich die Karten von Orinoko und Río Negro; ich berechnete meine astronomischen Beobachtungen von Bogotá; ich lehrte die Söhne des Marqués, Pläne aufzunehmen, militärische Positionen zu zeichnen; ich arbeitete dort über Elektrizität, vermaß sehr sorgfältig den Pichincha. Aber ich wartete vergeblich auf die Verfinsterung der Jupitersatelliten. Innerhalb eines Monats konnte man nicht eine einzige beobachten. Zusammen mit Carlos Montúfar, Don Francisco Aguirre und dem Marqués von Maenza, Grande von Spanien, ritten wir ab nach der Hazienda Pintag, die Don José Aguirre gehört und westlich des kleinen Dorfes am Abhang des Vulkans Antizana liegt.

Am 15. März machten wir uns auf den Weg zum Vulkan. Der Morgen war grausig kalt, es regnete blankes Eis (*papacara*), Nadeln, die das Gesicht zerstachen. Der Vulkan ist ein ungeheures Gebirgsmassiv, mit einer großen Ebene zum Scheitel hin, aus der sich der Gipfel wie ein Berg für sich erhebt. Von Pintag an steigt man unaufhörlich. Wir begleiteten nahezu zwei Stunden lang den riesigen erstarrten Lavastrom, indem wir ihn ständig von der Höhe eines Bergkammes aus sahen, der das Tal säumt, durch das sich die Lava den Weg gebahnt hat. Der Wind fiel so stark über diesen Kamm, daß man fast nicht wieder in den Sattel kam, wenn man einmal abgestiegen war, um Pflanzen zu pflücken oder das Gestein zu untersuchen. Man hatte Mühe, sich zu halten. Die Hüte flogen kirchturmhoch in die Luft, aber glücklicherweise wehte der Wind in Stößen, zwischen denen sie senkrecht wieder herabfielen. Die Eisnadeln waren vollkommener kristallisiert, als wir es in Europa kennen, und deshalb schärfer. Ich trug, wie gewöhnlich, das Gesicht unverhüllt und wurde an Kinn und Wangen zerritzt.

Endlich gelangten wir in das Tal des Lavastroms selbst und fanden in dessen Enge einigen Schutz. Wir näherten uns nun unmittelbar der Lava und folgten ihr bis zum See Ansango, der am Fuß des Franzosenhügels liegt und von hohen Bergen umgeben ist, ein Kesselsee in höchst romantischer Lage. Das Wasser ist sehr klar. Ein Nebenarm der Lava führt zu dem kleinen Wasserbecken Lecheyacu, einhundertfünfunddreißig Meter höher. Ich bilde mir ein, daß sich die Westflanke des Antizana gleichzeitig durch die beiden Mündungen Ansango und Lecheyacu geöffnet hat, die sich später mit Wasser füllten und zu Kraterseen wurden. Der Ausbruch muß sich lange vor der Eroberung Quitos durch die Inkas ereignet haben, und nach der Masse der vulkanischen Materie zu urteilen, ist er einer der größten gewesen, die diese Landschaft verheert haben.

Nach sorgfältiger Untersuchung des Kraters Lecheyacu stiegen wir ab durch ein Schluchttal (ich immer zu Fuß), dessen Gießbach sehr gefährlich für die Pferde ist. Sie versinken bis fast an den Rücken und müssen sehr auf der Hut sein. Über den steilen Hang des Tupusil erreicht man die großen Ebenen von Sánchez, aus deren Mitte sich der beschneite Gipfel des Vulkans erhebt. Es ist eine einzigartige Empfindung, wenn man nach der langen Kletterei in engen Tälern und zwischen Felsen endlich in Weiten gelangt, die das Auge kaum erfaßt. Die Ebenen sind mit dem schönsten Rasen alpiner Pflanzen bedeckt, die, ähnlich den Moosen, Polster bilden und mit purpurnen und himmelblauen Blüten den grünen Teppich schmücken.

Wir hielten uns drei Tage in diesen Ebenen auf, die viertausend Meter über dem Meer liegen und deren Kälte unerträglich ist. Obwohl sie nicht bis an die untere Grenze des ewigen Schnees reichen, bleiben sie oft dreißig bis fünfzig Tage mit Schnee bedeckt, er fällt bis zu drei, vier Fuß Höhe, und das Vieh streunt umher und brüllt und kann nichts zu fressen finden. Mehr als die Kälte setzt einem der Luftmangel zu, von dem die Brust sich immerzu bedrängt fühlt. Ich habe hier Grundlinien gemessen, sowohl für die Höhenbestimmung des Vulkans als auch für andere geodätische Arbeiten. Ich bin gewöhnt, im vollen Trab und ohne Ermüdung von einem Signal zum anderen zu laufen, und wären sie fünfzehnhundert oder zweitausend Meter voneinander entfernt.

In den Ebenen des Antizana konnte ich nicht einhundertfünfzig Meter laufen, ohne den Atem zu verlieren und starke Brustschmerzen zu spüren. Sogar die Tiere hier fühlen diese Lungenreize. Die Stiere von Antizana sind in der Provinz berühmt für ihre Grimmigkeit. Bei den Festlichkeiten in Quito habe ich so wütende und schöne gesehen wie in Aranjuez oder Madrid. Eine wilde Natur flößt Mensch und Tier die Wildheit ein. Wer in den Ebenen des Antizana reist, ist ihr reichlich ausgesetzt. Die Stiere laufen beim Anblick des Menschen nicht davon, sie bleiben stehen, warten und sind immer bereit, einen anzugreifen, als ob man gekommen wäre, ihnen ihren öden Lebensraum streitig zu machen. Bei den Rodeos beobachtet man, daß den Stieren, wenn sie mit dem Lasso herumgejagt werden, das Blut aus Maul und Nüstern bricht.

Das Haus von Don Joaquín Sánchez, Vizegraf von Antizana, einem liebenswürdigen Mann, der Spanien, Frankreich, England und Italien bereist hat, dieses Haus, das uns beherbergte, ist zweifellos der höchste bewohnte Platz der Welt. Es sind auch nur etwa acht Personen, die es da aushalten. Die Verwalter leben in Pinantura, eintausendvierhundert Meter tiefer, und finden das Klima von Antizana so abscheulich, daß sie stets nur für drei oder vier Tage heraufkommen.

Unsere erste Nacht in den Ebenen war grauenvoll. Die Herren Aguirre hatten uns auf ihrer Pflanzung Pintag wie Könige behandelt, unseretwegen Möbel und einen Koch kommen lassen. Keinerlei Mangel dort. Aber, ach, in Antizana! Die Indios mit dem Essen und den Betten kamen nicht. Wir blieben fast vierundzwanzig Stunden ohne Speise, wir fanden nur Süßkartoffeln vor (sie kommen auch von weit her, denn in viertausend Meter Höhe wächst keine eßbare Pflanze), es gab nicht eine Kerze, wir erfüllten die kleinen Zimmer mit dem Qualm von Strohfeuer, bei dessen Licht wir uns für die Nacht einrichteten. Wir schliefen auf Stroh, das machte mir nichts aus, am Orinoko hatten wir vier Monate lang die Nächte auf einem Leder oder Mantel zugebracht und die harten Äste einer Bank hindurchgefühlt; es wurde nicht sehr kalt in den fast fensterlosen Kammern, wie sie in Lappland und in den Savoyer Alpen üblich sind. Wir waren so dumm gewesen, uns zu nahe an einer Kohlenpfanne zu trocknen. Die Folge waren Bauchweh, Hals- und Brustschmerzen. Pacho zerriß uns die Ohren mit Jagdliedern. Ich teilte das Lager mit Carlos Montúfar, zweiter Sohn des Marqués de Selva-Alegre, mit dem uns seit der Ankunft in Quito innigste Freundschaft verband, ein junger, liebenswürdiger Offizier von jener Leichtigkeit in der Auffassung, die das wahre Talent auszeichnet. Der arme Junge litt an Leib- und Brustschmerzen, an Koliken. Weil es uns an Licht fehlte, legten wir uns schon um sieben hin. Wie lang uns diese Nacht schien – wie grausam! Ich erbot mich mehrmals, aufzustehen, um meinem Freund ein warmes Fußbad zu machen. Er wehrte unaufhörlich ab, denn der Wind schnaubte und heulte wie auf hoher See. Gegen ein Uhr erhob ich mich endlich, und das erste, wogegen ich rannte, war der Koffer mit unserem Bettzeug. Die Schurken von Mestizen hatten mit der Behauptung, wir wären ausgezeichnet gebettet, den Indios untersagt, uns zu wekken, nur um der Mühe zu entgehen, mitten in der Nacht den Koffer auspakken zu müssen. Wie groß war unsere Freude! Wir standen nun alle auf und richteten unsere Betten her. Carlos erholte sich rasch wieder dank am Feuer vorgewärmter Taschentücher, mit denen er sich die Brust warm hielt. Seit dem Zug über die Andenkordillere, seit dem Páramo von Quindío, wo uns, die wir zu Fuß waren, die Betten nicht nachkamen und wir halberfroren die Nacht auf der feuchten Erde lagen, hatten wir nichts Traurigeres erlebt! Das Essen kam endlich auch. Wir frühstückten gut und begannen unsere Operationen für die geodätische Messung und für die Besteigung des Vulkans.

Das Wetter war nicht von der Art, uns Hoffnung zu machen, wir könnten unser Ziel erreichen, höher emporzukommen als bis heutigentags irgendein Mensch. Um acht Uhr brachen wir auf, an die fünfzehn Personen zu Pferde. Die Instrumente folgten mit Trägern. Der Chusalongo, der einem vorkommt wie ein Berg für sich, ist nichts weiter als ein Teil des Vulkans Antizana, eine Felsrippe in Form einer Mauer. Ihr gegenüber angekommen, wendeten wir uns nach Osten zum Vulkan hin und begannen, einen Hügel zu erklimmen, auf dem es in der Nacht geschneit hatte. Die Träger, im Glauben, wir würden weiter im Nordwesten aufsteigen, verspäteten sich, weil sie umkehren mußten, und wir hatten die Aussicht, in diesem Schnee, in der Kälte und den Eisnadeln, die uns der Wind ins Gesicht peitschte, auf sie zu warten. Das waren schreckliche Momente.

Ich schlug vor, hinter großen Steinen etwas Schutz zu suchen. Das ist auf hohen Bergen, wo Zelte so gut wie nichts nützen, weil der Wind sie zerfetzt, die einzige Zuflucht. Die Indianer führten uns in eine Art Höhle aus ungeheuren Felsbrocken, die der Vulkan ausgeworfen und in einem so empfindlichen Gleichgewicht aufeinandergetürmt hatte, daß es schien, die geringste Bewegung würde sie zum Einsturz bringen. Unter diesen Steinen warteten wir eine dreiviertel Stunde lang auf die Instrumente, geschützt vor dem Wind und den Schloßen. Der Himmel klarte auf, und der Wind – anfangs so stark, daß Bürger Bonpland mehrmals zu Boden geschleudert wurde, als er hinter der Grotte Pflanzen suchte –, der Wind legte sich ganz. Wir ermittelten für die Grotte 4 811 Meter, sie liegt folglich über der Höhe des Mont Blanc.

Welch herrliches Schauspiel bot sich unseren Augen. Es war gegen elfeinhalb Uhr. Die Sonne verjagte alle Dünste, der Schleier hob sich, der Schneegipfel des Vulkans erschien in seiner ganzen Schönheit. Er ist eine große Halbkugel, von der ein Rücken, ein schmaler Grat, zu einem zweiten, weniger hohen Gipfel führt, einem stumpfen Kegel mit gezacktem Rand, der von dem Anwesen Antizana her wie eine alte Burgruine aussieht. Am Fuß des Hauptgipfels präsentiert sich eine höchst sehenswerte Szenerie. Auf einem Terrain von dreiviertel Millionen Quadratmetern künstelt der Schnee alle möglichen Gebilde hervor, Türme, Signale, Zacken, Säulen, Schlösser.

Nach dem Genuß des schönen Anblicks machten wir uns auf den Weg über den Schnee. Bürger Bonpland und andere schritten sehr weit nördlich aus. Da ich mehr südlich eine Menge nacktes, vulkanisches Gestein bemerkte, über das man höher zu gelangen hoffen durfte als direkt auf dem Schnee, machte ich ihnen Zeichen, sich mir anzuschließen. Die weniger Mutigen kamen. Doch Bürger Bonpland und die übrigen unternahmen es, ein großes Schneefeld an der Flanke des Vulkans zu überqueren. Sie kamen gut vorwärts und brachen kaum vier Zoll tief ein, aber der Hang war sehr steil. Am meisten störte sie der Widerschein des Schnees, er war uns überhaupt lästig während der ganzen Expedition. Ich fand ihn viel stärker als in den Schweizer und Tiroler Alpen, den Pyrenäen und anderen europäischen Schneegebirgen.

Wir stiegen bis auf 5 407 Meter über dem europäischen Meeresniveau, und es ist anzunehmen, daß höher als wir bis zu diesem Tag noch kein Sterblicher gewesen war. Eine sehr steile Schneeböschung hinderte uns, noch mehr zu wagen. Wir schlugen Stufen in den Schnee, nur um einiger Meter willen. Da wir aber sahen, wie gefährlich es wäre, uns mit den Instrumenten zu folgen, gaben wir es auf.

Ich bezweifle allerdings die Möglichkeit, *viel* höher zu kommen. Der Schnee trägt. Und es gibt sicherlich Berge, die nicht zu steil sind, um jenseits von 5 407 Metern weiterzuklettern. Da die Indianer dem Schnee mehr Antipathie entgegenbringen, als man ihnen Geld bieten kann, müßte man freilich selbst das Gelände auf Möglichkeiten prüfen. Das alles ließe sich machen. Und so sollte man meinen, mit Geduld wäre Stück für Stück bis auf den Gipfel des Chimborazo zu kommen, wenn die Regierung es nur ernstlich förderte und von dreihundert zu dreihundert Metern Hütten auf den Schnee setzen ließe, in denen man Feuer hätte, Nahrung. Sie würden einen mit der bewohnten Region verbinden; man könnte sich, sobald man es ganz oben nicht mehr aushält, von einer in die andere wieder zurückziehen. Alle diese Schwierigkeiten wären zu besiegen. Nur eine nicht, und sie macht es wahrscheinlich, daß man weder den Chimborazo bezwingen wird noch auch nur vierhundert Meter mehr Höhe als wir. Diese Schwierigkeit ist die dünne Luft, und ihr kann man nicht abhelfen. Wenn wir schon in den Ebenen von Antizana Brust- und Herzschmerzen fühlten, wieviel schlimmer nun auf 5407 Metern! Jedermann sehnte sich hinunter. Carlos Montúfar, diesem jungen kerngesunden Mann, sprang das Blut aus den Lippen. Alles Weiß unserer Augen stand voll Blut. Wir glaubten zu ersticken. Ich hatte niemals Brustschmerzen gekannt, aber noch vier Tage nach der Rückkehr vom Antizana wurde mir in Quito schlecht, sobald ich etwas schneller ging. Lautes Sprechen benahm mir den Atem. Nach diesen Erfahrungen glaube ich, auf 5600 oder 5800 Metern könnte man sehr leicht Blutstürze riskieren und in gefährlichem Umfang das Bersten der Lungengefäße erleben.

Der Schnee, den wir in unserer Höhe fanden, ist sehr feinkörnig, aber er backt nicht zusammen wie der europäische, wahrscheinlich infolge seiner großen Trockenheit. Es lassen sich nur schwer Schneebälle daraus kneten. Auf dem höchsten Punkt erhob sich starker Wind und warf uns ziegelgroße Schneebrocken ins Gesicht. Wir dachten an die Lawinen in der Schweiz und fürchteten, es könnte ähnliches passieren. Doch die Indios sagten, es gebe dafür kein Beispiel. Nach zwanzig Minuten beeilten wir uns mit dem Abstieg. Die am meisten unter dem geringen Luftdruck litten, wie Carlos, waren schon der Ohnmacht nahe.

Gegen vier Uhr nachmittags kehrten wir auf die Hazienda Antizana zurück. Die Wolken hatten den Vulkan wieder verhüllt. Doch glücklicherweise gaben sie ihn um halb nach fünf erneut frei, ich konnte die Höhenwinkel nehmen und am nächsten Tag, dem 17. März, die geometrische Messung vollenden.

Die Meridian-Pyramiden

Am 21. und 22. März machten wir eine Exkursion in die Ebene von Yaruquí, nicht nur, weil dort die Grundlinie der berühmten Meridianvermessung lag, sondern auch, um den Zustand der zerstörten Denkmale dieser Messung zu prüfen. Es ist jetzt vier Jahre her, daß ich in der Ebene von Lieusaint nahe Paris dem Bürger Delambre bei der Meridianvermessung assistierte. Ich erlebte den Abschluß und diente mit den Bürgern Prony und Bougainville als Zeuge. Wer mir damals gesagt hätte, ich würde die Pyramiden von Oyambaro und Caraburú sehen!

In der Schlucht von Chiche, in die man über Basalt wie in die Hölle hinabsteigt, überraschte uns die Dunkelheit. Es überfiel uns ein so schrecklicher Regen, daß wir auf fürchterlichem Wege erst um neun Uhr in Chantag ankamen. Die kleinsten Bäche schwollen derart an, daß vor unseren Augen ein Stier ertrank, wo es am vorherigen Tag keine vierzehn Zoll Wasser gab.

Die Nacht war schön. Nichts beherrschte mich mehr als der Wunsch, einen Kometen zu sehen. Wie viele Dinge existieren, die der Mensch nicht zu sehen bekommt. Der schwarze Fleck, in dem das Kreuz des Südens steht, war niemals schwärzer und schöner.

Am nächsten Tag besuchten wir die Basis der Meridianvermessung im Tal von Yaruquí. Der Marqués de Selva-Alegre, eifrig um den Fortschritt der Wissenschaften bemüht, ein leidenschaftlicher und großzügiger Patriot, trägt sich schon lange mit dem Gedanken, die Pyramiden auf eigene Kosten wiedererrichten zu lassen. Die Audiencia von Quito hat die Pyramiden zerstören können, aber es ist ihr nicht gelungen, den genialen Funken zu ersticken, der von Zeit zu Zeit in diesen Ländern wieder aufflammt und mitreißt auf der Bahn, die Bouguer und La Condamine eröffnet haben. Von seiten der Regierung wird es keine Schwierigkeiten mehr geben. Die Audiencia ist umgänglicher geworden. Der jetzige Präsident hält die damalige Zerstörung für Vandalismus.

Der Zweck unserer Exkursion war hauptsächlich, die Möglichkeit des Wiederaufbaus zu prüfen, zu erkennen, ob er nützlich ist, ob die Mühlsteine des Zentrums noch an ihrem Platz sind. La Condamine hat daran nicht geglaubt. Er hat gemeint, daß man, um an die Inschrift in Silber heranzukommen, die Fundamente aufgegraben und dabei die Mühlsteine verrückt habe, folglich der ganze Wiederaufbau umsonst sein würde und zu Irrtümern führen müßte. Es stand zu befürchten, daß auch die Indios um die Silberplatten gewußt und wie in Guacas danach gewühlt haben könnten. Andererseits durfte man hierzulande, wo alle Mühsal gescheut wird, annehmen, der Polizeipräsident und die Indios wären viel zu faul gewesen, im Inneren der gut zementierten Fundamente zu graben. Der Marqués ist eher der letzteren Meinung, weil ihm bei einem Besuch von Oyambaro die Fundamente noch intakt erschienen waren. Damals hat er dort in der Erde das steinerne Lilienwappen gefunden (die bronzene Nachbildung der spanischen Krone ist gestohlen worden) und auf die Meierei der Frau Donozo in Oyambaro bringen lassen. Diese Blume machte mich nachdenklich über den Schicksalsumschwung der Welt. Hätte La Condamine gedacht, als er seine Pyramide mit einem Lilienwappen versah, daß sechzig Jahre später diese Blume als Symbol der Tyrannei verschwunden und das bourbonische Frankreich zerschlagen sein würde? Stückchen des Wappensteins nahmen wir als astronomische Reliquien mit; die Lilie war schon so zerbröckelt, daß dieser unser Frevel wohl verzeihlich ist.

Die Ruine der Pyramide von Oyambaro steht auf einem kleinen natürlichen Hügel von sechs bis acht Metern Höhe. Das große Viereck sieht genau so aus, wie La Condamine es hat in Kupfer stechen lassen. Die äußeren Steine (Basalt) sind bearbeitet, die inneren roh. Die Oberfläche zeigt Unebenheiten, aber der Majordomus der Meierei (der sich einbildet, es handele sich um ein Werk des Inkas) versichert, bei seiner Ankunft vor acht oder neun Jahren sei die ganze Oberfläche des Fundaments glatt und intakt gewesen und nichts davon zu sehen, daß man jemals im Inneren gewühlt, geschweige denn den Mühlstein berührt hätte, er selbst freilich aus Verlegenheit um Steine das eine oder andere, jedoch kaum mehr als vierzehn Zoll große Stück des Fundamentes abgesprengt habe.

Der große Stein mit der Inschrift existiert noch im Pflaster der Meierei. Er ist nicht zerborsten, man hat nur einige Wörter mit leichten Meißelschlägen unleserlich gemacht. Die Pferdehufe haben da mehr Schaden angerichtet. Wir haben ihn abwaschen lassen und konnten die Mehrzahl der Wörter wiedererkennen. Anfang und Schluß der Inschrift sind fast unversehrt, der Polizist hat seine Wut hauptsächlich an Kardinal Fleury und Graf Maurepas ausgelassen. Der Marqués de Selva-Alegre kann den Stein wiederbenutzen, aber es wird nützlich und klug sein, die neue, von Don Jorge Juan verfaßte Inschrift zu verwenden, die keine spitzfindigen Auslegungen mehr zuläßt. – Außer diesem großen Stein haben wir im Garten der Meierei noch drei weitere mit Inschriftfragmenten entdeckt, sie dienen als Sockel für hölzerne Balken beziehungsweise Säulen.

Man hat uns versichert, aus dem Munde des damaligen Regierungspräsidenten gehört zu haben, daß der Zerstörungbefehl des spanischen Hofes dunkel gewesen war und die Sache mit dem größten Ernst behandelt hatte. Er hatte nicht so sehr darauf gezielt, die Inschrift unkenntlich zu machen, als vielmehr im Inneren der Pyramide nach einer gewissen, mit Wachs oder Blei überzogenen Büchse zu suchen, sie ungeöffnet nach Bogotá und von dort nach Madrid zu schicken. Diese Büchse ging tatsächlich auf die Reise. Sie enthielt sicherlich nichts anderes als die Silberplatte, die La Condamine darin sehr geschickt in die Mitte des Mühlsteins hatte fallen lassen. Aber es scheint, daß sich damals der Präsident und überhaupt jedermann einen viel außergewöhnlicheren Inhalt vorgestellt hatten, nämlich Ansprüche des französischen Hofes auf das Land. Noch heute spricht man von dieser Platte in so geheimnisvollen und zweideutigen Ausdrücken, als wäre sie der Teufel selbst gewesen. Wie hat man es fertiggebracht, sie herauszuholen, ohne die Fundamente zu beschädigen? War sie nicht bis zum Mühlstein gefallen? Oder hat man sie mit einem Haken hochgeangelt?

Der Zustand der Pyramide von Caraburú scheint der gleiche zu sein. Man glaubt, unter den Türken zu sein, wenn man zu seinen Füßen die kostbarsten Denkmäler des Fortschritts menschlichen Geistes durchwühlt sieht. Ich halte es für unklug, in diesem Land die Genauigkeit der Operationen durch die Grundlinie prüfen zu wollen. Obgleich in der Ebene von Yaruquí die Erdbeben nicht die stärksten sind, kann der Einfluß ihrer Stöße nicht ausbleiben, und wer will wissen, ob bei den mindestens vierhundert Stößen, die die Fundamente der Pyramiden seit ihrer Errichtung erfahren haben, sie sich nicht bewegten, sich nicht einander näherten oder voneinander entfernten. In diesem Land sind schon ganze Berge sechshundert Meter und weiter gewandert. Aber die Pyramiden können wenigstens dazu dienen, das Andenken an diese bedeutende Arbeit der drei großen Astronomen zu bewahren, auf Schlachtfelder hat man ja auch Denkmäler gesetzt. Ohne den Wiederaufbau würde man in zehn Jahren nicht mehr wissen, wo die Monumente standen, so einzigartig wuchert die Vegetation. Endlich ist alles in Bewegung, um die wertvollen Denkmäler wiederherzustellen, und ich würde mich glücklich schätzen, wenn ich durch meine Reise dazu beigetragen hätte, die Namen von Bouguer, La Condamine und Godin in diesem großen Tal unter dem Äquator zu verewigen. Don Juan Larrea sagt, der Marqués solle auf der Pyramide von Oyambaro einmeißeln lassen: «Der Haß auf die Wissenschaften hat sie zerstört, die Liebe zu den Wissenschaften hat sie wiederaufgebaut.»

Ohnmacht auf dem Pichincha

Wir hatten die Absicht zu versuchen, ob wir in einem Zug den Guaguapichincha besteigen und die große Kratermündung auf dem Rucupichincha erreichen könnten. Wir wurden in unseren Erwartungen getäuscht, die Führer kannten den Weg nicht. Das Gebirgsmassiv, obgleich nicht so hoch wie der Antizana, ist viel mühseliger zu erklimmen. Das ist ein langgezogener Rücken mit mehreren Gipfeln, einer vom anderen durch Schluchten getrennt, und es geht unaufhörlich rauf und runter. Ich marschierte zu Fuß von acht Uhr morgens bis vier Uhr nachmittags. Das war am 14. April. Zusammen mit den Herren Aguirre, mit Don Juan Larrea, Doktor Quijano und Carlos Montúfar, dem treuen Kameraden bei allen unseren Expeditionen, stiegen wir auf.

Wir passierten den Wasserfall von Cantuna, der von der Plaza Mayor in Quito aus einen schönen Anblick gewährt und nahe besehen sehr unbedeutend wirkt, wir ließen zur Rechten das Kreuz der Akademiker zurück und kamen in ein weites Tal, das sich zu Füßen der grotesken Zacken des Gipfels erstreckt, den man Guaguapichincha nennt, um ihn von dem höheren Gipfel zu unterscheiden, in dem die Kratermündung liegt und der Rucupichincha heißt oder einfach *El Volcán*.

Die Indios führten uns durch einen schrecklichen Weg abwärts in ein anderes sehr tiefes Tal. Die umgebenden Felsen sind steil oder senkrecht geschnitten. Der Meißel des Bildhauers hätte sie nicht regelmäßiger zurichten können. Das Tal ist im Westen abgeschlossen durch den kleinen Kegel des Guaguapichincha, der im Norden und Süden in zwei mit Bimsstein bedeckte Dämme ausläuft. Es war schon nicht leicht, den Damm zu bewältigen, aber welche Arbeit erst machte uns der Kegel selbst. Oben angekommen, zeigte das Barometer 4673 Meter an.

Die Kälte setzte mir grimmig zu. Trotzdem stellte ich den Winkelmesser und den Sextanten auf und nahm Höhenwinkel für den Plan des Pichincha. Der Anblick der stärker beschneiten Gipfel (sogar unser Kegel war mit Schneeflecken übersät), der beiden tiefen Täler, die der Konus des Guaguapichincha trennt, die steilen Hänge an der Seite von Pomasqui gewährten ein großartiges Schauspiel. Welche Zerstörung, welches Chaos besonders auf der Seite zum Meer! Wie dieser Vulkan bearbeitet worden ist! Man entdeckt zum Meer hin eine majestätische Vegetation, die Esmeralda-Straße, die Wälder, in denen der arme Bouguer so lange umhergeirrt ist. Sieht man wirklich das Meer? Man glaubt es in Quito. Ich denke, dasselbe gesehen zu haben wie die wenigen Personen, die auf dem Gipfel des Guaguapichincha gewesen sind, aber ich bezweifle, daß es das Meer selbst ist. Die nahen, massenhaft vorhandenen Wolken waren dicke Flocken. Im Südwesten bemerkte ich ein großes Wolkenloch und durch dieses hindurch eine unermeßliche horizontale Ebene sehr zarter Wolken von einem schönen Blau. Ich habe von der Höhe des Pic de Teide minutenlang den ganzen Ozean mit dieser Art von Wolken bedeckt gesehen. Auf dem Pichincha sahen wir zweifellos auch diese über dem Meer liegenden Wolken und nicht das Meer selbst.

Auf dem Damm, wo das Barometer an den steilen Felsen lehnte, ließ ich vor dem Aufstieg auf den Gipfel Feuer machen. Mangels Stahl und Zunder fingen wir mit dem Objektiv des Fernglases die Sonnenstrahlen auf der Wolle von Frailejón auf. Wir wünschten uns dringlich, Glück damit zu haben, denn die beiden Indios mit dem Feuerzeug und dem Inklinationskompaß hatten sich von uns getrennt, um einen Teil unserer Freunde zu begleiten, die zu Pferde über Lloa zum Rucupichincha aufsteigen wollten. Sie verloren uns, kamen auf den Pferden nicht voran und stießen erst beim Abstieg wieder zu uns.

Das Feuer gelang vortrefflich, aber nun fehlte es, während ich auf dem Gipfel war, an dem Wasser, das zum Kochen gebracht werden mußte. Man schrie mir zu, Schnee von oben mitzubringen und mich zu beeilen, da die wenigen Kohlen, die ich mitgenommen hatte, sich verbrauchten. Ich hastete abwärts und traf auf die ganze Hitze über den Kohlen. Die Dämpfe stiegen mir zu Kopf. Von diesem Augenblick an befiel mich Schwindel. Ich wiederholte schnell das Experiment mit der Luftelektrizität. Trotz helleren Himmels wollte das Elektrometer nur ausschlagen, wenn man heiße Baumwolle auf den Konduktor legte. Ich fühlte mich sehr schlecht und litt entsetzliche Kopfschmerzen, eine Wirkung der Dämpfe des kochenden Wassers, der heftigen Kälte auf dem Gipfel, als ich unbedeckten Hauptes Winkel genommen und Proben atmosphärischer Luft gesammelt hatte, eine Wirkung des Fußmarsches seit acht Uhr morgens auf Steigungen mit fünfzig bis sechzig Grad Neigung und auf Bimsstein, eine Wirkung des Reisens am Fastentag, wir hatten kaum etwas gegessen, und der voraufgegangenen Nachtwache bis eineinhalb Uhr mit vergeblichem Warten auf die Verfinsterung von Satelliten.

Wir kehrten durch dasselbe Tal zurück. Wir überstiegen wieder die schreckliche Felswand, die das Tal, das zum Kegel führt, von jenem breiteren trennt, in dem unsere Pferde warteten. Die anderen hatten Vorsprung gewonnen. Ich war allein. Das Schwindelgefühl verstärkte sich. Ich sah gewiß ganz gelb aus. Aber der Mut verließ mich nicht, ich nahm die letzten Kräfte zusammen. Auf dem Scheitel der Wand fiel ich in Ohnmacht. Man fand mich zu Boden gestreckt. Nach etwas eingeflößtem Wein kam ich wieder zu mir. Noch niemals war mir so etwas in freier Natur zugestoßen, auch nicht nach vielstündigem pausenlosem Unterwegssein. Auf der Silla von Caracas waren wir achtzehn Stunden marschiert, ohne mehr als vierzig Minuten Rast alles in allem. Es muß also doch eher an den Kohleabgasen gelegen haben als an der Erschöpfung.

Im Mondenschein stiegen wir hinunter. Ich spürte, als ich wieder im Sattel saß, schon keine Folgen mehr. Der Cotopaxi und der Antizana, der ein in die Lüfte erhobenes Bauwerk zu sein schien, präsentierten sich in ihrer ganzen Pracht. Abends um sieben waren wir zurück in Quito, fest entschlossen zu einem weiteren Versuch, den Krater zu erreichen. Unser Führer hatte beim Aufbruch in Quito erzählt, beim Anblick des brüllenden Kraters habe ihn stets das Grausen gepackt, er sei ein wahrer Höllenschlund. Oben hat er gestanden, noch niemals auf dem Pichincha gewesen zu sein.

Die Jungfrau von Guápulo

Eine kleine Meile entfernt von Quito liegt in einem Tal, das der Río Machángara gegraben hat, das Dörfchen Guápulo. Der Weg ist steil, führt aber in gut angelegten Serpentinen hinab.

Guápulo, es hausen dort kaum zweihundert Indios, ist berühmt durch ein wundertätiges Bildnis der Jungfrau Maria und dank der schönen Kirche, die sich inmitten der Hütten erhebt. Sie ist in ihrer noblen Schlichtheit ein wahres Architekturdenkmal, mit einer Fassade dorischer Säulen und majestätischer Kuppel. Sie würde sich in jeder großen europäischen Stadt gut ausnehmen und beweist, was für Bauten man sich zur Zeit der Conquista zugetraut hat. Im Altarraum gibt es viel bewundernswerten Schmuck, aus roter Koralle, aus Perlmutt, aus Rubin. Die Leuchter sind aus massivem Silber und von gewaltigem Gewicht; ein Meßgewand aus Silberstoff und bestickt mit Stroh, das wie Gold glänzt, ist die höchst bemerkenswerte Handarbeit einer Königin von Spanien. Das Dach ist aus glasierten Backsteinen, die dem Regen ausgezeichnet widerstehen. Der Standort freilich stimmt einen düster, denn man kann den Gedanken nicht von sich weisen, bei einem Erdbeben würde sich das Tal, das nur ein Erdspalt ist, vielleicht schließen und das schöne Bauwerk verschlingen.

Die Jungfrau von Guápulo ist die einzige, der man mit Kanonensalut die Ehren eines Generalkapitäns erweist. Man bringt ihr Bildnis oft nach Quito, wo es dann vier bis fünf Tage bleibt. Alle anderen Jungfrauen stehen nur im Feldwebelrang.

Das Haupt des Inka

In großer Gesellschaft und mit unserem ständigen Begleiter Don Carlos Montúfar brachen wir zum Cotopaxi auf.

Ein paar Tage blieben wir zu Stierkampffesten in Mulaló. Zum erstenmal sah ich die Kolosse Chimborazo und Tungurahua. Das Kloster macht einen traurigen Eindruck. Die häufigen Erdbeben, vor allem das letzte von 1797, haben es zerstört. Nur die Fassade steht noch, turmartig und mit großen Söllern, man genießt von diesem Punkt eine der imposantesten Aussichten. Auf drei Meilen steht man dem Cotopaxi gegenüber, der Blick erfaßt die Gipfel von Illiniza, Quilindaña, Corazón, Chimborazo, eine von Wohnstätten geschmückte Ebene und mit vulkanischen Trümmern übersäte Steppen. Welches Schauspiel müßte es sein, bis zu tausend Meter lange Flammengarben aus dem Cotopaxi schießen zu sehen. Früher konnte es der Tungurahua in

Schönheit und Eleganz mit ihm aufnehmen. Aber bei der letzten Katastrophe hat er all seine Anmut eingebüßt. Von Erde und Bäumen entblößt, von tausend Schluchten zerfetzt und entstellt, ist der Tungurahua nur noch ein häßliches Skelett.

Der Cotopaxi hingegen ist der schönste aller Schneegipfel, ein Drechsler hätte diesen abgestumpften Konus nicht vollkommener runden können. Von der unteren Schneegrenze bis dicht an den Krater sticht nicht ein Stein aus dem Schnee und unterbricht das Ebenmaß der Oberfläche. Man ist deshalb leicht verführt, den ganzen Kegel für einen einzigen Felsen zu halten, überzogen mit vulkanischer Asche und Bimsstein und darüber Firn. Der höchste Punkt ist ein Teil des Kraterrandes. Angesichts der Ebenmäßigkeit des Kegels überrascht südwestlich des Kraters ein Felsstück, von dem die indianische Überlieferung sagt, es sei bei der ersten Eruption des Vulkans dorthin gefallen. Nach einem anderen tradierten Glauben soll es in demselben Jahr abgesprengt worden sein, in dem die Spanier den Inka töteten, und daher rühre die Bezeichnung *Haupt des Inka.* Beide Überlieferungen setzen voraus, dieser Felsbrocken sei der alte Gipfel des Vulkans gewesen. Ich habe ihn aus großer Nähe gesehen und halte es für gut möglich, daß es sich um den vorrutschten einstigen Gipfel handelt. Die Einwände, die man der Größe halber vorbringt, sind kindisch. Der Natur ist nichts zu groß. Bei der Katastrophe von Riobamba hat man gewichtigere Massen sich bewegen sehen, und es bedarf gewaltigerer Kraft, vierzig Fuß große Brocken anderthalbtausend Meter in die Höhe zu schleudern (wie aus dem Pic de Teide), als einen Felsen zu stürzen, an dessen Lockerung Jahrhunderte gearbeitet haben.

Eine Viertelmeile nördlich von Mulaló liegt mitten in der Ebene der berühmte Stein des Apostels, in dem man uns zwei Fußabdrücke zeigte, die vom heiligen Bartholomäus stammen sollen. Deutlich konnte ich da nichts erkennen. Jeder Indio, der vorbeikommt, legt einen kleinen Stein auf den großen, der knappe vier Fuß Höhe mißt und zum Auswurf des Cotopaxi gehört. Folglich hätte es eine Eruption des Cotopaxi gegeben, die älter als der Apostel ist. In Socorro gibt es auch so einen Fußabdruck. Die Indios zeigten ihn während der Conquista den Spaniern und sagten, Bochica habe ihn hinterlassen. Die gelehrte Ignoranz hat aus Bochica einen Apostel gemacht. Ich vermute, daß es sich mit dem Stein von Mulaló genauso verhält und er in die alten Mythen der Indios gehört, die sie den Spaniern erzählten. Denn wie soll man glauben, die Spanier selbst hätten unter zahllosen Steinen gerade den einen entdeckt, der ein kaum sichtbares Wundermal aufweist! Der Brauch, den großen Stein durch kleine zu weihen, ist übrigens heidnisch. Die Indios verehren ihre großen Berge und legen auf die vorspringenden Felsen am Puracé, am Sotará, auf dem Chimborazo ihre Steinchen. Ebendiese Ehrfurcht der Indios für den Stein von Mulaló beweist, daß er ein Gegenstand ihrer eigenen Mythologie ist.

Unser Weg zum Cotopaxi hinauf führte über den Páramo von Pansache. Die Páramo-Indios pflegen den Brauch, jedermann im Schnee zu waschen, der erstmals in ihre Einöde kommt. Ein alter Brauch. Die Indianer der verschiedenen Nevados haben einen fürchterlichen Abscheu voreinander, zum Beispiel die des Cotopaxi vor denen des Antizana. Welche Todesangst unserer Leute vom Antizana. Am Morgen mußten sie in grausamer Kälte das Schneebad über sich ergehen lassen. Wir selbst entgingen durch die Macht des Geldes mit knapper Not der Prozedur.

Am 28. April stiegen wir auf den Vulkan. Wir wußten wohl, daß die Vollkommenheit des Kegels, die Schluchten und der Bimsstein unter dem Schnee es nicht zulassen würden, dieselbe Höhe wie auf dem Antizana zu erreichen. Es ging uns auch mehr darum, die Ströme oder Züge vulkanischer Materie aus der Nähe zu prüfen. Es hatte in der Nacht vom 27. auf den 28. so unmäßig geschneit, daß wir Schnee bereits in weniger als 3700 Meter fanden und beim Botanisieren stark behindert wurden. Der arme José, der das Barometer trug, litt unendlich. Barfuß marschierte er drei Stunden lang im Schnee und verlor nicht seine gute Laune. Der höchste Punkt, den wir erreichten, liegt auf der Südostseite des Vulkans und mißt 4413 Meter. Zum Krater selbst zu gelangen, dürfte kaum möglich sein, selbst wenn der König die Schutzhütten bauen ließe, von denen ich beim Aufstieg zum Antizana sprach. Der Kegel ist zu steil. Man wüßte nicht, wo den Fuß hinsetzen, und es gibt keinen einzigen Fels, der Halt bietet oder Schutz gegen den enormen Wind. Rauch haben wir nicht ein Stäubchen aus dem Krater steigen sehen. Nur bei Ausbrüchen rauche der Vulkan, sagen diejenigen, die in seiner Nähe leben. Machen die Höhe und die dünne Luft den Rauch unsichtbar? Kondensiert er in der Kälte und wird sichtbar in Regionen, wo der Wind ihn niederschlägt? Wer entfernt vom Cotopaxi lebt, spricht von seinem Rauch. Aber das sind nur die Wolken, die sich an seinem Gipfel festsetzen. Es erscheint befremdlich, daß die kleinen Vulkane, die keinen oder wenig Schaden stiften, der Cumbal, der Vulkan von Pasto, der Vesuv, fast ununterbrochen rauchen, während die ungestümsten Vulkane, die die Welt kennt, sich anscheinend nur zeitweilig entzünden. Das hieße, sie brennen nicht immer?

Am 4. April 1768, zu Ostern, war jener große Ausbruch des Cotopaxi, der in Quito den Tag zur Nacht machte, es regnete Erde. Im Juni 1800 sah man von Chillo aus den ganzen Vulkan illuminiert, ohne daß etwas passierte. Die Eruptionen, vor allem die des Cotopaxi, sind nicht von Erdbeben begleitet, oder nur von leichten. Die schweren Erdbeben, die Latacunga 1698, 1736, 1757 zerstörten, erfolgten ohne gleichzeitige Ausbrüche des Vulkans. Wenn die Verbindung des Vulkans mit seinem Krater unterbrochen ist und kein Rauch mehr austritt, dann scheint die Mine in der Tiefe zu arbeiten. Die Ausbrüche schaffen Luft, sagen die Leute hier und mit Recht. Das Erdbeben ist der Effekt einer verhinderten Eruption. Beim Tungurahua ist es ebenso. Man braucht ihn am wenigsten zu fürchten, wenn er Flammen ausstößt.

Die Schneebrücke über dem Krater

Wir standen schon kurz vor unserer Abreise von Quito, aber ich konnte dem Wunsch nicht widerstehen, den Krater zu sehen, den La Condamine auf dem Gipfel des Rucupichincha entdeckt hatte. Viel Hoffnung machte ich mir nicht. Es gibt niemanden in Quito, nicht einmal einen Indio, der ihn gesehen hat. Bonpland hatte es eilig, nach Los Chillos zu kommen, mit seinem Lamaskelett fertigzuwerden und es zu konservieren. Unser Freund Carlos Montúfar begleitete ihn. Ich sah sie gern losziehen, warum sollten sie die Beschwerlichkeiten einer Expedition teilen, die ich starrsinnig unternahm, ohne an ihren Erfolg zu glauben. Es hätte mich beschämt, Quito zu verlassen, ohne es noch einmal versucht zu haben, und immerhin winkte mir der Gewinn größerer Genauigkeit für meine kartographische Aufnahme des Vulkans.

Am 26. Mai 1802 ritt ich los mit dem Marqués de Maenza, mit Don Pedro Urquinaona und Don Vicente Aguirre, gefolgt von vielen mit Instrumenten beladenen Indios. Ausgezeichnetes Wetter. Wir wurden gut geführt von Don Javier Ascasubie, der viel am Pichincha gejagt hat und versprach, uns bis an den Fuß des Vulkans zu bringen, von wo aus wir dann unser Glück versuchen sollten. Wir stiegen wie am 14. April über das Kloster La Merced und den Wasserfall Cantuna auf zu der Hochebene vor jener Felsengruppe, die man die *Fenster* oder Guaguapichincha nennt. Ich sah, wie ich es wünschte, von einem Punkt aus den Schneegipfel des Rucupichincha und den Turm des Klosters und konnte sie zu einem Triangel verbinden. Um die steile Wand zu vermeiden, auf der ich bei der ersten Pichincha-Expedition in Ohnmacht gefallen war, umgingen wir die hohe Bergkette der Loma Gorda.

Die Ebene, aus deren Grund sich der Schneegipfel erhebt, liegt fast 4350 Meter hoch. Den Steilhang des Rucupichincha nahe vor Augen, verlor ich alle Hoffnung, den Krater zu erreichen. Die Indianer mit den Instrumenten und unsere Begleiter widersetzten sich und blieben zurück. Nur Don Urquinaona und ein Indio, Felipe Aldas, waren so mutig, mir zu folgen. Die nackten, schneelosen Felskanten schienen mir zu steil und zu gefährlich, um über sie emporzuklimmen. Ich hielt mich jedoch dicht bei ihnen, damit ich mich an ihnen festhalten konnte, während ich direkt über den Schnee kletterte. Zu meinem Pech kam ich allein zu schnell voran. Ich verlor meine beiden Begleiter aus den Augen, ich wagte mich nicht weiter, der Nebel hüllte mich ein, der Wind verwehte meine Rufe; ich hatte schon mehrere Felder zwei bis drei Fuß tiefen Schnees überquert, als ich in meinen Fußstapfen umkehrte, und obgleich ich nur 120 Meter wieder abstieg, zählte das viel in dem Bimssteinsand, in dem man oft drei Schritte vorwärts und vier zurück macht. Endlich fand ich meine Gefährten, ich feuerte sie zu mehr Tempo an, der Indio nahm die Spitze, obwohl er den Weg so wenig kannte wie ich. Dummerweise hatten wir uns nicht mit Stöcken versehen, und auf zwei Meilen in der Runde gab es keinerlei Vegetation. Doch wir kamen voran. Wir befanden uns schon mehr als 350 Meter über dem Tal des Vulkans, es blieben uns vielleicht noch 100 Meter bis zum Kraterrand, wo wir auf dem Felsen, der den südlichen Winkel bildet, festen Stand zu finden hofften. Wir dachten, das müßte etwa der Weg gewesen sein, den La Condamine im Juni 1742 entdeckt hatte. Ein vorspringendes Felsteil hinderte uns, das noch verbleibende Wegstück zu sehen. Wir umgingen das Hindernis und staunten, wie hoch der Wind den Schnee zum Kraterrand hin aufgetürmt hatte. Wir versuchten, ob der Schnee uns trug. Er war nicht gerade fest und drang uns in die Stiefel, die Hosen. Der Hang war so steil, daß wir beim geringsten Ausrutschen zweihundert Meter oder mehr in die Tiefe gerollt und gegen die aus dem Vulkan geschleuderten Felsen geprallt wären. Bei dieser Passage wurde uns sehr ernst zumute. Wir sprachen uns gegenseitig Mut zu, ein sicheres Zeichen unserer Angst.

Auf einmal brach der arme Indio Aldas bis zum halben Bauch ein. Er schrie, seine Füße baumelten in der Luft, er hing, vom Schnee gehalten, in der Schwebe. Ich war ihm am nächsten. Obwohl wir noch ein gutes Stück bis zum Kraterrand hatten, kam mir die Idee, er könnte durchaus in einen Spalt geraten sein. Nur zwei Schritt von ihm entfernt, hatte ich dennoch festen Stand und konnte ihm, nachdem mein erster Schreck vorbei war, heraushelfen. Wir zogen uns zurück. Der Indio lebte auf und war nach der eben ausgestandenen Angst fest überzeugt, es sei nicht erlaubt, der Gottheit des Vulkans zu nahe zu kommen.

Wir stiegen mehr als zweihundert Meter hinab. Was ging mir dabei nicht alles durch den Kopf! Einerseits die immanente Gefahr und die Gewißheit, die Indios mit dem Barometer und den anderen Instrumenten würden uns sowieso nicht folgen, andererseits der Gedanke, sinnlos soviel durchgemacht zu haben und Quito zu verlassen ohne den Genuß des größten Schauspiels, das einem die Natur gewährt. Der Verstand sagte mir, ich müßte es noch einmal probieren, und ich erklärte Herrn Urquinaona, er möge sich ausruhen auf einem Stein und da sitzen bleiben, bis es mir gelungen sei, den großen Felsen zu erklettern, der sich wie ein Turm über den Mauerrand des Kraters erhebt.

Ich überredete den Indio, sich an die Spitze zu setzen. Die Schwierigkeiten waren anfangs beträchtlich. Der Fuß fand kaum einen sicheren Tritt, man riskierte von dem nach allen Seiten freistehenden Fels einen Sturz wie von der Sankt-Pauls-Kathedrale in London. Indessen gab es wenig Schnee, nur sechs bis acht Zoll tiefe Flecken, zwölf bis achtzehn Fuß breite Traversen. Das tröstete uns, denn nach allem, was geschehen war, fürchteten wir uns am meisten vor dem Schnee. Ich rief meinen Gefährten herbei, der sich sogleich in Marsch setzte. Um ihn aufzumuntern, schrie ich ihm zu, ich glaubte, schon oberhalb des Kraters zu sein. Der Nebel war dick, doch wahrhaftig erkannte ich links eine tiefe Kluft an einen großen Schneeflecken grenzen, jenseits dessen ich nichts als ungeheure Leere sah. Der Felsen war jetzt weniger abschüssig. Wir überhasteten uns. Wir blickten in die Richtung *a b*. Der Schwefelgeruch verriet uns zwar die Nähe des Schlundes, aber wir ahnten nicht, direkt

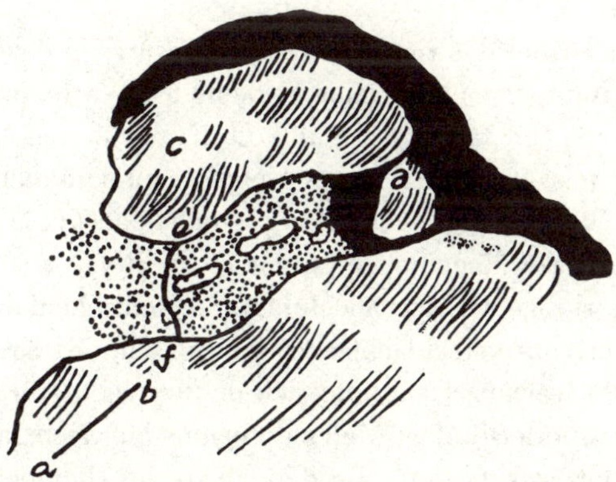

über ihm zu sein. Wir betraten eine etwa drei Fuß breite Schneetraverse zwischen zwei felsigen Stücken. Der Schnee trug ausgezeichnet. Wir machten zwei, drei Schritte in der Richtung *a b*, Felipe Aldas in seinem indianischen Phlegma voraus. Ich war etwas links hinter ihm, als ich schaudernd gewahrte, daß wir auf einer Schneebrücke über den Schlund selbst gingen. Ich erkannte, daß der Stein *d*, von den Felsen *b* und *c* gehalten, in der Luft hing, und sah es zwischen dem Schnee und diesem Stein blau schimmern. Bei der folgenden Expedition haben alle an gleicher Stelle dieses blaue Licht in der Tiefe gesehen, das von brennendem Schwefel herrühren mußte, denn da die Sonne nicht schien, konnte man es dem Reflex ihrer Strahlen nicht zuschreiben. Wir waren in Gefahr, vierhundert Meter tief in den feurigsten Teil des Kraters zu stürzen, und niemand in Quito hätte erfahren, wenn nicht durch die Spuren im Schnee, was uns geschah. Ich zitterte vor Entsetzen, und ich erinnere mich, daß ich nur schrie: «Nicht rühren, unten ist Licht!» und mich dann bäuchlings auf den Felsen *c* warf und den Indio an seiner Ruana (Poncho) mit mir riß.

Wir glaubten uns in Sicherheit auf diesem Felsen. Wir entdeckten, daß er auf allen Seiten, ausgenommen hinter uns, wie ein Balkon in die Luft ragte. Wir hatten kaum acht Quadratmeter Platz, uns zu bewegen. Wir untersuchten die Gefahr, der wir entgangen waren. Wir warfen einen Stein auf den Schnee, er vergrößerte das Loch, durch das wir die Schwefelflamme gesehen hatten, und wir besaßen nun Gewißheit, daß wir zwischen den Felsen *b* und *c* über den Abgrund gegangen waren, von einer nur acht Zoll starken Schicht aus Firnschnee getragen. Links von der Linie *e f* haben wir den Schnee nicht zu durchschlagen vermocht, und so bilden wir uns ein, der Felsen *c* müsse dort dem Felsen *b* aufliegen. Diese Stelle haben wir bei dieser wie der folgenden Expedition gefahrlos benutzt, sie ist der sicherste Weg zu der Felsengalerie über dem Krater.

Mehr als zwei Drittel des riesigen Abgrunds waren frei von Dämpfen, als ich ihn mit dem Indio erreichte. Keine Sprache hat Worte, um auszudrücken, was wir erblickten. Ein fast kreisrundes Oval, nur wenig langgezogen von Nordost nach Südost, das Innere eines Gefäßes mit senkrecht geschnittenen, tintenschwarzen Wänden, die Umrandung schneebedeckt bis auf einen Schritt vor dem Abgrund. Zur Rechten sahen wir große Berge aus dem Grund des Kraters wachsen, riesige spitzige Stalaktiten. Sie sind ebenfalls schwarz, doch ihre Oberfläche scheint verschlackter zu sein als die des Kraterrandes, denn sie glänzt mehr. In welcher Tiefe muß sich der Sockel dieser Gipfel befinden, die wir bis zu einhundertfünfzig Meter unter uns aufragen sahen! La Condamine hat diesen Ort sehr treffend mit den Chaos der Dichter verglichen. Man glaubt sich in eine zerstörte Welt versetzt, in der jede Hoffnung verloren ist, sie könnte den Lebewesen jemals als Wohnstätte dienen. Nichts auf der Erde hat in mir je einen tieferen und zugleich so verstörenden Eindruck hinterlassen. Noch bei der Niederschrift dieser Zeilen fühle ich Beklemmung. Ich sehe mich wieder hängen über dem entsetzlichen Schlund. Die schauerlichen Farben, die gewaltigen Massen, das düstere Licht, die geheimnisvollen Schleier der Dämpfe, die einen Teil verbergen und einen anderen enthüllen – all das ergreift die Phantasie und überspannt sie wie in John Miltons Gesang vom verlorenen Paradies. Die Dämpfe, aufgewirbelt durch die Hitze des vulkanischen Feuers, sind in dauernder Bewegung. Kaum hat man die Augen fest an einen Gegenstand geheftet, um ihn richtig zu erkennen, so verfinstert sich gerade diese Partie, und wählt man daraufhin eine andere, so wird man in seinen Hoffnungen nur wiederum betrogen, man hat es mit einer Laterna magica zu tun, deren Glasbilder ständig aus dem Brennpunkt des Objektivs verrutschen. Man ist gefesselt, man entsetzt sich, aber man ist außerstande zu entwirren, was man eigentlich sieht. Gewiß läßt sich in einer so kritischen Position, belästigt von Schwefeldämpfen und mit so gesteigerter Phantasie, nur schlecht über Größenverhältnisse urteilen. La Condamine sagt, daß ihm der Abgrund, in den er blickte, nicht tiefer als zweihundert Meter schien; für das Zentrum nahm er allerdings eine größere Tiefe an. Mir jedoch schien es, der Grund oder das, was ich dafür hielt, entspreche der Höhe des Akademikerkreuzes über Quito und müsse demnach wenigstens 1000 bis 1200 Meter tief sein. Aber ich weiß natürlich, wie leicht man sich in dieser Beziehung täuscht. Der Umfang des Kraters erschien mir größer als jener der Stadt Quito. Sein Durchmesser beträgt nach den Winkeln, die ich von Puengasí und Chillo aus nahm, mindestens 1560 Meter.

Herr Urquinaona kam nicht; ich mußte den Indianer losschicken, ihn zu suchen. Ich blieb allein. Das war nicht der angenehmste Moment meines Lebens. Als Don Pedro nach acht oder zehn Minuten eintraf, begannen die Dämpfe schon, das Chaos unseren Blicken zu entziehen. La Condamine sagt ausdrücklich, er habe keinerlei Rauch gesehen. Er erwähnt weder die Hitze noch den Schwefelgeruch. Uns hatte es schon zwanzig Schritte vor dem Krater stark nach schwefelsauren Dämpfen gerochen. Wenn wir, auf dem Bauch liegend, die Köpfe über den Abgrund vorstreckten, spürten wir eine Hitze, die wir auf zwanzig, einundzwanzig Grad schätzten. Unsere Hosen waren von Schneewasser durchnäßt, unsere Stiefel aufgeweicht. Acht Minuten auf dem Kraterrand genügten, uns völlig zu trocknen. Alle Instrumente waren unten geblieben, ich trug nur einen Winkelmesser bei mir, damit nahm ich einige Punkte auf.

Der Nebel hüllte uns inzwischen fast vollkommen ein. Es wurde Zeit für den Abstieg. In kaum neun oder zehn Minuten gelangten wir auf dem Bimsstein bis zu den Pferden hinab. Wir hatten so viel Zeit mit der Suche nach dem Krater verloren, daß die Nacht, und eine sehr finstere Nacht, uns im Tal von Yuyucha überfiel. Die Mulas rutschten aus im Morast und blieben wie tot liegen, die einen alle viere von sich gestreckt, die anderen eingesunken bis zum Hals. Das hielt uns länger als eine Dreiviertelstunde auf. Wir gingen bald zu Fuß, bald ritten wir und amüsierten uns damit, zu zählen, auf wieviel Stürze wir es zu Fuß brachten. Don Vicente Aguirre, der hinter mir ging, zählte in weniger als drei Stunden bei mir einhundertdreiundzwanzig Stürze, ich bei dem Indianer vor mir vierunddreißig. Folglich steht die Geschicklichkeit eines Indios zu der eines Weißen im Verhältnis von vierunddreißig zu einhundertdreiundzwanzig. Nachts um elfeinhalb Uhr erreichten wir Quito. Ich war fünfzehn Stunden auf den Beinen gewesen.

Am 27. Mai abends wurde Quito von einem kräftigen Erdstoß erschüttert, er kam aus der Richtung des Pichincha. Die Indios zögerten nicht, mir die Schuld in die Schuhe zu schieben; sie verbreiteten, ich hätte Zauberpulver in den Krater geworfen. Dieses sehr starke Beben vom 27. Mai beweist, daß nichts unsicherer ist als das Gefühlsurteil über die Richtung des Stoßes. Die einen in Quito fühlten das Beben vom Cotopaxi kommen, die anderen bestanden auf dem Pichincha, und alle waren überzeugt, sich nicht zu täuschen. Man bildet sich ein, das Erdbeben müsse von da kommen, wo es am stärksten auftritt. Das ist die Vorstellung von der Explosion einer Mine! Aber kann es sich nicht von *A* nach *B* fortpflanzen und dort Bedingungen finden, die es stärker machen als am Ort seines Ursprungs? Das ist evident.

Bonpland und Don Carlos Montúfar hatten geahnt, ich würde den Krater erreichen, und für diesen Fall beschlossen, ihm ihren eigenen Besuch abzustatten. Ich hatte die Gefahr leibhaftig erlebt und riet ihnen ab. Aber sie bestanden darauf. Hätte ich sie da allein lassen sollen? Die Gefahr nicht wenigstens mit ihnen teilen? Am 28. Mai, morgens viereinhalb Uhr, machten wir uns auf den Weg, Don Javier Ascasubie, Don Vicente Aguirre, Don José Caldas und wir drei mit dem Indio Felipe Aldas und mit vielen Instrumenten. Wir fanden noch unsere alten Spuren im Schnee. Ich kletterte mit dem Indio zuerst auf den Stein. Der arme Bonpland, immer auf der Suche nach Pflanzen, bekam keine Luft mehr. Er fiel wiederholt in Ohnmacht. Doch schließlich waren wir alle oben.

Mehr Dämpfe wogten diesmal im Schlund, aber weniger Hitze stieg auf. Viel Schwefelgeruch. Was unsere Situation jedoch ganz außerordentlich kritisch machte und uns am meisten erschreckte, das waren die häufigen Erdstöße, die unseren Fels erbeben ließen. Ich zählte in fünfunddreißig Minuten achtzehn Stöße, und bei jedem verstärkte sich der Schwefelgeruch. Der Krater scheint heutzutage unruhiger und aufrührerischer zu sein als zu La Condamines Zeiten. Wir verließen den Stein, aber ich mußte noch einmal hinauf, um Luft einzufangen und die Elektrizität zu messen. Dann rutschten wir den Hang in sechs Minuten hinab.

Nach La Condamines Angaben sind in den Jahren 1538, 1577 und 1660 aus dem Rucupichincha die Flammen geschlagen. Man versicherte mir, die Vita der berühmten Seligen Mariana de Jesús, der *Lilie von Quito*, enthielte die Einzelheiten der Ausbrüche. Ich brachte den Mut auf, den 1754 von Don Tomás de Jijón geschriebenen und mit einer vierzigseitigen Widmung versehenen *Historischen Abriß des wundersamen Lebens, der Tugenden und Wunder der Mariana de Jesús Flores y Paredes* vollständig zu lesen. Aber ich habe darin nichts weiter gefunden als die fadenscheinige Behauptung des Autors, die erste Eruption des Pichincha hätte 1580 stattgefunden, und 1654, im Jahr der Zerstörung Riobambas, wäre Quito von starken Erdbeben erschüttert und gleichzeitig von der Pest heimgesucht worden. Die *Lilie von Quito*, 1618 geboren, wurde nur sechsundzwanzig Jahre alt, sie hat den Ausbruch des Pichincha von 1660 gar nicht erlebt.

Vierzehntes Kapitel

Die Katastrophe von 1797

Am 9. Juni 1802 nahmen wir Abschied von Quito. Die letzten Stunden waren sehr traurig. Wir hatten viele Freunde gewonnen. Seit dem Vorabend schwamm alles in Tränen. Don Carlos Montúfar, zweiter Sohn des Marqués de Selva-Alegre, dessen Familie uns mit beispielloser Großzügigkeit bewirtet hatte, wurde in unsere Expedition aufgenommen, um mit uns bis nach Europa zu reisen. Der Vater, der würdige Don Juan Larrea, Don Quijano und der Domherr Soto begleiteten uns noch bis Tambillo. Bei Don Pérez in Ugumbiche frühstückten wir in niedergedrückter Stimmung. Bei scheußlichem Wind erreichten wir abends Mulaló. Der 10. Juni verging dort mit Warten auf unser Gepäck. Den 11. Juni verbrachten wir mit Don Manuel Zambrano in Latacunga; Bonpland hatte ihn geheilt, als er schon nahe daran war, ein Bein zu verlieren.

Das Jesuitenstift von Latacunga, schon seit dem Erdbeben von 1736 zerstört, muß einmal ein sehr schönes Gebäude gewesen sein. Heute hat man Angst, dort einzutreten, und dennoch gibt es mutige Leute, die in den zerfallenen Mauern leben. Man findet keine acht Häuser in Latacunga, das heißt wirkliche Häuser mit Dächern. Die ungefähr drei-, viertausend Einwohner haben sich kleine Hütten gebaut, die zwischen den Ruinen fast verschwinden. Gerade deshalb wird bei einem neuen Erdbeben das Unglück noch viel größer sein, denn beim geringsten Stoß werden die alten Ruinen die Menschen unter sich begraben. Aber niemand hat den Mut, auf einem so unruhigen Boden richtig wiederaufzubauen.

Corregidor in Latacunga ist Don Salvador Puigbert, Katalane von Geburt. Ein weitgereister Mann, Genua, Neapel, Frankreich. Seine liebenswerte Frau, die er aus Marseille mitbrachte, ist seit der großen Katastrophe von 1797 so schwermütig, daß sie jede Gesellschaft flieht. Sie hat mir versichert, nicht so sehr das gewaltige Beben habe sie so verstört, sondern der Anblick der Erde von Latacunga in den Tagen danach. Das Erdbeben vom 4. Februar 1797 hatte in Latacunga mit sehr schwachen Stößen begonnen. Sie war mit ihren Kindern schon auf den Hof hinausgelaufen, als die große Explosion erfolgte. Sie erinnert sich nur, ein schreckliches Krachen gehört zu haben, weiß aber nicht, ob es von den einstürzenden Häusern kam oder aus dem Inneren der Erde. Sie erstickten im Staub. Drei Tage hintereinander setzten sich die Stöße fort. Die Frau und die Kinder blieben im Hof. Sie unterschieden deutlich dreierlei. Jedem Stoß ging ein unterirdisches Lärmen voraus, als würden Ketten durch einen Stollen geschleift. Das dauerte zwei bis drei Minuten, dann spürten sie einen sehr schwachen senkrechten Stoß. Auf der Erde sitzend, glaubten sie, einen Tritt in den Hintern zu kriegen. Danach folgte ein starkes, wellenförmiges Beben. Der unterirdische Donner schüchterte jedermann so ein, daß kaum einer wagte, nach den bereits Verschütteten zu graben, und alle fürchteten, die unterhöhlte Erde werde sich öffnen und den Rest der Einwohner verschlingen. Nur wer rechtzeitig bei den kleinen Stößen floh, kam davon. Doch in diesem Land, wo man so an Erdstöße gewöhnt ist, begriffen unglücklicherweise nur wenige den guten Rat, den die Natur ihnen gab.

Die Schwingmaschine

Am 18. Juni setzten wir unseren Weg von Neu-Riobamba nach Penipe fort, wo uns der Pfarrer, Don Mariano Tinajero, glänzend empfing. Nichts ist alltäglicher in diesem Land als verheiratete katholische Pfarrer. Sein Vorgänger war der Pfarrstelle verlustig gegangen, weil er aus Meßgewändern Unterröcke für seine Geliebte hatte schneidern lassen; er selber stellte uns freimütig einen seiner Söhne vor.

Wir stiegen hinab in das weite Tal des Río Chambo und passierten die vielberufene Seilbrücke, die La Condamine so große Angst eingeflößt hatte. Sie hängt mindestens fünfundvierzig Fuß über dem Wasser und ist vierzig Meter lang. Ich verhehle meine eigene Hemmung vor ihr nicht, denn sie vollführt zwei gleichzeitige Bewegungen, eine horizontale wie eine Schaukel, ein richtiges Pendeln, und eine senkrechte wie ein Trittrad. Man kommt sich vor wie ein Seiltänzer. Beide Bewegungen verstärken sich und gehen ungleichmäßig durcheinander, wenn man zu zweit geht und sich dabei an den Händen faßt, wie man es den Neulingen empfiehlt. Außerdem gerät man so zu nahe an die Ränder und kann leicht ins Wasser stürzen. Geht man allein und hält sich hübsch in der Mitte der fünf Fuß breiten Brücke, riskiert man höchstens, hinzufallen. Seilbrücken sollten besser überhaupt nur drei Fuß breit sein. Dann könnte man sich mit beiden Händen an den Geländerseilen halten, und diese sollte man mit Netzen versehen. Die Seile bestehen aus drei bis vier Zoll dikken Agavewurzeln. Solche Brücken halten zwanzig bis fünfundzwanzig Jahre, wenn sie gut belegt sind. Die von Penipe ist mit Hölzern in so weiten Abständen belegt, daß man ganz und gar hindurchfallen kann, entsprechend fürchtet man sie erst recht. In der Nacht passieren sogar die Indianer sie nicht gern. Man muß sehr genau prüfen, ob die Seile noch in gutem Zustand sind. Vor nicht langer Zeit riß die Brücke, vier Indios ertranken in dem wasserreichen und reißenden Fluß. Die Pferde gewöhnen sich überhaupt nicht an diese Schwingmaschinen.

Der Nachfahr der Inkas

Am 22. Juni zogen wir über Licán nach Calpi. Nach indianischer Überlieferung ist Licán zur Inkazeit der ansehnlichste und bevölkertste Ort gewesen. Das Reich des *Conchocando* von Licán reichte im Süden bis nach Cajamarca. Dort begann das Inkareich. Im Norden war die ganze Küste bis hinauf nach Panamá dem Kaiser von Licán tributpflichtig. Man schickte ihm rote Korallen und Perlen, und tatsächlich hat man in unseren Tagen so manches davon in den Grabkammern von Licán gefunden. Die Puruhuaés-Indianer beten die Sonne als den Gott des Feuers an, aber sie hatten viele Gottheiten; den Löwen verehrten sie als das Symbol der Stärke, und der Conchocando trug deshalb auf der Brust einen goldenen Löwen. Gold und Silber waren damals alltäglich, man verstand sie bewundernswert zu bearbeiten. Auf den Rat der Priester, die die Eroberung Licáns durch den Inka prophezeiten, befahl Conchocando Huaynia Abomata, alles Gold in einer Höhle zu vergraben und einen Hügel über die Schatzkammer zu türmen.

Schon damals setzten die Indios diese geheimnisvolle Miene auf, die allen Spaniern so lästig ist. Damit die Schätze den Konquistadoren nicht offenbart würden, hatten die indianischen Magier ihren Völkern geweissagt, wer dem spanischen Feind eine Schatzkammer verrate, werde noch selbigen Tages sterben. Noch heute sagt der Indio: «Willst du, daß ich sterbe, nur weil ich dich in die Gruft führe? Der Schatz verschlingt mich.» Einen Schatz zu eigenem Gebrauch anzurühren, ist dem Indio nach seinen alten Lehren nur im Falle äußerster Not erlaubt, und er wagt dann, sich nur so viel zu nehmen, wie er unbedingt braucht. Er darf sich nicht bereichern, denn damit würde er den Eroberern nur Indizien für die Existenz des Schatzes liefern. Außerdem gehören die Schätze dem Conchocando oder dem Inka, dem entthronten Fürsten, dessen Gut man nicht anrühren darf, denn eines Tages wird er wiederkehren. Die Indios, die am besten mit den alten Sitten vertraut sind, glauben an diesen Messias. In Quito zum Beispiel wird geglaubt, daß bei der Rückkehr des Inka der Chimborazo Feuer speien, die Spanier bestrafen, sie vernichten wird. Dies sei all denen gesagt, die meinen, die Indios kennten das Geheimnis der verborgenen Schätze gar nicht, weil sie sich ja andernfalls bereichern würden und weniger arm wären.

Nichts ist Licán geblieben als einige miserable Strohhütten, ein paar unterirdische Grabkammern mit Tonkruken, sogar mit Gold, und ein Kazike, Leandro Zefla y Oro, der als der erlauchteste und, was viel mehr zählt, tugendhafteste Indio der Provinz gilt. Er besaß Dokumente, die ihn als einen der nächsten Verwandten des letzten Inkafürsten ausweisen. Ich war sehr begierig, diesen Mann kennenzulernen, und er hat sich die Mühe gemacht, mich in Riobamba zu besuchen. Er kam zu Pferde. Er ist ein Mann von sechzig Jahren, gänzlich bartlos, echt indianisch gekleidet. Er trug ein besticktes schwarzes, mit einer breiten Goldborte verziertes Samthemd aus Lamawolle. Er wird von der Regierung sehr geschätzt, mehrere tausend Indios stehen unter seinem Befehl. Er ist der Kazike von Quito, Otavalo, Riobamba. Er ist so großzügig, eine Reihe öffentlicher Arbeiten auf eigene Kosten verrichten zu lassen. Als der König ihm eine Jahrespension von einhundert Pesos anwies, verzichtete er mit der Begründung, der König habe größere Geldsorgen als er. Der Stammbaum, den er besaß und der alle Namen und Vornamen von den Inkas bis zu ihm aufzählte, wurde bei einem Brand seiner Hütte von den Flammen verzehrt.

Die Kaziken sind im übrigen die Blutsauger der Indios. Sie lasten als eine Adelsschicht auf den unteren Klassen und bringen sie vollends um das, was die Pfarrer und Corregidores übriglassen. Da jedem eine bestimmte Anzahl Indios untersteht, über deren Abgaben er wacht, legen es die Kaziken darauf an, sich dafür bestechen zu lassen, daß sie bei Steuerhinterziehungen ein Auge zudrücken. Sie selbst, wie auch alle indianischen Richter, Bürgermeister, Statthalter, sind von Steuern befreit. Deshalb hat sich eine große Zahl falscher Kaziken eingeschlichen. Von Zeit zu Zeit läßt die Audiencia die Papiere der Kaziken prüfen, um die falschen zu entdecken; im Gerichtsbezirk Riobamba hat man vierzig und mehr entfernen müssen. Aber das ist ein heikler Auftrag, wenn die Indios so viel Grund zu Aufruhr haben und so unruhigen Geistes sind wie in der Provinz Quito.

Der Corregidor Don Javier Montúfar, ein Bruder von Carlos, begleitete uns nach Calpi, und da er den Ort zum erstenmal besuchte, wurden wir Zuschauer der Einzugsfeierlichkeiten, die ihm die Indios bereiteten, die alles Zeremoniell so lieben. Die Straßen waren mit Triumphbogen geschmückt, diese wiederum mit Baumwollzeugen, mit Silbertellern und sonstigem Silbergeschirr, mit Fahnen. Der Hauptbogen besaß eine Nische für die Musikanten und für ein reich gekleidetes Mädchen, das förmlich bebte, sich so herausgeputzt und in den Vordergrund gestellt zu sehen. Der Redner sang zunächst und blieb solange verschleiert. Dann zeigte er das Gesicht und hielt dem Corregidor eine feierliche Ansprache, in der er unsere Expedition nicht vergaß. Ich bewundere täglich mehr, wie leicht und ungezwungen die mimisch hochbegabten Indios deklamieren. In Ambato hatte uns ein halbbetrunkener Mestize Verse zum Lob des Branntweins so natürlich und elegant wie ein Lebemann der vornehmen Gesellschaft rezitiert. Bei unserem Einzug in Calpi tanzten viele kleine Kinder zum Klang einer indianischen Trommel vor uns her. Zwei waren als gelbe Teufel mit langen Schwänzen verkleidet. Die Indios feiern niemals ein Fest, ohne den Teufel darzustellen, und sie folgen dabei keineswegs christlichen, sondern ihren eigenen, sehr ortsgebundenen Ideen.

Das Erdbeben vom 4. Februar 1797 hatte auch Calpi zerstört, das neue Haus des Pfarrers war noch nicht fertig, und so hatte er ein Provisorium herrichten lassen, um nach einfallsreichem Landesbrauch mit uns zu speisen. Dazu bespannt man die Wände und die Decke der Strohhütte mit den einheimischen Baumwollstoffen, die in sehr lebhaften Farben gemustert sind. Das sieht nicht nur hübsch aus, sondern führt einem zugleich sehr vorteilhaft die ganze Industrie des Landes vor Augen. Alle diese Baumwollzeuge stammen aus Calpi. Überhaupt ist, was den Fleiß betrifft, die Provinz Quito so etwas wie die Schweiz oder das Holland Amerikas. Es gibt keine Nichtstuer außer den Weißen. In Guano, Riobamba, Latacunga, Ambato, Ibarra findet man in jeder elenden Indianerhütte eine Webvorrichtung oder sieht Baumwolltücher in der Farbtinktur liegen. Keine Indianerin an der Hauptstraße, die nicht damit beschäftigt wäre, Baumwolle zu entkernen oder zu spinnen. Und welche Zukunft hätte dieser Industriezweig, würden die arbeitenden Menschen, die Indios, in den Genuß der Früchte ihrer Arbeit kommen und damit ein höheres Interesse an ihr gewinnen. Aber leider! Sie sind Sklaven, ohne Freiheit, ohne Eigentum und ohne eigenes Werkzeug. Der Haziendabesitzer bezahlt ihre Steuern in Höhe von vier bis fünf Pesos jährlich und gibt jeder Familie, wenn sie darum bittet, an die zwei Zentner Kartoffeln oder Mais. Dafür berechnet er dreißig bis vierzig Pesos. Der Indio arbeitet zwölf Stunden täglich und fertigt dabei zehn bis zwölf Ellen Flanell, und da man ihm jährlich nur achtzehn Pesos dafür zahlt, steht er am Jahresende weiter in der Schuld des Herrn. Man peitscht ihn sogar ins Gesicht, tut Urin mit Salz in die Wunden, die Kinder bleiben ohne Nahrung, und da wundert man sich über die abnehmende Zahl der Indios in der Provinz.

Auf dem höchsten Punkt der Reise

Am 23. Juni 1802 nahmen wir den Chimborazo in Angriff. Er gilt als sehr friedlich, weil sein hartes Gefels bei keinem Erdbeben wankt, weil er kraterlos ist. Der Tag war düster und neblig, wir sahen den Gipfel nur gelegentlich. In der Nacht zuvor hatte es tüchtig geschneit.

Wie alle großen Nevados hatte auch der Chimborazo einst an seinem Fuß große Seen in mehreren Stufen übereinander gebildet, die man heute, ausgetrocknet, als unermeßliche Ebenen vorfindet. Das sind die Llanos von Luisa und, auf 3700 Meter, der große Llano von Sisgun. In letzterem beabsichtigte ich, die bis zum Gipfel verbleibende Höhe zu messen. Das Gelände ist ausgezeichnet und bietet eine glatte und ausgedehnte Basis. Ich hatte den Sextanten und den künstlichen Horizont mitgenommen, aber das schlechte Wetter verhinderte alles. Auf 4050 Meter liegt die kleine Lagune von Yanacocha, ein kreisrundes Becken. 290 Meter höher beginnt der nackte Fels zutage zu treten, in einer seltsam schwammigen Art, fast wie Koks. Hier stieg ich vom Maultier, und wir marschierten über viereinhalb Stunden im Schnee. Unsere Begleiter blieben bis zur Grenze des ewigen Schnees im Sattel. Versteinert von der Kälte ließen sie uns im Stich; nur Bonpland, Carlos Montúfar und drei Indios mit dem Barometer und anderen Instrumenten folgten mir weiter. Die Indios blieben auf nahezu 5000 Metern schließlich auch zurück, trotz aller unserer Vorhaltungen. Sie versicherten, vor Atemnot sterben zu müssen, und dabei hatten sie uns noch vor wenigen Stunden mitleidig betrachtet und gesagt, allein würden die Weißen es nicht bis zum Schnee hinauf schaffen.

Wir gelangten höher, als ich gehofft hatte. Wir fanden ein Felsband, einen sehr bedenklichen Grat von kaum fünf bis sechs und manchmal nicht zwei Zoll Breite. Zur Linken fiel der Hang, von einer Firnkruste überzogen, erschreckend steil ab. Zur Rechten lag kein Krümel Schnee, dafür war diese Hangseite mit großen Felstrümmern übersät. Wir durften wählen, ob wir uns an diesen Blöcken, die uns in drei- oder vierhundert Metern Tiefe hübsch empfangen würden, die Glieder zerschmettern oder lieber auf der anderen Seite über das Eis in einen noch tieferen Abgrund sausen wollten. Letztere Aussicht schien uns die schlimmere. Die Kruste war dünn, man würde im Schnee begraben werden ohne jede Hoffnung, das Tageslicht wiederzusehen. Darum hielten wir den Körper immer ein wenig nach rechts geneigt. Wir vergnügten uns damit, Steine über das Eis rollen zu lassen. Wir verloren sie oft aus den Augen, ehe sie zum Stillstand kamen. Über unseren Grat zogen sich die gleichen Geröllreihen, wie sie uns schon vom Antizana her vertraut waren. Diese Ähnlichkeit und die verbrannte Materie, die wir auf Schritt und Tritt fanden, ließen keinen Zweifel, daß wir direkt über Eruptionsgestein aufstiegen. Es wurde bald so steil, daß wir nur mehr auf allen vieren vorwärts kamen. Wir verletzten uns an den spitzigen Steinen, unser aller Hände und Füße bluteten. Man wollte sich festhalten an einem Felsstück, statt dessen brachte man es in dem feinen Sand in Bewegung und gefährdete sich mehr als durch das Hinfallen, das man zu vermeiden trachtete. Wir meinten, inzwischen fast so hoch wie am Antizana zu sein. Das Barometer zeigte 5540 Meter an.

Wir fanden uns noch ausreichend bei Kräften, obwohl wir vor Kälte kaum mehr die Füße spürten, das Schneewasser war uns in die miserablen Stiefel gelaufen, die man hierzulande macht. Wir stiegen weiter, der Grat flachte ab, aber die Kälte nahm mit jedem Schritt zu. Wir litten rasend unter Atemnot, und noch schlimmer quälte uns der Brechreiz. Ein Bauer aus San Juan, der uns besten Willens folgte, ein sehr robuster Mann, versicherte, er habe sich sein Leben lang nicht so schlecht im Magen gefühlt. Außerdem bluteten wir aus dem Zahnfleisch, aus den Lippen, das Weiß unserer Augäpfel war blutunterlaufen. Bei Carlos Montúfar, er besaß den blutvollsten Körper, zeigten sich die Phänomene am erschreckendsten. Wir fühlten Kopfschwäche, einen dauernden, in unserer Situation sehr gefährlichen Schwindel. Der Nebel wurde undurchdringlich. Der Geröllzug hörte nicht auf, und so hatten wir doch einen Schimmer Hoffnung, das Ziel zu erreichen. Wir erkannten einmal wieder, und zwar ganz nahe, den domförmigen Gipfel des Chimborazo. Es war ein ernster, großartiger Anblick. Wir kletterten noch eine halbe Stunde. Doch eine wenigstens 175 Meter tiefe und etwa 20 Meter breite Kluft beendete den Aufstieg. Hier waren uns die Säulen des Herkules gesetzt. Wir standen auf 5920 Meter, also über den Gipfeln von Antizana und Cotopaxi. Es fehlten uns nur noch 390 Meter. Unser Haar, unsere Bärte und Brauen waren vereist. Mit größter Sorgfalt nahmen wir Luftproben.

Kann man höher gelangen? Von dieser Seite schwerlich. Der Zug von Ausbruchsgeröll setzt sich jenseits der Kluft fort, die folglich jünger sein muß als die Eruption, durch die sie entstand. Aber wie eine Brücke von zwanzig Metern schlagen, wie da hinüberkommen? Und selbst angenommen, es gelänge, der Gesteinszug endet wahrscheinlich gar nicht direkt auf dem Gipfel, obgleich ein Krater, von dem er sich herabzieht, sehr dicht daran liegen müßte. Durch das Fernrohr haben wir gesehen, daß der Gipfel vollkommen beschneit ist, nirgendwo tritt nackter Fels hervor. In den europäischen Alpen läuft es sich gut auf dem Schnee. In dem schärferen Frost, der dort herrscht, gefriert er entweder von oben oder von unten her und trägt einen Menschen. Im Schnee der Provinz Quito kann man zehn Meter tief einsinken, wir haben es am Antizana erfahren, am Pichincha und vor allem hier am Chimborazo, wo Carlos Montúfar sich einmal fast im Schnee verloren hätte. Zweifellos gibt es auch in den hohen Anden steinharte Stücke, ein Gemisch aus Eis und Schnee; wer hier nur kennt, wessen man sich für die Eisgetränke bedient, bildet sich ein, die Gipfel der Nevados bestünden ganz aus diesem versteinten Schnee. Aber davon kann nicht die Rede sein, er nimmt überall nur ein kleines Gebiet ein, und was die Nevados hauptsächlich bedeckt, ist wie Stärkemehl oder ähnelt dem frisch gefallenen Schnee in Frankreich. Das, glaube ich, ist dem Erreichen des Chimborazogipfels hinderlicher als die Atemnot. Es ging uns zweifellos sehr schlecht in 5 920 Meter Höhe, doch uns allen schien, selbst wenn es noch ärger käme, blieben wir bewegungsfähig. Freilich ist schwer zu beurteilen, in welchem Grad die Schwierigkeiten zunehmen, und es könnte durchaus geschehen, daß einem die Lungengefäße bersten und man einen Blutsturz erleidet. Und welchen Nutzen zöge man daraus, seine Instrumente noch 390 Meter höher zu schleppen, wenn das Gebirge ohnehin nicht zu magnetischen Experimenten taugt, weil das Porphyrit-Magnesium-Gestein die Magnetnadel so leicht beeinflußt und selbst Pole besitzt.

Allerdings hätte ich meine Neugierde gern befriedigt und nachgesehen, ob es da oben einen Krater gibt. Betrachtet man den Gipfel durchs Fernrohr, so verliert der Gedanke an Wahrscheinlichkeit. Man sucht in dem einheitlichen Gipfelsegment vergeblich nach Felsen, die eine grundmauerartige Umrandung bilden, wie es auf dem Cotopaxi und, wenn auch nicht so deutlich, auf dem Tungurahua der Fall ist. Aber man darf dem Vergleich nicht allzuviel Bedeutung beimessen. Der Gipfel des Rucupichincha, von Puengasí oder Chillos aus gesehen, verrät durch nichts seinen Krater. Unser Blick verfolgte den Geröllzug, über den wir bis zu der Kluft gekommen waren, jenseits noch wenigstens achtzig Meter weiter hinauf, und wir entdeckten darin vier bis fünf Fuß lange poröse, gebrannte Stücke. Dies alles macht den Chimborazo unleugbar eines Kraters verdächtig, der sich wieder geschlossen hat.

Unsere Rast auf der ungeheuren Höhe war mehr als traurig und düster. Der Nebel ließ uns nur zeitweise in die Abgründe ringsum blicken. Kein Lebewesen, kein Insekt, nicht einmal der Kondor, der am Antizana über unseren Köpfen dahingeschwebt war, belebte die Lüfte. Kleine Moose waren die einzigen Organismen, die uns erinnerten, noch der bewohnten Welt anzugehören.

Wir taten gut daran, hinabzusteigen. Noch immer 5 650 Meter hoch, begann es zu hageln und dann, sechshundert Meter tiefer, zu schneien, und zwar so heftig, daß binnen nicht einmal zwanzig Minuten zehn bis zwölf Zoll fielen. Wir trugen kurze Stiefel, einfache Kleidung, keine Handschuhe, sie sind hier kaum bekannt; man stelle sich unser Befinden vor. Die Hände blutig gerissen, mit einem kranken, von Geschwüren bedeckten Fuß jeden Moment an kantige Steine stoßend, jeden Schritt zu prüfen gezwungen, weil der Weg unter dem Schnee verschwunden war – dies meine nicht eben vergnügliche Lage. Doch wer an Strapazen gewöhnt ist, tröstet sich leicht über physische Schmerzen hinweg. Wir sammelten, wie schon beim Aufstieg, viele Steine, von denen wir zwei Kollektionen nach Madrid und Paris schickten und eine dritte bei uns behielten für das königliche Kabinett in Berlin. Wer in Europa würde nicht einen Stein vom Chimborazo haben wollen und wo hätte ein Kabinett bis zu diesem Tag einen besessen? Wir sind die ersten Naturalisten, die dem Koloß eigens einen Besuch abgestattet haben.

Diese Chimborazo-Expedition war in mehrfacher Hinsicht bedeutsam für uns. Auf den Tag vor drei Jahren hatten wir auf Teneriffa den Pic de Teide bestiegen. Es war unsere letzte Expedition in den Nevados der Provinz Quito, und wir schlossen mit dem höchsten Berg ab und auf dem höchsten Punkt, den wir und jemals Menschen überhaupt erreicht haben. Schade, daß der Chimborazo von all unseren Schneegipfeln der pflanzenärmste ist. Nichts als Gräser, eine Vegetation ohne Kraft und Lebhaftigkeit, die nicht zur Schönheit dieses Riesen paßt.

Provinznachrichten

Der 25. Juni war der denkbar herrlichste Tag. Welch ein Jammer, diesen Tag hätten wir für den Chimborazo-Aufstieg wählen sollen! Aber nun waren wir schon wieder in Neu-Riobamba.

Am 26. morgens vier Uhr erlebten wir ein starkes Erdbeben, gegen ein Uhr nachts durch ein so furchtbares unterirdisches Brüllen eingeleitet, als stürze ein ganzes Gebirge unter der Stadt ein. Die Leute trösten sich damit, daß seit der großen Eruption des Altar alle vulkanische Materie verbraucht sein dürfte und deshalb das Terrain, obwohl unterhöhlt, keiner Explosion mehr fähig sei. Auch der ungebildete Mensch legt sich seine Theorien zurecht, und jedermann hier räsoniert, als wüßte er genau Bescheid, über Erdbeben, Erdpech, Schwefel, komprimierte Luft, Nevado-Salpeter und Schnee.

Wir sind zufrieden mit unserem Aufenthalt in Riobamba. Wir haben dort viel gearbeitet, Tungurahua und Chimborazo trigonometrisch vermessen, Expeditionen auf beide Vulkane unternommen, im alten zerstörten Riobamba Pflanzen gezeichnet, den Kondor, den Preñadilla-Fisch, haben Wölfe und Bären gesehen. Bürger Bonpland hat die Anatomie des Lamas komplettiert. Heute reiten die Indios, vor allem die Frauen, oft auf dem Lama. Es trägt, wenn es groß und robust ist, bis zu einem Zentner und marschiert wie ein Esel, aber wenn es müde ist, wirft es sich nieder, und kein Schlagen bringt es wieder auf die Beine. Man muß ihm die Last abnehmen. Sein Spucken ist vollkommen unschädlich. In Riobamba verwendet man die Wolle ein wenig für Hüte, manchmal auch für Tuche. Die Indianerinnen von Licán bei Riobamba haben eine so entschiedene Vorliebe für die Lamas, daß sie, auch wenn es nichts zu tragen gibt, sie bei der kleinsten Reise mitschleppen. Es ist mir unbegreiflich, daß die alten Peruaner, die sich so gerne in Sänften tragen ließen, nicht auf die einfache Idee kamen, sich auf den Lamarücken zu setzen. Sie taten es nie, das beweist die Verwunderung, die zur Zeit der Conquista ein spanischer Reiter in der ganzen Neuen Welt auslösen konnte.

Zwei Jahre lang hatte man nach einem Terrain für die neue Stadt Riobamba gesucht und sich schließlich für den großen Llano von Tapia entschieden. Der Platz gilt trotz der Nähe des Tungurahua als sicher, weil man seit dem 4. Februar 1797 hier keine neuen Erdspalten mehr beobachtet hat. Dessen ungeachtet spürt man auch hier die Beben heftig genug, und das unterirdische Lärmen ist nicht zu überhören. In Westindien genießen die Gelehrten mehr Kredit als in Europa, sie wissen alles, und was immer sie sagen, ist wahr und gewiß. In Quito hieß es, ich hätte gesagt, der Pichincha stünde dicht vor einer Eruption und würde die Stadt ruinieren. In Riobamba sollte ich gesagt haben, der Llano von Tapia wäre unterminiert und man würde im neuen Riobamba eines Tages genauso in die Luft fliegen wie im alten. Das bestürzte vor allem die armen Nonnen. Sie erbaten Aufklärung von mir, und ich hatte Mühe, sie von ihren irrtümlichen Ängsten zu befreien.

Die Stadt liegt schön; Tungurahua, Chimborazo, Altar und Carihuayrazo gewähren auf allen Seiten bis zum Horizont einen wunderbaren Anblick. Bei untergehender Sonne erscheint der Schnee des Altar wie vergoldet. Aber eine rasende Pein sind der Wind und der Staub. Der Sand macht die Stadt fast unbewohnbar. Er ist lockerer und unergründlicher als der in Berlin. Der Baugrund taugt nichts, und mangels Holz und Steinen wird fast nur mit luftgetrockneten Lehmziegeln gebaut. Manche Leute holen sich die Steine des alten Riobamba, dennoch ist es unwahrscheinlich, daß die neue Stadt der alten jemals gleichen wird. Der König hat für den Aufbau keinerlei Vorschüsse gewährt. Der Präsident schickte dem Hof kaschierte Berichte über die Katastrophe vom 4. Februar 1797; alles wurde bagatellisiert, sogar die Zahl der Toten, die sich in der ganzen Provinz auf 35 000 Seelen belief. Es wurde Hilfe nur für die Indios gefordert, das heißt für die am wenigsten Betroffenen. Denn von Mulaló bis Cuenca leben die Indios wie die Tataren in zeltähnlichen Strohhütten, unmittelbar an die Erde sich schmiegenden Kegeln. Soweit Indios umkamen, wurden sie in den Kirchen zermalmt oder auf freiem Feld unter den zusammenstürzenden Bergen begraben.

Am 28. Juli verließen wir Riobamba. Seit fünfzehn Tagen sehen wir in die Bäume gehängte Glocken, das Erdbeben vom 4. Februar 1797 hat alle Kirchen zerstört.

In Tixán bereiteten uns dreißig barfüßige Bauern und der mit der Franzosenkrankheit geschlagene, taube Priester einen drolligen Empfang. Am 30. Juni ritten wir zum Schwefelbergwerk von Tixán. Das Lager steht frei zutage aus, man erkennt darüber nur Dammerde. Die Arbeit ist so töricht eingerichtet, daß mehr Schwefel verloren als gewonnen wird. Auf der steilen, sechzig Grad geneigten Böschung müht sich der Bergmann auf einem vier bis sechs Zoll breiten Pfad um festen Stand und schlägt ein drei bis vier Fuß tiefes Loch. Das meiste stürzt hinab in den Fluß, das bröcklige Gestein verschüttet die eben vollbrachte Arbeit, und die Unmenge Schwefel in der Tiefe des Berges bleibt für immer verloren. So kommt es, daß man in der reichsten Mine der Welt schon über zu geringe Mineralvorkommen jammert. Vor drei, vier Jahren holte man noch Schwefelmassen von zwei bis drei Fuß Durchmesser heraus. Heute haben sie kaum fünf bis sechs Zoll, weil größtenteils erschöpft ist, was sichtbar am Hang zutage liegt, und man bei der jetzigen Arbeitsweise ins Berginnere nicht durchbrechen kann. Die einzig richtige Methode, diese Mine auszubeuten, die die Pulverfabrik in Latacunga versorgt, wäre ein Strossenbau über Tage.

Im 17. Jahrhundert lag Tixán auf einer kleinen Hochebene südsüdöstlich des Bergwerks, man sieht noch die Kirchenruine. Ein lokales Beben ließ die Hügel ringsum einstürzen, ein Teil der Ortschaft sank dahin, ein anderer flog in die Luft, Hunderte Indios kamen um. Gleich nach dem großen Erdbeben vom 4. Februar 1797 empörten sich die Indios von Riobamba und Alausí. Letztere drohten damals, Feuer in das Schwefelgebirge zu legen, um es, wie sie sagten, in einen einzigen, die ganze Provinz zerstörenden Vulkan zu verwandeln.

In Alausí nahm uns der liebenswürdige junge Teniente Don Baltázar Ponton auf. Bei unserer Ankunft sahen wir Stierrennen zu – dabei knien vier oder fünf Männer in Erdlöchern und reizen den Stier mit ihren Lanzen; wer ihn verfehlt, verkriecht sich im Loch –, und maskierte Indios tanzten eine indianische Quadrille. Nirgendwo in Spanisch-Amerika, weder in Caracas noch in Bogotá, maskiert sich die Bevölkerung so gerne wie in der Provinz Quito, ungeachtet sich ja überall dieselben Spanier breitmachen. Ich bin sicher, die Maskeraden drücken ebenso wie die hiesige Hauptproduktion in Landwirtschaft und Manufaktur den Einfluß indianischer Kultur auf die neuen Kolonisten aus!

Am 1. Juli 1802 zogen wir weiter nach Guasuntos. Der taube Javier Larrea aus Riobamba, der uns so weit noch das Geleit gab, nahm zum Lohn dafür dem baskischen Pfarrer im Spiel viertausend Pesos ab. Der Pfarrer schlug in der ganzen Ortschaft Alarm und zwang ihn, weiterzuspielen, und schließlich konnte sich Don Javier nur durch nächtliche Flucht mit zwölfhundert Pesos vor ihm retten.

Von Guasuntos ritten wir nach Pumallacta – *Vaterland des Löwen* – und stiegen von dort am 2. Juli zum Paß des Azuaygebirges auf. Wir betraten den Boden der klassischen peruanischen Architektur.

Los Paredones del Inca

In dem 4300 bis 4500 Meter hohen Gebirgsmassiv des Azuay schneit es von Juni bis September unentwegt, und mehr als die Höhe macht das eisige Schneetreiben den Paß so mörderisch. Besonders für die armen Indios, die halbnackt und trunken von Maisschnaps in den Azuay vordringen und von der Nacht überrascht werden. Am Ende einer langen und langwierigen Berglehne teilt sich die Paßstraße; der eine Weg führt über den Kamm, der andere durch das tiefer gelegene Tal. Es gibt Befürworter beider Wege. Oben ist es zweifellos kälter, verschneiter, der Wind fällt einen schärfer an; doch der Weg ist ordentlich, und mit einem guten Pferd ist man nach einer halben Stunde außer Gefahr. Das eingeschnittene Tal bietet mehr Schutz, aber der Weg ist sehr lang und morastig und überaus gefahrvoll, wenn man die schlechten Stellen nicht kennt. Bis zu den Schultern kann man versinken. Die Schneemassen auf dem Gebirgsrücken zwangen uns, den Talweg vorzuziehen. Wir fielen oft genug in den Schlamm, und die Maultiere arbeiteten sich nur unter Qualen hindurch. Die Lagune der Ringelnattern ist der Rest eines Sees, dessen Grund auch dieses Hochtal einst war. Und nur wenig abseits der Lagune entdeckt man den verfallenen Palast des Inka Túpac Yupanqui.

Diese alten Gemäuer – *Los Paredones del Inca* – wirken heute wie drei getrennt stehende Bauwerke, doch wahrscheinlich handelt es sich im Grunde nur um zwei, allerdings sehr ausgedehnte, jedes über sechzig Meter lang. Das Streben nach Symmetrie ist in der Anordnung der Wohnräume, der Fenster, der recht hohen Türen und der Nischen unverkennbar; kurz, in allen Einzelheiten hat der Plan des Bauwerks große Ähnlichkeit mit der Palastanlage von Callo, und beide stehen der von Ingapirca nahe, obwohl es unwahrscheinlich ist, daß sie alle von demselben Architekten stammen. Man mag darin die asiatisch und ägyptisch anmutende Neigung der alten Peruaner erkennen, nichts in ihren Gewohnheiten zu ändern, immer denselben Typus der Sitten zu bewahren, der Ideen, der Regierungsformen, der Bauweisen. ... Man findet hier noch zehn bis zwölf Fuß hohe Mauern. In einem der Gebäude hat man neuerdings die Türöffnungen wieder verschließbar gemacht, um es in einen Viehstall zu verwandeln. So spielt in Palmyra, in Heliopolis, in Griechenland, Italien und Westindien das Schicksal mit menschlicher Größe!

Südlich von Los Paredones, in der Hochebene von Pullal, findet man noch Reste der großen Inkastraße. Die alten Römerstraßen, die ich in Italien sah, sind nicht solider und bewundernswerter als diese Azuay-Straße, die in der Höhe des Pic de Teide verläuft. Sie ist hervorragend ausgerichtet, zieht sich ohne Unterbrechung in einer einzigen geraden Linie zwei Meilen hin und besitzt wegen des morastigen Geländes einen tiefen Unterbau. Sie ist nicht gewölbt, besteht aber durchweg aus gut behauenen Quadersteinen, die Randsteine sind vollkommen viereckig. Wie konnte man nach der Conquista zulassen, daß die Straße größtenteils ungenutzt blieb, zugeschüttet wurde, sich senkte, zumal sie damals leicht zu erhalten gewesen wäre, denn als Werk des Túpac Yupanqui war sie noch ganz neu! Im Angesicht dieser großartigen Straße versinkt man bis zum Bauch des Maultiers im Dreck! Schon die Spuren zwischen Los Paredones und Cañar flößen einem große Ideen über die Ordnung des altperuanischen Staatswesens ein, und sie setzen sich über die Kordillere im Osten Limas bis nach Cuzco fort. Man ist voller Staunen über diesen ausgedehnten Straßenbau in einem Reich, dessen Bewohner nicht einmal das Lama bestiegen und wo die Grandseigneurs sich in Sänften tragen ließen. Es hat die Straße wirklich gegeben, wir sind ihren Resten bis nach Cajamarca gefolgt und haben die einzelnen Abschnitte gezeichnet. Sie ist die Heerstraße des Inka gewesen, über sie kam und ging er. Die Überlieferung weiß von der Schnelligkeit zu berichten, mit der man vorangekommen sein soll, von Inkaburgen und Herbergen in bestimmten Abständen. Allerdings halte ich es für unwahrscheinlich, daß überall gepflastert war und jeder Abschnitt dieselbe Güte besaß wie das Azuay-Stück, auf dem es die Moräste von Pullal zwischen den Palästen Los Paredones und Cañar zu überwinden galt.

In den Felsen, die die Lagune der Ringelnattern im Süden abschließen, ist noch der Steinbruch erkennbar, in dem der Inka den schönen Porphyr für Los Paredones und vielleicht auch Cañar brechen ließ. Herumliegende halbbehauene Quader künden davon, daß der Inka noch architektonische Pläne hatte, als die Spanier eindrangen und mit ihnen Barbarei und Vernachlässigung der Künste.

Man fragt sich, mit welchen Instrumenten und Werkzeugen ein Volk ohne Eisen das Gestein bearbeitet hat. Es heißt hier, mit anderen Steinen, deren man sich als Keile und Reiben bedient hätte. Ich glaube eher, mit Werkzeugen aus Kupfer, vor allem aus stahlähnlich gehärtetem Kupfer, obwohl davon in Quito absolut nichts bekannt ist und in den Grabkammern keine entsprechenden Funde gemacht worden sind. Waren nicht die meisten Waffen und Werkzeuge der alten Griechen auch aus Kupfer oder Bronze?

Am Ausgang des Azuay-Passes verbrachten wir bei Don Mariano Atto in Turchi eine schlechte Nacht ohne Betten und in furchtbarer Kälte. Der Hausherr sagte: «Das Kräutersammeln ist doch sinnlos.» Er riet mir, Lima nicht zu berühren, sondern lieber auf schnellstem Wege über Guayaquil heimzukehren. «Sonst verlieren Sie nur Geld, und dann wird es schlimm für Sie.» Er hatte uns Schokolade angeboten und nahm uns die Tassen aus der Hand, um zu kosten, wie sie schmeckt. Seine Töchter haben in ihren achtundzwanzig Jahren weder Quito noch Cuenca jemals gesehen.

Das Billard des Inka

Am 3. Juli von Turchi weiter nach Burgay. Südlich von Turchi, auf der Hazienda Ingapirca, untersuchten wir den berühmten Inkapalast, den La Condamine unter dem Namen *Festung von Cañar* beschrieben hat – das besterhaltene aller Monumente, die wir sahen.

Die Festung ist ein umfängliches, schönes Oval aus großen Quadern, im Inneren mit Erde aufgefüllt; eine Treppe führt auf das Plateau des Ovals, das heute mit Gestrüpp bewachsen ist, aus dem sich malerisch das Haus des Inka erhebt. Es frappiert durch geradezu europäisches Aussehen, jedoch das Ganze, vor allem das Hausinnere, läßt keine Zweifel an seinem Alter zu. Es hat richtige Giebel mit Fenstern und ein Satteldach, das ehemals mit großen Steinplatten anstelle von Ziegeln gedeckt war. So erzählt der Eigentümer der Hazienda und rühmt sich seiner Vorfahren, die das Dach um der Steinplatten willen zerstört haben. Die Festung Cañar lehrt uns, daß die peruanische Architektur nicht so armselig war, sich mit Flachdächern aus Zweigen und Blättern zu begnügen, sondern Steildächer konstruierte, wie wir sie von zu Hause kennen und wie sie einem kalten Lande angepaßt sind, in dem es viel regnet und sogar schneit.

Das Haus auf dem Oval hat nur zwei nicht miteinander verbundene Wohnungen – für den Inka und seine Gemahlin? Hier die Maße, nicht gar genau, doch ungefähr: die Stuben sind zwanzig Fuß lang, acht breit und vierzehn hoch, die Giebel haben dreiundzwanzig Fuß Höhe. Das Innere ist in dem monotonen Stil aller Inkapaläste gestaltet, die sehr regelmäßig gesetzten Nischen oder Blendfenster wechseln mit steinernen, ein bis anderthalb Fuß aus der

Wand vorspringenden zylinderförmigen Balkenköpfen, an denen, sagen die Indios, die Waffen, die Ruanas und sonstigen Kleidungsstücke aufgehängt wurden. Quer über die Zimmerwinkel findet man dünne steinerne Rundstäbe mit großen Kugeln an den Enden in die Wände eingelassen. Der Stab und die beiden Kugeln sind jeweils aus einem Stück, woraus zu schließen ist, daß sie beträchtliche Gewichte halten mußten, zum Beispiel Hängematten. Die Längswand gegenüber dem Eingang hat sechs Steinbalkenköpfe und vier Nischen, die sich von beiden Seiten her einander so nähern, daß in der Mitte eine große Lücke bleibt, vielleicht als Platz für einen Thron. Er muß bei den Inkas in Gebrauch gewesen sein, denn man hat hier einen niedrigen Steinsessel mit einem feinen Überzug aus *tumbaga* gefunden. Die beiden kurzen Wände haben statt der kleinen Nischen je eine türgroße mit einer Stufe unten. Hätten die Peruaner wie die Römer und Mexikaner Hausgötter gehabt, würde ich mir deren Bildnisse darin aufgestellt denken. Die Überlieferung spricht dagegen. Vielleicht handelt es sich nur um Sitze für Zeremonien? Am vorteilhaftesten unterscheidet sich dieses Haus des Inka von allen anderen durch den Stuck, der die Wände völlig überzieht und ihnen den schönsten Oberflächenglanz verleiht. Die ein bis zwei Zoll dicke Schicht besteht aus einer sehr feinen, gelblichen Tonmasse, mit geschnittenem Stroh gemischt, damit sie besser haftet. Jeder Wohnraum hat der Kälte wegen nur ein einziges offenes Fenster ganz oben im Giebel. In den Außenwänden beobachtet man Nischen in Mannesgröße. Der Überlieferung zufolge waren sie für die Schild- oder Leibwachen des Inka bestimmt.

Aber der Inka besaß hier nicht nur eine Festung sowie Häuser für sich und sein Gefolge, sondern auch Gärten, woraus zu schließen ist, daß er hier lange Residenz hielt. Im Norden des Palastes liegt ein Sandsteinhügel. Zum Palast hin fällt er sanft ab, jedoch an der Rückseite ist er senkrecht abgeschnitten und stürzt jäh ins grüne Tal des kleinen Río Gulán, der über viele hübsche Kaskaden springt. Alles spricht dafür, hier ging der Inka spazieren. Am Rande des Steilhangs erkennt man ein Ruhebett, aus dem nackten Fels gehauen und so elegant, daß es ein Schmuck für die Parks von Wörlitz oder Kew wäre. In die Lehne ist eine kettenförmige Arabeske geschnitten. Das Kanapee reicht nur für eine Person, die hier aber, muß man einräumen, köstlich sitzt und eine malerische Aussicht genießt, was den Inka als einen Mann erweist, der sehr empfänglich für die Schönheiten der Natur war. Obwohl das Ganze mich nur an einen Landsitz denken läßt, besagt der überlieferte Name *Inga-chungana* – Spiel des Inka – doch einiges mehr, und dieses Mehr ist schwer zu begreifen. Die Kreolen sprechen vom *Trick des Inka* und stellen sich vor, die kettenförmig gemeißelte Vertiefung, die ich als Arabeske bezeichnete, habe dem billardähnlichen Spiel mit einer rollenden Kugel gedient. Gewiß, die Vertiefung hat ein Gefälle, setzt jedoch am Ende keinen Halt und scheint mir deshalb für den Lauf einer Kugel nicht eben geeignet.

Und das ist nicht das einzige Rätsel. Der sanfte Abhang des Hügels weist viele kleine, in den Fels gehauene Pfade auf, die, so denke ich mir, das Spazierengehen auf dem ziemlich glatten, erdelosen Gestein erleichtern sollten. Aber wozu der ebenfalls sehr kunstvoll in den nackten Fels gehauene Weg oder Sims an jener Kante, wo der Hügel senkrecht abgeschnitten ist? Der Weg endet an einer wahrscheinlich künstlichen Kluft. Wenn es sich um einen Aquädukt handelt, wie die Überlieferung sagt, führte er dann Wasser zu oder leitete er das aus den Felsen tretende ab? Man könnte eher glauben, daß es für den Inka von seinem Sitz aus da einiges zu *sehen* gab und man den sogenannten Aquädukt zu seiner Unterhaltung schuf. Bedeutet der Name *Ingachungana* vielleicht, daß er mit der Geschicklichkeit der Menschen spielte, hart am Rande des Abgrunds zu laufen?

Die europäische Habgier hat es sich ganz anders erklärt. So erzählte man uns, der Inka habe auf die Nachricht vom Eintreffen der Spanier seine Schätze in der Tiefe des Hügels verbergen lassen, zu diesem Zweck der Pfad am Abgrund und der künstliche Spalt. Zu Beginn der Conquista sei dort nachgegraben und in der Tat ein Gang gefunden worden sowie eine Tür und davor ein Kind mit der schwarzkupfernen Kopfbinde des Inka. «Was stört ihr», soll das Kind gesagt haben, «die Ruhe meiner Vorfahren; nachdem ihr gestohlen habt, was sie über der Erde besaßen, wollt ihr ruchlosen Fremden auch das noch herauswühlen, was unsere Kunst dem Schoß der Erde anheimgab?» Hiernach sei das Kind verschwunden, und hinter den entsetzt fliehenden Schatzräubern habe sich der Gang zu jenem einfachen Spalt geschlossen, den wir heute sehen. Dieser schöne Roman ist die Ortssage. Und wenn ich mir den Pfad auch nicht zu deuten weiß, so will ich doch lieber glauben, die Inkafürsten hätten Billard gespielt, als mir vorstellen, sie hätten ihre Schätze an einem allen zugänglichen und nur der Zerstreuung dienenden Platz versteckt!

Vom Spiel des Inka steigt man über die eingehauenen, von vielen Gewächsen beschatteten Pfade hinunter ins Tal des Río Gulán zu einem vier bis sechs Meter hohen Felsblock, der *Inti-guaicu* genannt wird und das Antlitz der Sonne darstellt. Farnkraut und Fettpflanzen umstehen den Sandstein. Obenauf sind drei braune konzentrische Kreise mit Resten eines Mundes und zweier Augen zu sehen. Unbestreitbar ist das die Figur der Sonne, wie alle Völker aller Zeiten sie in ihren Hieroglyphen abbilden. Bei genauer Prüfung erkannte ich die Kreise als die Adern eines Brauneisenstein-Ganges. So wie die Türken überall das Abbild des Mondes zu sehen meinen und die Christen das Kreuz, so entdeckten die alten Peruaner überall das Bild der Sonne, mit der ihre Einbildung unaufhörlich beschäftigt war. Es schien ihnen natürlich, daß es der Sonne gefiel, ein Tal zu bewohnen, das ihren Kindern, den Inkas, gehören sollte. Das Spiel der Natur wird ihnen als glückliches Vorzeichen für die Eroberung Quitos gegolten haben, als sie diese Spur ihrer Mythen im Land des Conchocando fanden; geradeso, wie die europäischen Eroberer überall Fußspuren des Apostels, Kreuzessplitter und sogar Taufe und Abendmahl bei den Indianern eingeführt sahen! Die indianischen Priester, immer geneigt, das Volk zu täuschen, vollendeten zweifellos erst dieses Antlitz der Sonne, indem sie, um es noch wunderbarer zu machen, die Augen, die Nase und den Mund eingruben. In den Fuß des Felsens eingehauene Stufen führen zu einer kleinen Bank, auf der eine Person sehr bequem sitzen und sich in die Betrachtung des Idols versenken konnte. Auch dieser Gegenstand indianischer Anbetung hat bei der Conquista die Rachsucht der Europäer auf sich gezogen. Sie haben versucht, es ist deutlich, das Bild mit dem Meißel auszulöschen.

Dies und das

Am 4. Juli erreichten wir Cuenca. Da wir erst für den folgenden Tag erwartet wurden, entgingen wir zum Glück, wie in Quito, dem triumphalen Empfang, den man uns zugedacht hatte.

Die Stadt ist sehr ordentlich angelegt, aber die öffentlichen Gebäude sind unter Mittelmaß. Der Bischof, Herr Fita, ein liebenswürdiger Prälat, denkt jetzt an den Bau einer Kathedrale und eines Seminars für sein noch junges Bistum. Es existiert dafür ein Fonds von 120 000 Pesos; totes Kapital, wie fast alle privaten Fonds hierzulande, das Geld liegt, statt zu arbeiten, in Koffern. Man webt einiges grobe Baumwollzeug und strickt Strümpfe, aber es geht enorm langsam voran. Es wäre vorteilhaft, Strumpfwirkmaschinen einzuführen. Cuenca hat an die zwanzigtausend Einwohner.

Einer der bemerkenswertesten ist Don Pedro García, ein Spanier, der sich hier zum gelehrten Optiker, Algebristen und Chemiker gebildet hat. Er hat ein ausgezeichnetes Sonnenmikroskop konstruiert, Fernrohre gebaut, eine Druckerei gegründet, er macht Porzellan, destilliert Schwefelsäure, bedruckt Baumwolle; kurz, er ist einer dieser einzigartigen Menschen, die alles im Kopf und in den Händen haben. Der Bischof, der seine Talente zu schätzen weiß, hat ihn für einen Lehrstuhl der Physik und Mathematik an dem neuen Seminar ausersehen. Er will für dasselbe Institut auch das berühmte Gregory-Teleskop kaufen, das sich in den Händen von Don Pedro Hunda befindet, einem mürrischen Greis, der aus Dummheit und Habgier für 40 000 Pesos Instrumente und Kleidung aus London kommen ließ, wovon er nur letztere hat wieder verkaufen können. Seit zwanzig Jahren sitzt er auf einem neunzölligen Theodoliten, einem guten Barometer, einem Hygrometer, einer astronomischen Uhr, ohne je Gebrauch davon zu machen, und zerspringt förmlich vor Mißtrauen.

La Condamine ließ seinerzeit hier zwei natürliche Töchter zurück; sie leben noch und betreiben das galante Gewerbe ihrer Mutter.

Wir wohnten bei Doktor Don Domingo Delgado, einem gebildeten, tätigen Domherrn von größter Gefälligkeit. Er feierte uns in jeder Weise und veranstaltete eigens für uns fünf Tage lang Stierkämpfe auf der Plaza Mayor. Es gab nur zwei Tote, und zwar außerhalb des Platzes, als man die Stiere noch durch die Straßen führte. Die Bevölkerung von Cuenca hat den Geschmack an Stierkämpfen gänzlich verloren und nichts mehr von der alten Grausamkeit. Aber die Gewohnheit, oh, wie zählebig sie doch ist!

Ich litt unermeßlich an dem schwärenden Fuß, den ich mir bei den Tungurahua- und Chimborazo-Aufstiegen und im Azuay-Paß geholt hatte.

Am 17. Juli verließen wir Cuenca. Am folgenden Tag, einem Sonntag, bewältigten wir in sieben Stunden den entsetzlich schlechten, glitschigen Weg über den Páramo de Sanar nach Nabón. Man riskiert bei jedem Schritt einen Beinbruch. Schlimmer als der Azuay-Paß.

Zwischen Nabón und Cochapata liegen die Ruinen eines Inkapalastes oder vielmehr, nach den zahlreichen Mauerresten zu urteilen, eines ganzen Dorfes. Wenn man die kalten, ungemütlichen, ungeschützten Hochlagen der Paläste bedenkt – im Azuay-Massiv 4180, in Cañar 3245 und hier 2650 Meter über dem Meer –, so kommt man zu dem Schluß, daß die Inkafürsten in den eroberten Gebieten überall Residenzplätze mit dem gewohnten fürchterlichen Klima ihrer Hauptstadt Cuzco gesucht haben.

Freitag, den 23. Juli 1802, zogen wir frühmorgens in Loja ein; wir barsten vor Neugier auf den berühmten Botaniker, der keine einzige Pflanze kennt.

Indianische Prophezeiung

Der Botaniker Don Vicente Olmedo ist der Chinarinden-Inspektor von Loja. Er ist noch niemals in Jaén und Tomependa gewesen, obwohl es dahin nicht weiter als neun Tagereisen ist; ein vortrefflich unwissender Mann, er zeigte uns Wasserpfeffer und sagte, es wäre europäischer Felberich. Er sagt: Die

Kühe schlingen die Zitrone im ganzen hinunter, in ihren Mägen schält sie sich, und er bekommt sie abgeschält zurück!

Loja mit seinen fünfzehnhundert Einwohnern ist verarmt, da die Ortschaften ringsum aussterben – Zaruma, ehemals so reich durch seine Goldminen, Jaén, Zamora. Heute werden in Zaruma kaum mehr zweihundert Pfund Gold im Jahr gewonnen. Der Berg ist noch jungfräulich, die Alten sind aus Mangel an Kapital, Bergrecht und Kenntnis niemals ins Innere vorgedrungen. Das meiste Gold geht bei der Wäsche in den hölzernen Mulden verloren, die mit der Hand geschüttelt werden. Zamora ist von unabhängigen Indianern völlig zerstört worden; sie haben die Kirche verbrannt und die zwanzig christlichen Familien totgeschlagen.

Das Städtchen Loja hat der wirksamsten aller Fieberrinden den Namen gegeben: *Quina Fina de Loja.* Erst gegen Mitte des 17. Jahrhunderts wurde die Fieberrinde nach Europa gebracht; entweder 1632 nach Alcala de Henares oder 1640 nach Madrid mit Ankunft der vom Wechselfieber in Lima geheilten Vizekönigin, Gräfin von Chinchón. In Loja gilt die Geschichte der Gräfin Chinchón als reichlich fabulös. Man weiß nicht, wie es angefangen hat. Don Vicente Olmeda sagt, und ich pflichte ihm bei, es sei schwerlich zu glauben, Eingeborene hätten die Fieberrinde entdeckt. Sie halten fest an ihren Gewohnheiten, und noch heute sterben die Indios und Mestizen von Loja und Umgebung lieber – ausgenommen die Rindenarbeiter selbst –, als China zu nehmen, die sie für überaus giftig halten. Sie reihen sie unter die Opiate ein, die sie ebenfalls verabscheuen. Seltsam, daß ausgerechnet da, wo das Heilmittel gegen das grassierende Wechselfieber gedeiht, kein Gebrauch davon gemacht wird.

Der Fieberrindenbaum verlangt bis zum vierten, fünften Jahr nach Schutz gegen die Sonne, er liebt abgeschirmte Plätze und den Schatten anderer Bäume. Aber schließlich muß man, damit die Rinde reifen kann, die Bäume der Umgebung schlagen. Im achten oder neunten Jahr ist es soweit. Der Stamm mißt nun acht Zoll Durchmesser und ergibt etwa zwölf Pfund getrocknete Rinde. Von einem fünfzehnjährigen Baum gewinnt man freilich das Vierfache. Die geschälten Bäume sterben. Geerntet wird nur von Mai bis September. In diesen Monaten blüht der Baum unaufhörlich. Die Regen, die hier, so dicht unter dem Äquator, manchmal auch im Sommer fallen, behindern die Ernte beträchtlich und zwingen die armen Peones, sich nach tagelangem Anmarsch unverrichteter Dinge aus dem Wald zurückzuziehen. Bei günstiger Saison und Sonnenschein dauert das Trocknen der Rinde zwei bis fünf Tage. Eine üble Methode ist es, sie an Feuern oder in den Häusern zu trocknen. Sie soll im Freien auf saubere Ruanas gelegt werden.

Die Peones verstehen sich auf ihre Arbeit; wenn ab 1. September die Ernte für den König gemustert wird, muß kaum ein Zentner auf hundert zurückgewiesen und verbrannt werden. Früher quälte man die Arbeiter und ließ ihnen nur ein Fünftel durchgehen, nicht allein bei unsorgfältiger Ernte, sondern auch aus purer Laune und zwecks Schwarzhandel mit der zurückgewiesenen Rinde. Der jetzige Corregidor hat Prämien in Stufen von dreißig, zwanzig und zehn Pesos für die besten Rinden eingeführt; das macht viel aus. Die Ernte ist nicht mehr so verhaßt, obwohl die Art und Weise der Entlohnung nach wie vor ziemlich widerwärtig ist. Da Arbeit in dem warmen, fruchtbaren Land nicht lebensnotwendig ist, der König schlecht zahlt und es für eine gefürchtete, durch Schlangen, Jaguare und Bären gefährliche Arbeit zu wenig Hände gibt, werden sie durch das Repartimiento-System gewaltsam beschafft. Man teilt die königliche Ernte unter die fünfzig Peones der Königlichen Chinakompanie auf und zwingt den einzelnen zur Ablieferung einer bestimmten Menge Rinde, indem man ihm den Lohn dafür im voraus zahlt. Die königlichen Wachen und der China-Inspektor sorgen dafür, daß der Peón seine Pflicht erfüllt.

Die getrocknete Quina Fina de Loja ist unbestreitbar von großer Schönheit. Sie unterscheidet sich von der Bogotá-Rinde wie das Mobelstück eines Pariser Kunsttischlers von dem eines ländlichen Zimmermanns. Doch das Äußere macht wenig medizinischen Effekt, und Loja kann so dicke Rinden wie Bogotá nicht liefern, weil es hier keine großen Bäume gibt. Einhundertfünfzigjährige Erfahrung im Rindentrocknen bedeutet auch anderthalb Jahrhunderte Zerstörung in den Wäldern. Ein Wächter, der in dreißig Jahren jeden Wald kennengelernt hat, versichert, daß von der Quina Fina selbst an den entlegensten Plätzen kein Baum mehr steht, der über vier oder viereinhalb Zoll Durchmesser hätte.

1779 wurden viertausend Zentner geschnitten. Heute, da jeglicher Privathandel mit Chinarinde verboten ist, wird in Loja nur für die königliche Apotheke geschnitten, und die ganze Ernte beläuft sich jährlich auf einhundert bis einhundertzehn Zentner. Sie wird halbzentnerweise in Kisten, die innen mit Leinwand ausgekleidet und außen doppelt mit Leder beschlagen sind, nach Callao transportiert und von dort um Kap Hoorn nach Cádiz verschifft. Hält man die viertausend Zentner von 1779 und die einhundertzehn von heute gegeneinander und bedenkt, wie der Verbrauch in Europa zugenommen hat, läßt sich ausrechnen, wieviel China über Cartagena, Santa Marta und die peruanischen Häfen exportiert werden könnte. Man müßte nur den Wachstumsjahren entsprechend die Wälder in Schläge einteilen und den Städten Handelsfreiheit gewähren. Der König könnte den Peón besser bezahlen, die Chinarinden ganz Europa zu einem vorteilhafteren Preis überlassen, jährlich hunderttausend Pesos Gewinn machen und der unglücklichen Stadt Loja wieder auf die Beine helfen. Man hat Projekte eingereicht, ist vorstellig geworden, aber seit dem Tod des letzten Indienministers hat Madrid nicht mehr geruht, zu antworten.

Die Quina Fina läßt sich nur schwer aus Samen ziehen. Durch Schößlinge jedoch, ob man nun Wurzeltriebe nimmt oder Zweigenden mit ein, zwei Augen in die Erde steckt, brächte man leicht ganze Wälder hoch. Die Wächter und das Personal der Kompanie streiten es ab. Herr Olmedo hält nichts davon, Quina zu säen oder zu pflanzen; man braucht nur, meint er, der Natur zu helfen, daß die vielen Schößlinge, die aus jedem Baumstumpf sprießen, nicht von Schmarotzern am Hochkommen gehindert und von den wuchernden Schlingpflanzen erstickt werden. Die Gärtner von Schönbrunn oder Kew brächten alles zuwege, und ein tüchtiger Landwirt wäre hier wohl besser am Platze als ein Botaniker. Plantagen – vom Hof befohlen, aber natürlich nicht in Angriff genommen – stifteten den größten Nutzen. Für die hundert Zentner getrockneter Rinde, die man dem König jährlich schickt, genügen acht- oder neunhundert Bäume. Sechstausend wären ausreichend, um jährlich nur ein Fünftel des Bestandes fällen zu müssen. Und wie klein ist die Fläche, die man benötigte, wie leicht wären sechstausend Fieberrindenbäume in einem Lande gepflanzt, in dem man sich doch darauf versteht, Kakaoplantagen von dreißig-, vierzigtausend Bäumen anzulegen.

Am 29. Juli verabschiedeten wir uns von Corregidor und China-Inspektor, holten am 30. Juli in Gonzanamá unser Gepäck ein und ritten am folgenden Tag nach Tablon.

Am Abend ging ich mit Carlos spazieren, um Pflanzen zu sammeln und aus der Höhe den Río Calvas zu überblicken, der Peru von der Residentschaft Quito scheidet. Wir blieben lange sitzen, die Augen auf die Kordillere und die benachbarten endlosen Einöden geheftet. Ein herrlicher Abend. Mond, Venus, Jupiter und Saturn standen nahe beieinander. Auf dem Rückweg verliefen wir uns. Wir irrten drei, vier Stunden umher, hörten einen Hund bellen, arbeiteten uns unter Schwierigkeiten und von Vipern bedroht durch den Wald, umgingen die Klüfte und erreichten das ersehnte Haus. Aber es war nicht das unsere, sondern eine offene indianische Hütte mit angefachtem Feuer, von ihren Bewohnern verlassen. Ermattet schickten wir uns darein, hier ohne Abendessen und Kopfkissen die Nacht herumzubringen. In diesem Augenblick hörten wir Bonpland schreien. Die Stimme kam von der Kordillerenhöhe, wir folgten ihr; unsere Schwarzen und er suchten uns seit einer Stunde. Endlich trafen wir sie und mußten erstaunt zur Kenntnis nehmen, daß unsere Hütte genau entgegengesetzt dem Platz lag, an dem wir sie vermutet hatten. Ich war des Glaubens gewesen, mich an den Sternen gut orientiert zu haben. Wir freuten uns, wieder vereint zu sein. Carlos' und meine Besorgnis hatte weniger der eigenen Situation gegolten als dem Schrecken, den wir unseren Gefährten eingejagt hatten.

In die Fröhlichkeit mischte sich neuer Verdruß. Den Indios gefiel es, auf freiem Feld zu kampieren, weit entfernt von Tablon, das sie uns als Treffpunkt bezeichnet hatten. Es gab kein Wasser, man mußte eine halbe Meile weit danach suchen, die Betten fehlten uns. Wir brachten die Nacht auf der Erde zu, auf Häuten, den Sattel unterm Kopf. Der Himmel war schön gestirnt, die Nacht ziemlich frisch. Ameisenbisse verschafften uns Muße genug, die Sternenuntergänge zu beobachten. Gegen Morgen kamen Regen und Wind auf, unsere Ruhe war dahin, denn die indianische Hütte war so klein und voller Ameisen, daß einem der Mut verging, sich darin aufzuhalten. Ich raffte mich auf, einige Pflanzen zu zeichnen, sozusagen als Frühstücksersatz, denn bis zur Ankunft unseres Gepäcks hatten wir nichts zu essen. Eine alte Indianerin beklagte in der Inkasprache sehr poetisch unser Schicksal: «Nichts ist schöner als das Vaterland, und die Vorsehung bestraft diejenigen, die es verlassen; ihr geht mit Sicherheit auf eurem großen Weg in den Tod.» Sie legte uns ans Herz, ihr zu schreiben und ihren Sohn zu grüßen, der nach Piura gegangen war und den wir, wie sie glaubte, dort kennenlernen würden.

Fünfzehntes Kapitel

Das Gericht des Inka

Vor dem Eintreffen in Ayabaca am 2. August 1802 begegneten wir dem Pfarrgehilfen, der uns als erstes und in weniger als drei Minuten erzählte, die Syphilis trete ihm aus allen Poren, er werde krepieren in diesem *f*-Land, und nächst Lima gebe es nichts Schöneres in Amerika als seine Vaterstadt Lambayeque. Im übrigen ist Ayabaca geeignet, eine vorteilhafte Idee von Peru zu vermitteln. Es gibt alle Berufe, doppelt so viele Einwohner wie in Loja, sehr gesetzte Señoras. Unsere Gesellschaft bestand aus dem Pfarrer Don Herrera d'Ariquipa, seinem Gehilfen, einem chilenischen Mönch, groß wie ein Patagone und mit vierzölligem Bart, aus Doña Ursula Xavedra la Diezmera und ihrer langen Tochter Doña Juana, die uns einen Ball gaben, aus der alten, mit Stärkepuder geschminkten Kokette Doña Teresa Altuna, die sich beklagte, daß wir sie mit ihren Gelüsten links liegenließen, und viel barfüßigem Adel in Ruanas.

Nach drei Tagen machten wir uns davon zur Hazienda Olleros. Östlich davon sieht man auf einem Kordillerenplateau, *Plaza del Inca* genannt, die Ruinen eines Palastes und eines ganzen altperuanischen Dorfes liegen. Eine Fundgrube geschnitzter Idole, aus einem Holz, das im Wasser versteint. Eines, das ich in Olleros sah, hat einen übergroßen Kopf auf kleinem Körper und auf dem Bauch ruhende Hände und endet wie eine Karyatide. Die Uniformität der Plastik ist auffallend. Die gleichen Figuren haben wir aus Basalt in Popayán gesehen, aus Ton in Calpi und Licán – zum Beispiel ein Gefäß mit Henkeln in Gestalt solcher Idole und einen kleinen Priapos –, auf Töpfe gemalte in den Katakomben der Atures-Indianer am Orinoko. Übrigens bin ich im Zweifel, ob die Figuren von Olleros Götzenbilder sind.

Wir nahmen von Olleros schöne Vögel mit, Beutelstare, die Schwarzdrossel, eine exzellente Sängerin. In Gualtaquillo, das nichts weiter als eine einsame indianische Strohhütte ist, wiederholte ich die astronomischen Beobachtungen mehrmals in Verbindung mit Inklinationsmessungen, um genau den Punkt zu bestimmen, an dem die magnetische Inklination gleich Null ist. Am 7. und 8. August ritten wir über die Zuckersiedereien von San Pablo nach Chulucanas und von dort über den Páramo von Guamani nach Huancabamba. Die einzige Indianerhütte, aus der die Ortschaft Chulucanas besteht, ist so klein, daß sie mit vier Personen schon überfüllt scheint; wir schliefen darin zwölf oder vierzehn Mann hoch, nicht gerechnet die Meerschweinchen, deren nächtliches Quieken die Geißel des Reisenden in diesen Landstrichen ist.

Südlich der Hütte erblickt man zum erstenmal wieder die schöne Kunststraße der Inkas, die Fortsetzung der Azuay-Straße. Um den mühseligen Abstiegen in die zahlreichen Täler zu entgehen, waren die Fürsten vom Azuay bis nach Cajamarca – und weiter bis Cuzco? – dem hohen Kordillerenkamm gefolgt. Die fast fünf Meter breite Straße zieht sich noch jetzt, nahezu ununterbrochen, über zwölf Meilen hin. Sie ist gut abgesteckt und überwindet jedes Hindernis. Sie hebt sich von 1560 auf 3335 Meter, durchschneidet die Felsen, statt sie zu umgehen, und gibt den Flüssen, wo sie stören, einen anderen Lauf. Im Río Chulucanas erkennt man noch deutlich Hausertundamente und die Straßentrümmer – ein sicherer Beweis, daß er einst in anderen Windungen floß. Streckenweise ist die Inkastraße so gut erhalten, daß sie mit wenig Kostenaufwand wiederhergestellt werden könnte.

Was die Palastruinen betrifft, so haben wir von Chulucanas bis Huancabamba neun große Bauwerke gezählt. Das ist sehr viel für die geringe Distanz und belegt, wie verschwommen die Bezeichnung *Palast des Inka* ist. Oder sollte der Herrscher den Luxus so auf die Spitze getrieben haben? Nur die größten der alten Gemäuer, wie jene bei den Bädern von Guamani und die von Huancabamba, werden seine Paläste gewesen sein, umgeben von Dörfern oder Städten; die übrigen, so nehme ich an, waren die Wohnstätten der peruanischen Grandseigneurs, die er als Verwalter dieser Provinzen eingesetzt hat.

Die Inkabäder, inmitten des Tales von Chulucanas zu beiden Seiten des Flusses gelegen, sind das Schönste, was sich denken läßt. Es sind die bedeutendsten aller Ruinen, die wir an unserem Weg fanden. Sie bedecken ein Terrain von über vierhundert bis sechshundert Meter Durchmesser, sie nehmen nicht nur die ganze Breite des Tals ein, sondern steigen noch auf die benachbarten Berge. Wir haben sie mit aller Sorgfalt untersucht. Die Bequemlichkeit der Europäer, die hinter jedem behauenen Stein her sind, hat nur ein bis drei Fuß hohe Grundmauern übriggelassen. Der Name *Bäder* ist zufällig und geht darauf zurück, daß nur sie einigermaßen gut erhalten sind. Nach Lage und

Ensemble muß das Ganze eine bedeutende Stadt gewesen sein, vielleicht eine Festung, um diesen Kordillerenpaß zu sperren. Warum sonst kletterten die Bauten zu beiden Seiten des Tals auf die Berge?

Linkerhand des Flusses liegt ein ganzer Stadtteil, in dem man die Verteilung der Straßen und Häuser noch sehr gut wiedererkennt. Den Fluß entlang ist eine Mauer samt Graben gezogen, mit zwei Durchlässen, den Hauptstraßen entsprechend. Vier sich kreuzende Straßen schneiden das Ensemble in acht Stadtviertel und fassen ein großes Bauwerk ein, das der Sitz des Herrschers gewesen sein wird. Jedes Viertel besteht aus zwölf kleinen, sehr gleichmäßig angeordneten Häusern mit wahrscheinlich nur je einem Raum. Diese zwölf Häuschen sind getrennt durch zwölf Gäßchen und umgeben als ihr Zentrum einen lichten Hof. Das macht zwölf mal acht gleich sechsundneunzig Häuser. Das Bauwerk in der Mitte ist von beträchtlichen Dimensionen und war aus besser bearbeiteten Steinen errichtet als seine Umgebung. Es lassen sich in dem Komplex vier große längliche Gebäude im Karree und vier kleine in den Ecken des Karrees unterscheiden. Das macht alles in allem sechsundneunzig plus acht gleich einhundertvier Häuser. Nördlich und südlich dieses bebauten Berghangs liegen weitere Trümmerfelder, aber die einstige Ordnung der Häuser und Gräben dort ist nicht mehr zu begreifen.

Rechterhand des Flusses steht ein Bau, den man von weitem für ein Amphitheater halten könnte. Es ist jedoch ein terrassierter Hügel, der an Sanssouci erinnert, mit sechs Stufen aus Quadern. In den schönen Ruinen obenauf sind am besten die Bäder erhalten, da die Spanier zu träge waren, die vortrefflich gearbeiteten, eingelassenen Steine aus der Erde zu reißen. Die beiden viereckigen Vertiefungen – vielleicht für den Inka und seine Gemahlin – sind durch eine Gasse getrennt. Sie wurden durch je eine kleine, in den Stein gemeißelte Röhre gespeist, und in je einer Nische, wie sie ähnlich in allen altperuanischen Häusern üblich war, wurde wahrscheinlich das Leintuch abgelegt. Die Lage der Bäder und der Röhren zeigt an, daß das Wasser in unterirdischen Kanälen zufloß. Bei der Kälte dieses Landstrichs, für uns sogar in praller Sonne noch unangenehm genug, konnte es wohl nur den Leuten von Cuzco einladend erschienen sein, bei Wassertemperaturen von zehn bis zwölf Grad ins Bad zu steigen!

Auf einer anderen, gewiß künstlich aufgeschichteten Erhebung entdeckt man die Reste eines Bauwerks, dessen Zweck schwer zu bestimmen ist. Der viereckige Hügel steigt kaum vier Meter in Terrassen auf und ist von einer doppelten Mauer umgeben. Die Plattform mißt sechsunddreißig Fuß Länge und vierundzwanzig über die Breite. In der Mitte darauf eine zweite längliche, massiv gemauerte Plattform von vierzehn mal vier Fuß. Für eine Festung wäre das sehr klein. Ob es eine Kultstätte war? Ringsherum die Grundmauern unzähliger anderer Gebäude, deren Räume in Länge und Breite durchweg die schöne Proportion von drei zu eins oder drei zu zwei haben. In all diesen Ruinen sieht man die Steine bewundernswert und ohne Mörtel einen auf den anderen gesetzt. Man hat sich die Mühe gespart, aus den Steinen gleichmäßige Quader zu machen, und sie nur an der Frontseite regelgerecht behauen. Um nun dieser Konstruktion aus ungleichen Steinen größeren Halt zu geben, hat man – mit einem kupfernen Meißel? – den Stein *a* so geformt, daß *b* und *c* ihm genau passen. Er empfing sozusagen den Konturenabdruck seiner Nachbarn. Welche Arbeit für den Baumeister, der diese inegalen Teile zusammenfügen mußte!

Ein sehenswerter Komplex von drei ummauerten Häusern liegt auf Scheitelhöhe der Anden, und man genießt von dort einen schier unendlichen Blick über die Ebenen von Piura und Lambayeque, deren Horizont vom Pazifik begrenzt wird. Die Maultiertreiber hatten uns mit Sicherheit verkündet, daß wir jenseits der Niederungen das Meer erblicken sollten. Aber die Ebenen lagen unter dickem Nebel, aus dem wie Inseln die Felshäupter auftauchten, und wir erahnten mehr, als wir ihn unterschieden, den Horizont des Stillen Ozeans.

Das große Dorf Huancabamba hat seine eigenen Inkapalastruinen. Der Sitz muß von größter Geräumigkeit gewesen sein, denn sowohl im Dorf wie in der Umgebung entdeckt man in jedem kreolischen oder spanischen Haus viele gestohlene Quadersteine verwendet. Die meisten in den Kirchenmauern. Die Tradition erzählt, obgleich verworren, es sei dieser Palast, der das *Gericht des Inka* veranlaßt habe. Die Indianer hatten ihn während der Abwesenheit des Inka erbaut. Als der Herrscher wiederkehrte und den Palast in Besitz nehmen wollte, verirrten sich die Bergführer und geleiteten die Sänfte in die sogenannte Maultierhöhle, die nur ein überhängender Fels ist. Schlechtgelaunt von der Nacht ließ der Inka die Führer an Ort und Stelle aufhängen – ein Beweis, daß die peruanischen Fürsten nicht immer so sanft waren, wie man beliebt hat, sie zu malen. Sei es, um der Nachwelt die Erinnerung an diese ungute Nacht zu bewahren, sei es aus Furcht, der Souverän könnte eines Tages erneut zu diesem Weg gezwungen sein, baute man bei der Höhle ein schönes Haus, dessen Mauern noch zu sehen sind und das der *Galgen* oder das *Gericht des Inka* genannt wird.

Streit um die Maultiere

Seit dem Chimborazo sehen wir keine Schneegipfel mehr in der Andenkordillere, die sich im Azuay-Massiv immerhin noch bis zu 4000 Metern auftürmt und bei Cuenca, Loja und Ayabaca zwischen 3300 und 3500 Meter erreicht. Dieser hohe Rücken ist wenig begangen. Östlich davon ist alles unbekannt. Da liegen weite Ebenen, das Land der Jíbaros-Indianer, die vor fünfzehn Jahren die Stadt Zamora zerstörten, die Männer töteten und die Frauen verschleppten. Das sind die Eroberungen der Indios bei den Spaniern, ihre Reconquistas. Gegenwärtig fürchtet man auch in Canelos und Macas Überfälle der kühnen und kriegerischen Jíbaros.

Wir traten jetzt ein in die Provinz Jaén und bekamen es mit den Schwierigkeiten des Weges nach San Felipe zu tun. Da die alte prachtvolle Inkastraße, ohne Flußübergänge an den Felsen geschmiegt, nicht erhalten ist, muß man heute siebenundzwanzigmal über den Río Huancabamba setzen, jedesmal unter Gefahr. Der Fluß ist dreißig bis vierzig Meter breit, und wenn er steigt, hilft nur Schwimmen. Die Furten ändern sich dauernd durch die Gewalt der Strömung. Tag und Nacht fällt Páramo-Regen, und das Schlimmste, nächst dem Fluß selbst, sind die gefährlich bösen Steilufer in dem engen, von vielen Schluchten und herabstürzenden Gießbächen zerrissenen Tal. Man balanciert, man bittet um Rat, und kaum hast du deinen Entschluß gefaßt, mißbilligt ihn jeder. Du änderst ihn also, und nunmehr heißt jeder gut, was er eben noch getadelt hat. Wir führten alle Manuskripte und Zeichnungen mit uns. Es bleibt einem das Herz stehen, wenn man dem Maultier zusieht, das auf seinem schwankenden Rücken die Früchte so vieler Arbeit trägt, wie es inmitten des Flusses stockt, der reißend und tief genug ist, es samt Gepäck zu verschlingen, falls es auf dem furtbildenden Damm fehltritt. Das machten wir in drei Tagen siebenundzwanzigmal durch, ungerechnet die Sturzbäche, deren wir zehnmal mehr durchwateten.

In Sondorillo, wo wir am 11. August übernachteten, gab es Krieg mit den Indios des Dorfes, die uns die Maultiere stahlen. Sie versteckten sich im Wald. Als wir sie aufspürten, flohen sie und ließen die Mulas zurück.

Vom 14. bis 17. August hielten wir uns in San Felipe auf. Das miserable Dorf hat kaum zwanzig Häuser und sechshundert Einwohner. Aber die ganze Provinz zählt nicht achteinhalb-, neuntausend Menschen. Darum heißen schon fünf oder sechs Häuser, zu nichts weiter gut, als die Landkarte mit einem Punkt zu zieren, ein Dorf. Einst, sagt man, sei dieser Landstrich blühend und bevölkert gewesen. Man fragt sich nach den Ursachen der Verödung.

Der Handel auf dem Marañón ist niemals freier gewesen als heute. Die Indios sind freilich darauf nicht angewiesen. Wo sind sie geblieben? Warum so wenige Felder mit Bananen, Kartoffeln und Yucca, die dem Indio zum Leben, zum *glücklichen* Leben genügen! Der wahre Grund ist, daß eine schlechte Regierung stets am meisten auf die bedürftigsten Klassen drückt, die am wenigsten imstande sind, sich zu wehren, und daß die Bedrückungen nirgends größer waren als östlich der Kordillere in Quijos, Avila, Macas und Jaén, wo man sich, fernab von den Audiencias und in sicherer Einsamkeit, kaum Hemmungen auferlegen mußte. Diese vier Provinzen erfuhren alle das gleiche Schicksal. Alle besaßen Wohlstand, alle sind heute gleich unglücklich und verlassen. Die Gouverneure behandelten die Indios wie Sklaven. Sie veranstalteten Repartimientos, indem sie der Bevölkerung tausenderlei Schund zu den höchsten Preisen lieferten, den diese mit ihren so niedrig wie möglich angerechneten Erzeugnissen bezahlen mußte. So geriet jedermann in die Schuld des Gouverneurs, er wurde absoluter Herr. Die Weißen suchten das Weite vor dem mit Monopolrechten ausgestatteten Pascha. Die Indios flüchteten in die Wälder zu ihren Verwandten oder versuchten, um den Quälereien zu entgehen, sich in den Tälern westlich der Kordillere anzusiedeln. Aber in einem zweihundertfünfzig Jahre lang tyrannisierten Land bedarf es gar nicht der Emigration, um die Bevölkerung auszurotten. Eine unglückliche Familie pflanzt sich nicht fort; man flieht die Ehe.

Bei den letzten Grenzverhandlungen mit Portugal wurde der Augenblick verpaßt, die Provinzen östlich der Anden zur Blüte zu bringen. Welchen unberechenbaren Einfluß auf den Wohlstand hätte die freie Schiffahrt auf dem Amazonas. Diese Freiheit ist es, die interessiert, und nicht, ob ein armseliges Dorf wie Tabatinga spanisch oder portugiesisch ist, ob diese oder jene Insel dem einen oder dem anderen gehört. Wie lebhaft gestaltete sich der Handel, wenn Fieberrinde, Kakao, Balsam, Harz, Tabak, Holz und viele andere kostbare Produkte durch die brasilianische Provinz Grão Pará exportiert werden könnten. Aber dazu wäre eine generelle Änderung der politischen Ansichten des Kabinetts nötig. Man hat in Jaén zwei Kompanien aus Weißen aufgestellt, von denen keiner über ein Gewehr verfügt. Sie sollen im Notfall der Provinz Mainas gegen die Portugiesen beistehen. Die Streitmacht an der Grenze von Mainas besteht aus dreißig bis vierzig altgedienten Soldaten, zwei oder drei vier- bis sechspfündigen Kanonen und indianischen Milizen.

Heute wird die Provinz Jaén von Gouverneur Don José Ignacio Chica, einem Verwandten unseres Carlos, milde regiert. Aber wie sollen die Wunden aus so vielen Jahrhunderten ohne die Hilfe der Vizekönige geheilt werden! Mitten in aller Armut müssen die *alcabala* genannten Verkaufssteuern, die Tabak-, die Branntweinsteuer bezahlt werden. Seit Herr Chica jedem die Freiheit läßt, Handel mit seinen Erzeugnissen zu treiben und Gewinn aus seiner Arbeit zu ziehen, haben die Gewerbe zugenommen, fließt das Geld reichlicher, steigt der Bodenpreis – Beweise dafür, wie sich die Provinz seit acht Jahren allmählich wieder etwas erholt.

Die fröhlichen Jíbaros

Um nach Chamaya zu gelangen, wo wir uns einschiffen wollten, folgten wir wieder dem Río Huancabamba in seinem Tal. Es war sehr heiß. Wir schliefen zuweilen unter freiem Himmel und stöhnten alle über die schreckliche *Achyranthes*, die sich in die Hosen setzt, die Betten, schlechthin überall, und schmerzhaft sticht.

Das Dörfchen Chamaya liegt eine Achtelmeile vom linken Ufer des Río Huancabamba entfernt, der hier Río Chamaya heißt, und eindreiviertel Meilen oberhalb seiner Mündung in den Marañón. Es ist nahezu verfallen, bis auf drei, vier Häuser. Unter den Einwohnern grassierte bei anhaltendem Geschlechtsverkehr die Syphilis und raffte die meisten dahin. Die anderen flohen vor einem Jahr, sie erklärten den Ort für ungesund. So klagt der Mensch die Natur für Krankheiten an, die er seinen eigenen Lastern verdankt. Das Übliche in fast allen tropischen Ländern. Die Europäer schleppen den Keim der Syphilis nach Amerika ein. Sie leben hier noch verderbter als zu Hause und sagen dann, es sei das Klima, das sie tötet.

In der Nacht von Sonnabend auf Sonntag, den 21. August, schliefen wir auf dem breiten Strand, den der Río Chamaya hier freiläßt. Wir hatten Don José Ignacio Chica von Cuenca aus gebeten, er möchte Flöße bereithalten. Der Brief wurde auf der Post in Piura vergessen und kam mit uns zur gleichen Zeit an. Wir schrieben einen zweiten Brief von San Felipe und schickten ihn durch einen indianischen Boten, der in Pomohuaca die Briefe zusammen mit Lendenschurz und Messer in sein weites Baumwolltuch windet, dieses turbanartig um den Kopf wickelt, sich in den Fluß wirft und sechsunddreißig Meilen bis Tomependa schwimmt. Der Gouverneur machte sich auf unsere Nachricht hin sofort auf den Weg. Ich hatte im Fluß gebadet und stieg gerade aus dem Wasser, als er auf dem gegenüberliegenden Gestade erschien. Er ist ein Mann der besten Gesellschaft, der als Leibgardist des Vizekönigs Góngora ganz Neu-Granada bereist hat, ein Freund von Mutis. Er wußte von unserem Aufenthalt in Quito und staunte über die Maßen, daß wir seinen so entlegenen Landstrich besuchten. Wir hörten die Messe, nahmen ein köstliches Bad und schifften uns nach dem Mittagessen auf drei Flößen ein.

Die Flöße bestehen aus neun bis zwölf Balsahölzern, mit einer achtzölligen

Erhöhung aus Lianen- und Weidengeflecht, damit Passagiere und Gepäck nicht naß werden, denn sobald das Floß etwas beladen ist, taucht es unter Wasser. Die stakenden Indios, völlig nackt, sitzen an den Floßecken, nach indianischer Weise mit dem Hintern in der Luft. Wir schifften den Río Chamaya bis zu seinem Zusammenfluß mit dem Marañón in fünf Viertelstunden hinab. Er windet sich in großen Schleifen durch steile, festungsartige Sandsteinberge. Es dunkelte, und der Baumstümpfe wegen, unsichtbar unter der Wasserfläche verborgen, wurde die Navigation zu riskant. Wir mußten auf dem Strand an der Mündung übernachten.

Ein großes Fest bereitete uns Herr Chica durch seine Einladung an die Jíbaros-Indianer, mit denen er in Eintracht lebt, uns in Tomependa zu besuchen. Ein Stamm, der seine Feinde flieht – der Mensch führt überall gegen seinesgleichen Krieg –, hat die Ufer des Río Santiago verlassen und sich in Tutumberos am Marañón niedergelassen, unterhalb des Dorfes Puyaya. Die Einsamkeit des Ortes, umgeben von Wasserfällen, durch Stromengen von der bewohnten Welt getrennt, hat die Jíbaros zweifellos zu dieser Wahl bestimmt. Die Jíbaros sind so begierig nach Äxten, daß die Hoffnung darauf sie sofort nach Tomependa aufbrechen läßt. Chicas Bote hatte ihnen durch Zeichen verständlich gemacht, der große *Apu* (der Gouverneur) werde ihnen einige geben. So kamen sie, rittlings auf Balsastämmen schwimmend. Das ist die Art aller Indios dieses Landes, zu reisen, sei es der aus den Wäldern oder jener der Missionen. Der Kurier, der dem Gouverneur die Briefe aus Trujillo zu bringen hat, schwimmt von Ingatambo den ganzen Río Chamaya und den Marañón bis nach Tomependa hinab. Es würde den Indianern nicht schwerfallen, so bis nach Pará zu kommen. Schwangere Indianerinnen werden von den Ehemännern auf den Rücken genommen. Kinder von zwei Monaten halten sich, wie wir auf dem Orinoko sahen, selbst am Hals der Mutter fest.

Ich war gerade auf einer Insel des Nebenflusses Chinchipe mit dem Vermessen einer Basis beschäftigt, als die Jíbaros kamen. Sie schnitten die starke Strömung mit größter Geschicklichkeit und trieben kaum ab. Das sind die fröhlichsten freien Indios, die ich jemals gesehen habe. Sie sind klein, kaum vier Fuß und zehn Zoll hoch, voller Hautausschlag, aber ihr Gesicht zeigt große Lebhaftigkeit des Charakters. Welche Wißbegierde, welches Gedächtnis, welch leidenschaftlicher Drang, die spanische Sprache zu lernen und sich in ihrer eigenen verständlich zu machen! Und ebendiese Leute, bei denen wir solch großen geistigen Adel, so viele intellektuelle Fähigkeiten beobachten, sind in puncto Arbeit die gleichgültigsten und faulsten. Sie stehlen lieber die Bananen anderer, als selbst welche zu pflanzen. Sie liegen Tag und Nacht herum, wenn die Jagd sie nicht hochtreibt oder der Feind. Aber diese Gleichgültigkeit, von der schlechte Philosophen soviel sprechen, hat gewiß nichts mit Stupidität zu tun, so wenig wie der Müßiggang unserer großen Herren oder Gelehrten, die die Erde nicht bebauen, niemals zu Fuß gehen, sich bedienen lassen und so weiter. Der Mensch bewegt sich nur, wenn Notwendigkeit ihn aufruft. Und welche Notwendigkeit bestünde für den Freien der Wälder, der sich von Palmfrüchten oder Bananen ernährt, die fast von alleine wachsen? Was bei dem frei lebenden Indianer so erstaunt, das ist der Übergang von zwei-, dreimonatiger Ruhe zur härtesten Arbeit des Schwimmens, des Reitens und anderer Mühsal. Ich wüßte keine Arbeit, die der des Ruderns den Orinoko oder Casiquiare aufwärts gleichkommt, wo unsere Indios fast drei Wochen hintereinander von zwei Uhr morgens bis sechs Uhr abends gegen eine mächtige Strömung kämpften und nach allgemeiner freier Indioart nur bis Mitternacht oder ein Uhr schliefen, um sich während der restlichen Zeit zu unterhalten. Und dieselben Menschen bringen es fertig, zwei bis drei Monate in ihren Hängematten zu liegen und die Bananen, die sie am Feuer rösten, mit den Zehen umzuwenden und zum Mund zu führen, nur um nicht aufstehen und die Hände gebrauchen zu müssen. In Menschen, die überhaupt noch nicht durch Luxus degeneriert sind, zerstört Faulheit nicht die physische Kraft.

Ich ließ die Jíbaros durch das Fernrohr meines Sextanten sehen. Die Umkehrung amüsierte sie außerordentlich, und sie lachten darüber aus vollem Halse. In dem Chronometer erkannten sie augenblicklich die Uhr, wie sie vor vielen Monaten eine gesehen hatten. Meinen kleinen Taschenkompaß, der einer Uhr recht ähnlich sieht, nannten sie *Tac-tac* und wollten ihn ans Ohr gehalten haben. Bei aller Wißbegierde legten sie jedoch eine gewisse Zurückhaltung an den Tag, sie wünschten, nicht lästig zu fallen; sie hielten sich gegenseitig zurück, wenn einer aufdringlich zu werden drohte, sie nahmen ihm beispielsweise einen Gegenstand weg, den man nicht gern in fremden Händen sah. Andere Indios im Dorf zu bestehlen, machte ihnen nichts aus; doch im Haus des Gouverneurs haben sie nie etwas angerührt, entweder aus Achtung vor der Gastfreundschaft oder aus Furcht vor der wohlbekannten Macht des *Jefe Apu*.

Was mich am meisten an den Jíbaros erstaunt hat und was sie von allen Indianern des Orinoko, des Río Negro und sogar von dem Indio des Río Guainía, den wir von San Carlos del Río Negro bis nach Angostura mitnahmen, unterscheidet, das ist die außerordentliche Leichtigkeit, mit der sie die Wörter aller Sprachen aussprechen. Welche Zungenfertigkeit, welche Geläufigkeit! Ich habe ihnen Sätze von vier, fünf Wörtern in deutsch, französisch und englisch vorgesprochen, und sie wiederholten sie schon beim ersten Versuch mit einer Deutlichkeit, als wären sie an diese Sprachen gewöhnt. Auch am Spanischen fanden sie so großes Vergnügen, daß sie alles, was wir in ihrer Gegenwart miteinander sprachen, fortgesetzt Wort für Wort wiederholten. Mit der gleichen Leidenschaft versuchen sie, ihre eigene Sprache zu lehren. Hat man erst einmal begonnen, ihnen durch Zeichen Worte abzufragen, um es zu einem gewissen Vokabular zu bringen, so bestürmen sie einen, darin fortzufahren. Sie sprechen ihre eigene Sprache mit erstaunlicher Schnelligkeit, in einem ziemlich monotonen, mit Schreien untermischten Singsang, ähnlich den Gesängen der Sklaven aus Guinea. Sie tanzen paarweise, an beiden Händen gefaßt, drehen sie sich langsam zum Gesang. Sie tanzen gern, und hatten sie erst einmal mit einem von uns begonnen, wollten sie nicht wieder von ihm lassen. Beim Essen sahen sie uns nur zu, sie wollten nichts annehmen. Vor unseren Soßen ekelten sie sich mit deutlichen Gebärden. Auch Wein und Branntwein sind ihnen zuwider, sie mögen überhaupt keine gegorenen Getränke und bereiten keine zu. Die Frauen, auf denen bei allen anderen Indianern die ganze Last der Arbeit liegt, besorgen bei den Jíbaros nur die Küche. Das Anbauen der Baumwolle, das Spinnen des schönen, sehr gleichmäßigen Fadens und das Weben der braungestreiften Ponchos ist Männersache. Die Kleidung ist allerdings nur Zeremonie. Die Jíbaros gehen gewöhnlich nackt und legen den Poncho nur in Gegenwart von Fremden an. Sie tragen immer einen Köcher mit Pfeilen, einen Bogen oder ein Blasrohr und haben Gift bei sich. Das Blasrohr, bisweilen zehn Fuß lang, gilt als großer Luxusgegenstand. Keine Hüte!

Der Silberberg Hualgayoc

Am letzten Augusttag kehrten wir auf dem Landweg von Tomependa nach Chamaya zurück. Am ersten Septembertag, nachdem wir noch einmal am Strand des gleichnamigen Flusses übernachtet hatten, hieß es Abschied nehmen von Don José Ignacio Chica. Wir waren nicht wenig zufrieden mit unserer Marañón-Exkursion und unserem fast einmonatigen Aufenthalt in der Provinz Jaén. Ich hatte bei Tomependa den weiter östlich so mächtigen Amazonas nur etwas über 1300 Fuß breit gefunden. Ich hatte die genaue Karte der Provinz angelegt, viele seltene Pflanzen bestimmt, die genaue Länge von Tomependa genommen, Fische und Muscheln gezeichnet...

Die folgende Nacht schliefen wir in Cavico, die übernächste, nach gefahrvollem Flußübergang zwischen zwei Strudeln, in Cabramayo. Das Wasser stand hoch und schoß so ungestüm herab, als wäre eine Schleuse geöffnet worden. Als wir am 4. September die Furt bei Matará durchwateten, war es das letzte von sechsunddreißig Malen, die wir diesen Fluß bezwingen mußten. Am 5. September nahmen wir die Andenkordillere in Angriff. In Huambos sahen wir die Ruinen eines bedeutenden Palastes, hier ruhte der Inka vor dem Abstieg in die Täler lange aus. Etwas nördlich von Montán die Trümmer eines weiteren Palastes.

In Montán lebt ein Indio, der einen Gang massiven Silbers kennt. Schon vor sechzig Jahren war derselbe Gang einem *chapetón* verraten worden, und zwar durch eine Indianerin, der er den Hof machte. Der Chapetón tötete einen Mönch, den er in flagranti mit seiner Indianerin im Bett erwischte, und wollte daraufhin in Quito selber Mönch werden, was man ihm jedoch abschlug. Man erlegte ihm vielmehr zur Strafe auf, zu Fuß nach Cajamarca zu pilgern und der Regierung die reiche Fundgrube anzuzeigen. Er gab sie einem gewissen Sánchez bekannt, der die Stelle in der Schlucht aber ungenügend markierte, sie nicht wiederfinden konnte und diese Tatsache in seinem Testament festhielt. Weder durch Gewalt noch durch Versprechungen ist es möglich, dem Indio in Montán sein Geheimnis zu entlocken, obwohl man ihn gelegentlich mit dem Meißel abgeschlagenes Silber verkaufen sieht. Er lebt in großer Armut und zieht sich, wenn er Schulden hat, mit dem Silber aus der Affäre. Er sagt, er müsse sterben, wenn er den Schatz verrate, und daß es ihm nicht erlaubt sei, mehr als das Nötigste davon zu nehmen. Welches Glück für ihn, daß er nicht zu Zeiten der Pizarros gelebt hat, sie hätten ihn am kleinen Feuer geröstet, um ihm sein Geheimnis zu entreißen.

Von der einsamen, mit Lamaherden umgebenen Hazienda Montán stiegen wir weiter die Kordillere hinan zu den Bergwerken von Hualgayoc. Die Tage vom 9. bis 12. September, die wir in diesen Minen verbrachten, gehörten zu den arbeitsreichsten unserer Reise. Ich wollte alles sehen, alles prüfen, alle suchten zu allem meinen Rat; dazu die Besuche, ein großes Diner beim Subdelegado, einem jungen Mann von sehr guter Erziehung und großer Liebenswürdigkeit, ein anderes bei Bergleuten in ihrem Stollhaus. Nichts wäre kleinlicher und lästiger, als wollte ich ein Fahrregister geben, ein Journal dessen, was wir in den von uns befahrenen Gruben sahen. Es wird nützlicher sein, die Fülle der Beobachtungen so miteinander zu verbinden, daß sie ein allgemeines Gemälde darbieten.

Wir wohnten, den Gruben nahe, in der kleinen Bergstadt Micuipampa, die 3618 Meter hoch liegt und wo in den Häusern, obwohl nur 6° 43′ vom Äquator entfernt, einen großen Teil des Jahres hindurch das Wasser nächtlich gefriert. In dieser vegetationslosen Einöde leben drei- bis viertausend Menschen, denen alle Lebensmittel aus den warmen Tälern hinaufgebracht werden müssen, da hier nur Kohlarten und vortrefflicher Salat gedeihen.

Der Umriß des Gebirgsstocks Hualgayoc, in dem sich die meisten Gruben befinden, besteht aus zahllosen turm- und pyramidenähnlichen Spitzen und Zacken. Neben dem Gipfel, *las puntas* genannt, hat die Natur selbst den Felsen an einzelnen Orten so gespalten, daß man durch offene Klüfte wie durch Fenster den Tag erblickt. Das Volk nennt sie *las ventanillas de Hualgayoc.* Wo die senkrechte Felswand es irgend erlaubt, hat man gleich Schwalbennestern Stollhäuser in verschiedenen Höhen erbaut. Die Bergleute tragen die Erze auf unwegsamen und gefährlichen Fußsteigen in Körben und Säcken herab. Wie vortreffliche Gelegenheit hätte man hier, Huntläufe (wie in Goslar) oder Rollen zum Herabstürzen der Erze anzulegen! *El Purgatorio* – nicht wegen der verschrienen Hitze der Gruben so genannt, sondern wegen der Not und des Hungers der ersten Entdecker in dieser Einöde – ist der sanftere, östliche Abfall des Hualgayoc.

Ein spanischer Chapetón, Don Rodríguez de Ocaño, bettelarm und aus Verzweiflung im Lande umherstreichend, entdeckte 1771 die Silbererze von Hualgayoc. Er hielt seine Entdeckung geheim, um die Abgaben nicht bezahlen zu müssen, und machte seine Erze im stillen zugute. Ein anderer, ebenfalls bettelarmer Chapetón, Don Juan José Casanova, begegnete zufällig Ocaño und schilderte ihm seine unglückliche Lage. Ocaño, von Mitleid gerührt, zeigte ihm den Gang Unserer Lieben Frau von Pilar mit reichen Glas- und Rotsilbererzen, den er entdeckt hatte, und aus dem er, wie er sagte, in kurzem mehr Silber gewinnen könne, als er brauche. Casanova, ein Beispiel schändlichen Undanks, eilte nach Cajamarca, um dort als Entdecker den Gang zu muten. Der alte Ocaño, erbittert, widersetzte sich; da er aber seine Erze gesetzwidrig und heimlich zugute gemacht hatte, wurde Casanova als Entdecker vor Gericht erkannt. Er gewann in wenigen Jahren 4- bis 500 000 Pesos, die er ebenso schnell in Spiel und Schwelgerei durchbrachte. Er starb vor wenigen Jahren, von Haus zu Haus Almosen fordernd, und um ihn zu beerdigen, mußte man eine Kollekte veranstalten. Eben das ist in Micuipampa bisher das Schicksal aller durch Bergbau auf eine Zeitlang bereicherten Menschen gewesen. Alle sind bettelarm gestorben. Die drei bis vier Leute, die über 100 000 Pesos besitzen, haben sie durch Ackerbau gewonnen. Von ihnen leihen alle übrigen, um sich mit Kapital zu versehen. Alle sind Schuldner von wenigen. Daher die schlechte Vorrichtung des Grubenbaus. Man hat hier – ohne Aufsicht von Geschworenen oder Kunstverständigen, nach Willkür des Herrn der Grube arbeitend – keine Idee von ökonomischer Vorrichtung des Grubenbaus. Man legt sich mit aller Macht auf die Erze, wo man sie findet; schneidet sich das ersunkene Mittel ab, so hört der Grubenbau gewöhnlich auf. Man hat seine alten Schulden kaum bezahlt, ist so arm wie vormals, kann keine Versuchsörter treiben und harrt auf neues Schuldenkapital! So wird der Bergbau ein wahres Spiel, in dem man so schnell reich als arm ist, und mit dem Spiel sieht man in Hualgayoc auch alle Übel und Laster der Spieler, Schwindelgeist, Betrug, List und so weiter.

Da der Bergbau in Hualgayoc mit so ungeheuer reichen Erzen begann, diese sich dicht unter Tage an den Wurzeln der Grashalme befanden, und da die ersten, die zu arbeiten anfingen, kaum eine Ahnung des Metiers hatten, so betrieb man in den ersten fünf bis zehn Jahren Raubbau, indem man nur die Erde umwühlte und alles wegwarf, was nicht einhundert bis zweihundert Mark fein auf einen Drittelzentner Erz zu geben versprach. Als man mit dem Tagschürfen nicht mehr fortfahren konnte, weil man fast ebensoviel Silbererz in den Bergen verstürzt und verloren wie tumultuarisch gewonnen hatte, sah man sich genötigt, unterzukriechen. Und nun fing man an, den Erzen in allen ihren Windungen zu folgen, so daß die Gruben Kaninchenhöhlen oder den deutschen unterirdischen Lettengruben glichen. Unter solchen Umständen mußte man daher bald Wettermangel spüren – wegen fehlenden Luftzugs in den krüppligen Strecken, wegen der Scheißerei und des Tabakrauchens der Bergleute, der nirgends verspundeten Wasser, wegen des schlecht gesetzten und darum leichter zersplitternden und faulenden Holzes. Viele Gruben wurden deshalb verlassen, oder man entschloß sich, statt die Strecken zu erweitern, Lichtlöcher abzuteufen, die aus Armut und Mangel an Geduld meist auf halbem Wege blieben. In vielen Gruben riß man aus Geiz und Unverstand die Zimmerung nieder, und Grube und Bergleute verstürzten. Es ist unnötig, weiter ins Detail zu gehen, und hinlänglich, wenn ich versichere, in Europa, dort, wo der Bergbau am elendsten getrieben wird, in deutschen Eisensteingruben (in Franken), in England und Polen, nirgends elenderen und weniger haushälterischen Bergbau gesehen zu haben. Würde man in Hualgayoc von allem, was bisher gemacht wurde, genau das Gegenteil tun, so würde man sich einer guten Vorrichtung nähern.

Da man sich auf diese Weise selbst den Bergbau erschwert und alle Kapitalien so schnell gewonnen wie versplittert hat, ist es nur natürlich, daß auf die Epoche des Reichtums das Geschrei von Verarmung des Silberberges folgen mußte. Diese scheinbare Verarmung hat einigen die Augen geöffnet, und man muß gestehen, es wurden endlich einige sehr verständige Mittel ergriffen. Don Miguel Espinachi, ein Katalane, ebenso verschlagen und herrschsüchtig wie arbeitsam, hat 1790 angefangen, den Hualgayoc mit einem tiefen, sehr regelmäßig getriebenen Stollen aufzuschließen. Man ist allerdings dabei von einem Extrem zum anderen übergegangen. Statt der bisherigen krüppligen Strecken hat man viel zu hoch und zu weit getrieben, als sollte man in dem Stollen zu Pferde reiten können! Nach den Lokalumständen kann man gegen Osten noch viel tiefere Stollen ansetzen.

Weiter gegen Westen ist im Hualgayoc ein anderer Stollen angesetzt. Er wird dazu dienen, die reichen Gruben Guadalupe und El Sacramento zu entwässern. Die Eigentümer haben vor drei Jahren 3000 Pesos verloren, die sie einem Maurergesellen namens Matorell gaben, weil er versprach, mit blechernen Hebern die Wasser zu lösen. Er nannte sich *catedrático de matemáticas*. Er reiste nach Lima, ließ dort die Röhren löten, sog mit dem Mund und einer Art Spritze soviel er konnte, um einen luftleeren Raum zustande zu bringen, aber es floß nicht mehr Wasser aus dem Heber, als er hineingegossen hatte. Im *Diario de Lima* besaß man die Unverschämtheit, drucken zu lassen, seine Maschine habe große Wirkung getan. Seit zwei Jahren hält man die Wasser mit fünfzig Mann und mit Eimern. Zwei Männer ziehen an Seilen, die über drei Rollen laufen. Wieviel bequemer wäre nicht eine Haspel. Anfangs hielt man die Wasser, indem man sie in Säcken auf dem Rücken austrug! Diese Barbarei dauerte noch vor acht, neun Jahren. Von einem Kunstgezeuge oder Förderung durch Pferdegöpel hat man keinen Begriff. Ich habe ein Kunstgezeuge hier erklärt, als handelte es sich um einen Ballon für die Luftschiffahrt.

Wo man Erzbaue angefangen hat, geht es so elend zu wie vormals. Kein Strossen- oder Firstenbau. Nirgends fördert man durch Tagesschächte, alles durch Stollen, kein Huntlauf; in Espinachis Stollen gibt es nur schwerfällige Laufkarren, ohne arbeitserleichternde Bretter auf der Sohle. Alles Fördern geschieht in Rucksäcken, in krüppligen, langen Strecken, in eselhafter Langsamkeit. Zimmerung ohne Gesichter, Stempel ohne Anfall, tolles Einfahren wie in Schornsteinen! Geldverlust, weil man nichts vom Markscheiden versteht. Risse, die zwei- bis dreierlei Projektionen zugleich haben. Es wird geklagt, daß man die deutschen Meißelbohrer leicht zerbricht; der Häuer schlägt aus Unverstand zu stark und dreht nicht lose genug. Das Schießpulver in Pergament. Viel Verschwendung, weil man die Löcher toll ansetzt, mit zuviel Brust, ohne Flucht, nicht vorher verschrämt. Keine Schlegel- und Eisenarbeit. Die Keile werden mit einem fürchterlichen Instrument eingetrieben, *cumba* genannt, das Übel der hiesigen Gesteinsarbeit, ein Fäustel von achtundzwanzig bis dreißig Pfund, zu schwer, um es mit Sicherheit zu führen. Nach zwei bis drei Schlägen muß der Häuer schon ausruhen, und niemand will begreifen, daß acht sanftere, aber schnell folgende Schläge mit einem leichteren Bergfäustel mehr bewirken als die zwei bis drei langsamen Schläge mit der Cumba.

Wo die Gruben in den Händen von Privatpersonen und nicht von Gesellschaften (Gewerkschaften) sind, kann der Bergbau unmöglich vervollkommnet werden. Das sieht jeder ein, der Bergwerke in Europa geleitet hat. Hier geht man mit einer Grube um wie mit einer Hazienda, jeder arbeitet nach eigenem Belieben, die persönlichen Interessen von drei oder vier reichen Leuten vereiteln jede Neuerung. Ich rate der spanischen Regierung, folgende großen Ziele für Peru ins Auge zu fassen: Erstens müssen die Gruben allmählich aus Privathand in die Hände von Gesellschaften übergehen; zweitens sollte der Grubenbau in königlicher Regie betrieben, das Beispiel guter Ausbeute gegeben und Geld zur Unterstützung gesammelt werden. Ersteres ist leicht zu machen, wenn man in neuen Gruben ein, zwei Gesellschaften bildet, wenn die Regierung den Mut hat, bestehende Gruben zu kaufen und unter die Gesellschaften zu verteilen. Dann werden die Direktoren der Gruben frei handeln können.

Wenn der Berg Hualgayoc einen Intendanten hätte, der selbst ein Bergmann und unabhängig von dem Siechenhaus in Lima ist, das man Oberbergamt nennt, wenn man meinen Vorschlägen zu folgen versuchte, wenn man Bergbauschulen einrichtete, einen *Korpsgeist* entwickelte, die Erzdiebe verfolgte, dann könnte der Hualgayoc mehr als ein zweites Potosí für den König sein, denn der Berg ist reicher als dieses. Aber der König von Spanien ist ein verschuldeter Herr, der so tut, als läge ihm gar nichts daran, den Silberhort der Anden ans Tageslicht zu bringen. Gegenwärtig sind die Bergwerke die Schauplätze von Liederlichkeiten, Ungerechtigkeit und Intrige. Subjekte, die an der Küste Bankrott gemacht haben, in anderen Unternehmungen gescheitert und kreditunwürdig sind, ehrlos, werden Bergwerksunternehmer, suchen um Konzession nach, was nichts anderes heißt, als um geliehenes Geld. Die Konzessionen dienen einerseits den Geldleihern als Werkzeug grausamen Wuchers und andererseits den Schuldnern, die sich bereichern, ohne je etwas zurückzuerstatten, als Mittel des Betruges. So machen sich in Hualgayoc drei Familien, die Espinachi, Casanova und Bueno, zu Alleinherrschern und arbeiten an gegenseitiger Verleumdung. Sie treiben sich in Prozesse, und wer die höchste Bestechung aufbringt, gewinnt. Sie werben sich die Arbeiter ab – *Bergleute* nennt man hier nämlich die Herren der Gruben –, diese stehlen wenigstens ein Drittel der Ausbeute, und da die Regierung die Verkäufer gestohlenen Gutes nicht verfolgt, findet der Dieb immer einen Käufer seiner Beute. Während sich der sächsische Bergmann durch seine moralischen Qualitäten auszeichnet, gehört der hiesige zur verdorbensten, verkommensten Klasse. Sollten die Andenländer einst unter einer anderen Verfassung an Bevölkerung und Wohlstand zunehmen und sich die Liebe zum Bergbau, die alle Peruaner beseelt, in neuem Geist beleben, so kann man besorgen, daß die Silbermenge in Europa sechs- bis achtfach zunehmen wird.

Die Würde des jungen Astorpilco

Direkt auf dem Rücken der Kordillere liegt eine Hochebene von nahezu zehn bis zwölf Quadratmeilen mit der Stadt Cajamarca. Wie viele Dörfer mag es hier zu Zeiten des Inka gegeben haben? Heute findet man gerade ein einziges, das Dorf Jesús.

Die Stadt ist größer als Cuenca und viel besser gebaut, die Straßen breit und sehr geradlinig. Die prachtvollen Kirchen – unseligerweise alle unvollendet, ohne Turm –, die mit Skulpturen überladenen Fassaden, die Kuppeln sind lauter Hinweise, daß die spanischen Eroberer gedachten, den alten Glanz von Cajamarca als Residenz des Inka Atahuallpa aufzuheben.

Die Plaza Mayor ist riesig und mit einem hübschen Springbrunnen geschmückt. Von hier sieht man im Nordosten den Dampf der Thermalbäder in dicken Säulen aufsteigen. Das große und tiefe Wasserbecken, *el tragadero*, der Schlund, scheint mir, seiner regelmäßig runden Form wegen, künstlich über einer der Quellenklüfte im Sandstein ausgehauen. Hier verbrachte der Inka einen Teil des Sommers, nachdem er im goldenen Tragsessel, auf den Schultern seiner Untertanen, Einzug in die Stadt gehalten hatte. Hier empfing er die Nachricht vom Herannahen Pizarros. Da dem Conquistador der Ruf seiner Habgier vorauseilte, wurde die goldene Sänfte im Tragadero versenkt und konnte von den Europäern nie gefunden werden. So heißt es.

Die kümmerlichen Reste vom Palast des Atahuallpa, die in Cajamarca noch existieren, haben wir sorgfältig untersucht. Heute haust die Indiofamilie Astorpilco darin. Ein sehr enges Becken mit Zuleitungsrinnen heißt das *Fußbad des Inka*, wie mir der junge Astorpilco sagt. Das Fußwaschen des Herrschers war von uraltem, lästigem Hofzeremoniell begleitet. Danach spuckte Atahuallpa nie auf den Boden, sondern nur in die Hand einer der vornehmsten Damen seiner Umgebung. Die fünf Meter hohen Palastruinen lassen keine Nischen und Fenster erkennen, wie sie doch sonst in der ganzen altperuanischen Architektur nicht fehlen. Daraus ist zu schließen, daß sie sich in größerer Höhe befanden und der Palast mindestens zehn bis zwölf Meter hoch war. Die Hauptmauern sind wie in Cañar aus ungleichen Quadern ohne Mörtel und Kalk zusammengesetzt. Die Wände der vielen kleineren Wohnungen sind mit Ziegeln aus einer schwarzen, tonhaltigen Erde, mit Kieseln gemischt und in rechteckigen Formen gebacken, aufgeführt. Außerordentlich bemerkenswert in diesen Wänden sind die Nischen mit sehr eng gewölbten Bogen, die absolut unseren Kirchenfenstern gleichen. Jeder Teil des Bogens ist ein Keil aus schwarzer, backsteinharter Erde. In allen bisherigen Beschreibungen der peruanischen Altertümer ist fälschlich behauptet worden, die Peruaner hätten die Konstruktion von Gewölben nicht gekannt. An den Gesindehäusern erkennt man noch Giebel, die für akkurat die gleichen Dächer sprechen, wie ich sie in Cañar gezeichnet habe, analog unserer Bauweise im nördlichen Europa. Eine Längswand teilt das Haus in zwei gleichgroße Räume.

Der Porphyrfelsen des Palastes war ursprünglich an der Oberfläche so behauen und ausgehöhlt, daß er die Hauptwohnung fast mauerartig umzingelte. Welches Gefühl erregt der Anblick der armen Familie Astorpilco, die in den Trümmern der Größe ihrer Vorfahren lebt! Silvester, das Oberhaupt, genießt nicht die Kazikenwürde; man hat ihm in einem Prozeß angehängt, kein direkter Nachkomme des Atahuallpa zu sein, sondern in weiblicher Linie von ihm abzustammen. Zudem findet sich in der Familie zuviel Bart und deutet auf Vermischung mit europäischem Blut hin. Früher erhielten die Nachfahren des Atahuallpa von der Regierung zweihundert Pesos Pension, aber die Corregidores waren so grausam, die Zahlung einzustellen, und nun leben die Astorpilco im tiefsten Elend. Sie zeigten uns im Hauptgebäude das Zimmer, in dem das Monstrum Pizarro den Atahuallpa von November 1532 an neun Monate lang gefangen hielt, und an der Mauer die Höhe, bis zu welcher der unglückliche König den Raum mit Gold zu füllen versprach, wenn man ihn freiließe.

Nach indianischer Überlieferung besaß der Fürst einen unterirdischen Stollen, der von seinem Palast zu Gewölben und Gemächern im Inneren eines anderen Porphyrfelsens, des Berges Santa Polonia, führte. Diese Tradition hat etwas für sich; beim Rundgang um den Palast glaubt man förmlich zu hören, wie ausgehöhlt die Erde unter einem ist, und es ist prägende indianische Eigenart, sich selbst und seinen Schätzen unterirdische Zufluchtstätten zu schaffen. Die Einbildung der jetzigen Palastbewohner ist voll der Schönheiten und Reichtümer, die sie unter ihren Füßen verborgen glauben. Silvesters Sohn, ein siebzehnjähriger einnehmender Junge, erzählte mir, wie einer seiner Altväter einst seinem Weib die Augen verbunden und sie durch viele Irrgänge in den unterirdischen Garten des Inka hinabgeführt habe. Dort nahm er ihr die Binde ab, und sie sah kunstreich aus Golddraht nachgebildete Bäume mit Laub und Früchten aus massivem Gold, Vögel auf den Zweigen und den vielgesuchten goldenen Tragsessel des Atahuallpa. Er gebot ihr, nichts zu berühren, weil die verkündigte Zeit der Wiederherstellung des Inkareiches noch nicht gekommen sei, sonst müsse sie sterben. Es klingt wie eine alte Sage; aber die Sicherheit des Jungen bei der Schilderung dieser magischen Welt, die Einzelheiten, die er mir zu erzählen wußte von einem großblütigen Daturabaum aus Golddraht und Goldblech unter meinen Füßen und von einem Inkathron unter den seinen, ließen mich für einen Moment vergessen, daß das Ganze wohl nur ein Traum ist. Ich sagte nach einer Pause: «Mein Kind, Sie sind arm, kommen Sie nicht in Versuchung, unter diesen Fundamenten nach jenen Schätzen zu graben?» – Seine gefaßte Antwort ehrt die menschliche Natur: «Gott ist gerecht und gut; mein Vater hat ein kleines Pachtgut, dessen Felder wir bebauen. Diese Ebene ist fruchtbar. Wir leben elend, aber in Ruhe. Hätten wir Bäume und Früchte aus Gold, würden wir gehaßt und verfolgt.»

Meine Augen füllten sich mit Tränen.

Man kann die Existenz solcher in Gold geschlagener Bäume und Früchte nicht bezweifeln. Das Gold, das Atahuallpa für seine Auslösung anhäufen ließ, belief sich auf vier Millionen Pesos, und man wundert sich darüber nicht, wenn man die großen Minen sieht, die der Inka in der Kordillere bearbeiten ließ, und wenn man an die eine Million Pesos in Gold denkt, die zu unserer Zeit in Mansiche gefunden wurden.

Traditionell heißt es, die Verwandten des Atahuallpa hätten seine Schätze in den Gewölben des Santa Polonia schon versteckt, bevor er aus den Bädern kam. Sehr gut möglich. Denn sein Vater Huaina Cápac, der im Palast Tumipampa nahe Quito die Nachricht erhielt, ein Schiff mit bärtigen Leuten (Vasco Núñez de Balboa) segle vor den Küsten von Iscuandé und Guayaquil, ahnte schon düster das kommende Unheil. Die Geschichte vom Schatz des Atahuallpa ist vielleicht ebensowenig eine Fabel wie die andere von der in einen See bei Cuzco geworfenen großen Goldkette. Man wagt das Vorhandensein der Gewölbe nicht mehr zu bestreiten. Vor zwei Jahren forderte eine alte Indianerin von einem Kaufmann aus Cajamarca, bei der Kapelle von Santa Polonia zu graben. Sie gab an, man werde einen großen, mit dem Meißel behauenen Stein finden, dahinter eine Nische und dann einen Bogen. So wußte sie es von ihren Vorfahren. In der Tat – und es beweist, wie bis in die kleinste Einzelheit genau die mündliche Überlieferung der Indios und aller schriftlosen Völker ist –, in der Tat fand man den Stein und die Nische wie vorhergesagt, auch die Wölbung, sie jedoch nur auf den Stein gemalt. Die Indios murrten unter dem Vorwand, die Kapelle könnte einstürzen, laut gegen das Ausforschen ihrer Schätze und schütteten die Ausgrabung nächtlich wieder zu. Aus Ungeduld und fehlender Mittel wegen wurde die Arbeit aufgegeben.

In der Kapelle des städtischen Kerkers wird Leichtgläubigen mit Schauder der Stein gezeigt, der vom Blut des enthaupteten Inka unauslöschlich gefärbt sein soll. Ich habe den in Cajamarca und Umgebung vielberufenen Stein untersucht. Es handelt sich um eine zwölf Fuß lange viereckige, kieselhaltige, sehr dünne Platte, auf der man drei, vier bräunliche Flecken erkennt, die sich nach vielen Versuchen, sie abzuwaschen, als Zusammenziehungen der Gesteinsadern herausgestellt haben. Einer sieht nach Hornblende aus. Ob es eine Porphyrplatte ist, war nicht festzustellen, so poliert glänzt sie. Ist sie so blankgewetzt von den römisch-katholischen Buß- und Betübungen? Sollte ein Stein, den man für den Richtblock des Inka hielt, als Hauptstufe des Altars gedient haben? Im übrigen beweist die Legende die nach wie vor große Verehrung der Indios für ihren entthronten Fürsten. Sie haben ein Wunder erdichtet, so ähnlich, wie man es in Italien bei den vielen, von unauslöschlichem Märtyrerblut befleckten Steinen findet. Es ist unbestreitbar, daß der betrogene Inka sich unter dem Namen Juan de Atahuallpa von seinem schändlichen, fanatischen Verfolger, dem Dominikanermönch Vicente de Valverde, willig taufen ließ, um nicht lebendig verbrannt zu werden. Öffentliche Strangulation unter freiem Himmel machte seinem Leben ein Ende.

Der Mangel an Maultieren hielt uns bis zum 18. September in Cajamarca fest. Wir wohnten im Hause des Herrn Santiago Pizarro. Oberst Tomás Bueno, Subdelegado Eduardo Pimentel – eitle Gecken; drei Regimenter Miliz, die Offiziere höheren Ranges sind die Pest. Santiago Pizarro hat, um Armeeoberst zu werden, den König mit 25 000 Pesos zu bestechen versucht. Man hat in Peru ein Korps von 50 000 Mann Miliz aufgestellt, aber das Ganze ist im Zustand eines Projekts geblieben. Es gibt über zwölfhundert Bürger in Offiziersuniform, sie reden sich gegenseitig mit *Euer Gnaden* an; aber die Soldaten tragen nur Holzgewehre, haben keine Ahnung vom Exerzieren und verfügen wahrscheinlich über nicht viertausend wirkliche Waffen. Das Ganze ist nichts weiter als eine lächerliche Komödie und dem Dienst an der Gesellschaft nur abträglich, weil mit den militärischen Rängen die Befreiung von der Gerichtsbarkeit zugenommen hat. Der Unterrichter einer Ortschaft, in der es zwei, drei Obersten gibt, besitzt wenig Autorität! Beim jetzigen Stand der Dinge sind die Milizen weder nützlich noch gefährlich. Besser diszipliniert und bewaffnet könnten sie, glaube ich, für den König kreuzgefährlich werden. Zur Verteidigung benötigt er sie nicht, denn im Landesinneren stehen Angriffe irgendeines europäischen Staates nicht zu befürchten; bei einer Volkserhebung jedoch, das begreift wohl jeder, wäre eine gut disziplinierte nationale Miliz die erste Kraft, die den Aufstand ernsthaft werden ließe.

Endlich den Pazifik vor Augen

Kaum hat man den alten Seeboden der anmutigen Hochebene von Cajamarca verlassen, so wird man im Ansteigen auf eine Höhe von kaum 9600 Fuß durch den Anblick zweier grotesker Porphyrkuppen – Lieblingssitze des mächtigen Kondor – in Erstaunen versetzt. Sie bestehen aus fünf- bis siebenseitigen, bis vierzig Fuß hohen, zum Teil gegliederten und gekrümmten Säulen. Von hier steigt man an einem steilen Felshang im Zickzack volle sechstausend Fuß hinab in das kluftartige Tal von Magdalena. Es gehört zu den tiefsten, die ich in der Andenkette kenne.

Aus der Hitze des Magdalenatals kletterten wir noch einmal hinauf in die Frostzone der Kordillere, und nachdem wir in zweieinviertel Stunden eine Felswand von beinahe 1400 Metern erklommen hatten, entdeckten wir von der Höhe der Anden die Südsee! Zum ersten Mal zeigte sie sich klar unseren Blicken. Vom Páramo Guamani aus hatten wir sie nur geahnt. Wie oft noch hatten wir seitdem geglaubt, sie wahrzunehmen. Diese Hoffnung belebte uns bei den täglichen mühsamen Aufstiegen dieser letzten Andenüberquerung. Immer wurden wir getäuscht. Immer fand sich ein Gebirgsstock, der uns die Sicht versperrte. So erhebt man sich in der moralischen oder geistigen Welt zu allgemeinen Ideen, zu Grundsätzen, von denen alles auszugehen scheint, und findet doch immer wieder etwas, das unseren Gesichtskreis beschränkt. Glücklich der Mensch, der sich seiner Grenzen bewußt wird und nicht Wolken für den Horizont hält, den er sucht. In dieser Erkenntnis besteht unsere ganze Philosophie.

Welche Freude! Seit nahezu achtzehn Monaten hielten wir uns im Landesinneren auf. Beim Anblick des Meeres glaubt man, einen alten Freund zu sehen, das Herz öffnet sich, die Phantasie erblüht in tausenderlei Vorstellungen menschlichen Austauschs, der Erleichterung, der Hoffnung auf Freunde, auf Rückkehr unter die Seinen ... Welchen Höhenflug der Ideen löst die Südsee aus! Auf dem Rücken der Anden, umgeben von den Trümmern eines klugen und fleißigen Volkes, suchten unsere Augen jene glücklichen Inseln, wo es die Unschuld der Sitten und die Charakterstärke, die von den Europäern hier zerstört worden sind, noch gibt. Ihr Menschen von Tahiti, seid ihr nicht Brüder der alten Peruaner! Könntet ihr nicht, wie sie, von den Menschenopfern lassen? Forster, Bougainville, Banks ..., teure Namen, und ihr, meine Freunde, die ihr Baudin begleitet, die eitle Hoffnung, mich mit euch zu vereinen, hat mich mehr als zwölfhundert Meilen umherirren lassen ... Welche Summe von Freude und Schmerzen! Wie klein und eng ist die wirkliche Welt im Vergleich mit jener, die der Mensch hervorbringt, wenn er in der Tiefe seiner Gefühle ergriffen ist ...

Sechzehntes Kapitel

Hinab zur Küste

Wir steigen endgültig ab von den Anden.

Fünfzehn Monate hintereinander sind wir in der Andenkordillere gewandert. Seit Quito haben wir sie dreimal überquert – in Ostwest-Richtung von Loja nach Ayabaca, in Westost-Richtung von Olleros nach Huancabamba und das dritte Mal wieder in Ostwest-Richtung von Chamaya nach Cascas.

Außerordentlich bemerkenswert in Cascas ist ein ungeheuer großer, viereckig behauener Stein von mehr als einhundertsechzig Kubikfuß, der auf drei andere, zylindrisch zugerichtete Steine aufgesetzt ist. Vorn hat er ein Loch. Das Ganze macht deutlich, wie die alten Peruaner ihre Bausteine bewegten. Dieser, so ist überliefert, war für eine Brücke bestimmt. Die Barbaren Westeuropas haben den Fortgang der Arbeit unterbrochen.

Vom Andenpaß Huancamarca geht es hinunter in die Küstenebene. Durch riesige Täler, deren meiste einstige Flußbetten sind, die heute selbst bei Regenwetter keinen Tropfen Wasser mehr führen. Man läuft meilenweit über aufgehäuftes Kieselgeröll und kommt um vor Durst. Südlich von Cascas fallen einem viele Ruinen auf, nicht von Bauwerken des Inka, sondern des großen Chimbo von Mansiche. Der Blick wird vor allem von der großen Mauer gefesselt, die das Reich des Chimbo vom Distrikt Cajamarca trennte. Sie ist über zwei Ellen dick und endet an Festungswerken auf den Bergen, die das Tal säumen. Eine sehr starke Stellung, ähnlich der von Chulucanas. Die Breschen in der Mauer haben nichts mit dem Zahn der Zeit zu tun, sondern verraten deutlich die Gewaltanwendung eines Eroberers. Es kann nur der Inka gewesen sein, der dieses Bollwerk brach.

In der heißen Küstenebene sahen wir überall die traurigen Reste von Kanälen, die die alten Peruaner vom Gebirge herabführten, um die Felder zu bewässern. Im allgemeinen sind es Erddämme mit einer gemauerten Steinrinne darauf. Einer der schönsten dieser Aquädukte zur Bewässerung sehr hoch gelegener Böden ist der im Tal von Santa Catalina, zwei Meilen nordwestlich von Trujillo. Er ist über zehntausend Meter lang. Die spanischen Eroberer unterhielten nicht nur die Kanäle nicht, sondern zerstörten sie ebenso wie die Kunststraßen des Inka. Das wäre das Los Chinas, wenn sich die Europäer seiner bemächtigten. Sie benehmen sich außerhalb ihrer eigenen Länder barbarisch wie die Türken – und schlimmer, weil sie noch fanatischer sind.

Um Trujillo hübsch zu finden, muß man schon an peruanische Städte gewöhnt sein. Gerade Straßen, sehr breit, große Plätze, nette Gotteshäuser; aber statt mit Häusern sind die Straßen eingefaßt mit fünf Meter hohen geweißten Mauern, durchbrochen von Torwegen, durch die man in die Höfe sieht. Gäbe es weniger Mauern und mehr Häuser, glichen die peruanischen Ortschaften den Kleinstädten Italiens; aber im jetzigen Zustand Trujillos meint man eher Inka-Ruinen zu sehen oder eine durch Belagerung verwüstete Stadt, in der man sich gerade wieder einrichtet. Die Festungsanlage aus Lehm, 1686 gebaut, mit fünfzehn Bastionen, taugt nicht einmal zur Verteidigung gegen den Sand, in dem man bis zum Knie versinkt. Der heutige Intendant, ein geistvoller Mann, hat veranlaßt, einige Straßen zu pflastern, und nachdem er 18 000 Pesos an Wasserleitungen verschwendet hat, die trotz schöner Versprechen der königlichen Ingenieure nicht funktionieren wollten, ist er mit dem Bau eines Brunnens auf der Plaza Mayor beschäftigt. Auf dem ziemlich gut angelegten Stierkampfplatz, zu dem man in der Kalesche rollt, spielen sich schlechte Komödien ab. Von neuntausend Einwohnern, wie man in Lima gedruckt hat, kann nicht entfernt die Rede sein, 1793 wurden 5790 Seelen gezählt!

Eine der Badepromenaden ist der Hafen Huanchaco, vier Bogenminuten nördlich gelegen, wo alle Einwohner jährlich einige Wochen verbringen. Der Hafen verdient den Namen nicht; das ist nur eine Reede mit Sandbank, und das Meer ist über dem schlechten Grund dauernd so grob, daß die Handelsschiffe fast eine Seemeile Distanz halten und die Passagiere nicht selten fünf, sechs Tage zögern, ehe sie es riskieren, sich in Kanus ausschiffen zu lassen. Hier haben wir zum erstenmal das außergewöhnliche Boot der peruanischen Indios bewundert, den sogenannten *caballito*. Er besteht aus zwei zusammengebundenen, fünf bis sieben Fuß langen Rohrbündeln, an der Spitze aufwärtsgebogen, um die Wellen zu schneiden, und am Hinterteil gestutzt, eine Art konisches Floß. Der Indio sitzt in der Vertiefung dazwischen und steuert den Caballito mit einer an beiden Enden breit auslaufenden Stange wie mit einem doppelten Stechpaddel. Die Caballitos sind sicherer als die Kanus, es kann einem höchstens passieren, daß die Binsen zuviel Wasser saugen oder die Bündel sich auflösen. Es ist nur natürlich, daß der Mensch an diesen baumlosen, aber schilfreichen Ufern ein solches Boot erfand, mit dem die Indios nicht nur ein paar Meilen zum Fischen hinausfahren, sondern Küstenreisen bis nach Lambayeque und Piura machen.

Die Hauptstadt des Chimú-Reichs

Die Provinz Trujillo hat nur drei, von den Flüssen Chicama, Moche und Virú durchzogene grüne Täler, die wie Oasen im libyschen Sand wirken. Nach der Tradition verdankt Peru dem letztgenannten Fluß seinen Namen. Als die ersten Spanier die Küste betraten, hörten sie einen Indio rufen: «Pelú, pelú» – Fluß, Fluß. Sie glaubten jedoch, er meine das ganze Land, und bildeten das Wort in ihrer Sprache zuerst in Virú um und dann in Perú.

Nördlich des Dörfchens Mansiche, eine Viertelmeile von Trujillo entfernt, untersuchten wir sorgfältig die Ruinenfelder von Chanchán, der riesigen Hauptstadt des altperuanischen Chimú-Reiches. Man reitet durch ein wahres Labyrinth von Straßen und Plätzen, in dem man sich ohne Führer leicht verliert. Alles hier war aus Lehm gebaut, sogar die ungeheure, über 600 000 Quadratmeter ausgedehnte Burganlage des Chimú-Cauchu, den das Volk hier den großen Chimbo nennt. Der Grund dürften die Erdbeben gewesen sein; denn ein Monarch, der alle Provinzen von Tumbes bis Chancay regierte, hätte, wenigstens für seinen Palast, wohl Steine herbeischaffen lassen können, wie er es für die Wasserleitungen in dieser Ebene ja getan hat.

Insgesamt sind die Ruinen der Stadt des Chimú nur durch ihre enorme Masse interessant, denn richtig unterscheiden kann man nichts. Das Bemerkenswerteste sind die Grabkammern. Es war ein Brauch aller Völker Südamerikas, sich das Grab unter dem eigenen Haus anzulegen. In Erwartung großen Unglücks kam es sogar vor, daß die Greise sich berauschten und dann lebendig begruben. In diesen Sittenbereich gehörte es auch, sich Pantheons in der Stadt zu errichten. Die drei, vier großen Erdhaufen in den Trümmern von Chanchán sind ebenso viele Grabkammern der königlichen Familie. Jeder Hügel ist vierzig bis sechzig Fuß hoch und hat die Gestalt eines Kegels oder Parallelepipedons. Das Innere gleicht absolut dem, was uns von der Cheopspyramide erzählt wird. Gemauerte Gänge münden in einen Schacht, durch den man in die Stollen gelangt, die zu den Kammern der Leichname führen. Hier wurden auch die Schätze verborgen. Garcí Gutiérrez de Toledo, traurig und mittellos, hatte das Glück, daß sich ein indianischer Kamerad seiner erbarmte und ihm eine Grabkammer zeigte, in der er über eine Million Pesos in Gold fand. Die königlichen Kassenbücher verzeichnen, daß Toledo im

Jahre 1576 eine Summe von 58 527 Castellanos in Gold bezahlte und 1592 noch einmal 27 020 Castellanos massiven Goldes in Form von Fisch- und anderen Tierfiguren. Und dabei weiß man, daß er vielleicht nicht einmal die Hälfte des Fünften entrichtete, den er dem König für den Fund schuldete. Binnen weniger Jahre brachte er in Lima alles durch. Der Indio behauptete, eine noch bessere Grabkammer zu wissen, die er *Großer Fisch* nannte, wollte sie aber Toledo wegen schlechter Belohnung beim ersten Mal nicht zeigen. Die *Grabkammer Toledos* und der *Große Fisch* (den man noch heute sucht) haben die unglücklichsten Folgen für den allgemeinen Arbeitseifer gehabt. Sie unterstützen die Torheit, nach Schätzen zu suchen. Es gibt Leute, die in den Grabkammern alles ausgeben, was sie durch Landwirtschaft und Bergbau verdienen, und dennoch hat man seit zweihundert Jahren nichts mehr gefunden, was die Mühe lohnt. Man stellt sich nicht vor, wie kostspielig und gefährlich es ist, in einem Hügel zu arbeiten, dessen Sand rutscht, und nach Schätzen zu graben, die die Indios im Umkreis von achthundert Metern und in unbekannter Tiefe so gut zu verstecken wußten. Man darf sich auch nicht wundern, daß die großen Schätze alle zu Beginn der Conquista entdeckt wurden. Die Indios, noch kaum bekannt mit europäischer Falschheit, waren weniger geheimnistuerisch, noch nicht so mißtrauisch, und die Erinnerung an die Örtlichkeiten verborgener Schätze war frischer. Aber zweifellos besitzen die Indios auch heute noch so manche überlieferten Kenntnisse. Der Kazike von Mansiche, Herr Antonio Chayhuac, ein legitimer Nachfahr des Königs Chimú-Cauchu und Abkömmling des Inka Túpac Yupanqui, der eine Tochter des Chimú heiratete, verkauft alle Jahre Goldblech, das er aus den Grabkammern holt. Wir haben diesen Zaunkönig gesehen, dick wie ein Faß, uniformiert als Kapitän der Miliz und zum Stottern zu dumm.

Zur Theokratie der Inkas

Es war schwer, in Trujillo Maultiere zu bekommen, so zog sich unser Aufenthalt fünfzehn Tage hin; erst am 7. Oktober 1802 reisten wir in Sänften ab. Eine Sänfte kostet vierzig Pesos, für den Transport durch zwei Mulas und einen berittenen Sänftenführer bezahlt man bis Lima noch einmal vierzig; zwanzig gewinnt man zurück, wenn man die Sänfte in Lima wieder verkauft. Sie gleicht der Koje eines schlechten Schiffes. Man wird furios geschaukelt, viele Leute übergeben sich, sogar Hunden passiert es. Man liegt so schlecht, wie man sitzt. Ich brachte es fertig, zu lesen und sogar Stundenwinkel und magnetische Scheitelkreise zu berechnen. Das hat mich getröstet. Man freut sich schon, wenn es einem gelingt, den Blick auf der vorgehaltenen Karte zu fixieren. So spazierte ich mit den Augen von Insel zu Insel, die Phantasie ermüdet bei dieser fast ununterbrochenen Wanderung an den Säumen der Südsee. Wir stiegen oft aus, um Seetang und Muscheln zu suchen, obwohl die Ufer des unermeßlichen Ozeans in dieser Breite wenig belebt sind. Wir stiegen auch oft zu Pferde. Aber der rauhe Seewind verbrennt und gerbt einem die Haut. Diese ganze Küste ist heute eine Wüste mit kleinen Granitfelsen im beweglichen Sand und nicht selten dreißig bis vierzig Quadratmeilen weit ohne eine Spur von Lebewesen.

Den 10. und 11. Oktober verbrachten wir in der armseligen Stadt Santa. Die Provinz Santa, in der es nicht viel, aber den besten Wein von ganz Peru gibt, verdankt ihre Entvölkerung nicht den Untaten der Spanier, sondern der Grausamkeit des Inka, der im Zorn über den Widerstand des Königs Chimú-Cauchu dessen Städte vernichtete, erbarmungslos fast alle Einwohner umbrachte, die Kanäle zerstörte, die Felder verwüstete. In einer Ausdehnung von zwölf bis vierzehn Meilen sieht man an den Ufern des Río Santa und an der Meeresküste die Ebenen mit Menschenknochen bedeckt, mit zerschlagenen Totenschädeln, an der Stirn verletzt durch die Keulen und kupfernen Morgensterne der Inka-Soldaten! Nur in einem Klima, wo es niemals regnet, können menschliche Gebeine im Verlauf von drei-, vierhundert Jahren so der Zersetzung widerstehen! Sogar mit eingedörrtem Fleisch umgebene, nicht künstlich, sondern vom trockenen Sand mumifizierte Gliedmaßen sind gefunden worden. Köpfe mit Haaren. Die Trockenheit bringt also dieselben Wirkungen hervor wie die Kälte Sibiriens, wo Peter Simon Pallas in einem beständig gefrorenen Boden Rhinozerosse mit Fell gefunden hat. In Santa gibt es auch Totenköpfe mit kleinen Stücken Silber oder Kupfer zwischen den Zähnen. Man meint zunächst, es handele sich um Leichen aus Grabkammern ranghoher Personen, die alle ihre Kostbarkeiten in die andere Welt mitnehmen wollten und sich auf diese Weise beerdigen ließen. Aber nein! Die Köpfe liegen auf den Schlachtfeldern mit anderen durcheinander und weisen oft Verletzungen auf. Hat man es mit jener Art Spott zu tun, der gewöhnlich der Verachtung folgt? Schob man dem getöteten Feind Metall zwischen die Zähne, um sich lustig zu machen über die Untertanen des Chimú, der sich so viel zugute hielt auf seine Reichtümer an edlen Metallen?

Östlich von Santa liegen die Trümmer einer gewaltigen Stadt, die nur wenig kleiner als Chanchán gewesen ist. Jedes Haus scheint eine Festung mit doppelter oder dreifacher Mauer gewesen zu sein. Es ist schwierig, hier wie in Chanchán, sich eine klare Vorstellung von der Architektur des Chimú-Reiches zu machen. Einer der großen Plätze besitzt eine säulengeschmückte Promenade – ein einzigartiges Phänomen! Die Säulen, manchmal vier bis sechs Meter hoch, bestehen aus ungebrannten dreieckigen Ziegeln, die dem spitzen Winkel gegenüber abgerundet sind! Diese Völker besaßen durchaus eine Vorstellung von der Formenschönheit, hier sieht man es bewiesen. Allerdings galt sie ihnen längst nicht so viel wie die Symmetrie der Teile. Welche Geduld, vieleckige Häuser zu bauen, regelmäßig eingeteilt in längliche Zimmer, durchbrochen von einer Gleichzahl Türen und Fenster ... Sie waren empfänglicher für die Schönheit der *Ordnung* als die Schönheit der Formen. Der Ordnungsgedanke war auch der Charakter ihrer politischen Herrschaft. Daher diese Einteilung in Kasten, nach Besitz und so fort; und wie Ordnungsliebe sich ohne Pedanterie nicht behaupten kann, nicht ohne Unterdrückung der Freiheit, sehen wir daran, daß ihnen Werke versagt blieben, die Einfallsreichtum erfordern. Diesen Geist der Pedanterie und gewissenhaften Ordnung bemerkt man noch an den heutigen Indios, besonders, wenn sie befehlen können; darum lieben sie diese Vielfalt der Ränge und Ämter des Statthalters, des Polizisten, des öffentlichen Anklägers et cetera. Jede Einfachheit des Regierens ist gegen ihre Natur.

Auf dem ganzen Weg von Trujillo nach Santa und von da weiter über Chimbote nach Casma haben wir Denkmäler der großartigen Zivilisation der Untertanen des Königs Chimú-Cauchu gesehen. Sie verstanden sich genausogut auf Bewässerung und waren ganz so fleißige Landwirte wie die Untertanen des Inka. Heute legt man mindestens zehn, ja oft sechzehn bis zwanzig Meilen zurück, ohne ein einziges Haus oder eine Menschenseele zu finden; die Wasserleitungen der alten Peruaner bedeuten uns, daß man im 15. und 16. Jahrhundert, jedenfalls aber vor dem Massaker, das der Inka im Tal von Santa veranstaltete, wenigstens alle zwei Meilen Indianerdörfer antraf. Und da gibt es hier Leute, die nicht zugeben wollen, daß das alte Peru sieben bis acht Millionen Einwohner gehabt haben kann!

Anderthalb Meilen südlich von Santa liegt der berühmte Hafen von Chimbote, der schönste, den es von Kap Hoorn bis Guayaquil gibt, und der, ähnlich Toulon, alle Geschwader der Welt aufnehmen könnte. Die Anmut der Landschaft und der Fischreichtum im Golf hatten die Aufmerksamkeit des Chimú auf sich gezogen. Da es unglücklicherweise an Süßwasser fehlte, ließ er von der Kordillere eine fünf Meilen lange Wasserleitung, die in Stufen allen Berghängen folgte, bis ans Meer hinabführen. Man erkennt die Austrittsschleusen noch und sieht, wie die Felder für das befruchtende Naß vorbereitet wurden. Wenn die Sturzbäche in der Kordillere steigen, führen sie statt Wasser einen flüssigen, tonhaltigen Schlamm, fruchtbar wie der Nilschlamm. Um ihn festzuhalten, häuften die Peruaner die herumliegenden Steine auf, bald im Viereck, bald im Halbkreis. Dagegen prallte die Flut aus den Schleusen, das Wasser sickerte durch die Steine, und der Schlamm lagerte sich auf dem Granitsand ab. Im Süden des elenden Dorfes Huanbaco – wo die Indianer gerade das Fest des heiligen Franziskus feierten und uns die ganze Nacht mit Glocken- und Trommelschall unterhielten – findet man ebenfalls noch die Reste eines ungeheuer langen Aquädukts und die gleichen Steinanhäufungen für den Schlamm! Der Inka machte, was alle Eroberer machen: Sie zerstören, um über entvölkerte Provinzen desto leichter zu herrschen. Der Inka erschlug und verschleppte nicht nur die Untertanen des Chimú, sondern quälte sie auch durch Hunger und Durst, indem er die Wasserleitungen verwüstete. Am Westabhang der Andenkordillere sieht man neue, in großer Höhe begonnene Aquädukte. Die Tradition berichtet, der Inka habe nach der Eroberung die Wiederbevölkerung des Landes ins Auge gefaßt und Ingenieure geschickt, die bessere als die alten Aquädukte konstruieren sollten. Über diesem Projekt traf ihn die spanische Conquista.

Ich kann die Theokratie der Inkas nicht wie Carletti bewundern. Wehe der Ausbildung des Menschengeschlechts, wenn sein großer Teil so tugendhafte Fürsten, aber zugleich auch solche Vormünder hätte. Ich glaube sehr gern, daß niemand darbte, für jedes Untertanen Kleidung und Nahrung gesorgt war. Aber ist mit dieser Sorge alles erfüllt, was dem Staat obliegt? Das Reich der Inkas war ein Kloster, eine Herrenhuter Kolonie, in der zwar Fleiß aufblüht, der Geist aber, eingezwängt und an zahllose Formeln gewöhnt, weder erstarken noch zu großen Handlungen aufkeimen kann. Der Altperuaner war eine Maschine und nicht mehr. Jedem war sein Platz, seine Beschäftigung angewiesen. Alle Geistesfreiheit war unterdrückt. Welche Polizei-Inquisition! Jedes Zehnt Menschen hatte seinen Aufseher, der Aufseher wieder Aufseher, lauter Ankläger. Alle waren gezwungen, tugendhaft zu sein. Dazu, wie kann der menschliche Geist seinen Adel, seine Würde fühlen, wenn er zur blinden Anbetung so vieler Gottmenschen um sich her gezwungen ist! Alle Inkas waren Gottmenschen und alle gleich unfehlbar. Gleich dem Gott der Hebräer übte der Inka für das kleinste Verbrechen schreckliche Rache. Die Todesstrafe war sehr gewöhnlich. Sodomiten und Giftmischer wurden lebendig samt Lamas, Häusern und Hausgerät verbrannt.

Die Inkas allein waren fähig, den Einwohnern Amerikas ein Vorspiel dessen zu geben, was dann die blutdürstige, christliche Raserei durch spanische Hände ausrichtete. Alle ihre Eroberungen hatten religiösen Fanatismus zum Motiv. Unter dem Deckmantel der Einführung des Sonnendienstes bekriegten sie alle Nachbarn. Wo man sich widersetzte, richteten sie schreckliche Blutbäder an. Der Inka Túpac Yupanqui ließ nach Auswahl durch das Los den zehnten Teil der ganzen Nation Huancavillca erwürgen, weil sie seinen Gesandten ermordet hatte. Er rühmte sich seiner Milde, weil er nicht alle erwürgen ließ. Den übrigen und ihren Nachkommen ließ er zur Schande für immer vier Zähne ausreißen.

Die Peruaner besaßen kein Eigentum. Ein Landteil wurde für den Inka, einer für die Sonne und ein dritter für den Lebensunterhalt der Individuen bearbeitet. Der Inka verteilte den Ertrag des letzten Teils jährlich neu nach dem Bedürfnis der Familien, so daß niemand sich in größere Wohlhabenheit setzen konnte. Dürfen wir uns wundern, daß es so leicht war, dieses Maschinenvolk zu besiegen? Menschen, die nie handelten, weil sie aus freiem Willen dies oder jenes für gut achteten! Man kann es nicht leugnen, die Eroberung Perus wurde am meisten durch den Umstand erleichtert, daß den Einwohnern dieses Landes vom Fürsten bis zum Niedrigsten hinab wie unter den Israeliten der Kopf durch religiöse Ideen verrückt war. Sie hielten die Spanier für die in der Prophezeiung angekündigten Söhne des Pachacámac, deren Ankunft der Visionär Inka Viracocha verheißen hatte. Man richtet bei der ersten Visite in Cajamarca ein Blutbad an, man legt den Atahuallpa in Ketten, und Hernando de Soto und Pedro de Barco reisen, in Sänften getragen, durch das ganze Reich bis Cuzco, um die Schätze, die Atahuallpa als Lösegeld versprochen hat, zu untersuchen! Wie wäre das möglich gewesen ohne jene religiösen Vorurteile! So etwa könnte man wahrscheinlich in einem Kloster alle Schätze rauben, wenn die Mönche den Räuber für einen Heiligen hielten. Ja, ich bin überzeugt, daß in spanischen Städten, durch irgendein erdichtetes Wunder von Geistlichen unterstützt, man sich wenigstens wochenlang eine Autorität anmaßen könnte, die die königliche zum Schweigen brächte.

Spanisches Phlegma

Unser Aufenthalt in Lima dauerte etwas länger als zwei Monate und war mehr als ausreichend, um eine Stadt kennenzulernen, die sich durch nichts anderes als ihre größere Menschenzahl und mehr Eitelkeit von Trujillo unterscheidet. In Europa schildert man uns Lima als eine Stadt des Luxus, der Pracht und der Schönheit des weiblichen Geschlechts. Nichts von alledem habe ich gesehen. Weder prunkvolle Häuser noch überaus luxuriös gekleidete Frauen. Wenn die Damen von Lima spazierenfahren, hängen ihnen fünf Zoll lange, spindelförmige graue Wurzeln aus dem Mund. Man glaubt zuerst, sie kauen auf einem Knochen. Es ist die Wurzel der strauchigen Samtpappel. Sie kaufen sie auf der Promenade und saugen sie aus; sie behaupten, das erhält die Zähne. Ein schreckliches Schauspiel! Mit Ausnahme des Theaters – das nicht vorankommt und wenig besucht ist – und einer hübschen Stierkampfarena gibt es keine öffentliche Zerstreuung. Auf dem Korso trifft man häufig kaum drei Kaleschen. In der Nacht verbieten die Verschmutzung der Straßen, die mit toten Hunden und Eseln geschmückt sind, und ihre Unebenheit das Kutschefahren überhaupt. Die meisten Familien sind ruiniert. Der geheime Grund liegt im Durcheinander von Wirtschaft und Spiel. Das Spiel und die Uneinigkeit der Familien – diese unselige Uneinigkeit, die von der Regierung noch gefördert wird und nach und nach einen der schönsten Teile unserer Erde unbewohnbar macht – zerstören jede soziale Gemeinschaft. In ganz Lima findet man keine Abendgesellschaft von mehr als acht Personen, und da nur das Interesse am Spiel sie zusammenbringt, dauert diese scheinbare Gesellschaft nicht länger, als bis man alles verloren hat. Dazu die vollkommene Dürre und Unfruchtbarkeit der Landschaft. Die Vorstellung, in eine Wüste hineingesetzt zu sein, erweckt trübsinnige Empfindungen, besonders einem Mann wie mir, der für die Schönheiten der Natur empfänglich ist und die Hochsteppe von Saraguro und Tomependa den Kartenhäusern vorzieht, aus denen sich die große Hauptstadt von Peru zusammensetzt.

Am 7. November begann ich mich in Callao auf die Beobachtung des Merkurdurchgangs einzurichten.

Das alte Callao vor dem Erdbeben von 1797 war ausgedehnter, das jetzige besteht nur aus ein paar Läden bei den drei Kastellen San Felipe, San Miguel und San Rafael. Diese schlechten Befestigungen sind aus Dreck (Lehmziegelbauten) und allenfalls dazu gut, Gefangene unterzubringen. San Felipe, wo wir wohnten, ist geschmückt mit dem überflüssigen Zierat zwei sehr dicker und sehr hoher Türme, deren Plattformen ehemals mit Kanonen bestückt waren. Man mußte die Geschütze herunterschaffen, weil ihr Gewicht die Türme aus Dreck und Schlamm zu zerstören drohte. Der Hafen, oder vielmehr die Reede, taugt nichts. Die Mole, eine künstliche Landzunge, ist so nachlässig fabriziert, daß das Meer sie eines schönen Tages verschlingen wird. Außer zwei, drei bewaffneten königlichen Brigantinen sieht man niemals mehr als drei oder vier große Schiffe. Das Meer benimmt sich im Hafen sehr heftig durch die Strömungen, aber häufig sieht man es auch, besonders im Oktober und November, ohne erkennbare Ursache anschwellen und sich ungestüm auf die Küste werfen. Diese schwere See entspringt augenscheinlich vulkanischen Stößen, die der weit entfernte Meeresgrund erfährt, dessen Bewegung sich dann durch das flüssige Element selbst fortpflanzt. Merkwürdigerweise blieb bei dem großen Erdbeben von 1797 der südliche Golf des aufgewühlten

Meeres ruhig und trat nicht über seine Ufer, während im Golf zwischen San Felipe und San Miguel eine zwanzig bis vierundzwanzig Meter hohe Flutwelle langsam heranrollte wie ein Wassergebirge und einige Stunden nach dem Erdbeben alles überschwemmte.

Das Wetter am 6., 7. und 8. November war abscheulich. Die wiederholten Beben, die man in Lima mehr als in Callao spürte, schienen das Wetter durcheinandergebracht zu haben. Während des 8. November ließ sich die Sonne den ganzen Tag nicht blicken. Unruhig stand ich am nächsten Morgen um drei Uhr auf. Der Himmel war schwarz, doch ab fünf Uhr sah ich einen Hoffnungsschimmer. Eine halbe Stunde später stieg ich auf den nördlichen Festungsturm von San Felipe. Mein Chronometer zeigte 9 Uhr 55, als die Sonne aus den Wolken trat. Ich betrachtete sie mit vierzigfacher Vergrößerung, und nachdem ich einige Sekunden lang ungeduldig gesucht hatte, entdeckte ich in der Mitte einer Anzahl Flecken einen schwarzen Punkt, es war der Merkur.

Zurückgekehrt nach Lima und nach einigen Tagen der Besinnung, kann ich ruhigeren Verstandes beurteilen, was geschah. Die Stadt war geteilter Meinung gewesen, ob man hier oder in Callao mehr Glück mit der Sonne haben würde. Es ging, wie es immer geht, wenn man um Rat fragt. Zuerst hieß es, ich müßte nach Callao gehen, und dann, als alle Vorbereitungen dazu getroffen waren, schwor man, die Beobachtung ginge mir verloren, wenn ich Lima verließe. Ich schlug daraufhin vor, sich in zwei Gruppen zu teilen und sowohl hier als dort zu beobachten. Auch erstrebte ich, daß wir um der Genauigkeit willen jeweils zu zweit wären. Herr Isasbirivil, spanischer Marineoffizier, und Marinekommandant Don Tomás Ugarte wurden zusammen für Lima bestimmt. Herr Colmenares, Kapitän zur See und Kommandant der Expedition zur Küstenkartierung von Chiloé bis zu den Galápagos-Inseln, wollte sich mit mir in Callao treffen. Wir teilten uns in die Instrumente. An Chronometern fehlte es in Lima nicht, außer meinem gab es noch fünf. Mein eigener Quadrant befand sich in Guayaquil, und es wäre unhöflich gewesen, den ersten beiden ihren Quadranten wegzunehmen; sie mußten das größte Interesse an dieser Beobachtung haben, die die Länge von Lima bis auf die Zeitsekunde genau ergeben konnte. Außerdem meinte ich, der Quadrant wäre nützlicher in ihren Händen als in meinen, weil jeder mit seinen eigenen Instrumenten am besten beobachtet. Da mein Fernrohr von allen das beste war, beabsichtigte ich, meine ganze Aufmerksamkeit auf das Hervortreten des Merkurs zu richten; die in Lima sollten eine Anzahl von Differenzen des Azimuts nehmen und der Höhe beim Durchgang der Ränder durch die Horizontale und Vertikale des Fadenkreuzes. Für den Fall, daß die Beobachtung in Lima nicht gelang, ließ ich in aller Eile mein Fernrohr auch mit einem Fadenkreuz versehen. So schien alles gut vorbereitet, sich in die Chance zu teilen und die Möglichkeit zu verdoppeln, durch unabhängige Beobachtungen die wahre Konjunktion zu bekommen und den richtigen Meridianabstand Limas zu anderen Plätzen der Erde zu erfahren.

Ach! Wie ich mich täuschte in meinen Erwartungen. Ich rechnete nicht mit dem spanischen Phlegma. Ich glaubte, Männer wie Herr Isasbirivil, die ohne Zweifel größere Geometer sind als ich, müßten wenigstens mit der gleichen Aktivität einen Durchgang beobachten, um dessentwillen Shakerley (3. November 1654) eine Reise von England nach Surat in Ostindien unternommen hatte, Halley (7. November 1677) zur Insel Sankt Helena und der arme Delisle, der die Beobachtung durch die Wolken am 2. Mai 1740 verfehlte, von Petersburg nach Beresow in Sibirien. Niemand kam nach Callao, mir zu helfen. In Lima schien die Sonne wie in Callao, alle Einwohner von Lima versichern es, und wenige Minuten vor dem Austritt sahen wir vom Festungsturm San Felipe die Dächer Limas in der Sonne glänzen – aber niemand dachte ans Beobachten. Man leugnet, trotz Augenscheinlichkeit des Gegenteils, die Sonne sei vor dem Ende des Durchgangs erschienen. Aber man wollte gar nicht beobachten, keiner der Marineoffiziere hatte sich bequemt, aus dem Hause zu gehen, kein Instrument war aufgebaut. Ich bin folglich der einzige und vermutlich der erste gewesen, der hier den Merkur vor der Sonnenscheibe gesehen hat.

Siebzehntes Kapitel

Wieder nordwärts

Die spanische Regierung hat sich die kartographische Aufnahme ihrer Küsten viel kosten lassen. Die Arbeiten sind teilweise mit ängstlicher Genauigkeit und unnützer Kleinlichkeit durchgeführt worden. In minutiöser Kleinarbeit wurden Häfen ausgelotet, in die niemals eine lebendige Seele einlief. Man erwartet, spanische und südamerikanische geographische Kenntnis des Festlandes vorzufinden und stößt auf die größte Unwissenheit. Man kennt die Entfernungen nicht, nicht die Mündungen der Flüsse, nicht die Provinzen Antioquia, Chocó, Popayán, nicht die Gebiete zwischen Atrato, Sinú und Magdalena, nicht die Umgebung des Titicacasees und ganz Chile nicht ... tausend geographische Unwissenheiten, eine Schande für die politische Zivilisation! Ohne Kenntnis seiner geographischen Lage kann ein Land nicht regiert werden. Zu den ersten Instruktionen des Königs für die Intendanten und Gouverneure gehört der Auftrag, *eine Karte ihrer Indendencia aufnehmen zu lassen,* zur Zeit von Gálvez befahl man den Gouverneuren, dem Madrider Naturalienkabinett ausgestopfte Tiere und alles sonstige Interessante zu schicken – als besäßen die Intendanten und Gouverneure überhaupt Instrumente oder fänden in ihren Bezirken Menschen, die fähig sind, Karten aufzunehmen, Tiere auszustopfen und das, was für die Wissenschaften nützlich und kostbar ist, von dem zu unterscheiden, was es nicht ist! Die Vizekönige und Generalkapitäne beschäftigen sich allgemein wenig mit der Geographie ihrer Länder. Nur die Bischöfe und die Missionsmönche haben von Zeit zu Zeit den Wunsch, sich geographisch zu orientieren. Sie sind die einzigen, die reisen; die Vizekönige sehen niemals mehr als den Weg von Cartagena über Mompós und Honda nach Santa Fe de Bogotá und Tequendama, von Callao nach Lima, von Veracruz nach Mexiko-Stadt, von La Guaira nach Caracas und allenfalls nach Valencia und Puerto Cabello.

Nach den traurigen Erfahrungen der spanischen Regierung mit all den ungeheuer kostenaufwendigen Ingenieurskommissionen möchte man fast glauben, schon allein der Gedanke, geographische Karten herzustellen, liefe den Staatsinteressen zuwider. Wenn man an den überkommenen Methoden festhält, Begleitmannschaften, Kanonen, Lebensmittel, indianische Jäger anfordert, Offiziere von höchstem Rang einstellt, die nur repräsentieren und hinderlich sind, sich bei den trigonometrischen Vermessungen auf minutiöse Details einläßt, wird man jährlich 300 000 bis 400 000 Pesos ausgeben und in zehn Jahren doch nicht einmal 300 Quadratmeilen kartiert haben. Dabei könnte man, wie ich bewiesen habe, mit intelligenten und tatkräftigen Menschen guten Willens in sehr kurzer Zeit und mit äußerst wenig Kosten sehr genaue Karten liefern. Man stelle durch Quadranten oder Sextanten – denn eine Genauigkeit von zehn Bogensekunden ist ausreichend – die geographische Breite der größten Städte des Landesinneren fest. Man bestimme die geographische Länge einiger von ihnen durch Satellitenbeobachtung, ermittle die Länge anderer durch Zeitübertragung; man messe die Höhe von Gebirgen und schätze die Entfernung durch ihre augenscheinlichen Höhenwinkel ein, man bediene sich der Grenze des ewigen Schnees zu dem gleichen Zweck; man folge dem Lauf der Flüsse, die Südamerika glücklicherweise überall durchziehen und auf denen die Chronometer um so hilfreicher sind, als ihr Gang dort noch gleichmäßiger ist als auf dem Meer; man messe die zurückgelegte Wegstrecke durch die Strömungsgeschwindigkeit; man mache die Objekte im Landesinneren durch Feuersignale kenntlich, die man an gut bestimmten Uferstellen entfacht; um östlich und westlich der Anden die sich entsprechenden Parallelen zu ermitteln, benutze man die Bergspitzen (die auf Trapp aufsetzenden Porphyrmassive), die sich überall in der Kordillere erheben. So könnte man, ohne viele Grundlinien zu messen, ohne Trigonometersignale aufzustellen, mit *Sextanten, Chronometern, Barometern* und *Theodoliten* in sehr kurzer Zeit Karten von Amerika mit größerer Genauigkeit veröffentlichen, als die politische Regierung dieser Kolonien sie braucht. In folgender Weise könnte man die Karten stufenweise vervollkommnen: die Arbeit einer ersten Kommission wäre beendet, wenn es in den am dichtest besiedelten Gebieten alle hundert und in den Missionsländereien alle zweihundert Quadratmeilen einen nach Breite und Länge festgelegten Punkt gibt; eine zweite Kommission würde dann mehr ins einzelne gehen und gleichzeitig die Höhenunterschiede des ganzen Geländes mit dem Barometer feststellen, Profile der Höhen und der Lagerung der Gebirgsarten anfertigen. Wie leicht wären, zum Gewinn sowohl der Wissenschaften als der Regierung, dieser Kommission ein paar Maler, Botaniker und Statistiker beizuordnen. Mit irgendeinem Missionsmönch als Reisebegleiter würde man viel sicherer arbeiten als unter militärischem Geleit, das die Indios nur beunruhigt und ihnen quälenden Mangel an Lebensmitteln verursacht. Es genügen Mut und das Wissen, die persönlichen Opfer dem allgemeinen Wohl darzubringen. Bleibt die Frage, ob es im Dienst des spanischen Königs Menschen gibt, die nicht schon nach zwei Tagen so ununterbrochener Moskitostiche, wie ich sie auf Teneriffa, in Atures und in Esmeralda am Orinoko und auf dem Río Magdalena ertrug, die astronomischen Instrumente im Stich lassen. Zur Ehre Spaniens möchte ich glauben, es gibt sie.

Zur Zeit verlassen drei Schiffsexpeditionen Lima, um Karten von Chiloé bis Sonsonate aufzunehmen. Ich selbst gelangte mit der Expedition, die Don José Moraleda führt, in zehn Tagen nach Guayaquil.

Der Ausbruch des Cotopaxi

Am 4. Januar 1803, dem Tag unserer Ankunft in Guayaquil, brach der Cotopaxi aus. Wir erfuhren es am 19. Januar. Man schickte uns Asche. Wir hörten Tag und Nacht das Brüllen des Vulkans. Um zu erfahren, ob die Explosion der Mühe wert sei, sie aus der Nähe zu sehen, warteten wir noch einen zweiten Kurier ab. Er kam zehn Tage später; man schrieb uns, der Vulkan fahre fort, Rauch und Asche zu speien, und beginne, sich wieder mit Schnee zu bedecken. Am 31. Januar entschlossen wir uns, in Richtung Quito abzureisen, den Río Guayas hinaufzufahren und den Weg über Piedegal nach Panasche zu nehmen. Jedermann sagte uns, wir würden unterwegs sterben, so unzugänglich sei das Gebirge. Das hielt uns nicht zurück. Wir sahen es als unsere Pflicht an, das Ungeheuer aus der Nähe zu prüfen. So brachen wir auf Carlos und ich. Der arme Bonpland blieb zurück in Guayaquil, um die brustkranke Frau Montes zu behandeln.

Der Río Guayas ist einer der malerischsten Flüsse, die wir je gesehen haben. Es ist staunenswert, wie sich so nahe der Kordillere und auf so kurzer Strecke bis zum Meer ein Fluß hat bilden können, der an Breite mit Orinoko und Marañón vergleichbar ist. In dem Maße, in dem er schmaler wird und mehr Inseln bildet, wird die Vegetation schöner. Dichtbelaubte Haine werfen ihre Schatten aufs Wasser und empfangen von ihm ihr Spiegelbild, und inmitten der herrlichen Pflanzenwelt finden sich hier und da Lichtungen, kleine grasbewachsene Ebenen, wirkliche Wiesen, auf denen von Kokospalmen umgebene Bambushütten stehen. Das Zyperngras im Uferwasser ähnelt dem Papyrus, die Krokodile verstecken sich darin, man ist an Ägypten erinnert. Beim Eintritt der Nacht gleiten die Vögel über den Fluß, um ihre Schlafplätze aufzusuchen, die Aras paarweise und lärmend, die Loros in großen Banden, die Enten schweigend und zum Delta formiert, in einsamer Höhe und von den schrägen Strahlen der untergehenden Sonne rosa überhaucht die weißen Reiher. Die Häuser, die Galerien, die Küchen, alles ist aus Bambus und wird, ohne Nägel, nur von Lederriemen zusammengehalten! Die Häuser, mit den Blättern der Bijaostaude gedeckt, stehen auf vier Meter hohen Gerüsten, wandlos, nach allen Seiten offen. Daß die Kinder nicht herunterfallen! Welche Mutterängste, schaffte man zu Paris in der zweiten Etage die Wände ab! Leitern ersetzen die Treppen.

Was für Moskitos, sie machten uns den ganzen Weg zu schaffen. Der unkundige Bootsführer blieb im Kanal von Chijo stecken; wir brauchten vier Tage bis Las Bodegas de Babahoyo. Nachdem wir, da alle Lebensmittel verfault waren, länger als vierundzwanzig Stunden gefastet und nur Schokolade und Limonade zu uns genommen hatten, bekamen wir hier endlich ein Abendessen. Die Überschwemmung rings um Babahoyo bedeckt ein Gebiet von zwölf Quadratmeilen. Ein Anblick wie in Venedig, alle Häuser stehen im Wasser. Man navigiert in ein bis zwei Faden tiefem Wasser über die Gärten, die Wiesen. Jeder fährt im Kanu zur Kirche, hier tut man keinen Schritt ohne Kanu. Man sieht sein Haus von Krokodilen bewacht, und aus Furcht, die Ungeheuer könnten einen schnappen, wagt man den Fuß nicht ins Wasser zu setzen. Dieses venezianische Leben dauert den ganzen Winter, von Januar bis Juni. Die Pferde und Rinder verwandeln sich in Amphibien. Sie existieren mit dem halben Körper im Wasser und verlieren häufig einen Schenkel oder sogar das Leben durch die Grausamkeit ihrer Mitbürger Krokodile. Wie der Mensch die Natur verändert! Die kastilischen Kühe haben hier Großnichten, die mit Krokodilen gemeinsam dieselben Sümpfe bewohnen. Die vielen Läden und Kneipen in Las Bodegas schwimmen alle auf Flößen. Da wird getanzt und miteinander gerungen, und wer dabei ins Wasser fällt, ertrinkt. Leutnant Miguel Labaien verlor so kürzlich einen seiner Sklaven. In zwei Meilen Entfernung fand man heute den Körper, den Kopf und einen Arm haben die Krokodile verspeist.

Unaufhörlich begleitete uns das Brüllen des Vulkans, seit dem 2. Februar setzte es keinen Moment aus. Es hatte die Stärke einer vierundzwanzigpfündigen Batterie, die man aus drei bis vier Meilen Entfernung hört. Am 4. Februar abends führte uns ein alter Neger noch ins Dorf Ujibar. Dort fanden wir Leute aus dem Gebirge mit Maultieren, sie versprachen uns die Weiterreise für den nächsten Tag. Doch am 5. Februar, alle Zurüstungen waren getroffen, holte uns ein von Herrn Montes und von Bonpland geschickter Eilbote ein. Sie schrieben, die Fregatte *Orue* oder *Atlántica,* soeben eingelaufen, werde am

18. Februar nach Acapulco absegeln, wir dürften eine so gute Gelegenheit um keinen Preis verlieren, zumal die stürmische Jahreszeit nicht mehr weit sei. Ich beschloß auf der Stelle, die Exkursion zum Cotopaxi abzubrechen. Carlos war voller Wut und Schmerz. Woher nahm er die Einbildung, Marica, seine Herzenskönigin, wäre ihm schon nach Riobamba entgegengekommen? Ich hatte alle Mühe, es ihm auszureden. Er wollte nicht wahrhaben, daß wir so bald schon fortsegeln mußten. Endlich gab er nach, er ist ja im Grunde ein sanfter, guter Junge. Unsere Situation war beklagenswert genug. Bei einhundertzwanzig verschwendeten Pesos und von Moskitostichen zerlöcherten Händen hatten wir außer einigen Längenbestimmungen, zwei oder drei gesammelten Pflanzen und gefangenen Mücken nichts gewonnen. Am 7. Februar, in aller Herrgottsfrühe, waren wir zurück in Guayaquil, wo man uns weidlich auslachte.

Im Nachhinein hat sich gezeigt, wie gut ich daran tat, den Umständen zu entsprechen. Wir segelten in der Tat am Nachmittag des 17. Februar mit der *Orue* ab, und der Cotopaxi warf weiterhin nur Asche aus, wie man sie mir geschickt hatte, keine Steine, keine Lava, keinen Bimsstein, nichts, was Gegenstand einer geologischen Untersuchung hätte sein können. Allerdings hatten wir das großartige Spektakel verfehlt, den Vulkan nachts erleuchtet zu sehen und aus der Nähe sein schreckliches Ächzen zu hören.

Bestürzende Nachricht aus Frankreich

Ich sah an Bord einen jungen, gut gekleideten Farbigen mit recht traurigem Gesicht, der sich zu verbergen suchte. Ich fragte, wer er sei, und erhielt hinter vorgehaltener Hand zur Antwort: der Sohn des Mulatten P-a, eines reichen Kaufmanns aus Acapulco, sein Vater schicke ihn wegen schlechten Betragens nach Lima und von dort wahrscheinlich nach Valdivia. An der Insel Puná in der Bucht von Guayaquil brachten wir ihn auf die *Triunfo*, die am gleichen Tag nach Lima absegelte. Die von der Sache wußten, wurden indiskret, sobald er von Bord war: Der junge Mann hatte im Zorn einen seiner Sklaven erdolcht!

Das erschreckte uns um so tiefer, als wir wenige Tage vor unserer Einschiffung die Zeitung mit der bestürzenden Rede von Bruix bekommen hatten, in der er als Regierungssprecher der Legislative vorschlägt, die Sklaverei und den Negerhandel in derselben Weise wieder einzuführen, in der sie vor 1789 bestanden hatten. Wir befanden uns glücklicherweise in einer Gesellschaft, die großenteils den angebrachten moralischen Abscheu vor einer so betrüblichen Nachricht mit uns teilte. Das also ist aus der Hoffnung geworden, die Franzosen würden bei fortgesetztem Eintreten für die Sache der Humanität in einem allgemeinen Frieden den anderen Mächten einen Plan vorschlagen, die Sklaverei zu verringern und allmählich abzuschaffen. Auch die Gesetze, die die Dänen lange vor der Französischen Revolution erlassen haben, die Vorschläge, die Pitt, sicherlich mit Zustimmung des Hofes, im Jahr 1800 zur Einschränkung der Sklaverei gemacht hat, weckten sehr begründete Hoffnungen. Aber leider! Wann werden die europäischen Nationen, die sich kultiviert nennen, bei ihren Friedensschlüssen über einen Gegenstand moralischer Natur, über gemeinsame Interessen der leidenden Menschheit verhandeln; sie sind zu sehr mit ihren Eroberungen beschäftigt, mit ihren religiösen Hirngespinsten und ... Welch trauriger Gedanke, zu demselben Punkt zurückzukehren, von dem man ausgegangen ist, kraftlos auf halbem Wege stehenzubleiben und nicht den Rang aufzubringen, Lehren aus all dem Unglück zu ziehen, in das Bosheit, religiöse Schwärmerei und Unfähigkeit die Einwohner der Kolonien gestürzt haben.

Und die Motive, die der französische Redner anführt! Es gab eine Zeit, in der die Repräsentanten der französischen Nation so von den Prinzipien der Humanität und Gerechtigkeit durchdrungen waren, daß sie die Rede von Bruix mit Empörung und Buhrufen aufgenommen hätten. Die Gründe des Redners sind, früher habe die Sklaverei die Kolonien zur Blüte gebracht, also müsse man auf das gleiche Heilmittel zurückgreifen; in den französischen Gebieten Westindiens mache der Unterschied in Klima und Kultur eine große Ungleichheit in den Menschenrechten notwendig; die Sicherheit der auf den Inseln lebenden europäischen Familien mache die Sklaverei notwendig. Dieser letzte Grund zumindest ist eine rechte Schurkerei zu nennen; das ist die Sprache eines Seeräubers, den ich sagen höre: Ich weiß sehr wohl, eine gute Beute sind Sie nicht, doch Sie sind in meiner Macht, und da die Waren, die Sie mit sich führen, mir nützlich sein können, nehme ich sie Ihnen weg.

So wagt eine Regierung zu sprechen? Es gibt nichts Abschreckenderes, als zu erleben, wie durch Sophismen die Dinge verwirrt werden, die am einfachsten zu verstehen sind. Eine Regierung hat nicht das Recht, die Unmoralität zu billigen, welch schöne Vernunftsgründe man sich auch ausdenken mag, den gesunden Menschenverstand und – noch kostbarer und sogar bei kultivierten Persönlichkeiten selten – die Reinheit der Gefühle zu verwirren. Der Bürger Bruix will uns glauben machen, was in einem Land gerecht ist, ist es in einem anderen nicht, und die Ungleichheit der intellektuellen Kultur bringe einen Unterschied der Rechte hervor. Ein livländischer Baron könnte keine bessere Stütze für sein sogenanntes *Recht* finden, die Bauern auf seinem

Felde arbeiten zu lassen. Wer wird wohl dem Redner gesagt haben, in den Tropen herrsche Ungleichheit der Bedingungen? Die Peruaner, die Indios von Mittelamerika kannten sie nicht, und die Kariben haben sie erst kennengelernt, seit die Portugiesen ihnen Indianersklaven verkauften.

Wie habe ich mich geschämt zu lesen, daß Bürger Adet, bei dem ich bessere moralische Grundsätze vermutete, noch kläglichere Gründe zugunsten der Sklaverei anzuführen wußte. Europa sei eine große Familie, sagt er, und kein Staat habe das Recht zu Veränderungen, die die Interessen der anderen beeinträchtigen. Ach, mit demselben so falschen Grundsatz hätte man niemals den Bauern zum Bürger erklären, niemals die Jagdprivilegien abschaffen können. Adet will, man solle das durch den Negerhandel entstandene Unglück vergessen, nicht an Afrika denken, sondern an Frankreich. Ich stelle mir eine Gesellschaft von Dieben vor, die in einer Wüste leben und sich von der Beute ernähren, die sie den Reisenden abnehmen. Wie ein Philosoph ihnen sagt: Gebt dieses unmoralische Gewerbe auf. Und wie sie ihm antworten: Sehen Sie sich doch den blühenden Zustand unserer Familie an; könnten wir durch Kultivierung von Wüste jemals hervorbringen, was wir durch Diebstahl gewinnen? Lassen Sie uns nicht an die Tränen derjenigen denken, die wir berauben; beschäftigen wir uns mit dem Wohlstand unserer Kolonie, unserer Familien ... Adet hat den Mut zu fragen: Und welchen Vorteil werden die Afrikaner aus der Abschaffung der Sklaverei ziehen? Werden die anderen Nationen unserem Beispiel folgen? Sicherlich nicht! Wird man nicht weiterhin den Kriegsgefangenen zum Sklaven machen?

Welche Logik! Als würde die Menschheit nichts gewinnen, gäbe es 400 000 Sklaven weniger; als forderten nicht gerade die französischen, englischen und sonstigen Leiter von Handelsniederlassungen die afrikanischen Fürsten zum Kriege heraus; als müßte das Beispiel einer Nation nicht die anderen beeinflussen! Warum erläßt man nicht ein Gesetz, das jedem, der mit Sklaven handelt, französisches Territorium zu betreten verbietet, warum nicht die Ehrenrechte aberkennende Gesetze? Warum ruft man die Autorität des Papstes für die katholischen Länder nicht an?

Unglückliche Liebe

20. Februar. – Nach der Messe verließ uns der Lotse. Am Abend erst Flaute, dann widriger Südwind, der uns in große Verlegenheit setzte, weil die Ebbe eintrat und wir zwischen zwei Sandbänken lavierten. Endlich warfen wir in der Mitte des Fahrwassers bei achtzehn Faden den Anker. Gegen sieben Uhr

war alles auf den Beinen und ängstigte sich vor einem sehr drolligen Phänomen. Wir hörten ein Trommelrasseln in der Luft. Man glaubte zunächst, es rühre von den Brechern des Meeres an der Sandbank von Payana her. Die Nacht war stockdunkel, und wir wären nicht die ersten gewesen, die dort Schiffbruch erlitten. Bald danach meinte man, das Geräusch entstünde im Schiff selbst, hauptsächlich im Hinterschiff, und es ähnele einem Sprudeln, einem Kochen, einem Entweichen von Luft. Man befürchtete ein Leck, aber die Pumpe förderte kein anderes Wasser, als wir beim Verlassen des Hafens im Schiff hatten. Handelte es sich um eine plötzliche Gärung des geladenen Kakaos, um austretendes Gas? Oder um die Resonanz der Planken beim Anprall der Strömung? Gegen neun Uhr hörte das Geräusch ohne erkennbaren Grund auf. Sicher ist nur, daß das ganze Schiff ein Musikinstrument geworden war und man überall, wo man das Ohr ans Holz legte, ein Summen wie von kochendem Wasser hörte. Wie sollte der Strömungsdruck eine so gleichmäßige Wirkung in Teilen so ungleicher Spannung erzeugen? Und wenn es ausströmendes Gas war, warum begann und endete es dann, ohne daß die Außenluft ihre Temperatur änderte? Sehr unzufrieden, ein so befremdliches Phänomen, über das die erfahrensten Seeleute den Kopf schüttelten, nicht deuten zu können, legte ich mich schlafen.

Nach erneutem Überdenken einigten wir uns, zu glauben, ein unterirdisches Geräusch vernommen zu haben, vom Meer aufs Schiff übertragen und deshalb im Kielraum stärker zu hören als auf Deck, und daß es möglicherweise mit den Ausbrüchen des Cotopaxi zusammenhing, dessen Stöhnen deutlich zu uns drang. Wäre das Geräusch im Schiff selbst entstanden, hätte unmöglich die ganze Luft so davon widerklingen können. Bei sehr starken Winden hatte ich beobachtet, wie das Tauwerk Äolsharfen bildet, außerordentlich klangvoll und unterschiedlich gemäß den querlaufenden Rahseilen. Es könnten durchaus Seefahrer gewesen sein, denen wir die erste Idee dieses Instruments verdanken, das die Phantasie mehr anspricht als das Gehör. – Übrigens, nein, das fragliche Geräusch ist zweifellos einer Versammlung von Trommel- oder Stachelfischen zuzuschreiben, die dem Schiff folgten.

Den ganzen 24. Februar kein Wind. Wir sahen einige große Vögel, die auf Schildkröten saßen und so ganze Stunden lang zu Schiff reisten.

25. bis 27. Februar. – Keine Mittagsbeobachtung. In den Nächten nahm ich die Kulminationen von Canopus, Sirius, Castor und Pollux. Der Mond erleuchtete den Horizont. Die genannten Sterne sind sehr hilfreich, denn manchmal fehlt acht bis zehn Tage hintereinander in Mittagsnähe die Sonne. Je länger ich mich im Messen der Sternhöhen übe, desto sicherer bin ich, daß

man es zu Genauigkeiten von acht bis zehn Minuten bringen kann, selbst wenn der Mond nicht scheint.

Der Steuermann machte sich lustig über meinen Glauben, dem Äquator ganz nahe zu sein, denn seine Schätzung erbrachte 1°40′ südlicher Breite. Doch heute, am 27. Februar, schien zu Mittag die Sonne, und ich gewann meinen Sternenprozeß: wir hatten tatsächlich in der Nacht den Äquator geschnitten. Wann werden wir die Australhemisphäre wiedersehen? Meine südlichen Sternbilder sinken mit jedem Schritt, mir ist, als würde ich von Tag zu Tag ärmer. Daß wir die Linie in der Nacht geschnitten hatten, machte mich traurig. Ich schlief auf der Brücke.

Heute abend fiel uns ein armes Schaf ins Wasser. Wir machten wenig Fahrt und sahen es zwanzig Minuten lang ertrinken. Man konnte ihm nicht helfen, die Fregatte hat kein Beiboot. Ich stellte mir vor, es fiele einer von uns ins Meer und müßte ebenso vor den Augen des anderen ertrinken. Seinen Kameraden verderben zu sehen, ohne ihm helfen zu können, dieser gräßliche Gedanke bereitete mir eine böse Nacht. Immerzu sagte ich mir, man müßte sich hinterherstürzen und gemeinsam untergehen. Man machte nichts besser damit, sondern verschlimmerte das Unglück, aber wie schmutzig kommt man sich vor, wenn man untätig zusieht, wie der liebste Mensch zurückbleibt und versinkt.

Diese Gedanken riefen mir die Tragödie der Señora Montes zurück, bei der wir in Guayaquil wohnten. Sie ist Pariserin. Ihr Mann, Don Camilo Montes, Sohn eines indianischen Kaziken, war sehr jung das erste Mal nach Europa gereist. Er zeichnete sich durch großes pianistisches Talent in London, Italien und vor allem in Paris aus. Die französische Königin empfahl ihn dem König von Spanien. Er besaß die Manie aller seiner Landsleute, die Heimat von ferne zu lieben und daheim zu verabscheuen. Graf Floridablanca verschaffte ihm in Lima eine Anstellung auf dem Paketboot. Nach der dritten Umrundung Kap Hoorns kehrte er aus Europa mit seiner Familie zurück, und die Herzogin Osuna brachte ihn als Zollverwalter in Guayaquil unter. Während der Überfahrt von Europa beobachtete Frau Montes, wie sich zwischen dem Steuermann des Paketbootes und ihrer ältesten Tochter, siebzehn Jahre und sehr hübsch, eine kleine heimliche Liebschaft entspann. Sie verwies dem Mädchen die Unschicklichkeit. Der Tadel war so sanft wie das Vergehen schwach. Aber die Verliebte, hitzigen Gemüts, beschloß, sich zu töten. Es begann Nacht zu werden unter den Tropen, und nach einer Viertelstunde fand man das Mädchen nicht mehr. Man hatte sie noch hinuntersteigen sehen in die Messe. Seekranke Leute dort bemerkten, daß sie ins Fenster kletterte und hinter sich den Vorhang schloß, wie man es tut an Bord, wenn man austreten geht. Niemand sah sie zurückkommen. Sie hatte sich zweifellos ins Meer gestürzt. Die armen Eltern! Der Steuermann, Urheber der Tragödie, tat so gleichgültig, daß die trügerische Hoffnung umging, er halte das Mädchen nur versteckt. Aber im Hafen von Trinidad durchsuchte man das ganze Schiff, ohne sie zu finden, und so blieb der Mutter nicht mehr die Wahl, ihre Tochter tot oder nur entehrt zu glauben. Es wäre taktlos, ließe ich jemals ein gedrucktes Wort über diesen hochtragischen Vorfall verlauten.

Fische, Vögel und Sturm

28. Februar. – Unendlich viele Fische begleiten unsere Fregatte. Seelachse, Goldmakrelen auf der Jagd nach kleineren Meeresbewohnern, immense Delphine in langen Prozessionen, fliegende Fische; eine Spielart von Langschnauzendelphinen, Feinde der Wale, dem Schwertwal sehr nahestehend, zwanzig Fuß lang, das Maul runder, der Kopf wie waagerecht durchgeschnitten; häufig, aber von letzteren entfernt, ganze Schulen des gemeinen Delphins, Schweineherden ähnlich. Alle Tiere der Gattung Delphinus atmen während des Sprungs aus dem Wasser. Die bogenförmige Bewegung sieht aus, als schlügen sie Purzelbäume oder schaukelten sich. Kein Meer ist so reich an Fischen wie die Südsee, man glaubt sie gepflastert mit Fisch. Weit entfernt von den Küsten, in den Einöden des Ozeans, scheinen die großen Tiere mehr als anderswo die Notwendigkeit zu fühlen, sich paarweise zusammenzutun. Zu zweit verfolgen die Fregattvögel und die Tölpel die großen Fische. Der Matrose stellt sich auf den Klüverbaum des Bugspriets und sticht mit einem langen Dreizack den auftauchenden Seelachs. Da steht er in höchst malerischer Position, und der Fisch schillert in den schönsten Farben.

Am 4. März erwischten die Matrosen die ansehnlichste Goldbrasse, die sie je gesehen hatten. Sie wog achtundzwanzig Pfund und maß achtundfünfzig Zoll, ihr Magen war mit im ganzen verschluckten Knurrhähnen gefüllt.

Nachts um halb elf spürten wir einen ziemlich starken Erdbebenstoß.

Am 5. März fingen die Matrosen einen Vogel, der sich wie die Seeschwalbe auf ihren Händen niederließ. Er gehörte gewiß zu einer Schwalbenart, aber wohl kaum zu den Seeschwalben, denn die sind nicht schwarz. Er war gut taubengroß und benahm sich sehr zahm. Wir gaben ihm die Freiheit.

6. März. – Die Vogelmengen nehmen täglich zu. Pelikane, Möwen, Seeschwalben (schneeweiß), Tropikvögel, die einen in den Lüften schwebend und herabstoßend auf die Knurrhähne und Adlerfische, die sich im Sprung aus dem Wasser vor den Goldbrassen zu retten versuchen, die anderen sich

wiegend auf den Wellen. Man glaubt, dicht unter Land zu sein, zumal viele Baumstämme vorbeitreiben, und das Meer erscheint einem wie ein großer, mit Vögeln bedeckter Teich.

Am 9. März nahm der Wind stündlich zu. Er setzte um auf Nordost, ein untrügliches Zeichen für Sturm. In der Frühe des 10. März kündigte sich denn auch mit Furore der Papagayo an. Nichts muß man auf der Schiffsreise nach Acapulco mehr fürchten als die Nord- und Nordoststürme, die unter den Namen *Pagagayo* und *Tehuantepec* bekannt sind und die man zu spüren bekommt, sobald man den Meridian der beiden gleichnamigen Golfe erreicht. Sie können die Masten des größten Schiffes brechen. Da das Festland Neu-Spaniens an den beiden Punkten sehr schmal ist, nimmt man mit gutem Grund an, es seien Winde des nördlichen Meeres, die durch enge Täler, in denen ihre Heftigkeit zunimmt, in die Südsee wehen. Sie wirken sich um so gefährlicher und verheerender aus, als die Handelsschiffe in der Südsee schlechtes Segelwerk haben, schwer auf Kurs zu halten und übel bemannt sind mit gleichgültigen Steuerleuten und träge manövrierenden Matrosen. Man muß von Oktober bis Mai stets auf der Hut sein und Segel wegnehmen, sobald man in die Region der Papagayos eintritt und der zunehmende Wind kraftvoll auf Nordost dreht. Der Himmel bleibt anfangs allgemein klar, nur am Horizont sieht man einige sehr kleine, zerstreute, schwarze Wolken. Sobald der Blitz niederfährt und der Donner rollt, legt sich der Papagayo. Manchmal hält er fünf bis sechs Tage an.

12. März. – Dieser Papagayo dauerte nur achtundvierzig Stunden. Er ist der herrlichste Sturm, den man sich vorstellen kann. Da unsere Fregatte von sehr gestreckter englischer Konstruktion ist und wir die Segel teilweise gerefft hatten, widerstand sie bewundernswert. Die Wogen brachen sich an ihren Flanken wie an Felsen. Welche prachtvollen Kaskaden die Wasserberge bilden, wenn sie hinabstürzen in die tiefen Täler! Es erinnerte mich an den Salto von Tequendama und an unseren Rheinfall. Ich maß die Höhe der Wellen und fand zwanzig bis zweiundzwanzig Fuß für die größten. Da die See von Kalifornien her so rapide anrollte, fiel die Oberflächentemperatur des Wassers um sieben Grad. In der Tiefe konnte ich nicht sondieren. In den Bergwerken von Hualgayoc war mir ein Senkthermometer zerbrochen, ich durfte das letzte in einem so aufgewühlten Meer nicht aufs Spiel setzen. Der Wind wehte in Stößen, die Luft erfüllte sich mit Salzwasserdünsten bis zu drei, vier Fuß über den Wogen, und die Sonne brachte alle Regenbogenfarben hervor; doch am schönsten war es, wenn beim Anprall die Gischt aufstieg und augenblicksweise orangene Strahlen wie Flammen aus der Woge schossen. Der Regenbogen sprang in Stücke und zerging!

15. März. – Die Matrosen fingen ein Haifischweibchen, neun Fuß lang, das uns mit dem Männchen ausdauernd gefolgt war. Schon an dem großen eisernen, mit Fleisch bestückten Haken, der von einer Kette gehalten wurde, warf man ihm eine Schlinge um und versetzte ihm Harpunenstiche, ehe man es an Deck hievte, wo es sich trotz seiner Wunden kraftvoll wie ein Krokodil wand. Bonpland hat die Anatomie beschrieben, die enorme Leber, die den Haifisch dem Rochen annähert, die Geschlechtspartien. Ich habe die beiden fünf bis sechs Zoll langen Fortsätze gezeichnet, die neben den Bauchflossen liegen und die Urogenitalöffnung einfassen. Die Seeleute ziehen sehr geheimnistuerisch Steine aus zwei Schädelgruben hinter dem Gehirn. Die weiße, mehlige Masse härtet leicht aus, man trinkt sie, mit Wasser gemischt, bei Nierenleiden. Am Bauch des Haifischweibchens saß ein Saugfisch. Das ist ein Schelm, dessen Oberes man zuerst für das Untere hält. Er hat weder Schuppen noch Schwimmblase und kann außerhalb des Wassers lange überleben.

17. März. – Seit 13° 30′ nördlicher Breite sind wir in die Region der Kalmen eingetreten.

So ist es um die Wissenschaft der Steuerleute bestellt: Ein Fisch irritiert sie, er bestimmt ihnen die Länge, sie ändern den Kurs und verlängern ihre Reise um drei bis vier Wochen. Der unsere schiffte nach einem Rezept (Seespiegel), das Herr Moraleda ausgestellt hat, der niemals in diesen Strichen war. Da unser Steuermann sieht, was er glaubt, sieht er alles, was das Rezept ihm ankündigt. Heute glaubte er sich um zweieinhalb Grad östlich meiner Chronometerberechnung, aber sechzig Meilen entfernt von Land. Da macht er einige Altweiberfischchen aus, die laut Rezept erst zwanzig Meilen vor den Küsten vorkommen, und verzweifelt. Nun zweifelt er an allem. Er möchte, sagt er, am liebsten Südwestkurs einschlagen, weil er meine, auf dem zweiundneunzigsten Längengrad zu sein. Er jagt mir Angst ein. Ich überrechne meine Distanzen, mein Chronometer, ich finde keinerlei Irrtum. Dieses Erscheinen von Tieren dürfte wohl doch ein sehr unsicheres Zeichen nahen Landes sein. Derselbe Steuermann vertraute mir an, wie ihn einmal, als er nach seinen Karten noch einhundertdreißig Meilen von der Küste entfernt war, das Auftauchen vieler Schwalben und wilder Tauben bestürzt hatte. Wie sein Entsetzen sich verstärkte, als er auch noch einen Geier kommen sah, der die Tauben verfolgte und sich um seines Jagdvergnügens willen auf dem Meer verlor. Der Vogel ließ sich auf dem Schiff nieder, so erschöpft war er, man fing ihn ohne Mühe, und später erwies sich beim Insichtkommen von Land, daß der Punkt auf den Karten durchaus richtig bestimmt war.

Seit zwei Tagen vermehren sich die Sternschnuppen ungemein. Ich habe niemals stärker leuchtende beobachtet. In der Provinz Quito erscheinen sie am häufigsten und einzigartigerweise im allgemeinen nur bis zu zwölf oder fünfzehn Grad Höhe, also direkt über den Gebirgen, denen der Volksverstand sie deshalb auch zuschreibt. Einige Tage nach dem großen Erdbeben vom 4. Februar 1797 erblickte man von Quito aus so viele Sternschnuppen über dem Cayambe, daß man glaubte, der Vulkan speie Feuer, und die Heiligen anrief.

Diese Nacht um elf Uhr bildete sich in der Höhe ein Feuerball von acht bis neun Bogenminuten Durchmesser, anfänglich rund und deutlich begrenzt, dann funkensprühend. Die Kugel wanderte von Südost nach Nordwest, ihr Weg betrug fast vierzig Bogensekunden, dann verzehrte sie sich in über siebzig Grad Höhe, wobei sie in mehrere Teile zerfiel. Nachts starker Tau.

18. März. – Seit drei, vier Nächten sahen wir das Zodiakallicht von einer Schönheit wie niemals zuvor unter den Tropen. Die Veränderung der Lichtstärke nahm in allen Nächten einen sich gleichbleibenden Verlauf, für den ich keine Erklärung habe. Dreiviertelstunden nach Sonnenuntergang zeigte es sich nur sehr schwach, obwohl die Dunkelheit die Sterne schon in ihrem vollen Glanz hervortreten ließ. Aber eine Viertelstunde später trat es in all seinem Feuer auf und mit wahrhaft theatralischem Farbenzauber. Kleine atlasblaue Wolken schimmerten am Horizont auf gelbem Grund. Als ginge die Sonne ein zweites Mal unter. Gegen zehn Uhr verschwand das Licht fast ganz, und um Mitternacht sah ich nur noch schwache Spuren. Zur selben Zeit erschien im Osten ein weißliches Licht, das wir als den Widerschein des Tierkreislichts annahmen und das die Nacht etwa so erhellte wie der Mond in seinem ersten Viertel.

20. März. – Seit gestern abend hat der Wind von Nord auf Nordwest gedreht und zeigt uns die Nähe Acapulcos an.

21. März. – In der Nacht näherte sich ein Wal so dem Heck, daß sein Schnauben unseren Schlaf störte. Er folgte dem Schiff lange, obgleich wir sechs Meilen in der Stunde machten. Nach der Schätzung des Steuermanns waren wir ja heute schon an Land, sogar einige Meilen östlich Acapulcos im Landesinneren, wohingegen wir tatsächlich noch Stunden westlich des Hafens segelten, ehe wir die ersten Anzeichen von Land wahrnahmen.

22. März. – In der Frühe waren wir noch neun Meilen entfernt und sogen den guten Geruch von Erde ein, der besonders lebhaft die Aufmerksamkeit unseres Hundes Cachi erregte. Als erste an Bord wittern die Schweine die Landnähe, aber mit was für Rüsseln hat die Natur sie auch begabt. Welche Ruhe, Heiterkeit und Schönheit der Nächte an diesen Küsten! Wer möchte

glauben, daß dieselben Erdstriche im Juli und August die Hölle sind, zehn bis zwölf Tage lang entschwindet die Sonne, nur Blitz und Donner und strömender Regen, und die Südwestorkane entwurzeln die ältesten Bäume. Zehn Meilen vor der Küste nimmt das Wasser ein dunkles Olivgrün an. Nachts erlebten wir ein außerordentliches Phosphoreszieren, als wäre das Schiff eine Laterne, die weißes Licht um sich verbreitet.

Acapulco in Sicht.

Malerischer kann eine Küste nicht sein; die Sandstrände von Coyuca durch die Sonnenreflexe vergoldet, dann dichte Pflanzungen von Bananen und Kokospalmen und dahinter die dreifach gestaffelten Bergketten, sehr hoch und teilweise bewaldet. Kleine Hütten. Viele Rauchsäulen, die in Westindien anzeigen, daß man den Boden kultiviert, denn durch Abbrennen düngt man hier, und die in der Nacht den Felsen ein vulkanisches Aussehen geben. Die Ufer sind so steil, daß das Schiff sie fast streifen kann. Die Wale springen mit dem ganzen Leib aus dem Wasser. Mit welcher Freude müssen die Kaufleute aus Manila nach viermonatiger gefährlicher Seefahrt diesen Anblick genießen!

Achtzehntes Kapitel

Aufbruch nach Mexiko-Stadt

Unsere Landung in Acapulco hat die große Genauigkeit bewiesen, mit der ich zwischen dem 14. und 19. März die Monddistanzen nahm.

Am 29. März verließen wir Acapulco und hätten durchaus Grund gehabt, Bedauern darüber zu empfinden. Der Schatzmeister Don Baltázar Alvarez Ordoño, Fregattenkapitän, intimer Freund von Urquijo, hatte uns in seinem Haus aufgenommen. Ein gutmütiger, liebenswürdiger, offenherziger Mann. Ich habe niemals mehr Resignation bei einem Militär gesehen. Er findet Trost darin, seine Hühner zu besorgen, die dreiblättrige Zitrone zu ziehen und in religiösen Exerzitien. Seine Frau stammt aus Cádiz und ist durch ihre Sauberkeit bemerkenswert. Ich habe Reinlichkeit nie so auf die Spitze treiben sehen. In diesem Hause fürchtet man die Skorpione nicht, die hier sehr gefährlich sind und deren Stich einen kleinen Hund von Herrn Alvarez taub gemacht hat. Aber o weh! Beim Öffnen unserer Koffer haben wir dieses Haus mit Schaben, Skorpionen und Ameisen aus Guayaquil verseucht. Die Kakaoschiffe von dort, die hier einlaufen, gleichen der Arche Noah. Keine Region der Welt hat mehr Überfluß an Würmern und Insekten als Guayaquil. Die Geckos amüsierten sich nachts mit der Jagd auf die Neuankömmlinge. Diese Eidechsen sind die Kanarienvögel Acapulcos, die ganze Nacht rufen sie «gack, gack, gack ...»

Ich brauchte einundzwanzig Mulas für den Weg nach Mexiko-Stadt – davon dreizehn hauptsächlich mit naturhistorischen Objekten beladen –, wofür ich 450 Pesos bezahlte. Die Frachtgebühr von Guayaquil nach Acapulco hatte 900 Pesos betragen, die Reise von Quito über Cuenca, Loja, Jaén, Trujillo nach Lima 1200 Pesos gekostet. Auf dem Weg über den Chimborazo hatten wir alle unsere Bücher und einen Teil unserer Wäsche verloren. Um auf dem Río Magdalena, auf dem Weg nach Bogotá, Popayán und Quito nicht so viel Gepäck mitzuschleppen, hatte ich dreißig bis vierzig Bücher und den Birdschen Quadranten von Cartagena über Portobelo und Panamá nach Guayaquil geschickt. Der Koffer kam im Dezember 1801 auch glücklich dort an. Den Quadranten, den ich täglich mehr als unnützen Ballast empfunden hatte, übereignete ich Don José Caldas, der inzwischen schon interessante Beobachtungen damit macht. Die Bücher sollten mir nach Quito folgen, sobald im Mai der Aufstieg von Guayaquil ins Gebirge offen war. Sie wurden auf den Weg gebracht, aber sie kamen nie an, ich konnte ihr Schicksal nicht in Erfahrung bringen. Dieser Verlust hat uns sehr vorsichtig gemacht. Wir hatten schon mehrmals große Kollektionen von Pflanzen, Mineralien, Muscheln nach Europa geschickt, nach Frankreich, nach Spanien mit dem Franziskanerpater Juan Gonzáles, nach England mit John Fraser, und nie etwas von ihrer etwaigen Ankunft gehört. Grund genug, die letzten Früchte meiner Arbeit jetzt nicht im Stich zu lassen und nicht wiederum einem ungewissen Schicksal auszusetzen, was uns so viele Strapazen, Wagnisse und Gefahren eingetragen hat. Ich werde mich nicht davon trennen, sollte ich dafür auch die größten pekuniären Opfer bringen müssen. So schleppten wir jetzt mit uns alle Herbarien der Vulkane von Quito, von Peru, vom Marañón, aus Pasto, Popayán und vom Quindío, das kleine Herbarium mit den Mustern all dessen, was wir seit der Abreise von Havanna gesammelt haben, die seit Popayán zusammengetragenen geologischen Kollektionen und Fossilienfunde.

Wir brachen vor Tag von Acapulco auf. Der Weg ist trotz der Hitze sehr angenehm. Der Reichtum jeden warmen Klimas umgab uns. Dieselben Ansichten und derselbe Charakter der Natur hier in Mexiko wie bei Cumaná, Turbaco, wie in den Tälern von Aragua, den heißen Tälern Perus. Die tropischen Regionen Amerikas ähneln sich alle trotz ihrer Entfernungen voneinander. Eine Unmenge Vögel, Kardinalfinken, Schakuhühner, große, ganz schwarze Raben, Papageien. Der Weg ist breit und sehr gut, reichlich bevölkert, viele kleine Rohrhütten, ein großes Zusammentreffen guter Maultiere, fast fünftausend kommen und gehen zwischen Acapulco und Mexiko-Stadt, schöne Kühe.

Ein Schakuhuhn von der Gestalt des Fasans ist die *chachalaca*. Ihr Schrei durchdringt die Wälder. Man setzt sie unter die Haushühner; sie folgt ihnen gern und bewacht sie und warnt die Junghühner durch schreckliches Zetern vor dem nahenden Geier. Die wenigsten Indianer waren Fleischesser, sie legen noch heute wenig Wert auf Fleisch, und die freien Indios vom Río Meta und Río Guaviare haben jahrhundertelang neben Rinderfarmen gelebt, ehe sie lernten, Fleisch zu essen. Deshalb wundere ich mich nicht, daß sie die zahlreichen Arten von Hokkohühnern, Schakuhühnern, Fasanen zur Zeit der Conquista nicht als Haustiere hielten. Erst die Europäer begannen damit in diesen Ländern, in denen es Geflügel keineswegs im Überfluß gibt und die Gänse überhaupt nicht eingeführt sind. Und alle diese Hühnervögel gewöhnen sich leicht an jedes Klima und ertragen ihre Leiden mit rührender Geduld. Ein armseliges Schakuhuhn hat uns sechshundert Meilen weit vom Río Casiquiare bis an die Küste begleitet, bald durchgeweicht bis auf die Knochen, bald einer glühenden Sonne ausgesetzt.

1. April. – In Moxonera beginnen die Eichen und etwas weiter nördlich folgen, unter die Eichen gemischt, Tannen mit fünfständigen Nadeln und gefurchtem Stamm. Die Stämme sind meist knorrig, selten gerade, die Zapfen sehr groß, sieben bis acht Zoll lang. Diese schöne Tanne ist sehr harzreich. Das Harz wird abgezapft, und der Baum sieht dann beklagenswert verwundet aus. Die ärmere Bevölkerung benutzt überall zur Beleuchtung anstelle von Kerzen das Baumharz, gleich dem Kien in den nördlichen Ländern. Wie eigenartig, daß es in ganz Südamerika bis nach Chile keine Nadelbäume gibt und Eichen allein im Vizekönigreich Neu-Granada! Hier glaubt man sich nach Europa versetzt, so ist man gewöhnt, diese Formen als den gemäßigten Zonen eigentümlich zu betrachten. Und doch wachsen sie hier in den Tropen. Europa kennt kaum zwanzig Gattungen, von denen die Tropen nicht mehrere Arten hervorbringen. Birke, Erle, Walnuß, Eiche, Weide, Brombeerstrauch, Fichte, Berberitze. Der Natur hat es gefallen, in den Tropen alle Formen zu vereinen. Von hier aus sind in dem Maße, in dem die den Erdpolen benachbarten Länder sich vom Eise befreiten und bewohnbar wurden, die Arten ausgewandert. Aber, ach! Zu uns sind nur einige wenige Bäume gekommen und gerade die mit den armseligsten Blüten, die Kätzchen tragenden etwa. Dazu streitet das einfache Volk in den gemäßigten Zonen den Tannen, den Pappeln die Blüten ab. Außer Weißdorn, Schlehdorn und Eberesche, dem wilden Apfelbaum und dem Rosenstock haben wir in Europa keine großblütigen Bäume. Welcher Kontrast dazu hier!

Wir legten täglich zwei bis drei *Tagesreisen* zurück, wie man hier sagt, jede zu zwei Wegstunden morgens zwischen fünf und neun oder neuneinhalb Uhr und abends zwischen vier und sieben. Während der großen Mittagshitze rastet man in einer *venta*, die das gleiche ist wie der *tambo* in Quito und Peru oder das *Königliche Haus* in den Franziskanermissionen der Provinz Neu-Barcelona. Diese Herbergen sind aus Rohr, sie lassen die warme Luft von allen Seiten eindringen und liegen gewöhnlich auf einem großen, von der Sonne ausgedörrten Platz. Man spürt darin die Hitze, als säße man unter einem Sonnenschirm mitten auf dem Platz.

Wie der Schnee gemacht wird

Das Dorf Chilpancingo, wo wir am 2. April zu Mittag aßen, muß in der Regenzeit sehr angenehm sein. Auch jetzt, so trocken es war, standen viele Bäume in Blüte. Vor allem bewunderten wir in den Straßen einen purpurn erblühten Wollbaum. Ich habe nie eine herrlichere Pflanze gesehen, mit vier bis fünf Zoll langen, von Blütenblättern spiralig umstandenen Staubgefäßen. Das Klima ist frisch und gesund, hier suchen die Kranken aus Acapulco Genesung.

Ich mußte viel Neugier aufbieten, um herauszubekommen, woher die Indios den Schnee nehmen, den sie drei bis vier Meilen nordwestlich des Dorfes vom Berge Chocomanatlán holen, den ich, wenn es hochkommt, auf 2300 bis 2700 Meter schätzte. Unmöglich konnte dort Schnee fallen. Tatsächlich fällt dort auch keiner, und ich habe schließlich von den Indios aus Zunpango gelernt, wie sie ihn machen. Sie bringen große und gut gewaschene Blattstücke der Agave auf den Gipfel, da sie beobachtet haben, daß diese Pflanze leichter bereift als alle anderen. Ein bis zwei Zoll dick überzieht weißer Reif die Agavenstücke, und das ist der Schnee, den die Indios sammeln und mit Erde zudekken, bis sie genug haben, um ihn nach Chilpancingo und Acapulco zu bringen. Das Gebirge ist nachts sehr kalt, aber in Gefäßen aufgestelltes Wasser gefriert noch nicht. Wenn die Indios es jedoch in ausgehöhlten Agavenstämmen hinauftragen, so gefriert es. Welche Rolle spielt bei alledem die Agave? Bereift sie so leicht, weil (und das glaube ich) die Kälte ihr Zellgewebe zusammenpreßt und der hierdurch reichlich austretende Saft gefriert? Oder steigert die Verdunstung, die die Pflanze unter so niedrigem Luftdruck erfährt, die atmosphärische Kälte? Oder handelt es sich sozusagen um eine Art Blutsturz, um einen Schwächeeffekt mangels des gewohnten Wärmereizes? Man müßte das kuriose Phänomen an Ort und Stelle untersuchen können.

Unweit von Chilpancingo liegt das Dorf Tixtla; hier wie in Mixteca, das zur Intendencia Oaxaca gehört, stellen die Indios Seidentaschentücher her. Die Rohseide stammt nicht von der Seidenraupe, sondern von einem mexikanischen Schmetterling, dessen Raupen ihre Kokons in großen Beuteln vereinigen!

Auf dem ganzen Weg von Acapulco nach Mexiko-Stadt machen sich die Maultiere breit, man kommt kaum vorbei, über fünftausend beschäftigt der Handel. Ihre Tagesreisen sind so kurz, daß sie im allgemeinen nur dreimal jährlich die ganze Strecke zurücklegen. Warum führt man nicht Kamele ein! Hier und vor allem in den Einöden Perus! Oder den Stier aus Manila, den *carabao*, der kräftiger, freilich auch grimmiger als der unsere ist.

In den Dörfern Zunpango und Mezcala wohnten wir im Hause des indianischen Gemeinderats und hatten Muße, uns mit den mexikanischen Indios zu unterhalten. Sie wirken noch gravitätischer als die peruanischen und sind dunkelhäutiger. Dem Pfarrer hatten wir drei Pesos für eine Messe zu bezahlen, die er uns um vier Uhr lesen sollte. Er ließ uns eine Stunde grausam warten und verdarb mir damit die Breitenbeobachtung, auf die ich mich vorbereitet hatte.

In Mezcala passierten wir den berufenen gleichnamigen Fluß. Ein Sturzbach von sechzig Metern Breite in der Trockenzeit, der aber in der Regenzeit rapide auf das Vierfache anschwillt. Wir überquerten ihn aus reiner Neugier auf dem Kalebassenfloß, denn die Furt war gut. Solch ein Floß von höchstens zwanzig Quadratfuß, das fünf, sechs Zentner trägt, besteht aus sechzig Flaschenkürbissen, die mit Seilen zusammengebunden und mit ein paar leichten Zweigen bedeckt sind. Die Kürbisse lassen viele Zwischenräume, unsere Hintern wurden gehörig naß. Gegenüber dem Balsaholz und dem Schilfrohr, die sich nach und nach vollsaugen, haben die Kalebassen den Vorzug, perfekte Hohlräume zu sein. Man schneidet sie nicht auf; die Kerne trocknen ein, und so höhlen sich die Kalebassen selbst aus. Ob sie nicht bei Schiffbrüchen dienlich sein könnten?

In Tepecoacuilco, einem hübschen, im Wachsen begriffenen Flecken, erklärte unser Maultiertreiber den dörflichen Honoratioren unsere Instrumente und versicherte, wir wüßten alles, bevor man es uns sagt, wieviel Geld jemand in der Tasche hat, wie spät es ist, ob man zu dieser oder jener Stunde irgendwo ankommt oder nicht. Am 6. April machten wir uns morgens drei Uhr bei schönem Mondschein auf den Weg nach Taxco. Unser Gepäck ließen wir einstweilen im Dorf und vereinbarten, es in Puente de Istla wieder in Empfang zu nehmen.

Die Bergstadt Taxco hat seit zwanzig, fünfundzwanzig Jahren an Bedeutung verloren. Damals gab es noch Anbrüche, die binnen weniger Monate für 80 000 bis 150 000 Pesos Metall erbrachten. Aber heute ist gegen Tage hin alles abgebaut. Don José Vicente de Ansa, ein Baske, brachte uns die Gastfreundschaft seines Volkes entgegen und nahm uns in seinem schönen, kolonnadengeschmückten Haus freigebig auf, ohne uns zu kennen. Ihm gebührt das Verdienst, diese Gruben, die vor seiner Zeit nicht halb so tief reichten, auf 280 Ellen niedergebracht zu haben. Er war mutig genug, den tiefen Stollen in der Grube San Ignacio aufzufahren und den Königsstollen zu vollenden, der die Gänge schneidet, von denen schon Hernán Cortés Nachricht besaß. Er hat diesen Minen die Wohltat erwiesen, sie zu entwässern. Auf den erwarteten Reichtum ist er freilich nicht gestoßen, aber die Metalle aus dem Königsstollen, jährlich für mehr als 70 000 Pesos, haben immerhin die Kosten gedeckt.

Die besten Jahre dauerten von 1752 bis 1761, als Josef de La Borda, ein mittellos ins Land gekommener Franzose, das Glück hatte, in der dritten Formation immense Reichtümer zu finden. Damals trug Taxco jährlich über 150 000 Mark Silber ein. La Borda, ein Mann von maßloser Großzügigkeit, baute die Pfarrkirche von Taxco, was ihn 400 000 Pesos kostete, nicht gerechnet den Silberschatz, die berühmte Monstranz sowie 6 000 Pesos Kapitalrenten, die die Kirche nach wie vor bezieht. Als der Reichtum der Minen versiegte, verarmte der allzu generöse La Borda derart, daß der Erzbischof ihm erlaubte, die diamantenbesetzte Monstranz von Taxco für 100 000 Pesos an die Kathedrale von Mexiko-Stadt zu verkaufen, wo sie heute noch ist. La Borda ging nach Zacatecas, wo damals kaum dreihundert Barren Silber (jeder zu 1 000 Pesos) jährlich produziert wurden; er brachte der Mine Glück und schaffte sie hoch auf viertausend Barren, also nahezu vier Millionen Pesos, und verstand es, sich neuerlich so zu bereichern, daß er fast eine halbe Million Pesos hinterließ. Er beging die Eselei, seine einzige Tochter ins Kloster zu geben. Sein Sohn wurde Priester, was ihn nach Landessitte nicht daran hinderte, Erbfolger in die Welt zu setzen. Was für Zustände! Terreros, Graf von Regla, macht seinem Souverän das Geschenk eines Kriegsschiffes mit hundertzehn Kanonen, La Borda baut für eine halbe Million eine Kirche. Auf den meisten Zuckerpflanzungen Mexikos sieht man Kapellengewölbe, die zwanzig- bis vierzigtausend Pesos gekostet haben, und die armen kranken Sklaven liegen auf Fellen an der Erde. Das höchste Wesen hat diese Mauern nicht nötig, die im Mißverhältnis zu den kleinen Hütten ringsum stehen, und Gott wäre würdiger gedient, folgte man dem Beispiel seiner Güte. Aber menschliche Eitelkeit liebt sichtbarere und dauerhaftere Monumente!

Das unselige Ereignis vom 16. Februar 1802 scheint den letzten Anstoß zum Ruin von Taxco gegeben zu haben. Schon immer waren die Minen nicht gerade mit Wasser zum Antrieb der Pochwerke und Erzmühlen gesegnet. An jenem 16. Februar versiegte der wasserreichste Bach, man weiß nicht warum, und zwei Tage später trat fünf Meilen entfernt kraftvoll eine neue Quelle aus. Infolge dieser Katastrophe, die viel Licht auf die Verteilung des Wassers in unserem Globus wirft, haben viele Bergleute Taxco verlassen, weil man sie nicht mehr zu beschäftigen weiß. Hinzu kommt die Einsicht in die harte Notwendigkeit, die Schmelze einzuführen, die ein gröberes Korn erfordert als die Amalgamation. Etwa ein Drittel oder die Hälfte aller Metalle von Taxco geht heute durch die Schmelze.

Auch der Quecksilbermangel während des Krieges hat Taxco, wie allen mexikanischen Bergwerken, unendlichen Schaden verursacht. Den Grubenherren, die ohne Quecksilber nichts von ihren Erzen haben, fehlt es an Bargeld, ihre vielen Arbeiter zu bezahlen; die Bergleute verziehen sich und suchen ihr Glück in anderer Beschäftigung und kehren, wenn sie wieder gebraucht werden, nicht in die Bergwerke zurück. Viele schon trockengelegte Gruben füllen sich neuerlich mit Wasser. Die Übelstände sind unberechenbar und lange nach dem Friedensschluß zu spüren. Die Regierung müßte sich ernsthaft damit beschäftigen. Speicher mit fünfzig- bis sechzigtausend Zentnern Quecksilber müßten für dringenden Bedarf eingerichtet werden. Die Verzinsung des toten Kapitals könnte durch einen vorübergehend höheren Preis wieder eingebracht werden. Aber die Regierung hat die Ratschläge des Bergbautribunals, Verträge mit China abzuschließen, wo es Quecksilber im Überfluß gibt, nicht hören wollen. Als könnte es dem spanischen König nicht gleich sein, ob er sein Quecksilber vom deutschen oder vom chinesischen Kaiser kauft, und jedenfalls ist in Kriegszeiten die Pazifik-Route nach Acapulco sicherer als die Atlantik-Route nach Veracruz. Schickt einen gescheiten Menschen nach China, damit er Verträge abschließe und sich um die Reinheit des Quecksilbers kümmere, denn in jenem aus Kanton, das im Schleichhandel nach Mexiko gelangt, hat man Stücke von Bleikugeln gefunden!

Nach Guchilaque brauchten wir eine ganze schreckliche Nacht. Die Dunkelheit überfiel uns in einem großen schönen Wald von Weymouthskiefern, und wir hatten unsere Mühe, dieses beträchtliche indianische Dorf zu finden. Seit Cuernavaca, von dessen Höhen aus wir die Ruinen der Pyramide von Xochicalco erblickten, steigt man ständig. Die weiten Ebenen von San Gabriel, Istla und Cuernavaca liegen einem zu Füßen, begrünt von Zuckerrohr-, Mais- und Weizenfeldern und mit vielen kleinen Dörfern geschmückt, deren hübsche Kirchen zuweilen schon aus der Zeit von Hernán Cortés stammen, der sie mit ungeheuer dicken Quadermauern bauen ließ, damit sie notfalls, wie die mexikanischen Tempel, auch zur Verteidigung taugten.

Neunzehntes Kapitel

Die Hauptstadt Neu-Spaniens

Es gibt vielleicht in ganz Europa keine Stadt, die – alles in allem gesehen – schöner wäre als Mexiko-Stadt. Es besitzt die Eleganz, die Regelmäßigkeit und Stimmigkeit der hervorragenden Bauten von Turin und Mailand, der besseren Viertel von Berlin und Paris. Alle Straßen sind sehr breit und wie mit der Schnur gezogen, entweder von Ost nach West oder von Nord nach Süd. Sie haben zu beiden Seiten gute Bürgersteige aus behauenem Stein, ein Werk des Grafen Revillagigedo, der Mexiko-Stadt regeneriert hat. Er ist der tatkräftigste Vizekönig gewesen, den Spanisch-Amerika je gesehen hat, und ist, wie jeder verdienstvolle Mann, wie Kolumbus und Cortés, mit Undank und Verfolgung belohnt worden. Er hat auch die Plaza Mayor neu gestaltet, auf der vormals indianische Hütten inmitten vieler Obst- und Gemüseläden sich ausgebreitet hatten. Der Unrat und das chaotische Durcheinander auf dem Großen Platz spotteten damals jeder Beschreibung. Als Beispiel sei hier nur das Schicksal eines indianischen Burschen genannt, den man zwischen diesen Hütten fand, der seine Eltern nicht kannte, sich von den Früchten ernährte, die man ihm zuwarf, und den Platz noch niemals verlassen hatte in seinen siebenundzwanzig Lebensjahren. Man führte ihn dem Vizekönig vor und fand ihn ungebärdiger und abgestumpfter als die Indios der Wälder. Und dieser sogenannte *Wilde* lebte vis-à-vis einer spanischen Universität inmitten einer großen Hauptstadt!

Die Plaza Mayor wäre einer der schönsten und größten Plätze der Welt, würde sie nicht beengt und verunstaltet durch ein beträchtliches Viereck steinerner Ladenbauten. Dieser *parián* genannte Markt bringt der Stadt jährlich 25000 Pesos ein, darum hat Revillagigedo ihn nicht abreißen können. Die Plaza ist umstanden von der architektonisch schönen Kathedrale mit zwei statuengeschmückten Türmen, dem Palast des Vizekönigs, der auch in London und Paris, ich will nicht sagen als Palast, doch als ein vornehmes Haus gelten würde, und auf der dritten Seite von Häusern mit weiten Arkaden im Erdgeschoß, ein wenig ähnlich dem Palais Royal in Paris. Es steht nicht mehr zu hoffen, daß der Platz seine alte Ausdehnung wiederbekommt, seit Marqués de Branciforte das große steinerne Oval für die Reiterstatue Carlos' IV. bauen ließ. Es liegt, mit Galerie und Eisenpforten, vier Fuß über dem Niveau des übrigen Platzes und engt ihn zusätzlich ein, weil man es nicht nach Belieben überqueren kann, sondern nur durch die Pforten. Etliche Jahre früher hatte Revillagigedo den Platz senken lassen, um Raum für eine Treppe zur Kathedrale zu gewinnen. Bei diesen Arbeiten wurden die beiden großen indianischen Steinfiguren gefunden!

Die Lebensmittel und Blumen kommen über den Kanal von Chalco herein, der in einem der Stadtviertel mitten in der Straße verläuft. Nur wenige Leute in Mexiko wissen den immensen Nutzen der beiden Kanäle von Texcoco und Chalco hochzuschätzen. Der Einfluß des kostengünstigen Transports auf die niedrigen Lebensmittel- und Bauholzpreise ist evident! Früher einmal gab es viel mehr Kanäle in den Straßen, aber man hat sie ausgetrocknet. Ich höre oft sagen, Cortés hätte die Straßen breiter anlegen und einer jeden Platz für zwei Baumreihen und einen Kanal in der Mitte geben sollen. Das wäre gewiß sehr schön gewesen, aber ohne allnächtliche Reinigung durch Schleusen hätten die Kanäle die Stadt verpestet. Die heutigen Kanäle jedenfalls sind überaus schmutzig. Ansonsten sind die anmutigen Straßen sauberer als die der meisten europäischen Städte. Die Polizei achtet gut darauf, und diese Reinlichkeit trägt viel bei zur Schönheit der Stadt. Welcher Unterschied hierin zu Lima und Bogotá, wo die verreckten Hunde in den Straßen liegenbleiben. Die Nachtbeleuchtung ist gut, die Lampen nach dem Argandschen Prinzip sind freilich nicht über der Straßenmitte aufgehängt.

Die Einwohnerschaft: Man kennt sie nicht. Revillagigedo hat ein Verzeichnis anlegen lassen, es war schlecht gemacht und bestand aus vielen kleinen Zetteln. Der Graf schickte die Blätter nach Spanien, ohne sie fürs Archiv kopieren zu lassen, die Gesamtsumme hat man niemals erfahren. 1800 wurden in den vierzehn Pfarrbezirken 1105 Eheschließungen, 5862 Geburten und 3773 Todesfälle gemeldet. Mexiko-Stadt ist der Gesundheit nicht eben zuträglich; wollte man auf jeweils fünfundzwanzig Menschen einen Todesfall rechnen wie vielerorts in Europa, so käme man auf 100000 Einwohner. Man spricht von 150000 und redet sich ein, volkreicher als Madrid zu sein. Ich glaube nichts dergleichen, die Straßen wirken ziemlich vereinsamt; ich gebe der Stadt höchstens 120000 Einwohner.

In keiner Stadt Europas sieht man soviel Elend auf den Straßen wie hier. Dreißig- bis vierzigtausend Indios völlig nackt in Wolldecken oder Lumpen gehüllt, ein ebenso trauriger wie abstoßender Anblick! Läuse im Überfluß!

Weder in Lima noch in Bogotá gibt es so viele Elendsfälle wie hier. Aber warum? Für Lima läßt es sich erklären. Dort leben kaum Indios. Die unteren Bevölkerungsschichten bestehen aus Mulatten und Negern afrikanischer Abstammung. Sie kennen die indianische Verachtung aller Bedürfnisse nicht. Der Mulatte arbeitet, damit er sich einen Mantel kaufen kann. In Lima ist auch der Besitzstand gleichmäßiger. Aber Bogotá? Die indianische Gleichgültigkeit in Bogotá ist dieselbe wie hier in Mexiko-Stadt. Die Chicha dort berauscht ebenso wie der Pulque hier. Die hiesige Regierung ist nicht schlechter als die in Bogotá, die Umstände erscheinen gleich. Ich glaube, die Ursache liegt sehr weit zurück. Das mexikanische Regime war sehr despotisch. Das der Zaques von Bogotá und der Inkas in Peru war milder, indem sich der Despotismus unter dem Schein einer sanften patriarchalischen Herrschaft verbarg. Ich glaube, hier in Mexiko gab es schon zur Zeit Moctezumas eine Menge Unglücklicher ohne Besitz. Und ist es verwunderlich, daß sie seither keinen zu erwerben vermochten?

Ihre Liebe zu den Blumen, die schon Cortés bewunderte, haben sich die mexikanischen Indios bewahrt. Ein Blumenstrauß war das köstlichste Geschenk, das man den Gesandten machte, die an Moctezumas Hof kamen. Der Indio verkauft auf der Plaza Mayor kein Obst, kein Gemüse, keinen Pulque, ohne seinen Stand hinter täglich erneuerten Blumen zu verschanzen. Drei, vier Fuß hoch baut er aus frischen Kräutern und Gräsern ein Heckenrund um seine Früchte. Diesen grünen Untergrund behängt er mit Blumengirlanden, und zwischen die Gewinde stellt er noch kleine Sträuße, und so sieht das Ganze aus wie eine mit Blumen übersäte Tapete. In den Straßen verkaufen die Indios ihre Pfirsiche, Birnen, Breiäpfel auch in kleinen Käfigen aus sehr leichtem Holz, deren Deckel mit Blumen geschmückt sind. Angesichts der unschuldigen Sitte dieser Blumengepränge möchte man fast zweifeln an den einst so unmenschlichen Opferriten dieser Nation. Vielleicht stammt diese Art, Blumen und Früchte ineinanderzuflechten, aus jener glücklichen Epoche, da die ersten Bewohner dieses Königreichs ihrem höchsten Wesen noch nichts anderes opferten als das Erstteil ihrer Ernte.

Mexiko-Stadt ist in Spanisch-Amerika die Stadt mit den wenigsten Negern. Man kann einen Monat lang in den Straßen herumlaufen, ohne mehr als zwei oder drei zu sehen. In keinem Hause dienen Sklaven. Es gibt glücklicherweise fast gar keine, und die wenigen werden menschlich behandelt. Ich habe erlebt, wie ein hiesiger Richter zwei Negerinnen die Freiheit gab, denen eine Dame aus Havanna mit Scheren, Messern, Nadeln allerhand Wunden zugefügt und mit einem Schlüssel die Zähne ausgeschlagen hatte, als sie über Zahnschmerzen klagten.

Bergbautribunal und -hochschule: Das Tribunal hat nahezu 200 000 Pesos Einkünfte, die zu zwei Dritteln aus der Adelssteuer stammen, die der König an die Körperschaft übertragen hat. Eigentlich sollen sie zur Steigerung der Grubenausbeute verwendet werden, für Vorschüsse, zur Ermutigung. Aber das Tribunal hat dem König eine halbe Million geschenkt und, während des Krieges mit England, drei Millionen geliehen, von denen zwei noch nicht zurückgezahlt sind. Infolgedessen ist das Tribunal mit jährlich 100 000 Pesos Zinsen belastet – die es vermutlich ebenfalls nie vom Hof wiederbekommen wird – und kann gegenwärtig nur über die Hälfte seiner Einkünfte verfügen.

Es gibt keine reichere und, darf man sagen, freigebigere Körperschaft in der Welt als diese der Bergbauunternehmer Neu-Spaniens. Das neue Gebäude, das für die Bergbauhochschule errichtet wird, ist ein Palast der Wissenschaften. Die Architektur ist kraftvoll und von schönster Gliederung. Das Tribunal hat zur Beschleunigung der Bauarbeiten für dieses Jahr 1803 10 000 Pesos monatlich bestimmt, die Gesamtkosten werden 300 000 bis 400 000 betragen. Für 30 000 hat man schon Instrumente und Bücher aus Europa kommen lassen. Zwischen 1784 und 1787 hat das Tribunal über 800 000 zur Förderung des Bergbaus und der Verhüttung aufgebracht, aber das Geld ist in schlechte Hände gefallen und erzielt kaum Wirkung. Als 1786 die Blattern so verheerend wüteten, war das Tribunal so großzügig, 12 000 auch für die Unterstützung der Armen zu spenden. Aber was besagt das schon beim Reichtum eines Landes, in dem eine Familie, die Fagoagas, einem Freund 800 000 leihen konnte zur Ausbeutung von Gruben – eine Summe, die unwiderruflich verloren war – und wo ein Bergwerk, reicher als der Cerro von Potosí, in den Händen ganzer zwei Familien liegt.

Akademie der Schönen Künste: Diese Einrichtung für Bildhauerkunst und Malerei ist ein Werk des Ministers Gálvez. Der König versieht die Akademie aus seinen Kassen mit jährlich 12 000 Pesos, so großzügig ist er höchst selten! Das Tribunal der Bergwerksunternehmer schießt 5000 zu – mit der Verpflichtung für die Akademie, zwei Zeichner zur Unterrichtung der Bergbauhochschüler zu stellen – und das Konsulat von Mexiko-Stadt 3000. Alles in allem kommt die Akademie auf fast 25 000 Pesos jährliche Einkünfte. Dafür ist ihr Einfluß auf Skulptur und Architektur im Lande auch sehr groß. Was für prächtige Gebäude sieht man nicht in Querétaro, Guanajuato und so weiter. Es ist nur schade, daß die Architekten der Akademie sich so schlecht auf die Inneneinrichtung der Gefängnisse, Krankenhäuser, Küchen, Fabriken verstehen. Alles, was nicht die Anordnung von Säulen betrifft, was physikalische Kenntnisse erfordert, ist schrecklich.

Hospize: Für Greise und Kinder und nicht allzu schmutzig. Im alten finden sechshundert Personen Platz, im neuen werden es achthundert sein. Letzteres ist ein recht schönes einstöckiges Gebäude, aber zu massiv, mit vier Fuß dikken Mauern, eine Festung oder vielmehr eine Festungsanlage. Der betreffende Architekt hat das Problem gelöst, wie man bei einem Höchstaufwand an Material und Mauerwerk die geringste Anzahl Leute unterbringen kann. Die Arbeitssäle sind zu düster, weil die Fenster zu klein in den zu tiefen Mauern sind. Ein hiesiger Kaufmann hat neulich in seinem Testament eine Million Pesos für das neue Hospiz gestiftet; der König hat das Geld mit dem Versprechen beschlagnahmt, fünf Prozent Zinsen zu zahlen. Man hat schon 300 000 in den Bau gesteckt. Bei dem sumpfigen Boden hier braucht ein so schweres Gebäude eine schreckliche Pfahlgründung. Außerdem enthält der Unterbau um der Trockenheit willen viele Steine. Eine Luftschicht von ein bis anderthalb Fuß unter dem Haus wäre klüger gewesen. Nichts isoliert besser, wie man in Coyoacán sieht, wo einiges nach diesem Prinzip gebaut ist. Die beiden Hospize haben 50 000 Pesos Einkünfte. Eine Person, ob Erwachsener oder Kind, kostet an Kleidung, Essen und so weiter etwa vier bis fünf Pesos monatlich. Die Insassen weben und spinnen Baumwolle, die Strumpfwirkerei soll eingeführt werden. Nur wird die Arbeit sehr schlecht bezahlt, das regt den Fleiß nicht eben an. So kündigt denn hier auch alles von Müßiggang.

Das Zuchthaus: Ein schönes Gebäude. Die Zellen sind hell, gut durchlüftet und einigermaßen sauber. Jede trägt den Namen eines Heiligen. Es gibt nichts Unmenschlicheres, als einen Gefangenen durch sehr enge und dunkle Räume zum Eingeständnis seines Verbrechens zu zwingen. Keine Folterungen ohne ausdrückliche Anordnung des Vizekönigs. (Dagegen in Bogotá ...) Es gibt in diesem Hause und in den ihm unterstellten der Provinzen zwölfhundert Kriminelle, die ständig eingeschlossen bleiben und nicht arbeiten. Darunter viele Schmuggler. Da sieht man die armen Matrosen in Ketten, während der wirkliche Schleichhändler, der Kaufmann aus Mexiko-Stadt, Jalapa oder Veracruz im Wagen herumfährt. Das größte Mitleid in diesem stattlichen Haus flößen die *Mecos* ein – besonders die Frauen –, unabhängige Indios, die man bei Kriegszügen in abgelegene Provinzgebiete einfängt und nur gewalttätiger macht, indem man sie mißhandelt, sie einschließt. Von hier schickt man sie zum Festungsbau nach Veracruz, nach Havanna, wo sie zugrunde gehen. Barbarei wie in Algerien; auf andere Mittel, diese Geschöpfe zu zähmen, ist man in unserem Jahrhundert der Philosophie nicht gekommen!

Strafrichter Villafan erzählte heute in meinem Dabeisein der Vizekönigin, er habe soeben einen Weißen in Freiheit gesetzt, der, eines nur leichten Verbrechens angeklagt und nie verurteilt, neunzehn Jahre lang im öffentlichen Gefängnis von Puebla de los Angeles vergessen worden sei.

Heiliges Offizium: Zu meiner Zeit, 1803, fanden in Mexiko-Stadt zwei öffentliche Autodafés in der Kirche statt und mehrere geheime, das heißt im Palast des Inquisitionstribunals, allerdings bei offenen Türen. Angeklagt waren eine Frau, die zugab, sie schlafe mit den Engeln, und diese schickten, wenn sie böse mit ihr seien, den Teufel; und ein Priester, der die Göttlichkeit Christi und die Existenz Gottes geleugnet und ein Buch *Der tierische Mensch* geschrieben hatte sowie einen Brief an Napoleon Bonaparte, in dem er ihn tadelte, *Katholizismus und Betrug* wiedereingeführt zu haben. Er wurde zu ewigem Verschluß hinter Klostermauern verdammt. Der Erste Inquisitor, Herr Prado, hat mich durch das Gebäude des Tribunals geführt. An allen Türen des Archivs steht geschrieben, man wage, bei Strafe der Exkommunikation, ja nicht einzutreten. Es gibt nie mehr als dreizehn bis fünfzehn Gefangene im Heiligen Offizium. Sie werden gut behandelt; zweimal täglich Schokolade zu trinken, drei Schüsseln Essen, Süßigkeiten, Früchte. Jedem Gefangenen ist ein Winkel hergerichtet. Die Gerichtsbarkeit des Heiligen Offiziums von Mexiko-Stadt reicht von Chihuahua bis Guatemala und zu den Philippinen. Panamá, die Antillen, Caracas, Bogotá und Popayán gehören zum Heiligen Offizium von Cartagena; Quito, Peru und Chile zu dem von Lima.

Auf dem Wege zu den Heilquellen von Peñón de los Baños passiert man die Brandstätte der durch das weltliche Gericht zum Feuertod Verurteilten; sie darf nicht verwechselt werden mit dem nicht mehr existierenden Hinrichtungsplatz der Inquisition. Der Erste Inquisitor sagte mir einmal, als wir zusammen in den Räumen der Audiencia herumgingen, die Philosophie des Jahrhunderts mache es überflüssig, die Brandstätte der Inquisition wiederherzustellen. Dennoch bezweifle ich nicht, daß man auch heutigentags mit viel Vergnügen Ketzer verbrennen würde, wenn die Regierung es billigte. Nur die Furcht vor ihr hält zurück.

Die Pulverfabrik Santa Fe: Die alte Fabrik lag nahe Chapultepec. Diese neue, drei Meilen von Mexiko-Stadt, wurde 1780 gegründet, in einem engen Tal mit reichlich Wasser zum Antrieb der Maschinen. Die Gebäude sind recht hübsch gebaut, doch ohne Blitzableiter – die man in ganz Mexiko nicht kennt –, obwohl das Magazin schon einmal in die Luft geflogen ist. Die Pochwerke oder Pulverstampfmühlen sind gut konstruiert. Die Kraft wird von Friktionsrädern mit bronzenen Felgen übertragen. Aber granuliert wird das Pulver in Handarbeit, mit Sieben, von etwa achtzig bis hundert jungen Burschen, die einen Viertelpeso am Tag verdienen. Um sich ein Bild zu machen, wieviel Pulver in Mexiko für den Schleichhandel fabriziert wird, muß man nur wissen, daß – wie aus den Rechnungsbüchern des Bergbautribunals hervorgeht – alle Bergwerke Neu-Spaniens jährlich nur 3000 Zentner zu je

50 Pesos vom König kaufen, jedoch allein das Bergwerk von Valencia in neun Jahren für 673 678 Pesos Pulver verbraucht hat. Nun, wenn Valencia jährlich für 70 000 Pesos verbraucht, dann hat ganz Neu-Spanien für 600 000 Pesos Bedarf, und da die 3 000 Zentner vom König nur 150 000 Pesos ausmachen, so folgt daraus, daß der Schleichhandel zum legitimen Kauf im Verhältnis 4 : 1 steht. Der König verkauft das Pfund Pulver an die Unternehmer zu vier Reales, auf dem öffentlichen Markt sogar für sechs bis neun. Im Schleichhandel kostet das Pfund nur anderthalb und weniger.

Oberhalb der Pulverfabrik liegt die berühmte Einsiedelei, wo im 16. Jahrhundert der ehrwürdige Gregorio López sich durch ein entbehrungsreiches und tugendhaftes Leben auszeichnete, ein geheimnisumwitterter Mann, dessen Herkunft man nicht kannte. Nach einer alten, durch nichts begründeten Tradition soll dieser Eremit der Sohn Philipps II. gewesen sein, der unglückliche Don Carlos, den man hätte entweichen lassen, statt ihn umzubringen. In der nahen Kapelle sieht man sein sehr gelungenes Porträt. Obwohl die Überlieferung aller Historizität entbehrt, berührt allein ihre Idee wie ein schöner Traum jede mitfühlende Seele an diesem einsamen Ort.

In Mexiko-Stadt übt man noch immer den in Peru, in Bogotá schon abgeschafften Brauch, bei Ankunft des Kuriers mit königlicher Post jedesmal die Glocken zu läuten, die Kanonen abzufeuern und Gott mit einer feierlichen Messe für den Bescheid zu danken, der Monarch sei wohlauf.

Die Traurige Nacht

Wer den dritten Brief von Cortés kennt, wird nicht verwundert sein, in Mexiko-Stadt kaum Spuren der Gebäude des alten Tenochtitlán zu finden. Cortés sagt darin ausdrücklich, er habe, da er kein anderes Mittel fand, die Mexikaner zu bezwingen und die Belagerung zu beenden, den Entschluß gefaßt, sich Fuß um Fuß der Straßen zu bemächtigen, alle Häuser ganz und gar zu zerstören und mit den Trümmern die Kanäle zu füllen, die die Entfaltung der Reiterei behinderten. Er bezeichnet das Mittel als sehr langwierig und spricht von Tagen, an denen 120 000 Menschen an dieser Verwüstung arbeiteten. Er sagt eindeutig, daß er beim Vordringen durch die Tacubastraße den Palast des Königs Guautimotzín in Flammen aufgehen ließ, und: «An jenem Tage verstand man sich nur aufs Niederbrennen und Schleifen von Häusern, was mit anzusehen gewiß ein Jammer war.»

Antonio de León y Gama hat es sehr wahrscheinlich gemacht, daß Cortés' Quartier, das Haus des Königs Axayácatl, in den Ruinen eines alten Gebäudes der Tacubastraße zu sehen ist, an der Ecke der Straße des *Traurigen Indio* hinter dem Kloster der heiligen Teresa. Die Indianerin, die in der *Traurigen Nacht* die Spanier durch ihr Schreien verriet, saß an der Brücke der Marschallstraße bei Santa Isabel. Der alte Geschichtsschreiber Diego Muñoz Camargo bestimmt diese Stelle sehr genau, wenn er sagt, die Indianerin, die an nächtlich Reisende Proviant verkaufte, habe nahe dem Haus von Juan Caño geschrien, denn das ist unweit dieser Brücke. Pater Pichardo besitzt Camargos Manuskript, das Seltenheitswert hat und äußerst kostbar ist. Der Mestize war ein Zeitgenosse von Cortés und schrieb sehr naiv. Ich habe viel darin gelesen und bin überzeugt, daß auch der Sprung des Alvarado eine wahre Begebenheit ist. Camargo erzählt davon in keineswegs übertriebener Weise, er sagt nichts über die Breite des Wassergrabens, man glaubt in seiner naiven Erzählung einen antiken Heros zu sehen, der bei dem Riesensprung Schultern und Arme auf seine Lanze stützt. Camargo schreibt, andere wollten es Alvarado nachtun, fielen aber in den Graben, und die Indios entsetzten sich so vor der Kühnheit des Sprungs, daß sie in die Erde zu beißen begannen, denn Erde zu essen bedeutet, sein großes Erstaunen auszudrücken. Die Kinder Alvarados, erzählt Camargo, bewiesen in einer Gerichtsverhandlung über das Verdienst ihres Vaters durch Zeugen die Tatsächlichkeit des Sprungs. Ort des Geschehens war die kleine Brücke, die heute noch den Namen *Salto de Alvarado* trägt. Auch dem Helden legte man diesen Beinamen zu: *Alvarado del Salto*.

Die drei bedeutendsten Monumente alter mexikanischer Bildhauerkunst sind der mexikanische Kalenderstein, der ins Mauerwerk der Kathedrale eingelassen ist, die Kolossalstatue der *Teoyaomiqui* und der runde Stein mit dem Relief eines Triumphzuges, den man unter der Bezeichnung Opferstein auf der Plaza Mayor ausstellt.

Die Kolossalstatue erfuhr ein merkwürdiges Schicksal. Sie wurde der Universität übergeben und dort im Hofe aufgestellt. Aber als die jungen Leute begannen, sich Stücke davon abzubrechen, ließ der Rektor sie in einem der Korridore vergraben. Ich hätte keinerlei Aussicht gehabt, sie zu sehen, wenn nicht der Bischof von Monterrey, Herr Marín – der mich seit meiner Ankunft in Mexiko-Stadt mit Güte überhäufte und den ich im Kloster San Agustín oft besuchte –, auf meine Bitte hin von der Universität verlangt hätte, sie auszugraben. So bekamen wir den liegenden Koloß zu Gesicht und waren von der enormen Masse erschlagen. Nachdem ich den Bischof wieder zu seinem Kloster begleitet hatte, kehrte ich zur Universität zurück, um die Teoyaomiqui noch einmal zu betrachten. Aber sie hatte das Licht nur zwanzig Minuten lang erblickt, ich fand sie schon wieder eingegraben. Die boshafte Öffentlichkeit sagt der Universität nach, sie fürchte, die jungen Leute könnten sich dem Götzendienst hingeben, wenn man das Monstrum ihren Augen aussetze. In Popayán zerschlug man auf der Plaza einen Götzen, weil er bei Gewitter brüllte! Warum hat man die Teoyaomiqui nicht, wie es einst die Alten taten, irgendwie auf zwei Säulen gesetzt?

Der sogenannte Opferstein ist ein runder Felsblock von drei Fuß Höhe, ringsherum mit einem Figurenrelief geschmückt, ungefähr so wie die Trajanssäule. Man sieht mehr als zwanzigmal die gleiche bewaffnete Figur dargestellt, einen mexikanischen König, der als Sieger eine andere Figur am Schopf gepackt hält. Der Besiegte ist jedesmal ein anderer. Er bietet dem Sieger eine Blume dar. Unter den Besiegten kommt auch einer mit *langem Bart* vor. Es hat folglich einen bärtigen Indianerstamm gegeben! Hinter dem Besiegten erblickt man in den Feldern jeweils andere Zeichen in Form von Wappenschildern, die die verschiedenen Provinzen ausdrücken. Obenauf weist der Stein jenen Einschnitt auf, der glauben macht, es handele sich um einen Opferstein, durch diese Rinne sei das Blut herabgeflossen. Erstaunlich wäre es nicht, wenn man gerade den Stein, auf dem die Gefangenen den Göttern geopfert wurden, mit den Ruhmestaten des Königs geschmückt hätte.

Der Domherr Gamboa, der damit beauftragt war, den Großen Platz niedriger zu legen, hat mir versichert, es gebe rings um die Fundamente der Kathedrale (Überreste des Tempels) unermeßlich viele Skulpturen, und er habe festgestellt, die öffentlich ausgestellten bedeutenden Steine, der Kalenderstein und so weiter, seien noch die kleinsten. Beim Graben gegenüber der an die Kathedrale stoßenden Pfarrkirche El Sagrario habe er einen in Form weiblicher Brüste behauenen Felsblock von sieben mal sechs mal drei Metern gesehen, der unmöglich als Ganzes herauszuholen war und zerbrochen werden sollte, um sich das Material zunutze zu machen; das habe er jedoch verhindert.

Um zum Heilbad Peñón de los Baños zu gelangen, geht man über San Lázaro hinaus, eines der unfruchtbarsten und salzhaltigsten Terrains zwischen Mexiko-Stadt und dem See von Texcoco. Der See bleibt heute im Jahresdurchschnitt eine Achtelmeile östlich des Felsens de los Baños, dehnt sich aber bei starken Regenfällen noch bis San Lázaro aus, und in der Mitte des 18. Jahrhunderts war der Felsen noch eine Insel im See. Die warmen Quellen treten an der Westseite des Felsens aus. Die Badestuben sind hübsch mit je einem Kabinett für kaltes und für warmes Wasser.

Am Westabhang erblickt man, in den Felsen selber eingeschnitten, eingemeißelt, die Reste eines großen Reliefs, das über zwanzig Fuß Länge haben dürfte. Es sind heute nur mehr zu unterscheiden ein mexikanischer Krieger

(König), den Kopf mit Federn geschmückt, gelehnt an einen Feigenkaktus mit einem daraufsitzenden Adler (gemäß der Stimme des Orakels das Symbol der Stadt Mexiko), ferner ein von Mauern umgebener Baum und die Fragmente einer großen Gestalt, die zu knien scheint. Da von dem senkrecht behauenen Felsen Mengen von Gestein sich gelöst haben und herabgestürzt sind, ist es schwierig, sich eine deutliche Idee zu bilden. Herr Duaix, ein flämischer Offizier, der viele mexikanische Altertümer besitzt, glaubt einen Besiegten zu erkennen, der dem Sieger Blumen darreicht, und sieht die Figuren des Opfersteins wiederholt.

In den Felshöhlen, die der See in alter Zeit ausspülte, und ringsum wohnen die Indios zur Salzgewinnung. Sie tragen die oberen zwei bis drei Zoll der mit salzsaurer Soda geschwängerten Tonerde ab, werfen sie in Lehmwannen, die unten eine Öffnung mit einem Schilfrohr haben, und laugen sie mit Süßwasser aus. Die Lauge, die aus dem Schilfrohr rinnt, enthält zwölf bis dreizehn Prozent Salz. Statt die Lauge mittels der hier so kräftigen Sonne zu konzentrieren oder sie zur besseren Sättigung ein zweites Mal durch die Erde laufen zu lassen, kocht man sie in aus Kupfer getriebenen Pfannen. Das dauert fünf Stunden. Eine Pfanne ergibt etwa zwölf Pfund Salz, die drei Reales wert sind. Aber man verbraucht – bei offenem Feuer und ohne Esse, was zu erstickender Rauchbildung führt – für einen Real Maultier- und Kuhmist. In der ganzen Umgebung von Mexiko-Stadt mangelt es schon derart an Brennstoff, daß den Salinen einzig der Mist als Zuflucht bleibt. Eine kleine Barke Mist kostet anderthalb Reales und reicht zur Produktion von knapp dreißig Pfund Salz. Dieses Salz bleibt stark verschmutzt von Kalziumchlorid und Salpeter. Um es zu reinigen, verstärkt man das Abschäumen durch Zusatz von Tomatenschalen.

In dieser Weise wird das Salz schon seit Moctezumas Zeiten fabriziert, nur bediente man sich damals irdener Kufen statt der Kupferpfannen. Ich habe den armen Indios viel gepredigt über Sonnengradierung, größere Bottiche, geschlosseneres Feuer mit Rost und, damit es heller brennt, mit Rauchabzug. Da die Eroberer sich aller Erde bemächtigt haben, lassen die Hacendados den Indio einen Peso je Pfanne und Woche für die Erlaubnis bezahlen, sie abzutragen.

Wenn die Vizekönige kommen und gehen

Am 13. Mai 1803 verließen wir Mexiko-Stadt zusammen mit dem aus Brüssel stammenden Mechaniker Don Pedro Lachaussée. Wir wollten, so unser Plan, zuerst die Gruben von Pachuca, Real del Monte und Morán besuchen und uns dann aus dem Hochtal von Mexiko nach Puebla wenden, um die Vulkane Popocatépetl und Iztaccihuatl zu untersuchen und zu messen. Ich habe unterwegs viel an einem rheumatischen Fieber gelitten, mit dem ich schon von Mexiko-Stadt aufbrach. Wir hatten große Lust, auch die Orgeln von Actopan zu besichtigen und die Muttergottesbrücke; man gab uns die Weglänge von Morán zu den Vulkanen mit drei Tagen an; wir wollten die Festlichkeiten von San Agustín de las Cuevas, die am 27. Mai beginnen, nicht versäumen. Da wir beabsichtigten, den Popocatépetl bis in Schneehöhe zu besteigen, und die beginnende Regenzeit in Mexiko schwere Krankheiten begünstigt, wagte ich nicht, das ganze Projekt auf einmal auszuführen. Wir zogen es vor, für diesmal alles, was in Richtung Nordnordost liegt, in Augenschein zu nehmen und uns die Vulkane für eine gesonderte Exkursion aufzuheben.

Wir bewunderten erneut die Umgebung von Mexiko-Stadt. Keine Kapitale der Welt, ausgenommen jene an den Meeresküsten, bietet eine köstlichere Umgebung dar. Eine Ebene von über einhundertzehn Quadratmeilen mit Triften, Seen, Alleen von Weißeschen und Schwarzbirken, mit kleinen Kaktusgebüschen, Yuccas, mit zahllosen Dörfern und dem Schmuck ihrer hübschen Kirchen. Wir folgten dem schönen Deich, der zu dem berühmten Heiligtum Unserer Lieben Frau von Guadalupe mit einem Kapuzinerinnenkloster führt. Aufgeklärte Menschen in Mexiko erzählen gewöhnlich, der Erzbischof Mönch Juan Zumárraga habe die Erscheinung einer indianischen Heiligen Jungfrau ersonnen, um die Indianer mehr zur Andacht anzufeuern. Aber das Faktum ist falsch. Die ganze Erscheinungsgeschichte ist ein Märchen, das man erst fünfzig Jahre nach Zumarragas Tod zu kennen anfing. So hat es der Archivar Don Juan Muñoz in einem ihm abgeforderten Gutachten dem Indienrat erwiesen. Kein einziges gleichzeitiges Dokument beweist die Erscheinung, und in den Kirchenbüchern des Domkapitels, worin Zumarraga tausenderlei Kleinigkeiten hat aufzeichnen lassen, findet man nichts, nichts von der Erscheinung! Der Jesus Christus der Alleinseligmachenden erneuert, blüht und verjüngt sich selbst. Die mexikanischen Damen haben ihm das Kunststück noch nicht ablernen können.

Der Deich ist ziemlich hoch aufgeschüttet, weil der See von Texcoco seine Wasser oft bis an die Tore der Hauptstadt schickt. Da für ganze Quadratmeilen der Niveauunterschied keine zwei bis drei Zoll ausmacht, kann das kleinste Anschwellen die größte Überschwemmung verursachen. Aber diese Überschwemmungen sind nicht so gefährlich, wie es scheinen mag; das Wasser steigt nur um sieben bis acht Zoll, denn beträchtliche Teile der Lagunen von San Cristóbal, Texcoco und so weiter sind nur zwei bis drei Fuß tief.

Die den Seen unmittelbar benachbarten Böden, die tiefstgelegenen, die am längsten unter Wasser stehenden, sind die salzigsten. Das gesamte Terrain muß der Weide überlassen bleiben. Die Gemüsepflanzen gedeihen nur auf *chinampas*. Das sind Dämme, die man in den Seen aufwirft, oder rechteckige Gärten, vier bis sechs Meter breit über hundert Meter Länge, geteilt durch ebenso breite Kanäle, die man mit Booten befährt. Sorglich hat man diesen Beeten eine Grundlage aus Gestrüpp gegeben. Man bewässert sie täglich, und da ihr Grund sehr durchlässig ist, wäscht und entsalzt man somit zugleich die Erde. Diese Chinampas sind eine indianische Erfindung. Sie wurde durch die außerordentliche Lage eines Volkes veranlaßt, das, rings von Feinden umgeben, mitten auf einem an Fischen nicht eben reichen See zu leben genötigt war und natürlich auf alle möglichen Mittel zu seinem Lebensunterhalt sinnen mußte. Manchmal sind die Chinampas sogar mobil, große Wülste, die man wie Flöße mit der Stange bewegt. Sie entstehen von selbst auf einem Netzwerk von Zweigen, die im Wasser treiben und sich mit Wasserhaarmoos, abgestorbenen Blättern und so weiter verflechten; Gräser und Wasserkohl schlagen darin Wurzel, peu à peu wächst das Terrain. Ehemals trugen die Indianer Erde auf und säten dann ihre Gemüse für den Verkauf in der Stadt. Es gibt die mobilen Chinampas noch, auf dem See von Chalco, allerdings in sehr kleiner Zahl; ich habe sie nicht gesehen. Wohl aber die unbeweglichen von Istacalco, die man durch den Kanal de la Viga in Gesellschaft besucht, mit flachgehenden Booten, eine der denkbar hübschesten Spazierfahrten, weil man zu beiden Seiten die herrlichste Kulturpflanzenwelt sieht. Bohnen, kleine Erbsen, spanischer Pfeffer, Kartoffeln, Artischocken, Blumenkohl und eine Menge anderer Gemüse werden auf den Chinampas gebaut. Der Rand der Vierecke ist gewöhnlich mit Blumen, manchmal sogar mit einer Rosenhecke eingefaßt.

Von Guadalupe kommt man durch die Dörfer Santa Anita und Santa Magdalena zum Palast von San Cristóbal, einem nicht eben prächtigen Haus, wo der neue Vizekönig den *bastón* überreicht bekommt. Nein, die Übergabe des Herrscherstabs geschieht in Guadalupe, in San Cristóbal empfängt man den neuen Vizekönig nur. Man sagt, die Abreise des alten sei die traurigste Sache der Welt. Nichts beweist die Wechselhaftigkeit in den menschlichen Beziehungen besser, als daß ein Vizekönig nur so lange geachtet ist, wie er einem Schaden zufügen kann. Die beiden Vizekönige speisen entweder zusammen (ein sehr trübes Diner, an der einen Tischseite herrscht Magenverstimmung) oder begegnen sich in dem Augenblick, in dem der Scheidende es eilig hat, Beleidigungen gegen das Land auszuspucken und jene Personen zu verunglimpfen, über die er sich am meisten beklagen zu müssen glaubt. Er vergißt, daß das den gegenteiligen Effekt macht. Denn ein neuer Vizekönig verabscheut alles, womit sich sein Vorgänger umgab. Niemand begleitet den abziehenden Vizekönig, und das einfache Volk beschimpft ihn gewöhnlich auf seinem langen Weg.

Die Seen sind voller Wasserhühner und Enten und bieten reiche Jagd. Der See Cristóbal, heißt es, liegt fünfundzwanzig Fuß höher als der von Texcoco. Nach einem alten Brauch öffnet man jeden Karfreitag die Deichschleusen und läßt ihn abfließen. Die Indios genießen dann das Recht, alle durchschlüpfenden Fische zu fangen, und beeilen sich, als erste mit ihren Hütten am Deich zu sein und den besten Platz zu erwischen. Das von einem in den anderen See strömende Wasser, der Fischfang, die fröhlichen Indios, ihre Hütten, die zwischen den Wassern die fruchtbare Ebene schmücken, dies alles, versichert man, ist ein fesselnder Anblick.

Wir schliefen in dem kleinen Dorf Carpio, sechs Meilen entfernt von Mexiko-Stadt. Der Morgen des 14. Mai brach herrlich an. Die Luft war von jener Transparenz, die sie nur in diesen Höhen erreicht. Das Schneehaupt des Popocatépetl glänzte unterm Himmelsblau und über dem heitersten Grün der Seeufer! Der Weg von Carpio zur Hazienda Gasave ist sehr ermüdend. Dort wurden wir sehr höflich von Don José María Villaldia empfangen, dem Silberschaffner von Pachuca.

Die Wassersäulenmaschine von Morán

Auf dem Weg von Gasave nach Pachuca sieht man von verschiedenen Punkten aus die Orgeln von Actopan, ein höchst bemerkenswertes Spiel der Natur, das von einer der größten Katastrophen unseres Erdballs zeugt. Auf sechs Meilen Entfernung zeigt sich der Grat eines Gebirgsknotens in grotesken Formen, unter denen besonders zwei immense Säulen hervorragen. Wie eine Schloßruine.

Pachuca, wird behauptet, sei das älteste Bergwerk des Vizekönigreichs, und das kleine Pachuquillo, zwei Meilen abgelegen, das älteste Dorf. Nur wenige Gebäude künden von der alten Herrlichkeit. Die zur Zeit bearbeiteten Gruben sind fast gänzlich verlassen und ohne jede Bedeutung. Nahe der Stadt sahen wir den Haldensturz einer Mine, die früher zwanzig- bis dreißigtausend Mark Silber jährlich erbrachte und die man aufgab, nachdem sie bis auf den Grund ausbrannte. Viele Menschen sind erstickt. Während der letzten Jahre, als das Quecksilber fehlte und man in den Minen des Grafen Regla das Wasser auf den Sohlen steigen ließ, weil die Kosten der schlecht konstruierten

Pferdegöpel trotz des Erzreichtums in der Tiefe zu groß wurden, hat die Bevölkerung einzigartig abgenommen. Heute besteht Hoffnung, daß sie wieder wachsen wird – durch die neuen Schächte, die der Graf abteufen ließ, und die entdeckten guten Erze, durch das wieder in Hülle und Fülle vorhandene Quecksilber und durch die Wassersäulenmaschine in Morán, die den verlorenen Bezirk neu beleben wird. Die Städte in Mexiko und Peru, deren Wohlstand und Einwohnerzahl von den benachbarten Bergwerken abhängt, haben alle vierzig bis fünfzig Jahre ihre Ebbe und Flut.

In Morán blieben wir vom Abend des 15. bis zum 18. Mai. Kälte. Unannehmlichkeiten. Zänkereien zwischen Lachaussée und dem Baumeister Jacobo García wegen der versprochenen neuen Wasserleitungen. Das Bergwerk Morán, einst berühmt, war vor vierzig Jahren aufgegeben worden, weil zuviel Wasser darin stand. Del Río kam auf die glückliche Idee, eine Wassersäulenmaschine aufzustellen. Gebaut wurde sie nach seinen Zeichnungen und Berechnungen von dem talentierten, von Revillagigedo in dieses Land gebrachten Lachaussée, der unter Fausto d'Elhuyars Direktion auch das Kabinett der Bergbauhochschule mit vielen mechanischen und hydraulischen Modellen bereichert hat. Del Río hat diese Maschine vervollkommnet – die erste außerhalb Europas konstruierte –, indem er den Hebel, der Steuer und Hammer bewegt, in ein Rad verwandelte, dessen Achse durch zwei gegenläufige Ketten mit der Hammerwelle verbunden ist. Es bewirkt einen sehr sanften Bewegungsablauf; mittels einer weiteren Kette, die eine Schlinge um das Rad bildet, mit einem Ende in den Schacht hinabläuft und am Pumpengestänge befestigt ist, macht es abwechselnd eine halbe Umdrehung nach rechts und eine halbe nach links und wirft den Hammer hin und her. Unglücklicherweise fehlt es der Maschine noch an Wasser, bei dessen Berechnung man sich getäuscht hat. Man stellte die Berechnung in einem sehr regnerischen Jahr an und baute zwei Aquädukte von zwei- bis dreitausend Ellen Länge, aber dann fiel das Jahr 1802 so mißlich trocken aus, daß trotz der kräftigen Pumpen und des standhaften Spiels der Maschine, die äußerst solide gebaut ist, noch sechzig Fuß bis zum tiefsten blieben, wo man sich den großen Reichtum verspricht. Zudem erwies sich der Schacht unten als zu eng, man wußte nicht, wie die Pumpen aufstellen, und verlor die Zeit mit Erweiterungsarbeiten. Da die gesamte mexikanische Öffentlichkeit auf die Leistungsfähigkeit der Maschine gespannt war, ist es wirklich schade, daß vergangenes Jahr so wenig Regen fiel. Heute kann die Maschine in der Trockenzeit nur zweieinhalb bis drei von vierundzwanzig Stunden arbeiten. Sie läßt das Wasser um anderthalb Ellen fallen; aber in den einundzwanzig Stunden ihres Stillstands steigt es wieder auf den alten Punkt. Jetzt ist ein neuer, fünftausend Ellen langer Aquädukt im Entstehen, der ihr die drei- bis vierfache Wassermenge zuführen wird.

Was man in den Tiefen von Morán auch findet, es ist nicht der erwartete Reichtum. Immerhin, Del Río hat sein Ziel erreicht, das kein anderes war, als den mexikanischen Grubenherren zu beweisen, wie vorteilhaft die Maschine ist und daß es hierzulande Meister ihres Faches gibt, die sie auszuführen verstehen. Er hatte nur im Auge, sie zu empfehlen. Sowie er aus Europa angekommen war, hatte er von Lachaussée ein Modell anfertigen lassen und das Bergbautribunal dafür begeistert, irgendwo so etwas zu bauen. Daraufhin hatte es ihm Morán vorgeschlagen und dort eine Gesellschaft gegründet, die über mehr Geld als Einigkeit verfügt.

Am 18. Mai befuhr ich in der Grube *Ziegenhirtin* den Schacht, den Elhuyar auszubauen beginnt, konnte aber nicht allzu viel sehen, was er da vorhat. Die Weise einzufahren, entsetzt einigermaßen. Statt Leitern werden runde Baumstämme mit Kerben benutzt. Man weiß nicht wohin mit den Händen und Knien. Wenn die Füße abgleiten, ist man verloren, bei unseren Leitern hängt man fest an den Händen. Diese Stämme sind fünf bis sieben Ellen lang, man klettert daran um so bequemer hinab, desto senkrechter sie stehen. Der Fahrschacht ist nicht vom Treibschacht getrennt, das erhöht die Gefahr.

Am 19. Mai besichtigten wir die Minen des Grafen von Regla. Der Erzgang *Vizcaína*, der so heißt, weil ein biskayischer Schäfer ihn entdeckt haben soll, als er auf freiem Felde schlief, war nach der Conquista zuerst sehr ergiebig. Mitte dieses Jahrhunderts hatte man hundert bis hundertdreißig Ellen Tiefe erreicht, und schon konnten die Aktionäre, arme Leute, die Wasser nicht mehr halten. Terreros, ein vermögender Kaufmann aus Querétaro, kaufte die gefallenen Aktien. Er betraute einen seiner Freunde mit der Arbeit, doch als dieser ihm zu viel Geld verschwendete, ohne Gewinn in Aussicht zu stellen, faßte er den Entschluß, sich selber in Real del Monte niederzulassen. Er war extrem glücklich und trieb von Morán den großen Stollen vor, der auf 2800 Ellen Länge die Vizcaína schneiden mußte. Er gewann viele Millionen Pesos über und unter dem Stollen. Nach dem Tod des alten Terreros, Graf von Regla, wuchs die Grube so in die Tiefe, daß man 1783 die Sohle im Stich ließ. Die Unkosten beliefen sich damals auf wöchentlich 9000 Pesos, fast eine halbe Million im Jahr. Man verfügte über achtundzwanzig Göpel, deren jeder vierzig Pferde brauchte und jährlich 5 bis 6000 Pesos kostete. So wendete man allein, um die Wasser zu halten, jährlich 150 000 Pesos auf. Warum hat man nicht Wasserräder (Kunstgezeuge) oder Wassersäulenmaschinen aufgestellt!

Kaum war der jetzige Graf Regla aus Spanien zurück, wurden die achtundzwanzig Göpel wieder in Bewegung gesetzt; man behauptete sich auf der alten Sohle unter dem Stollen bis 1801, dann sah man die Kosten ins Unermeßliche steigen und gab, zumal es an Quecksilber fehlte, die Entwässerungsanlage abermals auf.

Der jetzt verfolgte Plan ist gut überlegt. Man sucht unverfahren Feld. Man hat entdeckt, daß der Erzgang, der über nahezu fünfhundert Ellen zertrümmert ist, danach in seiner ganzen Schönheit wiederersteht, und hat an den äußersten Enden die beiden neuen Schächte San Ramón und San Pedro abgeteuft. In letzterem bin ich gewesen; der fünf bis sieben Ellen mächtige Gang ist ein sehr schöner, klüftig aufgelöster, glänzender Letten, voller sehr silberhaltigem Kies. Diese Kieserze, dem vorhandenen Erzvorrat hinzugefügt, ermöglichen es dem Grafen Regla bis heute, alle fünfzehn Tage vierzehn Barren Silber zu je elfhundert Pesos in die Münze von Mexiko-Stadt zu liefern.

Wieso ist niemand darauf gekommen, den Stollen von Morán zu begradigen, gleichmäßiger breit und damit schiffbar zu machen? Dann könnten durch ihn die Erze ausgebracht werden, die heute mit Pferden zweihundertfünfzig Ellen vom Stollen bis zum Schacht hinaufgebracht werden müssen, und es erübrigte sich außerdem der schlimme, über eine Meile lange Weg von Real del Monte nach Morán. Man bezahlt für letztere Strecke je Fracht zweieinhalb Reales, und wenn in den Tiefen der Mine Leben herrscht, bringt sie es in der Woche auf achthundert Erzfrachten zu je zweidreiviertel Zentner. Man hat es mit Fuhrwerken versucht, aber sie waren schlecht konstruiert, und der Weg ist zu übel. Aus dem hier so preiswerten Holz könnte man kleine Wagen bauen, eine Art Hunte, deren Räder in hölzernen Spuren gehen.

Am 21. Mai überprüften wir die Haziendas San Antonio und Regla, wo die Vizcaína-Erze amalgamiert werden. San Antonio ist in anständiger Verfassung und gut eingerichtet. Die Gebäude sind sehr hübsch. Regla ist in einem tiefen Tal zwischen hohen Basaltsteilwänden erbaut, die man allseits streift. Diese Werkstätte besitzt keinerlei Verfassung, sie ist eine konfuse Ansammlung von Steinen und Mauern und ähnelt den Kasematten einer Festung oder Diebslöchern. Dessen unbeschadet hat das zwei Millionen Pesos gekostet, und um das Ganze in Gang zu halten, ob für die Schmelze oder die Amalgamation, werden wöchentlich achthundert Erzfrachten gebraucht. Die Pochwerke sind schlecht konstruiert, mit schwachen Däumlingen. Sie sind nicht in die Welle selbst eingelassen, sondern in Kränze auf der Welle. Das ist insofern vorteilhaft, als die Welle nicht so dick sein muß und der Hub doch sehr hoch ist. Was das Pochwerk austrägt, geht von selbst durch ein Sieb, eine Verbindung zweier Manipulationen, die uns in Deutschland fehlt. Die Pochwerke arbeiten ganz frei, nicht eingekastet, so daß es ungeheuer staubt (wogegen Pater Alzate mehrere nicht eben geistreiche Gebläse erfand) und das Erz dem Schlag ausweicht und herausfliegt. Ein Junge muß das überflüssige und ungesunde Geschäft besorgen, pausenlos Mineral in die Pochwerke zu füllen und aufzuheben, was herausspringt. Warum keine Kisten hinter dem Pochwerk, aus denen jedesmal, wenn man sie rüttelt, Erz unter die Pochschuhe fällt? Diese Pochwerke sind in ganz Neu-Spanien gleichermaßen schlecht, und da haben Herr Sonnenschmidt und andere der hiesigen Öffentlichkeit weisgemacht, es stehe alles zum besten!!

Steinerne Nonnen und Felsorgeln

Nach den Schächten der Alten zu urteilen, Bingenzügen, möchte man glauben, es hätten hier einmal Tausende Indios gearbeitet. Dieses Gebirge war die Fabrik der Messer, Pfeil- und Lanzenspitzen für ganz Anahuac. Wir haben an den alten Werkstattplätzen noch halbfertige Waffen gefunden und künstlich zugerichtete Stücke Obsidian. Jede Nation hat eine Vorliebe für bestimmte Steine. Die Völkerschaften der Südsee, des Amazonas für Jade und Nephrit, die Mexikaner, Peruaner für Obsidian.

Die Fluren gegen Atotonilco el Grande zu lachen einen an. Linkerhand sieht man am Horizont die Nonnen von Atotonilco el Chico, groteske Felsgebilde, durch enorme Einschnitte geformte Zacken oder – in der Phantasie der Spanier, die in alles nur Klöster und Klostervolk hineinträumen – sitzende Betschwestern.

In Atotonilco el Grande schlugen wir am 21. Mai unsere Betten auf; am folgenden Tag besuchten wir das Heilbad. Das Wasser ist so heiß, daß man eben noch die Hand hineinhalten kann. Die Schlamperei ist riesig. Indessen wird einem pro Tag ein Peso für das Baden abverlangt.

Weiter westlich befindet sich eine gewaltige Kalksteinformation mit einer weithin berühmten Höhle, der sogenannten Muttergottesbrücke. Ein imposantes Phänomen. Der Río Capula hat auf vier- bis fünfhundert Fuß von West nach Ost einen Felsen durchbohrt und in den chaotischen Zeiten eine Höhle von sechzig Fuß Breite und vierzig bis fünfzig Fuß Höhe gebildet, eine Grotte oder vielmehr einen riesigen Saal, mit schönen Stalaktiten geschmückt. Die nördlichen Felswände sind zerstört worden, so daß die Höhle nach Norden, Osten und Westen offen ist. Die große Öffnung, durch die man an den malerischen Fluß gelangt, ist herrlich pflanzenumwuchert (weniger freilich als die

Höhle des Guácharo am Orinoko), und während in dem Tal eine erstickende Hitze herrschte, genossen wir in der Grotte die wunderbarste Frische. Trotz des Wassers kamen wir bis zu den Punkten, wo der Fluß ein- und austritt. In der indianischen Landessprache, die hier die Sprache der Otomíes ist, heißt die Muttergottesbrücke *dantö*, durchbohrter Fels, ein treffend gewählter Name. Ich bin nicht so kühn gewesen, das grandiose Phänomen zu zeichnen.

Von hier ritten wir nach Magdalena weiter. Wie schrecklich die Nacht, die wir in dem kleinen Dorf verbrachten! Kaum ein Indio dort spricht spanisch. Es fehlten uns die Betten und das Essen. Wir waren mit den Gepäckführern in einer Hütte am Weg verabredet, die wir passierten, ohne es zu merken. Das Dorf war verlassen wie die meisten indianischen Dörfer, die Erwachsenen arbeiteten verstreut in den Feldern, die Hunde und Kinder bewachten die Hütten. Es wurde Nacht und eine finstere Nacht. Auf der Suche nach dem Gepäck kehrten wir um und machten zwei Meilen zu Fuß über nackten Fels und durch schreckliche Abgründe, ohne unsere Leute mit den Maultieren zu finden. Am meisten verstörte uns, daß man sie nahe dem Dorf gesehen hatte; vergeblich Ausschau nach uns haltend, waren sie weitergezogen bis nach Actopan, wo sie uns am nächsten Tag erwarteten. Niedergeschlagen gingen wir zurück ins Dorf, abgestorben vor Hunger und Durst. In einer kleinen Kapelle legten wir uns auf den steinernen Fußboden, nur den Kopf auf den Sattel gebettet. Wie war diese Nacht lang! Wir hatten in vierundzwanzig Stunden nur übles Wasser und etwas Maismehl zu uns genommen. In der Nacht kamen die indianischen Alkalden, wie üblich betrunken, aber so erschreckt von unserer Erscheinung in der Kapelle, daß sie uns mit Fragen nach unseren Pässen quälten, die wir natürlich nicht bei uns hatten.

Am 23. Mai stiegen wir mit leerem Magen hinunter in das reizende Tal von Actopan. Unser Ziel waren die Orgeln von Actopan, die wir seit Gasave sehen konnten. Der Pfarrer Don Manuel Lino Guerra ist ein ebenso kenntnisreicher wie liebenswürdiger, fremdenfreundlicher Mann. In seiner guten Bibliothek stehen klassische Autoren. Er zeigte mir auf einem großen Blatt eine Zeichnung des astronomischen Systems der Päpste. Da gab es die Landschaften der Hölle, der Kinder, der Verdammten, Saturn, Jupiter und sogar Herschels Planeten.

Am nächsten Tag machten wir uns auf, die Orgeln geometrisch zu vermessen. Der Weg verläßt das Tal in nordöstlicher Richtung; in dem Eichenwald, in den er eintritt, kündet schon alles von einer zerstörten Welt. Überall liegen massive Trümmer, Porphyrblöcke sind einer auf den anderen getürmt. Endlich sieht man den *mamanchota* selbst, so heißt in der Sprache der Otomíes der Berg, dessen Grat mit großen Felsen in Form von Zähnen oder Klauen gespickt ist. Die Säulen haben große Quersprünge und sind darin oft so verwittert, daß die letzte Schicht eine aufgesetzte Kugel zu sein scheint. Ich finde, sie machen aus der Ferne mehr Effekt als in der Nähe. Der größeren Orgeln sind drei; ich bin zwischen ihnen hindurchgestiegen. Die Kinder versuchen hinaufzuklettern, so hoch sie können, aber bis ganz oben hat es noch keines geschafft. Ein Indio sagte mir, er habe von seinem Vater gehört, der Mamanchota wäre sogar noch von Veracruz aus zu sehen. Man hat sehr übertriebene Vorstellungen von der Höhe der Orgeln. Im vergangenen Jahr brach ein Felsstück heraus, und man glaubte, in der Ablösung das Ebenbild der heiligen Jungfrau von Guadalupe zu erkennen. Das Gerücht breitete sich weithin aus, jedermann erblickte das Abbild, wie man ja ähnlich bei langem Betrachten einer gesprenkelten Mauer alles erkennt, was die Phantasie einem eingibt. Der Geschichte mußte ein Ende gemacht werden, und so begab sich der Pfarrer mitsamt dem Richter hin und stellte ausdrücklich fest, da sei nichts zu sehen. Zufrieden gab sich das Volk damit nicht!

Von Actopan traten wir am 25. Mai den Rückweg in die Hauptstadt an. Pfarrer Guerra war traurig, als er sich in Carpio von uns trennen mußte. Wir stehen aber seither in Korrespondenz, und ich habe ihm schon Höhen mitgeteilt. Am frühen Morgen des 26. Mai waren wir zurück in Mexiko-Stadt.

Zwanzigstes Kapitel

Das Testament des Eroberers

Sekretär Jiménez trug dem Vizekönig den Gedanken vor, mir das Archiv zugänglich zu machen, damit ich der Allgemeinheit dienliche Kenntnisse dort entlehnen könnte. Vizekönig Don José Iturrigaray erwärmte sich sehr für die Idee und befahl, ich dürfe, was mir für die Wissenschaften und besonders für Geographie nützlich erschiene, sogar mit nach Hause nehmen und kopieren. Ich habe diese unerhörte Freiheit derselben Güte zu verdanken, mit der mich der Vizekönig und seine ganze Familie bei den häufigen Besuchen überschütteten, die ich ihnen machte. In Bogotá und Lima war man mir nicht so entgegengekommen.

Am 8. Juli 1803 begann ich mit der Arbeit. Die Archivbestände sind vortrefflich geordnet, sie füllen nur drei ziemlich enge Räume, das übrige haben Mitte des 18. Jahrhunderts die Flammen verzehrt. Außerdem haben so manche Vizekönige (Revillagigedo) viele interessante Statistiken entnommen, zum Beispiel die Notizen zum Einwohnerverzeichnis von Mexiko-Stadt. Ich sah dickleibige Aktenbündel über die Reise von Malaspina, über die Entdeckungen nördlich Kaliforniens, die Kopien eines Franziskanermönches von den Manuskripten Boturinis, das Tagebuchmanuskript von Quadra über die Reise nach Nootka, Karten über die nordwestlichen Küsten, aufgenommen bei den Arbeiten von Quadra und anderen.

Die Papiere von Malaspina enthalten keine Beobachtungen, wie man mich glauben gemacht hatte. Nichts als offizielle Briefe mit Geldbitten, über nach Spanien geschickte Kisten mit Karten, Herbarien, vulkanischen Produkten, ausgestopften Vögeln, Fischen in Spiritus, über botanische Aufzeichnungen von Haenke, zoologische von Pineda, ein Memoire zum geeignetsten Südseehafen für die Vereinigung der königlichen Seestreitkräfte ... Gama hat er dem Vizekönig sehr ans Herz gelegt. Und doch hat man diesen Gelehrten fast Hungers sterben lassen, niemand lud ihn bei Lebzeiten zu einem Diner, und jetzt, nach seinem Tode, spricht man von ihm wie von einem Isaac Newton.

Wenig Altes. Ende des 17. Jahrhunderts ist alles verbrannt. Kaum eine Signatur von Cortés. Nur sein Testament fand ich sowie eine Instruktion, die er gleich nach der Belagerung für die Polizeiaufsicht über Wege und Wirtshäuser im Landesinneren gegeben hatte, und ein Porträt von ihm, zu seinen Lebzeiten in Spanien gemalt und dann hierhergeschickt. Es zeigt ihn schon sehr alt. Er ist vollständig gerüstet; die Physiognomie ist ziemlich gut getroffen und offenbart Hinterlist und betrügerischen Geist.

Ich habe das Testament kopieren lassen, weil es bis auf den heutigen Tag niemals gedruckt worden ist. Der seltsamste Artikel ist der neununddreißigste über die Sklaven: «Da es wegen der eingeborenen Sklaven Neu-Spaniens, gewaltsam ergriffen oder gekauft, viele Zweifel und Meinungen gegeben hat, ob man sie guten Gewissens halten dürfe, befehle ich, alles zu tun, was man allgemein in diesem Falle zu tun für richtig erachtet, um die Gewissen zu entlasten.» Darüber hinaus empfiehlt er seinem Sohn, alle Schritte zu unternehmen, damit in diesem so heiklen Punkt entschieden werde. Also zweifelten im 16. Jahrhundert die Christen wenigstens, ob sie Sklaven halten dürften. Wie sind wir in Religion, in Tugend doch vorangekommen!

Die Bilderhandschriften

Nach den Überresten des indianischen Archivs von Boturini hatte ich schon vergeblich in der Universitätsbibliothek gesucht. Ich fand da nur ein paar schlechte, mit Tinte angefertigte, sehr neue Kopien. Man sagte mir, auf Befehl der Regierung sei alles an das Archiv des Vizekönigs abgeliefert worden. In der Tat habe ich hier die Originale gefunden. Aber, o Jammer! In welchem Zustand! Es existieren nur mehr drei dicke Packen, jeder fast sechzehn Zoll hoch. Aus dem sechsundneunzigseitigen Katalog, den Boturini seiner *Idee einer neuen allgemeinen Geschichte Nordamerikas* von 1745 beigab, ersieht man, daß sein Museum mehr als fünfhundert Bilderhandschriften zur mexikanischen Geschichte enthielt. Aber seinem Kabinett widerfuhr das gleiche Schicksal wie dem Sigüenzas, es wurde auseinandergerissen, bestohlen, verdorben, mißachtet. Die Bilderhandschriften, die Alzate und Gama besaßen, stammten sämtlich aus diesem Kabinett. Der spanische Statthalter war so grausam, es Boturini zu konfiszieren. Die Reste werden im Erdgeschoß des Staatspalastes aufbewahrt, in einem sehr feuchten Raum, aus dem man das Archiv zu Revillagigedos Zeiten herausnahm, weil die Papiere dort faulten.

Da hinein wurden die mexikanischen Bilderhandschriften geworfen, zusammen mit alten Akten, auf die man keinen Wert mehr legt. Ein großer Teil ist schon zerfetzt, weil sie jedesmal einreißen, wenn jemand die Bündel öffnet. Warum schickt man diese kostbaren Reste indianischen Altertums nicht nach Madrid? Die großen historischen Handschriften könnten wie Bilder aufgehängt werden. In England zahlte man leichten Herzens zwanzigtausend Pesos dafür. Sie sind alle numeriert; hier und da sind Anmerkungen von Boturinis Hand zu erkennen. Man sieht, es war alles in der besten Ordnung. Heute ist es ein einziger Mischmasch. Was würde der unglückliche Boturini sagen, könnte er den augenblicklichen Zustand seiner indianischen Bilderhandschriften und Manuskripte sehen, die er am Ende seines Vorworts folgendermaßen bezeichnet: «die einzige Hazienda, die ich in Westindien besitze, so kostbar, daß ich sie nicht für Gold und Silber, Diamanten und Perlen eintauschen würde ...»

Bei der ersten raschen Durchsicht der Malereien habe ich ein historisches Tableau auf Agavepapier von achtzehn Fuß Länge und sieben Fuß Breite gefunden, das die Wanderungen der Azteken und die Gründung mehrerer Städte darstellt. Der Weg ist durch Fußtapfen markiert, deren Zehen die Richtung anzeigen; manchmal sechs Zehen statt fünf. Die Provinzen sind durch ihre Wappen bezeichnet. Wo ein Stamm Widerstand überwinden mußte, ehe er diese oder jene Stadt gründen konnte, sieht man mit Keulen und Streitäxten bewaffnete Menschen. Auf den meisten Bildern ist über die Hieroglyphen mit spanischen Buchstaben ihre Erklärung geschrieben, manchmal auf spanisch, häufiger auf mexikanisch; wahrscheinlich sind diese textkritischen Erläuterungen uralt und wurden gleich nach der Conquista hinzugefügt. Viele genealogische Tableaus, wie wir sie auch kennen, die Könige nach indianischer Weise auf den untergeschlagenen Beinen sitzend, geographische Ansichten vom Inneren Mexikos ... Das Material ist meistens Agavepapier, aber auch Baumwollzeug, Schmetterlingsseide aus Mixteca, sehr gut präpariertes Leder und europäisches Papier. Ich besitze überdies eine Bilderhandschrift auf einem sehr brüchigen braungelben Stoff. Er sieht aus wie geölt oder gelackt und ähnelt der Rinde des Weißgummibaums. Oder handelt es sich um die Blatthaut einer Palme? Bei diesem Material sind die Bildkonturen häufig durch kleine Nadelstiche markiert. Vielleicht, um die Zeichnung auf einen anderen Stoff zu übertragen? Möglicherweise nutzte man sogar die Durchsichtigkeit dieses Materials zum Kopieren.

Viele nach der Conquista angefertigte indianische Schilderungen. Der Einzug von Cortés in Tlaxcala, das Massaker von Cholula, die Taufe von Indios. Die Spanier mit Bärten, manchmal zu Pferde oder, wenn es Corregidores sind, auf Stühlen. Die ersten Missionsmönche, sehr gut in ihrer Ordenstracht gezeichnet. Einige Heilige. Kirchen auf den neueren Karten. Ein Tableau mit Vokabularien. Es ist bewundernswert, mit welchem Scharfsinn die Mexikaner im Augenblick der Conquista neue Hieroglyphen für Dinge erfanden, die sie nie vorher gesehen hatten. So bezeichnet ein Kopf mit zwei Schlüsseln an einer Schnur die Person des Petrus; wenn die Schnur an einem Baum befestigt ist, in dem ein Pfeil steckt, so meint der Kopf den heiligen Sebastian; ist die Schnur an einen Säbel geknüpft, den Erzengel Michael. Es waren die von den Mönchen mitgebrachten Heiligenfiguren, die zur Entstehung dieser Hieroglyphen führten. Der Audiencia vorgelegte Karten betreffen Streitigkeiten über Anbauflächen, Stammbäume, Tributleistungen, Landaufteilungen. Von den vielen historischen Manuskripten in mexikanischer und otomitischer Sprache, mit spanischen Buchstaben auf Agavepapier und gebunden wie unsere Bücher, sind verschiedene sicher nur kurze Zeit nach Cortés' Ankunft geschrieben; so schnell lernten die Mexikaner schreiben. Und wahrhaftig, da gab es Leute, die sich der Mühe unterzogen, drei- bis vierhundert Seiten über die Geschichte und die Sitten ihrer Vorfahren zu schreiben und das zu einer Zeit, als der Verkehr mit den Spaniern, durchweg Barbaren und in nur geringer Zahl über das riesige Vizekönigreich zerstreut, der alten Kultur kaum sehr förderlich gewesen sein konnte.

Pater Don José Antonio Pichardo, ein Mexikaner aus dem Ordenshause San Felipe Neri, des Griechischen mächtig, ist der mitteilsamste und gelehrteste Mann auf dem Gebiet des mexikanischen Altertums, den es gibt. Ein Freund von Gama, hat er dessen Manuskripte und indianische Bilderhandschriften geerbt. Und alles Verstreute, was er sonst noch finden konnte, hat er kopieren lassen und daran sein ganzes Geld gewendet. In zwei Foliobänden hat er diese farbigen Kopien vereint; sie sind von größter Exaktheit, kann ich sagen, denn ich habe die meisten auch im Original gesehen. Sein Haus ist für mich gewesen, was das von Sigüenza für Gemelli war.

Alles, was ich bei Pichardo sah, ist höchst bemerkenswert und würdig, in Kupfer gestochen zu werden. Die Mexikaner waren ständig mit ihrer Geschichte beschäftigt, mit ihrer Chronologie und vor allem mit ihren Wanderungen (denen der Israeliten ähnlich). Bald sind es dahinziehende, bald kriegführende Menschengruppen, bald Städtegründungen, die man an den wappenähnlichen Hieroglyphen erkennt, bald sind es Könige auf Thronen, so eingehüllt in Tücher, daß man nicht die Hände sieht und kaum die Füße, gänzlich ägyptisch wirkende Figuren, am ausgeprägtesten, wo es sich um einen toten König handelt; er wurde in noch sitzender Stellung gemalt, das Gesicht unter einem Schleier verborgen, in Tücher gewickelt wie ein gewindeltes Kind.

Diese Gestalten kontrastieren eigentümlich mit einer Figurenklasse von anscheinend symbolischer oder mythologischer Bedeutung, zum Beispiel in dem Kalender, den ich besitze, oder auch bei der Darstellung feierlicher Handlungen (wie in dem Opferstein auf der Plaza Mayor) – Figuren, die so beladen sind mit Helmen, Federbüschen und Kriegsschmuck, daß der Kopfputz oft höher als die Person ist. Bei dieser Klasse symbolischer Figuren ist die Natur schlecht wiedergegeben, die menschliche Gestalt ist nicht selten nur an Kopf, Füßen und Händen zu erkennen, oft sogar nur an einem einzigen Teil des unter Zierat erstickenden Menschenkörpers.

Man würde den mexikanischen Stil aber verkennen, wollte man darin seinen Charakter sehen. Das ist nur der Charakter einer Klasse religiöser Bilder. In einer Unmenge anderer, die mir unter die Augen gekommen sind, ist die Natur sehr gut getroffen; die Figuren sind häufig wohlproportioniert, man sieht treffend gezeichnete Mönche und Pferde. Pater Pichardo besitzt das Original einer mexikanischen Bilderhandschrift von vierzehn Zoll Breite und zehn bis zwölf Fuß Länge auf Agavepapier, innen mit einem Binsenleim gefirnißt, eines der schönsten Überbleibsel des Altertums. Das sind die historischen Annalen der Mexikaner, die zwei Jahrhunderte vor der Conquista beginnen und bis zu Bischof Zumárraga reichen. Die Malerei ist eingerollt wie ein altes Manuskript. In der Mitte sind die Jahreskreise angeordnet und zu beiden Seiten die Ereignisse, mittels roter Punkte an die Jahre geknüpft. Da sieht man die Aufeinanderfolge der Könige, das Jahr der Ankunft von Cortés, und zwar zu Fuß, mit Indios kämpfende Spanier, Spanier hoch zu Roß mit Sonnenschirmen (!), das Todesjahr von Moctezuma, das der schrecklichen Ermordung von Guautimotzín. Über einer mit den Füßen an einem Baume aufgehängten Gestalt erblickt man den Leichnam des Königs, in der oben beschriebenen Weise eingebündelt. Man sieht firmende Bischöfe, Kreuze und viele erhängte Indios; es ist schrecklich, sobald man beim Durchgehen der chronologischen Bilder auf erhängte Indios stößt, darf man sicher sein, daneben spanische Gestalten zu finden.

In anderen Bilderhandschriften Pichardos sieht man das Schiff des Cortés, mexikanische Häuser mit Dächern europäischer Art, Taufen, die ersten zwölf Franziskanermönche, kurz, all das, was die indianische Phantasie am meisten beeindrucken mußte. Ferner hat Pichardo Bilder von mexikanischen Königen, die unter dem Baldachin einer Sonne aus Federn sitzen; den Tierkreis, nach der Eroberung auf Agave gemalt; die Seen, mit Enten bevölkert und mit Indios, die an Schnüren von ebensolchen Kanus aus fischen, wie sie noch heute täglich von Chalco hereinkommen.

Er besitzt auch das Tableau, wie König Axayácatl den König von Tlatelolco entthront; letzterer liegt auf den Stufen eines Throns zu Boden geworfen, und daneben sieht man entweder ihn oder die Seinen verbrannt in einem Ofen. Axayácatl bedeutet *Wassergesicht*, das wird versinnbildlicht, indem man den Kopf des thronenden Königs durch einen Faden mit einem zweiten Kopf verbindet, unter den das Zeichen für Wasser gemalt ist.

Axayácatl heißt übrigens auch das Insekt vom See Texcoco, das seine Eier ins Schilf legt, Eier, die *aguaucla* genannt und auf dem Markt in Mexiko-Stadt verkauft werden. Man ißt sie zusammen mit Hühnereiern. Die Seeufer waren seinerzeit schon so bewohnt, daß die Mexikaner zwanzig Jahre brauchten, bis sie von Chapultepec hierher kamen, und da sie nichts zu essen hatten, fraßen sie Fliegen und erfanden die Chinampas. Und so werden aus alter Gewohnheit noch heute die Aguauclas gegessen; der Indio erinnert sich dabei der unglücklichen Zeit seiner Väter, als sie Mexiko gründeten, die indessen weniger unglücklich war, als seine Gegenwart es ist.

Die Heuschrecke auf dem Berg

Der Morgen, an dem ich mit den Kindern des Vizekönigs das Schloß Chapultepec besuchte, war ausgesucht schön. Der Gesang der Vögel, die vielen Turteltauben, die Kaninchen, alles kündete von Leben. Das Schloß über Mexiko-Stadt, die beiden Süßwasseraquädukte auf ihren Brückenbogen, der See von Texcoco, das an die hohen Porphyrberge gelehnte Kloster Unserer Lieben Frau von Guadalupe, die mit ewigem Schnee bedeckten Vulkane und die Obstgärten von San Agustín de las Cuevas, San Angel und Tacubaya, die über gut bestellte Felder verstreuten unzähligen Häuser und Kirchen, die breiten und schönen Alleen, die von allen Seiten den Toren der Hauptstadt zustreben – welch ein mannigfaltiges und fesselndes Gemälde.

In den mexikanischen Bilderhandschriften des vizeköniglichen Archivs habe ich Chapultepec dargestellt gefunden durch eine auf einen Berg gesetzte Heuschrecke. Das ist es, was der Name ausdrückt. In den Annalen der Azteken oder Mexikaner war das ein bedeutender Ort. Bei ihrer Ankunft war dieses Tal schon so besiedelt, daß sie nur unter vielen Schwierigkeiten und Schritt für Schritt vordringen konnten. 1216 erreichten sie Zunpango, 1245 Chapultepec, da blieben sie siebzehn Jahre wohnen, wandten sich 1262 nach Acalco und fielen dort 1314 in die Sklaverei des Herrschers von Coyohuacán. Ich habe ihre Landnahme rings um den Berg Chapultepec in den mexikanischen Hieroglyphen bestätigt gefunden. Der Platz ist überaus lieblich, die Vegetation sehr schön. Den Hügel umstehen prachtvolle Zypressen, die so alt wie die Welt scheinen. Viele haben zwölf bis vierzehn Fuß Durchmesser, bei etlichen habe ich bis zu achtundvierzig Fuß Umfang gemessen. Sie haben allen politischen Revolutionen Anahuacs beigewohnt, seit den Wanderungen der Tolteken bis auf die Zeit, in der ein rebellierender Vizekönig diesen Hügel in eine Festung verwandelte. Um die Zypressen schöne Pfefferbäume. Am östlichen Fuß des Berges liegen die Ruinen eines Palastes von Moctezuma; man erkennt auch kleine, sternförmig gemauerte Einfriedungen, etwa für Blumenbeete mit vielleicht sogar Springbrunnen, auf die sich, wie manche Leute behaupten, die Mexikaner verstanden haben sollen. Aber diese Sterne und Mauern sind neu und nicht von Indios! Die großen Gärten des Moctezuma waren übrigens nicht hier, sondern in Ixtapalapan und Huantepec, wo man Heilkräuter züchtete; die Spanier haben die Kultur noch lange nach der Eroberung fortgesetzt.

Aus den Manuskripten von Don Antonio Gama habe ich erfahren, daß der Berg Chapultepec mit Reliefs mexikanischer Heroen geschmückt war. Noch zu Beginn des 18. Jahrhunderts schauten die Kolossalreliefs des Königs Axayácatl und seines Sohnes Moctezuma, in den nackten Felsen gehauen, hinab auf Mexiko-Stadt. Ersteres wurde 1706 auf Befehl des Vizekönigs zerstört, das andere existierte noch 1754, dann zerschlug man es auch. Der Mann, dessen Fanatismus am meisten alte Monumente zerstörte, war der Erzbischof und Mönch García de Santa María, er starb 1606.

Vizekönig Bernardo Gálvez hat den Hügel planieren und ein prunkvolles zweistöckiges Lustschloß darauf bauen lassen. In die Felsböschung wurde ein Weg gesprengt, man kann mit dem Wagen hinauffahren. Brustwehren und ähnliche Anlagen, vor allem auf der Seite nach Mexiko-Stadt, sehen wie Dekoration aus, waren aber gewiß als Standorte für Kanonen gebaut. Die Gefängnisse in den Gräben an der Nordseite scheinen für Staatsgefangene bestimmt gewesen zu sein. Bei Betrachtung des Ganzen stellt sich unweigerlich der Argwohn ein, daß das Schloß eine getarnte Festung war, in der man sich, mit ausreichend Vorräten und in beherrschender Höhe, mit vierhundert Mann sicherlich lange hätte halten können. Die allzu boshafte Öffentlichkeit glaubt, der Vizekönig, seiner Volkstümlichkeit wegen von den niederen Leuten angebetet, habe mit dem Gedanken gespielt, sich unabhängig zu machen. Aber kannte er den wankelmütigen Charakter der Nation, ihren Haß auf die Europäer nicht allzu gut? Zu seinem Glück starb er noch vor der Vollendung des Schlosses. Es kostete die spanische Krone über 300 000 Pesos, und der König mißbilligte den Aufwand, nachdem er vollzogen war. So imposant es auch von außen wirkt, die Inneneinrichtung ist unter jeder Kritik. Heute möchte man das Schloß gerne verkaufen, aber im voraus hat man zu einer

Zeit, da Glas sehr kostbar war, schon die Fenster verkauft. Welch ein Vandalismus! Es scheint mir unklug, diesen Platz nicht zu erhalten, den einzig befestigten im Tal, in den man, sollte es zum Unglück einer revolutionären Krise kommen, die Archive retten könnte, das Geld und den Vizekönig selber.

Der standhafte Gobernador

Am 25. Juli begingen die Indios der Vorstadt Santiago de Tlatelolco den Tag des heiligen Jakob. Um elf Uhr trat ich mit dem Vizekönig hinaus auf einen Balkon, der auf den alten Markt geht, einen der größten Plätze des Universums, der heute fast verödet ist. Die von Mauern eingefaßte Anhöhe in seiner Mitte war das mexikanische Theater, auf dem Cortés während der Belagerung seine berühmte Steinschleuder aufgestellt hatte, um die Indianer einzuschüchtern.

Alles in dieser einstigen Indianerstadt sieht nach Verfall aus. Aber das ist nicht Ausdruck etwaiger Vertreibung der Indios aus Mexiko-Stadt, sondern die Folge sanfterer Gewalten, die es ihnen erlauben, nach eigenem Gutdünken zu leben, sogar im Zentrum.

Das Fest ist die denkbar widerwärtigste und lächerlichste Prozession! Fesselnd daran ist nur die Menge niederen Volkes und dessen Zügellosigkeit. Auf kleinen Schaubühnen führen die Indios ihre Heimattänze auf. Ein Mecos auf einem Baum tat so, als ziele er mit seinen Pfeilen auf die Passanten, und dann schoß er unter schrecklichem Freudengeheul in die Luft. Dem Vizekönig und seiner Familie gaben die Indios ein Frühstück. Herr Iturrigaray wunderte sich mächtig, als der indianische Gobernador der Vorstadt nicht an seiner Tafel Platz nahm. Er ließ ihn rufen. Die Indios widersetzten sich. Sie sagten, das ginge doch nicht an, kein Vizekönig vor ihm hätte so gehandelt, und Herr Iturrigaray, der schließlich die Geduld verlor, erklärte einer Dame sehr huldvoll: «Nun gut, Madame, Sie meinen, das geht nicht, ich jedoch glaube, es geht und geschieht alles, was ich befehle. Man hole also den Indio, er soll mit mir speisen.» Dieser nämliche Vizekönig hat bei günstigen Gelegenheiten bewiesen, wie feinfühlig er für diese unglückliche Klasse sein kann. Er trank auf die Gesundheit des Gobernadors, der den Boshaftigkeiten einiger Tischgäste, die ihn betrunken machen wollten, damit der Vizekönig bereue, ihn an seine Tafel gesetzt zu haben, widerstand und sich nicht besoff.

Das Rathaus der Vorstadt ist mit sehr alten Malereien ausgeschmückt, sie stellen die ersten westindischen Gouverneure in überaus reicher Kleidung dar. Der Gegenstand der meisten Malereien ist übrigens sehr schlecht gewählt. Es scheint, als wolle man das Volk zur Rache herausfordern. Überall von Spaniern in Stücke gehauene Indios, letztere auf den Knien vor ersteren, Moctezuma in Ketten vor Cortés ... Was verspricht man sich davon, die Unglücklichen so zu erniedrigen? Ein Staatsanwalt, Herr Zagarsurieta, hat sehr richtig festgestellt, daß man diese Bilder dringend mit humaneren übermalen müßte.

Einundzwanzigstes Kapitel

Mexiko-Stadt und das Wasser

Der tiefste Punkt des Hochtals von Mexiko ist der Spiegel des Texcoco-Sees. Nächst dem See ist die Stadt der niedrigste Punkt. Die Plaza Mayor liegt nur um eine Elle, einen Fuß und einen Zoll höher als der mittlere Wasserstand des Sees. Daraus erwächst die Gefahr; der Seegrund hebt sich durch angeschwemmte Erde um jährlich mehr als drei Zoll, während die Stadt seit dem Grafen Revillagigedo in ihrem Niveau fixiert ist. Man kann sogar sagen, die Stadt senkt sich, und so muß man fürchten, sie werde eines Tages niedriger liegen als der See. Die Feinde des Grafen behaupten, er hätte zuerst den See austrocknen müssen, ehe er die Stadt pflastern und mit Trottoirs versehen ließ.

Ich glaube, man hat die Natur vergewaltigen wollen, das alte Mexiko war voller Kanäle wie Venedig. Um der Stadt festen Grund zu geben, hat man sie alle austrocknen wollen. Doch um dieses Ziel um jeden Preis zu erreichen, mußte man den Seen Abflüsse schaffen und dem Tal seine Fruchtbarkeit nehmen. Um wieviel schöner könnte die Stadt nicht sein, wäre sie wie Rotterdam von Kanälen durchzogen! Durch das Austrocknen der Seen wird das Tal nicht nur unfruchtbarer, sondern – eben durch die übermäßige Trockenheit – auch ungesünder. Und je weniger Dünste aufsteigen, je mehr der Boden versalzt, desto mehr wird die Trockenheit zunehmen. Früher entsalzte die Menge fließenden Wassers die Böden, daher ihre Fruchtbarkeit; so wie das bewundernswerte Kunststück der Chinampas ja in nichts weiter besteht, als daß die Indios Wasser über eine schwammige Erde gießen, um das überschüssige Salz, das die Vegetation behindert, auszulaugen.

Die Seen um Mexiko-Stadt liegen stufenweise übereinander. Vier Ellen und acht Zoll über dem mittleren Wasserstand des Texcoco-Sees der See von San Cristóbal und zehn Ellen, ein Fuß und sechs Zoll über ersterem der von Zunpango. Zu allen Zeiten war die Folge der Phänomene unaufhörlich dieselbe. Wenn der See von Zunpango durch das außerordentliche Anschwellen des Río Cuautitlán steigt, gießt er sein Wasser in den See von San Cristóbal. Dieser durchbricht den Damm, der ihn vom Texcoco-See trennt, und dessen Wasser strömen durch die Straßen von Mexiko-Stadt. Das berühmte offene Durchbruchwerk, das unter dem Namen *Desagüe Real de Huehuetoca* bekannt ist, hat die Bestimmung, dieser Gefahr vorzubeugen. Es wurde 1607 von Henrico Martín als ein zunächst unterirdischer Durchbruch begonnen.

Angesichts der häufigen Überschwemmungen, die das alte und das neue Mexiko erlitten, wäre es übrigens klüger gewesen, die von Cortés gänzlich zerstörte Stadt östlich von Texcoco wiederaufzubauen oder sie auf die Anhöhen zwischen Tacuba und Tacubaya zu stellen. Es hat, zur Zeit der großen Überschwemmung von 1607, entsprechende Befehle des Hofes gegeben. Aber die damals allmächtigen Obergerichtsräte dachten nur an ihren privaten Häuserbesitz und widersetzten sich.

Am 1. August brachen wir nach Huehuetoca auf. Dort um drei Uhr angekommen, schwangen wir uns unverzüglich auf die Pferde und waren bis acht Uhr abends unterwegs, um die Hauptentwässerungsanlage zu prüfen. Don Cosme Mier y Trespalacios, Dekan der Audiencia und Generalintendant der Wasserwirtschaft, hatte einen Beamten geschickt, um uns über sein Kanalsystem unterrichten zu lassen. Wir nahmen in Augenschein zuerst die beiden Kanäle, durch die Herr Mier die negative Entwässerung in eine positive umgewandelt hatte. Sie kommen aus den Seen Zunpango und San Cristóbal und dienen deren Trockenlegung, vor allem sollen sie ihnen das Wasser entziehen, das der Río Cuautitlán, wenn er trotz des ihm von Henrico Martín geschaffenen Abflusses bei Hochwasser über die Ufer tritt, in den See von Zunpango ergießt. Der Zunpango-Kanal wurde 1796 in Angriff genommen, zwei Jahre später der von San Cristóbal, 8 900 Meter lang der erste, 13 000 der andere. Das sind tiefe Gräben in lehmiger, verhärteter Erde, die man *tepetate* nennt. Sie vereinigen sich südöstlich von Huehuetoca, etwa zweitausend Meter vor dem Eintritt in den Desagüe Real oder Hauptkanal, der die Wasser der Seen und des Río Cuautitlán in die Flüsse Tula und Panuco und durch sie in den Golf von Mexiko führt. Die Arbeit ist im allgemeinen gut gedacht, doch schlecht gemacht, man hat die Grabenwände in bröckliger Erde zu beiden Seiten fast senkrecht gelassen. Abfallende Trümmer verstopfen alle Augenblicke das Bett, und man verschwendet jährlich drei-, viertausend Pesos, um es zu räumen. Warum hat man die Wände nicht um fünfundvierzig Grad abgeschrägt oder sie terrassiert? An der Eintrittstelle der neuen Kanäle wurden eine Brücke und sehr teure Schleusen in schlechtem Mauerwerk gebaut. Man scheint sich nicht um die Nachwelt zu scheren, so schlimm ist das gemauert.

Der Hauptgedanke der Entwässerung war es gewesen, dem Río Cuautitlán einen künstlichen Lauf zu geben, damit er nicht mehr in den See Zunpango mündet und dessen Wasserspiegel erhöht. Da nun die alte Flußmündung, wie sie 1607 war, nach und nach verlandete, mußte man einen Kanal ziehen, der es dem Cuautitlán erlaubte, sich auf seinem früheren Weg in den See zu ergießen, falls der Hauptkanal für Reinigungs- oder Vertiefungsarbeiten geleert werden sollte. *Los vertederos* heißen die drei Schleusen, die man nur zu diesem Zweck öffnet. Hätte man beim Bau dieser hydraulischen Anlagen an die Bewässerung gedacht und vom Zunpango-See Gräben nach dem Südosten des Tales gezogen (wie ich es übrigens vorgeschlagen habe), könnten die Vertederos außerordentlich nützlich für die Landwirtschaft sein. Anstatt alles Wasser unaufhörlich aus dem Tal hinaus in den Atlantischen Ozean zu führen, könnte man mittels dieser Schleusen ständig eine bestimmte Menge Wasser an den See Zunpango abgeben und damit die entferntesten Böden befruchten. Aber die Spanier haben das Wasser wie einen Feind behandelt. Es scheint ihnen daran zu liegen, daß dieses Neu-Spanien genau so trocken sei wie das Innere ihres alten. Sie wollen, daß die Natur ihrer Moral gleicht, und das gelingt ihnen nicht schlecht.

Von den Schleusen südlich Huehuetocas begaben wir uns nach Nordwesten, um die Kartierung des Hauptkanals zu prüfen.

Das hydraulische System der Indianer war das der befestigten Straßen und Dämme gewesen, eine geringe, aber beinahe ausreichende Hilfe zu einer Zeit, in der man schwimmende Inseln kultivierte und das Tal, von einer mäßigen Nation bewohnt, noch weniger urbaren Landes bedurfte, als reichlich vorhandener Wald Pfahlbauten ermöglichte und die Stadt voller Kanus war, als Überschwemmungen für die Menschen noch nichts Furchtbares hatten. Die Spanier blieben bis Anfang des 17. Jahrhunderts bei dem indianischen System. Dann sahen sie ein, daß sie es aufgeben und das der Ableitungskanäle annehmen mußten. Mexiko-Stadt war der ehemaligen Kapitale des aztekischen Reiches nicht im geringsten mehr ähnlich. Nur in wenigen Straßen konnte man noch mit Booten fahren, und die Nachteile und Verluste, die die Überschwemmungen zur Folge hatten, waren ungleich größer geworden als zu Moctezumas Zeiten.

Nirgends sind die Gebirge, die das Plateau einschließen, niedriger, und nirgends haben sie weniger Masse als nordnordwestlich von Huehuetoca, bei den Hügeln von Nochistongo. Dort wählte Henrico Martín sehr glücklich den geeignetsten Punkt, das Gebirge zu durchstechen. Er baute einen achttausend Ellen langen unterirdischen Stollen, um den Río Cuautitlán in den Río Tula zu führen. Der Stollen, von dem es noch intakte Reste gibt, war zehneinhalb Fuß breit und zwölf Fuß hoch und von ausgezeichnetem Mauerwerk. Henrico Martín war Spanier, königlicher Kosmograph. Er baute den Stollen, zu dem der Vizekönig am 28. November 1607 den ersten Schlag mit dem Karst tat, mit 15 000 Indios in elf Monaten. Ein achttausend Ellen langer Stollen, in Westindien unternommen und zu Anfang des 17. Jahrhunderts, als die unterirdische Geometrie noch in den Kinderschuhen steckte, verdient gewiß die Bewunderung der Nachwelt.

Bald stellte sich heraus, daß bei Hochwasser der Stollen nicht alles fassen konnte. Man behauptet sogar, Martín habe das Übel zwar vorausgesehen, es aber nicht gewagt, den Aufwand für ein Werk zu vergrößern, dem jedermann mißtraute. Es scheint, das klügste Mittel, den Mißlichkeiten abzuhelfen, wäre die Erweiterung des Stollens gewesen. Aber nein, man faßte den gigantischen Entschluß, den Stollen in einen ungeheuren offenen Gebirgseinschnitt zu verwandeln. Man brach einen Graben durch, dessen größte Tiefe 77 Ellen beträgt und dessen größte obere Breite von einer Böschung zur anderen fast 350 Ellen mißt. Um sich eine klare Vorstellung davon zu machen, muß man sich nur erinnern, daß die Seine in Paris an der Austerlitz-Brücke 175 Meter Breite hat. In seinem jetzigen Zustand gehört der Desagüe Real zu den riesenhaftesten hydraulischen Arbeiten, die je von Menschen ausgeführt wurden. Wäre er ganz mit Wasser gefüllt, könnten Schiffe mit drei Decks durch die Bergkette fahren, die das Plateau von Mexiko gegen Nordosten begrenzt.

In Mexiko wird dieser Graben als eine sehr bewundernswerte Sache betrachtet. Ich finde bewundernswert nur die Dummheit, ihn zu unternehmen, und die Beharrlichkeit, ihn zu vollenden. Um eine Wassermenge von einhundertfünfzig Quadratfuß Querschnitt durch das Gebirge zu führen, hat man ein Profil von zwölftausend Quadratfuß durchgebrochen! Das ist die Tatsache. Zwei Jahrhunderte gingen verloren. Der Graben hat fast sieben Millionen Pesos verbraucht, ohne das Blut der Indios zu rechnen, die zermalmt und unter den Trümmern begraben worden sind. Manchmal wurden zwanzig bis dreißig auf einmal lebendig begraben. Mit zu steilen Wänden wurde derselbe Fehler begangen wie bei den neuen Kanälen von Zunpango und San Cristóbal. Die Arbeit war um so gefährlicher, als das Erdreich aus verhärtetem Lehm besteht und sehr bröcklig ist. Um den Bauschutt herauszuschaffen, bediente man sich des Kunstgriffs, das Wasser durch Wehre erst zurückzuhalten und dann auf einmal abzulassen, damit es den Abraum fortspült. Die Indios, die ihn in die Strömung schieben mußten, waren an Seilen aufgehängt, aber die reißende Flut hat sie oft gegen die Felsen geschleudert und zerschmettert.

Der Durchbruch gelang erst, als 1767 die Handelskammer der Kaufleute von Mexiko-Stadt sich den letzten Abschnitt aufhalste, den tiefsten, *la obra del consulado* genannt. Wir sind dort auf den Treppen hineingestiegen, über die man den Vizekönigen hinabhilft; an Visiten haben sie es niemals fehlen lassen, zumal ihnen früher *la visita* jedesmal ein Geschenk des Konsulats von dreitausend Pesos einbrachte. Das Konsulat hat die letzten neunzehnhundert Meter des Stollens von Henrico Martín in einen offenen Graben verwandelt, und es kommt ihm das Verdienst zu, für 800 000 Pesos ein Werk vollbracht zu haben, das auf 1 200 000 Pesos veranschlagt war. Aber es hat seine Versprechen schlecht erfüllt: anstelle der versprochenen fünf Jahre hat es zwanzig gedauert, und anstatt der Sohle die vertraglich festgesetzten zehn Ellen Breite zu geben, ist es bei den alten drei des Stollens geblieben. Seither hat man unaufhörlich daran gearbeitet, das Werk zu vervollkommnen, den Grund zu erweitern und die Böschung sanfter zu machen. Aber es fehlt noch immer viel dazu, bis der Desagüe Real vor Erdrutschen ganz gesichert ist.

In den Manufakturen von Querétaro

Wir übernachteten in dem erbärmlichen Dorf Huehuetoca, das Stadtrecht genießt, und zwar im Palast des Vizekönigs. Man geizt nicht eben mit dem Namen Palast. Dieser hier und der von San Cristóbal sind Landhäuser von sehr gewöhnlicher Bauart.

Am 2. August schliefen wir in Arroyo Zarco, am 3. in San Juan del Río, den 4. und 5. in Querétaro. Das ganze Innere Neu-Spaniens ist ein großes Hochplateau mit nur geringen Höhenunterschieden. Man reist trübselig über Ebenen von siebzehnhundert bis zweitausendfünfhundert Meter Höhenlage und macht sechzig bis achtzig Meilen zwischen Mexiko-Stadt und Salamanca, ohne einen zehn Fuß großen Baum zu finden, es sei denn, rings um die Dörfer. Im Vizekönigreich Neu-Granada machten wir keine Exkursion von einer halben Meile, ohne nicht zwei bis drei Taschentücher voll der schönsten Pflanzen heimzubringen; hier bringen wir auf siebzig, achtzig Meilen nicht mehr als dreißig oder vierzig kleine miserable Gewächse zusammen. Wir sahen Böden, die zwanzig, dreißig Jahre nicht bearbeitet worden waren und in ihrer Vegetation den Straßenrändern von Europa glichen. In der südlichen Hemisphäre wird ein Europäer, der für botanische Schönheiten empfänglich ist, staunen, wenn er die Vegetation der Páramos sieht. In jeder Höhe findet er so viel Grün, eine solche Größe und Farbigkeit der Blütenkronen, daß er begreift, in einer anderen Welt zu sein, in einer Region, wo die Natur sich darin gefällt, allen Zauber ihrer Reichtümer zu vereinigen. Aus seinem Vaterland plötzlich auf die Hochebenen von Mexiko versetzt, findet er fast nichts zu bewundern. Außer den Agaven und etlichen Drachenbäumen entdeckt er nur europäische Formen. Alles trägt den Charakter der nördlichen Landschaften oder gemäßigten Zonen; der Pflanzenäquator, so könnte man es ausdrücken, verläuft südlich des geographischen Äquators.

Arroyo Zarco: Das zweistöckige Wirtshaus auf zweitausendfünfhundert Meter Höhe ist prächtig. Die Herbergen dieser ganzen Route sind sehr schön und gut versorgt mit Lebensmitteln, doch allgemein ohne Stühle und Tische.

San Juan del Río: Ein großes Dorf mit vielen angenehm schattigen Obstbaumgärten und sogar etwas Weinbau. Die Kaschemmen sind hier wie in Querétaro und Guanajuato voller Hauptleute und Oberstleutnante der Miliz. Jeden hat sein Rang fünfzehn- bis zwanzigtausend Pesos gekostet, die Obersten fast vierzigtausend.

Querétaro ist eine sehr, sehr schöne Stadt in einem reichlich warmen oder wenigstens mehr als nur gemäßigten Klima. Man erfrischt sich mit dem Schnee oder vielmehr den Schloßen, die man von der hohen Sierra Ucareo holt. In den letzten acht Jahren wurden hier sehenswerte Gebäude errichtet. Der wohltuende Einfluß der Akademie der Künste in Mexiko-Stadt macht sich bemerkbar, ihre Schüler verbreiten im ganzen Vizekönigreich guten Geschmack. Viele Kutschen auf einer neuen Promenade mit herrlicher Aussicht auf die Hügel der Umgebung. Am meisten beeindruckt ist man beim Eintritt in die Stadt von dem großen Äquadukt auf über sechzig Fuß hohen wohlkonstruierten Brückenbogen.

Querétaro ist berühmt für seine groben Tuche. Wir haben einige der Manufakturen gesehen. Alles ist technisch höchst unvollkommen, besonders das Appretieren und Färben. Aber was schaudern macht und wünschen läßt, es gäbe diese ganze Industrie nicht, das ist die furchtbare Behandlung der Indios und anderen Farbigen. Es geht in den Fabriken zu wie in Gefängnissen. Ein Pförtner öffnet uns wie ein Kerkermeister die Tür, die sonst immer verschlossen bleibt. Nichts Schmutzigeres, nichts Stinkenderes, nichts Dunkleres, nichts Ungesunderes als diese Arbeitsräume. Große Haufen menschlicher Exkremente mitten auf dem Hof. Die Menschen sämtlich nackt, mager, ausgemergelt. Man hält sie die ganze Woche eingesperrt, man trennt sie von ihren Frauen. Auf ihren Rücken tanzt die Peitsche. Man fragt sich, wie das mit freien Menschen möglich ist. Die Lösung des Rätsels ist, sie sind nicht frei. Die Fabrikherren machen, was man in den Werkstätten Quitos oder auf den Haziendas ganz Spanisch-Amerikas macht, überall, wo es schwierig ist, Arbeitskräfte zu finden: sie schicken ihre Aufseher zu den unglücklichen Armen und lassen diesen anstandslos das Geld zukommen, sich zu betrinken. Schon hat man vom Herrn abhängige Schuldner, Sklaven, die ihre Schuld abarbeiten müssen. Der Herr bezahlt die Arbeit nach Gutdünken oder mit Kleidungsstücken, auf die er sechzig Prozent aufschlägt. Der Unglückliche arbeitet das ganze Jahr und wird seiner Schuld doch niemals ledig. Hinzu kommt, daß man die Indios nicht von den Zuchthäuslern trennt, die die Justiz in den Manufakturen arbeiten läßt; daher die Gefängnisallüren und die Peitsche, die gleichmäßig über alle geschwungen wird. Die Regierung müßte sich unbedingt mit diesen Mißbräuchen befassen! Alle vernünftigen Menschen in Querétaro wünschen es.

Die Zigarrenfabrik von Querétaro: Das Haus ist zu klein, die Säle sind zu warm, aber das Ganze ist sehr sauber. Die Arbeiter sind bekleidet und werden sehr gut bezahlt. Welches Schweigen in den Sälen der Männer, und was für ein Lärm, welches Geschwätz in den Frauensälen! Und welche Häßlichkeit beider Geschlechter!

Salamanca ist eine kleine, recht hübsche Stadt. Wir kehrten von Guanajuato noch mehrmals hierher zurück zum Tanzen.

Hinter Cuevas geht es durch einen tiefen gewundenen Hohlweg ziemlich hohen, von Gestrüpp bewachsenen Bergen entgegen, und man würde wohl bezweifeln, daß Menschen in einer so wilden Landschaft eine Stadt für 35 000 Seelen gebaut haben, sähe man nicht von einem Wegepunkt aus die große Kirche und die Grubengebäude von Valenciana. Bald beginnen zu beiden Seiten der Schlucht die Häuser. Mit jedem Schritt werden es mehr. Planlos an die Felsen gekleistert, ein Durcheinander großer und schöner Gebäude, Silberfabriken, und indianischer Hütten in Form viereckiger Schachteln. Mehrmals muß man durch den kleinen, aber gefährlichen Fluß von Guanajuato, dessen rapides Anschwellen schon so viele Menschenleben gefordert hat. Da ein furchtbares Gewitter mit strömendem Regen über uns kam, zögerten wir lange, uns weiter in der Schlucht vorwärts zu wagen. Man drängte, wir sollten uns im Gegenteil beeilen, um der Flut zuvorzukommen. Tatsächlich ereilte uns das hereinstürzende Wasser, doch es war ungefährlich wenig. Ich habe es drei Wochen später schrecklich gesehen, fähig, ganze Häuser fortzureißen. Herr Otero, einer der Besitzer der Grube Valenciana, verlor vor einigen Jahren zwei Kinder, die mit ihrem Wagen in dem Flüßchen untergingen. Das dritte rettete ein Trunkenbold, der glaubte, seinen Sohn zu erkennen, und sich ins Wasser warf. Fürs Auge ist der Hohlweg abwechslungsreich. Immer wieder unterquert er Aquädukte, die den Haziendas Wasser zuführen, man erblickt vierzig bis fünfzig Fuß hohe Fördertürme, auf denen Maultiere im Kreise spazieren und mit Schöpfrädern und kleinen Ledertöpfen das Flußwasser heben.

Unmerklich hineingekommen nach Guanajuato, findet man ein unaussprechliches Durcheinander von Häusern und Straßen. Die Stadt folgt all den Windungen der Schluchten oder kleinen Täler, die aus den von allen Seiten zusammentreffenden Hohlwegen entstehen. Die Häuser stehen amphitheatralisch auf den Berghängen, aber dieser Anblick ist nur merkwürdig. Die viereckigen Lehmhäuschen sind häßlich, und die Armut und Nacktheit der Bewohner möchte einen zweifeln lassen, in einer Stadt zu sein, die jährlich fünf bis sechs Millionen Pesos hervorbringt!! Und welcher Gegensatz – inmitten dieser baufälligen Hütten stehen Gebäude von der größten Pracht. Etwa der Palast des Herrn Diego Rul mit ionischen Säulen und von elegantester Architektur. Ein Italiener hat ihn für 15 000 Pesos in schreienden Farben ausgemalt.

Der ungleiche Boden stellt vor ungeheure Schwierigkeiten, bei manchen Häusern sind 20 000 Pesos allein für die Ebnung des Baugrunds aufgewendet worden. Von einer Straße zur anderen geht es über Treppen, man tritt vom zweiten Stock direkt hinaus auf die Straße. Herr Riaño, Schwager der liebenswürdigen Komtesse Gálvez und Intendant dieser Provinz, ein tatkräftiger unterrichteter Marineoffizier, hat die Stadt durchgreifend verschönert. Er hat die Hauptstraßen planiert und gepflastert, so daß man nun in der Kutsche rollen kann.

Es gibt eine Stierkampfarena, klein, aber sehr elegant, hübscher als die von Mexiko-Stadt. Der Magistrat steht im Begriff, einen Lehrstuhl für Mathematik einzurichten und mit einem ausgezeichneten Professor zu besetzen, einem Schüler von Fausto d'Elhuyar. Die Einwohner hier können es d'Elhuyar nicht verzeihen, daß er die Berghochschule nicht in ihrer Stadt etabliert hat, und sie haben durchaus recht. Guanajuato ist das Freiberg Neu-Spaniens. Wie will man in Mexiko-Stadt, so weitab von den Gruben, die Geometrie des Bergbaus lehren, die Natur der Erzgänge, die praktischen Arbeiten. Praxis und Theorie müssen Hand in Hand gehen. Hier wären die Professoren den Bergleuten näher, dem Abbau, den Maschinen. Sie würden mehr Vertrauen einflößen, der Haß auf die ferne Hochschule ginge zurück.

Die großen Gruben von Rayas, Mellado und Valenciana stellen Dörfer oder kleine Städte dar, die mit ihren Häuserreihen schon an Guanajuato heranreichen. Valenciana vor allem ist ein beeindruckendes Beispiel dafür, wie die Gruben in kurzer Zeit einen einsamen Platz bevölkern können. Ehe Herr Obregon die Grube zu bearbeiten begann, vor 1768, gab es nicht zwei indianische Laubhütten und bloß Ziegenhirten auf diesem öden Gebirge. Heute ist

Valenciana ein Städtchen von sieben- bis achttausend Einwohnern, hat einen mit allem versehenen Markt, alle Handwerke, Cafés, Billards.

Obregon, nachmals Graf von Valenciana, war ein armer, aber redlicher Mann, der wie aus Spielsucht Bergbau trieb und sich verschuldete. Ein Armenpfleger riet ihm 1760, den Erzgang in Valenciana abzubauen. Obregon kam zu Geld, arbeitete jedoch bis 1766 stets mit Verlust. 1767 tat er sich mit Don Pedro Luciano Otero zusammen, der einen Kramladen in Raynas besaß, und ab 1768 stellte sich angehender, drei Jahre später großer Reichtum ein. Man muß die Standhaftigkeit des alten Grafen bewundern. Er hatte sich selbst ins größte Elend gestürzt, er verkaufte alle Habseligkeiten seiner Frau, er stand bei aller Welt in der Kreide. Er bat Otero, dessen Kramladen nicht mehr zureichte, immerfort, nur noch eine einzige Woche zu warten; er war seiner Sache so gewiß, daß er endlich siegte. Der Reichtum der beiden unmündigen Knaben Oteros hat sich so aufgehäuft, daß gegenwärtig *jeder*, ohne die Grube, 1 300 000 Pesos bares Geld besitzt. Siebzehn und neunzehn Jahre alt, von guter Art, aber tölpisch erzogen, treten sie steinreich in die Welt und haben nie mehr von ihr gesehen als die kahlen Berge von Guanajuato und die mit Agave und Mais bepflanzten Ebenen von Burras und Cuevas, ein vier bis fünf Meilen weites Gebiet.

Kinder als Lasttiere

Alle meine Betrachtungen resultieren aus dem, was ich vom 7. August bis zum 6. September 1803 mit eigenen Augen in Guanajuato gesehen habe. Das ist eine der mühseligsten Epochen meines Lebens gewesen. Ich bin mit dem Barometer auf alle Berge geklettert, in Valenciana dreimal bis auf die Sohle eingefahren, zweimal in Raynas, Mellado, Fraustros, Animas, San Bruno, ich bin in der Grube Villalpando gewesen, zwei Tage in San Rosa und Los Alamos ... In Fraustros bin ich sehr gefährlich gestürzt, ich fiel rücklings und prellte mir das Steißbein und fühlte noch fünfzehn Tage danach die lebhaftesten Schmerzen! Dazu der Trübsinn, den einem die Stadt erzeugt. Ich habe viel an Melancholie gelitten. Welche Monotonie der Gesellschaft!

In Valenciana hat man 1791 begonnen, den *tiro general* abzusinken. Er hat jetzt 220 Ellen Teufe und wird den Gang bei 613 Ellen ersinken. Dieser Hauptschacht ist eines der größten von Menschen unternommenen Werke, nicht der Tiefe, sondern der ungeheuren Weite wegen. Er ist achteckig und hat 32 Ellen Umfang. Man muß sowohl den Mut bewundern, ein so unglaubliches Werk zu beginnen und standhaft fortzusetzen, als auch den Kopf darüber schütteln, daß vorher nicht mehr Rat eingeholt worden ist. Ich habe viele berechtigte Zweifel gegen das Riesenunternehmen. Man hat es begonnen, um die Förderkosten zu vermindern. Aber diese entstehen keineswegs hauptsächlich aus der Entfernung der Erzpunkte von den Schächten, sondern aus der elenden Vorrichtung des Grubenbaus überhaupt. Die Mina Valenciana ist eine Menge Säcke, kurzer Abteufen, die keine Verbindung miteinander haben. Da man über keine Grubenrisse verfügt – denn einzelne alte Geschmiere, in denen zwei bis drei Projektionen durcheinandergehen und die dazu nur kleine Teile der Grube vorstellen, kann man wohl nicht Grubenrisse nennen –, so ist an eine regelmäßige, die kürzesten Wege suchende Grubenvorrichtung nicht zu denken. Man durchläuft das ganze Haus, um von einem Zimmer in das benachbarte zu kommen.

Große Schwierigkeit wird man im Tiro general mit den jetzt allein üblichen Agaveseilen bekommen, die sehr schwer sind. Obregon hat nicht unwitzig gesagt, das Seiltrum werde einst Göpel und Pferde in den Schacht hineinziehen. Wahrscheinlich wird man zu hanfenen Seilen seine Zuflucht nehmen müssen, und ich freue mich, daß man so gezwungen sein wird, Hanf hier anzubauen. Die Ursache so weiter Schächte in Neu-Spanien ist die ungeheure Ergiebigkeit der Gruben, das große Volumen Erz, das in vierundzwanzig Stunden ausgefördert werden soll, deshalb spielen immer mehrere Göpel, vier bis acht in einem Schacht, und, sagt man, wäre der Schacht nicht so weit, so verhedderten sich die Seile. Je tiefer der Schacht ist, desto größer ist die Pendelbewegung und desto weiter muß der Schacht sein. Warum teilt man nicht den Schacht mit Stroßbäumen in vier bis sechs Gemächer ab und steckt die Säcke in mit Rollen versehene Tonnen? Dann brauchte der Tiro general nicht ein Viertel seiner jetzigen Weite zu haben, man ersparte Geld und Zeit, und die Seile könnten sich nicht verwickeln. Ein großes Übel ist auch, daß der Tiro general keineswegs in der Mitte der Erzbaue von Valenciana steht. Man muß, so habe ich schriftlich dargelegt, durch eine Hauptstrecke die ganze Grube aufschließen, einen Huntslauf anlegen, die Erze von oben erzbauen, durch Rollen auf die Hauptstrecke herabstürzen. Schreitet das Abteufen im Tiro general so fort wie jetzt, so gelangt er zwar auf den Gang, doch erst im Jahre 1813 und wahrscheinlich später.

Im September 1803 arbeiteten in der Grube Valenciana 322 *barrenadores*, die bohren und schießen, 900 *tenateros*, Träger, die die Erze auf dem Rücken bis zur Abfertigung fördern, 100 bis 125 *faeneros*, die die Erze vom Ort weg den Tenateros zutragen, 40 bis 42 *quebradores*, die die Erze in der Grube von den Bergen scheiden, 20 Häuer, 14 *guardarayas*, die sich um das Werkzeug kümmern.

Ein Tenatero trägt gewöhnlich gute zwei Zentner. Diese Last ist die Regel und wird, für jede Reise vom Ort bis zu Abfertigung, mit einem Real bezahlt, egal, wie weit entfernt das Ort liegt. Der Tenatero macht in einer Schicht neun bis zehn Reisen. Aus Geiz tragen die Tenateros bis zu mehr als drei Zentner und ersteigen damit über 1800 Stufen. Alles Indios oder Mestizen. Ich weiß nicht, ob diese Tenateros oder die Ruderknechte im Río Magdalena mehr arbeiten, beide in einer Atmosphäre von fast 34 Grad, und hier noch dazu sauerstoffärmer! Wie die menschliche Maschine sich zu allem gewöhnt! Ein wundersamer Anblick, in den Treppenschächten von Valenciana Herden von vierzig bis sechzig solcher Tenateros zu begegnen, groß und klein, alle beladen, Knaben von zehn Jahren mit einem Dreiviertelzentner oder einem ganzen, sich vordrängelnd, um auf mehr Reisen zu kommen, kriechend, seufzend, klagend, lustig schimpfend, alles abwechselnd, bis auf die Hosen ganz nackt, fürchterlich schwitzend, meist auf einen Stock, kaum zehn Zoll lang, gelehnt und auf den Treppen so vorgebeugt, daß sie auf allen vieren zu gehen scheinen. Unglückliche Abkömmlinge eines Geschlechts, das man seines Eigentums beraubte. Wo hat man Beispiele, daß eine ganze, ganze Nation alles Eigentum verlor?

Die Tenateros fahren in Guanajuato gewöhnlich nur drei Tage in der Woche an, die übrige Zeit betreiben sie leichtere Arbeit über Tage. Wie könnten sie sonst es aushalten. Deshalb sterben mehr Barrenadores, die täglich anfahren, als Tenateros, obgleich die letzteren wahre Lasttiere sind. Sie tragen das Gestein in *costales*, Säcken aus Agavefaser, und um sich nicht den Rücken zu häuten, legen sie eine wollene Decke, *frisado*, unter. Man unterscheidet die neuen, unverständigen Tenateros leicht von den alten, weil letztere die Treppe nie in gerader Linie heraufsteigen, sondern im Zickzack, um, wie sie sagen, den hereinziehenden Luftstrom besser zu durchschneiden. Ein starker Tenatero bleibt sechs Stunden lang mit zweidreiviertel bis reichlich drei Zentnern beladen und legt in einer Schicht auf- und abwärts an 32 000 Stufen zurück! Und da spricht man täglich von der Energie der weißen Rasse und beschuldigt die indianische der Schwäche! Die Indios machen belastet acht bis zehn Reisen, und wir, wir kriechen, wenn wir unbelastet und wohlgenährt ein einziges Mal aus dem Tiefsten von Valenciana heraussteigen. Ich bin mir selbst recht elend vorgekommen. Ich war im Kühschacht in Freiberg, der tiefer ist, nie so ermüdet wie beim Herauf- oder Hinabsteigen in Valenciana; wahrscheinlich weil der Kühschacht seiger ist und alle Muskeln gleich angespannt werden; in Valenciana ruht die ganze Körperlast auf den Knien und Schenkeln, und man fühlt Knieschmerzen bis drei, vier Tage nachher.

Alle Welt ist hier so verweichlicht, daß nicht bloß Fremde, die die Grube besuchen, sondern auch alle Grubenbeamten sich der *caballos* bedienen.

Pferde, so nennt man einige Menschen von großer Muskelkraft, neunzehn bis fünfundzwanzig Jahre alt, die zu nichts anderem bestimmt sind, als andere auf dem Rücken in der Grube umherzutragen. Sie haben auf den Rücken ein mit Leder überzogenes rotes Kissen geschnallt, darauf legt sich der Getragene ganz ausgestreckt, mit dem Gesicht gegen den Hinterkopf des Caballo gekehrt. Ein breites Band um Hintern und Schenkel befestigt den Getragenen. Je mehr er sich vorwärts legt und streckt, desto bequemer ist es für das Pferd. Die Grube bezahlt jedem Untersteiger zwei Caballos; will er sich ihrer nicht bedienen, so kann er für jeden sieben Pesos wöchentlich einbehalten. Ich entschuldige, daß ein Grubenbeamter, der schon über fünfundvierzig oder fünfzig Jahre alt ist, die Caballos benutzt, aber es ist ein widerlicher Anblick, junge neunzehn-, zwanzigjährige Untersteiger in der Grube auf Menschen herumreiten zu sehen. Ich habe es nie über mich gewinnen können, mich tragen zu lassen, von den Cargueros im Quindío so wenig als hier, obgleich (eine Art Luxus) die zwei Caballos dem Fremden stets zur Seite gehen und ihn in der Hoffnung auf bessere Bezahlung zum Aufsteigen und Reiten ermuntern. Dazu die stinkende Ausdünstung des schwitzenden Bergmanns, die Nähe des Körpers und sein klagendes Stöhnen, die widrige Empfindung eines so großen Abstandes der physischen Kräfte, daß der eine Mensch einen anderen heraufzutragen fähig ist, während der andere nicht einmal seine eigene Last zu überwinden vermag. Beim Einfahren ist der Ritt gefährlich genug.

Eine sehr hübsche Einrichtung, die uns in Europa fehlt, sind Schmiedeessen in der Grube. Valenciana hat deren sechzehn. Kleine Reparaturen am Gezähe werden augenblicklich gemacht, das spart Zeit und Kosten. Die kleinste Grube in Guanajuato hat ihre Esse.

Die Abfertigung liegt nahe am Füllort eines jeden Schachtes, eine sehr schöne Einrichtung mit ausgezeichneter Rechnungslegung. Man weiß genau, wieviel Erze die Grube verlassen. Zu beiden Seiten eines Stollens ist je eine Kammer in den Felsen geschlagen, in jeder sitzt ein Rechnungsführer am Tisch wie in einem Kontor. In ihre Bücher sind die Namen aller Tenateros eingetragen. Im Stollen selbst sind zwei Waagschalen *(romanas)* aufgehängt, bei denen zwei Personen stehen, die das Gewicht prüfen. Die Rechnungsführer heben das Gewicht auf dem Rücken des Tenateros mit der Hand sehr flüchtig an und sagen: «Zwölf Arrobas», oder: «dreizehneinhalb». Glaubt der Tenatero, der sein Gewicht während des ganzen Weges erfahren hat, er habe weniger, als ihm veranschlagt wird, so schweigt er zum Zeichen, man möge das geschätzte Gewicht notieren; glaubt er mehr zu haben, geht er zur Waage und läßt prüfen. Es ist unvorstellbar, mit welcher Genauigkeit die Rechnungsführer veranschlagen. Gewöhnlich irren sie sich nicht um zwölf Pfund, und es geht dabei mit größter Ehrlichkeit zu. Ich habe niemals Mißtrauen von seiten des Tenateros beobachtet, weder gegen das Buch noch gegen die Waage.

Trotz dieser Buchführung, trotz der unanständigen Visite, die man bei den Bergarbeitern vornimmt, wenn sie die Grube verlassen, indem man ihnen mit den Händen unters Geschlecht fährt, in den Hintern, zwischen die Schenkel, wird viel gestohlen und das auf die komischste Art und Weise. Das Edelmetall wird zwischen den Haaren verborgen, es wird in Lehmwürste geknetet, *longanas*, die man ins Arschloch schiebt. In Valenciana hat man Longanas von fünf bis sechs Zoll Länge und zwei bis drei Zoll Dicke aufbewahrt, die im Hintern unterzubringen einem unmöglich erscheint. *Auri sacra fames*. Von 1774 bis 1787 machten sich gestohlene und in den Hintern, Haaren und Mündern der Bergarbeiter gefundene Metalle mit 180 000 Pesos bezahlt.

Die an zwölfhundert bis fünfzehnhundert Menschen, die außerhalb der Grube und rings um sie arbeiten, bieten das lebendigste und fesselndste Spektakel der Welt. Hunderte Frauen, und alle vom ungezwungensten Benehmen, klauben und scheiden die Erze. Sie haben ihre *capitana*, und wenn sie nicht durch Charme glänzen, so fesseln sie wenigstens durch ihren Chorgesang, den sie mit dem Taktschlag ihrer Hämmer begleiten. Zwischen ihnen klauben auch ganz kleine Kinder. Und welche Haldenstürze, die europäischen erscheinen einem wie Insektenstiche im Vergleich mit diesen Kordilleren! Das sind einhundertzwanzig Meter hohe Berge, und die Baracken an den Abhängen, darunter die Frauen und Kinder das Erz ausklauben, sehen aus wie Dörfer.

Obgleich der Grubenbau in Valenciana der ungeschickten Förderung wegen sehr zu tadeln ist, kann man auf der anderen Seite nicht leugnen, daß es sich bezüglich der Mauerung um die prächtigste Grube der Welt handelt. Alle Schächte sind Treppen, wie in einem Palast, zwanzig bis dreißig Fuß breit mit sehr bequemen Stufen. Die Beschreibung dieser Pracht zieht oft die Neugierde der Fremden auf Valenciana, und seit dieses Jahr der Vizekönig selbst hierherkam, ist der Verkehr auf dem Weg von Mexiko-Stadt nach Guanajuato noch lebhafter geworden. Fremde, die nicht vom Metier sind, täuschen sich in ihrer Erwartung. Die Treppen erscheinen ihnen wie Kellereingänge, eine ist wie die andere, und Erz ist wenig sichtbar. Sie sehen mehr Kot als Erz, denn in der ganzen Grube herrscht eine schändliche Scheißerei. Man läßt die Fremden glauben, die Treppen bestünden aus reinem Edelmetall und seien Millionen wert, weil hier und da in den Bogen etwas Erz hervorblinkt. Herr Iturrigaray war der erste Vizekönig, der so weit reiste; man zog ihn mit Menschenhänden zur Stadt herein und heraus! In Valenciana stieg er eigenen Fußes bis zur Abfertigung, in Rayas bis ins Tiefste hinab. In Valenciana ließ man in der Grube indianische Mädchen vor ihm tanzen.

Los truenos subterraneos 1784. Auszug aus dem Protokoll, das der Magistrat über diesen unterirdischen Donner angefertigt hat und worin man auf sechzig Seiten nichts findet als angeordnete Prozessionen und nicht eine physikalische Beobachtung, nicht einmal, bis wohin man das erschreckende Phänomen wahrgenommen hat! Man gab den Maultieren der Haziendas nichts mehr zu fressen. Die Leute aus den Ebenen brachten keine Lebensmittel mehr in die Stadt. Es gab nur noch Hunger, Elend und Diebstahl. Am 14. Januar 1784 erließ der Magistrat das grausame Gesetz, es dürfe niemand die Stadt verlassen bei Strafe von eintausend Pesos für die Reichen und zwei Monaten Gefängnis für die Armen. Man stellte eine Miliz auf, um die Flucht und den Diebstahl zu verhindern. All das tat wenig Wirkung. Man besaß die Kühnheit, in einer öffentlichen Bekanntmachung zu sagen, es sei nichts zu fürchten, weil der Magistrat in seiner Weisheit ankündigen werde, wann es Zeit sei zu fliehen. Man forderte Lebensmittelhilfe in Villa de León, Salamanca, Querétaro an. Aber statt Mais zu geben, verordneten die Magistrate dieser Städte öffentliche Gebete und Prozessionen.

Zweiundzwanzigstes Kapitel

Das Wunder von Jorullo

Am 10. September reisten wir von Guanajuato ab. Als der Kutscher zum Haus des Grafen Pérez Gálvez heruntergefahren kam, wäre er beinahe tödlich verunglückt.

Mit Vergnügen sahen wir auf dieser Reise von Guanajuato nach Jorullo, wie unglaublich schnell der Mais sich gekräftigt hatte und nun eine gute Ernte versprach. Der Regen, der eigentlich im Juli beginnen und bis Anfang November dauern soll, hatte dieses Jahr erst nach Anfang September eingesetzt. Man hatte die ganze Ernte schon verloren gegeben, denn ungeachtet der vielen Getreide, die in Mexiko angebaut werden, bleibt der Mais doch immer die Hauptnahrung der Bevölkerung. Fällt die Maisernte schlecht aus, sei es durch Wassermangel oder die Herbstfröste, gerät das spanische Amerika ins tiefste Elend. Dann gibt es keine Eier, weder Hühner noch Truthähne, die Pferde haben nichts zu fressen, alle Lebensmittel steigen exorbitant im Preis, vor allem in den Gruben, wo die Maultiere – in Guanajuato 14 000 – eine Unmenge Mais verbrauchen. Wenn er über zwei Pesos den Zentner steigt, leidet das einfache Volk Hunger, es versucht dann, sich von Kaktusfeigen zu ernähren, von grünen Früchten, Wurzeln. Dem Hunger folgen deshalb immer die Seuchen. Ist die Ernte gut, macht der Bauer mit dem Mais schlagender sein Glück als mit Weizen. Am See von Yuriria frühstückten wir bei einem Bauern, der im Begriff stand, sich mit einer sehr sauberen, sehr fleißigen Frau zu verheiraten. Alle Möbel ihrer Hütte waren nicht fünf Pesos wert, indessen rechnete uns der Mann vor, er werde sich binnen weniger Monate im Besitz von mehr als dreihundert Pesos sehen. Er hatte zwei Zentner Mais auf seinem Acker gesät, den er zusammen mit einem Peón bestellt, und zählte darauf, wenigstens vierhundert zu ernten!

Aber trotz solcher enormen Gewinne vermehrt sich der Wohlstand dieser niederen Familien nur wenig. Die Spanier in den Tropen, besonders die kleinen Leute – denn der Geiz ist nur in den ersten Kreisen zu Hause, die zugleich die verdorbensten sind –, die kleinen Leute opfern alles dem Genuß des Augenblicks. Sie geben in einem Lidschlag aus, was sie die Arbeit und den Schweiß ganzer Monate gekostet hat. Der christliche Indio – denn der frei lebende des mittäglichen Amerikas ist sehr mäßig – opfert alles dem Trunk, sei es Pulque oder Zuckerrohrschnaps; im Besitz von fünfzig Pesos kommt ihm nicht der Gedanke, sich oder seine Kinder besser zu kleiden, ein Bett zu kaufen. Die anderen Farbigen und die Weißen niederen Standes opfern alles der Spielleidenschaft und dem Luxus, sich in Velourhosen, in Musselin zu kleiden. Wenn schon die Spanier in Europa nicht zu kennen scheinen, was man sich des Lebens freuen, nach seinem Wohlgefallen leben nennt, wie soll man sich dann wundern, daß ihre Abkömmlinge nicht gelernt haben, unter einem Himmel zu leben, dessen Großzügigkeit es anscheinend verbietet, sich um den nächsten Tag zu bekümmern. Wann wird die Regierung ernsthafte Maßnahmen für Magazine ergreifen, wie sie die alten Peruaner zur Armenunterstützung kannten? Die jetzigen Kornspeicher in den Städten sind zwecklos, die Magistrate lagern zuwenig ein und betrügen zuviel. In den großen Gruben, zum Beispiel in Guanajuato, wären Maismagazine überaus nützlich. Der Mais hält sich sehr gut vier, fünf, sechs Jahre, vor allem, wenn man ihn auf dem Stengel läßt, bis er etwas Frost abbekommen hat. Der Weizen fault leichter. Aber wie ist an wohltätige Einrichtungen in den Gruben zu denken, wenn die Unternehmer sich so wenig mit der Zukunft und mit ihrem eigenen Interesse beschäftigen, daß sie niemals auch nur etwas Stahl oder Eisen in Vorrat halten, nicht einmal nach ihren grausamen Erfahrungen im letzten Krieg, als der Preis für einen Zentner Stahl auf vierhundert Pesos stieg.

Von Aguasarco geht es steil wie über eine Mauer in die *playas* oder Ebenen von Jorullo hinab. Dieser ganze heiße Landstrich, noch wenig bewohnt und bebaut, ist sehr feucht und fiebrig. In der kleinen indianischen Hütte, die wir in den Playas bewohnten, lagen ein Greis und drei kleine Kinder, eins noch ein Säugling, mit dem Dreitagefieber. Sie duldeten völlig nackt auf einer Tierhaut, ohne Medizin, obgleich die Zitrone hier so verbreitet ist. Wir lehrten sie, den Besenginster anzuwenden, der rings um ihre Hütte wächst, und dessen fieberlindernde Kräfte sie nicht kannten.

Die Playas von Jorullo sind berühmt geworden durch eines der schauerlichsten Phänomene der Naturgeschichte. Am 29. September 1759 brach aus der Erde ein Kegel hervor und türmte sich fast 520 Meter über die Fläche auf, aus der er hervorging. Vor dem unseligen Tag gab es dort eine schöne Zuckerrohr- und Indigopflanzung unter dem Namen San Pedro Jorullo. Ihr

Besitzer Don Andrés Pimentel lebte in Mexiko-Stadt und ahnte nicht, daß sich über Nacht auf seiner Hazienda ein Berg formen würde.

Nach Meinung der Eingeborenen ist der ganze Vulkan, ist diese ganze große physikalische Revolution das Werk der Mönche, und offenbar ist es das größte, was sie je in beiden Hemisphären vollbracht haben! In der Hütte, die wir auf den Playas bewohnten, erzählte unser alter indianischer Wirt, daß 1759 einige Kapuziner, die sich auf Missionsreise befanden, im Wohnhaus der Hazienda San Pedro predigten und, weil sie übel aufgenommen wurden (vielleicht nicht so gut zu essen bekamen wie erwartet), sehr vertrackte Verwünschungen ausstießen und prophezeiten, das ganze Wohnhaus werde von aus der Erde brechenden Flammen verschlungen werden und später, in einer anderen Epoche, werde die Luft dermaßen erkalten, daß die benachbarten Berge sich mit ewigem Schnee und Eis bedecken. Man möchte gern bezweifeln, daß Geistliche, die eine Religion predigen, deren erstes Gebot die Nächstenliebe ist, so grausamer Verwünschungen fähig gewesen sein sollen. Über die Leichtgläubigkeit des Volkes, das jeden Augenblick die ewigen Naturgesetze aufgehoben sieht, braucht man sich nicht zu wundern. Wundern muß man sich über den Fleiß der religiösen Kaste, aus allem Vorteil zu ziehen – wie Kolumbus aus der Mondfinsternis –, was ihr Reich auf die Furcht zu gründen hilft. Die armen Bewohner dieser Ebene, die Indigobauern, sind so überzeugt von der mystischen Ursache des Vulkans, daß sie nicht zweifeln, es werde sich auch der zweite Teil der Prophezeiung, der ewige Winter, erfüllen. Ein sicheres Vorzeichen sehen sie in der fortschreitenden Abkühlung des Vulkans. Verwünschungen dieser Art erfüllen sich übrigens nur, wenn es ein Weltlicher ist, der einen Mönch beleidigt; ist der Aggressor von gleicher Couleur, scheint es nicht so schlimm zu kommen. In der Nähe von Quito überfiel ein alter deutscher Jesuit einen Dominikaner, schleppte ihn zu seiner Behausung, fesselte ihn an einen Pfahl und verabreichte ihm an die sechzig Stockschläge; trotz aller Verwünschungen des Dominikaners hatte das Liebeswerk keine schlimmeren Folgen als die Flucht des Jesuiten.

Wie der Jorullo wirklich entstand

Schon seit dem Juni 1759 war schreckliches unterirdisches Getöse zu hören, ständig von Erdstößen begleitet. Das ging so ununterbrochen fünfzig bis sechzig Tage lang fort und bestürzte alle Welt. Anfang September hörte es auf. Am 28. September, zur Vesperstunde vor Sankt Michael, schweiften ein paar Leute der Hazienda umher, um Guavenbirnen zu sammeln, deren es viele gab, wo jetzt der Vulkan steht. Es befremdete sie, als ihre Hüte sich auf dem Rückweg mit Asche bedeckten. Aber diese Asche schien friedlich aus irgendwelchen Spalten aufgestiegen zu sein. In der Nacht setzte das unterirdische Brüllen gewaltig wieder ein, und die Asche lag nun schon einen Fuß hoch über dem Boden. Da flohen sie alle, und sie waren kaum bis auf die Höhen von Aguasarco gekommen, als hinter ihnen, auf mehr als einer Quadratmeile, die Flammen aus der Erde schlugen. Riesige weißglühende Gesteinsbrocken wurden vier- bis sechshundert Meter hoch in die Luft geschleudert, der Ascheregen schuf tiefe, von den vulkanischen Feuern erleuchtete Nacht; das unterirdische Tosen glich der gleichzeitigen Entladung von fünftausend Stück Artillerie, Himmel und Erde schienen sich zu vereinen. Man sah von weitem die Erde sich *aufblähen*, sich erheben wie das wogende Meer und aus einer Unzahl kleiner Kegel von zwei bis drei Metern Höhe, die die Indios *hornos* oder *hornitos* nennen – Ofen, Öfchen –, Feuer und Lava speien. Im Zuckerrohrfeld nahe dem Wohnhaus der Hazienda stieg ein ungeheures Vorgebirge auf, sechs Erdhaufen zwischen etwa sechzehnhundert bis zweitausend Fuß hoch. Der höchste ist der Vulkan Jorullo. Er steht unaufhörlich in Flammen.

Es wäre sehr wertvoll zu wissen, bis zu welcher Höhe sich dieser neue Berg bei der ersten Explosion auftürmte. Wahrscheinlich wuchs er von Tag zu Tag durch die Materie, die der Krater ausspuckte; ich nehme sogar an, daß im ersten Augenblick die Mündung in der Grundfläche selbst lag und sich erst dann ein Trichter bildete, dessen Ränder durch die Asche- und Lavamengen allmählich emporwuchsen. Unglücklicherweise ist nicht eine einzige Tatsache in Erfahrung zu bringen, die detaillierter wäre als die von mir hier wiedergegebenen, die in Pátzcuaro, Ario, Tancítaro und vor allem hier in den Playas jedermann im Munde führt. Gerade hier lebt nicht eine Seele, die dabeigewesen ist, die meisten dieser Indigobauern sind hier noch keine acht, zehn Jahre zu Hause. Nirgendwo lebt der Mensch unsteter als im spanischen Amerika.

Es ist ein Wunder, daß in der furchtbaren Katastrophe keine Seele umkam, alles floh rechtzeitig. Nur einen unglücklichen stummen Sklaven vergaß man auf der Hazienda. Aber man erinnerte sich seiner noch rechtzeitig wieder, ein Indio war so mutig, ihn zu suchen. Der Sklave hatte inzwischen gemacht, was Priamos in der letzten Nacht von Troja machte und was alle von Unglück gebeugten Menschen tun. Er hatte sich seiner Schutzgöttin anbefohlen. Der Indio fand ihn zu Füßen des Bildes Unserer Lieben Frau von Guadalupe sitzend, eine brennende Kerze in der Hand. Aus mehreren Mäulern züngelten schon die Flammen, aber der Stumme und sein Retter kamen noch davon.

Die neuen Vulkane blieben bis Mitte Februar 1760 fortgesetzt in Eruption.

Die ganze Zeit ließ das Brüllen die Bewohner der Umgebung erzittern. Auch aus den entferntesten Dörfern wie Ario zog man sich zurück. Allmählich jedoch gewöhnten sich die Leute an das Spektakel und kehrten zurück, die Zahl der Ausbrüche ließ nach, aus den kleinen Mündungen stieg nur mehr Rauch, und die Erdstöße, die zuerst in Zehnminutenabständen erfolgt waren, machten sich nur noch alle drei Tage bemerkbar. Die heißen Lufttemperaturen, noch gesteigert durch die ausgeschleuderten weißglühenden Massen, und die Hitze in den kleinen Kegeln (Blasen) verminderte sich von Jahr zu Jahr, und die Playas wurden wieder bewohnbar. Jetzt beginnen der malträtierte Landstrich und der Vulkan sich mit Pflanzen zu bedecken.

Die Zyklopenschmiede

Wir waren am Nachmittag des 18. September auf den Playas angekommen. Jedermann weigerte sich, uns zum Schlund des Jorullo zu begleiten. Man redete uns von einem glühenden Wind, der einem das Gesicht verbrennen würde. Endlich spürten wir Don Ramón Espelde auf, einen unerschrockenen Basken, Besitzer einer kleinen Indigofabrik, der höflich anbot, uns zu begleiten, obwohl er auch ein wenig zweifelte, daß wir bis zum Kraterrand selbst gelangen könnten.

Am 19. September stiegen wir mit Sonnenaufgang zu Pferde. Wir untersuchten zuerst die Hornitos. Der Rauch, der im allgemeinen etwas unterhalb ihrer Spitze austritt, rechtfertigt noch immer vorzüglich ihre Bezeichnung als Öfen. Es gibt Tausende davon rings um den Vulkan, von weitem sieht es aus wie eine Versammlung von Wohnhütten. Manche sinken ein, wenn ein Maultier daraufspringt, sie sind weniger haltbar als die Termitenkegel von Neiva. Unerachtet nach dem Zeugnis der Indios die Hitze dieser Öfen seit fünfzehn Jahren beträchtlich abgenommen hat, sah ich das Thermometer, wenn ich es in Risse senkte, aus denen Wasserdünste stiegen, auf fünfundneunzig Grad klettern. In einem Riß am Fuße des Vulkans versengte ich mir die Hand. Herr Espelde führte uns zu einem Hornito, in dessen Inneren wir ein erschreckendes Brausen hörten wie von siedendem Wasser. Wahrscheinlich ist es Wasser von den Flüßchen San Pedro und Cuitimba, die vor der Katastrophe östlich des jetzigen Vulkans aus kalten Quellen entsprangen und die Felder der Hazienda befruchteten, seither aber in den unterirdischen Gewölben des Vulkans laufen und weit im Westen als heiße Quellen wieder austreten. Auch vieles andere spricht für ungeheure Aushöhlungen rings um den Vulkan. Das Geräusch der Pferdehufe zwischen den Öfen beweist, wie dünn die Gewölbe kruste aus verhärtetem Lehm ist; es ist ziemlich gefährlich, sich auf diesem Boden zu bewegen.

Zufriedengestellt von unseren Untersuchungen, begannen wir einhalb nach sieben Uhr den Aufstieg. Der Vulkan bietet den schwärzesten, scheußlichsten, traurigsten Anblick. Das Gefälle dürfte da, wo wir hinaufkletterten, sechzig Grad steil sein, in manchen Partien siebzig bis achtzig. Man kommt nur empor, indem man Schwung holt und den ganzen Körper auf einmal hochwirft und indem man Stufen in die Asche tritt. Man fällt alle naselang auf den Bauch und verliert vier Meter, nachdem man kaum den zehnten Teil davon gewonnen hat. Häufig gibt man abgleitend wieder preis, wofür man eine Viertelstunde gebraucht hat. Man glaubt sich bei diesen Stürzen verloren und klammert sich bei den Rutschpartien unwillkürlich an den ersten besten großen Felsbrocken in der Asche, der einen freilich nur noch mehr in Gefahr bringt, weil er sich sofort in Bewegung setzt und andere Steine mit sich reißt. Man bekommt keine Luft mehr, das Gesicht ist völlig staubverkrustet, von den Händen ist die Haut geschunden, und alles das bei einer Temperatur von siebenundzwanzigeinhalb Grad.

Wir waren zu fünft und stiegen im Zickzack; es ist unglücklich, sich einer unter dem anderen zu befinden, man riskiert, unter den Stein- und Erdmassen begraben zu werden, die über einem ins Rollen gebracht werden. Endlich, nach tausend Ängsten um das Barometer – und unter dem Lachen der zuerst Angekommenen über die traurige Figur, die die Nachfolgenden, auf dem Bauche klimmend, abgaben –, endlich erreichten wir den Gipfel. Vor uns erblickten wir den Krater und links davon einen tiefen Spalt, aus dem eine ungeheure Menge schwefelgelben Rauchs quoll, begleitet von unterirdischem Gebrüll. Wir erkannten den südlichen Kraterrand als die höchste Erhebung. Dahin mußten wir mit dem Barometer kommen. Der Weg ist nicht gemacht für Leute, die nicht schwindelfrei sind. Das ist ein Grat von zwanzig, oft kaum sechzehn Zoll Breite, auf der einen Seite der Steilhang des Kegels, auf der anderen der weniger steile, aber wegen des brennenden Schwefels gefährlichere Abfall in den Vulkan. Man darf wählen, nach welcher Seite abzustürzen man vorzieht. Man muß über mehrere, sieben bis neun Zoll breite Spalten springen, um die herum sich die Schwefelkruste unter den Schritten zu senken scheint. Wer hier verunglückt und bis zum halben Leibe durchbricht, verbrennt sich die Beine bis zum Rücken, ehe er sie wieder herausgezogen hat. Wir wollten Luftproben sammeln, aber der Indio hatte irgendwo die Flasche liegenlassen und mußte sich auf die Suche begeben. Das dauerte lange bei der schwierigen Kletterei an diesem steilen Kegel, und so ermutigten wir uns, in der Wartezeit das Innere des Kraters zu prüfen.

Er präsentiert mehrere senkrechte Mauern, die äußeren höher als die inneren, ein Amphitheater aus verbranntem Basalt im Zustand des Zerfalls und mit Schwefel überzogen. Der ganze Vulkan ist eine ungeheure Schwefelgrube. Die Mischung von gelb und schwarz gibt ihm ein häßliches Aussehen. Man stellt sich die Krater allgemein als Gruben vor, auf deren Grund man ein Schmiedefeuer und acherontische Seen sieht. Aber der Krater des Pic de Teide, in den wir ein Stück hineingestiegen waren, dieser Krater hier und der des Vesuv – von bedeutenden Franzosen gesehen, die sich, mehr beschäftigt mit ihrer eigenen wichtigen Person als mit dem Krater, an Ort und Stelle malen ließen – widersprechen diesem Spiel der Phantasie. Es sind Trichter, deren Zentrum bei den zuletzt erfolgten Eruptionen verschüttet worden ist, und in denen die Flammen nur aus einer Unmenge von Spalten züngeln, die das Innere durchziehen. Die große Gefahr im Jorullo ist das Springen über diese Spalten gewesen und das Gehen bald auf Schwefelkrusten, bald auf vulkanischen Trümmern, die gewölbeartig aufeinandergetürmt und bereit sind, jederzeit einzustürzen. Man mußte bei jedem Schritt mißtrauisch sein. Aber die Majestät der Umgebung und die Befriedigung, sich im Inneren dieser Zyklopenschmiede zu befinden, ließen uns jeden Gedanken an Gefahr vergessen. Einer feuerte den anderen an, einzig Herr Espelde, der nichts schön fand, sprach von Gefahr und fragte unaufhörlich, wann wir endlich gedächten, den Einstieg zu beenden. Je tiefer wir dem Grund zu gelangten, desto häufiger wurden die Spalten. Man mußte hinüber, die Örtlichkeit ließ selten zu, sie zu umgehen. Unsere Gesichter waren ganz verbrannt.

Nicht mehr als fünfzig Meter, schien es, fehlten uns noch bis zum Grund. Aber die Basalttrümmer waren jetzt so zerfallen, die Kruste senkte sich dermaßen unter unseren Tritten, daß wir uns gezwungen sahen, einzuhalten. Auch verspürte so nahe dem Grund keiner von uns Lust zum Verweilen. Und überdies bemerkten wir, daß die Lavamasse, auf der wir standen, unterminiert war und einen luftigen Balkon bildete. Der kleinste Erdstoß – und über dem Krater des Pichincha hatten wir zwanzig in dreißig Minuten gezählt – konnte unser Unglück sein. Wir beeilten uns bei den Messungen und sammelten Luft, für mich das interessanteste Experiment, dessentwegen ich vor allem gewünscht hatte, in den Krater einzudringen.

Dann stiegen wir aus und rutschten vom Kraterrand auf dem Hintern den Kegel hinunter und zerrissen uns die Hosenböden. Herr Espelde verfertigte sich einfallsreich aus Baumzweigen eine Art Besen und schlitterte dieserart hinab. Im Schatten einer Mimose frühstückten wir am Fuße des Vulkans und waren sehr zufrieden mit uns und der glücklichen Expedition. Herr Espelde

Die Naturbrücken von Pandi

Der See von Guatavita

Briefbeförderung in der Provinz Jaen

Der Vulkan Jorullo

Der Höhenzug Silla bei Caracas

Der Fels Inti-guaicu mit dem Antlitz der Sonne nahe der Inkafestung Cañar

Andenpaß im Quindíomassiv

Basaltfelsen mit Wasserfall bei Regla in Mexiko

schwor, nie wieder in den Krater zu steigen. Wir durchstreiften zu Pferde den ganzen verbrannten Landstrich und verirrten uns dabei noch zwischen den Hornos.

Wallfahrt nach Toluca

Das Tal von Toluca gehört zu den schönsten und, trotz seiner Kälte, fruchtbarsten des ganzen Vizekönigreichs Neu-Spanien. Es bringt auf ungefähr sechsunddreißig Quadratmeilen über 666 000 Zentner Mais hervor.

Außer daß der Vulkan Toluca uns reizte, hatten wir ein besonderes botanisches Interesse an der Stadt Toluca. Dort existiert das einzige in ganz Neu-Spanien übriggebliebene Individuum des seiner Blumenkrone wegen so merkwürdigen Händebaums, des *arbol de las manitas*. So wallfahrteten wir denn, um diese botanische Rarität zu sehen, nach Toluca.

Der Baum ist fünfundvierzig Fuß hoch. Sein Stamm ist zur Hälfte hohl, vermodert, und verrät ein Höchstalter von vielleicht fünf- bis sechshundert Jahren; er ist, wie die Bäume von Chapultepec, Zeuge der größten Revolutionen dieses Landes gewesen. Bonpland maß unmittelbar an der Erde achtundzwanzig Fuß Umfang und fünf Fuß darüber noch zweiundzwanzig. Trotz des hohen Alters und des hohlen Stammes trägt der Baum noch alle Jahre gegen Weihnachten Blüten, mit denen man die Kirchen schmückt. Wie ja auch der Patriarch der Pflanzen, der Drachenbaum von Orotava auf Teneriffa, noch alljährlich blüht. Man ist in Toluca so wenig darum besorgt, den Händebaum fortzupflanzen und die Spezies zu erhalten, daß viele Leute, die wir hier sprachen, leugneten, er habe jemals Früchte getragen. Im südlichen Frankreich, in Granada und Neapel würde er im Freien gut gedeihen. Manchmal, wenn das Thermometer auf einige Minusgrade fällt, wie es hier in Toluca häufig der Fall ist, verliert er einen Teil des Laubs. Die zerstoßenen Staubblattstiele werden hier als Arznei gegen die Hämorrhoiden getrunken!

Am 29. September galt unser ganzes Tagewerk dem Schneegebirge von Toluca.

Mit dem Morgengrauen brachen wir zu Pferde von der Stadt Toluca auf. Der Weg führt zuerst durch eine schöne, mit Agave und Mais bestellte Ebene. Unsere Indios ließen uns häufig warten, wenn sie bei ihren Verwandten (alle heißen Verwandte) eintraten, um Pulque zu trinken. Um uns damit zu versöhnen, versicherten sie stets, bis drei Uhr nachmittags würden wir bestimmt zurück sein. Aber kaum waren sie anderthalb Stunden marschiert, beklagten sie sich über Müdigkeit und kündigten an, wir würden weder heute noch morgen zurück sein, sondern umkommen in der Kälte des Gebirges. Das ist indianische Wesensart, und es reist sich damit nicht eben angenehm.

Nach zwei Wegestunden erreichten wir endlich die Talgrenze und traten auf 2800 Meter in dichten Eichen- und Erlenwald ein. Im Winter hält sich der Schnee oft bis herab zu diesem Wald. Ab hier folgten wir einem Flußlauf mit durchsichtigem und köstlichem Wasser bis zu einem tief eingeschnittenen Hochtal, der sogenannten *Pforte des Vulkans*. Dort frühstückten wir.

Weiter hinauf verschwinden die Eichen und Erlen, es wachsen nur noch Nadelbäume. Es ist sehr überraschend, unter dieser Breite herrliche Tannen von drei- bis dreieinhalb Fuß Stammdurchmesser auf der Höhe des Pic de Teide zu finden und zu sehen, daß die Schneegrenze fällt und die Baumgrenze steigt. Als wir aus dem Tannenwald herauskamen – wir gingen schon länger als zwei Stunden zu Fuß, so steil war der Weg –, hüllte dicker Nebel uns ein. Wenn der wütende Wind die Schwaden zerteilte, zeigten sich uns abwechselnd die steinernen Scheitel, die wir übersteigen mußten. Die Felsen sind völlig nackt und an ihren Nordostseiten mit Porphyrsand bedeckt. Von weitem erinnert der Vulkan Toluca an den Pichincha; er ist ein langer hügeliger Bergrücken auf ungeheurer Basis und an ihr gemessen von geringer Höhe. Sein Gipfel ist, wie jener des Pichincha, zerfetzt worden; alles kündet davon, die Menge der vom Zahn der Zeit zernagten Zacken, die Kratersenke in der Mitte.

Bei den letzten Tannen ließen wir einen Indio mit den Pferden zurück und nahmen den höchsten einzelstehenden Felsen in Angriff, den Mönch. Wir kämpften an gegen den Wind. Angesichts der steilen Flanken des Mönchs, er stand da wie ein Turm, zweifelten wir oft, ihn zu bezwingen. Ich bereitete mich schon darauf vor, in der Hochsteppe eine Basis auszumessen. Doch jedesmal, wenn die Wolken sich zerteilten, heiterte ein neuer Hoffnungsschimmer uns auf. Dann glaubten wir, die Umwege zu erkennen, über die man den Gipfel erreichen könnte. Bei allen Zweifeln und Ängsten fuhren wir doch immer darin fort, Pflanzen zu sammeln. Wir trafen ein paar Indios mit einem Esel, die schlechtgelaunt auf Schneesuche zogen. Das arme Tier wurde mit Schlägen traktiert und kämpfte wie wir gegen den Wind. Ich bewunderte, wie geschickt es den Gefahren auswich. Es verließ uns schließlich bei einer Kaverne, in der es, vor den Sonnenstrahlen geschützt, viel Eis gab. Wir sahen zu, wie kunstvoll die Indios das Eis dem Esel aufluden.

Das ist, von vier Uhr morgens bis acht Uhr abends, ein rauher Tag gewesen. Am Morgen exzessiv kalt, in dem dicken Nebel auf 4000 Meter war uns der Frost bis ins Mark gedrungen, und endlich hatte strömender Regen uns bis auf die Knochen durchgeweicht.

Dreiundzwanzigstes Kapitel

Wieder in der Hauptstadt

Mexiko-Stadt, Oktober 1803. – Soeben habe ich im Garten des Dekans der Audiencia Martín Salmerón zu sehen bekommen, den Riesen aus Chilapa, einem kleinen indianischen Dorf bei Chilpancingo.

Er ist 6 Fuß, 10 Zoll, 2 $^{2}/_{3}$ Linien hoch. Ich habe ihn sehr genau gemessen. Die von den Zeitungen angegebenen Maße sind falsch. Er ist der Beweis, wie groß sogar ein Mensch indianischer Herkunft werden kann. Er ist Mischling, Sohn eines Mestizen und einer Indianerin. Seine Eltern sind eher klein als groß. Er ist zweiunddreißig Jahre alt, in den ersten zehn wuchs er normal, dann schoß er auf, und mit zwanzig war er ausgewachsen. Ich hätte mich nicht gewundert, ein solches Ungetüm unter den Kariben zu finden, die alle fünf Fuß acht Zoll bis sechs Fuß und darüber haben, doch unter den mexikanischen Indios, die allgemein klein sind, wenn auch nicht ganz so klein wie die peruanischen, ist das phänomenal. Übrigens haben die mexikanischen Indios auch mehr Bart als die von Quito und vom Orinoko. Wenigstens in der Umgebung von Mexiko-Stadt lassen sich die meisten kleine, aber wirklich dichte Schnurrbärte und etwas Bart am Kinn wachsen; den Indios von Quito wäre das unmöglich, selbst wenn sie sich die Barthaare nicht auszupften.

Der Riese ist mit einer ziemlich kleinen Frau verheiratet, vielleicht ist das gar der Grund, warum er keine Kinder hat. Er ist der bestgelungene Riese, den ich je gesehen habe, seine Gliedmaßen sind sehr gut proportioniert. Er gleicht einer Kolossalstatue! Wie groß die Zähne, die Hände, die Nägel! Was für ausladende Schultern. Da er sehr kräftig ist, prügelt er sich gerne, und eine seiner Schlägereien hat er sogar seiner Dorfpolizei geliefert; als sie ihn ins Gefängnis setzen wollte, floh er in den Schutz der Audiencia, was mir nun das Vergnügen verschafft hat, ihn kennenzulernen. Ziemlich mager, wiegt er nur zweieinhalb Zentner, das ist unerheblich bei seiner Größe.

Er hat sich von Guatemala bis Durango besichtigen lassen; aber vor dem

Meer und vor Europa ist sein Abscheu so stark, daß alle Überredungskünste des Vizekönigs Azanza ihn nicht dazu bewegen konnten, sich einzuschiffen, obwohl er sein Glück damit hätte machen können. Zweifellos hat er davon gehört, wie man in Europa Leute seines Schlages allgemein behandelt. Sie müssen ihre Gestalt für drei bis vier Jahre irgendeinem Geschäftemacher verkaufen, der sie strengstens im Käfig hält, damit das Publikum sie nicht zufällig sieht; aber der Indio oder Mestize dieser warmen Landstriche leidet ja nicht eine Not, die ihn zwingen könnte, seine Freiheit für Geld zu verkaufen, dessen er am wenigsten bedarf.

Dieser Martín Salmerón macht wirklich außerordentlichen Eindruck. Ich sah ihn im Garten des Dekans der königlichen Audiencia Feigen pflücken. Die Früchte hingen über neun oder zehn Fuß hoch. Mühelos reckte er seine Arme da hinauf. Er kommt einem vor wie eines der vorsintflutlichen Lebewesen jener chaotischen Welt, die das Riesenfaultier von Buenos Aires hervorgebracht hat, das im naturhistorischen Kabinett von Madrid steht.

In Lebensgefahr unter dem Reiterdenkmal

Der Marqués von Branciforte, 1794 von Carlos IV. zum Grande erster Klasse erhoben und zum Vizekönig Neu-Spaniens ernannt (mit 80 000 Pesos Einkünften), hat auf eigene Kosten eine bronzene Reiterstatue des Königs gießen lassen.

Das Verdienst, dieses Hauptwerk ganz allein modelliert, gegossen und aufgestellt zu haben, gebührt dem spanischen Künstler Don Manuel Tolsá. Das Werk hat vierhundertfünfzig Zentner Gewicht und ist auf den Zoll so groß wie die Statue Ludwigs XV. in Paris, wenn man den Vergleich denn wagt. Nur wer einige Zeit in Amerika und besonders in den so zurückgebliebenen spanischen Kolonien gelebt hat, kann sich eine richtige Vorstellung von den Schwierigkeiten machen, die der Künstler in Ausführung eines Werkes zu besiegen hatte, wie man es ähnlich in ganzen Jahrhunderten nur ein- oder zweimal in Europa schuf. In Spanien war niemals Vergleichswürdiges gemacht worden, und es bedurfte des Genies und des Mutes von Herrn Tolsá – der zuvor nur eine zweiunddreißigzöllige Büste von Hernán Cortés gegossen hatte –, um auch nur den Gedanken an die Ausführung eines derartigen Kolosses zu wagen.

Voran ging eine Statue aus vergoldetem Holz, bei deren Aufstellung man eine kostbare Goldmedaille prägte und große Feste gab. Aber diese interimistisch aufgestellte Holzstatue widerstand der Witterung nicht. Der König zerfiel, und der Nachfolger Brancifortes wagte nicht, die Reste zu beseitigen, sondern hielt es für klüger, sie nur mit einem Bretterverschlag den Blicken zu entziehen. Diese Vorsicht war um so berechtigter, als man gegen Brancifortes Vorgänger, den Grafen Revillagigedo, den Vorwurf der Widersetzlichkeit erhoben hatte, als er von der Plaza Mayor eine kleine, kaum einem Affen ähnliche Statue entfernen ließ, weil das einfache Volk behauptete, sie stelle Ferdinand VI. dar.

Schließlich kam es zum Bronzeguß. Man bediente sich zweier Flammöfen, die vierhundertfünfzig und zweihundert Zentner Fassungsvermögen besaßen. Da der Koloß auf Kosten eines Privatmannes geschaffen wurde, mußte der Künstler den Aufwand nach Möglichkeit einschränken und Schwierigkeiten überwinden, die niemand kennt, der auf Regierungskosten arbeitet. So hat man, zum Beispiel, die Schmelzöfen auf Holzgerüste gestellt statt auf gemauerte Bogen. Als die sechshundert Zentner Bronze flüssig waren – schon nach achtzehn Stunden, so lebhaft brannte das Feuer – und man gießen wollte, durchbrach das Metall die Ofenwände (weil der Ton mit Natriumchlorid übersättigt war), die Balken gerieten in Brand, und um zu verhindern, daß der Unterbau sich ganz verzehrte und die Öfen einstürzten, mußte man das Metall erkalten lassen und den Guß verschieben.

Einige Zeit später wurde er glücklich bewerkstelligt. Herr Tolsá selbst war von dem Ereignis einzigartig überrascht. Denn als von den berechneten sechshundert Zentnern die letzten fünfzig bis achtzig nicht mehr in die Form gelaufen waren, hatte man sich eingebildet, irgendein Kanal müsse verstopft und somit das Werk verloren sein. Voller Mißtrauen und im Glauben, ein zweiter Guß werde erforderlich sein, entkleidete man die Statue der Form, und welche Überraschung, als sie in ihrer ganzen Vollkommenheit zum Vorschein kam. Mit Ausnahme einiger Bauchpartien des Pferdes sah sie erstaunlich perfekt aus, die Mähne, die Mantelstickerei und noch die zartesten Ausschmückungen traten hervor, als sei alles schon ziseliert und poliert. Ich habe das Pferd, in dessen Bauch vierundzwanzig Personen hineinpassen, vor dem Polieren untersucht und die Schönheit und Gleichmäßigkeit des Gusses nicht genug bewundern können. Man hat die Statue nicht vergoldet, sondern sie mit einem olivfarbenen Lack überzogen, der ihr den schönen Ton alter Bronze verleiht.

Am 14. November begann der Transport dieser riesigen Masse zur Plaza Mayor. Ich bin bei allem dabeigewesen. Ein immens schwieriger Transport eingedenk der wirtschaftlichen Rücksichten, die dem Künstler auferlegt waren, angesichts der Entfernung und des unsoliden Bodens der Stadt. Es hat in Mexiko-Stadt Leute gegeben, die so strikt die Möglichkeit leugneten, Herr

Tolsá könnte die Sache zu einem guten Ende bringen, daß sie es für eher machbar hielten, einen solchen Koloß aus Europa herüber und von Veracruz aus auf die 2400 Meter Höhe von Perote zu transportieren!! Die Statue wurde mittels vier Eisenspindeln auf einen Wagen mit nur zehn Zoll hohen bronzenen Rädern gehoben. Der Wagen lief in ausgekehlten Hölzern, ähnlich dem Huntsgestänge unserer Gruben. An den dann und wann aufgestellten Winden genügten zwei Männer, um die Last von über fünfhundert Zentnern trotz der Reibung zu bewegen.

Das Glück hat sonderbar gespielt. Man löste die Befestigungen auf dem Wagen und brachte die ganze Masse mit vielfachen Agaveseilen an einer eisernen Stange an, die über das Haupt des Reiters ragte. Die Stange wurde mit Flaschenzügen aufgerichtet. Das dauerte, in Gegenwart der Audiencia und des Vizekönigs, kaum zehn Minuten. Nun sollte der Karren von hier nach da gezogen werden. Aber ein Seil riß, das Gestänge begann sich zu senken. Der König mußte bis nachmittags in der Luft hängen bleiben.

Er blieb auch die Nacht in der Luft, aber man unterstützte ihn etwas mit dem Bauch seines Pferdes. Den folgenden Morgen senkte man ihn nach und nach in die Löcher. Dabei brach ein Hauptseil, die ganze Masse und das Gerüst krachten. Ich stand mit Tolsá unter dem Pferd. Wir glaubten, zerschmettert zu werden. Jeder Nahestehende lief Gefahr. Tolsá blieb ruhig und großherzig. Freudentränen entstürzten allen Umstehenden, als des Pferdes Hufe auf dem Postament ruhten. Uns war zumute, als wären wir einem Schiffbruch entronnen.

Das Pferd lebt auf wunderbare Weise – es hat echt andalusische Rasse und schreitet so munter fort, so ungezwungen und edel. Der König trägt römisches Gewand und in der Hand einen Feldherrnstab. Er ist majestätisch und imposant dargestellt, mit einem Ausdruck von Heroismus und Noblesse, dabei milde und gütig wie Marc Aurel, und ist sich überdies ähnlich. Die Draperie ist unbeschreiblich schön. Unter dem Hals des Pferdes, am Vordergestell, befindet sich ein Medusenkopf von großer Wirkung. Da die Häuser umher nicht sehr hoch sind, sieht man die Statue gegen den blauen Himmel, das bringt einen unsagbar herrlichen Effekt hervor. Leider ist am Postament eine sehr kalte spanische Inschrift angebracht, und an allen vier Seiten dieselbe. Warum nicht lateinisch, spanisch, otomitisch und mexikanisch? Und wird die Statue von langer Dauer sein?

Herr Tolsá ist zum königlichen Bildhauer und Direktor der Skulpturenklasse der Akademie von San Carlos ernannt worden.

Mahnende Worte an den Vizekönig

Vom 9. bis 11. Januar 1804 besichtigte ich mit Vizekönig Iturrigaray ein zweites Mal die Entwässerungsanlage. Das ist die Zeit der großen Visite.

Am Sonntag nach Tisch begaben wir uns nach Guadalupe, wo der Vizekönig das Gebet verrichtete, und übernachteten im Palast von San Cristóbal, wenn man denn ein Pächterhaus so nennen darf. Die Aussicht von hier ist wunderschön. Jenseits einer großen Ebene sieht man den Texcoco-See in seiner ganzen Herrlichkeit. Vis-à-vis erscheinen die Türme von Texcoco, einst eine so vermögende und fleißige Stadt, deren Werkstätten jedoch durch den Konkurs derer von Querétaro ruiniert worden sind, weiter rechts leuchten die Schneegipfel der Sierra Nevada. Die übermäßige Kälte und der Wind hinderten uns, am Montag auf dem See von San Cristóbal bis zu den Kanälen von San Cristóbal und Zunpango zu schiffen. Wir frühstückten an diesem Tag in Santa Inés und übernachteten in Huehuetoca. Am Dienstag besichtigten wir das Durchbruchsstück des Konsulats und waren abends wieder zurück in Mexiko-Stadt. Der Vizekönig beschloß, mit dem Kanal von Texcoco die Entwässerungsanlage zu vollenden. Don Ignacio Castera, der jetzige *Maestro Mayor* der hydraulischen Anlagen, glaubt, die Arbeit binnen zweier Jahre mit zweitausend Indios und zweihundert Sträflingen für 500 000 Pesos ausführen zu können.

Studiert man in den Archiven die Geschichte der Kanalbauten, so liest man die Historie von Juntas, von Gerichtsverhandlungen, von vizeköniglichen Visiten in Begleitung der Audiencia, von Domherren, Mönchen, bei denen man Rat sucht in Klöstern und anderen Körperschaften, die keinen blassen Schimmer haben, von unendlichen Berichten, von ungestümer Aktivität alle fünfzehn bis zwanzig Jahre, wie sie Mexiko-Stadt gewöhnlich bei drohender Überschwemmung aufbringt, und von Phlegma und Gleichgültigkeit, sobald die Gefahr vorüber ist. Man hat sechs Millionen verschwendet, weil man sich niemals für ein Projekt entschied, weil man zwei Jahrhunderte lang zwischen dem indianischen System der Dämme und dem Kanalsystem schwankte, zwischen dem unterirdischen Stollen und dem offenen Durchbruch, weil man den Stollen um eines tieferen Grabens willen zum Einsturz brachte, weil man den schon fertigen Kanal von Zunpango vernachlässigte, um den von Texcoco in Angriff zu nehmen, der niemals fertig geworden ist, weil man mit Gewalt schnell ans Ziel kommen wollte und alles verdarb. Das ist das Resümee ganzer Epochen.

Es ist zu hoffen, daß man sich bei Grabung des neuen Kanals von Texcoco ernstlicher mit dem Schicksal der Indios beschäftigen wird als bisher. Die Indios haben den ausgesprochensten Haß gegen die Entwässerungsanlage. Die Arbeit daran ist eine der Hauptursachen ihrer Bevölkerungsabnahme gewesen. Nicht nur, weil so viele Tausende durch Unfälle daran zugrunde gingen, sondern vornehmlich, weil sie in der Arbeitszeit ihre eigene Wirtschaft vernachlässigen mußten und in die größte Armut gerieten. Früher arbeiteten ständig 15 000 Indios daran. Man braucht nur den Bericht des Ingenieurs Cepeda von 1637 zu studieren; auf allen Seiten wird man lesen, die Entwässerungsanlage habe so vielen Indios das Leben gekostet, daß man diese oder jene Arbeit nicht mehr zu unternehmen wage, die glücklichen Zeiten des Vizekönigs Velasco II. seien vorbei, die übriggebliebene kleine Zahl Indios reiche für so harte Arbeiten nicht mehr zu. Die ständige Nässe hat ihnen tödliche Krankheiten erregt, und man ist so barbarisch gewesen – ich spreche von erst zwei, drei Jahre zurückliegenden Beispielen –, sie trotz Krankheit zur Arbeit zu zwingen. Man hat sie an Seile gehängt, so daß sie oft im Graben selbst den Tod fanden. Ich habe über diese Grausamkeiten zu Vizekönig Iturrigaray sehr ernsthaft gesprochen und hoffe, man wird Abhilfe schaffen, sofern es überhaupt zum Bau des Kanals von Texcoco kommt. Was übrigens den Landstrich zur Wüste machen würde.

Henrico Martín gab seinerzeit den Indios wöchentlich fünf Reales in Mais. Heute zahlt man ihnen zwei Reales pro Tag, jedoch nicht in Mais!

Vierundzwanzigstes Kapitel

¡Adiós América equinoccial!

Als ich, auf meiner Rückreise nach Europa durch die Südsee, im März 1803 in Acapulco landete, glaubte ich, nur kurze Zeit mit meinem Freund und Gefährten Bonpland in Mexiko zu verweilen. Der Zustand unserer Sammlungen und Instrumente ließ uns nach so beschwerlichen Landreisen das Ende unserer Expedition heranwünschen. Aber das schwarze Erbrechen (*vómito*), das ungewöhnlich früh an der östlichen mexikanischen Küste ausbrach, und mehrere andere Hindernisse verlängerten unseren Aufenthalt ein ganzes Jahr lang im Inneren Neu-Spaniens.

Die Furcht vor dem Vómito, der bis in den Dezember dauerte, und die vergebliche Hoffnung, die gute Fregatte *Sabina* liefe direkt nach Cádiz, hielten uns bis in den Januar 1804 in Mexiko-Stadt zurück. Wir erlebten das Aufstellen der Reiterstatue. Wir gewannen Zeit für bemerkenswerte Arbeiten auf den Vulkanen Popocatépetl, Orizaba und Cofre de Perote. Von den vierundachtzigeinhalb Meilen, die die Hauptstadt vom Hafen Veracruz entfernt ist, sind allein sechsundfünfzig für die Strecke Weges zu rechnen, die über die große Gebirgsfläche von Anahuac verläuft. Der übrige Teil ist ein immerwährendes, äußerst beschwerliches Herabklimmen am Gebirgsabfall, vorzüglich von der kleinen Festung Perote bis Jalapa und von dieser Stadt, einem der reizendsten und malerischsten Punkte der Erde, bis zur Hazienda Rinconada halbwegs vor Veracruz. Gerade aus dem großen Plateau zwischen Mexiko-Stadt und dem Städtchen Jalapa erhebt sich eine Gebirgsgruppe, die fast den höchsten Gipfeln der Neuen Welt den Rang streitig machen kann. Es seien nur vier dieser riesenmäßigen feuerspeienden Berge genannt, deren Höhe vor meiner Reise nach Neu-Spanien völlig unbekannt war: der Popocatépetl (5400 Meter), der Iztaccihuatl oder die Weiße Frau (4786 Meter), der Citlaltépetl oder Pik von Orizaba (5295 Meter) und der Nauhcampatépetl oder Cofre de Perote (4089 Meter). Den Koffer ausgenommen, habe ich diese Berge sämtlich trigonometrisch vermessen. Da aber die Standlinien selbst, an die die Höhenwinkel sich anschlossen, schon 2000 Meter hoch lagen, mußte dieser Teil der senkrechten Höhe nach der barometrischen Formel von Laplace berechnet werden. In dieser Hinsicht sind also meine Bergmessungen – wie alle, die man nicht am Meeresstrand anstellen kann – gemischter Natur, teils trigonometrisch, teils barometrisch. Das Wort Popocatépetl ist von *popocani*, Rauch, und *tépetl*, Berg, abgeleitet; Iztaccihuatl von *iztac*, weiß, und *cihuatl*, Frau. Citlaltépetl bezeichnet einen Berg, der wie ein Stern glänzt, von *citlaline*, Stern, denn so erscheint der Pik von Orizaba aus der Ferne, wenn er Feuer speit. Nauhcampatépetl stammt von *nauhcampa*, einem Wort, das etwas Vierkantiges bedeutet; die ersten spanischen Eroberer verglichen den Berg mit einem Koffer.

Wir gedachten, mit dem Paketboot *Urquijo* am 1. Februar abzusegeln. Es kam nicht. Es kam die Nachricht, der *Urquijo* sei nach vierstündigem Gefecht, Folge einer Verwechslung, nach Jamaika geführt worden. Es blieb uns nur die Fregatte *La O*. Die düsteren Nebel verscheuchten uns aus Jalapa, und so kamen wir, trotz begründeter Furcht vor dem Vómito, am 18. Februar in Veracruz an.

Chimärisches Projekt

Man befaßt sich in Mexiko-Stadt viel mit dem Projekt, Veracruz zu zerstören, nur eine einzige Gasse und die Garnison im Kastell Ulúa übrigzulassen, jeden Kaufmann mit höheren Steuern zu belasten, wenn er wohnen bleiben und nicht nach Jalapa ziehen möchte. Es ist lächerlich – während der Haß der Hauptstädter sich in derartig destruktiven Ideen ausläßt, bauen die Einwohner von Veracruz neue Theater und sind damit beschäftigt, für anderthalb Millionen Pesos das Wasser des Río Jamapa in ihre Stadt zu leiten, über deren Schicksal der Assessor des Vizekönigs und der Staatsanwalt sich in den Haaren liegen. Man darf sich über diesen Streit nicht wundern. Zu allen Zeiten hat das spanische Gouvernement zu Drohungen mit Roßkuren geneigt. Man hat zweimal befohlen, Mexiko-Stadt zu verlegen. Man hat Guatemala zerstört, um es anfangs in Hermita wieder aufzubauen – überdies zum größten Schaden der dortigen Einwohner – unter dem verhängnisvollen Vorwand, die Erdrisse am vorgesehenen Platz für Neu-Guatemala würden die Erdbeben fernhalten. Ehe nicht alle sanitärpolizeilichen Mittel gegen den Vómito erschöpft sind, ist die Zerstörung von Veracruz wahnsinnig. Eine Stadt fünfundzwanzig Meilen ins Landesinnere zu verlegen und daraus eine Angelegenheit von vierzig Millionen Pesos zu machen, ist weniger leicht, als ein vizeköniglicher Assessor denkt. Aber die Regierenden, obgleich überzeugt von der Unmöglichkeit des Projekts (selbst wenn es nützlich wäre), finden es immer äußerst wichtig, die Frage zu erörtern. Der ganze Gewinn wäre, daß die Stadt anstelle von sechzehntausend Einwohnern nur zwei- bis dreitausend hätte, die Ordnung sich leichter aufrechterhalten ließe und der Vómito nicht so grausam wüten könnte. Das Übel würde sich zweifellos vermindern, nur eben müßte man dafür eine Stadt kaputtmachen, in der so manches schöne Haus 100 000 Pesos gekostet hat. Und schließlich darf ich mir doch nicht etwas vornehmen, was tatsächlich auszuführen sich aus moralischen Gründen verbietet. Mit dem großen Verwaltungsvorgang eines chimärischen Projekts beschäftigt, vernachlässigt man die eigentlich wichtigen aktuellen Interessen.

Der Magistrat faßt soeben (März 1804) den patriotischen Beschluß, sich nicht in der Stadt begraben zu lassen. Er bittet den König um Befehle für die übrigen Einwohner!

Die Handelskammer der Kaufleute von Veracruz ist die tatkräftigste und ruhmreichste ganz Spanisch-Amerikas. Sie hat einen Leuchtturm bauen lassen. Sie hat die Straße nach Jalapa in Angriff genommen, die je Meile über 80 000 Pesos kosten wird. Sie hat eine neue Hafenmole projektiert und die Wasserleitung von Jalapa herab. Sie veröffentlicht alljährlich die Handelsbilanz. Sie fordert für Handel und Landwirtschaft von allen Intendanten Taten; die Intendanten beschweren sich über diesen bemerkenswerten Geist, der sie zwingt, sich aus ihrem lethargischen Schlummer zu erheben. Die Handelskammer von Guadalajara hat eine ausgezeichnete und sehr neuartige Übersicht ihrer Aktivitäten vorgelegt. Die meisten anderen wärmen nur auf, was zu Zeiten des Vizekönigs Revillagigedo verfaßt worden ist! Keine Kammer noch hat besser geschrieben, offener, keine verkündet freiere Ideen. Sie ist noch sehr jung, und deshalb vielleicht traut sie sich sogar zu viel zu und ist in allem sehr leichtsinnig. Sie hat alle Fehler der Jugend. Die alte Kammer von Mexiko-Stadt ist sehr verärgert über die Einrichtung der beiden Handelskammern von Veracruz und Guadalajara, arbeitet unaufhörlich an ihrer Vernichtung und schildert die von Veracruz als ein Nest von Schleichhändlern und Revolutionären. Der Hof scheint eine bessere Meinung zu haben. Er hat kürzlich (1803) die Kammer aufgefordert, ihm die Ursachen des Schleichhandels aufzudecken und Gegenmaßnahmen zu nennen. Welch eine des goldenen Zeitalters würdige Treuherzigkeit.

In Veracruz hört man nur von Industrie, Landwirtschaft, Patriotismus reden, von den Fabriken in Puebla, Querétaro, von Möglichkeiten, sie voranzubringen. Die Europäer indessen reden nur so, sie würden die Weinberge und

Manufakturen des Landes gerne zerstören, um es mit spanischen Waren zu überschwemmen und solchen, die auf *telegraphischen Wegen* kommen, wie der Fachausdruck für den von Jamaika signalisierten Schmuggel lautet. Die Handelskammer begreift sich als Träger des Fortschritts der Manufakturen in Neu-Spanien. Da sind sie in den besten Händen.

Ein letzter Sprung nach Havanna

Der Hafen von Veracruz ist nichts als ein schlechter Ankerplatz zwischen lauter Untiefen. Ein durchlöcherter Sack.

Kein Schiff verläßt ihn, ohne Herrn Orta zu konsultieren, er ist der König der Winde. Man kann sagen, er und sein Barometer haben dem König Millionen Pesos gerettet. Am 29. Februar wollten wir bei guter Brise auslaufen, aber Herr Orta hinderte uns daran, denn das Barometer war um zwei Linien gefallen. Und tatsächlich, am 1. März erhob sich ein grimmiger Nord, der unsere Fregatte *La O* in große Gefahr gebracht hätte. Mehrere Schiffe, die am Vortag hinausgesegelt waren, mußten umkehren. Die stürmischen Nordwinde hielten uns bis zum 7. März zurück.

Wir hatten einige Coatis, Nasenbären, an Bord. Die Indios essen sie. Ihre Nase ist beweglich wie der Rüssel eines Elefanten. Dieses Verhalten, mit der Nase zu sondieren und zu wittern, stellt einen Zusammenhang zwischen ihnen, den Ratten und den Gürteltieren her. Im Spiel mit dem Menschen ist der Coati außerdem, wie auch der Manaviri, der Wickelbär, dem Hund ähnlich. Der Manaviri gebraucht die Hände mehr als der Coati, indessen sind beide, was ihre Gewohnheiten betrifft, Mischungen von Affe, Bär, Ratte und Hund.

Am 12. März sahen wir unzählige Enten; sie ziehen im November von Florida nach Kuba; jetzt flogen sie schon wieder nach Norden. Am 14. und 15. März schätzten wir die starke Strömung auf zweiundvierzig Meilen in vierundzwanzig Stunden. Am 16. März machte sich als Effekt der Tagundnachtgleiche ein orkanartiger Wind auf. Er vereinigte sich mit den Gezeitenkräften des Mondes, der am 18. März sein erstes Viertel vollendete.

Welch schwarze Nacht. Das bleierne Meer ging unglaublich hoch. Es zerstörte einen Teil des Vorderschiffs. Man konnte sich kaum auf den Füßen halten. In dieser finsteren und traurigen Nacht schlugen vollkommene Windstillen von acht bis zwölf Minuten Dauer in schreckliche Böen um, jedesmal unter Zügen tiefschwarzer Wolken. Am Morgen war der Horizont völlig bedeckt. Gegen neun Uhr ein furchtbares Gewitter. Der Donner rollte über unseren Köpfen, der Blitz schlug vierhundert Meter hinter unserem Heck sichtbar ein; wo er niederfuhr, schäumte und sprang das Meer. Noch immer wechselte die Flaute mit ungestümen Windstößen. Der Blitzableiter war beschädigt, er mußte vom Mast geholt werden. Die Fregatte war ein schwimmendes Pulvermagazin. Man stellte uns tröstlich vor, der Blitz käme nie bis zum Laderaum, höchstens bis zur zweiten Batterie. Dann kreiste der Wind in fünfzehn Minuten zweimal rings um den ganzen Horizont. Es schnaubte in allen Lüften gerade wie bei einem Wirbelsturm. Glücklicherweise dauerte das nur höchstens eine Dreiviertelstunde. Strömender Regen beruhigte das Meer und zähmte die Wogen. Dem Regen folgte Hagel. Manchmal, aber sehr selten, hagelt es nach Regen auch in Havanna.

Das Senkblei verkündete die nahen Küsten, die Meeresfarbe ging ins Graue über, viele Medusen segelten vorbei, und Tang. Der westliche Untiefenrand vor der Felseninsel Marqués bildet mit Havanna eine Nordsüdlinie, das beweist, der Hafen liegt westlicher, als er in die Karten des Madrider Hydrographischen Depots eingetragen ist.

Die unmoralische Idee

Wir waren alle sehr unzufrieden mit unserem zweiten Aufenthalt in Havanna. Als wir 1800 aus den Einöden des Orinoko hierherkamen, erschien der Ort uns angenehm. Er zog uns kaum an, als wir ihn jetzt wiedersahen, nach Mexiko-Stadt, wo es vielleicht etwas weniger Gedankenfreiheit gibt – wenn man es denn wagt, jenseits des unendlich Kleinen Unterschiede gelten zu lassen! –, aber wenigstens bedeutende wissenschaftliche Einrichtungen. In Havanna drehen sich alle Gespräche um das große Problem, wie man an einem Tag mit der geringsten Anzahl Schwarzer die größte Menge Zuckerhüte produzieren kann, warum der Marqués von X, von den Kaufleuten begünstigt, seinen Zucker zu siebzehn und neunzehn Pesos verkauft, während ein anderer ihn nur zu vierzehn und sechzehn losschlägt. Man zählt nur zusammen, es gibt kein technisches Interesse, keine physikalische Idee, niemand fragt nach Ursachen ...

Einem *sensiblen* Menschen können die europäischen Kolonien auf die Dauer kein angenehmer Aufenthalt sein. Er wird dort mehr leiden als ein nur gebildeter. Letzterer wird die Verbindung mit Europa herstellen, über Bücher, Instrumente verfügen, und das nämliche Interesse, das ihm die Tropennatur einflößt, wird ihn den Mangel an wissenschaftlicher Kultur in Westindien vergessen lassen. Es wird leicht sein, Aufklärung in den Kolonien zu verbreiten, aber es wird schwer sein, die Menschen dort in milde, liebenswürdige soziale Wesen zu verwandeln.

Woher dieser Mangel an Moralität, woher die Leiden, das Unbehagen, dem jeder empfindsame Mensch sich in den Kolonien ausgesetzt findet? Die Ursache liegt darin, daß die Idee der Kolonie selbst eine unmoralische Idee ist, in der Vorstellung, ein Land sei einem anderen zu Abgaben verpflichtet, dem Wohlstand dort müsse eine Grenze gezogen, der Ausbreitung von Gewerbefleiß und Aufklärung ein bestimmter Punkt gesetzt sein. Denn jenseits davon müßte, nach eingefleischtem Vorurteil, das Mutterland Gewinn einbüßen, jenseits der Mittelmäßigkeit würde eine Kolonie zu stark, wirtschaftlich zu selbständig werden und sich unabhängig machen.

Jede Kolonialregierung ist eine Regierung des Mißtrauens. Man verteilt die herrschenden Gewalten nicht nach dem Erfordernis allgemeiner Glückseligkeit des Landes, sondern unter dem Argwohn, sie könnten sich vereinigen, sich dem Gemeinwohl der Kolonie zu sehr verpflichtet fühlen und die Interessen des Mutterlandes gefährden. Man sucht seine Sicherheit in der Uneinigkeit, trennt die Kasten, schürt ihren gegenseitigen Haß, reibt sich bei ihren Streitigkeiten die Hände und verbietet ihnen die Heirat untereinander; man fördert die Sklaverei, um eines Tages, wenn alle anderen Mittel versagen, zum grausamsten zu greifen, die Sklaven gegen ihre Herren zu bewaffnen und sie diese erwürgen zu lassen, bevor man selbst erwürgt wird, was doch immer das Ende dieser schrecklichen Tragödie sein wird.

Die Amoralität wächst, je konsequenter die europäischen Regierungen in ihrer politischen Bösartigkeit sind. Man vergibt die Ämter nur an Parvenüs, an gemeine Menschen, die der Hunger aus Europa vertrieben hat. Diese in Europa Geborenen heißen *chapetones* oder *gachupines*. Man erlaubt ihnen, die in den Kolonien geborenen Weißen, die *criollos*, geringschätzig zu behandeln und ihnen das Blut auszusaugen. Noch der ärmste Gachupín ist ein Herr. Und er spricht unaufhörlich von den Reichtümern, die er im Stich gelassen hat, um sich in einem Land anzusiedeln, in dem ihm alles mißfällt, wo der Himmel nicht blau, das Fleisch nicht schmackhaft und überhaupt alles verächtlich ist. Die europäischen Angestellten niedriger Geburt, aber reich geworden durch Mißbrauch der ihnen anvertrauten Autorität, brüsten sich mit ihren Amtstiteln. Die Kreolen reagieren darauf durch eigenes Streben nach Orden und Titeln, mit denen das Mutterland ihrer Eitelkeit schmeichelt, nicht ohne sie dabei sanft zur Ader zu lassen. Tödlicher Haß entsteht zwischen den einen und anderen; der Sohn, schon Kreole, verabscheut den in Spanien geborenen Vater. In dem Maße, in dem der Haß auf das Mutterland zunimmt, wächst die Liebe zum Geburtsland und bringt die falschesten Vorstellungen hervor: Man hält Caracas und Lima für kultivierter als Madrid, liebedienert vor den Spanien feindlich gesinnten Nationen und wünscht nichts glühender, als London oder Paris zu sehen. Und ist man dort, fühlt man sich herabgesetzt; beherrscht von der eingebildeten Größe des väterlichen Hauses und von der Geltung, die sich die kreolische Aristokratie in den Kolonien verschafft hat, glaubt man sich zu wenig geehrt und kehrt dahin zurück, wo in Freiheit leben heißt, seine Sklaven straflos mißhandeln zu dürfen und jeden Weißen beleidigen zu können, der ärmer als man selbst ist.

Die europäischen Regierungen haben Haß und Uneinigkeit in den Kolonien so erfolgreich verbreitet, daß die Freuden des geselligen Lebens dort fast unbekannt sind; Geselligkeit, die den dauerhaften Zusammenhalt vieler Familien bedingt, ist jedenfalls unmöglich. Aus dieser Lage geht eine Konfusion der Ideen und unbegreiflichen Gesinnungen hervor, eine allgemeine revolutionäre Tendenz. Besonders seit 1789 hört man von Kreolen oft die stolzen Worte: «Ich bin nicht Spanier, sondern Amerikaner.» Aber dahinter steht nur der beschränkte Wunsch, die Europäer zu vertreiben und anschließend sich gegenseitig zu bekriegen.

Der aufgeklärte Bischof von Trujillo, mit dem ich über die Ursachen der Amoralität in den Kolonien sprach, sagte mir in sehr entschiedenem Ton: «Es ist so schwierig für einen Europäer in diesen Breiten, wo die Straflosigkeit bis in den Klerus hinein herrscht, ein anständiger Mensch zu bleiben, daß ich Gott täglich bitte, mich hier nicht sterben zu lassen, denn ohne Zweifel müßte ich verdammt sein.»

Je größer die Kolonien und je beträchtlicher die Mißstände, desto stärker das Mißtrauen der Regierung. Darum könnten die Antilleninseln geeignetere Wohnstätten sein als die großen Kolonien des Kontinents; die weißen Familien dort hassen sich weniger, sie wechseln öfter, ziehen sich rascher wieder nach Europa zurück; der Haß ist nicht so eingefleischt, es gibt weniger Beamte. Dafür gibt es dort einen anderen Schrecken, und er macht die Inseln tatsächlich unbewohnbarer als die übrigen Kolonien: die nirgendwo so schlimme Mißhandlung der nirgendwo so zahlreichen Schwarzen. Wo müßte sich jemand mehr schämen, ein Europäer zu sein, als auf den Inseln, seien es französische, englische, dänische, spanische. Sich darüber streiten, welche Nation die Neger humaner behandelt, heißt, sich über das Wort Humanität lustig machen und fragen, was angenehmer ist, sich den Bauch aufschlitzen oder die Haut abziehen zu lassen, heißt fragen, ob Spanien in Peru oder Venezuela unmenschlicher gewütet hat und ob Spanier in Westindien mehr Grausamkeiten verübt haben als Engländer und Franzosen in Ostindien!! Die Urheber der ersten französischen Verfassung haben bestimmt nicht in den Grundsätzen geirrt, wenngleich sie sie oft überstürzt und gefährlich angewendet haben. Sie schafften die Bezeichnung *Kolonie* ab, sie betrachteten ihre entfernten Besitzungen als integrierende Bestandteile der Republik, sie gaben ihnen gleiches Recht auf Glückseligkeit und bezogen sie in die Verfassung ein. Aber sie hätten besser daran getan, kleine vereinigte und von Frankreich abhängige Republiken aus ihnen zu schaffen. Hat Englands Handel mit Nordamerika seit der Unabhängigkeitserklärung Einbußen erlitten? Gerade dieses Nordamerika ist schon vor seiner Revolution eine viel bessere Heimstatt als andere Kolonien gewesen, die Familien dort waren weniger uneins, und es war eben deshalb wesentlich leichter zu revolutionieren, weil England der Kolonie so manches Recht schon abgetreten hatte, weil man sich dort schon einer Art Provinzialregierung erfreute, die geeignet war, die Geister zu einigen und die Menschen so liebenswürdig und großmütig zu machen, wie wir sie in dieser großen, im Werden befindlichen Republik nun vor uns sehen.

Fünfundzwanzigstes Kapitel

Die Reise am Ende fast noch mit dem Leben bezahlt

Seit dem 17. April 1804 waren unsere Kisten an Bord der nordamerikanischen Fregatte *Middleton* verstaut, mit der wir nach Charleston segeln wollten, um von dort auf dem Landweg Philadelphia zu besuchen. Ein nicht enden wollender Streit, wieviel Steuern dem König zu zahlen seien – zur Ermutigung des Handels nicht weniger als dreiunddreißig Prozent –, ließ uns schließlich das spanische Frachtschiff *Concepción* vorziehen. Am 29. April liefen wir aus.

Vom 2. bis zum 13. Mai benahm sich das Meer unausstehlich.

Am 2. Mai acht Uhr morgens sahen wir einen kleinen Schoner, ein Korsar, wie es schien, er lief steuerbords auf uns zu. Unsere Leute schauderten, als sie lauter Neger erkannten. Schwarze von Santo Domingo, wie sie glaubten, die schon seit einigen Monaten mit ihren Grausamkeiten das offene Meer unsicher machten. Man lud die Kanone und strotzte vor Mut, sobald sich herausstellte, daß es friedliche, wahrscheinlich im Schleichhandel angestellte Neger waren.

Am 6. Mai nahmen wir das letzte Mittagsbesteck. Von nun an sollte sich die Sonne eine Woche lang nicht mehr zeigen; da bleiben nur Schätzungen. Ihr Untergang vollzog sich an diesem Abend in der schrecklichsten Weise. Ich werde ihre unheilverkündende Physiognomie niemals vergessen. Die Scheibe war unscharf umrissen, vergrößert, bleich, gelb, aschfahl, dahinter zwei kleine flaschengrüne Wolken. Sie dehnte sich abwärts aus, und dann, als sie zur Hälfte schon versunken war, erschien durch einen außergewöhnlichen Brechungseffekt die ganze Scheibe noch einmal über dem Horizont und schwand verblassend vor unseren Augen dahin, ohne daß wir den oberen Rand hätten untergehen sehen. Schauriger konnte es sich nicht abspielen. Tatsächlich ist ja die unter- und aufgehende Sonne ein Hygrometer für den Seefahrer. In diesen beiden Augenblicken sind ihre Farbe, ihre Größe und anderes ein Urteil über den Zustand der unteren Luftschichten.

In der Nacht zum 7. Mai begann der Wind zu heulen und hörte sechs Tage lang zu heulen nicht auf. Je weiter er nach Süden drehte, desto mehr regnete es. Aber das war nicht eigentlich Regen, sondern ein dicker Nebel, dessen Tropfen wie Schnee fielen. Die Wellen – ich weiß nicht, wie ich sie beschreiben soll. Es schien, sie würden jeden Augenblick unser zerbrechliches Fahrzeug verschlingen. In Philadelphia bekamen wir später in den Zeitungen zu lesen, daß am 5. Mai in Hancock County, Georgia, ein furchtbarer Hurrikan viele Menschen getötet und die Häuser wegrasiert hatte. Es hatte Schloßen von fünf Unzen Gewicht und acht Zoll Umfang gehagelt. Über die Bermudas war wenige Tage davor das stärkste je erlebte Ungewitter gefegt.

Der Nordost ist dem Golfstrom, der zwei bis drei Meilen in der Stunde läuft, direkt entgegengesetzt. Die Wellen waren kurz, mächtig und sechsunddreißig bis zweiundvierzig Fuß hoch. Zu schlafen oder gar vernünftig zu denken war in diesen sechs Tagen unmöglich. Jedermann war übermüdet von der Ruhelosigkeit, erschöpft vom Hinundhergeschleudertsein, entkräftet, denn warmes Essen gab es unter diesen Umständen nur selten. Alle waren völlig durchgeweicht, die Sturzseen ergossen sich die Niedergänge hinab, man schwamm zeitweilig in der großen Kajüte. Die Heckfenster waren hermetisch geschlossen, Tag und Nacht brannten Kerzen und machten die Szenerie noch gruseliger. In Gefahr, vom Sturm auf die Küste geworfen zu werden, durften wir nie unter völlig gerefften Segeln bleiben. Wir hielten das Besanstagsegel und das große Marssegel in drei Reffs. Niemand blieb auf den Beinen. Selbst die erfahrensten Matrosen sahen wir fallen. In anderer Situation hätten wir über so manche Szene herzlich gelacht. Die kleine Kombüse befand sich vor dem Großmast. Wenn dort die Brecher hineinschlugen, sah man backbords die Töpfe hinausspazieren, das halbfertige Essen, die Kohlen, und der Koch wälzte sich mit vorgeworfenen Armen dauernd in gesalzenem Wasser!

Die tiefen Eindrücke so langer Aufregung und anhaltender Gefahr äußerten sich je nach Charakter verschieden. Die Matrosen bettelten unaufhörlich um Schnaps und sagten, um zu ersaufen, müßten sie besoffen sein. Von den Gebildeten wurden die einen böse und streitsüchtig, die anderen verträglicher und höflicher. Was mich betrifft, ich bin niemals stärker vom Gedanken eines nahen Todes beherrscht gewesen als am frühen Morgen des 9. Mai. Ich ging gegen sechs Uhr an Deck, denn die Stöße in die Flanken der Fregatte waren in der großen Kajüte unerträglich betäubend. Herr Bollar, ein wortkarger, sanftmütiger dänischer Lotse, blieb an meiner Seite. Außer uns war nur noch der Rudergast an Deck. Jede Woge schien ein Felsen zu sein. Herr Bollar sagte, unsere Situation werde von Stunde zu Stunde kritischer, er glaube nicht, die Wellen kriegten uns unter, aber die dauernden durchrüttelnden

Stöße trieben die Fugen auseinander, und zweifellos würden wir bald viel Wasser machen, wenn es auch jetzt noch nicht mehr sei als anderthalb Zoll in der Stunde. Ich fühlte mich tief erregt von dem Gedanken, mich am Vorabend so vieler Freuden über die vollendete Reise zugrunde gehen zu sehen und mit mir alle Früchte meiner Arbeit, verantwortlich für den Tod zweier Menschen, die mich begleiteten, zu sein, unterzugehen auf einer Reise nach Philadelphia, die mir jetzt überhaupt nicht mehr notwendig erschien, obgleich sie unternommen worden war, um unsere Manuskripte und Sammlungen vor der perfiden spanischen Politik zu sichern ... Wiederum tröstete ich mich damit, ein glücklicheres Leben als die meisten Sterblichen geführt zu haben; es schien zuviel verlangt, den zahlreichen Gefahren einer fünfjährigen Expedition entgangen zu sein und dafür nicht schließlich den Eumeniden seinen Tribut zollen zu müssen.

Unsere Hoffnung galt dem Neumond. Wir erinnerten uns, der Sturm zu Anfang April in Havanna hatte auch mit dem Neumond aufgehört; ebenfalls der stürmische Nord, dem wir 1800 auf der Víbora-Bank ausgesetzt waren. Tatsächlich trat das Phänomen auch dieses Mal ein. Am 9. Mai um elf Uhr legte sich der Wind mit einemmal, blauer Himmel guckte durch. Wir sahen in großen Höhen kleine wollige Schäfchenwolken unbeweglich stehen und tief darunter dicke Flocken unglaublich schnell von Nordost nach Südwest über das Meer jagen. Der Himmel schien uns immer schöner zu blauen.

Aber die Hoffnung dauerte nur eine knappe Stunde, die Freude verwandelte sich bald in schwarze Trauer. Der Sturm setzte stärker als zuvor wieder ein. Manche Brecher überfluteten das Schiff vom Bug bis zum Heck. Das Bugspriet wurde schwer beschädigt, wenig fehlte, und es wäre abgerissen worden. Die gewaltigsten Wellenberge schienen uns fünfundvierzig Fuß hoch, aber als hätten sie Arme, warfen sie Wasserbänder manchmal bis hinauf über den Vormars und durchnäßten uns von da oben herab.

Um Mitternacht wurde das Schlingern entsetzlich. Die Fregatte legte sich beständig siebenmal in achtzehn Sekunden schwer auf die Seite. Da beginnt man unweigerlich zu überlegen, wieviel Neigung das Schiff aushalten kann. Man stritt, ob es umschlagen könnte, ehe noch die Masten brechen. Und bei alledem verließen uns die Haifische nicht. Ihre Finnen zeigten sich über dem Wasser, und die Matrosen, die auch inmitten von Gefahr über alles ihre Witze reißen, sagten, wir würden schon erwartet. Ich vergegenwärtigte mir die Zeichnung Ciscars, derzufolge man scheitert, wenn der Schwerpunkt das Metazentrum überschreitet. Fürwahr, das nennt man ein wissenschaftlich geregeltes Sterben; aber da ich die Lider fest geschlossen hielt, um Schlaf zu finden, sah ich immerzu diese todbringende Zeichnung vorm inneren Auge, und bei jedem Schlingern schien mir die Bedingung erfüllt. Nach dem Quasischiffbruch auf dem Orinoko war dieser 9. Mai 1804 der unseligste Tag meines Lebens.

Die ganze Zeit des Orkans folgten uns in dem hohlen Tal hinterm Heck unzählige kleine Sturmvögel mit weißem Sterz. Welche Leichtigkeit im Flug, bei jeder Wendung. Mit dem guten Wetter verschwanden sie plötzlich. Wo verstecken sie sich?

Sechzig Meilen vor der Küste Virginias ließen sich auf unseren Rahen sehr kleine bachstelzenähnliche Vögel nieder. Wahrscheinlich trägt sie, wie die Schmetterlinge auf den Chimborazo, der Wind gegen ihren Willen hinaus aufs Meer. Dann suchen sie, um sich zu retten, nach den Schiffen. Hélas! Sie fallen in die Hände des Menschen. Zuerst umsorgt und füttert er sie und dann läßt er sie die Beute der Bordkatze werden. Zum Unglück für die armen kleinen Geschöpfe lesen die Steuerleute der Schiffe, auf denen sie Schutz suchen, die *Conversations* (das Gezeter) Ulloas mit seinen drei Kindern, darin er ihnen rät, den Vögeln sofort Bauch und Gurgel aufzuschneiden und nachzusehen, ob die gefressenen Körner noch unverdaut und folglich die Vögel noch selbigen Tages an Land gewesen sind. Der gute Herr Ulloa macht zuviel Aufhebens davon, diese Art Längenbeobachtung ist so unsicher wie die Weissagung der Priester im alten Rom aus den Eingeweiden der Opfertiere.

Am 16. Mai Yerridora in Sicht! Wir verharrten in der Flaute, das Meer kochte förmlich mit kurzen, sehr hohen Wellen, es schäumte und schien durchaus fähig, die Bramstangen zu zerbrechen, so stark war die Schiffsbewegung. Am Morgen Gewitter, Hagel im Moment des Mondviertels. In neunzig Faden kein Grund. Indessen hätte man glauben können, über einer Untiefe zu sein. Das merkwürdige Phänomen hätte uns das Fürchten gelehrt, wäre es uns nicht von den nordamerikanischen Kapitänen in Havanna vorausgesagt worden.

Am 17. Mai fanden wir in fünfundvierzig Faden Tiefe Grund. Dem muß hinzugesetzt werden: Am 14. Mai hatten wir einen kleinen, von der Insel Saint Christopher kommenden Schoner getroffen, mit einer Ladung Rum für Boston. Er tanzte auf den Wogenkämmen, das Meer ging noch sehr hoch. Der Kapitän, als wollte er sich über uns lustig machen, rief uns eine Länge zu, die auf Cádiz reduziert dreiundsechzig Grad ergab und um vier Grad von unserer Schätzung differierte. Ich dachte bei mir, der Schoner müßte von schwächeren, westlich laufenden Strömungen gezogen worden sein, während der Golfstrom uns nach Nordosten versetzt hatte. Da mußten unser beider Schätzungen natürlich in gegensätzlichen Richtungen irren! Aber wieviel des Irrtums kam auf jeden von uns? Aus Eigenliebe glaubte unser Kapitän, er habe sich höchstens um ein Grad verschätzt, der Schoner infolgedessen um drei. Ich hielt es für besser, die Monddistanzen zu befragen. Und nun, am 17. Mai, bewies das ausgeworfene Lot, wie gut meine Distanzen stimmten und daß der Schoner uns eine Länge mitgeteilt hatte, die dreimal besser war als unsere Schätzung. Zu spät! Hätte unser Kapitän mit einer nordöstlichen Strömung gerechnet, wie alle Karten sie verzeichnen, hätten wir uns nicht aus Furcht vor Kap Hatteras, die ihn gespenstisch quälte, um mehr als sieben Grad von der Küste entfernt, so daß die vier Schönwettertage vom 14. bis 17. Mai dann nicht reichten, uns in den Hafen zu bringen. Voilà! Nicht weniger als übermäßiger Stolz verlängert übertriebene Furcht vor den Küsten alle Seereisen der Spanier. Sie mokieren sich über die Verwegenheit und Nonchalance der Engländer und besonders der Nordamerikaner, aber sie vergessen dabei, daß diese beiden Nationen entscheidungsfreudigeren Charakters sind und sich eher aus der Affäre ziehen, wenn die Stunde der Gefahr gekommen ist. Vor allem jedoch vergessen sie, wie mechanisch sie selber abarbeiten, was man sie an der Marineschule San Telmo in Sevilla gelehrt hat, wie sie deshalb von keinerlei Nachdenken über die Strömungen geplagt sind und es niemals wagen, ihren eigenen Berechnungen zu folgen.

Am 18. Mai sahen wir zum erstenmal die Küste zwischen False Cape und James Cape. Bei Sonnenuntergang zeichnete sie sich sehr klar ab. Wir unterschieden ziemlich dichtes Eichengehölz hinter einem sandigen Strand. An die tropischen Küsten gewöhnt, erschien uns das sehr trist und einförmig. Wir erinnerten uns der Küsten von Acapulco, Cumaná, Guayaquil, wo verstreute Palmen bis ans Meer hinab aufragen und einem die in der Ferne schimmernden Herrlichkeiten auf so besondere Weise ankündigen. Dagegen wirken die Küsten der gemäßigten Zonen wie Tintenstriche auf dem Papier.

Um so schöner erschien uns am 19. Mai der Fluß Delaware, erst zehn und dann acht Meilen breit, die Ufer mit Dörfern geschmückt. Der majestätische Strom war voller ein- und auslaufender Schiffe. Wir zählten in fünf Stunden über dreißig große Fregatten; nahe Lostridge erfaßten wir, zusammen mit den Schonern, dreiundzwanzig Segelschiffe auf einen Blick. Das östliche Ufer im Staat New Jersey sieht ärmlicher aus, das westliche im Staat Delaware, mit den kleinen Städten New Castle, Wilmington und Chester, ist reicher bestellt. Etwas über New Castle hinauf erheben sich die Ufer zu kleinen, zehn bis fünfzehn Meter hohen Hügeln. Aus den spanischen Tropen kommend, wunderten wir uns vor allem über die Schornsteine und Blitzableiter auf den Dächern selbst der kleinsten Häuser.

Lostridge, mit einem guten Krankenhaus inmitten prächtiger Alleen, ist die Quarantäne- und Zollstation. Bei Entgegennahme der Zollerklärung muß man das heilige Evangelium küssen. Unser Kapitän zitterte, als man ihm diese protestantische Bibel reichte, in deren Einband mit dem Fingernagel ein kleines Kreuz geritzt war. Er glaubte, den Doktor Luther zu küssen.

22. Mai. Wir waren vorher nie in Quarantäne gewesen. Das ist an Bord der Augenblick, in dem man beginnt, sich endgültig zuwider zu werden. Jeder sucht Streit mit jedem. Von Land wagt niemand mehr, mit dem Schiff in Verbindung zu treten. Man schickte uns Ätzkalk, er sollte gelöscht und auf die Wände der Mannschaftsunterkunft gestrichen werden. Warum läßt man nicht räuchern? Ein Tag Räuchern mit salzsauren Dämpfen würde vier Tage Frischluftquarantäne aufwiegen! Wäre es nicht menschlich, wenigstens in den Schiffen zu räuchern, die zur Zeit des Gelbfiebers auslaufen? Jede Regierung sollte anordnen: kein dänisches, amerikanisches oder sonstiges Schiff darf in einem Hafen angenommen werden, wenn es nicht ein Zeugnis des Konsuls über das Räuchern vorm Auslaufen beibringen kann. Verschleppte man die Seuche nicht nach andernorts, würde sie nicht, durch tropische Einflüsse verschlimmert, zurückkehren. Das wäre eine wahrhaft philanthropische, eines freien und aufgeklärten Volkes würdige Maßnahme.

Mit dem Kalk wurden in unserer Fregatte knapp neunundvierzig Quadratmeter gestrichen! Es hätte gleich viel bewirkt, mit dem Kalkwasser ein kleines Kreuz auf die Matrosenstirnen zu malen. Ich will den Nutzen gar nicht bezweifeln, wenn man das ganze Schiff mit Kalk überziehen könnte. Aber eine so kleine Partie! Und sitzt das ansteckende Übel nicht vor allem in den Kleidern, den Betten? Ein Räuchergas, das sich entwickelt und mit allem in Kontakt kommt, wäre schon deshalb vorzuziehen. Es wird hier auch, wenn man größere Ansteckungsgefahr vermutet, Schießpulver verbrannt. Die Nutzlosigkeit ist zur Genüge bewiesen. Darüber hinaus ist dieses Mittel, wie man hier jammern hört, recht unpraktisch, weil die Schiffe ja vorher gelöscht werden müssen.

Ausklang

Alexander von Humboldt in den Vereinigten Staaten

Am 22. Mai 1804, Dienstag, brach Humboldt die Tagebuchaufzeichnungen unvermittelt ab.

Seit Sonntag dauerte die Quarantäne. Er mißt den einen wie den anderen Tag die Temperaturen, stellt fest, zu welcher Uhrzeit der Gezeitenstrom kentert. Nahe Lostridge, schätzt er, wo eine Insel im Fluß liegt, ist der Delaware soundso breit. Man vermeint zu sehen, wie er nach dieser letzten Eintragung die Feder hinwirft. Es gibt nichts mehr einzutragen, die Quarantäne verurteilt ihn zu Tatenlosigkeit. Doch später? Es war, wie aus einem Brief vom Sonntag hervorgeht, schließlich nichts weniger als das «moralische Interesse, ein so weise regiertes Land zu sehen», dem er nicht hatte widerstehen können und dessen Befriedigung ihm festhaltenswerte Erlebnisse die Fülle bescherte. Immerhin gibt es diesen und ein paar andere Briefe von ihm, gelegentliche Bezüge im späteren gedruckten Reisewerk und nicht wenige anekdotische Mitteilungen seiner nordamerikanischen Gastgeber. Damit haben wir uns für den Ausklang zu behelfen.

In dem genannten Sonntagsbrief hatte er sofort einen dringenden Hilferuf an Zaccheus Collins in Philadelphia gerichtet, einen Quäker, der ihm als Philanthrop und eifriger Förderer der Wissenschaften bekannt war. Er verstehe sehr gut, schrieb er, wenn man sich in einem von Epidemien oft verheerten Land betreffs der Gesundheit Zeit lasse. Aber weder in Havanna, ihrem Ausgangshafen, noch auf dem Schiff gingen augenblicklich Krankheiten um und seine verfügbare Zeit schmelze dahin. Er bat, nach Kräften dahin zu wirken, daß man die Quarantänezeit abkürzt und ihn und seine Gefährten von den damit verbundenen Widerwärtigkeiten befreit.

Collins tat, was in seiner Macht stand. Am 24. Mai durften Humboldt, Bonpland und Montúfar von Bord gehen und trafen nach kurzer Überlandfahrt in Philadelphia ein, der mit 75000 Einwohnern damals größten Stadt des Landes und dessen geistig-kulturelles Zentrum. Die von Benjamin Franklin gegründete *American Scientific Philosophical Society* nahm sich ihrer so rührend wie reißerisch an. Die Vizepräsidenten, Kanzler, Kuratoren knüpften Humboldt die Kontakte, kümmerten sich um die Kutschen, schleppten ihn auf ihre Partys, sie zeigten ihm alles und ersparten ihm nichts. Im Kuriositätenmuseum des Kunstmalers Charles Wilson Peale bestaunte er die fünfbeinige Kuh mit zwei Schwänzen und das zweiköpfige Kalb und den *Physiognotrace,* einen Apparat, mit dem man die eigene Silhouette zeichnen konnte, und den Zeigefinger eines hingerichteten Pistolenhelden. In der Bibliothek der von Franklin ins Leben gerufenen *Library Company* entdeckte er zu seinem Entzücken im Inhaltsverzeichnis einer wissenschaftlichen Publikation die Anzeige: «Ankunft von Manuskripten des Herrn von Humboldt im Hause seines Bruders zu Paris, auf dem Weg über Spanien», und fand längst verlorengeglaubte astronomische Beobachtungen abgedruckt.

Er schrieb aus Philadelphia unverzüglich einen langen Brief an Präsident Jefferson. Er legte ihm seinen persönlichen und beruflichen Werdegang dar, gab eine gedrängte Übersicht der Äquinoktialreise und drückte die große Freude aus, nun in den Vereinigten Staaten zu sein. «Ihre Schriften, Ihr Handeln und die Freiheitlichkeit Ihrer Ideen haben mich seit meiner empfänglichsten Jugend inspiriert. Ich schmeichle mir mit der Hoffnung, es Ihnen mündlich auszudrücken, Ihnen persönlich meine Ehrerbietung darzubringen und ein philosophisches Staatsoberhaupt aus der Nähe zu bewundern, das die einhellige Zustimmung beider Kontinente findet.»

Thomas Jefferson, nach George Washington und John Adams dritter Präsident der jungen Staaten, war der Verfasser ihrer Unabhängigkeitserklärung von 1776, in der Selbstbestimmung, Gleichheit und das naturgegebene Recht auf Leben, Freiheit und Streben nach Glück gefordert und ihre Verweigerung als Grund für die Trennung von Großbritannien bezeichnet wurden. Er war Mitverfasser der *Northwest Ordonance* von 1787, die für das damals neugebildete Nordwestterritorium die Sklaverei verbot und die allmähliche Freilassung der Sklaven auch in den Nord- und Mittelstaaten beeinflußte. 1785 folgte er Franklin auf dem Botschafterposten in Paris und wurde dem aufbrechenden Frankreich nicht der schlechteste Ratgeber in Fragen revolutionärer Technik. Danach Außenminister George Washingtons, handelte dieser eigentlich ganz unjakobinische Mann stets nach seiner Überzeugung, die Französische Revolution habe mehr Gutes bewirkt als Übel angerichtet. Wenngleich tatsächlich eher philosophischer Staatsmann, als den Humboldt ihn bezeichnete, denn politischer Philosoph, vertrat er leidenschaftliche Freiheitsliebe und Mißtrauen gegen jede Staatsgewalt, den Wert des Individuums und den festen Glauben an Vernunft und an jedermanns Fähigkeit zu politischer Verantwortung, sofern er durch allgemein zugängliche Bildung von Aberglauben und Unwissen befreit wird. – Am 28. Mai beantwortete er Humboldts Brief:

«Gestern abend erhielt ich Ihr geehrtes Schreiben und beglückwünsche Sie, nach einer Reise, deren Verlauf Sie so vielen Härten und Gefahren ausgesetzt hat, in guter Gesundheit angekommen zu sein. Die von Ihnen besuchten Länder gehören zu den unbekanntesten und interessantesten, und es besteht allgemein der lebhafte Wunsch, von Ihnen unterrichtet zu werden. Niemand fühlt ihn lebhafter als ich, denn niemand vielleicht sieht diese neue Welt mit größeren Hoffnungen, sie vermöchte den Menschen eine bessere Lebensgrundlage zu werden. Unser junger Regierungssitz weist nichts auf, was die Aufmerksamkeit eines Reisenden fesseln könnte, unser Willkommen muß Ihnen Ersatz sein, wenn die Verlängerung Ihrer Reise Ihnen dafür angemessen scheint.»

Jeffersons Zeilen lassen durchblicken, daß man der reisenden Berühmtheit neben der in beiden Welten schon üblichen Bewunderung noch ein sehr spezielles Interesse entgegenbrachte. Die Vereinigten Staaten hatten im Vorjahr mit dem sogenannten *Louisiana Purchase* (Louisiana-Kauf) für 27 267 622 Dollar von Frankreich ein Gebiet erworben, mit dem sie ihr bisheriges Territorium mehr als verdoppelten. Noch kannte man den neuen Besitz kaum, weder in seinen geographischen noch in den politischen Umrissen, und stand insbesondere vor tausend Fragen hinsichtlich des Vizekönigreichs Neu-Spanien, dem man nun im Süden und Westen direkt benachbart war. Man wußte nichts auch nur über die Großformen der Landschaft, die grenzüberschreitenden Flußläufe und Gebirgszüge, geschweige denn, daß man über Karten und statistisches Material verfügt hätte. Es gab viel Niemandsland, aber keinerlei Grundlage für eine durchdachte Entscheidung über mögliche Ansprüche. Im Augenblick kannte die dringendsten Antworten nur Humboldt.

Am 29. Mai machten sich die drei Gefährten auf den Weg nach Washington, angeführt von Peale und anderen Lokalmatadoren. Peale, vorbereitet wie für einen Wahlfeldzug, verstaute in der Postkutsche eine ganze Tasche mit selbstgefertigten Humboldt-Silhouetten, die er in Washington unter die Leute zu bringen gedachte. Nach seinen Notizen war Humboldt die Seele der kleinen Partie, feurig, energisch, ständig überströmend von Südamerikageschichten und anstößigen Anekdoten über die europäischen Höfe, und trieb seinen Spaß mit Bonpland und Montúfar, die kein Wort Englisch beherrschten. «Der Baron sprach sehr gut Englisch, mit deutschem Mundwerk, und es war amüsant, ihn Englisch, Französisch und Spanisch durcheinandergemischt und schnell hintereinanderweg reden zu hören.»

Washington, eine kaum fünfzehn Jahre alte Gründung am Potomac, war damals noch eine Kleinstadt; in achthundert Häusern wohnten viereinhalbtausend Menschen. Erst seit vier Jahren Regierungssitz, entsprach es der hohen Bestimmung vorläufig nur andeutungsweise. Der irische Dichter Thomas Moore, der das Städtchen fast gleichzeitig mit Humboldt besuchte, verspottete die Einbildung, die schon von einem zweiten Rom sprach, einen Gänsebach Tiber nannte, Moräste für stattliche Plätze und Straßenbäume für Obelisken ansah, ungebaute Tempel schaute und ungeborene Heroen besang. Humboldt schrieb später im Reisewerk: «Nach dem Plan, der für die Stadt entworfen wurde, und nach der Pracht ihres Kapitols zu urteilen, das ich nur zu einem Teil vollendet sah, wird Federal City dereinst ohne Zweifel schöner werden als Mexiko-Stadt. Washington und Philadelphia werden indes immer nur europäischen Städten ähnlich sehen und den Reisenden nicht durch jenen eigentümlichen, ich möchte sagen exotischen Charakter überraschen, den Mexiko, Santa Fe de Bogotá, Quito und alle Hauptstädte haben, die in den Tropenländern auf den Höhen der Großen Bernhardstraße und noch höher gebaut sind.»

Am 2. Juni stellte Peale sein illustres Häufchen im Weißen Haus vor.

Jefferson hielt sich am liebsten im sogenannten *Cabinet* auf: umgeben von seinen Büchern, Mappen, Globen, Land- und Seekarten, in den Fensternischen Blumenständer, in den Ecken seine Gartengeräte und zwischen Rosen und Geranien die Spottdrossel, die er um ihres eigenen Gesanges und ihrer Kunstfertigkeit, mit der sie die hereintönenden Melodien anderer Vögel nachahmte, zärtlich pflegte. So beschreibt Margaret Bayard Smith, Frau eines Zeitungsverlegers, in ihren Erinnerungen den Raum, in dem Jefferson und Humboldt wahrscheinlich meist beisammensaßen, wenn sie nicht in größerem Kreise aufgingen. Trotz des Altersunterschieds einer ganzen Generation fanden sie sich in ihren menschlichen Erwartungen rasch bestätigt und verkehrten ohne protokollarischen Zwang miteinander, die Amtswohnung des Präsidenten stand Humboldt jederzeit offen. Im April war Jeffersons Schwester Martha gestorben, von niemandem ließ er sich leichter aufheitern als von den Kindern seiner gleichnamigen, Patsy gerufenen Tochter. Eines Abends, erzählt Margaret Bayard Smith, stand Humboldt unangemeldet in der Tür zum Gesellschaftszimmer:

«Er fand Mr. Jefferson auf dem Fußboden in so hitziger und lärmender Balgerei mit einem halben Dutzend kleiner Enkel, daß sein Eintritt für Momente völlig unterging. Als seine Gegenwart entdeckt wurde, stand Mr. Jefferson auf, schüttelte ihm die Hand und sagte: Da sehen Sie, wie ich den Narren spiele, Baron, aber ich bin sicher, vor Ihnen muß ich mich nicht verteidigen.»

Und Jeffersons damaliger Privatsekretär William Armistead Burwell: «Eines Morgens, als wir versammelt beim Frühstück saßen, kam Mr. Jefferson herein und schwenkte einen Zeitungsausschnitt mit den schlimmsten Schmähungen seiner Person. Er überreichte ihn dem Baron mit dem Vorschlag, ihn in irgendeinem europäischen Museum als Beweis dafür auszustellen, daß aus der Pressefreiheit kaum Schaden erwächst; seine Administration sei ungeachtet zahlreicher und täglich erscheinender Ergüsse ähnlicher Natur niemals populärer gewesen.»

Knappe zwei Wochen hielt sich Alexander von Humboldt mit seinen Getreuen in Washington auf. Die Gesellschaft lag ihm zu Füßen und konnte nicht genug von ihm bekommen. Sie ließ ihren Star nicht aus den Augen und erlaubte ihm nur eben einen Abstecher nach Mount Vernon ans Grab George Washingtons. Kaum angekommen, sagte Peale, nun hätten sie lange genug unter dem Portikus des bescheidenen Landhauses gestanden und ihre Augen am Potomac River geweidet. Er stellte sich taub gegen Humboldts und Bonplands botanisches Interesse an der weitläufigen Gartenanlage und drängte unerbittlich auf Rückkehr. Sie wurde bei einbrechender Nacht zu einer tollen Jagd, da die Kutscher der beiden Wagen inzwischen ein hübsches Quantum Grog im Leibe hatten und mit riskanten Überholmanövern um Vorfahrt und Straßenmitte kämpften. Ansonsten scheint es bei einigen *Sightseeings* in der kleinen Hauptstadt geblieben zu sein: Besichtigung des unfertigen Kapitol-Komplexes, der von Jefferson gegründeten Kongreß-Bibliothek, des Hafens, der Marinewerft und der im Patentamt ausgestellten jüngsten Erfindungen. An Arbeit war gar nicht zu denken, er mußte sich förmlich zerstücken, damit seine Gastgeber alle ihr Teil Humboldt bekamen.

Dolley Madison, die Frau des Außenministers, an ihre Schwester: «Neulich hatten wir einen großen Schmaus in Gesellschaft eines bezaubernden preußischen Barons von Humboldt. Alle Ladies sind in ihn verliebt, obwohl er nichts anzüglich Reizvolles hat. Er ist der höflichste, bescheidenste, bestunterrichtete und fesselndste Reisende, dem wir je begegnet sind, und er fühlt sich in Amerika sehr wohl. In wenigen Tagen segelt er mit seinen Kompagnons nach Frankreich, um einen Bericht über seine Reisen in Südamerika zu veröffentlichen, wo er fünf Jahre zugebracht hat und wohin er wiederkehren möchte. Der Philosophentroß in seinem Schlepptau, sicher gescheit und unterhaltsam, hält keinen Vergleich mit ihm aus.»

Finanzminister Albert Gallatin an seine Frau: «Baron Humboldt hat mir einen erlesenen intellektuellen Hochgenuß verschafft. Ich bin so leicht nicht zu begeistern, und er nahm meinen Geschmack zuerst nicht unbedingt für sich ein, weil er mehr redete als wir alle zusammengenommen und zweimal so schnell als irgend jemand sonst, Deutsch, Französisch, Spanisch und Englisch, alles auf einmal. Aber dann war ich wirklich entzückt und verschlang in weniger als zwei Stunden mehr Information der verschiedensten Art, als ich in den zwei Jahren davor gelesen oder gehört habe. Er macht es dir leicht, dich selber auszudrücken, weil er deinen Gedankengang präzise erfaßt, ehe du das dritte Wort heraus hast.»

Margaret Bayard Smith an ihre Schwägerin: «Wir hatten das einzigartige Vergnügen, uns zu einem großen Teil seiner Gesellschaft zu erfreuen. Seine Stunden waren erfüllt von einer allgemeinen Aufmerksamkeit, die sein Herz sehr beeindruckt haben muß, da gibt es für mich keinen Zweifel. Seine Aufgeschlossenheit hat ihn schon zum Amerikaner gemacht, und wir dürfen durchaus hoffen, daß er, wenn seine Reiseneugier gestillt ist, seine Tage in den Vereinigten Staaten beschließt. Das wäre ein großer Gewinn, denn ich übertreibe bestimmt nicht, wenn ich ihn einen der gelehrtesten Männer des Zeitalters nenne. Dazu noch dient sein ganzes Wissen dem lebendigen Zweck, und im Herzen trägt er eine so glühende Liebe zu seinen Mitmenschen, wie man bei besten Grundsätzen und zartesten Gefühlen nur erwarten darf.»

Die Vereinigten Staaten haben Alexander von Humboldt später bitter enttäuscht. Durch ihre Eroberungs- und Erpressungspolitik gegenüber Mexiko, durch die nicht enden wollende Sklavenhalterei und, ganz grundsätzlich, durch das Herabwürdigen der einst versprochenen Freiheit zu einem bloßen «Mechanismus im Element der Nützlichkeit». Die Gegenwart von 1804 wies noch in eine ganz andere Zukunft. Wohl blieb ihm das Fünftel Sklaven unter den Einwohnern Washingtons nicht verborgen – schwarze Dienerschaft dürfte er sogar bei den erklärten Gegnern der Sklaverei angetroffen haben –, und ganz sicher nahm er es bei aller Höflichkeit nicht schweigend zur Kenntnis. Doch er war, wie er Jefferson schrieb, überzeugt: «Während Europa ein unmoralisches und düsteres Schauspiel darbietet, geht dieses Volk Nordamerikas mit großen Schritten der Vervollkommnung seines sozialen Zustands entgegen.» In solcher Gewißheit ließ er sich gerne feiern und sagte in jedes erwartungsvoll aufgeschlagene Augenpaar, o ja, es erscheine ihm dies alles wie ein schöner Traum. *Beautyful country* und *beautyful dream*, das geht ihm so oft und so leicht über die Lippen, wie seine Gastgeber es sich nur wünschen können. Sie müssen nicht unbedingt wissen, daß er, indessen er Artigkeiten aufsagt, schon an die Ausarbeitung seines Reisewerkes denkt.

Als am 12. Juni der *Hamburger Correspondent* meldete: «Der berühmte Reisende Herr von Humboldt ist leider zu Acapulco am gelben Fieber gestorben», machte er in Washington soeben seine Abschiedsvisiten. Am nächsten Tag trat er mit Bonpland und Montúfar die Rückfahrt nach Philadelphia an. Sie wählten die Route über Lancaster, einen der bedeutendsten Orte im damaligen Hinterland mit vorwiegend deutscher Bevölkerung in der Stadt selbst und in ihrer Umgebung. Überall erblickten sie die große solide deutsche Scheune, geradezu das Wahrzeichen dieses ertragreichen Landstrichs. Sie besuchten den Generallandmesser Andrew Ellicott, der erst kürzlich die Floridagrenze zwischen den Vereinigten Staaten und Neu-Spanien vermessen hatte, und den Botaniker Gotthilf Henry Ernst Mühlenberg, der ihnen ein paar Handvoll Pflanzen zu Vergleich und Bestimmung nach Paris mitgab. Auf dem *Lancaster to Philadelphia Turnpike*, der ersten geschotterten Überlandstraße der Staaten, über die der Siedlerstrom in den noch unbekannten wilden Westen treckte, langten sie am 18. Juni wieder in Philadelphia an.

Energisch nahm Humboldt die Heimreise über den Atlantik in Angriff. Er trieb sein kartographisches und statistisches Material über Neu-Spanien wieder ein, das er der Jefferson-Administration zum Kopieren überlassen hatte. Er drängte bei Außenminister Madison auf einen Paß, der die Sammlungen und vor allem den französischen Citoyen Bonpland vor dem Zugriff Großbritanniens zu schützen vermochte, das nach einem kurzen trügerischen Frieden seit einem Monat wieder mit Frankreich im Krieg lag. Wie es aussieht, hatte er Wind bekommen von gewissen Machenschaften des britischen Botschafters. «Es erfüllt mich mit Bitterkeit», schrieb er an Madison, «wenn ich daran denke, daß mir ein Freund, der sich sechs Jahre lang für mich aufgeopfert hat, nach allen überstandenen Gefahren noch im letzten Augenblick entrissen werden soll.»

Er wußte nicht, wo ihm der Kopf stand, und mußte an drei Tagen stundenlang stillsitzen für Peale, der diesen Kopf unbedingt noch malen wollte. Das Bild hängt heute in der Bibliothek des *College of Physicians* in Philadelphia.

Am 29. Juni meldete *Relfs Philadelphia Gazette and Daily Advertiser* in der Abendausgabe: «Baron Humboldt, seine zwei Reisebegleiter und einige andere französische Gentlemen und Ladies sind als Passagiere an Bord der unter Kapitän Penrose nach Bordeaux bestimmten *Favorite* gegangen.

Nach einer Überfahrt ohne Zwischenfälle oder Stürme gilt Alexander von Humboldts erster Gruß dem Jugendfreund Carl Freiesleben. Es ist, man möchte es fast nicht glauben, eben erst ein gutes Dutzend Jahre her, daß er von dem Erzgebirgsjungen zu Freiberg in Sachsen die ersten bergmännischen Handgriffe erlernte. Und jetzt schreibt er ihm als der zweite Kolumbus, als der wissenschaftliche Wiederentdecker Amerikas: «Bei Bordeaux, den

1. August 1804. Zu Schiffe. In Eile. – Mein teurer Carl! Nach fünfjähriger Abwesenheit bin ich endlich auf europäischen Boden glücklich zurückgekommen. Meine Expedition von 9000 Meilen in beiden Hemisphären ist vielleicht ohne Beispiel glücklich gewesen. Ich war nie krank und bin gesünder, stärker, arbeitsamer, selbst heiterer als je. Mit dreißig Kisten und botanischen, astronomischen, geologischen Schätzen beladen kehre ich zurück und werde Jahre brauchen, mein großes Werk herauszugeben.»

Anhang

Zu dieser Ausgabe

Auswahl, Übersetzung, Gliederung

Die Aufgabe, Alexander von Humboldts unvollendete Reisebeschreibung mittels der nun endlich zugänglichen Tagebuchaufzeichnungen zu vervollständigen und erstmals ein annähernd Ganzes herauszubringen, machte, zumal es in einem Band zu geschehen hatte, beträchtliche Kürzungen der Textquellen erforderlich, ungeachtet diese selbst schon gekürzte Fassungen darstellen.

Einer modernen und für ein heutiges breites Leserpublikum bestimmten Ausgabe muß das nicht zum Schaden gereichen, wenn die Auswahl unter Wahrung der Zusammenhänge und des *Reise*charakters nach einem hohen Erzähltempo strebt. In diesem Bemühen wurde versucht, aus der Not eine Tugend zu machen. Es versteht sich, daß aus den Tagebüchern in erster Linie fortgelassen wurden die zahlreichen und oft langen rein wissenschaftlichen Exkurse, die Tabellen, Statistiken, lateinisch abgefaßten Tier- und Pflanzenbeschreibungen und überhaupt alles, was dem Leser ein allzu spezielles Wissen und Interesse abfordern würde oder gar allein dem Fachgelehrten verständlich ist.

Innerhalb des ersten großen, bis zur Überfahrt nach Kuba reichenden Abschnitts, dem die deutsche Übersetzung der *Relation historique* von Hermann Hauff zugrunde liegt und dessen Kern die wohl am bekanntesten gewordene Stromfahrt auf dem Orinoko ist, wurde Platz geschaffen für dorthin gehörige Tagebuchaufzeichnungen (im Anschluß an das Literaturverzeichnis ausgewiesen), die Humboldt entweder gar nicht oder, aus zumeist zeitbedingten Rücksichten, nicht *so* ins gedruckte Werk übernommen hatte. Es ging dabei nicht nur um den Reiz des bisher Unbekannten, sondern auch um einen gewissen, wenn auch noch so geringen Angleich an den zweiten großen, gänzlich auf den Tagebüchern beruhenden Abschnitt.

Der *Versuch über den politischen Zustand der Insel Cuba* wurde reduziert auf seinen lebendigsten und von Humboldt immer als am wichtigsten bezeichneten Teil, die Sklavenfrage.

Humboldt hat in seinen Tagebüchern die Reise nur bis zur Station Quito in deutscher Sprache aufgezeichnet, und schon in diesem Teil finden sich mehrere französisch geschriebene Abschnitte. Ab Quito bis zum Abbruch der Eintragungen bediente er sich dann durchweg der französischen Sprache, ausgenommen wenige Seiten über den Bergbau und einige unvermittelt muttersprachliche Sätze in Momenten besonders starker Erregung. Auch Spanisch kommt vor und das in den verschiedenen Provinzen variierende, weil mit der jeweils vorherrschenden Indianersprache gemischte damalige Amerikaspanisch, nicht selten nach dem Gehör aufgeschrieben. Gelegentlich transponierte er Vokabeln von einer Fremdsprache in die andere ohne Rücksicht darauf, daß sie dort etwas anderes ausdrücken. Oft ließ er spanische Wörter französisch enden oder schrieb französische Wörter in spanischer Orthographie.

Nicht dieser Schwierigkeit, sondern des kostbaren Tagebuchschatzes selbst wegen, der leicht dazu verführen kann, jedes Wort auf die Goldwaage zu legen, muß es vielleicht gesagt sein: Eine in falscher Treue zum Humboldtschen Wort angestrebte Interlinearversion hätte den Text nur beschädigt; der Herausgeber ist in seiner Übersetzung literarischen Grundsätzen gefolgt.

Humboldts Tagebucheintragungen stimmen in ihrer Reihenfolge nicht durchweg mit dem chronologischen Reiseverlauf überein. Allzu oft mußte er die eben begonnene Schilderung abbrechen, und wenn er sie später wieder aufnahm, hatte sich anderes, oft vieles andere, dazwischengeschoben. Eben Bewältigtes erschien ihm manchmal schon nach kurzer Zeit in einem plötzlich neuen Licht, anderes offenbarte erst nach Monaten oder sogar Jahren eine neue, merkwürdige Seite. Die mit zunehmender Reisedauer wachsende Stoffülle und der gebotene haushälterische Umgang mit dem Papiervorrat zwangen ihn oft, längst beschriebene Seiten erneut zu benutzen und dann jedes etwa noch freie Eckchen vollzukritzeln. Die sich so ergebende Aufzeichnungsfolge wurde generell dem chronologischen Reiseverlauf untergeordnet und, wo erforderlich, entsprechend umgegliedert. Dabei wurden die zahlreichen Randnotizen, soweit verwendet, nach Humboldts Verweisen in den laufenden Text eingefügt.

In einigen wenigen Passagen wurden zur Verdeutlichung oder Abrundung des Vorgangs das gedruckte Werk und die unterwegs geschriebenen Briefe herangezogen. Die gelegentliche Verquikkung von Sätzen verschiedener Herkunft wurde dabei nicht gescheut. Da es sich bei diesen Eingriffen entweder um Selbstverständlichkeiten der Einrichtung oder um Geringfügigkeiten handelt und es stets bei Humboldts Wort blieb, wurde auf Kennzeichnung innerhalb des Textes verzichtet und der Nachweis im Anschluß an das Literaturverzeichnis vorgezogen.

Die Kapiteleinteilung und die weitere Untergliederung durch Zwischenüberschriften wurden vom Herausgeber vorgenommen.

Bearbeitungshinweise

Die aus der Hauff-Ausgabe stammenden Texte wurden gelegentlich und mit gebührender Vorsicht stilistisch modernisiert. In den Tagebuchaufzeichnungen galt es darüber hinaus, Ungeschicklichkeiten zu korrigieren, wie sie jedem ersten Entwurf anhaften, und viele Satz- und Wortabkürzungen stillschweigend zu ergänzen. Unerträgliche Häufungen bestimmter Wörter und Wendungen wurden durch Synonyma aufgelöst.

Für den gesamten Text gilt:

Die Orthographie ist auf den heutigen Stand gebracht.

Alle Eigennamen wurden in der heute gültigen Schreibung wiedergegeben, soweit sich diese nachweisen ließ.

Zur klaren Unterscheidung zwischen Land und Stadt Mexiko heißt es bei letzterer immer Mexiko-Stadt. Den von Humboldt fachsprachlich benannten Pflanzen und Tieren wurden, wo immer möglich, im Deutschen übliche Namen gegeben; im Deutschen nicht eingebürgerte spanische und amerikaspanische Pflanzen- und Tiernamen sind im Sachverzeichnis erklärt.

Die von Humboldt in Réaumur und Fahrenheit angegebenen Temperaturen sind in Celsius umgerechnet. Über die Münzen, Maße und Gewichte und ihre teilweise Umrechnung für diese Ausgabe wird eingangs des Sachverzeichnisses informiert. Heute gültige Gipfelhöhen über dem Meer und der von Humboldt beim Chimborazo-Aufstieg vermutlich wirklich erreichte höchste Punkt stehen im alphabetischen Sachverzeichnis beim jeweiligen Stichwort.

Danksagung

Mein Dank gilt der Deutschen Staatsbibliothek Berlin, Unter den Linden, für den Zugang zu Alexander von Humboldts Tagebüchern. Tief empfundenen herzlichen Dank schulde ich allen Angehörigen der Alexander-von-Humboldt-Forschungsstelle in Berlin, insbesondere Frau Dr. Margot Faak, Herrn Prof. Dr. Kurt-R. Biermann, langjährigem Leiter der Forschungsstelle, und ihrem jetzigen Leiter, Herrn Dr. Horst Fiedler. Jederzeit durfte ich ihr überlegenes Wissen in Anspruch nehmen, ihre Erfahrung im Umgang mit den Rätseln Humboldtscher Tagebuchführung, die auf eigene Faust lösen zu wollen niemand sich anmaßen darf.

Paul Kanut Schäfer

Literaturverzeichnis

A. Die Textquellen

1. bis 8. Kapitel:

Alexander von HUMBOLDT'S Reise in die Aequinoctial-Gegenden des neuen Continents. In deutscher Bearbeitung von Hermann HAUFF. Bd. 1–4. Stuttgart 1859/60.

9. Kapitel:

A. v. Humboldt: Versuch über den politischen Zustand der Insel Cuba. Gesammelte Werke, Bd. 12. Stuttgart 1889.

10. bis 24. Kapitel:

A. v. Humboldt: Die Tagebücher I, II et VI, III, IV, V, VIIa et VIIb, VIIbb et VIIc, VIII, IX. Deutsche Staatsbibliothek Berlin/DDR, Nachlaß Alexander von Humboldt.

B. Literatur zu Einleitung und Ausklang

Kurt-R. Biermann/Fritz G. Lange: Alexander von Humboldts Weg zum Naturwissenschaftler und Forschungsreisenden. In: Alexander von Humboldt. Wirkendes Vorbild für Fortschritt und Befreiung der Menschheit. Festschrift aus Anlaß seines 200. Geburtstages, hrsg. im Auftrag der Kommission für die A.-v.-Humboldt-Ehrungen 1969 der DDR von der Deutschen Akademie der Wissenschaften zu Berlin. Berlin 1969.

Kurt-R. Biermann: Alexander von Humboldts berühmter Bericht über seine amerikanische Forschungsreise – ein Torso. NTM-Schriftenreihe. Leipzig 1982.

Alexander von Humboldt. Eine wissenschaftliche Biographie. Bearb. u. hrsg. von Karl Bruhns. 3 Bde. Leipzig 1872.

Die Jugendbriefe Alexander von Humboldts. Hrsg. u. erl. von Ilse Jahn und Fritz G. Lange. Berlin 1973.

Wilhelm von Humboldt: Tagebuch der Reise nach Spanien. In: Wilhelm von Humboldt, Gesammelte Schriften. Ausgabe der Preußischen Akademie der Wissenschaften. Hrsg. von Albert Leitzmann, Wilhelm Richter u. a. Berlin 1903–1936.

Wilhelm und Karoline von Humboldt in ihren Briefen. Hrsg. von Anna von Sydow. Berlin 1906–1916.

Gabriele von Bülow, Tochter Wilhelm von Humboldts. Ein Lebensbild. Aus den Familienpapieren Wilhelm von Humboldts und seiner Kinder. 1791–1887. 6. Aufl. Berlin 1895.

Goethe's Briefwechsel mit den Gebrüdern von Humboldt (1795–1832). Im Auftrag der von Goethe'schen Familie herausgegeben von F. Th. Bratranek. Leipzig 1876.

Der Text auf den S. 27–29 stammt aus: Alexander von Humboldt, Tagebuch II et VI, Bl. 52R bis 54R. Deutsche Staatsbibliothek Berlin/DDR, Nachlaß Alexander von Humboldt. Der Abdruck (gekürzt) ist eine Erstveröffentlichung und erfolgt mit besonderer Genehmigung der Deutschen Staatsbibliothek Berlin/DDR, Handschriftenabteilung/Literaturarchiv, und der Alexander-von-Humboldt-Forschungsstelle der Akademie der Wissenschaften der DDR.

H. R. Friis: Alexander von Humboldts Besuch in den Vereinigten Staaten von Amerika vom 20. Mai bis zum 30. Juni 1804. In: Alexander von Humboldt – Studien zu seiner universalen Geisteshaltung. Hrsg. von Joachim H. Schultze. Berlin 1959.

C. Zur Verifizierung herangezogene Werke

Alexander von Humboldt: Voyage aux régions équinoxiales du Nouveau Continent, fait en 1799, 1800, 1801, 1802, 1803 et 1804, par Al. de Humboldt et A. Bonpland; rédigé par Alexandre de HUMBOLDT. [Relation historique.] Paris: T. 1 et 2: Librairie grecque-latine-allemande 1816; T. 3 et 4: Librairie grecque-latine-allemande 1817; T. 5 et 6: N. Maze 1820; T. 7 et 8: N. Maze 1822 (auch J. Smith et Gide 1824); T. 9 et 10: J. Smith et Gide 1825; T. 11 et 12: J. Smith et Gide 1826; T. 13: Gide 1831. (Oktavausgabe).

Alexander von Humboldt: Essai politique sur le royaume de la Nouvelle Espagne. 2 vol. Paris, Schoell, 1811.

Alexander von Humboldt: Versuch über den politischen Zustand des Königreichs Neu-Spanien. Bd. 1–5. Tübingen 1809–14.

Alexander von Humboldt: Ansichten der Natur, mit wissenschaftlichen Erläuterungen. 3. Ausg. Bd. 1–2. Stuttgart u. Tübingen 1849.

Alexander von Humboldt: Pittoreske Ansichten der Kordilleren und Monumente Amerikanischer Völker. Tübingen 1810.

Margot Faak: Widerlegung von Zweifeln an Alexander von Humboldts Chimborazo-Besteigung. In: Petermanns Geographische Mitteilungen. 118. Jg., Heft 1. Gotha/Leipzig 1974.

Briefe Alexander von Humboldts an seinen Bruder Wilhelm. Hrsg. von der Familie von Humboldt. Berlin 1923.

In die Kapitel 1 bis 9 aufgenommene Tagebuchsätze und -partien (die kursiv gesetzten Zahlen bezeichnen die Seiten, die anderen die Zeilen):

33,25–*34*,3: Seit undenklichen Zeiten ... Schiffskapitän sie beschenkt.
42,4–*43*,23: Fürchterlich verdorbene Luft ... über Bord geworfen.
48,35–*49*,5: Bei den Besuchen ... Läuse zu suchen.
63,6–32: Die schändliche Philosophie ... ihre Eltern werden.
65,26–*66*,9: Die Justiz ... das Hängen.
76,8–17: Der Cabildo ... nackt zu reiten.
79,31–33: Doña Jerónima ... wütige Sprechmaschinen.
80,1–3: Nach dem Abschied ... ihr ganzer Reichtum.
80,8–34: Kaum ist ... den Konquistadoren.
81,7–*82*,12: Ehemals raubte man ... vor vier, fünf Jahren.
86,1–7: Der Orinoko ist ... eine Revolution.
91,7–27: Wir brachten die Nacht ... am Hofe zugehe!

92,23–26: Aus dem Gewinn ... nicht lesen können!
96,37–*97*,20: Wie der Mensch ... keine Klage!
100,15–*101*,11: Wenn in den ... sollte glauben, daß –
103,30–35: Mitten im ... Türken ähnlich.
114,29–31: Ihr armen ... nicht kennt!
115,11–13: Es ist gewiß ... ist mäßig.
115,22–23: als kündigten ... keiner lachte.
126,37–39: Pater Zea ... sonderbar ab!
128,23–26: Vielleicht wollte man ... der Imagination scheinen.
129,13–14: Die Jesuiten ... Schaden litten.
132,17–*133*,6: Sie seien auf ... bei Namen nennen.
134,30–*135*,28: Ich hörte ... ergriff sie von neuem.
139,9–15: In Tomo ... Indianer kennen.
147,22–25: Es ist gewiß ... unter sich losten.
148,26–31: Ich sah ... Kultur zu wittern!
153,2–5: Alle flehten ... verpflanzt werden.
162,8–*167*,2: Keine Religion ... ohne ausgepeitscht zu werden.
173,5–11: Herr Valderama ... sehen lachend zu.
199,19: Alle, alle Bewohner ... ausgerottet!
199,23–25: Jetzt nur hier ... fünf bis sechs Häusern.
In Kapitel 1 aufgenommene Briefsätze sowie Sätze aus Werken und Briefen in den Kapiteln 12 bis 24:
46,4–8: Die Hütten ... das Volk. (Brief an W. v. Humboldt)
47,2–6: nebst zwei Negerinnen ... Cumaná umgestürzt. (Brief an W. v. Humboldt)
47,29: Welche Bäume! ... sechzig Fuß hoch. (Brief an W. v. Humboldt)
47,30: ein Ceiba ... Kanus macht! (Brief an Fr. X. von Zach)
47,30–35: Und welche Farben ... nicht bald aufhören. (Brief an W. v. Humboldt)
253,12–14: Es regnete ... Pflanzen bereichert. (Brief an W. v. Humboldt)
268,13–15: Die ganze Provinz ... Rauchwirbel dampfen. (Brief an W. v. Humboldt)
268,30–35: Nachdem wir ... verlangen könnte. (Brief an W. v. Humboldt)
268,36–39: Erst in Quito ... nicht berührt hatte. (Aus: Alexander von HUMBOLDT'S Reise in die Aequinoctial-Gegenden des neuen Continents. Bd. 1, Einleitung)
331,23–26: Das Fußwaschen ... seiner Umgebung. (Aus: Ansichten der Natur)
334,6–10: Es ist unbestreitbar ... Leben ein Ende. (Aus: Ansichten der Natur)
334,36–*335*,4: Kaum hat man ... Andenkette kenne. (Aus: Ansichten der Natur)
343,30–35: Unser Aufenthalt ... gekleidete Frauen. (Brief an José Ignacio Chica)
344,1–18: Mit Ausnahme ... von Peru zusammensetzt. (Brief an Chica)
349,9–11: Zur Zeit ... nach Guayaquil. (Brief an Chica)
379,22–25: Bohnen ... Rosenhecke eingefaßt. (Aus: Versuch über den politischen Zustand des Königreichs Neu-Spanien)
396,23–*397*,6: Die Seen um ... Durchbruch begonnen. (Aus: Versuch ...)
398,27–34: Die Spanier ... Moctezumas Zeiten. (Aus: Versuch ...)
399,3–4: zu dem der Vizekönig ... mit dem Karst tat. (Aus: Versuch ...)
399,17–19: Um sich eine ... Breite hat. (Aus Versuch ...)
400,11–14: Seither hat man ... gesichert ist. (Aus Versuch ...)
425,1–8: Als ich ... Neu-Spaniens. (Aus: Versuch ...)
425,13–*426*,12: Von den ... Koffer. (Aus: Versuch ...)

Sachverzeichnis

Münzen, Maße und Gewichte

Friedrichs d'or – Alte preuß. Goldmünze zu 5 Talern.

Livre – Alte franz. Münze zu 20 Sous; 1795 durch den Franc zu 100 Centimes abgelöst.

Louis d'or – Alte franz. Goldmünze zu ursprünglich 10 Livres, von 1791–1794 zu 25 Livres.

Peso – Alte span. Münze zu 8 Reales; für den damit identischen Piaster wurde stets Peso gesetzt.

Quadrupel – Vierfachstück verschiedener alter Goldmünzen.

Real – 1 Achtelpeso.

Taler – Der 1750 eingeführte und bis 1856 geprägte preuß. Taler enthielt 16,7025 g Feinsilber und wurde bis 1821 unterteilt in 24 Groschen bzw. 288 Pfennige.

Elle – Stets gemeint die span. Elle ≈ 83,5 cm.

Faden – Veraltetes seemännisches Längenmaß zwischen 165 und 220 cm.

Fuß – Stets gemeint der Pariser Fuß = 32,5 cm.

Lachter – Altes bergmännisches Längenmaß ≈ 200 cm.

Linie – Stets gemeint die Pariser Linie (144. Teil des Pariser Fußes) = 2,256 mm.

Meile – Sofern ohne Zusatz, stets die alte franz. Postmeile = 3,895 km;
alte span. Meile ≈ 5,5 km; Seemeile = 1,852 km; alte franz. Seemeile = 5,555 km.

Zoll – ≈ 2,7 cm.

Die unvertraute franz. *Toise* (6 Pariser Fuß = 195 cm) wurde durchweg in das von Humboldt gelegentlich auch schon benutzte Meter umgerechnet oder, wo dies zweckmäßiger schien, in Pariser Fuß.

Castellano – Altes Goldgewicht im span. Südamerika = 4,6 g.

Lot – s. Mark.

Mark (Mark fein) – Altes Silbergewicht von ≈ 233 g zu 16 Lot.

Pfund – s. Zentner.

Unze – Wahrscheinlich gemeint die alte deutsche Unze zu 2 Lot = 30 g.

Zentner – Die unvertrauten span. Gewichte *arroba, fanega* wurden stets in die von Humboldt auch benutzten span. Pfund- und Zentnergewichte umgerechnet, die nur geringfügig von den deutschen abweichen und vom Leser – zwecks leichterer Vorstellbarkeit – mit diesen gleichgesetzt werden können.

absinken – Bergb.: einen Schacht in die Tiefe vortreiben.

Acajou – s. caoba.

acherontisch – Nach Acheron, Grenzfluß zur Unterwelt in der griech. Mythologie.

achras (achras sapota) – Sapotillapflaume, kleiner Breiapfel; das Harz des Baumes (chicle) dient zur Herstellung von Kaugummi.

achupalla – Zu den Ananasgewächsen gehörig.

Achyranthes – Spreublume mit kleinen hakenbewehrten Fruchtkapseln.

Advokatenbirne – s. Persea.

aguti – Goldhase.

Akademikerkreuz – Steinkreuz auf einem Vorgipfel des Pichinchamassivs bei Quito zur Erinnerung an die Meridianmessung der franz. Akademiker unter La Condamine.

alguacil – Polizist.

Alkalde – Bürgermeister, Gemeindevorsteher, Dorfrichter.

Amalgamation – Gold- und Silbergewinnung aus Erzen durch Lösen in Quecksilber.

Anahuac – Altindian. Name für das Hochland von Mexiko-Stadt.

Anfall – Bergb.: Verkeilung der Grubenzimmerung.

angostura – Fluß- oder Wegenge.

Angostura (eigentl. Santo Tomé de Nueva Guayana) – Stadt in Venezuela, 1846 umbenannt in Ciudad Bolívar.

Antizana – Vulkan in Ekuador (5 704 m).

apu – Oberhaupt.

Äquinoktialgegenden – Gebiete zwischen den Wendekreisen, Tropengebiete.

Argandsches Prinzip – Von dem Fabrikanten Aimé Argand (1755–1803) 1783 erfundene Verbesserung der Gaslampen.

Argo – Nach dem Schiff Argo der griech. Sage benanntes Sternbild des südlichen Himmels.

Arimaspen – Sagenhaftes, einäugiges Volk, das im Altertum nördlich des Schwarzen Meeres lebte.

Aron – Strauch- oder baumartiges Gewächs mit Luftwurzeln aus der Familie Arazeen mit vielen, meist tropischen Arten.

arrendajo – Spottdrossel.

asiento – Hier: das vorübergehende Festsetzen der Engländer 1762/63 in Havanna.

atele – Klammeraffe.

audiencia – Obergericht, Gerichtsbezirk.

auditor – Richter, bes. Untersuchungsrichter, Beisitzer.

auffahren – Bergb.: vordringen, vortreiben.

auri sacra fames – Aus Vergil, *Aeneis*, III, 57: «der fluchwürdige Hunger nach Gold».

Australhemisphäre – Südliche Hemisphäre.

Autodafé – Öffentliche Urteilsverkündung und -vollstreckung durch das Ketzergericht der Inquisition.

Azimut – Größe zur Sternortbestimmung.

balsa – Poröses, korkleichtes Holz; Floß, Fähre.

Bambusazeen – Unterfamilie von Baumgräsern (Bambus).

Bergrecht – Summe der auf den Bergbau bezüglichen Rechtsnormen.

Bignonien – Trompetenblumen; baum- oder strauchartige Schlingpflanzen.

bijao – Gattung der Bananengewächse.

Bingenzüge – Bergb.: Reihen trichterförmiger Vertiefungen an der Erdoberfläche durch Zusammenbruch alter Grubenbaue.

Boca chica – Zur Hafeneinfahrt von Cartagena (Kolumbien) gehörige Ortschaft.

Boca del Dragón (Drachenschlund) – Wegen ihrer turmartigen Klippen gefürchtete Durchfahrt zwischen der Halbinsel Paria (Venezuela) und der Insel Trinidad aus dem Atlantik in den Meerbusen von Paria.

Bogenminute – In der Astronomie der 60. Teil eines Stundenwinkels; in der Geographie der 60. Teil eines Längen- oder Breitengrades.

Bol – Fette, durch Eisenoxid gefärbte Tonerde.

Bombax – Baumwollbaum.

borrachera – Riesenstechapfelbaum.

Brigantine – Leichtes zweimastiges Segelschiff.

Brust – Bergb.: Weite eines Bohrlochs.

caballero de su casa – Vornehmer Herr.

Cäcilien – Fußlose Amphibien, sog. Blindwühlen.

cafetal – Kaffeepflanzung.

calesero – Kutscher, Fuhrknecht.

caoba – Ein Mahagonibaum, liefert die Kaschunuß.

caruto – Hartholzbaum mit eßbaren Früchten.

Casa del Gobierno – Regierungsgebäude.

castellano – Spanier aus Kastilien; historisch in Lateinamerika die Allgemeinbezeichnung für einen Spanier.

catedrático – Hochschullehrer.

cayo – Kleine flache Felseninsel, Korallenriff.

cédula – Verfügung, Verordnung, Urkunde.

ceiba – Seidenwollbaum.

cerro – Hügel, Anhöhe, Berg.

champán – Großes flachgehendes Boot.

chapetón – Historisch: im Mutterland geborener Amerikaspanier; auch allgemein Neuling aus Europa.

chichería – Kneipe, in der hauptsächlich Maiswein bzw. -branntwein (*chicha*) ausgeschenkt wird.

Chimborazo – Vulkan in Ekuador (6 267 m); Humboldt hat nach späteren Überrechnungen die Tagebuchangabe über die von ihm erreichte Aufstiegshöhe selbst korrigiert; nach heutiger Erkenntnis hatte er um die 5 350 bis 5 400 m erreicht.

Chinarinde – Rinde von verschiedenen Bäumen der Gattung Cinchona, enthält das gegen Malaria wirksame Alkaloid Chinin.

chiquichiqui – Hanf der Piassavepalme.

città dolente – Stadt der Schmerzen.

cochenille – Schildlaus mit rotem Farbstoff in der Körperflüssigkeit.

code noir – Sklavengesetzgebung.

Cofre de Perote (Nauhcampatépetl) – Vulkan in Mexiko (4 281 m).

Colegio de la Purísima Concepción de Propaganda fide – Oberste Missions- und Propagandabehörde zur Verbreitung der reinen kathol. Glaubenslehre.

Conchocando – Oberster Häuptling der Puruhuaés-Indianer.

conquista – Historisch: die span. Eroberung großer Gebiete Amerikas im 16. Jh.; auch das Zeitalter dieser Eroberung.
conquistador, conquistadores (Konquistador, Konquistadoren) – Der bzw. die Eroberer.
contadero – Lichtung.
coral – Korallen-, Prunkotter.
Corazón – Vulkan in Ekuador (4786 m).
corregidor – Verwaltungsbeamter mit richterlichen Befugnissen, Distriktsstatthalter.
Cotopaxi – Vulkan in Ekuador (5896 m).
coya – Giftspinne.
Cundinamarca – Bis zur Conquista Staatengebiet der Chibchas-Indianer; heute Departement Kolumbiens mit der Hauptstadt Bogotá.
cupana – Kletterstrauch, Schlingpflanze, Gattung der Seifennußgewächse; der koffeinhaltige Samen wird für ein stärkendes und anregendes Getränk verwendet.
curas, coadjutores und clérigos sueltos – Pfarrer, Hilfsgeistliche und streunende Kleriker.

Daturabaum – s. borrachera.
Däumling – s. Pochwerk.
Dei – 1600–1830 Titel des Oberhauptes der türk. Janitscharenarmee in Algier.
Deukaliontische Flut, Deukalions Steine – Urbild der Sintflut in der griech. Mythologie; Deukalion baute auf seines Vaters Prometheus Rat eine Arche und rettete sich mit seiner Frau Pyrrha; sie zeugten die neuen Menschen, indem sie die Gebeine ihrer Mutter Erde, d. h. Steine, hinter sich warfen; aus den von Deukalion geworfenen wuchsen Männer, aus jenen, die Pyrrha warf, Frauen.
Diligence – Post-, Eilpostkutsche.
Direktorium – Hier: großbürgerliche Regierung Frankreichs von 1795–1799.
dorado (el dorado, Eldorado: wörtl. der Vergoldete) – Sagenhaftes Goldland im Inneren des nördlichen Südamerika; die Sage beruht auf einem religiösen Brauch der Chibchas-Indianer, wonach ihr Häuptling alljährlich im See Guatavita seinen mit Goldstaub überzogenen Körper abwusch.
Drachenbaum – Baumförmiges Liliengewächs.
Drachenbaum von Orotava – Auf mehrere Tausend Jahre geschätzter Baum auf Teneriffa; 1868 vom Sturm gefällt.
Drakenstein – Eigentlich Drakensberge, Gebirgszug an der Südostküste Afrikas.

Ébouloir – Instrument zum Messen der Temperatur siedenden Wassers in verschiedenen Höhen ü. d. M.
Elektrometer – Instrument zur Messung elektrischer Ladungen und Spannungen durch die Kraft, die geladene Leiter (Konduktoren) aufeinander ausüben.
ens – Das Sein, Seiende; Wesen.
ersinken – Bergb.: die vorgesehene Tiefe eines Schachtes, ein Erzvorkommen erreichen.
ersunkenes Mittel – Das erreichte Erzvorkommen.
Escorial – Schloß und Augustinerkloster San Lorenzo del Escorial nordwestlich von Madrid; Sommer- und Herbstresidenz der span. Könige; ihre Grabstätte seit Karl V.
Eudiometer – Instrument zur Bestimmung des Sauerstoffgehalts der Luft.
Eumeniden – Griech. Rachegöttinnen.
Exertion – Übung, Ausübung.

Federal city – Bundeshauptstadt.

Firstenbau – Bergb.: Abbau von unten nach oben; als Firste gilt die obere Begrenzungsfläche des Abbaus.

fiscal – Staatsanwalt.

Florae Fribergensis – Das 1793 erschienene Buch Humboldts mit Beschreibung der in den Freiberger Gruben gefundenen Flechten und Pilze, mit grundsätzlichen Betrachtungen zu Einteilung und Aufgabenstellung der Naturwissenschaften und Aphorismen zur Physiologie der Pflanzen.

Flucht – Bergb.: festgelegte Linie des Bohrlochs.

frailejón – Riesenmönch; charakteristisches, bis zu übermannshohes Gewächs der südamerik. Páramos, dessen Stamm mit einem wuscheligen Blattschopf abschließt; die abgestorbenen Blätter umhüllen den Stamm wie eine braune Mönchskutte.

Franzosenkrankheit – Syphilis.

freibauen – Bergb.: rentabel machen.

Friedensschluß mit Portugal – Friedensvertrag von Badajoz am 6. 7. 1801, der den sog. Pomeranzenkrieg zwischen Spanien und Portugal beendete.

Friktionsrad – Überträgt die Kraft durch Reibung, wenn seine Lauffläche an die eines anderen Rades gepreßt wird.

fuge, fuge, litus – Nach Vergils *Aeneis*, III, 44: «Fliehe das grausame Land, fliehe das Gestade der Habsucht.»

gachupín (cachupín) – Abwertende Bezeichnung für Neuankömmlinge aus Europa, bes. Spanien.

Galione (Galeone) – Dreimastiges Kriegs- und Kauffahrteischiff.

gallinazo – Truthahngeier.

Garamanten – Antiker Name der Nomaden in der Sahara.

Gecko – Haftzeher, nachtaktive, stimmbegabte Echse der Tropen und Subtropen.

geodätisch – Auf die Geodäsie (Vermessungskunde, Landmessung) bezüglich.

Gesellschaft Jesu – s. Jesuiten.

Gesicht – Bergb.: Teil des Türstocks bei der Grubenzimmerung.

Gewerkschaften – Hier: Vereinigung von Bergbauunternehmern.

Gezähe – Die Werkzeuge des Bergmanns.

glandula thyreoidea – Schilddrüse.

Gnomon – Instrument zur Bestimmung der Sonnenhöhe und der Mittagszeit.

gobernador – Gouverneur, Statthalter.

Golfo triste (Trauerbucht) – Eigentlich Golf von Paria, ein Teil des Meerbusens von Paria, so genannt wegen der vom Mündungsdelta des Orinoko hervorgerufenen gefürchteten Strömung.

grecques – s. Mäander.

guácharo – Fettschwalk aus der Familie der Nachtschwalben.

Guajakbaum – Liefert hartes, zähes, schweres Edelholz und ein in Medizin und Chemie vielseitig verwendetes Harz.

guapucha – Kleiner Flußfisch.

guardián – Bezeichnung für den Klostervorsteher bei den jüngeren Orden (Franziskaner, Dominikaner, Kapuziner).

Guave (guayaba) – Gelbe, birnenförmige Baumfrucht, wird vorzugsweise zu Gelee verarbeitet.

hacendado – Grund-, Gutsbesitzer.

hato – Viehfarm; Weideplatz; Herde.

Heiliges Offizium – Für die Inquisition zuständige Behörde der röm.-kath. Kurie.

hélas – Franz. Stoßseufzer: O weh! Ach!

Heliopolis – Griech.: Sonnenstadt; nicht sicher, ob Humboldt die altägyptische Stadt nördlich Kairos meint oder Baalbek im Libanon, das nach Alexander dem Großen von Griechen besiedelt und ebenfalls Heliopolis genannt wurde.

Herrnhuter Kolonie – Bezeichnung für die Siedlungen der Herrnhuter Brüdergemeine, einer evang. Gemeinschaft, die von Resten der verfolgten Böhmischen Brüder (auch Mährische Brüder) und Pietisten 1722 in Herrnhut bei Zittau gegründet wurde; die überseeischen Kolonien entstanden durch Missionstätigkeit.

Heuschreckenbaum – Hymenaea courbaril, Gattung der Familie Leguminosen, liefert das Naturharz Kopal.

Hokko – Vielartige Familie der Hühnervögel in den tropischen Wäldern Südamerikas.

Huntläufer – Bergb.: auf Gestängen (Gleisen) laufender, Hunt genannter Förderkarren.

Hygrometer – Instrument zum Messen der Luftfeuchtigkeit.

Hyperboreer – Im Altertum sagenhaftes nördliches Volk, jenseits des kalten Nordwindes Boreas wohnend.

Hypna – Laubmoos.

Ichthyologie – Fischkunde.

Illiniza – Vulkan in Ekuador mit zwei Gipfeln (5116 und 5263 m).

Immersion – Astronomisch: das Eintauchen eines Mondes in den Schatten des Planeten.

Indolenz – Gleichgültigkeit, Trägheit, Unempfindlichkeit.

in effigie – bildlich.

Inflexion – Biegung.

Inklination – Astronomisch: die Neigung einer Planeten- oder Kometenbahnebene gegen die Erdbahnebene.

Inklinationskompaß (Inklinatorium) – Instrument zur Bestimmung der Neigungswinkel des erdmagnetischen Feldes.

insignifikant – belanglos, nichtssagend, verächtlich.

intendencia – Verwaltungsbezirk, auch Bezirksverwaltung.

Iztaccíhuatl – Vulkan in Mexiko (5286 m).

Jade (Jadeit) – Grünliches Mineral; Schmuckstein; in den alten Kulturen zu Steinwerkzeugen gebraucht.

jefe – Chef, Vorgesetzter.

jején – Kleine Stechmücke.

Jesuiten – Die Missionen des 1534 durch Ignatius von Loyola gegründeten Ordens gelangten in den neuweltlichen Kolonien zu bedeutender theokratischer Machtfülle mit straff geleiteter Gemeinwirtschaft, allgemeiner Arbeitspflicht für die Indios, einheitlicher Versorgung, organisiertem Außenhandel und eigenen Milizen; im Kampf des aufgeklärt-absolutistischen Carlos III. gegen das Übergewicht der Kirche 1767 aus Spanien und den Kolonien vertrieben.

Jorullo – Vulkan in Mexiko (1301 m).

Jungfrau von Guadalupe – Nach der Legende erschien am 9. 12. 1531 auf dem Hügel von Tepeyac – auf dem einst der Tempel der indianischen Göttin *Onantzin* (Unsere Mutter, Göttin des Mais) stand – dem Indio Juan Diego die Jungfrau Maria, segnete die Blumen, die sie ihn in seinen Poncho sammeln hieß, und verkündete ihm den Wunsch, Bischof Zumárraga möge ihr an diesem Platz eine Kirche errichten lassen. Als Diego den Poncho vor Zumárraga ausbreitete, erblühte auf dem Agavegespinst inmitten der Blumen jenes Bild der Jungfrau, das seitdem Gegenstand der Verehrung ist. 1737 wurde die Jungfrau von Guadalupe als Schutzherrin von Mexiko-Stadt und 1746 als Patronin ganz Neu-Spaniens proklamiert; seit dem Unabhängigkeitskrieg 1810 ist sie die Nationalheilige Mexikos.

junta – Rat, Vorstand (bei Vereinen und Gesellschaften); Komitee, Kommission, Versammlung.

junta económica – Wirtschaftsausschuß.

juvia – Paranußbaum.

Kaiman – Südamerik. Panzerechse.

Kalebasse – Flaschenkürbis; auch daraus hergestelltes Gefäß.

Kalebassenbaum – Kleiner Baum mit kürbisähnlichen Früchten; die hölzernen Fruchtschalen dienen als Gefäße.

Kalmen – Durch atmosphärische Zirkulation bewirkte Windstillen in der tropischen Tiefdruckrinne beiderseits des Äquators.

Kameralwissenschaften (Kameralistik) – Finanz-, Steuer-, Wirtschafts- und Verwaltungslehre des kleinstaatlichen Feudalabsolutismus in Deutschland.

Karst – Erd-, Gesteinshacke.

Kassave – s. Maniok.

Kasuar – Straußenähnlicher Laufvogel in Australien und Neuguinea.

kaustisch reden – Mit beißendem Witz und Spott reden.

Kazike – Stammeshäuptling; unter span. Herrschaft indianischer Gemeindevorsteher.

kentern – Hier: Wechsel zwischen Ebbe und Flut.

Kew – Engl. Villenort westlich Londons; der 1760 gegründete Botanische Garten gehört zu den reichhaltigsten der Welt.

Kleber – Eiweißgemenge des Getreidekorns.

Knotenschrift – Gedächtnisschrift der alten Peruaner mittels des *quipo* (Knotenschnur); diente hauptsächlich Verwaltungszwecken in Art von Registern über Volkszählungen, geschichtliche Ereignisse, Tributleistungen usw. und zur Übermittlung von Botschaften; die jeweilige Bedeutung ergab sich aus Zahl und Farbe der Schnüre und Knoten.

Knurrhahn – Fisch mit großem gepanzertem Kopf und kleinem Rumpf, kann sich mittels umgebildeter Brustflossen auf dem Meeresgrund kriechend bewegen, gibt Knurrlaute von sich.

Konduktor – s. Elektrometer.

Konen – Mehrzahl von Konus (Kegel).

Konglomerat – Geologisch: Ablagerung von Gesteinsbruchstücken, die durch mineralische Bindemittel miteinander verkittet sind.

Kongregation – Ordensgemeinschaft.

Kopal – s. Heuschreckenbaum.

Korsar – Freibeuter, Seeräuber; Freibeuter-, Seeräuberschiff.

kosmogonisch – Auf Kosmogonie bezüglich, die Lehre (ursprünglich Mythen) von der Entstehung und Entwicklung des Weltalls.

Kosmograph – Verfasser einer geschichtlichen und naturkundlichen Weltbeschreibung.

Kreole (span. criollo) – In Lateinamerika geborener Spanier und dessen unvermischte Nachkommen.

Krummhalser – Bergleute, die von der Arbeit in den sehr niedrigen Abbaustrecken des Mansfelder Kupferschieferreviers krumme Hälse bekamen.

kryptogamische Gewächse – Sporenbildende Pflanzen wie Pilze, Algen, Moose, Farne.
Kunstgezeuge – Bergb.: Gestänge mit Pumpen, das zum Wasserheben in den Schacht eingehängt wurde.

La Mancha – Durch Cervantes' Roman *Don Quijote* berühmt gewordene span. Landschaft.
Leguan – Kammeidechse im tropischen Amerika.
Letten – Schieferton.
Lichen parietinus – Häufigste Flechtenpflanze Mitteleuropas, auf Zäunen, Baumrinden, Mauern usw.
los truenos subterranos – Unterirdisches Donnern.

Mäander – Nach einem kleinasiat. Fluß benanntes, rechtwinklig gebrochenes oder spiralförmig fortlaufendes Ornamentband; in der griech. Antike klassisch ausgeprägt, deshalb bei Humboldt «Griechisches» (franz. grecques).
Magalhãessche Wolken – Zwei nach dem portug. Seefahrer Magalhães benannte, mit bloßem Auge sichtbare Sternhaufen am südlichen Polarhimmel.
magnetische Inklination – s. Inklinationskompaß.
Mährische Brüder – s. Herrnhuter Kolonie.
Majordomus – Verwalter, Haushofmeister.
mamey – Breiapfelbaum.
maní – Baumharz, am Orinoko zum Dichten der Kanus verwendet.
Maniok (Kassavestrauch) – Wolfsmilchgewächs mit mehl- und stärkereichen Wurzelknollen.
mapanare – Buschmeister, eine der giftigsten Lochottern Südamerikas, bis zu 4 m lang.
máquina – Maschine, Apparat.
marima – Hemdbaum, tropische Gattung der Maulbeergewächse.
Markscheiden – Bergb.: vermessungstechnische und geologische Arbeiten über und unter Tage zur Begrenzung des Grubenfeldes (Markscheide) sowie Vorbereitung und Sicherung des Abbaus.
Mauritia (Mauritius) – Fächerpalmengattung; ihre Arten liefern Wein, Stärkemehl, Flechtmaterial.
menton bien fait – Gut geschnittenes Kinn.
Meduse – Qualle.
Medusenkopf – Das mit Schlangenhaar umgebene Haupt der griech. Sagengestalt Medusa.
Mestize – Allgemein ein Mischling; hauptsächlich Nachkomme aus der Verbindung von Europäern und Indianern.
Metazentrum – Schnittpunkt von Auftriebskraft und Mittelebene des Schiffes.
Missouri-Bill – Gesetz der USA von 1820, das die Sklaverei in den Unionsstaaten nördlich von 36°30′ verbot, Missouri jedoch davon ausnahm und trotz Beibehaltung der Sklaverei in die Union aufnahm.
Mitra – Kopfbedeckung hoher Würdenträger der kath. Kirche.
Mittagsbesteck – Mittägliche Bestimmung des Schiffsstandortes nach geographischer Breite und Länge, die ins Schiffstagebuch eingetragen werden muß.
Moräne – Von Gletschereis abgelagerte Gesteinsmassen.
motmot – Grün-schwarz-blauer Rakenvogel.
Mulatte – Nachkomme aus der Verbindung zwischen Europoiden und Negroiden.
Munizipalität – Städtisches Gemeinwesen, Stadtobrigkeit, städtische Beamtenkörperschaft.
muten – Bergb.: anmelden einer entdeckten Lagerstätte; beantragen des Bergbaurechts.

negros bozales – Neu angekommene afrikan. Sklaven.
Nephrit – Meist grünes Mineral; Schmuckstein; in alten Kulturen zu Steinwerkzeugen gebraucht.
nevado – Beschneites Gebirgsmassiv.
nigua – Sandfloh.
nuche – Fliegengattung; Made der Nasenbremse.

Observanten – Richtung mit besonders strengen Regeln in verschiedenen Mönchsorden.
Obsidian – Glasiges, vulkanisches Gestein.
oficio de cargueros – Trägergewerbe.
Ogygische Flut – Griech. Sage von der Sintflut in Böotien zur Zeit des ebenfalls der Sage angehörigen Königs Ogyges.
Okkultation – Bedeckung eines Gestirns durch ein anderes.
Orizaba (Citlaltépetl) – Vulkan in Mexiko (5 700 m).
Orleanbaum – Tropenbaum, dessen Samenschalen roten Farbstoff liefern.
outriert sein – außer sich sein.
Oxus – Antiker Name des Flusses Amudarja im sowjet. Mittelasien.

Päderastie – Männliche Homosexualität, Knabenliebe.
Palmyra – Antike Oasenstadt in Syrien; erreichte in den ersten Jahrhunderten unserer Zeit ihre Blüte; 272/73 zerstörte Kaiser Aurelian den Stadtstaat; die seit dem 17. Jh. wiederaufgefundenen gewaltigen Ruinen und zahlreichen Kunstreste gehören zu den wertvollsten Schätzen der Weltkultur.
palo de vaca (Kuh-, Milchbaum) – Tropische Gattung der Lorbeergewächse.
Pantheon – Antiker römischer Rundtempel für alle Götter; allgemein Ehrengrabstätte.
Parallelepipedon – Von sechs Parallelogrammen begrenzter Körper (z. B. Quader).
paraulata – Wahrscheinlich regional begrenzter Name einer Meisenart.
peón – Knecht, Tagelöhner, ungelernter Arbeiter; umgangssprachlich Fußgänger.
peripatéticos – s. Peripatetiker.
Peripatetiker – Philosophenschule des Aristoteles in Athen; Name geht zurück auf seine Gewohnheit, die Lehrgespräche im Umherwandeln (griech. *peripatein*) zu führen.
Persea – Baum der Familie Lorbeergewächse; Frucht als *avocado* (Advokatenbirne) bekannt.
pescado negro – Schwarzbarsch (ein Süßwasserfisch).
picapica – Juckbohne.
Pichincha – Vulkanmassiv in Ekuador mit den Hauptgipfeln Guaguapichincha (4 784 m) und Rucupichincha (4 698 m); der Krater gehört, entgegen Humboldts Angaben, zum Guaguapichincha.
Piroge – Einbaum, Kanu.
Pisang – Banane.
pitón – Bergspitze; umgangssprachlich Zuckerhut.
Plastron – Stoßkissen, Schutzpolster.
Plaza Mayor – Hauptplatz.
Plumaria – Weiß (*alba*) und rötlich (*rubra*) blühende Zier- und Heilpflanze.
poblador – Gründer (auch Bewohner) einer Ansiedlung.
Pochschuh – s. Pochwerk.
Pochwerk – Mechanische Zerkleinerungsvorrichtung für Gestein und Erze; die senkrechten, mit stählernen *Pochschuhen* bewehrten Stempel werden von den auf einer Vorgelegewelle sitzenden *Däumlingen* angehoben und fallen dann auf das Zerkleinerungsgut.

Popocatépetl – Vulkan in Mexiko (5452 m).
Potosí – Stadt in Bolivien, Bergbauzentrum.
preñadilla – Kleiner Wels (ein Süßwasserfisch).
Priapos – Antiker Fruchtbarkeitsgott.
pulque – Gegorener Agavensaft; Agavenschnaps.
punta – Geographisch: Landzunge.
Puracé – Vulkan in Kolumbien (4910 m).
purgatorio – Fegefeuer; Läuterungsberg (Dante).

Quadrant – Früher zur Bestimmung der Gestirnshöhe im Meridian benutztes Instrument.
qualitas – Philosophisch: inhaltliche Qualität des Begriffes.
Quilindaña – Vulkan in Ekuador (4919 m).

ranchería – Lager, Lagerplatz, Abkochstelle.
reconquista – Rückeroberung; ursprünglich die Rückeroberung der von den Mauren eroberten Gebiete Spaniens (718–1492).
repartimiento – Zur Zeit der Conquista die Verteilung von Indios als Sklaven an die Spanier; später der zwangsweise Verkauf schlechter oder nicht benötigter Waren zu überhöhten Preisen an die Indios, was sie zu Dauerschuldnern machte und in sklaven- bzw. leibeigenähnliche Stellung zur Kolonialbürokratie und den Arbeitsherren drückte.
Rinde – s. Chinarinde.
roucou – s. Orleanbaum.
ruana – Als Poncho bekannter ärmelloser Überwurf.

salutieren – Grüßen; in der Schiffahrt: mit Flaggen und Kanonenschüssen den Häfen, anderen Schiffen usw. die Ehre erweisen.
San Ildefonso – Span. Stadt; 1721–23 erbautes königliches Schloß mit Gärten im Versailler Stil und berühmten Wasserkünsten.
Sassafras – Baum der Familie Lorbeergewächse.
Satellitenbeobachtung – Hier: des Zeitpunktes von Auf- und Untergang der Planetenmonde.
Säulen des Herkules – In der Antike die Grenzen der Verbreitung griech. Kultur bzw. des bekannten Erdkreises.
Sauso – Wolfsmilchgewächs.
seiger – Bergb.: senkrecht.
seje – Fiederblättrige Palmenart mit stark ölhaltigen Beerenfrüchten.
Silla – Berg bei Caracas (Venezuela, 2631 m).
Sodomie – Geschlechtsverkehr mit Tieren.
Sorbet – Fruchteis, eisgekühltes Fruchtgetränk.
Soutane – Rock der kath. Priester.
Spezimina – Mehrzahl von Spezimen: Muster, Probe.
Stalaktit – Von der Höhlendecke herabwachsender Tropfstein.
Stroßbaum – Bergb.: Kantholz zum Abteilen des Schachtquerschnitts.
Strossenbau – Bergb.: Abbau eines Erzganges von oben nach unten.
stygisch – Abgeleitet von dem Unterweltfluß Styx der griech. Mythologie.
subdelegado – Unterbevollmächtigter, -richter.
superior – Klostervorsteher.
Syndikus – Rechtsvertreter in Organisationen, Institutionen usw.

Tafelberg – Berg am Kap der Guten Hoffnung (1090 m).
Tamarinde – Baum der Familie Hülsenfrüchtler.
tanagra (tangará) – Den Finken verwandter, prächtig gefiederter Singvogel.
Tapir – Schweineähnliches Huftier mit rüsselartig verlängerter Oberlippe, Pflanzenfresser.
Tartaros – Im griech. Mythos ein durch eherne Tore verschlossener Abgrund der Unterwelt, in den Zeus das besiegte Göttergeschlecht der Titanen verbannte.
tempraneros – Kleine Schnaken, «die früh (temprano) auf sind».
teniente – Stellvertreter in zivilen, militärischen und geistlichen Ämtern.
terra firma – Das südamerik. Festland im Gegensatz zu den zuerst entdeckten vorgelagerten Inseln.
Teufe – Bergb.: lotrechter Abstand eines Punktes unter Tage von der Erdoberfläche; Gesamttiefe eines Schachtes.
teufen, abteufen – Schacht in die Tiefe vortreiben.
Theokratie – Herrschaft der Kirche über den Staat, Priesterregime.
Tierkreislicht – Nächtlicher kegelförmiger Lichtschein längs des Tierkreises, verursacht durch Streuung des Sonnenlichtes in der interplanetaren Materie.
Timbuktu (Tombouctou) – «Königin der Wüste», Stadt im afrikan. Mali am Schnittpunkt alter Karawanenstraßen.
Titi (tití) – Totenkopfäffchen, Seidenäffchen.
Tölpel – Seevogel, Stoßtaucher der Ordnung Ruderfüßer.
Toluca (Xinantecatl) – Vulkan in Mexiko (4624 m).
tournure – Haltung, Gestalt, Wuchs.
Trabanten-Immersion – s. Immersion.
Traurige Nacht (noche triste) – Nacht vom 1. zum 2. 7. 1520, in der Cortés den vorübergehenden Rückzug aus Tenochtitlán (Mexiko-Stadt) antreten mußte und dabei über die Hälfte seiner Leute, die meisten Pferde, alles Geschütz und den größten Teil der erbeuteten Schätze verlor.
Tropikvogel – Stoßtaucher der Ordnung Ruderfüßer.
Tuilerien – Ehemalige Residenz der franz. Könige in Paris.
Tukan – Pfefferfresser, tropischer Spechtvogel mit übergroßem Schnabel.
tumbaga – Gold-Kupfer-Legierung (etwa 30 % Gold, 70 % Kupfer); soll es in der altindianischen Goldschmiedekunst ermöglicht haben, den Schmelzpunkt auf 200 °C herabzusetzen.
Tumulus – Vorgeschichtliches Hügelgrab.
Tungurahua – Vulkan in Ekuador (5016 m).

ulluco – Krautpflanze mit eßbarer Wurzelknolle.
universal benefit – rundum eine Wohltat.
unterkriechen – Bergb.: unter die Erde vordringen.
unverfahren – Bergb.: noch nicht aufgeschlossen.
Urogenitalöffnung – Ausgang der Geschlechts- und Harnorgane.

verschrämen – schlitzen.
villa – Kleinstadt, auch allgemein Stadt.
Virgo del Carmen – Hier: Schreckensruf: Heilige Jungfernschaft! (Nach der Heiligen Jungfrau vom Berg Karmel, Israel, die vom Karmeliterorden verehrt wird.)
Vita – Leben, Lebenslauf, -beschreibung.
viudíta – Witwenäffchen.
voilà – sieh da; na also.

vomitó (Schwarzes Erbrechen) – Gelbfieber, durch Stechmücken übertragene tropische Viruskrankheit mit oft tödlichem Verlauf; Schutzimpfung erst seit 1930 möglich.

Wasser halten, lösen – Bergb.: Heben und Abführen des Grubenwassers.

Wassersäulenmaschine – Veraltete, besonders im Bergb. gebräuchliche Maschine zur Entwässerung, deren Kolben durch Preßwasser im Zylinder (Wassersäule) bewegt wurde.

Wege der Vizekönige – Bezieht sich auf Humboldts Erfahrung, daß die Vizekönige meist nur die Wege zwischen den Hafenstädten ihrer Ankunft bzw. Abreise und ihren Residenzstädten kannten.

Weinpalme – s. Mauritia.

Wendekreise – Nördlich und südlich des Erd- bzw. Himmelsäquators gelegene Parallelkreise; nach Erreichen der Wendekreise am Himmel (Sommer- und Wintersonnenwende) «wendet» sich die Sonne wieder dem Äquator zu.

Wetter – Bergb.: Luft- bzw. Gasgemische unter Tage (Wettermangel: fehlende Frischluft).

yucca – Palmlilie, Baum- und Strauchgewächs in vielen Arten, darunter Zier-, Faser- und Obstpflanzen.

zambo, zamba – Nachkomme von afroamerikan.-indian. Eltern.

zamuro – Neuweltlicher Hühnergeier.

zancudo – Schnakenart.

zaques – Häuptlinge der Chibchas-Indianer.

Ziegenmelker – Nachtschwalbenart.

Zodiakallicht – s. Tierkreislicht.

zugutemachen – Bergb.: aus einem Erzvorkommen das Metall gewinnen.

Personenverzeichnis

Abbildungsverzeichnis

Das Frontispiz stellt Alexander von Humboldt im Jahre 1806 nach einem Gemälde von Friedrich Georg Weitsch dar.

Die Bildvorlagen stellte freundlicherweise die Deutsche Staatsbibliothek Berlin/DDR, Kartenabteilung, aus dem Reisewerk Alexander von Humboldts zur Verfügung: T. 16: Vues des Cordillères, Planches, Paris 1810 (Abb. 1–3, 6–8, 9–16). – Für die Genehmigung zur Reproduktion der Blätter aus Humboldts Reisetagebüchern danken wir der Handschriftenabteilung der Deutschen Staatsbibliothek Berlin/DDR.

Die Textillustrationen auf S. 252 und S. 289 entnahmen wir dem Band 8 der Beiträge zur Alexander-von-Humboldt-Forschung: Alexander von Humboldt, Reise auf dem Río Magdalena durch die Anden und Mexiko, Teil I: Texte, Akademie-Verlag Berlin 1986.

Die Karten – ausgenommen Venezuela – sind mit freundlicher Genehmigung des Akademie-Verlages Berlin entnommen aus dem in Vorbereitung befindlichen Band 9 der Beiträge zur Alexander-von-Humboldt-Forschung: Alexander von Humboldt, Reise auf dem Río Magdalena durch die Anden und Mexiko, Teil II: Übersetzung, Anmerkungen, Register. Übersetzt und bearbeitet von Margot Faak. Akademie-Verlag Berlin 1990. Entwurf der Karten: Margot Faak. Kartenzeichnungen: Hans-Jörg Kotulla.

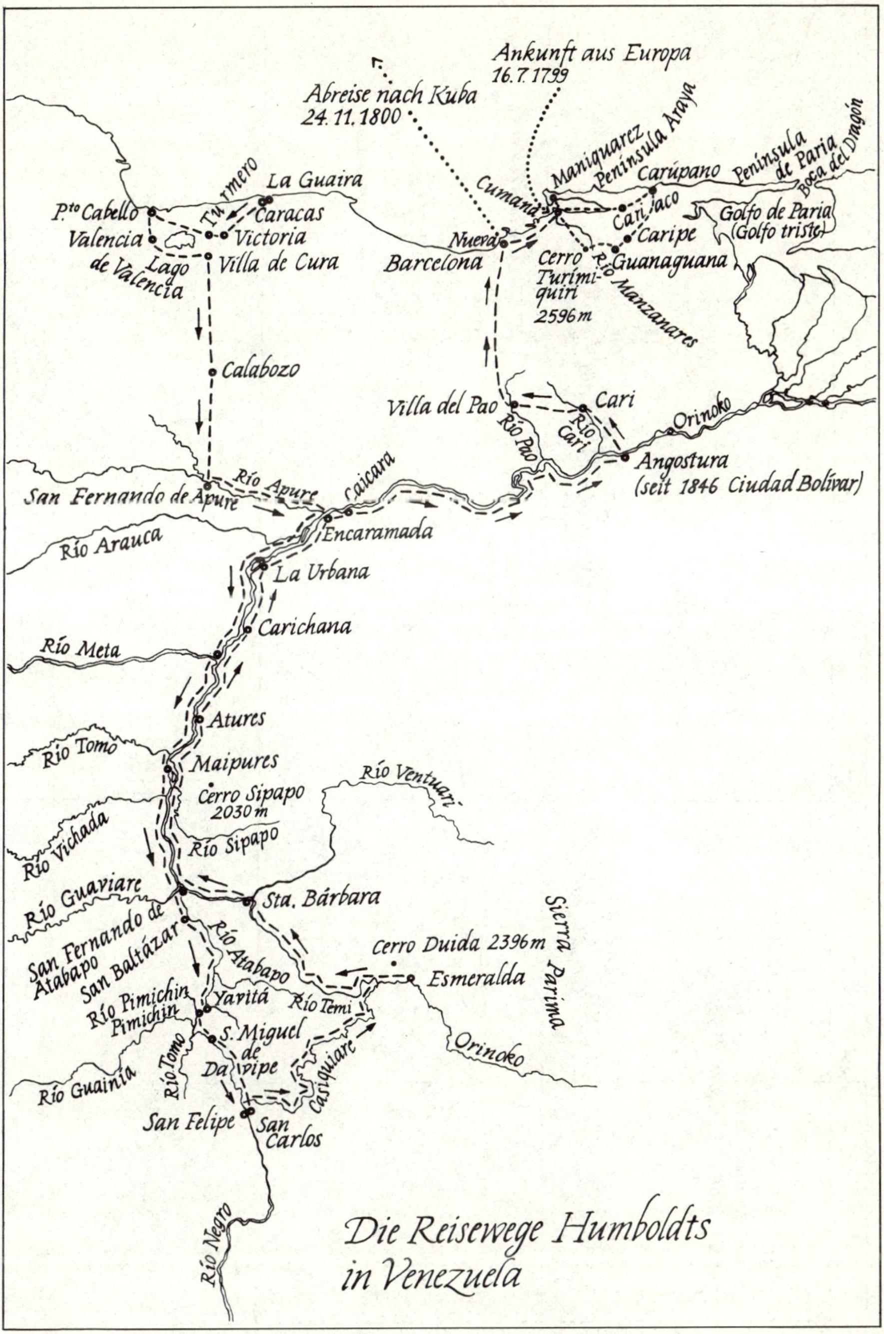

Die Reisewege Humboldts in Venezuela

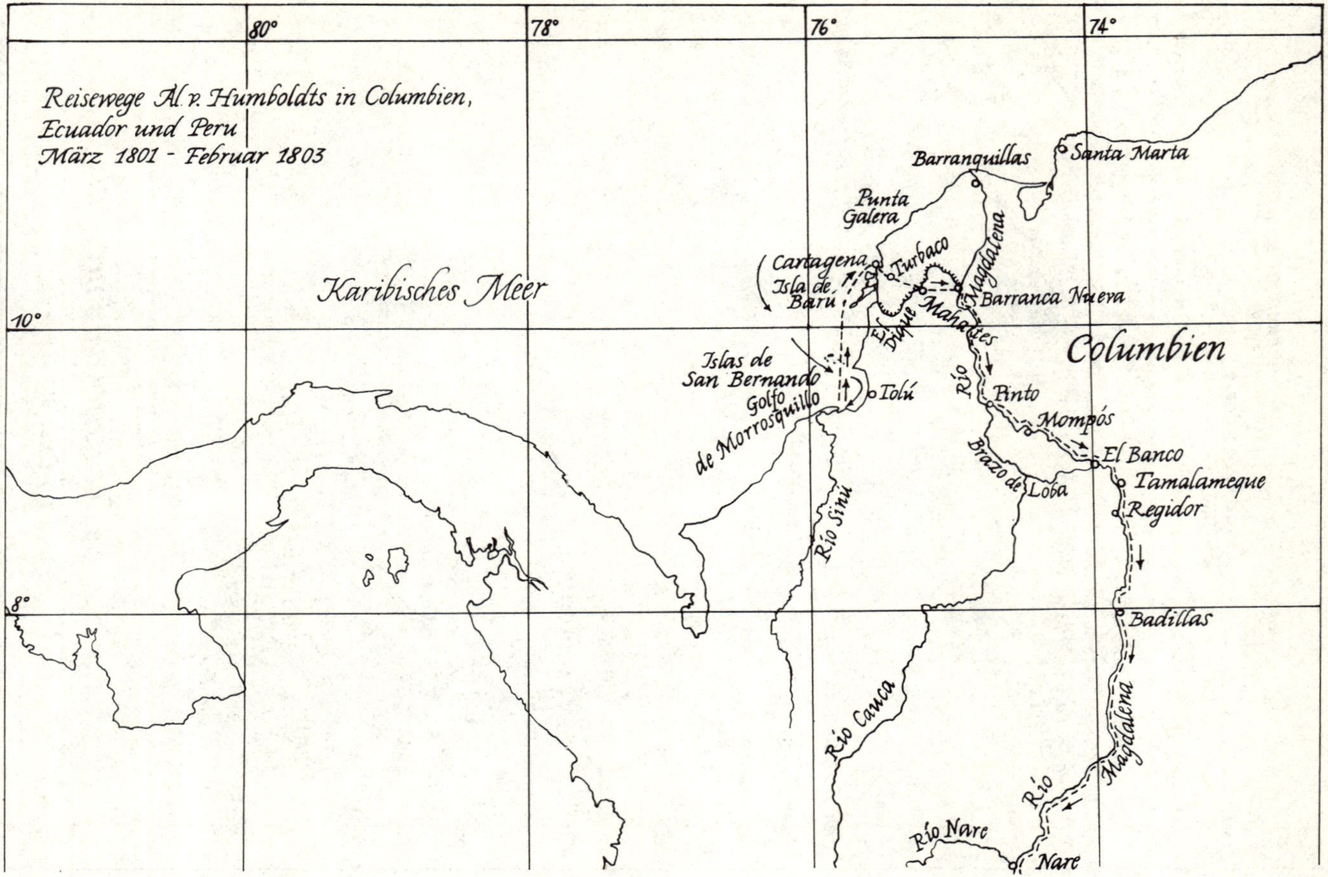
80°
78°
76°
74°
10°
8°
Reisewege Al. v. Humboldts in Columbien,
Ecuador und Peru
März 1801 - Februar 1803
Karibisches Meer
Columbien
Santa Marta
Barranquillas
Punta
Galera
Cartagena
Isla de
Barú
Turbaco
Magdalena
Barranca Nueva
El
Dique
Mahates
Islas de
San Bernando
Golfo
de Morrosquillo
Tolú
Río
Pinto
Mompós
El Banco
Tamalameque
Regidor
Brazo de Loba
Río Sinú
Badillas
Río Cauca
Río
Magdalena
Río Nare
Nare

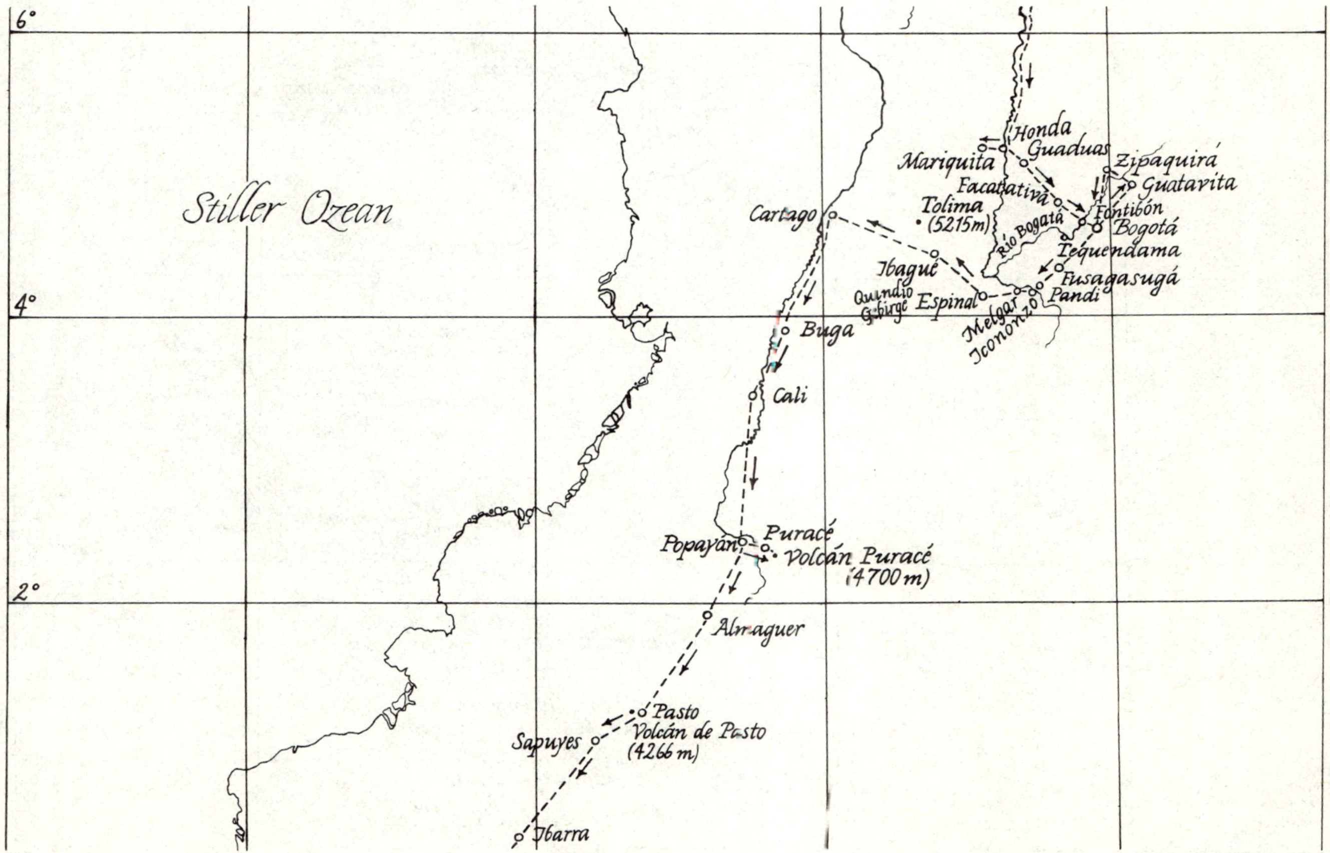
6°
4°
2°
Stiller Ozean
Honda
Mariquita
Guaduas
Zipaquirá
Guatavita
Facatativá
Fontibón
Bogotá
Tolima
(5215 m)
Río Bogotá
Tequendama
Cartago
Ibagué
Fusagasugá
Quindio Gebirge
Espinal
Pandi
Melgar
Icononzo
Buga
Cali
Popayán
Puracé
Volcán Puracé
(4700 m)
Almaguer
Pasto
Volcán de Pasto
(4266 m)
Sapuyes
Ibarra

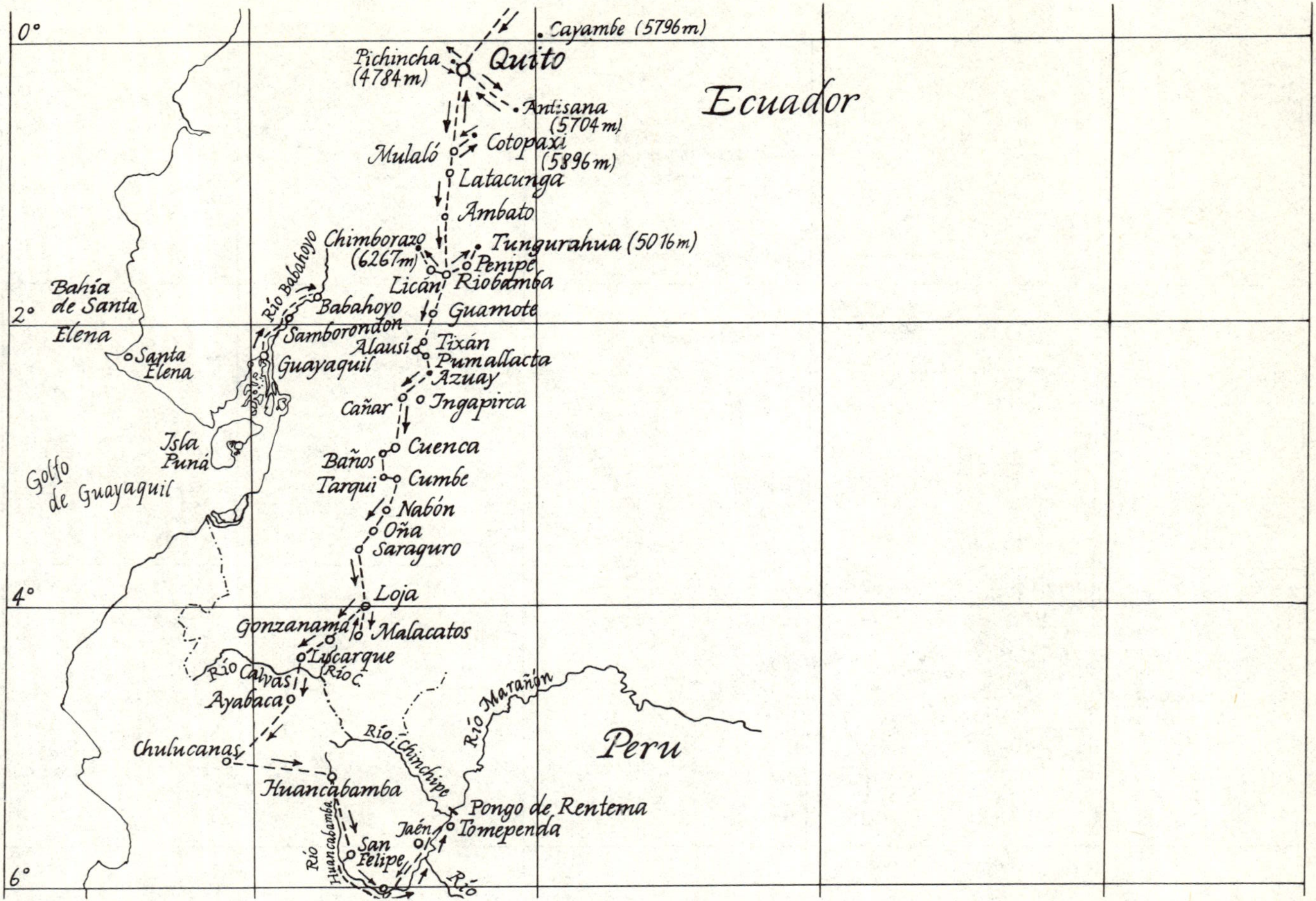

0°
2°
4°
6°
Ecuador
Peru
Quito
Cayambe (5796 m)
Pichincha (4784 m)
Antisana (5704 m)
Cotopaxi (5896 m)
Mulaló
Latacunga
Ambato
Tungurahua (5016 m)
Chimborazo (6267 m)
Penipe
Licán
Riobamba
Guamote
Río Babahoyo
Babahoyo
Samborondon
Bahía de Santa Elena
Santa Elena
Guayaquil
Alausí
Tixán
Pumallacta
Azuay
Cañar
Ingapirca
Isla Puná
Golfo de Guayaquil
Cuenca
Baños
Tarqui
Cumbe
Nabón
Oña
Saraguro
Loja
Gonzanamá
Malacatos
Lucarque
Río Calvas
Río C
Ayabaca
Chulucanas
Huancabamba
Río Chinchipe
Río Marañón
Pongo de Rentema
Tomependa
Jaén
San Felipe
Río Huancabamba
Río

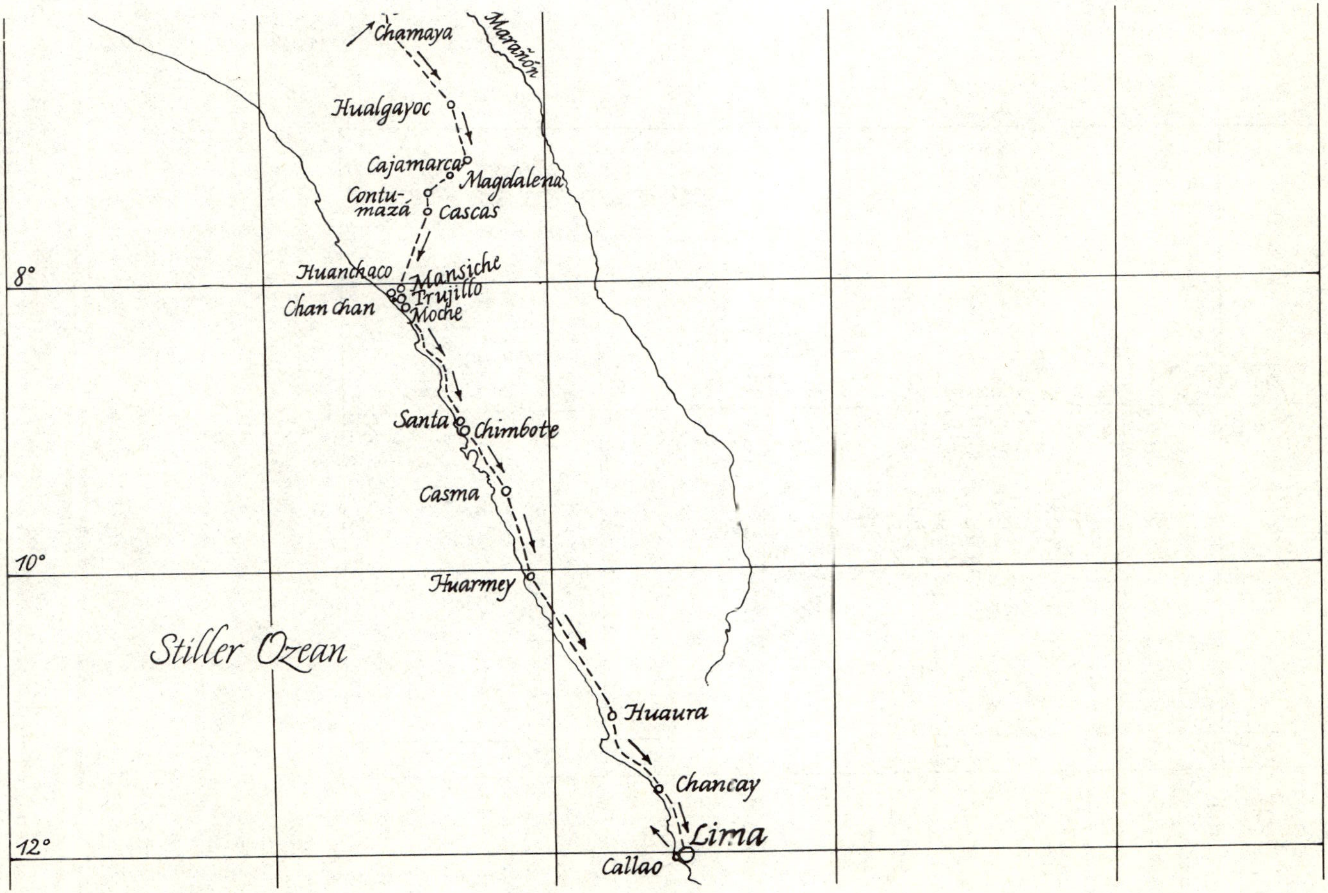
Chamaya
Marañón
Hualgayoc
Cajamarca
Magdalena
Contu-
mazá
Cascas
Huanchaco
Mansiche
Trujillo
Chan chan
Moche
Santa
Chimbote
Casma
8°
10°
12°
Huarmey
Stiller Ozean
Huaura
Chancay
Lima
Callao

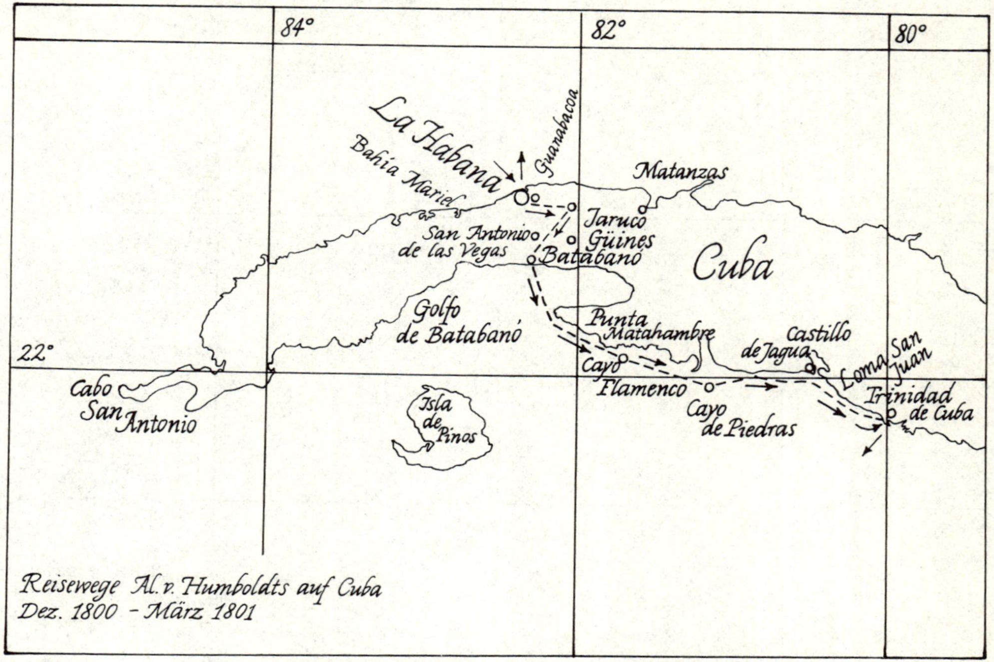
84°
82°
80°
22°
La Habana
Bahia Mariel
Guanabacoa
Matanzas
Jaruco
Güines
San Antonio
de las Vegas
Batabanó
Cuba
Golfo
de Batabanó
Punta
Matahambre
Castillo
de Jagua
Loma San
Juan
Cayo
Flamenco
Cayo
de Piedras
Trinidad
de Cuba
Cabo
San Antonio
Isla
de
Pinos
Reisewege Al. v. Humboldts auf Cuba
Dez. 1800 - März 1801

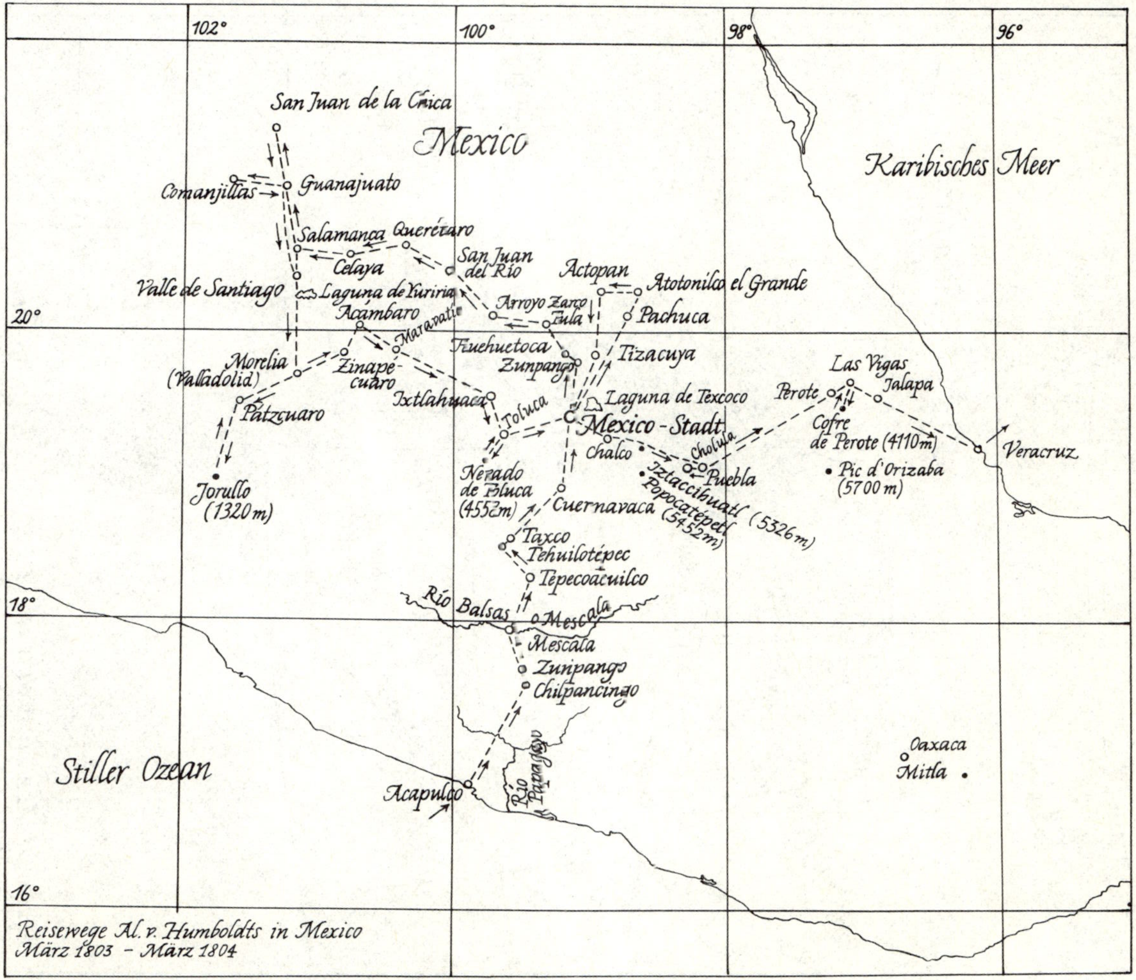

Reisewege Al. v. Humboldts in Mexico
März 1803 – März 1804

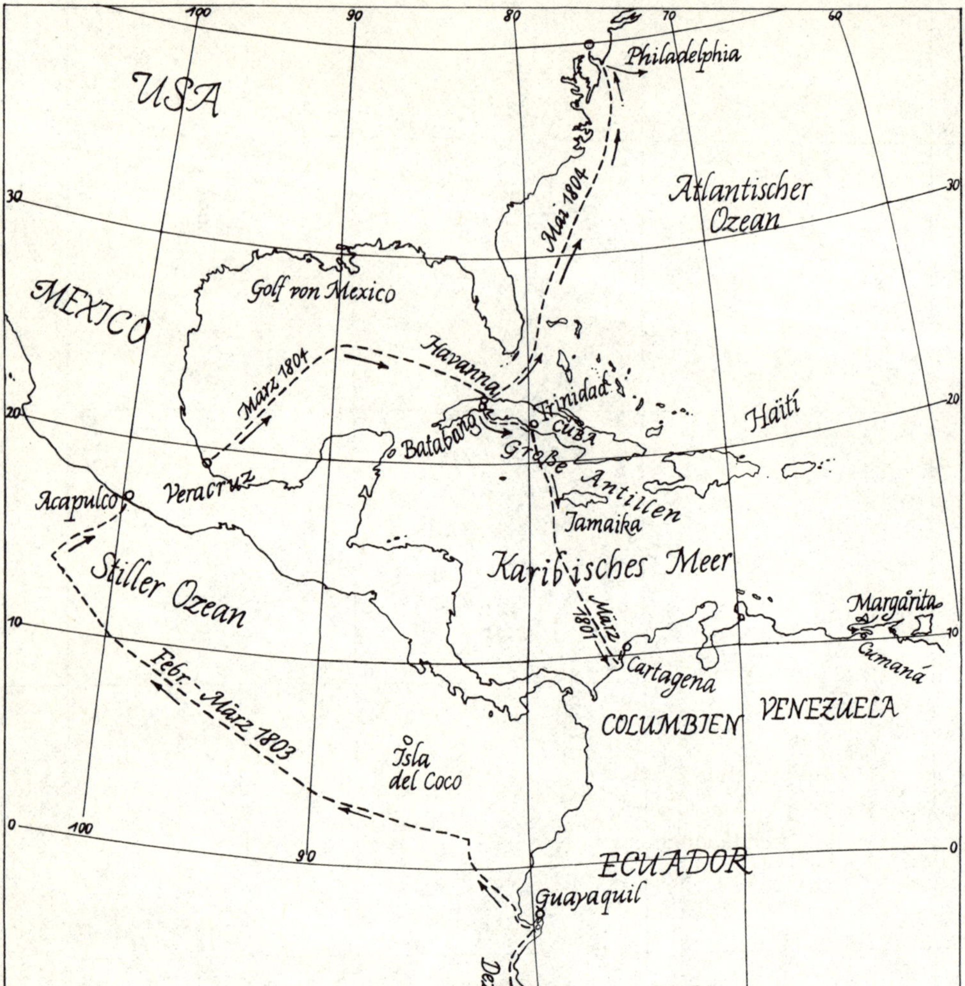
USA
Philadelphia
Atlantischer Ozean
Mai 1804
MEXICO
Golf von Mexico
März 1804
Havanna
Trinidad
Cuba
Batabanó
Große Antillen
Haïti
Veracruz
Acapulco
Jamaika
Stiller Ozean
Karibisches Meer
März 1801
Margarita
Cumaná
Cartagena
Febr. März 1803
COLUMBIEN
VENEZUELA
Isla del Coco
ECUADOR
Guayaquil
PERU
Dez. 1802 - Jan. 1803
Lima
Callao
Reisewege Al. v. Humboldts zur See
März 1801 - Mai 1804
während seines Amerikaaufenthalts

Inhalt

Anhang